KB068226

욕망하는 지도

욕망하는 지도

A HISTORY OF THE WORLD IN 12 MAPS

12개의 지도로 읽는 세계사

제리 브로턴 지음

이창신 옮김 | 김기봉 해제

RHK
알에이치코리아

이 책에 쏟아진 찬사

세계 전체를 하나의 지도에 담으려는 인간의 오랜 시도에는 세계의 지형이나 지도 제작 기술의 문제만 걸려 있는 것이 아니었다. 거기에는 국가적 차원의 정치적, 문화적 상황이나 개인적 차원의 정서나 심리까지도 개재되어 있었다. 지역에 따라 극도로 다양한 그 상황은 시간의 흐름에 따라 변해감으로써 지도 제작의 역사에 대한 개괄적인 이해를 어렵게 만든다.

이 책은 단순히 지도와 관련된 진기한 정보를 나열하는 데 그치지 않고 그 내막을 파헤친다. 지도는 서양의 전유물이었다는 통념을 깨부수며 각 문화가 영토를 인식한 방식이 어떻게 지도에서 구현되었는지를 살핀다. 지도에는 세계를 보는 인식의 차이만 드러날 뿐 진화나 진보의 개념은 들어 있지 않다. 따라서 이 책은 각 시대가 가진 공간에 대한 감각을 그 자체로 천착하며 그 시대의 세계관을 조망한다는, 즉 공간을 통해 시간을 이해한다는 진귀한 기회를 제공한다.

역사학은 시간을 다루는 학문이지만, 공간이 없는 시간은 상정할 수 없다. 역사에 대한 인식을 예리하게 벼리기 위해서라도 반드시 읽어야 할 책이다.

— 조한욱 한국교원대학교 역사교육과 교수

제리 브로턴은 지도 제작에 얽힌 새로운 역사를 흥미롭게 펼쳐 보이며 말한다. "지도는 항상 그것이 나타내려는 실체를 조종한다." 그는 이런 관찰력으로 여러 시대와 사회에 걸쳐 강, 산, 바다가 묘사된 방식에서 인간의 자의식이 어떻게 그려졌는지를 추적한다. 절정과 나락, 무관심과 편견, 한 치의 오차도 없는 정확성과 무서운 괴물이 출몰하는 곳으로 상상되는 경험의 모든 영역. 문명은 이 모두를 증언한다. 지도 안에서 인류의 사고와 문명화의 유형을 추적하는, 더없이 훌륭한 책이다.

– 〈가디언〉

지난 2012년, 애플이 새로운 운영체제를 선보이며 구글맵스를 다른 지도 애플리케이션으로 대체하자 이용자들이 크게 실망했던 일이 있었다. 얼마 되지 않아 새로운 지도 애플리케이션에 엄청난 오류가 있다는 것이 드러났고, 이용자들은 실망을 넘어서 짜증을 내기 시작했다. 애플을 둘러싼 이 사건은 제리 브로턴이 이 책에서 지적한 부분을 입증한 좋은 사례다. 브로턴은 "지도는 단지 여기서 저기까지 어떻게 가는지를 묻는 질문만이 아니라 훨씬 더 많은 질문에 답을 준다"고 말한다. 지도는 우리가 우리 자신을 이해하는 과정에서 중요한 역할을 하고 있다는 것이다. "지도는 그 시대에서 세계를 향한 사람들의 태도를 보여 주기도 하고, 전 세계 역사에서 특정 순간에 나타난 특정 세계관을 구체화하기도 한다." 브로턴은 지도의 학술적인 의미뿐 아니라 그 안에 담긴 철학적, 문화적 의미를 통해 우리가 세상을 어떻게 바라보았는지, 그 세상을 어떻게 지도에 옮겼는지 살핀다. 읽다 보면 끝없이 빠져들게 된다.

– 〈파이낸셜타임스〉

제리 브로턴의 이 책은 최근 수십 년간의 학문적 경향인 지도 제작의 '비판적' 역사를 담았다. 다시 말해, 지도를 만들게 된 경위가 무엇이며, 누굴 위해, 어떤 의도를 숨기고 지도를 만들었는가를 말해 주는 사회적, 정치적, 종교적 맥락에 주목한다. 지나치게 '학문적'이고 딱딱하게 들리는가? 하지만 브로턴의 글은 절대 지루하지 않으며 지도에 생명을 불어넣을 만큼 재미가 있으니 안심하라. 이를테면 헤리퍼드 마파문디의 물질적 성질, 즉 지도를 새긴 동물 가죽을 설명한 부분은 대단히 놀라워, 독자를 사로잡고 옛 물건의 아우라를 드러내어 우리를 황홀케 한다.

– 〈히스토리투데이〉

지도를 자세히 들여다본 사람은 누구나 알 수 있듯이, 지도는 실제의 공간보다 훨씬 낭만적이다. 이 매혹적이고도 아름다운 책은 지도가 고대부터 지금까지 수많은 이야기를 품어 전달한다는 것을 알려준다. 지도는 영토가 아니지만, 그 지역의 운명을 결정하는 데 중요한 역할을 했다. 엄청나게 재미있고 빠져들 수밖에 없는 역사 이야기가 펼쳐진다.

—〈데일리텔레그래프〉

구글맵스가 지도의 표준으로 인식되는 이 시대에, (구글을 포함해) 시대를 대표하는 지도 12점의 역사 이야기는 놀랍다. 르네상스를 연구하는 사학자 제리 브로턴은 역사적인 의미의 세계지도를 지구의 묘사로서, 그 지도가 탄생한 사회의 철학적 관습으로서 탐구한다. 지도는 제국을 유지하는 현실적 기능부터 땅과 하늘을 조화롭고 보편적인 전체로 통합해 영적 관심사를 담는 기능까지 다양한 기능을 한다. 그리고 측량, 미적 성취, 기술 진보, 신학적 도구, 정치적 분할 등을 나타내기도 한다. 이 책은 이처럼 다양한 지도의 기능을 언급하며 철학적, 문화적 발전을 이야기한다. 이곳에 실린 지도는 인류의 관계 변화, 즉 자신과 타인과 지구와 하늘과의 관계 변화를 나타내기도 하는데, 덕분에 책을 읽는 맛이 배가된다.

—〈퍼블리셔스위클리〉

지도는 인간이 세계 속에서 자신을 어떻게 파악하는가를 보여 주기도 하지만, 시대가 변하고 과학과 신앙과 자기중심적 사고가 깊어짐에 따라 시점이나 방위를 바꿔가며 무엇을 말하고자 하는가를 보여 주기도 한다. 예를 들어, 여기에 실린 지도 12점은 대부분 해당 지도 제작자가 속한 사회를 조명하며, 기원후에 한참 들어서까지 지도 북쪽이 아닌 남쪽을 지도 위에 둔 경우가 많았다. 브로턴은 과학, 신앙, 돈, 평등 같은 별개의 주제를 정해, 역사에서 그러한 개념을 가장 잘 드러낸 지도를 선별한다. 지적 탐구를 좋아하는 독자라면 밀도 높고 학구적인, 그리고 가치 있는 여행이 될 것이다.

—〈커커스리뷰〉

이 책은 기원전 150년 프톨레마이오스의 지도에서부터 현재의 구글어 스에 이르기까지 세계사의 중요한 국면에 등장한 열두 개의 세계지도 를 다루고 있다. 세계지도란 세계 전체의 물리적 공간을 담아낸 지도를 지칭한다. 독일의 철학자 마르틴 하이데거의 말대로 인간은 공간을 세 계로 구성하는 '세계 내 존재In-der-Welt-sein'다. 지도란 '세계 내 존재'로서 인간이 세계와 해석적 관계를 맺는 한 형식이므로 필연적으로 세계관 을 내재한다.

　　이 책의 저자인 영국 퀸메리 대학의 제리 브로턴 교수는 열두 개 의 세계지도에 담겨 있는 세계관을 과학, 교류, 신앙, 제국, 발견, 경계, 관용, 돈, 민족, 지정학, 평등, 정보의 열두 개 코드로 해독해 냈다. 이러 한 책의 해제를 쓰는 나의 작업은 독자들로 하여금 복잡한 의미의 미로 에서 길을 잃지 않고 독서 여행을 잘 할 수 있게 안내하는 인식의 지도 를 제공하는 일이다. 그러나 이 지도 역시 나의 세계관이 담겨 있기에 주관적임에 틀림없다. 또한 나는 열두 개의 세계지도를 그린 책에 대한 지도를 그릴 만큼 지도에 관한 지식을 갖고 있지 못하다는 것을 고백하 지 않을 수 없다. 이 책은 그야말로 인류가 세계에 대해 축적한 거의 모 든 지식을 담고 있다. 나의 해제가 이 광대한 지식의 바다를 항해하는 지도로서 조금이나마 도움을 줄 수 있기를 기대하며, 독자들이 다음 여섯 가지 의미를 나침반으로 삼아 이 책을 읽어 나가길 권하고 싶다.

첫째, 지도란 지리적 환경을 파악하기 위해 인간이 만든 개념이라는 사실이다. 실체는 하나지만, 개념은 시간의 흐름에 따라 인간의 인지 능력의 확장과 비례해서 변한다. 《욕망하는 지도》는 한마디로 지도 개념의 역사다. 선사시대의 동굴 그림에서 볼 수 있듯이 지도를 만들려는 인간의 욕구는 원초적이고 지속적인 본능이다. 지도란 "인간 세계의 사물, 개념, 조건, 과정, 사건을 공간으로 이해하게 하는 도식적 표현"이다. 인간에게 지도가 없었다면 오늘날과 같은 문명을 건설하는 존재가 되지 못했을 것이다. 모든 시대의 지도 제작자들은 실물을 똑같이 재현하는 지도를 추구했다. 하지만 만약 인간이 그런 지도를 실제로 만든다면 역설적이게도 그것은 더 이상 지도의 기능을 하지 못한다는 사실을 보르헤스는 〈과학의 엄격함에 관하여〉에서 다음과 같이 말했다.

> 지도 제작자 모임은 '제국 지도'에 착수했다. 실제 제국과 크기가 똑같고, 모든 지점 하나하나가 실제와 정확히 일치하는 지도다. 지도 연구에 관심이 적어진 후세들은 이 거대한 지도가 무용지물이란 것을 알게 됐고, 다소 불손했던 그들은 지도를 뜨거운 태양 아래, 그리고 한겨울 추위에 내팽개쳐 두었다. 서부 사막에는 지금도 지도가 찢겨져 나뒹굴고, 동물과 거지들이 지도 위에서 먹고 잔다. 이제 이 나라 어디에서도 지리학을 연구했던 흔적을 찾아볼 수 없다.

보르헤스가 가르쳐 주는 교훈은 지도란 실체가 아니라 개념이라는 것이다. 개념이 없는 사람은 세상을 보는 눈과 무엇을 위해 살 것인지의 인생철학이 없는 사람이다. 개념은 인간이 만든 것이지만, 인간을 인간

으로 만드는 허구다. 인간이 개념을 가진 존재임을 밝히는 유명한 선언
이 "나는 생각한다. 고로 존재한다"는 데카르트의 테제다.

둘째, 이 책은 최근 역사학에서 불고 있는 역사의 '공간적 전환spatial turn'
이 왜 필요한지를 잘 말해준다. 역사의 3요소는 3간間이라 일컬어지는 인
간, 시간, 공간이다. 시간이 과거로부터 현재를 거쳐 미래로 흐르는 선형
적인 1차원이라면 공간은 3차원이다. 역사란 이 같은 시간과 공간을 조
합하여 4차원에서 일어나는 인간 삶의 궤적을 찾아내서 이야기로 구성
한 서사다. 이른바 3간 가운데 가장 변하지 않고 고정돼 있는 실체가 공
간이다. 그런데 역설적으로 공간의 불변성이 공간을 역사학에서 소홀히
취급하는 경향을 낳았다. 공간 여행은 가능하지만 시간 여행은 불가능하
다는 사실로부터 역사학적 상상력은 주로 타임머신을 타고 발휘되는 것
으로 여겨졌다. 그래서 역사학의 정의는 시간을 범주로 해서 E. H. 카의
"현재와 과거의 끊임없는 대화", 또는 마르크 블로크가《역사를 위한 변
명》에서 했던 "시간 속의 인간에 관한 학문"으로 내려졌다. 인간 세계에
서 일어나는 일들을 시간 순서로 이야기하는 것이 역사라면, 그것들을
공간으로 재현하는 것이 지도다. 따라서 세계사를 지도의 역사로 기술하
는 이 책은 그야말로 시간과 공간의 조합을 통해 4차원에서 일어나는 인
간 삶의 궤적을 보여 주는 가장 완벽한 역사서라고 말할 수 있다.
　　　원래 지리학과 역사는 그리스 시대부터 세계를 서로 다른 방식
으로 묘사하는 동전의 양면처럼 이해되었다. 지리학이 세계를 그리는
과학이라면, 역사는 세계에 대해 쓰는 문학의 일종으로 분류됐다. 하지
만 이 책의 첫 장에서 논의하듯이, 지도 제작이 그리는 행위인지 쓰는
행위인지에 대한 오랜 논쟁이 있었다. 전자가 공간적 작업이라면, 후자
는 시간적 작업이다. 전자에 의거한 과학, 특히 기하학에 의거해서 객관
성을 추구하는 지도 제작에 의문을 제기한 사람이 역사의 아버지라 일

컬어지는 헤로도토스다. 그는 당시 그리스 지도 제작이 수학적이고 천문학적인 계산에 의존하는 것에 반대하고, 여행자가 수집한 가공하지 않은 정보를 어떻게 수집하고 평가하고 통합해 좀 더 포괄적인 세계지도를 만들지에 대해 고민했다.

　　이 문제와 연관해서 시사를 얻을 수 있는 것이 동아시아의 지도 개념이다. 전근대 중국에서 서양의 지도에 해당하는 용어가 '圖'(도)다. 그런데 圖는 글이거나 그림이기도 하지만, 이 둘이 합쳐져 시각적 표현과 더불어 주로 시와 같은 글의 묘사가 덧붙여진 것을 지칭했다. 따라서 12세기 어느 학자는 그림은 날실이고 글은 씨실과 같아서, 그림이 없는 글을 보는 것은 형태를 보지 않고 목소리만 듣는 것과 같고, 글이 없는 그림을 보는 것은 목소리는 듣지 않고 사람을 보는 것과 같다고 했다. 이처럼 전근대 동아시아인들이 圖의 개념을 그림과 글의 융합으로 생각했다는 것은 결국 지리학과 역사를 둘이 아니라 하나로 인식했음을 알려준다.

셋째, 지도를 매개로 해서 인간이 세계라는 공간에 대해 이해하는 방식의 변화를 12개의 키워드로 풀어내는 이 책은 지금 우리가 갖고 있는 세계와 역사 개념을 반성하는 거울로 활용될 수 있다. 우리 시대 역사학이 근대와 유럽 중심주의를 극복해야 한다는 것은 전 세계 역사학자의 공통된 화두다. 지리와 지도의 관계처럼, 과거가 실재라면 역사란 그것을 지칭하는 이름이다. 지금 역사학에서 인식의 범주나 개념으로 사용하는 거의 모든 것, 예컨대 동양과 서양으로 세계의 지역을 나누고 근대, 중세, 근대로 시대를 구분하는 것은 서구 역사학이 만든 허구다. 결국 역사학이란 근대 학문 자체가 유럽 중심주의라는 기의^{signified}를 내포하고 있는 '근대의 기호$^{a\ sign\ of\ the\ modern}$'로 만들어진 것이라면, 유럽 중심주의 바깥에서 역사를 연구하고 서술한다는 것이 과연 어떻게 가능할 수 있는가?

　　이 책이 분석하고 있는 열두 개의 세계지도는 근대 이전에도 세계의 개념이 각 문명권에 있었다는 것을 보여 줌으로써, 유럽이 세계가 아니라 본래는 하나의 지역에 불과했음을 깨우쳐 준다. 놀랍게도 이 책에는 여말선초 한국사가 서술되어 있다. 조선은 새 왕조의 창건이 천명에 의거했다는 것을 정당화할 목적으로 천문도인 〈천상열차분야지도〉와 땅의 지도인 〈혼일강리역대국도지도〉를 제작했다. 전자가 조선을 새 하늘 아래 두려는 기획이라면, 후자는 조선을 새로운 천하에 배치하려는 시도다. 〈혼일강리역대국도지도〉란 '통합된 땅 그리고 역사 국가와 도시를 표시한 지도'라는 뜻이며, 흔히 〈강리도〉라고 불린다. 〈강리도〉는 동아시아에서 제작된 현존하는 세계지도 중 가장 오래된 것으로서 조선을 표현한 최초의 세계지도고, 아시아에서 최초로 유럽을 표시한 지도다. 이 지도에는 조선의 자의식과 세계 인식이 내재돼 있다. 이 지도에서 유럽은 변방에 위치해 있다. 따라서 인도의 역사가 디페시 차크라바르티의 말대로 '유럽을 지방화하기Provincializing Europe'가 근대와 유럽 중심주의를 극복할 수 있는 지리학적인 전제가 된다면, 이 지도는 그 같은 포스트식민주의에 입각해서 역사를 사유할 수 있는 공간을 제공한다.

넷째, 이 책의 저자는 민족이라는 상상의 공동체를 현실로 만든 것은 무엇보다도 지도였다고 주장한다. 근대 국가의 3요소는 국민, 영토, 주권이다. 베네딕트 앤더슨은 이 셋을 만들어낸 것이 민족주의임을 《상상의 공동체》에서 서술했다. 그가 민족주의의 문화적 기원으로 주목한 것은 언어와 시간이었다. 15세기 인쇄자본주의 덕분에 중세 라틴어 대신에 토착어로 쓰인 신문과 소설을 읽는 대중 독자층이 확대되어 같은 시간과 같은 공간에 사는 상상의 공동체로서 민족이 탄생했다는 것이다. 이러한 앤더슨의 테제에 대해 이 책의 저자는 상상된 민족을 볼 수 있게 만든 것은 결국 지도였다고 말한다. 지도는 국민들에게 "끊임없이 반복되는 국가적 자기희생에서 싸워 지켜야 하고 심지어 목숨까지 바쳐 지킬 가치가 있는 국가의 모습을 제시"하는 기능을 했다.

지도는 중세의 제국을 국가의 영토로 재편성함으로써 민족이라는 조국을 만들어 냈다. 이로부터 국가는 특정한 정치적 이익에 부응하는 지도 제작에 노력을 경주하는 한편, 탐험과 식민지 경영으로 조국의 생활공간을 확장시키는 제국주의 지리학이 등장했다. 지리학과 제국주의의 결합으로 탄생한 것이 지정학이다. 지정학은 "역사에서 반복되는 특정한 지리 형태의 중요성에 주목하려는 시도", "공간적 관계와 역사적 원인에 관한 이론", "공간적 또는 지리적 관점에서 국제 관계를 바라보는 학문" 등으로 정의된다. 이 같은 지정학이 '역사의 지리적 중추'를 장악하는 데 이용됨으로써 급기야는 바다와 하늘까지도 자국 영토의 확장으로 전유하려는 시도를 낳고, 국제분쟁으로 이어지곤 한다. 이러한 국제분쟁에서 결정적인 역할을 하는 것이 지도. 예컨대 독도가 한국 땅인가, 일본 땅인가를 판가름하는 가장 확실한 증거로 고지도가 인용된다. 하지만 우리가 이 책을 통해 알게 되는 것은 영토의 재현으로 지도가 만들어지는 것이 아니라, 영토가 지도의 산물이라는 사실이다. 이 같은 사실은 중국이 이어도를 자신들의 방공식별구역으로 설정한 것에서도 명확히 드러난다. 중국의 자의적인 행동에는 결국 신중화주의적 야욕이 도사리고 있기 때문에 우리는 경계하지 않을 수 없다.

다섯째, 지도를 만드는 코드가 제국에서 발견, 경계, 관용, 돈, 민족, 지정학으로 바뀌는 과정을 통해 변방의 유럽이 세계의 중심으로 부상할 수 있었다는 것을 치밀하게 묘사하는 이 책을 통해 우리는 역설적이게도 근대라는 '시간의 결을 거슬러서' 지도를 해체적으로 읽는 역사적 안목을 배울 수 있다. 이것을 위한 하나의 예를 들어보자. 아메리카 대륙을 발견한 사람이 크리스토퍼 콜럼버스라는 것은 세계사의 상식이다. 하지만 그가 항해하기 이전에도 그 대륙에는 원주민이 살고 있었기 때문에, '발견'이라는 표현은 유럽 중심주의가 낳은 전형적인 오류다. 그런데도 왜 그 같은 오류가 수정되지 않는가? 무엇보다도 아메리카라는 이름 때문이다. 이에 대한 논란이 없지는 않지만, '미지의 땅'이라 불렸던 이 신대륙이 이름을 갖게 된 계기는 독일인 마르틴 발트제뮐러가 대략 1507년에 '아메리카'라고 명명한 지도를 만들면서부터라고 말해진다. 진짜 생일이 아니라 출생증명서에 기록되어 있는 날짜가 법률적으로 인정을 받듯이, 그 지도가 미국의 출생증명서인 셈이다. 그 지도를 통해서 미국이라는 신대륙 발견이 공식적으로 인정을 받은 셈이고, 이 같은 지도 만들기를 출발점으로 하여 유럽이 비유럽을 자신의 식민지로 지배하는 것을 정당화하는 근대의 서막이 열렸다. 이러한 제국주의 지정학의 연장선상에서 우리는 오늘날 동해인가, 일본해인가로 지도상의 명칭을 둘러싸고 일본과 국제 분쟁을 벌이고 있다. 하나의 바다가 두 개의 이름으로 불러야 하는 것이 지도의 딜레마다.

　과연 이 같은 모순을 해결하기 위해 '지도의 해체'를 해야 하는가? 이 책의 저자는, 그것은 불가능하며 무의미하다고 주장한다. 김춘수 시인이 〈꽃〉에서 "내가 그의 이름을 불러 주기 전에는 그는 다만 하나의 몸짓에 지나지 않았다"고 노래했듯이, 땅과 바다는 지도의 이름을 통해서만 인간에게 존재의 의미를 획득하기 때문이다. 인간의 한계는 관점과 이해관계를 갖지 않고 인식한다는 것이 불가능하다는 점이다. "모든 세계지도는 영토를 묘사할 때 불가피하게 선택적이고 불완전하며, 그러한 묘사는 언제나 개인의 편견과 정치적 술수에 영향을 받게 마련이라는 사실"이다. 1972년 아폴로 17호가 지구 밖에서 찍은 지구의 사진은 마침내 지구 전체의 모습을 있는 그대로 보여 주었다. 그 사진이 나온 지 6개월 후 독일의 역사학자 아르노 페터스는 평등이라는 코드로 지도를 그리는 도법을 발표했다. 페터스는 자신의 새 지도가 400년 동안 주도권을 장악한 메르카토르 도법에 숨어 있는 유럽 중심주의를 극복할 수 있는 대안이라고 주장했다. 하지만 자칭 '페터스 도법'으로 그려진 지도 역시 객관적인 지도가 결코 아니며 불완전하고 태생적으로 선별적인 지도이므로 불가피하게 특정 정치 이데올로기를 대변한다는 것이 밝혀졌다. 모든 지도는 정치적이다. 따라서 이 같은 사실을 인정한다면, 우리는 '지도의 해체'를 추구해야 할 목표가 아니라 직간접적으로 자기 시대 세계관의 영향 속에서 제작된 모든 지도의 한계를 성찰하고 세계를 보는 자기 시야를 끊임없이 넓히려는 방법으로 삼아야 한다는 것이 이 책의 결론이다.

여섯째, 우주에서 지구의 모든 지역을 샅샅이 훑어보는 구글어스까지 서술하는 이 책은 지금 우리가 어느 지점에 있으며 어디로 가야 하는지, 인류 문명의 지도에 대한 성찰을 할 수 있게 만든다. 이 책이 분석하는 마지막 지도인 구글어스에 이르면 정보가 지도 제작의 코드가 되는 디지털 시대에 이르러, 앞에서 보르헤스가 상상한 실물과 똑같은 크기의 지도를 정말로 제작할 수 있을 만큼 인류 문명이 진보했음을 실감한다. 디지털 기술은 현실의 공간에 구애받지 않고 가상공간에서 그런 지도를 그릴 수 있게 할 뿐만 아니라, 우리가 가는 방향을 따라 길을 안내하는 내비게이션까지 등장시켰다. 구글은 머지않은 장래에 지구 어디서든 우리의 위치를 알려 주는 인터넷 지도를 만들어 내고 이를 지리 공간 애플리케이션으로 제공할 것이다. 그러면 우리는 길을 잃는다는 것이 무엇인지를 아는 마지막 세대가 될 것이라고 구글은 장담한다. 하지만 인류는 그만큼 자유롭고 똑똑해질 것인가? 아닐 수 있다는 불안한 전망이 점점 현실로 드러나고 있다.

　내비게이션 덕분에 우리는 언제 어디서든 길을 찾는 존재가 되었지만, 점점 '길치'가 됨으로써 그것의 노예로 전락하는 것을 넘어서 지구상 어디에 있든 자신의 위치가 추적되는 빅브라더^{big brother}의 시대에 살게 될 위험에 직면해 있다. 도구였던 것이 우리를 지배하는 디지털 정보 시대에서 또 다른 '계몽의 변증법'이 나타나고 있다. 보르헤스는 실물 그대로 재현한 지도는 결국 쓸모없는 것이며, 누더기로 버려져서 동물과 거지들이 사는 공간이 될 뿐이라고 말했다. 그런데 문제는 그 동물과 거지가 바로 우리 자신이 될 것이라는 불길한 징조가 보이고 있다는 사실이다.

이 같은 기술 문명의 진보가 낳은 디스토피아에 직면해서 우리는 이 책의 저자가 보여 주는 통찰에 주목할 필요가 있다. 지도란 단순히 길을 찾는 도구가 아니라 인간이 환경과 커뮤니케이션을 하는 매체이며, 단지 여기서 저기까지 어떻게 가는지를 묻는 질문만이 아니라 더 많은 질문에 대한 답을 준다는 것이다. 우리는 이 세상에 태어나면서부터 줄곧 정보를 공간적으로 처리하면서, 더 넓은 세상과의 관계에서 자신을 이해하는 능력을 키우며 살아왔다. 심리학자들이 '인지적 관계대응'이라 일컫는 이 행위를 통해서 인간은 거대하고 두렵고 인식할 수 없는 '저쪽' 세상과의 관계에서 나를 구별해 정의하고, 인류는 이런 과정을 반복하면서 공간적 환경과 관련한 정보를 획득, 처리, 축적하는 것으로 문명을 발달시켜 왔다.

다행인지 불행인지 모르겠지만, 지금까지 만들어졌던 모든 중요한 지도를 연구하고 이 책이 내린 결론은 정확한 세계지도를 제작하기란 불가능하다는 것이다. 지구를 한 가지 방식으로 정의할 수 없기 때문이다. 세상만사는 "지도 없이는 절대 세계를 이해할 수 없고, 하나의 지도로 세계를 분명하게 표현할 수도 없다"는 이 책의 마지막 문장처럼 모순적이다.

그렇다면 우리는 이 모순적인 삶을 어떻게 살아야 하는가? 우리가 인생의 항해를 하기 위해서 자기 나름의 지도를 가져야 한다는 것이 이 책이 주는 가장 중요한 메시지라고 나는 생각한다. 불완전하고 유한한 인간에게 필요한 것은 지상의 시간과 공간을 초월하여 신의 위치에서 세상을 재현하는 지도가 아니라, 지역이나 국가 또는 개인이 자기 나름대로 세상을 보는 법을 제안하는 지도라는 것이다.

문제는 세상의 모든 것을 정보화하고 연결하고 축적하여 빅 데이터를 만들어 낼 수 있는 정보화 시대에서 지도를 만드는 인간의 능력은 점점 퇴화하고 있다는 점이다. 인간을 미성숙으로부터 벗어나게 해주는 계몽의 기획이 인간을 도구화하는 '계몽의 변증법'으로 변질되는 사태가 디지털 정보화 시대에서 다시 벌어지고 있다. 이 같은 '정보화의 변증법'에 직면해서 우리는 정보를 다운로드 받는 것으로 인생의 지도가 그려질 수 없다는 사실을 깨달아야 한다.

디지털화가 진행되면 될수록 '진짜' 세계는 가상현실로 대체될 것이고, 이로써 '나는 누구인지'의 정체성은 물론 '나는 어디에 있으며 어디로 가야 하는지'에 대한 삶의 방향 정립에 커다란 혼란이 초래될 것이다. 이 같은 문명사적 위기에서 우리에게 요청되는 것은 가상현실을 통해 지도 제작자의 모든 주관적 요소가 배제된 완벽한 지도를 만드는 것이 아니라, 그러한 '디지털 지구'를 주체적으로 사용할 수 있도록 '지도의 지도'에 대해 성찰하는 사유 능력이다. 지도의 역사를 12개의 코드로 풀어내는 이 책이 바로 그런 '지도의 지도'에 대해 성찰하는 방법을 가르쳐 주는 교과서다. 따라서 이 책을 어떻게 읽을지에 대한 독서 지도를 그려 보려고 쓴 이 글이 독자들에게 그런 '지도의 지도'의 필요성과 가치에 대해 생각해 보는 단초로 읽힌다면 더 이상 바랄 것이 없다.

김기봉 경기대학교 사학과 교수

차례

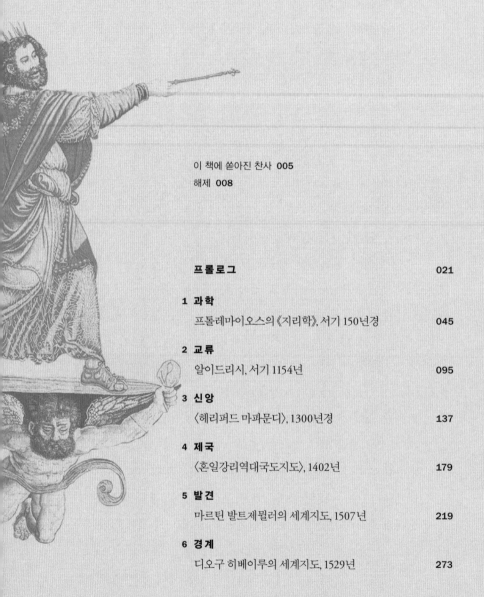

이 책에 쏟아진 찬사 **005**
해제 **008**

프롤로그 **021**

1 과학
프톨레마이오스의《지리학》, 서기 150년경 **045**

2 교류
알이드리시, 서기 1154년 **095**

3 신앙
〈헤리퍼드 마파문디〉, 1300년경 **137**

4 제국
〈혼일강리역대국도지도〉, 1402년 **179**

5 발견
마르틴 발트제뮐러의 세계지도, 1507년 **219**

6 경계
디오구 히베이루의 세계지도, 1529년 **273**

7 관용

헤르하르뒤스 메르카토르의 세계지도, 1569년   **319**

8 돈

요안 블라외의 《대아틀라스》, 1662년   **375**

9 국가

카시니 가문의 프랑스 지도, 1793년   **425**

10 지정학

해퍼드 매킨더의 〈역사의 지리적 중추〉, 1904년   **477**

11 평등

페터스 도법, 1973년   **525**

12 정보

구글어스, 2012년   **567**

에필로그   **611**

주 **625**

그림 목록 **669**

감사의 말 **676**

찾아보기 **682**

프롤로그

—

시파르(지금의 이라크 텔 아부 하바)
기원전 6세기

———

1881년, 이라크 태생 고고학자 호르무즈드 라삼은 오늘날 바그다드 남서쪽 교외의 텔 아부 하바에 있던 고대 바빌로니아의 도시 시파르 유적지에서 쐐기문자가 새겨진 2,500년 된 작은 점토판 조각을 발견했다. 라삼은 18개월에 걸쳐 이 점토판을 비롯한 유물 약 7만 점을 발굴해 런던에 있는 영국박물관으로 실어 날랐다. 그 무렵 영국의 아시리아 학자들은 쐐기문자 해독에 매달렸고, 라삼의 임무는 성경에 나오는 홍수를 역사적으로 뒷받침할 유물을 찾는 것이었다.[1] 라삼은 더 번듯하고 완벽한 유물을 찾느라 처음에는 점토판을 그냥 지나쳤다. 쐐기문자를 읽을 줄 몰라 점토판의 중요성을 몰랐기 때문이기도 하다. 쐐기문자는 19세기 말이 되어서야 비로소 제대로 해석되어 중요성을 인정받기 시작했다. 현재 이 점토판은 '바빌로니아 세계지도'라는 이름으로 영국박물관에 전시되고 있다.

라삼이 발견한 점토판은 위에서 땅을 내려다보는 식으로 전 세계를 평면에 표현한, 현존하는 가장 오

────── **그림 1**
이제까지 알려진 최초의 세계지도인 바빌로니아 세계지도, 기원전 700~500년경. 이라크
남부 시파르에서 출토되었다. → 224~225쪽 사이 컬러화보 참고

래된 유물이다. 이 지도에는 두 개의 동심원이 있고, 그 안에 임의로 그
린 듯한 일련의 원과 긴 사각형, 곡선이 있으며, 초기 컴퍼스로 동심원
을 그렸는지 중심에 구멍이 뚫려 있다. 바깥 동심원 주위로는 똑같은 간
격으로 삼각형 여덟 개가 배치되었는데, 이 중 다섯 개만 형태가 남아
있다. 이 점토판은 이곳에 새겨진 쐐기문자가 해독된 뒤에야 비로소 지
도로 인식되기 시작한다.

　　바깥 원은 'marratu', 즉 '소금 바다'라는 이름이 붙었는데, 사람
사는 세계를 둘러싼 대양을 나타낸다. 안쪽 원 안에서 가장 눈에 띄는,
중심점을 통과하는 꺾어진 직사각형은 유프라테스 강을 나타내는데,
'산'이라고 이름 붙은 북쪽의 반원에서 출발해 '해협'과 '늪'을 상징하는
남쪽의 가로로 긴 직사각형에서 끝난다. 유프라테스 강을 양분하는 직
사각형에는 '바빌론'이라고 썼고, 그 주위를 아치 형태로 둘러싼 여러

원은 도시와 지역, 즉 수사(이라크 남부), 비트 야킨(라삼의 출생지에서 가까운 칼데아 지역), 하반(고대 카시트 부족이 살던 곳), 우라르투(아르메니아), 데르, 아시리아를 상징한다. 바다를 상징하는 바깥 원에서 뻗어 나간 삼각형에는 'nagû'라고 쓰였는데, '지역' 또는 '지방'이란 뜻이다. 이 삼각형과 나란히, 거리를 묘사한 암호 같은 설명이 있고(이를테면 "태양이 보이지 않는 곳 사이는 6리그[약 30킬로미터]")[2] 카멜레온, 아이벡스, 제부, 원숭이, 타조, 사자, 늑대 같은 이국적인 동물들도 보인다. 세상에 알려진 바빌론 세계의 경계를 한참 넘어선 미지의 영역이자 신화의 영역이다.

점토판 맨 위와 뒷면에 새겨진 쐐기문자를 보건대, 이 점토판은 단지 지구 표면을 표시한 지도가 아니라 바빌로니아 우주론을 사람 사는 세계로 표현한 포괄적 도해다. 이곳에는 바빌로니아의 신 마르두크와 티아마트가 벌인 전쟁 이야기를 담은 창조 신화가 언뜻언뜻 드러난다. 바빌로니아 신화에 따르면, 마르두크가 점토판에 나오는 "몰락한 신들"에게 승리를 거두면서, 하늘과 땅 그리고 인류와 언어가 바빌론을 중심으로 "거친 바다 위에" 생겨났다. 땅의 점토로 만든 이 점토판은 물의 원초적 혼돈에서 땅을 만들고 곧이어 인류 문명을 창조한 마르두크의 업적을 그대로 표현한다.

점토판이 탄생한 배경은 아직도 분명하지 않다. 점토판 뒷면에는 시파르 남쪽의 고대 도시 보르시파(비르스 님루드) 출신의 '에아벨릴리'라는 사람의 후손이 점토판에 글을 새겼다고 나오지만, 왜 그리고 누구를 위해 새겼는지는 여전히 수수께끼다. 하지만 우리는 이 점토판이 인간을 이해하는 가장 기본적인 목적 하나를 보여 주는 오래된 예라고 단언할 수 있다. 방대하고 끝이 없어 보이는 기지旣知의 세계에 일종의 질서와 구조를 부여한다는 목적이다. 이 점토판은 세계의 기원을 상징과 신화로 묘사할 뿐 아니라 지상의 현실을 추상적으로 묘사하기도 한다. 지구를 원, 삼각형, 긴 사각형, 점으로 분류해 이해하면서, 바빌론을 중심에 놓은 세계 그림에 글과 심상을 결합하는 식이다. 바빌로니아 세계지도는 지구를 먼 우주에서 바라보는 꿈이 실현되기 약 3,000년 전에 마치 신이 지상의 창조물을 바라보듯 세계를 위에서 내려다보는 시선을 보여 준다.

오늘날 아무리 여행을 많이 다니는 사람이라도 5억 1,000만 제곱킬로미터가 넘는 지구 표면을 다 돌아볼 수는 없는 일이다. 하물며 고대 세계에서는 단거리 여행조차 드물고 어려운 일이라 대개 마지못해 다녀오거나, 다녀온 사람은 상당한 두려움을 표하기 일쑤였다.[3] 그렇다 보니 가로 8센티미터, 세로 12센티미터에 불과한 점토판에 옮겨진 세계를 볼 때면 경외심뿐 아니라 신비로움마저 느꼈을 것이다. 점토판은 이것이 세계이고 바빌론이 곧 세계라고 말한다. 자신을 바빌론의 일부로 여긴 사람에게는 마음이 놓이는 이야기다. 그러나 바빌론에 속하지 않은 사람이 점토판을 보았다면, 점토판이 말하는 바빌론의 힘과 지배력은 의심의 여지가 없다. 오랜 옛날부터 바빌론 점토판 같은 물건에 담긴 일종의 지리 정보는 영적 지도자나 지배층의 전유물이었다. 이 책 전체에 걸쳐 나오겠지만, 주술사나 대학자, 통치자, 종교 지도자들은 세계지도가 그 제작자와 소유자에게 영험하고 주술적인 권위를 부여한다고 믿었다. 그들이 창조의 비밀과 인류의 규모를 안다면, 끔찍하고 예측할 수 없는 다양성의 세계에서 지상을 지배하는 법도 알고 있을 게 분명했다.

바빌로니아 세계지도가 기지의 세계 전체를 지도에 담으려는 이제까지 알려진 최초의 시도이지만, 인간의 지도 제작 역사에서 본다면 비교적 늦은 예에 속한다. 바위와 점토에 풍경을 새긴, 이제까지 알려진 최초의 선사시대 예술은 바빌로니아 세계지도보다 2만 5,000년 이상 앞서며, 멀게는 기원전 3만 년 후기 구석기시대로까지 거슬러 올라간다. 제작 시기와 의미를 두고 고고학자들 사이에서 의견이 분분한 이 초기 그림에는 사람이 사는 움집, 가축을 가둔 울타리, 거주지 사이의 구분, 사냥터, 심지어 강과 산까지 나타난다. 이런 그림은 영영 사라져 버린 해독할 수 없는 신화나 우주론적 이야기를 품은 상징적 기호일 가능성이 높은데도, 대개는 지나치게 단순 명료하다 보니 사물이나 사건의 공간 분포를 나타내는 추상적이고 기하학적인 표시로 쉽게 오해받는다. 오늘날의 고고학자들은 19세기 고고학자들에 비해 초기 바위그림에 '지도'라는 말을 붙이기를 조심스러워 한다. 선사시대 바위그림이 출현한 명확한 날짜를 정하는 일은 아기가 처음으로 주변 환경과 자신을 공간적으로 분리할 줄 알게 된 때가 언제인가를 정하는 일만큼이나 무의미해 보인다.[4]

지도를 만들려는 욕구는 인간의 기초적이고 지속적인 본능이다.[5] 지도가 없다면 우리는 어떻게 되었을까? 뻔한 답은 물론 '길을 잃는다' 이지만, 지도는 단지 여기서 저기까지 어떻게 가는지를 묻는 질문만이 아니라 훨씬 더 많은 질문에 답을 준다. 사람들은 아주 어려서부터 줄곧 정보를 공간적으로 처리하면서 자신을 더 넓은 세상과의 관계에서 이해한다. 심리학자들은 이 행위를 '인지적 관계대응cognitive mapping'이라 일컫는다. 이는 거대하고 두렵고 인식할 수 없는 '저쪽' 세상과의 관계에서 나를 구별하고 정의하는 과정에서, 공간적 환경과 관련한 정보를 획득하고, 처리하고, 상기하는 정신적 행위다.[6] 이런 관계대응은 인간에만 국한되지 않는다. 동물도 관계대응을 하는데, 이를테면 개나 늑대가 냄새로 영역을 표시한다거나 꿀벌이 벌집에서 춤을 추어 꿀이 있는 곳을 알리는 행위 등이 이에 속한다.[7] 그러나 '지리적 관계대응mapping'에서 그 관계를 직접 표현하는 '지도 제작mapmaking'으로 중대한 도약을 성취한 것은 인간뿐이다.[8] 인간은 약 4만 년 전에 영구적인 도식을 만들어 의사소통에 이용하기 시작하면서 순간적인 공간 정보를 영구적이고 복제 가능한 형태로 번역하는 능력을 키웠다.

그렇다면 지도는 무엇인가? 영어 map(그리고 그 파생어들)은 스페인어, 포르투갈어, 폴란드어 같은 다양한 근대 유럽 토착어에서 사용되었고, 식탁보나 냅킨을 뜻하는 라틴어 mappa에서 왔다. 프랑스어로 지도를 뜻하는 carte는 어원이 라틴어 carta인데 이 말은 지도를 뜻하는 이탈리아어 carta와 러시아어 karta의 어원이자 공식 문서를 뜻하고, 이 말은 다시 파피루스를 뜻하는 그리스어에서 파생했다. 지도를 뜻하는 고대 그리스어 pinax는 여러 종류의 물건을 가리키는데, 정확히 말하면 글자나 그림을 새기는 나무나 금속 또는 돌로 만든 판이다. 아랍어로 지도는 시각적 의미가 조금 더 강해서, 형상을 뜻하는 ṣūrah와 그림을 뜻하는 naqshah가 모두 지도를 의미한다. 한자에서 지도라는 뜻의 图 역시 그림이나 도표를 뜻한다.[9] map(또는 mappe)이라는 단어가 영어에 등장한 것은 16세기가 되어서의 일이며, 이때부터 1990년대까지 map의 뜻은 300가지가 넘었다.[10]

할리J. B. Harley와 데이비드 우드워드David Woodward가 편집을 주관해 1987년부터 여러 권으로 출간 중인 《지도 제작사History of Cartography》에는 오늘날 학자들 사이에서 널리 인정되는 지도의 정의가 나온다. 1권 머리말에 나오는 내용이다. "지도map는 인간 세계의 사물, 개념, 조건, 과정, 사건을 공간으로 이해하게 하는 도식적 표현이다."[11] (이 책에서도 줄곧 이용할) 이 정의는 "천체도나 상상의 우주형상학cosmography 지도에도 자연스럽게 확대 적용"할 수 있으며, 지도를 기하학적 의미로 한정하지 않는다. 할리와 우드워드는 하늘과 땅을 분석해 우주를 묘사하는 우주형상학을 지도의 정의에 포함해, 바빌로니아 세계지도 같은 고대 유물을 우주 도해이자 세계지도로 인식하게 한다.

지도를 본격적으로 이해하고 지도 제작에 과학을 동원한 것은 비교적 최근의 일이다. 수천 년 동안 각 문화는 지도에 서로 다른 명칭을 부여하고, 바위에서부터 종이에 이르기까지 다양한 매체에 쓰고, 그리고, 새기는 공식 문서나 그림, 도해 등과 지도를 따로 떼어 생각하지 않았다. 지도와 우리가 지리학이라 부르는 것의 관계는 훨씬 더 미묘하다. 고대 그리스부터 지리학geography은 땅gē을 도식적graphein으로 연구하는 학문으로 정의되었고, 지도 제작은 그러한 지리학의 핵심이었다. 그러나 지리학이 서양에서 지적 학문으로서, 전문 분야나 학문 주제로 모양새를 갖추기 시작한 것은 19세기가 되어서의 일이다.

지도가 놀라운 힘과 지속적 매력을 갖는 주된 이유는 천이나 판, 그림, 인쇄물 등 형태가 이질적이고 다양하다는 점이다. 지도는 눈에 보이는 물건이자 동시에 도식화한 문서이며, 글로 표현하는 매체이자 시각적 매체다. 글이 없는 지도는 이해할 수 없으며, 시각적 요소가 빠진 지도는 단순히 지명을 나열한 것에 불과하다. 지도를 제작할 때는 예술적 방법을 동원해 미지의 것(세계)을 상상으로 표현하기도 하지만, 과학 원리를 이용해 일련의 기하학적 선과 도형으로 지구를 추상화하기도 한다. 할리와 우드워드의 정의에 따르면 지도는 궁극적으로 공간에 관한 것이다. 지도는 인간 세계에서 일어나는 일들을 공간으로 이해한다. 그러나 앞으로 이 책에서 살펴보겠지만, 지도는 시간에 관한 것이기도 해서 그 일들이 어떤 식으로 하나씩 펼쳐질지 관찰하게 한다. 우리는 물론 지도를 시각적으로 바라본다. 그러나 지도를 서로 다른 일련의 이야기로 읽을 수도 있다.

이 모든 이야기가 이 책의 주제인 세계지도에서 만난다. 그러나 '지도'라는 용어의 특성을 고정불변의 한마디로 규정하기 어렵듯이 '세계'라는 개념도 마찬가지다. '세계'는 인간이 만든 사회적 개념이다. 지구라는 행성의 물리적 공간 전체를 나타내기도 하지만, 문화적 또는 개인적 '세계관'을 구성하는 사상이나 믿음 전체를 의미할 수도 있다. 역사를 통틀어 여러 문화에서 지도는 '세계'에 담긴 그러한 사상을 표현하는 완벽한 수단이었다. 세계지도에 포함된 중심, 경계, 기타 모든 장치들은 지도 제작자가 지구를 직접 관찰한 결과로 규정되기도 하지만 그에 못지않게 '세계관'으로 규정되기도 해서, 지도를 중립적인 사회적 관점에서 만들기란 불가능하다. 이 책에 나오는 열두 개의 지도는 세계 전체의 물리적 공간을 담고 있는데, 이 역시 세계관을 형성하는 사상과 믿음을 기초로 한다. 세계지도가 세계관에서 나오기도 하지만, 세계지도는 다시 해당 문화의 세계관을 규정한다. 공생하는 연금술을 보여 주는 특별한 사례다.[12]

세계지도를 제작할 때는 지역지도를 제작할 때와는 다른 도전과 기회에 직면한다. 우선 세계지도를 지구의 한 장소에서 다른 장소로 찾아가는 길 찾기 용도로 사용하는 일은 거의 없다. 그러나 지역지도와 세계지도의 가장 큰 차이는 시점이며, 이는 세계지도를 만들 때면 항상 심각한 문제가 된다. 세계는 일부 지역과 달리 지도 제작자의 눈에 단일한 개괄적 시선으로 파악되지 않는다. 자연 지물 또는 인공 지물을 정해 그곳에서 비스듬한 각도로(조감도를 보는 시선으로) 좁은 지역을 내려다보며 그 지역의 기본 요소들을 바라보는 것은 오랜 옛날에도 가능했다. 그러나 우주에서 지구를 촬영하는 기술이 출현하기 전까지는 그런 시점으로 지구를 바라볼 수는 없었다.

그러한 혁신적 기술이 나타나기 전까지 세계지도를 만드는 사람은 특히 두 가지에 의존했는데, 둘 다 지구의 실질적 일부는 아니었다. 즉, 하나는 머리 위의 하늘이고 다른 하나는 상상력이다. 지도 제작자는 천문학 덕에 태양과 별의 움직임을 관찰하고 지구의 크기와 모양을 추정할 수 있었다. 그러한 관측이 가능해지면서 개인의 선입견 그리고 대중의 신화와 믿음에서 나온 상상적 추측은 더욱 풍부해졌고, 앞으로 살펴보겠지만 이런 추측은 지금도 세계지도에 영향을 미치고 있다. 인공위성이 찍은 사진을 사용하게 된 것은 비교적 최근의 일이며, 그 덕에 사람들은 지구가 우주에 떠 있는 모습을 사실로 받아들이지만, 그전

3,000년 동안은 그러한 시점을 이해하려면 항상 상상력을 동원해야 했다(그러나 우주에서 찍은 사진은 지도가 아니며, 이 사진 역시 관습과 조작에 휘말리기 쉽다. 이 책 맨 뒤에서 인공위성 사진과 그것을 이용한 인터넷 지도를 이야기하면서 이 점을 다룰 예정이다).

이 책에 선별해 놓은 세계지도를 포함해 모든 세계지도에 영향을 미친 도전과 기회는 이것 말고도 더 있으며, 바빌로니아 세계지도를 다시 한 번 들여다본다면 그 도전과 기회가 맨 처음에 어떤 식으로 나타났는지 알 수 있다. 이 중 가장 큰 도전은 추상화다. 지도는 그것이 나타내는 물리적 공간의 대체물로, 표현 대상을 구성하고 지구 표면의 무한하고 감각적인 다양성을 일련의 추상적 기호로 정리해 중심과 변방, 국경과 경계가 어디에서 시작하는지 표시한다. 이런 기호는 지형을 표현한 바위그림의 단순한 선에도, 바빌로니아 점토판처럼 훨씬 더 규칙적인 기하학적 모양에도 나타난다. 이런 선을 지구 전체에 적용할 때, 지도는 단지 세계를 표현하는 데 그치지 않고 상상력을 발휘해 세계를 창조한다. 수세기 동안 세계를 이해하는 유일한 통로는 마음의 눈이었고, 세계지도는 미지의 실제 세계가 어떻게 생겼을지 상상력을 동원해 보여 주었다. 지도 제작자는 세계를 재현할 뿐 아니라 세계를 구축한다.[13]

상상력을 한껏 발휘하는 행위로서의 지도 제작의 논리적 결과는 폴란드 태생의 미국 철학자 알프레드 코지프스키Alfred Korzybski가 1940년대에 했던 말로 대신할 수 있다. "지도는 영토가 아니다."[14] 언어가 그것이 의미하는 대상으로 구성되지 않듯, 지도 역시 그것이 표현하려는 영토로 구성될 수 없다. 영국 인류학자 그레고리 베이트슨Gregory Bateson은 이렇게 주장했다. "종이지도에 나타난 것은 지도 제작자가 자신의 망막에 비친 것을 표현한 것이다. 이 과정을 거꾸로 돌리면 무한소급, 즉 무한한 일련의 지도와 마주친다. 영토는 눈곱만큼도 끼어들지 않는다."[15] 지도는 항상 그것이 나타내려는 실체를 조종한다. 지도는 유사성을 전제로 한다. 지도에서 길은 특정한 상징으로 표현되는데, 이 상징은 진짜 길과 전혀 닮지 않았지만 지도를 보는 사람은 그 기호가 길과 '닮았다'고 받아들인다. 지도는 세계를 모방하기보다 관습적 기호를 개발하고, 사람들은 그 기호를 지도가 실제로 보여 줄 수 없는 어떤 대상을 상징한다고 이해한다. 영토를 완벽하게 표현할 수 있는 지도가 있다면 정확히 1:1 비율로 제작되어야 할 것이다. 사실, 지도의 크기와 그것이 표현하는 공간의 크기 사이의 일정한 비율을 나타내는 축척을 얼마로 할 것인가는 추상화 문제와 밀접히 연관되며, 그동안 많은 작가에게 재미와 코미디의 풍부한 소재가 되어 왔다. 루이스 캐럴의 작품《실비와 브루노 완결편Sylvie and Bruno Concluded》(1893년)에서는 다른 세상 사람인 '마인 헤어'라는 인물이 "우리는 이 나라 지도를 1:1 축척으로 만들었다!"고 선언한다. 그리고 그 지도를 자주 사용했느냐는 질문에 "한 번도 펼친 적이 없다"고 인정하면서 이렇게 말한다. "농부들이 반대했으니까요. 지도가 나라를 뒤덮고, 햇빛을 완전히 가려 버린다고요. 그래서 우리는 아예 이 나라를 지도로 쓰고 있죠. 내가 장담하는데, 그것도 지도와 별로 다를 게 없어요."[16] 호르헤 루이스 보르헤스Jorge Luis Borges는 〈과학의 엄격함에 관하여Del rigor en la ciencia〉라는 한 단락짜리 글에서, 캐럴의 이야기를 더 어두운 어조로 다시 쓴다. 그는 지도를 대단히 정밀하게 만드는 신화 속 제국을 묘사한다.

　　지도 제작자 모임은 '제국 지도'에 착수했다. 실제 제국과 크기가 똑같고, 모든 지점 하나하나가 실제와 정확히 일치하는 지도다. 지도 연구에 관심이 적어진 후세들은 이 거대한 지도가 무용지물이란 것을 알게 됐고, 다소 불손했던 그들은 지도를 뜨거운 태양 아래, 그리고 한겨울 추위에 내팽개쳐 두었다. 서부 사막에는 지금도 지도가 찢겨져 나뒹굴고, 동물과 거지들이 지도 위에서 먹고 잔다. 이제 이 나라 어디에서도 지리학을 연구했던 흔적을 찾아볼 수 없다.[17]

보르헤스는 지도 제작자의 영원한 고충과 잠재적 오만을 동시에 파악했다. 세계를 포괄적으로 담은 지도를 만들고자 할 때 축소와 선별은 반드시 필요한 과정이다. 그런데 1:1 축척 지도가 불가능한 꿈이라면, 어떤 축척을 써야 세계지도가 앞서의 비참한 운명을 맞지 않을 수 있을까? 이 책에서 언급한 많은 세계지도가 그 답을 내놓지만, 그중 어떤 축척도 (아니, 그 밖의 다른 어떤 축척도) 결정적인 답으로 널리 인정받지 못했다.

또 하나의 문제는 시점이다. 지도 제작자는 세계지도를 만들기에 앞서 어떤 상상의 위치에 서는가? 앞서도 보았듯이 그 답은 언제나 지도 제작자의 주된 세계관에 달렸다. 바빌로니아 세계지도에서는 바빌론이 우주의 중심, 또는 사학자 미르체아 엘리아데Mircea Eliade의 말대로 "세계의 축axis mundi"에 놓인다.[18] 엘리아데에 따르면, 고대사회는 하나같이 의례와 신화를 이용해 '한계상황'을 만들어 낸다. 한계상황이란 "우주에서 자신의 위치를 의식하기 시작했다는 것을 스스로 깨닫는" 순간이다. 이 깨달음은 신성하고 엄격히 구분된 질서 정연한 존재의 영역과 형태가 없고 따라서 위험한 미지의 세속적 영역을 명확히 갈라놓는다. 바빌로니아 세계지도에는 안쪽 원으로 둘러싸인 채 중심에 놓인 신성한 공간이 바깥 삼각형으로 정의된 무질서하고 획일적인 세속적 공간과 극명히 대비된다. 이런 관점에서 배열되고 구축된 공간은 신성한 창조 행위를 반복하면서 무질서에 형태를 부여하고, 지도 제작자를 (그리고 그 후원자를) 신과 동등한 위치에 놓는다. 엘리아데가 주장하기로, 이러한 이미지에는 중심점이 있어서 그곳에 속세와 신의 세계를 연결하는 수직 전달자가 배치되어 인간의 믿음과 행동을 조직화한다. 바빌로니아 세계지도 중심에 있는, 컴퍼스로 지도의 원을 그리다 생긴 구멍은 어쩌면 이 세계와 다음 세계를 잇는 통로인지도 모른다.

바빌로니아 세계지도가 채택한 종류의 관점을 자기중심적 지리적 대응이라 부를 수도 있을 것이다. 기록된 역사에 등장하는 지도를 살펴보면 절대 다수가 그 지도가 만들어진 문화를 지도의 중심에 놓는다. 이 책에서 다루는 세계지도도 다수가 그러하다. 오늘날의 인터넷 지도 역시 디지털 지도에서 자신의 위치부터 찾아보려는 사용자의 욕구를 반영하는데, 사용자는 맨 먼저 자기 집 주소를 입력한 다음 지도를 확대해 가며 자신의 위치를 확인한다. 이는 시대가 흘러도 변치 않는 개인의 욕구로, 사람들은 거대한 세계가 우리 같은 존재에 지극히 무심하리라고 생각하면서도 그 큰 세계에서 자신의 위치를 확인해야 안심이 된다. 이러한 관점은 개인을 말 그대로 중심에 놓을 뿐 아니라 개인을 신의 위치로 끌어올려, 저 높은 곳으로 올라가 신의 시점에서 지상을 내려다보고, 혼자서 차분히 세계를 한눈에 살피고, 지상에 발이 묶인 인간들이 그저 상상만 하는 것들을 응시하게 한다.[19] 이 지도가 감추고 있는 탁월한 점은 사용자가 잠깐이나마 그러한 관점을 '진짜'로 믿고 자신은 여전히 땅에 묶이지 않은 채 지도를 보고 있다고 느끼게 하는 것이다. 여기에 더해, 이 지도의 가장 중요한 특징은 사용자가 지도의 안과 밖에 '동시에' 존재한다는 점이다. 사용자는 지도에서 자신의 위치를 찾는 동안 시공간을 뛰어넘는 초월적 사고를 하며 상상으로 지도 위에(그리고 지도 밖에) 존재하면서, '어디도 아닌 곳'에서 모든 것을 바라본다. 이 지도가 사용자에게 "나는 어디에 있는가?"라는 끝없는 존재의 질문에 답을 준다면, 그 답은 사용자를 두 공간에 동시에 존재하게 하는 마법 같은 분열에서 나올 것이다.[20]

세계지도에서 지도를 바라보는 위치를 정하는 것은 지리학자가 수세기

──── **그림 2**

〈극장으로서의 세계〉, 아브라함 오르텔리우스의 《세계극장》에 실린 권두 삽화, 1570년.

→ 224~225쪽 사이 컬러화보 참고

동안 고민한 문제다. 르네상스 시대 지리학자가 생각한 한 가지 답은 지도를 바라보는 사람을 극장 관객에 비유하는 것이었다. 1570년, 플랑드르의 지도 제작자 아브라함 오르텔리우스는 세계지도와 여러 지역지도를 실은 《세계극장Theatrum orbis terrarum》을 출간했다. 오르텔리우스는 '장관을 보는 곳'이란 뜻의 그리스어 theatron(극장)을 사용했다. 극장에서처럼 우리 눈앞에 펼쳐진 지도는 우리가 안다고 생각하는 현실을 창조적으로 재현하는데, 그 과정에서 현실을 사뭇 다른 모습으로 변형한다. 오르텔리우스에게 지리학은 많은 르네상스 시대의 지도 제작자에게 그렇듯이 '역사의 눈', 추억의 극장이다. 그가 말했듯 "눈앞에 지도가 펼쳐지면 우리는 어떤 사건 또는 그 사건이 벌어진 장소를 마치 지금 이 순간에 마주친 양 바라볼 것"이기 때문이다. 지도는 거울, 즉 '유리' 같은 역할을 해서 "지도를 펼치면 마치 눈앞에 특정한 거울이 있는 것처럼 기억이 더 오래 가고 더 깊은 인상이 남는다." 그러나 최고의 극작가들처럼 오르텔리우스도 그 '거울'이 창조적 협상 과정이라는 사실을 인정한다. 지도에 따라 더러는 "좋은 장소라 생각되는 곳에서 우리 재량에 따라 무언가를 변형하거나 무언가를 삭제했으며 필요하다 싶으면 다른 지물과 장소를 집어넣었기" 때문이다.[21]

오르텔리우스는 세계지도를 바라보는 위치를 서술하는데, 이는 방위와 밀접히 연관된다. 엄격히 말해 방위는 대개 '상대적' 위치나 방향을 의미하지만, 근대에 들어오면서 자기나침반이 가리키는 지점에 따른 고정된 위치로 정착되었다. 그러나 서기 2세기에 중국에서 나침반이 발명되기 한참 전에, 세계지도는 네 가지 기본 방향인 동, 서, 남, 북 가운데 하나에 맞춰졌다. 이 중 어떤 방향을 택하는지는 문화마다 다르지만(이 책에서 다룬 열두 가지 지도에서도 살펴볼 것이다) 왜 특정한 방향이 더 좋은지, 왜 근대 서양에서는 북쪽이 항상 지도 위에 놓여야 한다는 인식이 자연스럽게 퍼졌는지는 지리학적 이유만으로 설명할 수 없다.

서양의 지리학 전통에서 왜 북쪽이 궁극적으로 으뜸 방향으로 정해졌는지, 특히 초기 기독교에서는 북쪽이 부정적 의미를 가졌는데도(제2장 참고) 왜 그러했는지는 아직까지 제대로 설명된 적이 없다. 그리스 후기 지도와 중세 초기 항해도, 즉 〈포르톨라노 해도〉는 자기나침반을 이용해 제작되었는데, 아마도 이때 동서 축보다 남북 축을 항해 축으로 선호하는 관행이 정착되지 않았나 싶다. 그러나 이때도 남쪽을 으뜸 방향으로 정하지 않을 이유는 없다. 아닌 게 아니라 무슬림 지도 제작자들은 나침반이 도입된 지 한참 뒤에도 여전히 남쪽을 지도 위에 두었다. 이 책에서도 살펴보겠지만, 세계지도에서 북쪽이 으뜸 방향으로 정착된 이유가 무엇이든 어느 하나의 방향을 으뜸 방향으로 정하는 데는 이렇다 할 근거가 없는 것만은 분명하다.

지도 제작자가 마주치는 가장 복잡한 문제는 아마도 투영일 것이다. 근대 지도 제작자에게 '투영'은 3차원 물체인 지구를 수학 원칙에 따라 2차원 평면에 옮기는 작업을 뜻한다. 이 문제는 서기 2세기에 그리스 지리학자 프톨레마이오스가 체계적으로 고민하기 시작했다. 그는 위선과 경선이라는 기하학적 격자 선을 이용해 지구를 납작한 평면에 투영했다. 바빌로니아 세계지도를 비롯해 그전의 지도에서는 세계를 표현할 때 이렇다 할 투영법(또는 축척)이 나타나지 않는다(물론 각 문화는 나름대로 추측한 지구의 모양과 크기에 기초해 세계의 기하학적 모습을 투영했다). 사람들은 수세기 동안 원, 정사각형, 직사각형, 타원, 하트, 사다리꼴 등 다양한 도형을 이용해 지구를 평면에 투영했고, 각 도형은 해당 문화의 특정한 믿음을 반영했다. 어떤 사회는 지구를 구형으로 생각했고, 어떤 사회는 그렇지 않았다. 바빌로니아 세계지도는 세계를 납작한 원반으로 표현했다. 사람 사는 세계는 바다로 둘러싸였고 그 너머는 말 그대로 형태가 없는 가장자리다. 중국 초기 지도에도 지구를 평평하다고 믿은 흔적이 나타난다. 앞으로 살펴보겠지만, 여기에는 우주의 원리를 정사각형으로 규정하길 좋아했던 중국인의 취향이 담겨 있다. 그리스인들은 적어도 기원전 4세기에는 지구를 구형으로 여겼고, 둥근 지구를 평면에 투영한 지도를 여럿 내놓았다.

이 모든 투영법에 끊임없이 제기된 지형적, 수학적 난제가 하나 있다. 어떻게 지구 전체를 하나의 평평한 이미지로 옮길 것인가? 지구가 둥글다는 사실이 과학적으로 증명되자 이 문제는 더 복잡해졌다. 구를 평면에 정확히 투영할 수 있을까?[22] 독일 수학자 카를 프리드리히 가우스Carl Friedrich Gauss가 1820년대에 투영을 연구하며 결정적으로 증명했듯이, 그 답은 '불가능하다'였다. 가우스는 곡면과 평면은 등각 투영되지 않는다는 사실을 증명했다. 다시 말해 지구를 모양이나 각도를 왜곡하지 않고 고정된 축척으로 평면에 옮길 수 없다는 뜻인데, 그러한 수많은 왜곡 중 일부를 이 책에서도 살펴볼 예정이다.[23] 가우스의 혜안에도 불구하고 '더 나은', 그러니까 더 정확한 투영법을 찾으려는 노력은 점점 더 활발해졌다(가우스조차 자기만의 투영법을 제시했다). 오늘날에도 이 문제는 여전히 지도 뒤에 숨어 있다. 물론 그래도 쉽게 눈에 띄고, 세계지도와 지도책은 변함없이 이 문제를 인정하지만 지도 제작 과정의 세부적인 기술 문제로 묻혀 있을 뿐이다.

지도의 여러 모순점 중 하나는 지난 수천 년 동안 지도 제작에 여러 문제가 드러났지만 그에 대한 우리 연구와 이해는 여전히 걸음마 수준이라는 점이다. 19세기가 되어서야 유럽에서 지리학이 정식 학문으로 모양새를 갖추었는데, 이는 지도 제작자가 전문가로 인정받으면서 '카토그래퍼cartographer'라는 좀 더 과학적인 이름으로 불리기 시작한 때와 일치한다. 그렇다 보니 최근에 와서야 비로소 지리학에서, 각 사회별 지도의 역사와 역할을 체계적으로 이해하려는 노력이 시작됐다. 고고학을 공부한 해군 장교 레오 바그로Leo Bagrow(1881~1957년)는 1935년에 지도 제작의 역사를 전문적으로 다룬 최초의 잡지 〈세계의 형상Imago Mundi〉을 창간하고, 1944년에는 이 분야를 포괄적으로 다룬 최초의 연구서 《지도 제작사Die Geschichte der Kartographie》를 완성했다.[24] 그 후로 이 분야, 이 주제로 나온 전문 서적 중에서 인기를 얻은 책은 드물었고, 할리와 우드워드가 편집한 여러 권으로 된 《지도 제작사》도 앞으로 수년 동안은 나오지 않을 것이다(두 사람은 이 프로젝트를 시작한 뒤 비극적 죽음을 맞았다). 지도 제작은 여전히 훈련이 많이 필요한 일이며, (필자를 비롯해) 이 분야를 연구하는 학자들은 대개 다른 분야를 전공한 사람들이다 보니 지도 제작의 미래는 그것이 해석하려는 지도보다 더 불투명하다.

이 책은 여러 세대에 걸친 지도 제작자들의 피나는 노력에도 불구하고 과학적 지도 제작이라는 궁극적 요구가 결코 실현된 적이 없다는 사실

을 보여 준다. 과학에 나타난 계몽주의 원칙에 기초한 최초의 전국 측량
도인 '카시니 지도Carte de Cassini'(제9장 참고)는 끝내 완성되지 못했으며,
같은 방식으로 '국제세계지도International Map of the World'(결론 참고)를 만
들려던 19세기 말의 계획은 20세기 말에 무산되었다. 지난 두 세기 동
안 지리학이 학문으로나 전문 분야로나 일관성 없이 발전하다 보니, 지
리학의 여러 가정에 대한 문제 제기가 비교적 늦게 나타났다. 최근에는
지리학자들이 세계를 정략적으로 구획한다는 심각한 의심을 받기도 했
다. 지도의 객관성에 대한 믿음은 이제까지 곧잘 크게 바뀌곤 했는데,
지금은 지도가 지배적 권력과 권위에 밀접히 연관되어 있다고들 믿는
다. 지도는 객관적 과학이 아니라 현실적 노력으로 탄생하며, 현실을 묘
사하는 특별한 방식을 꿈꾼다. 사실주의는 자연주의, 고전주의, 낭만주
의처럼 세계를 표현하는 하나의 스타일이며, 19세기에 지도 제작의 객
관성을 요구하는 목소리가 절정에 이른 시기는 유럽에서 사실주의 소
설이 위세를 떨친 시기와 일치한다는 사실은 우연이 아니다. 이 책에서
말하려는 것은 지도 제작은 과학의 정확성과 객관성을 추구하며 꾸준
히 발전한다는 이야기가 아니라, "발전 없는 지도 제작"이야말로 서로
다른 문화에서 특정한 시점의 특정한 세계관을 반영한다는 것이다.[25]

이 책에서는 세계사에 등장하는 여러 문화의 여러 순간에서 세
계지도 열두 개를 추려 인식과 추상화부터 축척, 시점, 방위, 투영에 이
르기까지 지도 제작에 나타나는 문제를 어떻게 해결했는지 그 창조적
과정을 살펴본다. 이런 문제는 늘 나타나지만 그 반응은 지도 제작자가
속한 문화에 따라 다르고, 이때 정서, 종교, 정치, 재정, 개인적 상황이
지형, 기술, 수학 문제만큼이나 큰 영향을 미친다. 각 지도는 그 시대에
세계를 향한 사람들의 태도를 보여 주기도 하고, 전 세계 역사에서 특정
순간에 나타난 특정 세계관을 구체화하기도 한다. 이 책에 소개한 열두
개의 지도는 대단히 중요한 순간에 제작되었고, 각 지도 제작자들은 어

떻게 그리고 무엇을 표현할지 대담한 결정을 내렸다. 그들은 이 과정에서 새로운 세계관을 창조했고, 그 세계관은 사람들에게 세계의 모양을 설명할 뿐 아니라 세계의 존재 이유를 깨닫게 하고 세계에서 그들의 위치를 알려 주고자 했다. 또한 각 지도는 지도 제작을 촉발한 특정한 사상과 쟁점을 담고 있으며, 당시 사람들이 과학, 정치, 종교, 제국에서부터 국가주의, 무역, 경계에 이르기까지 세계를 어떻게 이해했는지를 압축해 담고 있다. 하지만 지도가 항상 의식적으로든 무의식적으로든 사상만으로 만들어지지는 않는다. 새로 싹튼 정서적 힘 역시 지도 제작에 어느 정도 영향을 미쳤다. 이 책에서 다룬 12세기 이슬람 지도에 나타난 지적 교류 추구, 그리고 1973년에 나와 논란을 일으킨 아르노 페터스Arno Peters 지도에 나타난 관용과 평등이라는 세계적 개념 등이 그러한 예에 속한다.

　　이 책에서는 지도 제작의 역사를 포괄적으로 다루지는 않지만, 그 역사와 관련해 널리 퍼진 몇 가지 단정에 도전한다. 우선, 지도의 역사를 어떻게 해석하든 그 역사는 결코 서양의 전유물이 아니다. 최근의 연구 결과 바빌로니아 세계지도부터 인도, 중국, 이슬람의 세계지도에 이르기까지 아주 오래 전부터 비서양권에서도 지도가 만들어졌다는 사실이 계속 드러나고 있다. 둘째, 세계 지도 역사에 진화 또는 진보라는 숨은 의도 따위는 없다. 지도는 해당 문화의 창조물이며, 각 문화는 물리적 영토를 서로 다른 방식으로 인식하고 그러한 인식이 지도 제작에 영향을 미친다. 셋째, 그렇다 보니 중세의 헤리퍼드 마파문디든 구글의 지리 공간 애플리케이션이든, 각 지도는 그 지도를 사용하는 사람에게는 다른 지도만큼이나 이해하기 쉽고 논리적이다. 따라서 이 책에서는 갈수록 정확해지는 지리 정보를 연속적으로 따라가기보다 이야기를 돌연 끊기도 하고 갑자기 건너뛰기도 하면서 지도 제작사를 불연속적으로 살펴볼 것이다.

지도의 매체나 전달 내용이 무엇이든 지도는 언제나 그것이 표현하려는 공간을 창조적으로 해석한다. 코지프스키나 베이트슨 같은 저자가 현실의 객관적 표현으로서의 지도를 비판적으로 '해체'하다 보니 지도는 어디에서 발견되든 기만과 위장이라는 음모의 거미줄을 치는 악의적인 사상적 도구인 양 보이게 되었다. 그러나 이 책에서는 지도를 독창적 주장, 창의적 제안, 그리고 그것이 창조한 세계를 안내하는 엄선된 길잡이로 해석한다. 지도 덕에 사람들은 현세 또는 내세에서 결코 보지 못할 미지의 세계를 꿈꾸고 공상할 수 있다. 지도를 묘사한 최고의 은유는 런던 패딩턴 역으로 들어가는 철로 바로 옆 벽에 45센티미터 길이의 글자로 쓰인 낙서가 아닐까 싶다. "멀리 떨어진 곳도 다른 곳에서는 엎어지면 코 닿을 곳이다." 은유도 지도처럼 무언가를 이곳에서 저곳으로 옮겨 놓는다. 지도는 언제나 다른 어딘가의 이미지이며, 지도를 보는 사람을 상상 속에서 멀리 떨어진 미지의 장소로 옮겨 놓다 보니 거리는 우리 손바닥 안에서 재창조된다. 세계지도를 볼 때면 멀리 떨어진 곳도 언제나 엎어지면 코 닿을 곳에 있기 마련이다.

17세기 화가 사무엘 반 호호스트라텐Samuel van Hoogstraten도 비슷한 말을 했다. "좋은 지도는 얼마나 값진가. 거기서 사람들은 마치 다른 세계에 존재하는 양 세계를 바라본다."[26] 오스카 와일드는 호호스트라텐의 초월적 감성을 발전시켜 유명한 말을 남겼다. "이상향이 없는 세계지도는 들여다볼 가치도 없다. 인류가 늘 도착하는 나라 하나를 통째로 빼버렸으니까. 인류는 이상향에 도착했을 때 주위를 둘러보며 더 나은 나라를 찾아 출항한다."[27] 지도에 무엇을 넣고 무엇을 뺄지 늘 선택해야 하지만, 와일드가 우리 지식 너머에 있는 새로운 세계를 창조할 가능성을 꿈꾸는 순간은 바로 그러한 선택을 하는 순간이다(공상과학 소설가가 지도에 저항할 수 없는 매력을 느끼는 한 가지 이유도 바로 그것이다). 오르텔리우스가 인정했듯이, 모든 지도는 한 가지를 보여 주되 바로 그렇기 때문에 다른 걸 보여 주지 못하며, 세계를 한 가지 방식으로 보여 주되 그 결과 다른 방식으로 보여 주지 못한다.[28] 그 한 가지를 결정하는 것은 때로는 정략적일 수도 있지만 언제나 독창적이다. 이 책에서 다룬 모든 지도 제작자가 신처럼 지구 위로 올라가 지구를 내려다보는 시점을 표현했고, 그 능력은 상상력이 풍부한 인류의 믿음이 이상적으로 도약했음을 보여 주지만, 그러한 시점이 지닌 힘이 워낙 강력하다 보니 다양한 정치 세력이 그것을 자기에게 유리하게 이용하려 했다.

이와 관련한 토론은 오늘날까지도 이어지고 있으며, 이 책 마지막 장 '구글어스Google Earth'에서 예로 든 인터넷 지도 애플리케이션의 확산을 둘러싼 논쟁도 이에 속한다. 인류는 약 2,000년 동안 돌, 가죽, 종이에 지도를 만들다가 15세기에 인쇄술을 발명하면서 전에 없던 새로운 방식으로 지도를 만들기 시작했다. 그러나 이제 세계와 지도가 점점 디지털 가상공간으로 들어가면서 그런 지도는 곧 사라지게 생겼다. 어쩌면 새로운 애플리케이션의 출현으로 전례 없던 지도의 민주화가 이루어져 수많은 사람이 쉽게 지도를 보고, 더 나아가 자신만의 지도를 만들 수 있을지도 모른다. 그러나 다국적기업의 장삿속이 앞서, 인터넷 지도가 돈벌이 수단으로 전락하고 정치 검열에 노출되며 사생활을 무시하는 상황이 올 가능성이 높다. 인터넷 지도가 가져올 결과를 이해하고 가상의 인터넷 세계지도가 왜 오늘날과 같은 형태가 되었는지 알려면, 기지 세계와 그 너머 세계를 최초로 지도에 담으려 했던 고대 그리스까지 거슬러 올라갈 정도로 긴 안목이 필요하다는 게 이 책의 주장 중 하나다.

세계는 늘 변하고, 지도도 마찬가지다. 그러나 이 책은 세계를 바꾼 지도에 관한 이야기가 아니다. 그리스 지도부터 구글어스에 이르기까지, 무언가를 의미 있게 바꾸는 것은 지도의 본질이 아니다. 지도는 논쟁과 제안을 제시하면서, 대상을 규정하고 재창조하고 형상화하고 중재한다. 그리고 목적 달성에 변함없이 실패한다. 이 책에서 선택한 지도 중 상당수가 완성 당시에 혹독한 비난을 받았거나 곧바로 대체되었다. 그렇지 않은 것들은 방치되기도 하고, 낡거나 '부정확하다'는 이유로 무시되고 잊혔다. 그러나 그 지도들이 한결같이 증언하는 사실은 우리 세계의 역사를 이해하는 한 가지 방법은 그 세계 안에 있는 공간이 어떤 식으로 지도에 옮겨졌는지 탐색하는 것이라는 점이다. 공간에는 역사가 있다. 그리고 지도로 그 역사를 이야기하는 데 이 책이 조금이나마 도움이 되길 바란다.

A HISTORY OF

THE WORLD IN 12 MAPS

1 과학

프롤레마이오스의
《지리학》,
서기 150년경

이집트 알렉산드리아.
서기 150년경.

먼 옛날, 동쪽에서 배를 타고 알렉산드리아에 도착할 때면 수평선 위로 가장 먼저 눈에 들어오는 것은 알렉산드리아 항구 입구의 작은 섬에 서 있는 거대한 파로스 돌탑이었다. 높이가 100미터가 넘는 이 탑은 이렇다 할 특징이 없는 이집트 해안을 항해하는 사람들에게 랜드마크가 되었다. 낮에는 꼭대기에 있는 거울이 선원들에게 손짓했고, 밤에는 타오르는 횃불이 조종사를 해안으로 안내했다. 그러나 탑의 역할은 항해 랜드마크에 그치지 않았다. 탑은 여행자에게 '당신은 지금 가장 위대한 고대 도시에 도착하고 있다'고 선언했다. 알렉산드리아는 알렉산드로스대왕이 기원전 334년에 건설한 도시이며, 도시 이름은 대왕의 이름에서 따왔다. 대왕이 죽자 알렉산드리아는 그 후 300년 넘게 이집트를 통치하는 (알렉산드로스의 부하 장군 이름을 딴) 프톨레마이오스 왕조의 수도가 되었고, 지중해와 중동 도처에 그리스의 사상과 문화를 퍼뜨렸다.[29] 기원전 3세기에 파로스 돌탑을 지나 항구로 들어가면 알렉산드로스와 그의 병사들이 두르던, 그리스 군의 상징인 직사각형의 모직 망토 클라미스를 닮은 도시를 만나게 된다. 당시 문명화한 세계가 다 그랬듯이 알렉산드리아도 고대 세계의 '배꼽', 즉 중심인 그리스의 영향을 크게 받고 있었다. 한마디로 그리스의 도시국가 폴리스가 이집트 땅에 이식된 살아 있는 예였다.

알렉산드리아의 융성은 고대 세계의 정치 지형이 크게 바뀌었음을 뜻했다. 알렉산드로스 군대의 정복 활동은 그리스 세계를 작은 섬으로 구성된 그리스 도시국가에서 지중해와 아시아 전역에 퍼진 일련의 제국으로 탈바꿈시켰다. 프톨레마이오스 왕조가 그랬듯이 제국 내에 부와 권력이 집중되자 전쟁, 기술, 과학, 교역, 예술, 문화에도 변화가 생겼다. 사람들이 소통하고, 장사하고, 생각을 교환하고, 서로에게 배움을 얻는 방식도 새로워졌다. 이처럼 점점 진화하는 헬레니즘 세계는 기원전약 330년부터 기원전 30년까지 아테네에서 인도까지 퍼졌고, 그 중심은 알렉산드리아였다. 알렉산드리아는 서쪽으로는 멀리 시칠리아와 이탈리아 남부에 이르기까지 지중해 연안의 항구와 도시에서 상인과 무역상을 맞이했고, 새롭게 떠오르는 로마와의 교역으로 부유해졌다. 북쪽으로는 아테네와 여러 그리스 도시국가의 문화를 받아들이고, 동쪽으로는 위대한 페르시아 왕국의 영향을 수용했으며, 남쪽으로는 비옥한 나일 강 삼각주 그리고 사하라 사막 이남의 광활한 교역로와 고대 왕국들에서 나오는 부를 흡수했다.[30]

사람과 제국과 교역이 교차하는 중심지에 놓인 거대 도시들이 거의 다 그렇듯, 알렉산드리아도 배움과 학문의 중심이 되었다. 알렉산드리아를 규정하는 많은 위대한 기념물 중 고대 도서관만큼 서양인의 상상에서 막강한 힘을 발휘하는 것도 없다. 기원전 300년경 프톨레마이오스 왕조가 세운 알렉산드리아 도서관은 공공 도서관의 원조 격으로, 그리스어로 쓰인 세상에 알려진 필사본 일체와 다른 고대 언어로 쓰인 책의 번역본을 소장할 목적으로 세워졌다. 이 도서관에는 파피루스 두루마리로 된 책이 수천 권 있었고, 책을 쉽게 찾아볼 수 있도록 도서 목록도 갖춰 놓았다. 프톨레마이오스 왕조는 왕궁 중심에 '무세이온 Mouseion', 즉 박물관museum을 세웠다. 원래는 아홉 명의 뮤즈(여신)에게 바치는 성역이었지만, 프톨레마이오스 왕조는 이를 배움과 학문의 여신들을 찬양하는 장소로 재정비했다. 그리고 학자들을 초청해 숙식과 생활비를 제공해 주면서 학문을 연구하게 했고 무엇보다도 도서관을 자유롭게 드나들게 했다. 그 결과 그리스 전역에서 당대 최고의 학자들이 이곳 박물관과 도서관으로 초청되었다. 위대한 수학자 유클리드(또는 에우클레이데스, 기원전 325~265년경)가 아테네에서 왔고, 시인 칼리마코스(기원전 310~240년경)와 천문학자 에라토스테네스(기원전 275~195년경)가 리비아에서, 수학자이자 물리학자이며 공학자인 아르키메데스(기원전 287~212년경)가 시라쿠사에서 이곳에 왔다.

알렉산드리아 도서관은 고대 세계의 지식을 거의 처음으로 체계적으로 수집하고 분류하고 목록화한 곳이다. 프톨레마이오스 왕조는 알렉산드리아로 들어온 책을 당국이 빠짐없이 수집해 도서관 필경사에게 베끼도록 명령했다(책 주인은 원본이 아닌 사본을 돌려받을 때도 있었다). 알렉산드리아 도서관이 책을 몇 권이나 소장했는지는 고대 자료마다 천차만별이라 제대로 추정하기가 대단히 어렵지만, 그중 가장 적은 수치만 보더라도 10만 권이 넘었다. 고대 문헌에 등장하는 어떤 인물은 그수를 헤아리기를 포기하면서 이렇게 썼다. "책이 몇 권이고 도서관 시설이 어떻고를 내가 뭐하러 떠들어야 하나? 그것은 죄다 인간의 기억인 것을."[31] 실제로 이 도서관은 고대 세계의 집단적 기억이 담긴 책을 목록에 담고 소장한 기억의 거대한 저장고였다. 과학의 역사에서 한 구절을 빌리면, 도서관은 "계산의 중심" 즉 다양한 주제에서 다양한 정보를 수집하고 처리하는 데 필요한 자료를 갖춘 시설로, "보통 도표, 표, 궤적이 가까이 있어서 그것들을 마음대로 결합할 수 있으며" 여기서 학자들은 정보를 종합해 좀 더 일반적이고 보편적인 진실을 찾을 수 있었다.[32]

근대 지도 제작은 계산과 지식의 위대한 중심지인 바로 이곳에서 탄생했다. 서기 150년경 천문학자 클라우디오스 프톨레마이오스는 《지리학 입문Geōgraphikē hyphēgēsis》을 썼다. 흔히 줄여서 《지리학》이라 부르는 논문이다. 그는 한때 위대한 도서관이 있던 폐허에 앉아 기지 세계를 묘사하는 글을 썼고, 이 글은 그 후 2,000년 동안 지도 제작을 규정하게 된다. 파피루스 두루마리에 그리스어로 여덟 개의 단원 또는 여덟 권의 '책'으로 엮은 《지리학》은 사람 사는 세계의 크기, 모양, 범위를 눌러싸고 그리스인들이 1,000년 동안 고민한 내용을 요약했다. 프톨레마이오스는 지리학자로서 자신의 작업을 이렇게 정의했다. "기지 세계를 단일한 연속체로 보여 주고 그것의 본질과 위치를 드러내는 작업이며, 이때 광범위하고 일반적인 차원에서 기지 세계와 관련한 것들만을 다룬다." 그러면서 "만, 거대 도시, 유명한 인물과 강, 그리고 각 부류에서 좀 더 잘 알려진 것들"을 목록에 집어넣었다. 그가 쓴 방법은 간단했다. "가장 먼저 땅의 모양, 크기, 위치를 그 주변과 대비해 조사해서 그 가운데 세상에 알려진 부분의 크기와 모양을," 그리고 "각 지역이 천구의 어느 평행선에 놓였는지"를 말할 수 있어야 한다.[33] 이렇게 탄생한 《지리학》은 유럽, 아시아, 아프리카 8,000여 곳의 위도와 경도를 싣고, 지리학에서 천문학의 역할을 설명하고, 지구와 여러 지역의 지도를 만드는 데 필요한 수학을 상세히 안내하고, 서양 지리학 전통에 오랫동안 자리 잡을 지리학의 정의를 규정했다. 《지리학》은 한마디로 고대 세계가 고안한 지도 제작 도구 일체였다.[34]

프톨레마이오스의 《지리학》은 지구와 지구를 묘사하는 법을 포괄적으로 설명한 전무후무한 논문이다. 이 논문은 완성된 뒤 1,000년 동안 종적을 감췄다. 원본 중 어느 것도 전해지지 않다가 13세기가 되어서야 비잔티움에서 필경사가 그린 지도와 함께 모습을 드러냈다. 이 지도는 프톨레마이오스가 설명한 지구와 8,000여 곳의 위치를 참조해 그린 게 분명했고, 지도에 나타난 고대 세계는 프톨레마이오스의 눈에 비친 2세기의 알렉산드리아였다. 이곳에 차례로 실린 지중해, 유럽, 북아프리카, 중동, 아시아 일부는 비교적 낯익은 모습이다. 프톨레마이오스는 몰랐던 아메리카 대륙과 오스트레일리아, 남아프리카와 극동은 통째로 빠졌고, 태평양과 대서양 상당 부분도 마찬가지다. 인도양은 거대한 호수로 표현되었고, 남아프리카는 지도 아래쪽 절반을 둥글게 흘러 추측에 의존해 그린 말레이 반도 동쪽의 아시아로 이이진다. 하지만 사람들은 이 지도를 알아본다. 북쪽을 지도 위쪽에 놓고, 주요 지역에 지명을 표시했으며, 경위선을 사용했다. 멀게는 플라톤에 이르기까지 대부분의 그리스 선조들과 마찬가지로 프톨레마이오스도 지구는 둥글다고 생각했고, 구형 지구를 납작한 평면에 투영하는 어려움을 경위선으로 해결하려 했다. 그는 직사각형 지도를 그릴 때 경위선을 이용하면 "지구 그림과 비슷하게 나오는데, 납작한 평면에서도 간격이 진짜와 최대한 비슷한 비율을 유지한다"는 사실을 인정했다.[35]

이렇다 보니 프톨레마이오스의《지리학》을 근대 지도 제작의 획기적인 전조로 보려는 것도 무리가 아니다. 그러나 안타깝게도 이 문제는 간단치 않다. 학계에서는 프톨레마이오스가《지리학》에 쓴 대로 직접 지도를 그린 적이 있는지 없는지를 둘러싸고 여전히 의견이 엇갈린다. 많은 사학자가《지리학》의 13세기 비잔티움 사본에 실린 지도는 그가 쓴 글을 최초로 그림으로 옮긴 것이라고 주장한다. 의학 같은 학문과 달리 그리스 지리학은 따로 학문 분야나 '학교'가 없었다. 고대 그리스에서 지도가 실용적으로 사용되었다는 기록은 사실상 전무하며, 프톨레마이오스의 책 역시 실용적으로 사용된 예가 분명 없을 것이다.

《지리학》의 중요성을 이해하려고 프톨레마이오스의 전기에 눈

——— **그림 3**
프톨레마이오스의 《지리학》 사본 가운데 가장 오래된 것 중 하나로 꼽히는 13세기 그리스어
사본에 실린 세계지도. → 224~225쪽 사이 컬러화보 참고

을 돌려도 별다른 도움이 되지 않는다. 그의 삶은 알려진 바가 거의 없다. 자서전도 조각상도 없고, 심지어 동시대 사람이 쓴 이야기 한 줄도 없다. 그가 쓴 과학 논문은 상당수가 여전히 행방불명이다. 《지리학》조차 로마제국이 무너지면서 생긴 공백을 메우며 출현한 기독교와 이슬람교 공동체에 두루 흩어졌다. 초기 비잔티움 필사본으로는 원문이 얼마나 바뀌었는지 알 길이 없다. 우리가 프톨레마이오스를 조금이나마 아는 것은 현존하는 그의 과학 저술을 통해서이며, 훨씬 뒤에 나온 비잔티움 자료에도 그를 묘사한 내용이 어렴풋이 등장한다. '프톨레마이오스'라는 이름을 보건대 그는 분명 프톨레마이오스 왕조 시대의 이집트 토박이일 것이다. 그의 생애 내내 이집트는 로마제국이 통치했다. '프톨레마이오스'라는 이름은 비록 증명할 수는 없지만 그가 그리스 후예라는 사실도 암시한다. 그의 이름 중 '클라우디오스'는 그가 로마 시민권을 가졌음을 보여 주는데, 아마도 클라우디우스 황제가 프톨레마이오스

의 선조에게 하사한 시민권일 것이다. 프톨레마이오스의 초기 과학 저술에서 천문 관찰 기록을 보면, 그가 하드리아누스 황제와 마르쿠스 아우렐리우스 황제의 통치 기간 중에 왕성히 활동했음을 알 수 있고, 그렇다면 서기 100년경에 태어나 늦어도 170년에는 사망했으리라 보인다.[36] 우리가 아는 프톨레마이오스의 삶은 이것이 전부다.

《지리학》의 탄생은 어느 면에서는 다소 모순이다. 이 책이 지도 제작사에 지대한 영향을 미친 것은 거의 틀림없지만, 이제까지 보았듯이 이 책에 지도가 실렸는지조차 불투명하다. 수학자이자 천문학자인 저자는 자신을 지리학자로 여기지 않았으며, 그의 삶은 사실상 백지상태다. 프톨레마이오스가 살던 도시는 헬레니즘 후기에 학문이 번창한 위대한 도시였지만, 그가 살던 시기는 이미 그 위력과 영향력이 한물간 때였다. 로마는 기원전 30년에 프톨레마이오스 왕조를 무너뜨렸고, 왕년의 위대한 도서관은 차츰 쇠락하고 분산되었다. 그러나 프톨레마이오스는 운이 좋았다. 융성하던 헬레니즘 세계가 차츰 쇠퇴하면서 이후 지리학과 지도 제작을 규정하게 될 그의 책이 나오는 토대가 형성되었기 때문인데, 세계가 나락으로 떨어진 뒤라야 그 세계의 지리를 서술할 수 있었던 까닭이다. 알렉산드리아 도서관이 '인간의 기억'을 수집했다가 잃어버렸다면, 프톨레마이오스의 《지리학》은 인간 세계에서 중요한 부분의 기억을 표현했다고 할 수 있다. 그러나 그런 글을 쓰려면 우선 그리스가 하늘과 땅을 주제로 1,000년 동안 문학적, 철학적, 과학적으로 성찰한 내용을 깊이 연구해야 했다.

아득한 옛날에는 그리스에 '지리학'이라는 말이 없었지만 적어도 기원전 3세기에는 오늘날의 '지도'에 해당하는 pinax라는 말이 사용되었다. periodos gēs, 즉 '지구 순회'라는 말도 자주 쓰였다(이 말은 그 후 나오는 많은 지리학 논문에서 기초 용어로 쓰였다). 지도를 뜻하는 두 단어 모두 나중에 라틴어 mappa로 대체되었지만, 땅을 뜻하는 명사 gē와 그리거나 쓰는 행위를 뜻하는 동사 graphein이 합쳐져 생긴 geography(지리학)는 계속 살아남았다.[37] 이 용어들을 보면 그리스인이 지도와 지리학에 어떤 식으로 접근했는지 짐작할 수 있다. pinax는 그림이나 글을 새기는 매체이고, periodos gēs는 물리적 행위, 그중에서도 지구를 둥글게 순회하는 행위를 뜻한다. geo-graphy의 어원을 보면 지리학이 시각 행위(그리기)인 동시에 언어 서술(쓰기)이었다는 점도 알 수 있다. 이들 용어는 기원전 3세기부터 차츰 쓰이기 시작했지만, 더 널리 인정받은 학문 분야인 신화mythos, 역사historia, 자연과학physiologia으로 흡수되었다.

　　그리스 지리학은 처음 생길 때부터 특정한 실용적 목적보다는 우주의 기원과 창조에 관한 철학적이고 과학적인 성찰에서 출발했다. 그리스의 사학자이자 자칭 지리학자였던 스트라본(기원전 64~서기 21년경)은 그리스도가 태어날 무렵, 열일곱 권짜리《지리지》를 쓰면서 우주의 기원을 회고했고, "지리학이라는 과학"은 "철학자의 관심"이라고 주장했다. 스트라본이 생각하기에, 지리학 실천에 필요한 지식은 "인간적인 것과 신적인 것을 동시에 탐색한 사람만이" 가지고 있었다.[38] 그리스인에게 지도와 지리학 연구는 만물의 질서를 광범위하게 추측하고 탐구하는 행위였다. 우주의 기원과 우주에서 인류 위치의 기원을 시각적이고 언어적으로 설명하는 작업이다.

　　그리스 지리학이라 부를 법한 것은 스트라본이 "최초의 지리학자"라고 부른 시인 호메로스의 작품에 처음 등장한다. 호메로스의 서사시《일리아스》는 보통 기원전 8세기로 거슬러 올라간다. 제18권 마지막에서 그리스와 트로이의 전쟁이 절정에 이르렀을 때, 그리스의 전사 아킬레우스의 어머니 테티스는 불의 신 헤파이스토스에게 간청한다. 아들에게 트로이의 적장 헥토르에 맞설 갑옷을 내려 달라고. 호메로스는 헤파이스토스가 아킬레우스에게 "거대하고 강력한 방패"를 만들어 주었

—— **그림 4**
아킬레우스 방패, 존 플랙스먼, 청동 주조, 1824년.

다고 묘사하는데, 이 부분은 예술 작품을 생생하게 묘사하는 행위인 '에크프라시스^{ekphrasis}'가 문학작품에 거의 처음 등장한 사례다. 그러나 이를 우주의 '지도' 또는 어느 그리스 지리학자의 표현처럼 '세계의 형상$^{kosmou\ mimēma}$'[39]으로 볼 수도 있다. 그러니까 이 경우에는 다섯 개의 층 또는 동심원으로 구성된, 그리스인이 생각하는 도덕적이고 상징적인 우주다. 중심에는 "땅, 하늘, 바다, 지칠 줄 모르는 태양과 가득 차오르는 달, 그리고 하늘을 수놓은 별자리"가 있다. 그 바깥으로는 "이승의 인간이 사는 섬세하게 묘사된 두 개의 도시"가 나오는데, 하나는 평화롭고 하나는 전쟁 중이다. 밭을 갈고, 곡식과 포도를 수확하는 농촌의 모습도 보인다. "뿔이 곧은 소"와 "흰 털 양"이 있는 전원 풍경도 펼쳐진다. 마지막으로 "튼튼한 방패의 둥근 가장자리를 흐르는 장엄한 대양"도 있다.[40]

호메로스가 묘사한 아킬레우스 방패가 오늘날의 독자에게 곧바로 지리학의 사례나 지도로 보이지 않을 수 있지만, 이 방패와 지리학 또는 지도의 그리스식 정의를 알면 이야기는 달라진다. 엄밀히 말해 호메로스는 지리학geo-graphy을, 즉 지구를 그림으로 설명한 셈이다. 다시 말해, 우주의 기원과 우주에서 인간 위치의 기원을 상징적으로 표현한 것이다. 이는 그리스어에서 지도를 pinax나 periodos gēs로 정의하는 것과도 일맥상통한다. 즉 방패는 글자를 새기는 판도 되고, "장엄한 대양"이라는 한계 안에서 지구를 순회하는 행위도 되는데, 이 대양은 경계가 없을apeiron 법한 세계의 경계peirata가 된다. 훗날 그리스 해설사들은 호메로스의 묘사가 지리학뿐 아니라 창조 이야기, 즉 우주생성론까지 제시한다고 보았다. 그러니까 불의 신 헤파이스토스는 창조의 기본 요소를 뜻하고, 둥근 방패를 만드는 행위는 구형 세계의 형성을 의미한다. 방패를 만드는 네 가지 금속(금, 은, 청동, 주석)은 만물의 4대 원소이며, 방패의 다섯 개 층은 지구의 다섯 지대에 해당한다.[41]

아킬레우스 방패는 우주생성론을 암시하기도 하지만, 지평선에서 하늘을 올려다보는 시선으로 기지 세계를 묘사한 것이기도 하다. 땅은 납작한 원반이며, 그 주위를 바다가 에워싸고, 위로는 하늘과 별이 있다. 태양은 동쪽에서 떠올라 서쪽으로 진다. 이것이 사람 사는 세계, 즉 그리스어로 oikoumenē(오이쿠메네)의 모양과 범위였다. oikoumenē의 어원은 집 또는 거주지를 뜻하는 그리스어 oikos다. 이 말에서 알 수 있듯이, 초기 그리스인들은 다른 고대사회와 마찬가지로 기지 세계를 주로 자기중심적으로, 즉 몸과 그 몸을 지탱하는 주거 공간에서 바깥으로 확산되는 식으로 이해했다. 세계는 몸에서 시작하고, 집으로 규정되며, 수평선 또는 지평선에서 끝난다. 그 너머는 모두 경계가 없는 혼돈이다.

그리스인에게 지리학은 궁극적으로 우주생성론을 이해하는 것과 관련이 있었다. 땅^{Gē}의 기원을 이해하는 것은 곧 창조를 이해하는 것이었기 때문이다. 호메로스 같은 시인이 보기에, 그리고 좀 더 분명하게는 헤시오도스가 《신들의 계보^{Theogony}》(기원전 700년경)에서 묘사한 대로 창조는 혼돈, 즉 카오스에서 시작한다. 카오스는 형체가 없는 덩어리이며, 여기서 타르타로스(태초의 신이자 음침한 지하 구덩이의 신), 에로스(사랑과 출산의 신), 그리고 가장 중요한 가이아(여성으로 의인화한 대지)가 나온다. 카오스와 가이아는 각각 닉스(밤)와 우라노스(하늘)를 낳는다. 그 뒤 가이아는 우라노스와의 사이에서 열두 명의 티탄족 신을 낳는다. 아들 여섯(오케아노스, 히페리온, 코이오스, 크로노스, 이이페토스, 그리오스)에, 딸 여섯(므네모시네, 포이베, 레아, 테티스, 테이아, 테미스)인데, 이들은 제우스가 이끄는 올림포스 신들에게 패한다. 기독교 전통과 달리, 초기 그리스 신화에 등장하는 인간의 탄생은 모순되고 흔히 신의 투쟁에 밀려 부차적으로 취급된다. 호메로스는 헤시오도스와 대조적으로, 인간이 티탄 신 크로노스에서 나왔다고 인간의 탄생을 명확히 설명하지만 그 이유는 밝히지 않는다. 그런가 하면 인간이 티탄 신 프로메테우스에서 나왔다는 신화도 있다. 자의식이라는 정신을 뜻하는 '불'을 인간에게 선물해 제우스의 분노를 샀던 신이다. 헤시오도스가 쓴 신화를 비롯해 여러 창조 신화에서 인류는 그 어떤 명백한 신적 정체성도 부여받지 못한 채 흙에서 태어날 뿐이다.[42]

초기 그리스 신화에 나타나는 모호한 인간 탄생 이야기는 기원전 6세기에 이오니아의 도시 밀레토스(지금의 터키)에서 나타나기 시작한 '만물의 질서'라는 과학적이고 사실적인 설명과 대조된다. 밀레토스 사상가 중에는 창조를 과학적으로 제법 그럴듯하게 설명하는 사람도 있었다. 밀레토스는 지정학적 위치 덕분에 바빌로니아의 문화를 쉽게 흡수했다. 바빌로니아는 멀게는 기원전 1800년부터 창조 이론을 만들고 별의 움직임을 관찰했다. 이런 현상은 이 책의 도입부에서 보았듯이 바빌론을 중심 가까이 두고 물로 에워싸인 땅을 새긴 점토판에 잘 나타난다. 서기 3세기의 전기 작가 디오게네스 라에르티오스에 따르면, 밀레토스의 철학자 아낙시만드로스(기원전 610~546년경)는 "최초로 바다와 육지의 윤곽을 그린" 사람이며, "최초로 지리학 지도geographikon pinaka를 펴낸" 사람이다.[43]

프톨레마이오스 이전에 지리학을 논했던 그리스 저자들이 대부분 그랬듯이, 아낙시만드로스도 저작이나 지도 중에 현존하는 것이 거의 없다. 그리스 지리학 이야기를 일관되게 종합하려면 소위 '독소그래퍼doxographer'(고대 그리스 철학자의 의견이나 학설 등을 수집하는 사람－옮긴이)라 불리는 후대 그리스 저자들이 기억을 재구성하거나 사실을 기록해 놓은 글을 참고해야 한다. 플루타르코스, 히폴리토스, 디오게네스 라에르티오스 등이 독소그래퍼로, 이들 모두 앞선 저자들의 삶과 생각을 이야기한다. 스트라본과 그가 쓴 《지리지》처럼 한참 뒤에 나온 지리학 저자나 저작은 그 중요성을 평가하기가 어려울 때가 많다. 자료가 남아 있다는 이유만으로 지나치게 영향력을 발휘하기 때문이다. 그렇기는 해도 사실상 모든 그리스 저자들이 아낙시만드로스를 그가 말한 '만물의 질서'를 설득력 있게 설명한 최초의 사상가로 꼽는다. 아낙시만드로스는 헤시오도스의 카오스 기원설과는 약간 다르게 태초의 시작이 무한한 경계 없음, 즉 '아페이론apeiron'이었다고 말한다. 이 경계 없음에서 '씨앗'이 탄생하고 씨앗은 다시 불꽃을 만드는데, "이 불꽃은 마치 나무를 감싸는 나무껍질처럼 지구 주위의 공기를 감싸며 타오른다."[44] 지구가 형태를 갖추기 시작하면, 지구를 감싸는 '불꽃'이 흩어져 행성, 별, 달, 태양에 차례로 '고리'를 만든다. 지구를 에워싸는 이 고리는 오직 '통풍구'로만 볼 수 있는데, 지구에서 이 통풍구로 보면 둥근 천체가 보인다. 아낙시만드로스는 인간의 생명이 태고의 습기에서 나왔다고 주장했다(인류는 가시 돋친 나무껍질에서 나왔다는 주장도 있고, 물고기에서 진화했다는 주장도 있다). 우주와 인류의 기원을 현실적으로 설명한 이 주장은 신과 신화에 의존한 앞선 설명보다 훨씬 발전한 것이지만, 특히 독창적인 부분은 지구의 위치를 설명한 부분이다. 독소그래퍼들이 말하는 아낙시만드로스의 주장은 이렇다. "지구는 어느 것에도 통제되지 않은 채 떠 있다. 지구가 제자리에 있는 이유는 [천체 둘레의] 모든 점에서 비슷한 거리에 있기 때문이다." 지구는 "원통형이며, 깊이는 너비의 3분의 1이다."[45] 이 우주생성론에서 실제 우주를 연구하는 우주론이 탄생했다. 아낙시만드로스는 지구가 물 위나 공기 중에 떠다닌다는 바빌로니아와 초기 그리스의 믿음을 버리고 순전히 기하학적이고 수학적인 우주론을 도입했다. 이에 따르면 지구는 대칭을 이룬 우주의 중심에 완벽한 균형을 이루고 존재한다. 지구가 중심에 놓인 우주라는 개념을 과학적으로 설명한, 이제까지 알려진 최초의 주장이다.

창조의 물리적 기원을 이성적으로 설명한 아낙시만드로스의 주장은 그 후에 나온 그리스의 형이상학적 고찰 전반을 정의했다. 아낙시만드로스는 그리스 지리학에도 막대한 영향을 미쳤다. 그가 세계지도를 묘사한 기록은 전해지지 않지만, 독소그래퍼들은 그것이 어떤 모습이었을지 추측했다. 지구가 회전하는 북이고, 천체 고리가 그 주위를 돈다고 상상해 보라. 북 한쪽에는 사람이 살지 않는 세계가 있고, 반대쪽에는 사람이 사는 오이쿠메네가 대양에 둘러싸여 있다. 그 중심에는 아낙시만드로스의 고향인 밀레토스가 놓이거나 바로 그 시기 델포이 아폴론 신전에 돌로 만들어 세운 옴파로스omphalos, 즉 세계의 '배꼽'이 놓인다. 그 후에 나온 그리스 지도 대다수는 이곳을 기준으로 방위를 잡는다. 아낙시만드로스는 기존의 여러 묘사, 이를테면 신화에 나오는 아르고 호 영웅들이나 오디세우스의 여행, 지중해를 가로지른 항해 기록, 그리고 흑해, 이탈리아, 지중해 동쪽 지역의 초기 이주민 정착지에 관한 설명[46] 등을 참조했을 것이다. 이렇게 탄생한 지도에는 단순한 윤곽의 유럽, 아시아, 리비아(또는 아프리카)가 지중해, 흑해, 나일 강으로 분리된 거대한 섬으로 묘사되었을 것이다.

그 후에 나온 지리학 관련 글들은 아낙시만드로스의 지도를 다듬고 발전시켰겠지만, 그의 설득력 있는 우주론에 필적할 만한 것은 없었다. 밀레토스의 정치인이자 사학자였던 헤카타이오스(기원전 500년경 활약)는 세계지도를 삽입한 《지구 순회Periodos gēs》라는 최초의 본격 지리학 논문을 썼다. 지도는 분실되고 논문도 일부만 남았지만, 이를 보면 그가 아낙시만드로스의 지리학에 얼마나 깊이 의존했는지 알 수 있다. 헤카타이오스의 《지구 순회》는 유럽, 아시아, 리비아를 묘사하면서, 기지 세계의 서쪽 끝인 '헤라클레스 기둥'(지브롤터 해협)에서 시작해, 동쪽으로 지중해를 돌아 흑해, 스키타이, 페르시아, 인도, 수단을 거쳐 모로코의 대서양 연안에서 끝난다. 헤카타이오스는 자연지리에 관한 글도 썼지만, 이오니아의 여러 도시가 페르시아 통치자에 대항해 결국 실패로 끝난 이오니아 반란(기원전 500~493년경)에도 가담했다.

헤카타이오스 지도에서도 세계를 (호메로스처럼) 원반 또는 (아낙시만드로스처럼) 원통형으로 인식하는 시각은 여전했다. 신화적이고 수학적인 이런 단정은 최초의 사학자이자 그리스 사학자를 통틀어 가장 위대하다고 평가받는 할리카르나소스의 헤로도토스(기원전 484~425년경)에게 지속적으로 공격받았다. 헤로도토스는 방대한 저서 《역사》 제4권에서, 페르시아의 힘과 기지 세계의 최북단인 스키타이에 대한 이야기를 잠시 멈추고 헤카타이오스 같은 지리학자들을 꾸짖는다. "지도를 만드는 사람 중에 완벽하게 둥근 지구 둘레를 대양이 강처럼 흘러가듯 묘사하고 아시아와 유럽을 똑같은 크기로 그린 사람이 한둘이 아니다. 그들의 한결같은 어리석음에 웃음밖에 안 나온다."[47] 여행가이자 사학자였던 헤로도토스는 호메로스의 신화나 아낙시만드로스의 과학에서 나온 깔끔한 지리학적 대칭에 별로 관심이 없었다. 그 역시 헤카타이오스처럼 세계를 유럽, 아시아, 리비아(아프리카) 셋으로 나누었지만, 그 시대에 알려진 민족, 제국, 영토를 세심하게 목록으로 정리한 다음 이렇게 결론 내렸다. "리비아, 아시아, 유럽을 지도에 옮기는 방법에 놀라지 않을 수 없다. 세 대륙은 사실 크기가 매우 다르다. 유럽은 나머지 둘을 합친 것만큼 길고, 내 생각에 폭은 그 둘과 비교가 되지 않는다."[48] 헤로도토스는 사람 사는 세계가 물로 완전히 둘러싸였다는 단정을 무시했고, 왜 "거대한 하나의 땅덩어리에 서로 다른 세 여성의 이름을 붙여야 하는지" 의문을 제기했다. 유럽은 제우스가 유괴한 레바논 공주 에우로페에서, 아시아는 프로메테우스의 아내 아시아(일선에는 트라키아 왕 코티스의 아들 아시아스)에서, 리비아는 제우스의 아들인 에파포스의 딸 리비아에서 파생했다.[49] 헤로도토스는 기하학에도, 그리고 스스로 납작한 원반형으로 묘사한 (지금은 분실된) 세계지도의 명명법에도 관심이 없었다. 그의 관심사는 그러한 추상적 이상화를 버리고 실제로 여행을 하고 사람들을 만나면서 증명할 수 있는 사실을 이용해야 한다는 것이었다.

헤로도토스는 지도 제작과 관련해, 이후 수세기 동안 지도 제작을 규정할(때로는 분열시킬) 의문들을 간접적으로 제시했다. 정확한 세계지도를 만들려면 과학의, 특히 기하학의 객관성을 주장하는 것으로 충분한가? 아니면 여행자의 요란하고 종종 모순되어 믿을 수 없는 정보에 의존해 기지 세계를 좀 더 포괄적으로 그려야 하는가? 이러한 차이는 지도 제작이 과학인지 기술인지를 묻는 질문으로 이어졌다. 지도 제작은 주로 공간적 작업일까, 시간적 작업일까? 그리는 행위일까, 쓰는 행위일까? 그리스의 지도 제작은 여전히 수학적이고 천문학적인 계산에 의존했지만, 헤로도토스는 여행자가 수집한 가공하지 않은 정보를 어떻게 수집하고 평가하고 통합해 좀 더 포괄적인 세계지도를 만들지 고민했다.

헤로도토스의 관심은 동시대 사람들 사이에서 즉각적인 반향을 불러일으키지는 않았다. 사람들은 여전히 지구의 본질과 관련해 수학적이고 철학적인 질문을 던졌다. 우주는 기하학적 대칭을 이룬다는 아낙시만드로스의 믿음을 발전시킨 사람은 피타고라스(기원전 530년경 활약)와 그 제자들 그리고 파르메니데스(기원전 480년경 활약)인데, 파르메니데스는 우주가 구형이면 지구도 구형이라는 주장을 논리적으로 전개했다. 그러나 지구의 구형을 언급한 최초의 기록은 플라톤의 유명한 《파이돈》(기원전 380년경) 끝부분에 나온다. 소크라테스가 죽음을 맞이하기 며칠 전 상황을 대화로 표현한 이 글은 영혼 불멸과 이상적 형상에 관한 이론을 철학적으로 설명한 것으로 유명하지만, 끝으로 가면서 소크라테스는 자신이 "지구의 경이로운 지역"이라 부른 곳을 사후의 고결한 영혼이 바라보듯 묘사한다. "그것이 둥글고 하늘 가운데 있다면, 공기도 필요 없고 존속하기 위한 그 어떤 힘도 필요 없다. 하늘이 어느 방향으로든 균일하다면, 더불어 지구 자체가 평형을 유지한다면, 그곳은 얼마든지 존속할 수 있다."[50] 곧이어 지구를 바라보는 플라톤만의 시각이 이어진다. 소크라테스는 인간이 지구 표면의 일부만을 차지한 채 우묵한 곳에 거주한다며, 그곳은 "모양과 크기가 다양하고, 안에 물과 옅은 안개와 공기가 함께 흐른다"고 설명한다. 더불어 "지구 자체는 하늘에 고정된, 순수한 환경에 둘러싸인 순수한 존재이며, 하늘에는 별들이 자리 잡는다"고 말한다. 소크라테스는 "우리 지구"는 "진짜 지구"의 어설프고 "부패한" 복사본이며, 진짜 지구는 불후의 영혼에게만 보이는 이상의 세계라고 설명한다.[51] 마지막으로 그는 지구의 초월성을 기막히게 묘사하면서, 자신의 죽음을 예감하듯 구형 세계를 위에서 내려다보는 시선으로 서술한다.

우선 진짜 지구는 위에서 보면, 여러 색을 다채롭게 이어 붙인 열두 쪽 가죽으로 만든 공처럼 생겼다는데, 여기서 보이는 우리 색은 그중에서도 말하자면 화가가 사용하는 색깔 같은 거지. 거기서 보는 지구는 전체가 여기보다 훨씬 밝고 순수한 빛깔이야. 한쪽은 눈부시게 아름다운 보라색이고, 한쪽은 황금색인데, 흰색은 백악이나 눈보다 하얗지. 지구를 구성하는 다른 빛깔도 우리가 본 것보다 훨씬 다채롭고 아름답다네.[52]

불멸의 영혼이 정신적으로 초월하는 순간 눈앞에 펼쳐지는 둥글고 눈부신 이상 세계라는 전례 없는 이 환영은 이후 지구의 지리를 소재로 한 다양한 상상에 두루 차용되는데, 구원과 영성을 강조하는 기독교 전통도 그중 하나다.《티마이오스》에 쓰인 대로 세계는 신성한 조물주, 즉 '장인'이 창조했다는 플라톤의 믿음도 이 환영에서 나왔을 것이다. 지구를 바라보는 이 시선은 플라톤이 주장하는 형상론이나 영혼 불멸성의 핵심이다. 불멸하는 영혼만이 세계의 이상적 형상을 이해할 수 있다. 화가나 지도 제작자 또는 수학자 같은 사람들도 지성과 상상력을 발휘해 신성한 천체의 질서를 표현할 수는 있지만 엉성한 복제일 뿐이다. 심지어 수학자도 이상적 지구의 근사치만을 어렴풋하게 제시할 뿐이다. 플라톤의 열두 쪽 가죽 공 비유는 구형에 가장 가까운 12면체에 관한 피타고라스의 이론을 참고한 것이다. 대기권 밖 우주를 여행하는 시대가 열려 눈부신 지구를 멀리서 한눈에 바라보는 꿈이 실현되기 전까지, 플라톤의 이러한 시각은 2,000년 넘게 설득력을 지녔다. 비록 지리학자들에게는 수세대에 걸쳐 종잡을 수 없는 이상이었지만.

고대 후기 그리스 철학자들은 지구를 창조라는 넓은 문맥에서 정의하면서 천구와 지구의 관계를 생각하기 시작했고, 천구를 이용해 지구의 모양과 규모를 측정할 방법을 고민했다. 플라톤의 제자로 수학자이자 천문학자인 크니도스의 에우독소스(기원전 408~355년경)는 지구 중심을 통과하는 축을 기준으로 회전하는 여러 개의 동심 천구 모델을 만들었다. 그는 신처럼 천구 '바깥'에서 천구 안을 들여다보며 별과 지구를 관찰하듯 천구를 그렸고, 이로써 지상의 한계를 벗어나 시공간 너머의 우주를 (그리고 중심에서 지구를) 상상하는 지적 도약을 성취했다. 그는 이 방법으로 지상에 발을 디딘 채 하늘의 움직임을 표시하면서, 적도와 회귀선을 포함해 (지축을 우주로 확장하고 별들이 그 주위를 돈다고 상상할 때 생기는) 천체의 주요 원이 어떻게 지구 표면에 교차하는지 표현했다.

에우독소스의 지구 중심 우주는 천체 지도 제작의 큰 발전을 의미했다. 그가 만든 의인화한 '황도대^{zodiac}(동물의 띠)'는 뒤이어 나오는 모든 천체 지도 제작과 천문학에 기반이 되었을 뿐 아니라 오늘날까지도 지리학 언어에 영향을 미쳐 '북회귀선'은 영어로 '게자리 열대', '남회귀선'은 '염소자리 열대'로 쓴다. 에우독소스는 지금은 분실된《지구 순회》에서 지구 둘레를 40만 스타디아로 추정했다. 최초의 지구 둘레 추정치다('스타디아'는 복잡하기로 유명한 그리스 측정 단위다. 쟁기를 한 번에 끌수 있는 거리가 기본 단위가 되는데, 1스타디아는 대략 148~185미터 정도다).[53] 하늘과 땅을 실제로 관찰한 다음 그것을 아낙시만드로스와 플라톤의 철학적 고찰에 통합한 에우독소스의 계산은 고대 철학자를 통틀어 가장 중요한 인물인 아리스토텔레스(기원전 384~322년)의 주요 저작과 그가 기지 세계를 인식하는 방법에 영향을 미쳤다.

아리스토텔레스의 저작에는 지구의 모양과 크기를 자세히 설명한 것이 많다. 우주의 구조에 관한 논문《하늘에 관하여》그리고《기상학》(엄밀히 번역하면 '공중에 떠 있는 것에 관한 연구')도 그러한 논문으로, 둘다 기원전 350년경에 쓰였다.《하늘에 관하여》에는 지구가 둥글다는 것의 적절한 증거로 여길 법한 내용도 있다. 아리스토텔레스는 아낙시만드로스의 우주생성론을 기초로, 지구라는 "덩어리는 어느 곳이든 중심에서 등거리일 것"이라고 믿었다. 지구가 둥글다는 이야기다. 그는 이어서 말한다. "감각으로 느끼는 증거가 이를 뒷받침한다." "그렇지 않다면 어떻게 월식이 우리가 보는 [곡선] 형태로 나타나겠는가?" 그리고 지구가 둥글지 않다면 어떻게 "남쪽이나 북쪽으로 위치를 조금만 바꿔도 지평선이나 수평선이 크게 변화"하겠는가?"[54]

《기상학》은 이 주장에서 더 나아간다. 아리스토텔레스는 자신의 주제를 "자연 발생적으로 일어나고," "별의 움직임과 거의 맞닿은 곳" 그리고 지구와 가장 가까운 곳에서 일어나는 모든 일로 정의했다.[55] 지금 읽으면 혜성, 유성, 지진, 천둥과 번개를 설명한 난해한 책 같지만, 아리스토텔레스가 이 책을 쓴 의도 중 하나는 지구 중심 우주에 형태와 의미를 부여하는 것이었다. 《기상학》 제2권에는 사람 사는 세계를 묘사하는 대목이 나온다. "지구 표면에는 사람이 살 수 있는 곳이 둘 있는데, 하나는 우리가 사는 세계로 북극을 향해 있고, 또 하나는 남극을 향해 있다. (……) 이 둘은 북처럼 생겼다." 그는 오이쿠메네를 둥글고 납작한 원반으로 묘사한 "현재의 세계지도"는 철학적으로나 경험적으로나 "엉터리"라고 결론 내리면서, 그 이유를 다음과 같이 설명한다.

이론적으로 계산하면, 사람 사는 세계는 폭이 유한하고 기후는 지구 둘레를 따라 연속하는 띠 형태로 나타난다. 기온의 다양성은 경도가 아닌 위도의 차이에서 생기기 때문이다. (……) 그리고 바다와 육지의 여행으로 알려진 사실들은 세계의 가로 폭이 세로 폭보다 훨씬 길다는 것을 증명한다. 여러 차례의 항해와 여행을 종합해 보면, 그리고 그 정보가 정확하다고 가정하면 헤라클레스 기둥에서 인도까지의 거리는 아이티오피아에서 마에오티스 호[흑해에 인접한 아조프 해]까지, 더 나아가 스키타이에서 가장 먼 곳까지의 거리보다 길고, 그 비율은 5:3이 넘는다. 그러나 우리는 사람이 살 수 있는 세계 전체의 폭만 알 뿐이며, 그 위아래 경계 너머로는 사람이 살 수 없다. 한쪽은 추워서, 한쪽은 더워서다. 반면에 인도와 헤라클레스 기둥 너머로는 대양이 사람 사는 땅을 갈라놓았

고, 따라서 지구 둘레로 연속하는 띠가 생기지 못한다.[56]

아리스토텔레스가 말하는 지구는 다섯 개의 기후대^{climatic zone}, 즉 '클리마타^{klimata}'(비탈, 기울기)로 나뉜다. 둘은 극지대, 둘은 사람이 살 수 있는 적도 양옆의 온대, 그리고 하나는 뜨거운 열 때문에 사람이 살 수 없는 적도 주위의 중앙 지대. 이 분류는 파르메니데스가 제안한 클리마타를 기초로 했으며, 기후민족지학 확립을 향한 첫걸음이었다.[57] 아리스토텔레스의 말대로라면 '기후', 즉 태양 광선의 '기울기'는 적도에서 북쪽으로 갈수록 작아진다. 적도의 찌는 듯한 더위도, 북쪽 극지대의 얼음장 같은 혹한도 인간의 삶을 지탱할 수 없다 보니, 인간은 오직 북쪽과 남쪽의 '온대'에서만 살아갈 수 있다. 아리스토텔레스는 기지 세계의 가로와 세로 폭을 정의할 때 경험과 그가 경험적 사실이라 생각한 것을 중요시했다. 이런 태도는 헤로도토스를 기쁘게 했겠지만, 기지 세계를 그렇게 정의한다면 아리스토텔레스의 가장 유명한 제자인 알렉산드로스 대왕이 기원전 335~323년에 발칸 반도에서 인도에 이르는 지역을 정복했을 때 기지 세계는 크게 확대된 셈이다. 아리스토텔레스의 지구 묘사는 그 후에 나온 프톨레마이오스의 논문과 더불어 1,000년 넘게 지리학을 지배하게 된다.

아리스토텔레스의 《기상학》은 기지 세계를 바라보는 고대 그리스의 이론적 성찰이 정점에 이르렀음을 보여 준다. 실제 관찰이 중요하고 감각을 신뢰해야 한다는 아리스토텔레스의 사고방식은 아낙시만드로스와 플라톤의 우주론을 벗어났지만, 그렇다고 해서 아리스토텔레스 이전의 그리스 지리학이 순전히 이론에만 그친 것은 아니었다. 지도를 현실에 사용한 흔적은 곳곳에서 (대개는 회고의 형태로) 발견되는데, 멀게는 페르시아에 대항한 이오니아의 반란에도 나타난다. 헤로도토스는 밀레토스의 아리스타고라스가 어떻게 스파르타의 왕 클레오메네스에게

페르시아에 대항할 군사 지원을 요청했는지 설명하면서, 그가 왕에게 "청동에 새긴 세계지도를 가져가 모든 바다와 강을 보여 주고" 여러 국가의 상대적 위치를 보여 주었다고 전한다. 리디아, 프리지아, 카파도키아, 키프로스, 아르메니아 그리고 '아시아 전체'의 지리를 상세히 묘사한 이 지도는 동시대에 나온 아낙시만드로스의 지도보다 훨씬 더 많은 자료에 근거한 듯하다. 여기에는 바빌로니아 '지름길'도 있는데, 바빌론에서 바깥으로 뻗어 나간 길로 기원전 1900년경 전투 마차가 다닐 용도로 만들었지만 교역과 소통의 통로로도 사용한 길이다.[58] 이 지도에는 스파르타 군대가 바다에서 올라올 때 이용할 금지된 길까지 누설되어 있는데, 아리스타고라스는 이 사실을 인정하면서 클레오메네스에게 군사 원조를 받지 못한다. 지도가 정치적, 군사적으로 이용되었음을 보여 주는 초기 사례다.

좀 더 밝은 이야기를 보자면, 아리스토파네스가 기원전 5세기에 쓴 희극 《구름》에는 스트렙시아데스라는 아테네 시민이 학습 도구를 가지고 한 학생과 장난치는 장면이 나온다. 학생이 그에게 말한다. "세계 전체가 표시된 지도가 저기 있어요. 보이시나요? 저건 아테네예요." 그러자 스트렙시아데스가 믿을 수 없다며 우스꽝스럽게 대꾸한다. "웃기는 소리. 아니, 법정이 하나도 없잖아." 학생이 적국 스파르타의 위치를 가리키자 이번에는 이렇게 말한다. "그렇게 코앞이라니! 더 멀리 떼어 놓았어야지." 기원전 5세기 초에 그리스 세계지도가 전술이나 설득 등에 공개적으로 사용되었음을 보여 주는 사례다. 놋쇠, 돌, 나무, 심지어 땅바닥에도 새긴 이 지도들은 대단히 정교했고, 지리 표현이 일정 수준에 이르렀음을 보여 준다. 그러나 지도는 지식층의 전유물이었던 것 또한 사실이다. 아리스토파네스는 지도가 표현한 정교한 내용을 보통 사람은 알아보지 못한다는 사실을 풍자했지만, 지도는 오직 영토만 표현하며 다른 나라가 지나치게 가까운 게 싫다고 해서 멀리 떼어 놓을 수는 없다

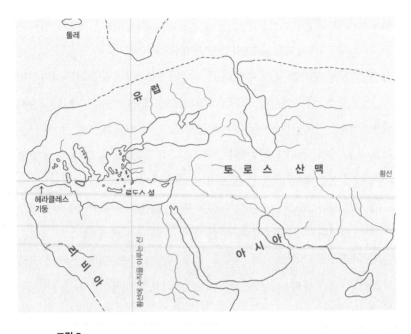

───── **그림 5**
기원전 3세기의 디카에아르쿠스 세계지도를 재구성한 지도.

는 사실을 청중도 안다는 가정 아래에서만 성립하는 우스개였다.

　이는 기원전 4세기 그리스 지리학의 상황이었다. 알렉산드로스 대왕의 정복 활동으로 멀리 떨어진 지역에 대한 실제 경험과 기록이 늘면서 지도 묘사는 더욱 정교해졌고, 궁극적으로 프톨레마이오스의 《지리학》에서 정점을 이루었다. 알렉산드로스 정복의 의미는 기지 세계에 대한 그리스의 지식이 확장된 데 그치지 않는다. 알렉산드로스는 스승 아리스토텔레스에게 경험적 관찰의 중요성을 배운 터라 학자들을 뽑아 정복 지역의 동식물, 문화, 역사, 지리에 관한 자료를 모으고, 군대의 진척 상황에 대해 날마다 보고서를 쓰게 했다. 이처럼 아리스토텔레스와 그보다 앞선 사람들의 이론적 지식에, 알렉산드로스의 출정에서 얻은 직접적 관찰과 발견이 더해지면서 알렉산드로스 사후 헬레니즘 시대의 지도 제작에 변화가 생기기 시작했다.

고대 그리스의 지도 제작은 우주생성론과 기하학에 초점을 둔 반면, 헬레니즘 시대의 지도 제작은 여기에다 오늘날 우리가 보기에 좀 더 과학적인 방법을 접목했다. 알렉산드로스와 동시대 인물인 마살리아(마르세유)의 피테아스는 이베리아 반도, 프랑스, 영국, 그리고 어쩌면 발트 해 연안에 이르기까지 유럽의 서쪽과 북쪽 해안을 탐험했다. 그러면서 사람 사는 세계의 북쪽 끝인 '툴레Thule'(아이슬란드, 오크니 제도, 심지어 그린란드까지 다양한 곳으로 해석된다)를 확정했고, 천구의 극(지축을 확장할 때 천구와 만나는 지점)을 정확히 표시했다. 그러나 지리학에서 가장 중요하게 꼽히는 그의 업적은 어떤 지역의 위도와 그곳에서 연중 해가 가장 긴 날의 낮의 길이의 관계를 분명히 밝히고, 위도 평행선을 지구 둘레를 한 바퀴 도는 선으로 투영했다는 점이다.[59] 비슷한 시기에 아리스토텔레스의 제자인 메시나의 디카에아르쿠스(기원전 326~296년경 활약)는 위도와 경도를 계산하는 초기 방법 몇 가지와 더불어 사람 사는 세계의 크기를 가늠하는 좀 더 정교한 모델을 개발했다. 그는 지금은 사라진 저서《지구 순회》에서 기지 세계의 가로와 세로 폭의 비율이 3:2라고 주장하면서 아리스토텔레스의 주장을 다듬었고, 초보적인 위도 계산법을 선보이며 서쪽에서 동쪽으로 지브롤터, 시칠리아, 로도스 섬, 인도를 통과하는 위선을 그렸는데, 대략 북위 36도에 해당한다. 그리고 이 위선에 수직으로, 로도스 섬을 통과해 북에서 남으로 자오선을 그렸다.

사람 사는 세계는 차츰 완전한 원이 아닌 불완전한 직사각형으로 인식되기 시작했다. 바빌로니아와 초기 그리스의 철학, 지리학은 기지 세계를 고정된 원형 경계(대양)가 있는 이상적이고 추상적인 구형으로 인식했다. 세계의 둘레는 중심에 따라 결정되었고, 중심은 세계를 형성하는 그들의 문화가 있는 곳(바빌론 또는 델포이)이었다. 이러한 초기의 이상적 대칭 형태는 직사각형 안에 표현되는 불규칙하고 길쭉한 도형으로 바뀌어 갔다. 기하학과 신앙에 기초한 원의 정중앙은 사라지고, 대신 초보적인 위선과 경선이 서로 이등분되는 곳이라는 단순한 이유로 로도스 섬 같은 장소를 택해 그곳을 중심으로 세계의 지리적 위치를 계산했다. 이와 함께, 지도의 역할에 관한 인식도 알게 모르게 바뀌어 갔다. 한 예로 사람 사는 땅을 묘사하는 논문 제목도 바뀌기 시작해, 이를테면《대양에 관하여》나《항구에 관하여》같은 제목이 좀 더 전통적인《지구 순회》같은 제목을 대체했다. 지리학 정보가 점점 늘면서 사람 사는 세계를 표현한 직사각형도 서서히 바뀌고 확장되며, 원이라는 기하학적 구조에 완전히 갇히는 형태는 더 이상 찾아볼 수 없게 되었다. 기하학이 천문, 지리 관찰과 합쳐지면서 헬레니즘 사상가들은 새로운 정보로 위도를 계산하고, 기지 세계의 길이를 추정하며, 특정 도시나 지역의 위치를 측정하는 집단 작업에 착수했다. 이 협동 작업으로 지도를 지식으로, 정보의 백과사전적 총체로, 또는 어느 고대 사학자의 말처럼 "만물이 담긴 거대한 목록"[60]으로 보는 새로운 인식이 생겼다. 지리학 논문은 창조, 천문학, 민족지학, 역사, 식물학 또는 자연계와 관련한 모든 주제를 아울렀다. 크리스티앙 자코브Christian Jacob의 주장처럼, "지도는 사람 사는 세계에 관한 지식을 보관하는 장치가 되었다."[61]

한 사회가 지식을 모으고 보관하기 시작하면, 지식을 안전하게 수용할 물리적 장소가 필요하게 마련이다. 헬레니즘 세계에서는 그것이 알렉산드리아 도서관이었고, 최초의 사서 가운데 한 사람이 프톨레마이오스에 앞서 그리스 지리학을 집대성한 리비아 태생 그리스인 에라토스테네스(기원전 275~194년경)였다는 사실은 결코 우연이 아니다. 그는 아테네에서 공부했고, 그 뒤 프톨레마이오스 3세의 초청으로 알렉산드리아로 건너가 그 아들의 가정교사이자 왕립 도서관 관장으로 일했다. 이 시기에 그 유명한(지금은 모두 분실된)《지구 측정》과《지리학》을 남겼는데,《지구 측정》은 오늘날 우리가 이해하는 지리학이라는 용어를 최

초로 사용한 책이며, 사람 사는 세계를 나타낸 지도에 기하학적 투영을 표시한 최초의 문헌이다.[62]

에라토스테네스의 위대한 업적은 천문 관찰과 실용 지식을 결합해 지구 둘레 계산법을 고안했다는 것이다. 그는 알렉산드리아에서 남쪽으로 5,000스타디아 떨어졌다고 스스로 추정한 오늘날의 아스완에 해당하는 시에네에서 해시계의 초기 형태인 그노몬을 이용해 수차례 관측을 실시했다. 그 결과 하지 정오에 태양 광선은 그림자를 만들지 않았다. 태양이 머리 바로 위에 있다는 뜻이었다. 알렉산드리아에서도 똑같은 방법으로 같은 날 같은 시각에 관측해 보니 그노몬의 그림자는 정확히 원의 50분의 1에 해당하는 각을 이루고 있었다. 그는 알렉산드리아와 시에네가 같은 자오선에 있다고 가정하고, 두 곳의 거리 5,000스타디아는 지구 둘레의 50분의 1에 해당한다고 계산했다. 따라서 지구 둘레는 5,000스타디아에 50을 곱한 25만 스타디아였다. '스타디아'가 정확히 몇 미터인지는 알 길이 없지만, 에라토스테네스의 최종 추정치는 아마도 3만 9,000킬로미터에서 4만 6,000킬로미터 사이일 것이다(학자들은 대개 후자에 더 가깝다고 본다).[63] 적도에서 측정한 지구의 실제 둘레가 4만 75킬로미터라는 걸 생각하면, 대단히 정확한 수치다.

이 계산의 가정에는 약간의 오류가 있었지만(이를테면 알렉산드리아와 시에나는 같은 위선에 존재하지 않았다), 에라토스테네스는 이 계산법으로 지구를 감싸는 모든 평행 원의 둘레를 계산할 수 있었고 오이쿠메네의 가로와 세로 폭을 추산할 수도 있었다. 스트라본은 《지리지》에서, 에라토스테네스가 지구를 지도에 옮기는 방법을 직접 언급했다고 말한다. 에라토스테네스는 그가 세계의 지식을 얻을 때 의존했던 도시 알렉산드리아처럼, 세계도 그리스 망토 클라미스처럼 끝이 가늘어지는 직사각형 모양이라고 상상했다. 그는 디카에아르쿠스를 참조해 서쪽에서 동쪽으로, 지브롤터에서 시칠리아와 로도스 섬을 거쳐 멀리 인도와 (실제보다 지나치게 동쪽으로 치우쳐 그린) 토로스 산맥을 잇는 위선을 투영했다. 이 선과 수직을 이루고, 로도스 섬을 통과하면서 북쪽의 툴레와 남쪽의 메로에(에티오피아)를 잇는 선은 자오선이다. 에라토스테네스는 디카에아르쿠스의 추정치를 다듬어, 오이쿠메네의 크기를 동에서 서까지는 7만 8,000스타디아, 북에서 남까지는 3만 8,000스타디아로 계산했다. 다시 말해, 기지 세계는 가로 폭이 세로 폭의 두 배였다. 여기서 흥미롭지만 그릇된 믿음이 생겼다. 에라토스테네스의 계산이 맞는다면 오이쿠메네는 서쪽 이베리아 해안에서 동쪽으로 더 멀리 뻗어야 한다. 그러니까 헬레니즘 세계의 끝인 인도가 아니라 멀게는 오늘날의 한국을 포함해 동경 138도가 넘는 지역까지 동쪽으로 더 길게 이어져야 한다. 스트라본은 에라토스테네스의 주장을 인용하며 지구에 관한 놀라운 상상력을 발휘한다. "(지구는) 완전한 원이어서 서로 만난다. 따라서 거대한 대서양이 가로막지 않는 한 이베리아에서 똑같은 위선을 따라 인도까지 항해할 수 있을 것이다."[64] 이 주장은 비록 지구의 크기와 동쪽 방향의 거리를 잘못 가정해 나온 것이지만, 콜럼버스와 마젤란을 비롯해 르네상스 시대의 탐험가들에게 지대한 영향을 미친다.

지구의 크기를 측정하고 위선과 자오선으로 초보적 격자 선을 만든 에라토스테네스가 지리학에서 이룬 의미심장한 마지막 혁신은 오이쿠메네를 그가 sphragide라고 부른 기하학적 모양으로 나눈 것이다. sphragide는 땅 한 구획을 지정하는 '봉인' 또는 '도장'을 뜻하는 행정 용어에서 파생한 말이다.[65] 에라토스테네스는 서로 다른 지역의 크기와 모양을 불규칙한 사각형에 대입하려 했다. 인도를 마름모로, 페르시아 동부를 평행사변형으로 그리는 식이다. 퇴보한 느낌마저 드는 방식이지만, 여기에는 철학, 천문학, 기하학을 실제 세계에 투영하는 그리스의 보편적 전통과 통하는 부분이 있다. 그리고 에라토스테네스보다 앞서 알렉산드리아 도서관 관장을 지낸 그리스 수학자 유클리드(기원전 300년경 활약)의 영향 또한 짙게 나타난다.

유클리드는 열세 권짜리 위대한 수학 논문 《원론》에서, 기하학과 수학의 '원론', 즉 선험적 원리를 정리했다. 그가 수와 기하 이론의 기본 규칙을 설명한 덕에, 에라토스테네스 같은 사상가들은 어떤(또는 모든) 대상의 작동 원리를 가장 기본적인 수학적 사실과 우주의 진실에 기초해 이해할 수 있게 되었다. 유클리드는 점("부분이 없는 것"), 선("폭이 없는 길이"), 면("길이와 폭만 있는 것")의 정의에서 시작해 평면과 입체기하의 원리까지 나아간다. 그가 단정한 일련의 사실은 오늘날에도 중등학교 기하학에 고스란히 나타나는데, 이를테면 삼각형 내각의 합은 180도라든가, 직각삼각형에서 빗변을 한 변으로 하는 정사각형의 넓이는 다른 두 변을 각각 한 변으로 하는 정사각형 두 개의 넓이의 합과 같다는 피타고라스의 정의가 그것이다. 자연의 기본 법칙으로 형성된 세계는 유클리드의 원리에 의해 기하학으로 정립되었다. 유클리드는 오래전부터 내려온 이 주제에 관한 그리스인의 생각을 종합했을 뿐이지만, 방대한 분량의 《원론》은 공간에 대한 인식을 일깨웠고, 이런 인식은 아인슈타인의 상대성이론과 비유클리드 기하학이 나오기까지 2,000년 가까이 유지된다. 유클리드가 생각하기에 공간은 비어 있고, 균질하고, 평평하고, 모든 방향으로 동일하며, 일련의 원, 삼각형, 평행선, 수직선으로 단순화할 수 있다. 이런 인식이 지도 제작에 미친 영향은 엄청났다. 에라토스테네스는 지상의 모든 공간을 일련의 삼각 계산과 사각형 모양으로 전락시켜 그런 인식을 다소 서투르게 표현했지만, 그 후 지도 제작자들은 경험에서 얻은 지리 정보를 대단히 새로운 방법으로 처리하게 되었다. 이론적으로 모든 지상 공간은 이제 변치 않는 기하학 원리에 맞춰 측정하고 규정할 수 있으며, 세계를 표현하는 점과 선으로 된 수학적 격자 선으로 만든 틀에 투영할 수 있었다. 이 같은 유클리드 기하학은 에라토스테네스부터 이후의 모든 그리스 지리학을 지배할 뿐 아니라 20세기까지 서양 지리학 전통을 형성하게 된다.

　　에라토스테네스의 천문적, 지리적 계산에 대한 헬레니즘 시대의 반응은 기원전 3세기와 2세기에 나타난 세계의 정치 변화에 좌우되었다. 로마가 포에니전쟁과 마케도니아전쟁에서 승승장구하면서 로마공화정이 융성하고, 이에 따라 헬레니즘 제국이 쇠퇴하고 결국에는 알렉산드리아에서 프톨레마이오스 왕조가 무너지기에 이른다. 지도 제작 역사에서 커다란 수수께끼 하나는 공화정 시대든 제정 시대든 로마의 세계지도는 거의 전해지지 않는다는 점이다. 현존하는 돌과 청동에 새긴 지적도(토지 측량도), 바닥 모자이크, 공학 설계도, 지형도, 여정 기록, 노로 지도 같은 제한된 자료만으로 로마의 지도 제작 상황을 추측하기는 위험하지만, 어쨌거나 헬레니즘 세계가 몰두했던 추상적 지리학에는 그다지 관심이 없었던 듯하다. 그보다는 군사작전, 식민지 건설, 토지 분할, 공학, 건축 같은 실용적 목적에 곧잘 지도를 활용하곤 했다.[66]

　　좀 더 이론적이고 추상적인 헬레니즘의 지도 제작 전통과 실용적이고 조직적인 로마 지리학은 이처럼 분명한 차이가 있는 듯하지만, 기원전 2세기부터 두 전통이 서로 만나 융화되었다는 걸 생각하면 이러한 차이는 오해일 뿐이다. 헬레니즘 세계의 다른 학문 중심지들도 이즈음 알렉산드리아의 우수한 문화를 바꿔 놓기 시작했다. 로마의 융성에 크게 기여하고 페르가몬을 수도로 삼은 아탈리드 왕조는 기원전 150년경 프톨레마이오스 왕조 도서관에 이어 두 번째로 큰 도서관을 세우고 유명한 철학자이자 지리학자인 말로스의 크라테스에게 운영을 맡겼다. 스트라본은 크라테스가 (지금은 분실된) 지구본을 만들었다고 전한다. 여기에서는 사람이 사는 대륙이 거대한 대양으로 넷으로 나뉘어 대칭을 이루고, 대양은 동쪽에서 적도를 가로질러 서쪽으로, 북쪽에서 대서양을 통과해 남쪽으로 흐른다. 북반구에는 오이쿠메네뿐만 아니라 서쪽으로 perioikoi("주변 거주자들")가 있고, 남반구에는 antoikoi("반대편 거주자들")와 antipodes("발이 거꾸로 달린 사람들")가 있다.[67] 크라테스의 지구본은 기존의 그리스 기하학 전통에다 당시 로마 공화정에서 발달 중인 민족지학을 멋지게 결합해 지구 반대편에 있는 사람들antipodes의 지리학을 형성하고, 이후 르네상스 시대의 항해에서 세계 "네 번째 부분"의 발견을 예고했다.

하지만 모든 사람이 에라토스테네스를 인정한 것은 아니었다. 천문학자인 니케아의 히파르코스(기원전 190~120년경)는 로도스 섬에서 《에라토스테네스에 반대하며》라는 제목의 세 권짜리 책을 비롯해 일련의 논문을 쓰면서, 에라토스테네스가 천문 관찰을 지도 제작에 활용한 일을 비판했다. 스트라본은 이렇게 말한다. "히파르코스는 천체와 이제까지 관찰한 일식과 월식을 분명히 하지 않고는 비전문가든 전문가든 지리학에 필요한 지식을 얻을 수 없다는 사실을 보여 준다."[68] 히파르코스는 850개가 넘는 별을 자세히 관찰한 뒤에 에라토스테네스의 위도 계산이 틀렸다고 지적했을 뿐 아니라 일식과 월식을 정확히 비교해 측정하지 않은 채 동쪽에서 서쪽으로 거리를 측정하면, 즉 경도 사이의 거리를 측정하면 문제가 있다고 했다. 이 문제는 18세기에 크로노미터를 이용해 해상에서 정확한 시간을 측정한 뒤에야 시원스럽게 해결되지만, 히파르코스는 초보적 위도와 경도 계산법을 이제까지 알려진 최초의 천문 도표로 제시한 사람이었다.

에라토스테네스에 도전한 사람들이 모두 옳지는 않았다. 그의 이론을 수정한 유명 인사로는 시리아의 수학자이자 철학자이며 사학자인 포세이도니오스(기원전 135~50년경)가 있다. 그는 로도스 섬에서 학교를 운영할 뿐 아니라 폼페이우스나 키케로 같은 저명한 로마인들과 친분을 나누고, 헬레니즘 지리학의 다양한 원리를 재정비한 (지금은 분실된) 논문을 여럿 썼다. 아리스토텔레스가 기후대를 다섯으로 나눈 것과 달리, 그는 천문학과 민족지학적 관찰에 기초해 지구를 일곱 기후대로 나누었는데, 여기에는 최근에 로마가 정복한 스페인, 프랑스, 독일 거주민에 관한 상세한 정보도 담겼다. 논쟁의 여지가 큰 곳은 포세이도니오스가 에라토스테네스의 지구 둘레 계산법에 문제를 제기한 부분이다. 그는 자신의 제2의 고향인 로도스 섬이 알렉산드리아와 같은 자오선 상에 있으며 불과 3,750스타디아 떨어졌을 뿐이라고 주장했다(그가 말하는 스타디아가 몇 킬로미터든 간에 실제보다 훨씬 적은 수치다). 그런 다음 용골자리에서 가장 밝은 별인 카노푸스의 고도를 관찰해, 로도스 섬에서는 이 별이 정확히 지평선에 있지만 알렉산드리아에서는 약 7.5도, 즉 원의 48분의 1에 해당하는 각도만큼 올라가 있다고 주장했다. 포세이도니오스는 3,750스타디아와 48을 곱해 지구 둘레를 18만 스타디아라고 추정했다. 안타깝게도 그가 측정한 로도스 섬과 알렉산드리아의 거리뿐 아니라 두 곳의 기울기도 엉터리였다. 그 결과 지구의 크기를 심각하게 축소했지만, 그가 계산한 수치는 놀라우리만치 오래 통용되었다.

역사적으로 포세이도니오스는 헬레니즘과 로마의 지도 제작 전통이 결합하는 순간을 상징한다. 서기 7~18년에 쓰인 스트라본의 《지리지》는 이때를 지리학 발전이 정점에 이른 시기로 본다. 대부분 현존하는 《지리지》 열일곱 권은 로마제국이 지중해를 장악하고 헬레니즘 세계가 기나긴 쇠퇴기에 접어들면서 지리학과 지도 제작이 애매한 상태에 놓였던 프톨레마이오스 이전 상황을 요약한다. 폰토스(지금의 터키) 토박이였던 스트라본은 지식에서는 헬레니즘의 영향을 받았지만, 정치에서는 로마 제국주의의 영향을 받았다. 그는 전반적으로 에라토스테네스의 계산을 따랐지만 오이쿠메네의 위도 범위를 3만 스타디아 이하로, 경도 범위를 7만 스타디아로 추정해 실제보다 적게 보았다. 그는 지름이 3미터가 넘는 '대형 지구본'을 만들라고 권하면서, 지구를 평면에 투영하는 문제를 슬쩍 피해 갔다. 그게 불가능하다고 판명되면 위선과 자오선으로 이루어진 격자 선으로 납작한 지도를 그리겠다며, "직선으로

원을 표현해도 큰 차이는 생기지 않을 것"이라고 대수롭지 않게 주장하면서, "우리는 평면에서 두 눈으로 본 모양이나 규모를 상상력을 동원해 공 모양으로 쉽게 바꿀 수 있기 때문"이라고 했다.[69]

스트라본은 《지리지》에서, 지리학 연구에 철학, 기하학, 천문학이 중요하다고 인정하면서 동시에 "정치인이나 군인의 활동"을 위한 "지리학의 쓸모"도 칭송했다. 스트라본이 생각하기에, 지리학을 연구하려면 백과사전처럼 천문학과 철학에서부터 경제학, 민족지학, 그리고 그가 말한 '영토사학'에 이르기까지 모든 분야를 학습해야 했다. 스트라본은 로마인처럼 지리학을 대단히 정치적인 주제로 생각했고, 따라서 그에게 지리학은 곧 인류지리학이며, 어떻게 하면 지구가 인류에게 유용할지를 고민하는 학문이었다. 지리학은 정치 활동에 실용적인 지식이고, 통치자들은 지리학을 이용해 더욱 효율적으로 통치할 수 있으며, "정치철학이 주로 통치자를 다루고 지리학이 그들의 필요를 충당해 준다면 지리학은 정치학보다 유용할 것"[70]이라는 게 스트라본의 생각이었다. 스트라본은 지도 제작자가 아니었지만, 그의 업적은 헬레니즘 지리학이 로마 지리학으로 이행하는 시기에 중대한 변화를 가져왔다. 헬레니즘 세계는 지리학을 기지 세계의 '살아가는 공간', 즉 오이쿠메네를 철학적이고 기하학적으로 연구하는 학문으로 정립했고, 로마는 이제 지리학을 그들이 생각하는 기지 세계, 즉 '둥근 땅orbis terrarum'을 이해하는 실용적 도구로 인식했다. 이 공간은 아우구스투스 황제 시대부터 그 이후로 줄곧 로마와 동일 선상에 놓이는 "둥근 땅의 제국imperium orbis terrarum"[71]이었다. 지리학과 제국주의를 거의 최초로, 그리고 가장 대담하게 통합한 '둥근 땅'은 세계와 로마를 똑같은 하나로 규정하기에 이른다.

프톨레마이오스의 《지리학》을 처음 읽을 때는 지적, 정치적 세계의 이러한 변화가 바로 감지되지 않는다. 천문학자 프톨레마이오스가 그리스 지도 제작 3,000년 전통의 정점에서 이 책을 쓰고 있다는 사실을 알아보기도 쉽지 않고, 기원전 30년 아우구스투스가 알렉산드리아를 정복한 이래로 알렉산드리아는 수세대 동안 로마제국의 통치에 놓였는데도 로마 지리학이 이 책에 미친 흔적도 보이지 않는다. 알렉산드리아 도서관 이야기도 전혀 없다. 알렉산드리아 도서관은 기원전 48년에 일어난 화재로 책과 건물이 상당수 소실되었지만, 2세기 중반까지도 에라토스테네스 시절의 화려한 영광이 희미하게 남아 있었다. 프톨레마이오스의 《지리학》은 이러한 세계 정세 변화에 무심한 채 시간을 초월해 헬레니즘 학문의 정점에 선 시간을 초월한 과학 논문 같다. 프톨레마이오스는 기존의 지리학 전통을 따랐다. 자신의 천문학 자질을 확고히 한 다음, 스트라본의 《지리지》나 히파르코스의 《에라토스테네스에 반대하며》처럼 주로 앞선 학자들의 견해에 반대하는 논문을 쓰는 방식이다.

　　프톨레마이오스는 이미 천문학에서 기념비적인 논문을 완성한 바 있다. 수학적 천문학을 집대성한 열세 권짜리 《알마게스트Almagest》다. 이 책은 가장 포괄적인 지구 중심 우주 모델을 제시했고, 니콜라우스 코페르니쿠스가 《천구의 회전에 관하여》(1543년)에서 태양중심설을 주장하기까지 1,500년 이상 인정받았다. 프톨레마이오스의 우주론은 플라톤의 우주론과 신성한 천체라는 생각을 정면으로 거부했다. 아리스토텔레스는 원인과 결과라는 기계적 물리학에서 출발한 지구 중심 우주론을 믿었고, 《알마게스트》는 그 믿음을 확장했다. 프톨레마이오스는 구형의 정지한 지구는 구형의 천체 우주 중심에 놓였다고 주장했다. 이 우주는 날마다 동쪽에서 서쪽으로 지구를 한 바퀴씩 돈다. 태양, 달, 행성도 이 행렬을 따르지만, 고정된 별과는 다른 궤적으로 움직인다. 프톨레마이오스는 행성을 지구에 가까운 순서로 정리했는데, 달에서 시작해 수성, 금성, 태양, 화성, 목성, 토성 순이다. 그는 히파르코스의 천문 관찰과 유클리드의 기하학 원리를 발전시켜, 별 1,022개를 48개의 별자리로 분류했고, 천구의天球儀 제작법을 설명했으며, 삼각법을 (그중에서도 현을) 이용해 일식과 월식, 태양 적위赤緯를, 그리고 지구 중심적 관점에서 볼 때 불규칙하거나 역행하는 듯한 행성과 별의 움직임을 이해하고 정확히 예측했다.[72]

프톨레마이오스는 히파르코스를 비롯해 앞선 많은 그리스인들처럼, "별과 인류의 친밀감"을 믿었고, "우리 영혼은 하늘의 일부"라고 생각했다.[73] 이런 정신적 선언을 바탕으로 우주를 좀 더 현실적으로 연구하고자 했는데, 이는 별의 움직임을 되도록 정확히 측정해 지구의 크기와 모양을 정확히 계산하려는 시도다. 프톨레마이오스는 《알마게스트》 제2권에서, 천문 자료를 수집해 지구의 위도를 더 정확하게 측정하는 법을 설명하면서, 한편으로는 다음과 같은 사실을 인정했다.

> 준비 단계에서 여전히 부족한 점은 각 지방 대표 도시들이 위치한 경도와 위도를 밝히지 못했다는 것이다. 도시에서 일어나는 여러 현상을 계산하려면 그것을 알아야 한다. 그러나 이를 밝히는 일은 지도 제작과 관련한 별개의 과제에 속하므로 이 문제는 별도로 전문가의 의견을 따라, 각 도시가 그곳을 통과하는 자오선을 따라, 적도에서 몇 도나 떨어져 있는지, 그리고 그 자오선이 알렉산드리아를 지나는 자오선과는 적도를 따라 동쪽 또는 서쪽으로 몇 도나 떨어져 있는지 기록할 것이다. 우리가 [천체의] 위치에 따라 시간을 정하는 기준이 바로 이 자오선이기 때문이다.[74]

《알마게스트》는 서기 147년 직후에 쓰인 게 분명하다. 프톨레마이오스는 《알마게스트》에 기록한 천문 관찰을 토대로 "지도 제작과 관련한 별개의 과제"를 실행할 생각에, 다음 저서 《지리학》 저술에 박차를 가한다. 이 책에는 좀 더 규모가 큰 천문 연구를 보충할 자료로서 여러 도표를 싣고, 도표에는 주요 도시의 좌표를 표시할 예정이었다. 프톨레마이

오스는《알마게스트》를 완성하고 점성학, 광학, 역학을 주제로 한 여러
논문까지 쓴 뒤에 여덟 권으로 된 두 번째 위대한 저서를 마무리한다.

완성된 글은 애초에 약속한, 주요 지역의 좌표를 표시한 도표를
한참 뛰어넘었다. 프톨레마이오스는 본인이 나서거나 대리인을 시켜 자
료를 모으기보다는 알렉산드리아에서 구할 수 있는 모든 글을 비교하
고 분석했다. 그는 여행자들의 이야기도 중요하다고 강조했지만, 그것
의 불확실성도 경고했다.《지리학》은 사학자뿐 아니라 탁월한 지리학자
에게서 얻은 "우리가 가진 최신 정보를 전반적으로 받아들여야" 한다고
했다. 여기에는 어원 자료와 역사 자료도 포함되는데, 이를테면 로마의
타키투스가 북유럽을 기술한《연대기》(서기 109년경), 그리고 홍해와 인
도양 여러 곳의 교역을 안내한 작자 미상의《에리트라이 해 항해기》(서
기 1세기경)를 포함해 출처가 불분명한 항해기 등이다.《지리학》에 인용
한 가장 중요한 저자는 티로스의 마리노스로, 그의 저서는 현재 분실되
었지만 프톨레마이오스는 그가 "우리 시대에 이 주제를 다룬 가장 최근
저자"[75]로 보인다고 했다.《지리학》제1권에서는 지리학을 정의하고 사
람 사는 세계를 지도로 그리는 법을 설명한다. 제2권부터 제7권까지에
서는 약속대로 지리 좌표를 표로 정리했다. 여기에는 애초의 약속보다
많은 8,000개의 도시와 장소가 위도와 경도에 따라 정리되었는데, 서쪽
의 아일랜드와 영국에서 시작해 동쪽으로 독일, 이탈리아, 그리스, 북아
프리카, 소아시아, 페르시아를 거쳐 인도로 끝난다. 제8권은 오이쿠메네
를 26개의 지역지도로 나누는 법을 소개했다. 유럽은 10개로, (여전히 '리
비아'로 불리는) 아프리카는 4개로, 아시아는 12개로 나누었는데, 이 체계
는 지도가 첨부된《지리학》초기 비잔티움 사본에서도, 그리고 이후에
나오는 세계지도 책 대부분에서도 그대로 유지된다.

프톨레마이오스 도표에 나오는 풍부한 지리 정보에는 전통적이
고 학문적인 지리학 탐구만이 아니라 천문 계산과 여행자들의 증언도

함께 실렸다. 프톨레마이오스는《지리학》맨 앞에 이렇게 명시했다. "이런 활동의 첫 단계는 체계적인 조사다. 각 나라를 돌면서 과학 교육을 받은 사람들이 보고한 내용에 나오는 지식을 최대한 수집해야 한다. 탐구와 보고는 측량의 문제이자 천문 관찰의 문제다." "체계적 조사"는 알렉산드리아 도서관의 '피나케스Pinakes', 즉 '표'를 찾아볼 수 있었기에 가능한 일이었다. 이 표는 기원전 250년경 키레네의 칼리마코스가 도서관 책을 주제별, 저자별, 제목별로 분류한 최초의 도서관 목록이다. 《지리학》은 거대한 자료은행이었다. 이 책의 편집자는 최초의 공인된 탁상공론 지리학자, 즉 "움직이지 않는 사람"[76]이며, 이 사람은 고정된 중앙에서 다양한 지리 정보를 세계의 거대한 자료 보관소에 입력한다.

프톨레마이오스가 생각하기에, 우주의 기원을 둘러싸고 추측성 우주생성론이 들어설 자리는 없으며, 오이쿠메네의 지리적, 행정적 경계를 불확정적이고 변동하는 것으로 설정하려는 시도는 말이 안 된다. 《지리학》은 첫머리에 밝힌 선언의 기조를 유지하면서, 지리학을 가리켜 "기지 세계 전체와 넓은 의미에서 그 세계와 연결된 것들을 그림으로 모방한 것"이라는 불후의 정의를 남긴다. 프톨레마이오스는 지리학을 (지구 전체가 아니라) 기지 세계를 포괄적 그림으로 표현하는 것으로 여겼는데, 이는 로마가 토지 측량에 몰두하는 것을 긍정하며 그가 '지역지세도'라 부른 지역별 지도와는 대조되는 개념이다. 프톨레마이오스의 말에 따르면, 지역지세도는 "풍경을 그리는" 기술이 필요하지만 세계를 지도에 담으려면 "그 기술은 전혀 필요치 않다. 세계지도는 [지형의] 위치와 전반적 배치를 순전히 선과 특정한 표시로 나타내기 때문이다." 여기에서는 수학적 방법이 "절대적 우위를 차지한다."[77] 선명한 물리적 비유로 두 종류의 지리 접근법을 대조한 프톨레마이오스는 지역지세도는 "마치 귀나 눈만 따로 떼어 그리듯 부분에 대한 인상을 전달하지만, 세계지도를 만드는 목표는 얼굴 전체의 초상화를 그리듯 전반적인 모습을 드러내는 것"이라고 생각했다.

프톨레마이오스는 자신의 방법론을 정립한 뒤, 티로스의 마리노스가 사용한 방법을 조목조목 비판하며 지구의 크기 그리고 위도와 경도의 수치를 논하고, 이어서 자신의 투영법으로 세계지도 만드는 법을 설명했다. 프톨레마이오스의 계산에서 가장 의미심장한 부분은 지구 전체 크기를 사람이 사는 영역, 즉 오이쿠메네와 비교해 논의한 부분이다. 그는 에라토스테네스와 히파르코스의 계산을 수정하면서, (모든 것을 60단위로 계산하는 바빌로니아 육십진법에 기초해) 지구 둘레를 360도로 나누고, 1도의 길이를 500스타디아로 추정했다. 그러다 보니 지구 둘레가 포세이도니오스의 측정치와 똑같은 18만 스타디아로 나왔다. 스타디아가 몇 미터였느냐에 따라 실제 지구 둘레보다 적어도 1만 킬로미터, 즉 18퍼센트 이상 작은 수치다. 그러나 프톨레마이오스가 지구 크기를 에라토스테네스를 비롯해 앞선 사람들보다 작게 생각한 반면, 사람이 사는 지역은 다수의 생각보다 훨씬 크다고 주장했다. 그가 생각한 오이쿠메네는 서쪽으로 '행운의 섬'(카나리아 제도)을 통과하는 본초자오선에서 시작해 동쪽으로 카티가라(지금의 베트남 하노이 근처로 추정)까지 이어지는 177도가 약간 넘는 호를 그리는데, 그는 이 거리를 7만 2,000스타디아로 추정했다. 그리고 세로 폭은 그 절반이 조금 넘는 4만 스타디아 미만으로 추정했는데, 그가 계산한 위도로 보면 북위 63도에 있는 툴레에서 시작해 남위 16도에 있는 '아지심바'(지금의 차드) 지역까지 79도가 조금 넘는다.[78]

이 수치를 보면 프톨레마이오스가 위도와 경도를 어떻게 계산했는지 의문이 생긴다. 그는 해당 장소에서 일 년 중 낮이 가장 긴 날 천문을 관측해 위도 평행선을 계산했다. 하루 중 낮의 길이가 최대일 때가 12시간인 적도를 0도로 놓고, 여기서부터 낮의 길이가 4분의 1시간씩 길어질 때마다 위선을 하나씩 추가해 최대 낮의 길이가 15시간 반인 곳까지 위선을 그은 다음, 여기서부터 증가폭을 30분으로 바꿔 오이쿠메네의 한계에 도달하는데, 그가 툴레를 지난다고 여긴 위도에서는 일 년 중 최대 낮의 길이가 20시간이다. 프톨레마이오스는 이 방식에다 태양이 극점에 이르렀을 때 천문을 관측한 히파르코스의 계산법을 참조해 위도 표를 만들었다. 그러나 그의 관측이 비교적 단순했던 탓에 (알렉산드리아를 포함해) 여러 곳의 수치가 부정확했다.

경도 계산법은 더 복잡했다. 프톨레마이오스는 경도를 정하는 유일한 방법은 태양을 시계로 활용해, 공간이 아닌 시간에 따라 서쪽에서 동쪽으로 이동하는 여러 자오선 사이의 거리를 측정하는 것이라고 생각했다. 동일한 자오선 상에 놓인 모든 장소에서 정오에 태양은 그 자오선으로 만들어지는 평면을 지난다. 따라서 경도 계산은 서쪽의 끝점인 행운의 섬에서 시작해, 동쪽으로 5도 간격으로, 또는 한 시간의 3분의 1의 간격으로 경도를 하나씩 추가하면 12시간을 채울 때 180도를 돌게 된다. 오류가 있을 수 있는 방법이지만, 경도를 일관되게 계산한 최초의 체계적 방법이었고, 이후 지도 제작자들은 이 방법으로 사람 사는 세계에 공간이 아닌 시간 계산으로 만든 위선과 경선의 격자 선을 투영할 수 있게 되었다. 우리는 대개 지도 제작을 공간 묘사의 과학으로 생각하지만, 프톨레마이오스는 공간이 아닌 시간을 이용한 방법을 세상에 소개했다.[79]

프톨레마이오스는 《지리학》제1권 끝부분에 이르러 마리노스에게서 멀어지기 시작하면서 위대한 지리학 혁신 하나를 더 소개한다. 구형 지구를 납작한 평면에 표현하는 일련의 수학적 투영법이다. 그는 지구본이 "지구의 모양과 직접적으로 닮았다"는 사실을 인정하면서도, 지구를 들여다보기도 하고 지구에서 일어나는 현상을 어느 정도 정확히 표시할 수도 있으려면 지구본이 대단히 커야 하는데, 그렇게 되면 "전체 형태를 한눈에 파악"하는 용도는 포기해야 한다고 지적한다. 그 대신 그는 지구 표면 전체를 한눈에 보는 환영을 고안해 "지도를 평면에 그리면 이런 어려움이 완전히 사라진다"고 제안한다. 하지만 여기에도 그 나름의 문제가 있어서, "지구본의 그림과 유사하게 그림을 그릴 방법을 고안해 납작한 평면에도 지구본에 나타난 간격을 가능한 한 그대로 유지해 실제 비율을 살릴 수 있어야 한다"고 말한다.[80] 이제까지 지도 제작자들이 마주했던 커다란 도전을 요약한 말이다.

마리노스는 직사각형 지도, 즉 '정사도법'을 적용한 지도를 만들어 이 문제를 해결하고자 했다. 프톨레마이오스의 설명에 따르면, 그 지도는 "위선과 자오선 원을 모두 직선으로 표시하고, 자오선끼리도 서로 평행이 되게 했다." 그러나 지리학자가 위선과 자오선이라는 상상의 기하학 선들을 구형 지구에 투영할 때, 사실 그 선은 길이가 서로 다른 원이다. 마리노스는 이 사실을 소홀히 하고 로도스 섬을 통과하는 북위 36도의 위선을 기준으로 삼은 측량을 우선시했고, 이 선이 북쪽과 남쪽으로 확장될 때 생기는 왜곡을 그대로 받아들였다. 그는 지상의 공간을 원심성 구조로 표현했는데, 이 경우 일정한 중심에서 바깥으로 갈수록 정확도가 점점 떨어져 가장자리에서는 왜곡이 극에 달한다. 유클리드 기하학에 충실했던 프톨레마이오스는 지상의 공간을 균질하고 방향성 있는 통일체로 묘사하고자 했고, 마리노스의 투영법은 그 자리에서 무시했다. 그러나 프톨레마이오스도 지도 투영에서 원을 사각형으로 펼칠 수 없었고, 타협안이 필요하다는 사실을 인정했다.

프톨레마이오스는 여전히 유클리드를 염두에 두고 기하학과 천문학에서 답을 찾으려 했다. 그는 우주에서 지구의 중심을 바라보면서 그 표면에 기하학적 위선과 자오선을 그린다고 상상해 보라며 이렇게 주장한다. "[지구본이나 눈을] 옆으로 돌려 가며 각 자오선을 [눈과] 일직선 상에 오게 하면, 그것이 직선이라는 환영이 생기고, 자오선을 지나는 평면은 그 순간 지구의 맨 꼭대기를 지난다." 반면에 위선은 "남쪽으로 불룩한 원의 일부로 보인다." 프톨레마이오스는 이 관찰을 바탕으로 제1투영법을 제안한다. 여기서 자오선은 직선으로 표시되고 북극 너머 상상의 점으로 수렴하지만, 위선은 길이가 다른 둥근 호로 표시되고 중심점을 공유한다. 이처럼 위선을 적도와 툴레를 따라 평행하게 그려, 위선의 상대적 비율뿐 아니라 그 길이를 더 정확하게 유지할 수 있었다. 이 방법으로도 각각의 위선을 따라 나타나는 비율 왜곡을 모두 해소할 수는 없었지만, 앞선 다른 투영법에 비해 지도상의 대부분의 점에서 각도의 상관관계를 일정하게 유지하는 더 나은 모델을 제시하게 되었다.

이 모델은 지구를 평면에 투영하려는 이제까지의 다양한 시도 가운데 가장 영향력 있고 오래 지속된 모델이었다. 모양에서 짐작할 수 있듯이, 지도를 단순한 원뿔에 투영한 최초의 사례다. 물론 이 원뿔은 이보다 더 친숙한 마케도니아 망토의 원뿔을 닮았다. 프톨레마이오스 왕조의 알렉산드리아 건설에 기초가 되고 에라토스테네스의 오이쿠메네 지도에 영감을 준 원뿔이다. 프톨레마이오스는 이 투영법으로 세계지도를 그리고 그곳에 지리 정보를 담는 법을 단순하지만 독창적으로 구현한다. 그는 간단명료한 기하학을 이용해, "평면 표면을 직사각 평행사변형에 담는" 법을 설명하는데, 시계추처럼 좌우로 움직이는 자를 써서 점, 선, 호를 표시하는 방법이다. 우선 기본적인 기하학적 윤곽을 잡은 다음, 북극 너머 상상의 점을 중심으로 하는 원의 반지름을 자로 잰다. 그런 다음 적도에서 툴레를 지나는 위선까지 위도 눈금을 자에 표시한다. 자의 한쪽은 상상의 점에 고정하고 다른 한쪽은 적도 180도를 한시간 시차 간격으로 나눈 선을 따라 좌우로 자유롭게 움직이면, 프톨레마이오스 표에 적힌 위도와 경도 좌표에 따라 어떤 점이든 지도에 자유롭게 표시할 수 있다. 프톨레마이오스는 적도를 따라 자를 시계추처럼 움직여 해당 경도의 위치를 잡은 다음, "자에 새긴 눈금으로 위도를 찾으면 된다"고 설명한다.[81] 이 지도에 나타난 지리적 선은 상대적으로 별

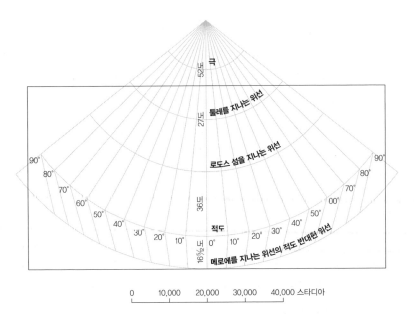

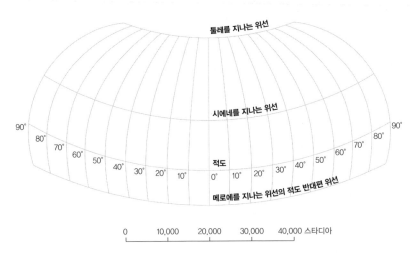

──── **그림 6**
프톨레마이오스의 제1투영법과 제2투영법.

의미가 없다. 지도를 특징짓는 것은 선이 아니라 위도와 경도 좌표로 정해지는 일련의 점이다. 점은 물론 유클리드 기하학의 첫 번째 정의로, "부분이 없는 것"이며, 길이와 폭이 없어 나눌 수도 없다. 프톨레마이오스는 정확한 지도투영법을 개발하기 위해 곧장 유클리드 기하학의 기본으로 돌아간 것이다.

프톨레마이오스의 제1투영법도 문제는 여전했다. 지구에서 위선은 적도 아래로 가면서 길이가 줄지만, 프톨레마이오스 투영법으로 그리면 점점 늘어난다. 프톨레마이오스는 이 문제를 해결하려고 이 투영법의 일관성에서 벗어나 적도에서는 자오선을 예각으로 그렸다. 그러다 보니 지도가 망토 모양이 되었지만, 이 역시 이상적인 해결책은 아니었다. 프톨레마이오스는 오이쿠메네가 남위 16도에서 끝난다고 생각해 이 문제를 가볍게 여겼으나, 몇 세기가 지나 아프리카를 빙 둘러 항해하기 시작하면서 문제가 심각해졌다. 어쨌거나 제1투영법은 여전히 자오선을 직선으로 투영했고, 프톨레마이오스가 처음부터 인정했듯이 이는 우주에서 바라본 지구의 일부에만 해당했다. 실제로 자오선은 위선처럼 지구 주위를 도는 둥근 호이며, 이러한 기하학적 사실은 평면 지도에도 곡선으로 반영되어야 했다. 여기서 프톨레마이오스의 제2투영법이 탄생했다. 그는 이렇게 썼다. "자오선도 지구본에 나타난 자오선과 비슷하게 그린다면, 오이쿠메네를 [지구와] 좀 더 비슷하고 비례도 더 정확하게 평면에 표현할 수 있다."[82] 그는 이 투영법이 "전자보다 우수하다"고 했는데, 이는 위선과 자오선을 '모두' 곡선으로 표시하기 때문이며 사실상 모든 위선이 정확한 비율을 유지하기 때문이다(제1투영법에서는 적도와 툴레를 지나는 위선만 비율이 정확했다). 여기에 이용하는 삼각법은 제1투영법보다 훨씬 복잡했고, 중앙 경선을 따라 일관된 비율을 유지하는 것이 여전히 문제로 남았다. 게다가 곡선 자오선은 시계추처럼 움직이는 자로 그릴 수 없어서 제2투영법으로 지도를 그리기는 훨씬 더 어려웠으며, 프톨레마이오스도 이 사실을 인정했다.

프톨레마이오스는 두 가지 투영법을 꼼꼼히 묘사한 뒤에, 놀랍도록 자신감 넘치는 관찰로 《지리학》 제1권을 마무리했다. 자신은 비록 제2투영법을 선호하지만, "지도 제작의 어려움을 생각하면 제1투영법보다 못할 것"이라고 평가했고, 미래의 지리학자들에게 "쉽다는 이유로 첫 번째 방법을 고수하는 사람들이 있을 테니, 두 방법 모두 끝까지 유념해 달라"고 당부했다. 그의 당부는 13세기 이후로 학자와 지도 제작자들이 《지리학》을 되살리는 데 영향을 미쳤을 것이다.

프톨레마이오스보다 앞선 사람들은 시리학을 이용해 만물의 창조를 설명하는 우주생성론을 이해하려 했다. 그러나 프톨레마이오스는 《지리학》에서 그런 식의 탐구를 거부했다. 《지리학》에는 신화도 없고 정치적 한계나 민족지학도 나타나지 않는다. 그는 알렉산드리아 학문의 불멸의 원칙 두 가지에서 이 주제의 근원을 재창조한다. 유클리드의 기하학 원리와 칼리마코스의 서지 분류법이다. 프톨레마이오스가 이룬 혁신은 기존의 수학 원리에 기초해 기지 세계를 지도에 옮기는 반복 가능한 방법론을 정립한 것이다. 유클리드 기하학의 기본을 이해한 사람이라면 누구나 그의 지도 투영법으로 세계지도를 만들 수 있었다. 알렉산드리아의 '피나케스'에서 영감을 얻은 프톨레마이오스의 혁신적인 위도와 경도 좌표는 오이쿠메네 전역의 위치를 표시한다. 지도를 만들 때 이 표를 이용하면 세상에 알려진 모든 장소의 위치를 아주 쉽게 지도에 표시할 수 있었다. 프톨레마이오스는 또한 오이쿠메네의 경계를 명확히 하지 않음으로써 이후의 지도 제작자들이 세계지도에 더 많은 지역을 표시하게 했다.

프톨레마이오스가 주장한 지리와 천문 분야 자료 수집의 객관성과 정확성은 물론 환상에 불과했다. 2세기의 거리 측정은 부정확하기로 유명했고, 천문 관측은 기구가 제한적이고 거추장스러워 한계가 있었으며, 프톨레마이오스의 위치 정보는 그리스인들이 '아코에akoē'라 부른 '풍문', 즉 상인의 주장이나 수세기 전부터 전해 내려오는 천문학자의 관측 또는 익명의 여행기 등에 의존했다. 프톨레마이오스를 비롯해 그와 동시대 사람들은 오이쿠메네 너머 어딘가에 세계가 더 있으리라 생각했지만, 프톨레마이오스의 투영법은 지구에서도 사람이 사는 절반인 180도 폭에만 국한되었다.[83] 그의 지도는 이래저래 그 후 더 많은 투영법을 고민하게 하는 촉매제에 그쳤다. 프톨레마이오스는 지도 제작의 방법론적 도구를 제공해, 그가 만든 표와 그가 밝힌 위치를 수정하도록 사람들을 자극했다. 지역지세도는 기술이지만, 세계지도는 과학이었다. 어떤 지역의 윤곽이나 위치는 새 정보가 나오면 바뀔 수 있지만, 영속적인 특정 수학 원리를 바탕으로 지도에 점을 표시하는 방법론은 바뀔 수 없다는 게 프톨레마이오스의 믿음이었다.

지도 제작에서 프톨레마이오스의 중요성을 평가할 때 풀리지 않는 수수께끼가 있다. 《지리학》 어디에도 투영법에 따라 실제로 지도를 그렸다는 분명한 언급이 없다는 점이다. 앞에서 보았듯이, 《지리학》은 책이 쓰인 지 1,000여 년이 지난 13세기 말에 와서야 비잔티움에서 처음 모습을 드러냈다. 이 초기 문서에는 (주로 제1투영법에 기초한) 세계지도가 실렸지만, 이 지도가 프톨레마이오스가 직접 그린 지도의 사본인지, 프톨레마이오스의 설명을 보고 비잔티움에서 나중에 첨가한 지도인지 분명하지 않다. 프톨레마이오스가 《지리학》 원본에 실린 내용에 따라 직접 지도를 그린 적이 있는지에 대해서는 지난 수십 년간 지도 제작 역사가들 사이에서도 의견이 분분했다. 현재는 프톨레마이오스가 설령 지도를 그렸더라도 《지리학》 원본에는 그런 지도가 실리지 않았다는 쪽으로 의견이 모이는 추세다.[84] 지리학을 다룬 그레코로만Graeco-Roman 논문들을 보면 지도가 등장한 예가 매우 드물다. 지도는 공공장소에 놓이는 경우가 더 흔해서, 서기 1세기 초 로마에서는 아우구스투스 황제

의 친구인 아그리파가 건물 입구 벽에 지도를 붙여 놓기도 했다.[85]

《지리학》에 지도가 거의 없었던 것은 그 원본의 형태 탓일 수도 있다. 《지리학》원본은 나일 강 삼각주를 따라 자라는 식물로 만든 파피루스 두루마리에 검댕으로 만든 검정 잉크로 쓰였을 것이다. 이 시기의 파피루스 두루마리는 거의 다 여러 장을 이어 붙여 평균 길이가 340센티미터에 달했다. 그러나 두루마리 높이는 대개 30센티미터를 넘지 않았다.[86] 이런 크기는 소위 〈포이팅거 지도〉 같은 로마 여행 안내서로 제격이었다. 〈포이팅거 지도〉는 인도, 스리랑카, 중국에서부터 이베리아와 영국 제도에 이르는 지역을 표시한 서기 4세기의 로마 지도를 12, 13세기에 복제한 지도다. 이런 안내서는 지구를 가로지르는 이동을 일렬로 길게 표시했는데, 대개 재료의 한계 탓에 깊이나 강조, 축척을 거의 고려하지 않고 일차원적으로 표현한 것이다. 〈포이팅거 지도〉는 길이가 6미터가 넘지만 폭은 33센티미터에 불과한 양피지 두루마리에 제작되었고, 따라서 가로로 왜곡이 생길 수밖에 없었다. 이런 크기에는 세계지도든 지역지도든 말도 안 되는 축소나 심각한 왜곡 없이 프톨레마이오스가 말한 세부 사항을 표현하기가 불가능했다. 프톨레마이오스는 이를 해결하기 위해 책과 별개로 지도를 그렸을 수도 있고(그랬더라도 현재 전해지는 지도는 없다), 아니면 최근에 《지리학》을 번역한 사람들의 설명처럼, "지도를 말과 숫자로 암호화"[87]했을 수도 있다. 만약 후자의 경우라면, 프톨레마이오스는 지리 정보와 수학적 방법만 제공하고 나머지는 후세에 맡기려 했다고 볼 수 있다.

"내 위업을 보라, 그대 강한 자여, 그리고 절망하라!" 셸리의 시에 나오는 이집트 파라오 오지만디아스의 외침이다. 이 시는 제국의 힘의 오만을 노래한다. 절대군주의 왕국과 찬란했던 그 모든 순간 가운데 오지만디아스 조각상의 잔해 외에는 "주변에 아무것도 남지 않았다"고. 마찬가

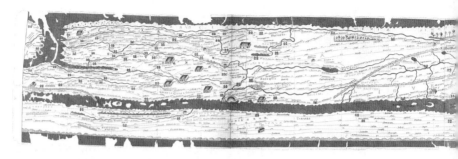

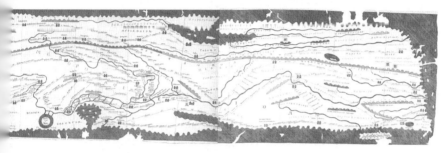

───── **그림 7**
〈포이팅거 지도〉(1300년경)의 19세기 복사본. 왼쪽에서 오른쪽으로 잉글랜드, 프랑스,
알프스 산맥이 보이고 아래로는 북아프리카가 보인다.(상단) 포이팅거 지도에 나타난 로마
세계의 동쪽 끝(이란, 이라크, 인도, 한국).(하단) → 224~225쪽 사이 컬러화보 참고

지로 오늘날에도 프톨레마이오스 왕조와 그들이 이집트를 통치했던 흔
적은 거의 다 알렉산드리아 항구 물밑으로 가라앉았다. 도서관도 오래
전에 사라졌고, 책도 대부분 약탈되거나 소실되었다. 이때의 손실은 그
후 서양의 상상 속을 맴돌았고, 사상과 이념이 다른 사학자들은 오랫동
안 로마인과 기독교인에서부터 무슬림에 이르기까지 모든 사람을 비난
하며 그 파괴의 책임을 물었다. 그러나 이제는 끝없는 가능성을 내포한
낭만적 추억이자 추측과 신화의 원천이며, 학습과 문명이 발달하는 중
에 "어쩌면 그랬을지도 모르는 일"이자 모든 제국의 심장에 자리 잡은
파괴의 충동뿐 아니라 창조의 충동에 대한 교훈으로 남았다.[88]

그러나 '위업'의 일부는 살아남아 멀리 이동했는데, 프톨레마이

오스의《지리학》도 그중 하나다. 프톨레마이오스의 저작은 놀랍게도 주변 상황에 거의 영향을 받지 않은 듯 보이지만, 자신의 생각을 지도나 기념비가 아닌 좀 더 영속적인 형태로 옮기려는 욕구가 무심코 드러나는 글이다.《지리학》은 의도했든 하지 않았든 지리 정보를 '디지털'로 옮길 가능성을 보여 준 최초의 책이다. 현존하는《지리학》사본은 신뢰하기 어려운 아날로그 그림들을 재생산해 지리 정보를 묘사하기보다는 사람 사는 세계의 여러 장소를 나타내는 좌표에서부터 프톨레마이오스의 투영법을 재현하는 데 필요한 기하학에 이르기까지 숫자와 형상이라는 별개의 불연속석 표시를 이용해 지리 정보를 묘사하는 방법을 전수했다. 이 최초의 초보적 디지털 지리학은 서로 연관된 일련의 점, 선, 호를 바탕으로 세계를 창조했고, 이는 천문 관측과 수학적 사고를 중시한 그리스 전통에 뿌리를 둔 것으로 그 기원은 에라토스테네스와 유클리드, 더 나아가 아낙시만드로스로까지 거슬러 올라간다. 프톨레마이오스는 기지 세계 전역에 그물을 던졌다. 이 그물은 영속적이고 추상적인 기하학 원리와 천문학 원리, 그리고 위도와 경도 측정으로 만든 그물이다. 그의 위대한 성취 하나는 이후 세대가 지구 전체를 가로지르는 일련의 기하학적 선을, 즉 극지방, 적도, 열대지방 등을 구분하는 선을 마주할 때 그것을 지구 표면에 투영한 인위적 선이 아니라 마치 실제 선인 양 바라보게 했다는 것이다.

프톨레마이오스가 과학적 방법을 동원해 이루려 했던 것은 '저쪽에 있는' 세계의 무질서한 다양성에 기하학적 질서를 부여해 세계를 이해하고, 동시에 그 무한한 다양성에 끊임없이 의문을 품는 것이었다.《지리학》앞부분에 등장하는 지구의 기하학적 측량과 관련한 선언에 새겨진 그의 혜안은 르네상스를 지나 유인 우주비행 시대에 이르기까지 수세대에 걸쳐 많은 지리학자를 자극하게 된다.

이런 것들은 지적 추구 중에서도 가장 숭고하고 사랑스러운 것에 속한다. 다시 말해, 그것은 수학을 매개로 하늘 자체를 그 물리적 특성 안에서 이해하게 한다. 하늘은 우리 주위를 돌며 우리 눈에 띄기 때문이다. 그것은 또한 수학을 매개로 지구를 생생하게 묘사해 그 본질을 이해하게 한다. 거대하고 우리를 둘러싸지 않은 진짜 지구는 누구도 통째로 또는 부분으로 떼어 살필 수 없기 때문이다.[89]

2 교류

—

알이드리시,
서기 1154년

시칠리아 팔레르모,
1154년 2월

1154년 2월 27일, '시칠리아, 풀리아 공작령, 카푸아 공국의 왕' 루지에로 2세가 팔레르모 왕가의 수도 한복판에 있는 궁전 '팔라초 레알레'에서 쉰여덟 살의 나이로 세상을 떠났다. 그리고 관련 의식과 함께 팔레르모 성당 남쪽 복도에 묻혔다. 24년 전인 1130년 크리스마스에 그가 왕위에 오른 장소다. 현대인에게 중세 '콘비벤시아convivencia'의 위대한 순간으로 비친 시칠리아의 비범한 통치가 그의 죽음으로 막을 내렸다. 콘비벤시아는 가톨릭교, 이슬람교, 유대교가 하나의 통치 아래 평화롭게 공존하는 것을 뜻하는 스페인어다.

노르망디 코탕탱 반도에서 출발한 오트빌 왕조의 후손인 루지에로와 선조들은 11세기 말에 유럽, 아프리카, 중동 전역에서 눈부신 정복 활동을 펼쳤다. 비잔틴제국이 처음에는 페르시아인, 다음에는 아랍 무슬림의 도전에 직면해 쇠퇴하면서 이들 노르만족은 중세 기독교의 세계적 혼란을 틈타 이탈리아 남부, 시칠리아, 몰타, 북아프리카에 곧바로 정권을 세웠다. 그리고 이어서 잉글랜드를 정복하고, 1095년 제1차 십자군 전쟁이 일어나기 전에 (지금의 터키와 시리아에 걸친) 안티오크에 공국을 세웠다.[90]

노르만족은 군사 정복을 할 때마다 정복 지역의 문화를 흡수했다(성공의 정도는 매번 달랐다). 1072년, 루지에로의 큰아버지 로베르 기스카르가 팔레르모를 장악하면서 100여 년에 걸친 아랍인의 시칠리아 통치가 막을 내렸다. 시칠리아는 아랍인이 통치하기 전에 처음에는 그리스인이, 다음에는 로마인이, 그리고 마지막으로 비잔티움인이 통치했다. 노르만족은 지중해 주변 섬을 통틀어 문화가 가장 다양하고 전략적으로도 요충지인 시칠리아의 통치권을 유산으로 물려받은 셈이나. 루지에로 2세는 1130년에 왕위에 오르면서 무슬림과 유대인에게 정치적 편의를 제공하고 종교적 관용을 베푸는 정책을 추진했고, 그 덕에 시칠리아는 중세 세계에서 가장 조직적이고 문화적 역동성이 넘치는 왕국으로 빠르게 기반을 잡았다. 루지에로 왕국의 행정은 주로 왕실 문서작성 보관소에서 맡았고, 이곳은 그리스어, 라틴어, 아랍어 필경사를 고용했다. 궁정은 시편을 3개 국어로 만들고, 예배 의식은 아랍어로 낭송했다고 전한다.

루지에로의 죽음은 한 시대의 마감을 뜻했다. 1154년 그가 묻힐 때, 조문객 중에서 그의 죽음을 가장 슬퍼한 사람은 그의 절친한 지인인 아부 아브드알라 무함마드 이븐 무함마드 이븐 아브드알라 이븐 이드리시 알샤리프 알이드리시, 흔히 알샤리프 알이드리시로 알려진 인물이다. 알이드리시는 루지에로가 죽기 몇 주 전에 방대한 지리학 개론을 완성했다. 루지에로가 1140년대 초에 작업을 의뢰한 이래로 10여 년에 걸친 노력 끝에 탄생한 책이다. 이 책은 기지 세계를 포괄적으로 요약하고, 전 세계 70곳의 지역지도와 더불어 작지만 멋진 세계지도 한 점을 실었다.

아랍어로 쓰고, 1154년 이슬람력으로 10월에 해당하는 1월

───── **그림 8**
12세기에 시칠리아의 왕 루지에로 2세의 문서작성보관소에 나란히 앉아 일하는 그리스어, 아랍어, 라틴어 필경사들. → 224~225쪽 사이 컬러화보 참고

14~15일에 완성한 이 책에는 '세계를 여행하려는 사람을 위한 유희의 책'이라는 제목이 붙었다. 루지에로와 알이드리시의 사이가 워낙 가깝다 보니,《세계를 여행하려는 사람을 위한 유희의 책》(이하《유희》)은 간단히《루지에로의 책》으로 알려졌다. 루지에로만큼 지도와 지도 제작자에 개인적으로 깊은 관심을 가지고 후원을 아끼지 않은 통치자도 없었다. 이 책은 원래 제국과 문화에 야심을 품은 루지에로의 지시로 시작되었지만, 완성된 지 몇 주가 지나자 왕의 통치 기간 내내 세워진 궁전과 성당과 더불어 죽은 왕의 유산을 기념하고 여러 문화를 융합한 왕국의 전통을 알리는 강력한 선언이 되었다. 그러나 후원자의 죽음으로 알이드리시와 최근 완성된 그의 책이 어떤 운명을 걸을지 불투명해졌다.[91]

　《유희》는 그것이 다룬 지리적 범위와 꼼꼼한 세부 묘사로 볼 때 중세 지리학의 위대한 저작이자, 프톨레마이오스의《지리학》이후로 사

람 사는 세계를 묘사한 것으로는 가장 훌륭한 저작으로 꼽힌다. 알이드리시의 책과 책에 딸린 지도는 과학, 지리학, 여행에서 그리스, 기독교, 이슬람교의 전통을 이어받아 세계를 바라보는 혼합된 시각을 만들어 내는데, 그 바탕에는 신앙이 다른 사람들 사이의 문화와 믿음의 교류가 깔려 있다. 알이드리시의 저서를 기독교와 이슬람교가 서로의 생각을 우호적으로 교류하며 서로에게 배움을 얻던 시절에 탄생한 화해의 산물로 보는 시각은 오늘날 분명히 매력적이다. 그러나 노르만족이 시칠리아를 통치하던 12세기 세계와 루지에로 2세나 알이드리시 같은 사람들의 개인적 열망은 그러한 희망적 시각과는 달리 좀 더 전략적이고 일시적이었다. 무슬림은 루지에로 통치 때만 제한적 권리를 인정받았을 뿐 노르만족은 여전히 무슬림에 대항해 동쪽 성지로 진출하는 십자군을 지원했다. 이슬람 신학의 관점에서 보면 기지 세계는 둘로 나뉜다. '이슬람의 집dār al-Islām'과 모든 비무슬림이 사는 '전쟁의 집dār al-ḥarb'이다. 무함마드의 신성한 계시가 보편적으로 인정받기까지, 두 집 사이에는 전쟁이 끊이지 않았다.

그러나 비무슬림이라도 다 똑같은 것은 아니었다. 기독교인과 유대인은 '책의 사람들'로 불렸다. 표준 경전(성경, 토라, 코란)에서 말하는 계시종교에 따른 명칭이다. 세 종교가 공통된 하나의 신을 믿다 보니 문화적으로 맞닥뜨리는 일이 자주 있었는데, 이때 각 종교는 자신의 종교가 다른 종교보다 우월하다고 주장했고 교류와 조우는 대화와 다양성을 존중하기보다는 개종과 갈등을 조장하는 쪽으로 나타났다.[92] 하지만 그 와중에도 서로 토론하고 논쟁했으며, 경쟁적 교류 속에서 알이드리시의《유희》가 탄생했다.

알이드리시와 루지에로 2세의 관계에 관한 이야기나 알이드리시의 지도 탄생에 얽힌 이야기는 동양 무슬림이 서양 기독교인과 평등하게 마주했다는 식의 이야기가 아니다. 그보다는 그러한 지정학적 구

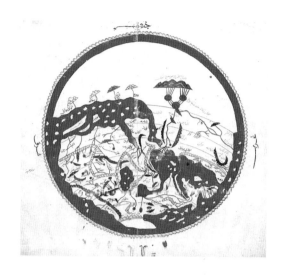

───── **그림 9**

알이드리시의 《유희》의 16세기 복사본에 실린 원형 세계지도. 라틴과 아랍의
지리 지식이 혼재되어 있다. → 224~225쪽 사이 컬러화보 참고

분이 이제 막 생겨나기 시작한 세계의 이야기, 그리고 왕조 갈등과 종교
분열로 '무슬림'과 '기독교인'의 구분이 교리에 따른 무조건적 구분이
아니라 종파 분열과 개종, 배교에 따른 유동적 구분이 된 세계의 이야기
다. 이 이야기는 더 넓은 지중해 세계를 배경으로 펼쳐진다. 이 세계는
무슬림 칼리프(이슬람 세계의 최고 주권자 – 옮긴이)의 융성과 반비례해 비
잔틴제국이 쇠락하고, 상대적으로 덜 중요했던 분열된 라틴 기독교가
가운데 끼어 정치적 자치와 통치를 미약하게나마 주장했던(그러나 대개
성과는 없었던) 세계다.

　　알이드리시의 《유희》는 10개의 필사본만 전하는데, 그중 가장 빠
른 것은 1300년에, 가장 늦은 것은 16세기 말에 만들어졌다. 프톨레마
이오스의 《지리학》도 그렇듯이, 이 책과 책에 실린 지도 역시 원본이 나
온 지 수백 년이 지나 만들어진 것이다. 이 가운데 보존 상태가 가장 좋
은 1553년의 필사본이 보들리 도서관의 '포코케 컬렉션'에 보관되어 있

었다. 그리고 여기에는 단순함이 매력인 원형 세계지도가 실렸다. 알이드리시가 12세기 중반에 세계를 어떻게 표현했는지를 보여 주는 지도다. 이 지도에서 가장 놀라운 점은 남쪽을 지도 위에 놓았다는 점이다.

orientation(방위)이라는 말은 동쪽 또는 해가 뜨는 방향을 뜻하는 라틴어 oriens에서 파생했다. 기록을 보면 사실상 거의 모든 고대 문화가 일출(동쪽)과 일몰(서쪽)을 관측해 동서 축을 정하고 북극성이나 한낮의 태양 위치를 관측해 남북 축을 정한 다음 그에 따라 방향을 찾을 줄 알았다.[93] 이러한 방위는 방향도 방향이지만 상징과 신성을 내포하기도 했다. 태양을 숭배하는 다신교 문화는 동쪽oriens을 부활과 삶을 뜻하는 방향으로 숭배하고 그다음으로 남쪽을 선호한 반면, 어쩌면 당연하게도 서쪽을 쇠퇴와 죽음, 북쪽을 어둠과 악에 연관 지어 생각했다. 유대-기독교 전통은 이런 연관 관계를 발전시켜 지도뿐 아니라 예배 장소의 방위를 정할 때도 이용했다. 동쪽은 궁극적으로 지상 천국이 있는 장소였다. 반면에 서쪽은 죽음과 연관된 방향이자 그리스도가 십자가에 못 박힐 때 마주한 방향이다. 북쪽은 악과 사탄의 영향을 상징하고, 교회에서 추방된 자들과 세례를 받지 않은 자들을 화형에 처할 때 그들이 바라보는 방향이기도 했다.[94] 다음 장에서 보겠지만, 15세기까지 사실상 거의 모든 기독교 세계지도(마파문디)는 동쪽을 지도 위에 놓았다.

이슬람교와 알이드리시 같은 지도 제작자들도 동쪽을 숭배하는 전통을 물려받았다. 물론 지구 어디에 있든 메카가 있는 신성한 방향을 향해 기도하라는 코란의 명령에 따라 동서남북의 기본 방향에 더 큰 관심을 보이기는 했다. 메카의 방향('키블라'로 불리는 신성한 방향)을 찾고 메카와 카바까지의 거리를 측정하는 작업은 중세에 가장 복잡하고 정교한 지도와 도해 계산이 탄생하는 데 촉매제가 되었다.[95] 이슬람교가 세계적으로 빠르게 확산되던 초기 단계인 7, 8세기에 이슬람교로 개종한 공동체 대부분이 메카의 북쪽에 살았고, 그렇다 보니 이들에게는 정남쪽이 키블라가 되었다. 그 결과, 알이드리시의 세계지도를 비롯해 이슬람의 세계지도 대부분이 남쪽을 지도 위쪽에 두었다. 이는 이즈음 정복된 페르시아의 조로아스터교 공동체 전통과도 일맥상통한다. 이들 역시 남쪽을 신성한 방향으로 여겼다.

전통적으로 지도에서 서쪽을 위에 놓는 사회는 거의 없다. 서쪽은 보편적으로 태양의 소멸과 연관되어 어둠과 죽음을 상징하는데, 한 예로 영어에서 '서쪽으로 가다'라는 표현은 죽음을 의미한다. 마지막으로 바빌로니아 세계지도의 위쪽에 놓인 기본 방향인 북쪽은 그 역사가 훨씬 더 복잡하다. 중국은 북쪽을 신성한 방향으로 여겨 으뜸 방향으로 인정했다. 남쪽은 중국의 드넓은 평원에 햇빛과 따뜻한 바람을 안겨 주었고, 황제가 백성을 내려다볼 때도 남쪽을 향했다. 그렇다 보니 모든 이가 복종하는 자세로 황제를 올려다볼 때, 북쪽을 쳐다보게 된다. 한자에서 '등[背]'을 뜻하는 말과 '북쪽[北]'을 뜻하는 말은 어원이 같다. 황제의 등이 북쪽을 향하기 때문이다. 중국의 세계지도 역시 방향이 그런 식으로 정해졌는데, 중국 지도가 언뜻 봐도 굉장히 현대적인 이유 하나가 바로 여기에 있다. 고대 메소포타미아의 다양한 공동체에 나타난 그노시스주의Gnosticism(물질적이고 육체적인 것을 악으로 여겨 멀리하고, 개인적 수련으로 영적 깨달음을 얻으면 구원을 얻는다는 믿음 - 옮긴이)와 이원론에 기초한 믿음도 북극성을 빛과 계시의 근원으로 여겨 북쪽을 신성한 방향으로 찬양했다. 바빌로니아 세계지도가 북쪽을 위에 둔 이유도 어쩌면 이 때문인지도 모른다.

알이드리시의 세계지도는 네 개의 기본 방향을 지도의 테두리 바깥에 표시하고, 테두리는 코란 구절에서 영감을 얻어 불타는 금색 원으로 표시했다. 지도 자체에는 그리스의 오이쿠메네에서 따온 세계가 그대로 나타난다. 지중해와 북아프리카는 자세히 표시하고, 중앙아프리카에는 해파리처럼 생긴 멋진 산맥과 거기서 갈라진 작은 산맥을 표시했다. '달의 산맥'이라는 이름이 붙은 산맥은 나일 강의 수원으로 여겼던 산맥이다. 이집트, 인도, 티베트, 중국 모두 아랍어로 표기했고, 카스피 해, 모로코, 스페인, 이탈리아, 심지어 잉글랜드까지 아랍어로 표기했다. 이 지도도 고대 지도와 마찬가지로 정보가 부족한 탓에 아프리카 남부와 동남아시아가 모호하게 표시되었다. 하지만 지구 전체를 바다에 둘러싸인 모습으로 그리면서, 아프리카도 주위를 빙 둘러 항해할 수 있는 대륙으로 그렸다는 점에서 프톨레마이오스에서 한 걸음 더 나아간 지도다.

이 세계지도의 가장 이상한 점은 지도와 책의 내용이 맞지 않는다는 점일 것이다. 《유희》에 실린 다른 지도와 글에는 인문지리가 가득한 데 반해, 이 세계지도는 순전히 자연지리만 묘사한다. 도시도 없고, 지구 표면에서 인간 행적은 거의 전무하다(알렉산드로스대왕이 신화에 나오는 괴물 곡과 마곡을 막기 위해 캅카스 산맥에 세웠다는 전설적인 장벽만 지도 맨 아래 왼쪽 귀퉁이에 예외적으로 표시되었을 뿐이다). 지구의 여러 지역을 환기하는 《유희》의 묘사와 기하학적 세계지도 사이에 나타나는 이 명백한 모순을 이해하려면 루지에로가 알이드리시를 고용하면서 무엇을 원했는지 알아야 한다. 그가 바란 것은 300년 전통의 이슬람 지도 제작의 결실이었다.

'이슬람 지도'라는 용어는 사실 적절치 않다. 7세기 말 아라비아 반도에서 이슬람이 일어나면서 점차 하나가 된 지리학 전통과 지도 제작은 지역적, 정치적, 윤리적으로 워낙 다양해서 하나의 통일된 덩어리로 묘사하기에는 무리가 있다('그리스 지도'나 '기독교 지도'도 마찬가지이긴 하지만). 초기 이슬람 언어에서 '지도'를 정의하는 결정적인 명사는 없었다. 그리스어나 라틴어처럼, 오늘날 지도라고 불릴 법한 것을 다양한 용어로 묘사했을 뿐이다. ṣūrah(형태 또는 형상), rasm 또는 tarsīm(그리기), naqsh

또는 naqshah(그림) 등이 그것이다.[96] 코란도 성경처럼 지도 제작자에게 직접적인 도움은 되지 못했다. 코란에도 결정적인 우주론이 없어서, 커다란 우주 안에 놓인 지구의 크기와 모양에 관해 흥미로운 일련의 암시만 있을 뿐 명확한 설명이 없다. 하늘은 지구 위에 펼쳐진 천막으로 묘사되는데, 하늘을 제자리에 고정하는 것은 여러 산이고, 하늘이 빛나는 것은 태양과 달 때문이다. 신은 "일곱 개의 창공을 창조하고, 지구도 비슷한 수로 창조했다." 그러나 세계의 규모에 관해서는 이렇다 할 설명이 없다.[97] 지구를 물로 둘러싸인 원반 형태로 언급한 부분이나 지중해와 아라비아 해를 장애물에 가로막혀 갈리진 바다로 묘사한 부분은 초기 바빌로니아 우주론을 참조한 듯하며, 다만 그리스인에게 물려받은 개념을 암시하는 "탁한 물이 흐르는 샘으로 지는 태양"이란 말에서 이들이 대서양을 알고 있었다고 짐작할 수 있다.[98]

8세기 말 바그다드에서 아바스 왕조의 칼리프가 이슬람 제국의 중심으로 자리 잡은 뒤에야 비로소 이슬람의 지도 제작이 눈에 띄게 감지되었다. 750년에 아바스 왕조의 2대 칼리프 알만수르가 바그다드를 이슬람 제국의 수도로 정했다는 것은 661년부터 다마스쿠스에서 통치해 온 우마이야 칼리프와의 혹독한 싸움에서 확실하게 승리를 거두었다는 뜻이었다. 권력이 동쪽으로 이동하면서 이슬람 문화도 크게 바뀌어 이슬람의 권위에서 초기 아랍 부족의 기반이 줄고, 칼리프는 페르시아, 인도, 더 나아가 중국의 과학적이고 예술적인 전통과 좀 더 긴밀히 접촉하면서 앞서 흡수했던 기독교, 그리스, 히브리의 우주관을 보완했다. 그와 동시에 라틴 학문과의 접촉은 줄고, 뒤이어 알안달루스에 자리 잡은 경쟁자 우마이야 칼리프도 세력을 일으키기 시작했다. 권력이 바그다드로 이동하면서 이슬람의 힘과 권위는 이 시기의 다른 어느 제국보다 효율적으로 중앙집권을 이루었다. 통치자 칼리프는 전능한 힘을 가졌고, 부족 간 동맹은 절대군주에 흡수되었다. 절대군주는 고위 행정관^{vizier}을 임명해 공적이고 정치적인 삶 전반을 지배하는 여러 부처를 감독하게 했다. 그러다 보니 아바스 칼리프가 자신의 통치 지역의 지리를 묘사하도록 의뢰하기 시작한 것은 당연했다.[99]

바그다드에서 세계지도를 의뢰한 최초의 기록된 사례는 아바스 왕조의 7대 칼리프 알마문(재위 813~833년)의 통치 기간 중에 나타났다. 알마문은 이후 '지혜의 집^{bayt al-ḥikma}'이라 알려진 과학 연구 기관을 후원한 칼리프다. 그 시대 사람들이 후원자의 이름을 따 '알수라 알마무니야^{al-ṣūrah al-ma'mūnīyah}'라고 부른 이 지도는 현재 전해지지 않는다. 그러나 일부 목격자의 증언이 지금까지 전해져, 알마문의 궁성에서 프톨레마이오스의《지리학》에 관한 광범위한 토론을 비롯해 다양한 지적 교류가 얼마나 활발히 일어났는지 엿볼 수 있다. 아랍 사학자이자 여행가인 알마수디(956년 사망)는 이 지도를 목격한 순간을 감탄의 목소리로 회상했다. "알마문은 당대 학자들에게 세계를 표현하라고 지시했다. 천구, 별, 땅, 바다가 있고, 사람이 사는 지역과 살지 않는 지역이 있으며, 사람들의 정착지, 도시 등을 표시한 지도다." 그는 이렇게 마무리했다. "프톨레마이오스의《지리학》보다, 마리노스의《지리학》보다, 앞선 그 어떤 것보다 훌륭했다."[100] 서양의 라틴어권이 프톨레마이오스의《지리학》을 이후 400년 동안이나 모른 채 지내고 마리노스의 필사본을 죄다 잃어버린 반면, 알마문 궁정은 프톨레마이오스의 저작을(그리고 천문학과 광학에 관한 그의 다른 많은 저작을) 참고해 세계지도를 만드느라 분주했다.

바그다드 궁정은 그리스어 문헌 연구에 제한을 두지 않았다. 알마수디는 알마문의 세계지도가 프톨레마이오스의 종적^{縱的} 기후대('기후대^{climate}'는 그리스어 klimata에서 나온 말로, 아랍어로는 aqālim 또는 iqlīm으로 번역된다) 개념을 차용해 기지 세계를 일곱 지역으로 나누었다고 전했다. 이후 알이드리시의 지리적 사고를 형성할 전통이다. 프톨레마이오스는 아리스토텔레스의 '클리마타^{klimata}' 개념을 참조했지만, 알마문의 학자들은 지도를 만드는 과정에서 세계를 일곱 개의 '지역kishvar'으로 나눈 페르시아의 개념에 기초해 이 모델을 수정했다. 이는 다시 바빌로니아와 인도의 우주형상학적 인식으로 거슬러 올라가는데, 이들은 세계를 연꽃의 꽃잎에 빗대 신성한 지역이나 수도를 의미하는 으뜸 지대를 다른 지역이 꽃잎처럼 빙 둘러싼다고 생각했다.[101] 그 결과 바그다드를 중심, 즉 네 번째에 놓고 그 주위로 다른 여섯 개 지역을 북쪽에서 남쪽으로 배치하는 체계가 탄생했다. 실제로 바그다드와 이라크를 명확히 지도 중심에 놓지는 않았지만 지구 중심에 놓았다고 간주했고, 그곳에는 기후와 자연의 아름다움부터 개인의 지성에 이르기까지 "민물의 중용"이 지리, 천문, 기후가 흥미롭게 뒤섞인 형태로 나타났다.[102]

　이 모두가 어떤 결과물로 나타났는지는 유감스럽게도 알 수가 없다. 알마문 궁정에서 탄생한 지도 역시 세계사에서 사라진 많은 지도 가운데 하나이며, 어쩌면 초기 이슬람 세계에서 가장 중요한 지도였는지도 모른다. 그리고 우주와 지구가 모두 구형이라는 이슬람의 지배적 우주론을 반영해, 지도가 원형이었을 수도 있다. 그러나 프톨레마이오스와 마리노스의 생각을 통합했다면 직사각형일 수도 있고, 여기에 프톨레마이오스의 두 가지 투영법 중 하나를 반영했을 수도 있다.

　이 지도의 모습을 추측하는 실마리 하나는 이보다 훨씬 뒤에 나온 도해에서 찾을 수 있다. 10세기 전반에 이라크에 살았던, 자칭 '수랍'이라는 잘 알려지지 않은 학자가 쓴 〈세상 끝까지 펼쳐진 일곱 기후대의 경이로움〉이라는 제목의 필사본이다. 세계지도 그리는 법을 아랍어로 포괄적으로 설명한 최초의 논문으로, 이슬람 초기에 사람 사는 지구를 어떻게 이해했는지, 그리고 알마문의 지도가 어떻게 생겼는지를 어렴풋하게나마 보여 주는 귀중한 자료다. 수랍의 논문에 나오는 도해는 지리적 특성을 보여 주지는 않지만, 기지 세계를 표시한 직사각형 틀을 제시한다. 수랍은 지도를 간절히 만들고 싶어 하는 사람에게 세계지도

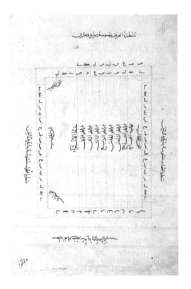

―――― **그림 10**
수랍의 〈세상 끝까지 펼쳐진 일곱
기후대의 경이로움〉(10세기)에 실린,
지구의 일곱 기후를 표시한 세계지도 도해.
→ 224~225쪽 사이 컬러화보 참고

를 구성하는 방법부터 조언한다. "좁은 폭을 긴 폭의 절반으로 한다." 그
런 다음, 지도 가장자리에 "눈금자 네 개"를 더해 경도와 위도를 표시한
다고 설명한다. 그러나 그의 최대 관심사는 "지구 적도에서 북쪽으로 하
나하나 더해 가는 일곱 가지 기후대를 나타내는 위도"[103]였다. 프톨레마
이오스처럼 수랍도 기후대를 최대 일광 시간을 기록한 표로 결정했다.
그 결과 적도를 기준으로 남위 20도(왼쪽에 표시)에서 북위 80도(오른쪽
에 표시)에 이르기까지 일곱 개의 기후대를 나타낸 도해가 완성되고, 이
때 북쪽이 독자를 향한다(도해 맨 밑). 그렇다면 수랍은 세계지도를 만들
면서 남쪽을 위에 두었다는 이야기다. 수랍의 좌표는 (프톨레마이오스가
추정한 사람 사는 세계보다 위도 범위가 확장되었지만) 명백히 프톨레마이오
스식이다. 그러나 직각을 이루며 교차하는 선을 직사각형에 투영한 방
법은 마리노스에 더 가깝다. 수랍은 알흐와리즈미(847년 사망)가 쓴《지
구의 모습에 관한 책Kitāb ṣūrat al-ard》에 나오는 좌표도 거의 그대로 가져
왔다. 알흐와리즈미 역시 알마문의 '지혜의 집'에 소속된 학자로, 이는

알마문의 세계지도가 이슬람 세계에 널리 퍼진 믿음에 따라 남쪽을 위에 두었을 뿐 아니라 직사각형이었을 가능성을 암시하는 부분이다.

수랍의 도해는 알마문 지도의 모양과 방위를 추측하는 열쇠가 된다. 그러나 그 후로 알마문 시대 학자들이 지구 크기를 더 정확히 계산한 걸 보면, 지구를 지도에 옮기는 작업이 꾸준히 발전했다는 것을 알 수 있다. 이를테면 알마문이 "지구의 크기를 알고 싶다"[104]고 하자, 측량사들은 시리아 사막에 나가 팔미라와 라카 시에서 태양의 고도를 측정했다. 에라토스테네스의 그 유명한 지구 둘레 측정을 재연한 것이다. 이들 대부분은 경도 1두의 길이를 56⅔아랍마일이라고 결론 내렸다. 1아랍마일이 오늘날의 1⅕마일에 해당한다고 보고 계산하면, 지구 둘레는 4만킬로미터가 조금 넘게 나온다. 아랍마일 환산이 옳다면, 알마문의 측량사들이 계산한 적도에서의 지구 둘레는 오차가 100킬로미터도 안 된다. 프톨레마이오스가 지구 둘레를 고작 2만 9,000킬로미터 미만으로 측정한 것과 비교하면 더욱 놀라운 결과다.

'지혜의 집'에서 나온 현존하는 증거를 보면 세계 묘사가 점점 발전하는 데는 그리스 학문의 힘이 크다는 것을 알 수 있으며, 여기에는 남쪽을 위에 두고 기후대를 나눈 인도와 페르시아의 지도 제작 전통이 가득하다. 알흐와리즈미 같은 학자들은 '지구의 모습Ṣūrat al-arḍ'이라는 포괄적인 용어를 써가며, 프톨레마이오스가 세계지도라는 장르를 만들었다고 평가하지만,《지리학》의 일부분만 (종종 엉터리로) 그리스어에서 아랍어로 번역되었을 뿐이다. 알흐와리즈미와 동료들은 오직 프톨레마이오스가 만든 경위도 표에만 관심을 집중해 오류와 누락을 상당 부분 개선했다. 이들은 지중해를 좀 더 정확하게 측정했고, 인도양을 이제는 육지에 둘러싸인 대양이 아니라 오늘날의 태평양으로 보이는 곳으로 흘러 들어가는 대양으로 묘사했다. 그러나 지구를 경위선에 투영하는 프톨레마이오스의 방법을 실제로 적용하지는 못했고, 수랍의 도해는 프톨레마이오스가 혹독히 비판한 마리노스의 직사각형 투영을 수정한 것에 지나지 않았다. 지구를 대륙으로 분할하는 것도 초기 이슬람 학자들에게는 그다지 매력이 없었다. 알마문은 지도 제작을 다른 방향으로 받아들였다.

　이런 지도 제작의 변화를 암시하는 초기 사례는 바그다드와 사마라에서 우편과 정보 업무를 책임진 이븐 후르다드베(820~911년경)의 저서에서 분명히 나타난다. 이븐 후르다드베는 846년경 《도로와 지방에 관한 책Kitāb al-masālik wa-al-mamālik》을 썼다. 같은 제목의 여러 책 중에서 거의 맨 처음 나온 책이다. 이 책은 프톨레마이오스의 입직을 분명히 인정하고 지도는 전혀 싣지 않았지만, 이슬람 세계가 기지 세계의 지리적 형상을 달리 보기 시작했음을 보여 준다. 그리고 《지구의 모습에 관한 책》에 나타난 전통과 대조적으로, 이븐 후르다드베가 '이슬람의 집'에 해당하는 여러 지방에서 나타나기 시작한 교역, 순례, 서신 교환에 참여하고, 중앙집권 체제에서 제국의 성장에 관여했음을 보여 준다. 이 책은 '전쟁의 집'이라고 알려진 비이슬람 통치 지역과 그리스에서 말하는 오이쿠메네의 흔적에는 좀처럼 관심을 보이지 않는다. 그 대신 이슬람 세계 전반에 걸친 거리 측정, 그리고 우편과 순례의 길에 집중한다. 중국으로 가는 바닷길도 묘사했지만, 이븐 후르다드베의 주된 관심은 이슬람 세계와 직접 관련된 지역이었다.[105]

　9세기 말, 이슬람은 두 개의 서로 다른 지리적 방향으로 끌렸다. 바그다드의 아바스 칼리프에게 권력이 집중된 채 이슬람이 세계 전역으로 빠르게 팽창하자 분열과 분리 독립 움직임이 일어난 것이다. 이 중 가장 눈에 띄는 충돌은 알안달루스에서 일어난 우마이야 칼리프와의 충돌이었지만, 이 외에도 파티마 왕조, 셀주크튀르크 왕조, 베르베르 알모라비드 왕조 같은 10세기 왕조들이 모두 자기만의 세습 국가를 만들어 아바스의 패권에 도전하기 시작했다. 알이드리시가 《유희》를 편집할 무렵, 이슬람의 집에는 적어도 열다섯 개의 분리된 국가가 존재했다.[106] 이들은 명목상으로는 무슬림이었지만, 상당수가 바그다드의 정치적, 신학적 규칙에 드러내 놓고 적대적이거나 무관심했다. 이처럼 중앙집권이 해체되자 지도 제작에도 분명한 변화가 나타났다. 가장 의미심장한 변화는 그리스 전통이 더욱 쇠퇴하고 이븐 후르다드베가 제안한 도로와 지방 묘사에 관심이 고조된 것인데, 그러다 보니 이제 후르다드베의 저서가 이슬람 세계의 확산을 이해하는 자료로 그 어느 때보다 중요해졌다. 세계지도도 눈에 띄게 달라져 바그다드의 아바스 칼리프에 초점을 맞추지 않고 아라비아 반도를 세계의 중심에, 그리고 이슬람에서 가장 성스럽게 여기는 장소인 메카와 카바를 아라비아 반도 한가운데 놓기 시작했다.

지도 제작의 이런 전통은 '발히 지리학교'라는 명칭에도 나타난다. 이란 북동쪽 태생의 학자 아부 자이드 아흐마드 이븐 사흘 알발히(934년 사망)에서 따온 이름이다. 알발히의 생애와 이력은 알려진 바가 거의 없고, 다만 그가 주로 바그다드에서 살았고 현재 전해지지는 않지만 '여러 기후대의 모습Şuwar al-aqālīm'이라는 제목으로 일련의 지도에 관해 짧은 논평을 썼다는 정도만 알려졌을 뿐이다. 하지만 그의 저작은 후세 학자들에게 영향을 미쳐, 그의 영향이 뚜렷이 드러나는 지역지도와 세계지도가 여럿 탄생했다.

발히는 전통적으로 상세한 지리 여행 기록을 수집해 엮은 이븐 후르다드베의 사례를 참조했지만 지도를 실었다는 점에서 큰 차이를 보인다. 알발히의 어느 제자는 스승이 "지구를 지도로 표현하는 것에 중점을 둔 책을 만들고자 했다"[107]고 썼다. 이 지도는 얼마 지나지 않아 한 가지 형식으로 발전하는데, 이 형식은 오늘날의 전문 지도책과 대단히 비슷해서 어떤 평론가는 그것이 대표적인 "이슬람 지도책"이라고 말했을 정도다.[108] 알발히의 추종자들이 쓴 논문에는 세계지도가 실렸고, 그 앞에는 지중해, 인도양, 카스피 해 지도와 10세기 이슬람 제국 곳곳을 보여 주는 17개의 지역지도까지 실렸다. 지역지도는 투영이나 축척이 없는 평범한 직사각형 모양이지만, 하루 동안의 여정을 나타내는 marḍalah라는 단위로 여러 장소 사이의 거리를 표시한다. 반면에 세계지도는 경도, 위도, 축척, 투영에는 무관심하되 형태는 원형이다. 땅이나 기타 여러 장소를 직선, 원, 반원, 정사각형, 일정한 호로 표현했지만 기하학은 더 이상 그 윤곽에 대한 정보를 제공하지 않는다. 그리스어 klimata는 iqlīm이라는 이름이 붙은 지방들로 대체되었다. 그전까지 그리스 전통이 이슬람의 영토 개념에 얼마나 깊숙이 흡수되었는지를 보여 주는 부분이다. 또한 이 지도는 전쟁의 집에는 거의 또는 전혀 관심을 보이지 않고 오직 이슬람 세계만 묘사한다. 그리고 지역지도든 세계지도든 모든 지도에서 남쪽을 위쪽에 둔다.

발히 학교 수습생 중에는 대단히 박식한 아부 알까심 무함마드 이븐 하우깔(이슬람력 367년, 서기 977년경 사망)이 있었다. 이라크에서 태어난 하우깔은 페르시아, 투르키스탄, 북아프리카 곳곳을 두루 여행했다. 그는 《지구의 모습에 관한 책Kitāb ṣūrat al-arḍ》으로 가장 잘 알려졌다. 이븐 후르다드베의 경우처럼 《도로와 지방에 관한 책Kitāb al-masālik wa-al-mamālik》으로도 불리는 이 책은 감사의 말에서 비교적 근래의 이슬람 지리 저작에 영향을 받았다고 했다.

이븐 하우깔은 이 책에 지역지도를 삽화로 넣었을 뿐 아니라 세계지도도 그렸다. 발히 학교의 세계 지리 인식을 보여 주는 최초의 사례로, 투영과 기후대는 무시하고 오직 이슬람 세계에만 초점을 맞춘 지도다. 남쪽을 지도 위에 두었지만, 프톨레마이오스의 요소들도 여전히 나타난다. 세상은 바다로 둘러싸였고, 보이지 않는 지구 반대편은 순전히 물로 이루어져 사람이 살지 않는다. 사람 사는 세계는 대략 셋으로 나뉜다. 지도 위쪽 절반을 덮은 가장 큰 땅덩어리인 아프리카, 아래 왼쪽 귀

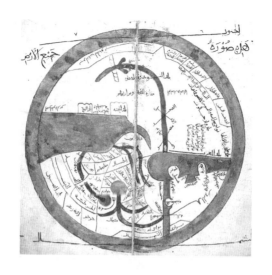

그림 11
남쪽을 위쪽에 놓은 이븐 하우깔의 세계지도, 1086년. → 224~225쪽 사이 컬러화보 참고

통이를 차지한 아시아, 그리고 아래 오른쪽에 끼어 들어간 유럽이다. 아프리카에서 가장 눈에 띄는 것은 나일 강으로, 동아프리카를 지나 올라가다가 둥글게 꺾여 강의 수원이 분명한 '달의 산맥'에 도착한다. 이집트, 에티오피아, 그리고 북아프리카 이슬람 국가에 모두 선명하게 이름이 붙었고, 이와는 대조적으로 유럽에는 스페인, 이탈리아, 콘스탄티노플만 눈에 띈다. 어쩌면 당연하게도, 아라비아, 홍해, 페르시아 만을 포함한 아시아는 상당히 자세하게 표시되었고, 독립된 행정구역으로 나뉘었다. 더 동쪽으로 가면 이슬람의 영향력이 줄어드는 탓에 그림도 대략적인 스케치로 끝난다. 중국과 인도가 보이지만 그 윤곽은 순전히 개념적인 수준에 그치고, 이름이 그리스어에서 유래한 타프로바네(지금의 스리랑카)는 나오지도 않는 데다 인도양은 아예 섬들에게 자리를 빼앗겼다. 이슬람이 지배한 세계, 그리고 이슬람의 행정적, 상업적 이해관계에 이롭게 형성된 세계를 묘사한 새로운 지도의 모습이다.

이븐 하우깔의 세계지도에서 볼 수 있듯이, 여러 지역을 지도에 담고 종교적 장소와 교역로에 초점을 맞춘 지리학이 점점 널리 퍼지기 시작했다. 그러면서 발히 지도 제작자들이 ḥadd라 부른 경계, 즉 하나의 이슬람 국가가 어디서 끝나고 다른 국가가 어디서 시작하는지를 나타내는 내부 국경을 정하는 일이 절실해졌다. 바그다드의 정치적, 신학적 힘이 시들면서 발히의 지도 제작자들은 더 이상 칼리프의 수도를 지도의 중심으로 삼지 않았다. 그리고 지리적 이슬람화라 부를 만한 결정적 순간에, 메카를 기지 세계의 중심에 놓았다. 프톨레마이오스 때부터 사람들은 이슬람 세계를 지도에 옮기려 했으나 성과가 미미했다. 이런 와중에 이슬람 세계의 상세한 자연지리 정보를 제공하려고 꾸준히 노력한 최초의 사람들이 바로 발히 지도 제작자들이었다. 그리스 지리학이 명백히 이슬람적인 자연지리학으로 옮겨 간 이 변화는 그 후 알이드리시의 지도 제작에 큰 영향을 미친다.

이 책에 기술한 지도 제작자 가운데 알샤리프 알이드리시만큼 유명한 혈통을 자랑하는 사람도 없다. 이슬람에서 '샤리프'('고귀하다' 또는 '걸출하다'라는 뜻)는 예언자 무함마드의 딸 파티마의 후손을 암시한다. 이름에서 알 수 있듯이, 알이드리시는 786년 이베리아 반도에 최초로 이슬람 국가를 세우고 9세기 내내 모로코의 상당 부분을 통치한 막강한 시아 이드리스 왕조의 후손이다. 이 왕조의 혈통은 7세기 말 다마스쿠스에 들어선 우마이야 칼리프로 거슬러 올라간다. 우마이야 왕조가 750년에 아바스 왕조에 패한 뒤, 이드리스 집안을 비롯한 우마이야 왕조의 남은 후손들은 다마스쿠스를 도망쳐 나와 이베리아와 북아프리카에 정착해 코르도바에 칼리프를 세우고 아바스 왕조와 경쟁했다. 새로 들어선 칼리프는 이베리아 반도 대부분을 정복하고, 985년에는 내부 파벌 싸움에 시달리던 이드리스 왕조까지 흡수한다. 알이드리시의 직계 조상에는 오늘날의 말라가 주변 지역을 통치하던 함무드 왕조가 있다. 알이드리시가 (함무드 왕조의 마지막 근거지인) 북아프리카 끝단에 놓인 (추측컨대) 세우타에서 태어난 1100년에는 왕가와 종교의 폭력적 파벌주의가 만연했을 것이다.

　알이드리시의 삶을 말해 주는 기록은 대단히 드문 데다 모순되기 일쑤다. 그의 탄생지를 둘러싸고도 이견이 많아 스페인이라는 사람, 모로코라는 사람, 심지어 시칠리아라는 사람도 있다. 하지만 그가 코르도바에서 교육을 받았다는 사실에는 이견이 없다. 우마이야 칼리프의 수도로 8, 9세기에 전성기를 누린 코르도바는 세계에서 손꼽히는 대규모 도시였고, 인구는 30만이 넘었으리라 추정된다. 이곳은 786년에 세운 세계에서 세 번째로 큰 모스크가 있고, 유럽 최초의 대학이라 할 수 있는 곳의 본고장이다. 무슬림 철학자 이븐 루시드(아베로에스)와 유대인 랍비이자 철학자이며 의사였던 모세스 벤 마이몬(마이모니데스)을 비롯해 중세의 위대한 학자들이 이곳 출신이다.[109] 코르도바 역시 콘비벤시아의 초기 사례로 무슬림과 기독교인 그리고 유대인 학자들이 비교적 자유롭게 학문을 연구했던 곳이며, 아바스 왕조의 바그다드와 (정치적으로는 아니더라도) 지적 경쟁 관계를 이루었다.

　당시 어느 이슬람 평론가에 따르면, 코르도바는 "지혜의 본고장, 지혜의 시작과 끝이며, 땅의 중심, 과학의 원천, 이슬람의 돔, 이맘의 중심지이자, 올바른 추론의 고향, 새로운 발상이 열매를 맺는 정원"[110]이었다. 우마이야 왕조는 400개가 넘는 모스크, 900개의 목욕탕, 27개의 무료 학교, 바그다드와 카이로가 보유한 도서 목록에 견줄 만한 40만 권을 갖춘 국립도서관을 지원했다. 코르도바의 학교와 대학은 이슬람 법학을 연구하고 실습하는 중심지일 뿐 아니라 과학을 비롯해 의학과 천문학에서 지리학, 시, 철학에 이르기까지(그리고 이때 한창이던, 그리스 고전을 아랍어로 번역하는 작업까지) 다양한 과목을 가르쳤다.

　알이드리시는 30여 년이 지나 《유희》에 자신이 교육받은 코르도

바를 묘사하면서, "알안달루스의 가장 아름다운 보석"[111]이라 불렀다. 그러나 그가 코르도바에 도착했을 때 그곳의 칼리프는 이미 오래된 추억이었다. 1031년에 코르도바의 칼리프가 무너지고 고만고만한 자칭 칼리프들이 들어섰다가 1091년에 알모라비드 왕조가 마침내 이곳을 점령했다. 알모라비드 왕조는 베르베르 사람들로, 알이드리시가 학문을 시작했을 때까지도 코르도바 사람들은 이들을 대단히 불신했지만 기독교도의 '레콩키스타reconquista'(국토 회복 운동 – 옮긴이) 위협이 남쪽으로 점점 다가오면서 이들을 유일한 구원의 희망으로 여겼다. 알이드리시는 코르도바에서 문화 다양성이 담긴 학문을 흡수했지만, 자신을 둘러싼 이슬람 세계의 지정학이 얼마나 빠르게 변하는지도 실감했다.

코르도바를 떠나기로 한 알이드리시의 결정은 현명했다. 알모라비드 정복자들과 점점 다가오는 카스티야의 기독교 군대 사이에서 이러지도 저러지도 못하는 코르도바의 미래는 암울했을 것이다(급기야 1236년에 코르도바는 카스티야 군의 수중에 떨어졌다). 알이드리시는 1130년대까지 바삐 돌아다녔다. 소아시아, 프랑스, 잉글랜드, 모로코, 그리고 알안달루스의 다른 지역까지 두루 돌았다. 그가 1138년경에 시칠리아에 도착한 이유를 말해 주는 그 시대 자료는 존재하지 않는다. 루지에로 2세가 알이드리시에게 관심을 보인 동기는 지식이 아니라 정치 상황일지도 모른다. 노르만족인 루지에로 왕은 통치 기간 내내 (트리폴리를 비롯한) 북아프리카 해안 일부를 병합하고 무슬림 혈통의 사람들을 꼭두각시 통치자로 세웠다. 그런 그에게 알이드리시 같은 저명한 무슬림 귀족은 활용도가 높아 보였을 것이다.[112] 사실 오트빌 왕조는 과거에 함무드 친척을 보호해 준 이력이 있다. 함무드 왕조의 마지막 통치자인 무함마드 이븐 아브드 알라가 1058년에 말라가에서 도망쳤을 때, 루지에로 2세의 아버지인 시칠리아 백작 루지에로 1세가 그에게 피신처를 제공해 준 일이다.[113] 다마스쿠스 학자 알사파디(1297~1362년)는 14세기에 쓴 글에서, 루지에로 2세가 알이드리시에게 피신처를 제공한 동기를 이렇게 설명한다.

> 프랑크족의 왕이며 시칠리아의 주인인 루지에로는 철학에 조예가 깊은 사람들을 좋아했고, 알샤리프 알이드리시를 북아프리카에서 데려온 사람도 그였다. (……) 그가 도착하자 루지에로는 격식을 갖춰 환영했고, 그에게 경의를 표하려고 온갖 노력을 다했다. (……) 루지에로는 자신의 거처에 머물라며 그를 초대했다. 루지에로가 그를 설득하며 말했다. "선생께서는 칼리프 집안 출신이십니다. 선생께서 무슬림 통치 지역에 계시면, 그 영주들이 선생을 해치려고 찾아다닐 겁니다. 하지만 저와 함께 계시면 안전합니다." 알이드리시가 왕의 초대를 수락하자, 왕은 그에게 적잖은 수입을 약속했다. 알이드리시는 노새를 타고 왕에게 가곤 했는데, 그가 도착하면 루지에로는 자리에서 일어나 그를 맞이하러 나갔고, 두 사람은 함께 자리에 앉았다.[114]

두 사람의 첫 만남을 설명하는 자료 중 유일하게 현존하는 것으로, 실제로 두 사람이 만난 지 거의 200년이 지나 기록된 글이다. 현명하고 자비로운 후원자와 조용하고 황송해하는 그의 백성이 주고받은 시대를 초월한 언어를 고스란히 드러낸 글이다. 그러나 이 글은 정치에 학문을 결합하는 루지에로의 명민한 수완을 드러낼 뿐 아니라 알이드리시의 혈통이 무슬림뿐 아니라 왕인 자신에게도 쓸모가 있다는 걸 루지에로도 알고 있음을 보여 준다. 두 사람은 서로 사뭇 다른 이유로, 타 문화의 관습과 의례를 그것에 공식적으로 난색을 표하는 분야에 수용하는 법을 배웠다. 두 사람은 고향이 수백 킬로미터나 떨어진 낯선 땅 출신의 낯선 사람들이다. 그리고 종교에 접근하는 방법도 정통과는 거리가 멀었다.

　알이드리시가 팔레르모에 도착해 만난 통치자는 자신의 신앙에 줄곧 모호한 태도를 유지하고 정치적 권리 주장에도 건전한 회의를 품는 태도를 물려받은 사람이었다. 노르만족은 7세기 중반 이래로 이탈리아 남부와 시칠리아를 비잔틴제국의 땅이 아닌 자기들의 땅이라고 주장했고, 기독교계 전반의 지속적인 반대에도 불구하고 칼라브리아, 풀리아, 레조, 브린디시를 장악해 자기들만의 기득권을 챙겼다. 교황은 당연히 로마 남쪽 지역을 장악한 노르만족을 수상쩍게 여겼고, 이탈리아 일부 지역의 영토권을 주장하던 독일의 호헨슈타우펜 왕조 역시 오트빌 왕조가 자기들의 영토를 넘보는 데 반대했다. 콘스탄티노플의 비잔틴 황제들마저 전통적으로 자기네 통치 지역인 시칠리아를 오트빌 왕조가 강탈하려 한다며 크게 분노해 루지에로를 '폭군'이라 비난했다.[115]

　　루지에로는 이처럼 여러 세력이 대항하는 와중에도 자신이 영악한 적수임을 증명했다. 1128년 알이드리시가 팔레르모에 도착하기 직전, 교황 호노리오 2세는 루지에로에게 풀리아의 통치권을 허가하지 않았음은 물론 파문 칙령을 내려 그에게 대항하는 성전을 부추겼다. 그러나 이 시도가 실패하고 자신의 지위가 약해지자 호노리오는 마지못해 루지에로의 이탈리아 통치권을 인정했다. 1130년 2월, 호노리오가 사망하자 교황 선출을 두고 분열이 일었다. 루지에로는 이 혼란을 틈타, 로마에 근거를 두고 인노켄티우스 2세와 경쟁하는 아나클레투스 2세를 지지했다. 정치 기반이 약한 아나클레투스 2세는 루지에로 군의 지원을 받을 요량으로 1130년 후반에 교황 칙령을 발표해 루지에로에게 시칠리아 왕의 칭호를 주었다. 그러나 루지에로 왕국은 1138년에 다시 한 번 위기를 맞았다. 교황 아나클레투스가 사망하자 인노켄티우스 2세가 교황직을 이어받으면서 루지에로의 시칠리아 통치에 대단히 적대적인 독일 통치자들을 지지했다. 루지에로는 또다시 교황과 대치했다. 이듬해 인노켄티우스는 다시 한 번 루지에로를 파문했지만, 뒤이어 일어난 군사 충돌에서 루지에로에게 생포되었다. 그는 루지에로의 통치권을 인정하고 이후 시칠리아에서 루지에로의 통치에 도전하는 그 어떤 세력도 지지하지 않겠다고 다짐하는 수모를 겪어야 했다.[116]

루지에로의 통치에 반대하는 목소리는 1140년대 내내 들끓었다. 그가 교황의 반대를 제압한 뒤에도 비잔틴제국과 독일 통치자들은 그를 추방하려 했지만, 그러한 시도는 모두 실패로 끝났다. 그리고 루지에로 왕국이 비교적 안정된 통치기에 접어들면서 루지에로와 그의 무슬림 백성 알이드리시는《유희》를 집필하기 시작했다.

팔레르모에서 새 삶에 정착한 알이드리시는 무슬림이자 학자로서 시칠리아의 폭넓고 다양한 지적 전통을 이용할 수 있다는 사실을 깨달았다. 시칠리아는 로마 시대부터 부와 번영의 섬이라는 명성을 얻었다. 프톨레마이오스 시대의 알렉산드리아처럼, 다양한 문화와 전통이 공존하는 지중해에 위치한 상업과 정치의 요지였다. 시칠리아는 로마와 콘스탄티노플을 여행하는 정치 지도자들이 중간에 들르는 섬이었고, 시칠리아의 항구는 종교에 상관없이 지중해 주변의 모든 상인을 환영했다. 기독교 순례자들과 무슬림 순례자들에게 안전한 피난처 역할도 했다. 메카로 순례를 떠나는 스페인 무슬림은 시칠리아 항구에서 잠시 쉬어 갔고, 성지순례를 떠나는 유럽 기독교인들도 마찬가지였다. 스페인 무슬림 이븐 주바이르는 1183년에 발렌시아에서 시칠리아를 거쳐 메카로 여행하면서 이렇게 썼다. "이 섬의 번영은 말로 표현하기 어렵다. 다양한 농산물 그리고 온갖 과일과 열매를 볼 수 있으며 경작에서도, 풍성한 수확에서도, 행복에서도 스페인[알안달루스]의 딸이라고 말하기에 부족함이 없다." 이븐 주바이르는 무슬림 공동체와 기독교 통치자가 평화롭게 공존하는 모습을 묘사하며, 코란의 한 구절을 인용하기까지 했다. "기독교인들은 무슬림을 잘 대하고 '그들을 친구로 받아들였다.'[코란 20장 41절] 하지만 그들에게 세금을 연간 두 배 부과했다." 그는 노르만 궁정의 "화려한 궁과 우아한 정원"에 감탄했고, 그것은 "무슬림 왕

들처럼" 법과 행정과 왕의 권위를 행사했다고 썼다.[117]

　시칠리아는 이러한 복합적 유산 덕에 루지에로가 왕위에 오른 1130년에는 이미 학문의 중심지가 되어 있었다. 팔레르모는 루지에로가 이탈리아 제국에 병합하기 오래 전부터 라틴어권 전역에서 그리스와 아랍 의학의 중심지로 유명했다. 그렇다 보니 관련 자료를 세 가지 언어로 번역하고 전파하는 전통을 이어 갈 능력 있는 학자들이 꾸준히 모여들었다. 그리스의 외교관이자 카타니아의 부주교인 헨리 아리스티포스는 시칠리아에 머무는 동안 아리스토텔레스의 《기상학》여러 부분을 그리스어에서 라틴어로 옮겼고, 플라톤의 《파이돈》을 라딘어로 처음 번역했다. 그런가 하면 프톨레마이오스의 《알마게스트》그리스어 판을 콘스탄티노플에서 시칠리아로 되찾아오기도 했다. 콘스탄티노플에서 프톨레마이오스의 천문학 논문을 라틴어로 번역하는 작업에 쓰였던 책이다.[118] 루지에로는 1140년경에 콘스탄티노플에서 팔레르모로 피신한 그리스 신학자 닐로스 독사파트레스에게도 피신처를 제공하고, "교계의 역사지리학"인 "총대주교의 서열과 지위"를 주제로 비잔틴제국에 친화적인 원고를 써달라고 의뢰했다.[119] 루지에로는 적어도 여섯 명의 시인을 후원하며 자신의 정치, 문화 업적을 칭송하는 시를 아랍어로 써달라고도 했다.[120]

　팔레르모는 여러 언어가 공존하는 문화와 다양하고 폭넓은 지적 전통이 있어, 루지에로가 이제 막 알이드리시에게 부여하려는 야심 찬 과업을 완수할 이상적인 장소였다. 알이드리시는 《유희》 서문에서 왕이 처음에 이 일을 어떻게 의뢰하게 되었는지 설명했다. 루지에로에게는 당연하게도, 이 일은 정략적 지리 탐사로 시작됐다.

　　[왕은] 자신의 땅을 속속들이 정확하게 파악해 확실한 지식과 함께 그것에 통달하고 싶어 했고, 국경과 육로와 해로에 대해, 그리고 기후는 어떻

고 바다와 만의 특징은 무엇인지 알고 싶어 했다. 더불어 일곱 개의 기후 대에 있는 다른 땅과 지역에 대해서도 다양한 출처에서 공통되는 부분이 나올 때마다, 그리고 전해지는 기록이나 여러 저자가 각 기후대에 어떤 나라가 있는지 분명히 밝힐 때마다 그것을 알고 싶어 했다.

프톨레마이오스가 사람 사는 세계 8,000여 곳을 표로 정리한 이래로, 뒤이은 (지금은 분실된) 로마인의 측량 조사를 포함해 이제까지 진행된 자연지리학 연구 가운데 가장 야심 찬 연구 제안이었다. 로마인들은 적어도 광대한 제국을 기반으로 하고, 그리스 지리학 문헌을 비교적 자유롭게 열람할 수 있었던 덕에 그런 연구를 수행할 수 있었다. 루지에로의 작은 왕국은 그와 같은 측량 조사를 할 만한 자원이나 인력이 부족했다. 하지만 이들에게는 이제까지 수집한 그리스어, 아랍어, 라틴어로 쓰인 다양한 자료가 있었다. 알이드리시는 주로 두 가지 자료에 집중했다. 프톨레마이오스의 《지리학》(그리스어 원본과 아랍어 번역본이 모두 있었다)과 초기 기독교 신학자 파울루스 오로시우스의 저작이다. 오로시우스도 알이드리시처럼 이곳저곳을 순회한 학자여서 이베리아, 북아프리카, 그리고 성지 곳곳에서 살기도 하고 연구도 했는데, 그가 쓴 《이교도에 대항한 역사》(416~417년)는 기독교가 세력을 일으키는 지리적 역사를 보여준다.

루지에로 왕은 과거와 현재의 지리학 개념과 발전하는 지리학 개념을 모두 통합하겠다는 확고한 결심으로, 프톨레마이오스와 오로시우스의 지식을 끌어와 여기에 알이드리시를 포함한 궁정 학자들의 지리학 지식을 더한 다음 왕이 파견한 여행자들이 사람 사는 세계 곳곳에서 가져온 새로운 정보를 더했다.

그들이 함께 연구했지만, 왕은 앞서 언급한 저술에서 알아낸 지식 외에

[다른 학자들에게서] 별다른 새로운 지식을 얻지 못했다. 그리고 이 주제로 회의를 소집했을 때 그의 땅 곳곳에 사람을 보냈고, 돌아다니고 있을 더 많은 학자들을 불러들여 개별적으로 그리고 집단적으로 의견을 물었다. 그러나 그들의 말은 다 달랐다. 왕은 그들의 의견이 일치할 때는 정보로 받아들였지만, 의견이 다를 때는 받아들이지 않았다.[121]

루지에로의 학자들은 그 후 여러 해 동안 정보를 수집하고 정리하느라 진땀을 흘렸다. 의견이 일치하는 부분이 나오면 그 결과가 대형 그림판에 옮겨졌고, 여기서 거대한 세계시도가 서서히 모습을 드리내기 시작했다.

경도와 위도에서 [그리고 장소 사이의 거리에서] 의견이 모두 일치할 때 왕은 그 정보가 옳은지 확인하고 싶어 했다. 왕은 그림판[lauuḥal-tarsīm]을 가져오게 해 철제 기구를 가지고 그 위를 일일이 짚어 가면서 앞서 언급한 책에 나온 내용과 맞는지, 그리고 좀 더 믿을 만한 학자들의 결론과 일치하는지 확인했다.[122]

이 노력의 첫 번째 결과는 프톨레마이오스식 전통에 따른 지명 색인이 아니라 은으로 만든 거대한 원형 세계지도였다. 알이드리시는 루지에로의 명령을 이렇게 전한다.

원반[dāʾira]은 순은으로 만들어야 한다고 했다. 크기가 아주 크고 무게는 400로마라틀[ratl]에 해당하는데, 1라틀의 가격은 112디르함[dirham]이었다. 은이 준비되자 왕은 그 위에 그림판에 그렸던 대로 일곱 개의 기후대를 새기고, 그곳에 있는 땅과 지역, 해안선과 내륙, 만과 바다, 수로와 강, 사람이 사는 곳과 살지 않는 곳, 그리고 그곳에 있는 각 지역 사이[의 거리]를 왕래가 잦은 길을 따라 또는 정해진 마일에 따라 또는 입증된 측정법에 따라 새겼으며, 더불어 알려진 항구도 새겼다.[123]

이 특별한 은판 세계지도도, 지리 그림판도 지금은 모두 전하지 않지만, 알이드리시의 말에 따르면 지도가 완성되자 루지에로는 "책을 만들어, 어떻게 이런 형태가 나왔는지 설명하고 이곳에 빠진 땅과 나라의 상황을 보충하라"고 주문했다. 책에는 "각 나라와 관련한 놀라운 사실들을 빠짐없이 담고, 그곳이 일곱 기후대 중 어디에 속하는지, 그곳 사람들과 관습은 어떻고, 그들의 습관, 외모, 옷, 언어는 어떤지" 묘사해야 했다. '세계를 여행하려는 사람을 위한 유희의 책'으로 불릴 책이다. 이 책은 이슬람력 548년 10월에 해당하는 1월 14~15일에 완성되었다.[124]

완성된 책에는 루지에로의 지리학 야심이 고스란히 드러난다. 오늘날 이 책을 훑어보면, 왕이 왜 알이드리시의 도움을 원했는지 분명해진다. 이 책은 프톨레마이오스와 오로시우스의 저술 같은 그리스와 라틴 지리학 자료를 참고했을 뿐 아니라 알이드리시가 이 작업에 끌어들인 중요한 세 번째 전통, 즉 300년이 넘는 아랍 지리학도 담고 있다. 《유희》는 고대 지중해의 세 가지 전통인 그리스, 라틴, 아랍 학문을 기지 세계라는 하나의 개요에 진지하게 통합한 최초의 시도다.

알이드리시는 천문학과 우주형상학에 전문 지식이 없는 사람답게 지구의 기원을 묘사하는 데 시간을 허비하지 않았다. 지구는 둥글고 둘레는 3만 7,000킬로미터로 추정되며, "마치 달걀노른자처럼 우주에서 안정된 상태"로 존재한다는 정도만 언급했을 뿐이다. 그가 책 서문에 밝힌 내용에는 특별히 날카롭다거나 혁신적이라 할 만한 것이 없으며, 그리스와 이슬람에서 인정하는 일반적 내용에 가까운 이야기뿐이다. 이 책에서 참신한 부분은 루지에로의 기대에 부응해 사람들이 내놓은 다양한 정보를 정렬한 방식이다. 알이드리시는 프톨레마이오스에 의

존해 책의 나머지 부분을 동쪽에서 서쪽으로 일곱 개의 종적 기후대로
나누었지만, 지도 방위와 관련해서는 남쪽을 지도 위에 놓았다. 첫 번째
기후대는 아프리카 적도를 거쳐 한국으로 이어졌다. 그는 이렇게 썼다.
"첫 번째 기후대는 '그림자의 바다'라 불리는 서해의 서쪽에서 시작한
다. 그 너머에는 무엇이 존재하는지 아무도 모른다. 이 바다에는 알할리
다트(행운의 섬)라 불리는 섬이 둘 있는데, 프톨레마이오스는 이 섬을 기
점으로 경도와 위도를 계산했다."[125] 마지막 일곱 번째 기후대는 오늘날
의 스칸디나비아와 시베리아를 아우른다. 그의 가장 대담한 혁신은 각
기후대를 다시 열 개로 나눈 것인데, 이를 모두 합하면 일흔 개의 직사
각형 영역으로 구성된 세계가 탄생한다. 하지만 알이드리시는 여러 장
의 지도를 실제로 이어 붙이는 방식은 생각해 본 적이 없었다. 그렇게
되면 지도가 너무 커서 행사에도 써먹을 수 없었다. 하지만 전 세계 지
리를 묘사하는 새로운 방법인 것만은 분명했다. 《유희》는 지역지도 일
흔 장을 개별적으로 다루는데, 각 지도 앞에는 해당 지역에 관한 설명이
있어서 독자들은 그 글을 읽으며 해당 지역을 머릿속에 그릴 수 있다.

　　알이드리시는 서문에서 세계를 이런 식으로 나누기로 결정한 동
기를 설명하는데, 이는 근대 이전에 나온 글 중에서 지리를 설명한 글을
지도가 어떻게 보완하고 개선하는지를 가장 상세히 설명한 글이다.

　　구획마다 그곳에 속한 마을, 지역을 적어 넣어 사람들이 평소에는 시야
　　에 들어오지 않거나 이해되지 않던 것, 또는 도로 사정이 안 좋거나 민족
　　의 특성이 달라서 가볼 수 없던 곳을 관찰할 수 있게 했다. 따라서 이 지
　　도를 보고 평소 알고 있던 정보를 바로잡을 수 있다. 부분 지도는 총 일
　　흔 장이다. 양쪽 극단에 속한 지역은 포함하지 않았는데, 한쪽은 지나치
　　게 덥고 물이 부족해 사람이 살 수 없는 남쪽 극단이고, 한쪽은 지나치게
　　추워 사람이 살 수 없는 북쪽 극단이다.

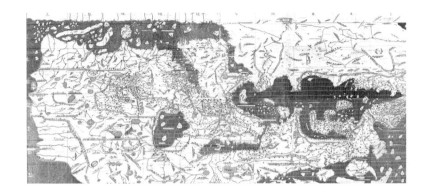

—— **그림 12**
알이드리시의 《유희》에 실린 일흔 개의 지역지도를 모두 붙여 재구성한 세계지도.
→ 774~775쪽 사이 컬러화보 참고

　　이 설명은 지도의 장점을 구체적으로 보여 준다. 너무 멀고 위험
해 도저히 직접 가볼 수 없는 지역을 볼 수 있게 해주는 것이다. 그러나
알이드리시는 지역지도에 담을 수 있는 정도는 그 정도뿐이라고 인정
한다. 그는 자연지리 묘사의 중요성을 되풀이해 강조한 뒤에 이렇게 말
한다.

　　이 책에 나온 지도와 나라에서 올바른 묘사와 만족스러운 형태를 볼 수
　　있는 건 분명하지만, 그 외에 각 지방과 그곳 사람들의 생김새, 그들의
　　옷차림과 장식, 통행 가능한 도로와 그 길이, 그리고 여행자들의 목격담
　　과 그곳을 어슬렁거린 작가들의 전언, 이야기꾼의 확인에 담긴 그곳의
　　온갖 경이로움은 따로 배워야 한다. 따라서 각 지도 뒤에는 이 책의 적절
　　한 곳에 들어가야 한다고 생각되는 것을 모조리 적어 두었다.

지도 제작의 위력과 한계를 동시에 명확히 밝힌 이 선언은 '형태' 부여
의 중요성, 즉 프톨레마이오스의 표현처럼 사람 사는 세계에 기하학적

질서를 부여하는 것의 중요성을 인정하지만 "어슬렁거린 작가들"이 전한 아코에(풍문)의 문제 또한 암묵적으로 인정한다. 여행자들이 보고한 내용은 루지에로가 원한 상세한 인문지리의 필수 요소이지만, 어떻게 그 보고를 증명하고 어떻게 "이야기꾼의 확인"을 얻어 낼 수 있는가? 알이드리시에게 지도의 기본 기하학은 의심의 여지가 없고 계속 믿고 사용할 수 있는 것이지만, 여행자의 설명은 그 여행자가 아무리 경험이 풍부하다고 해도 절대적으로 믿을 수는 없었다.

알이드리시는 1,500년 전에 헤로도토스가 제기한 것과 똑같은 문제에 직면했다. 그는 고대 세계와 초기 무슬림 지도 제작에서 물려받은 전통을 거스르는 해법을 택했다. 사람 사는 세계의 각 지역을 비과학적으로 묘사하는 방법이다. 여기서 전례 없이 치밀한 중세 지리 묘사가 탄생한다. 그러나 갈수록 세계를 도덕적으로 바라보는 지도 제작을 전략적으로 선호하게 되면서 그의 지도는 외면되고 무시된다.

알마문 궁정에서부터 이븐 하우깔에 이르기까지의 지도 제작 역사를 알이드리시가 어떤 식으로 받아들였는지는 복잡한 문제다. 그가 이들 자료를 언급한 적이 비교적 적기 때문이기도 하고, 필사본을 다루는 그 시대 문화에 나타난 사고의 교류와 순환의 문제 때문이기도 하다. 우리는 후대 필경사가 옮겨 쓴 《유희》 복사본에(그리고 그곳의 지도에) 의존해 알이드리시의 업적을 평가할 뿐이다. 그리고 그가 이슬람 세계의 서쪽 끝에서 교육을 받고 경력을 쌓은 탓에 코르도바에서든 시칠리아에서든 어떤 문헌을 참고했을지 가늠하기 어렵다. 그가 알마수디 같은 사람의 영향을 언급하지 않은 이유는 순전히 그를 몰랐기 때문일까, 아니면 좀 더 모호한 지적 또는 사상적 갈등 탓일까? 이 물음은 영영 수수께끼로 남을 수도 있다. 그러나 그가 실제로 언급한 출처를 그의 지도나 지리 서술과 더불어 종합해 보면, 그가 무엇을 성취하려 했는지 짐작해 볼 수 있다.

알이드리시는《유희》서문에서, 여러 출처 중에서도 특히 프톨레마이오스, 파울루스 오로시우스, 이븐 후르다드베, 이븐 하우깔을 참조했다고 말한다.[126] 흥미로운 목록이다. 그리스인 한 명, 기독교인 한 명, 무슬림 두 명인데, 이 중 한 사람은 행정관이고 나머지는 줄곧 여행을 다닌 사람들이다. 알이드리시의 글을 읽고 그의 책에 실린 지도를 보면, 그가 어떤 한 사람에게 절대적 영향을 받았다고는 보이지 않는다. 모든 이에게 영향을 받았지만, 자기만의 결론을 내려 그들의 한계를 넌지시 인정한다. 지구의 모양과 둘레, 적도의 규모를 이해할 때는 이븐 후르다드베의 이론에 의지했다가 기후대와 더 나아가 지도의 지역적 차원을 기술하고 묘사할 때는 프톨레마이오스로 돌아갔다.

알이드리시는 서문 뒤에 이어지는 일흔 곳의 지역을 설명한 글과 지도에서, 프톨레마이오스와 무슬림의 출처를 매끄럽게 오가며 곧잘 여러 장소를 묘사하고 지도에서 그 위치를 여러 가지로 추정한다. 각 지도에 나타난 장소 사이의 도로와 거리를 글로도 써놓았는데, 이를테면 야트리브Yathrib라고도 불린 '메카에서 메디나까지'는 가장 가까운 길로 가면 엿새가 걸리고 거리는 415킬로미터라는 식이다. 그리고 길을 마무리하는 부분에서는 프톨레마이오스에서 벗어나 다시 이븐 후르다드베에 가까이 다가가 그의 행정적, 현실적 이해관계에 크게 의지했음을 알 수 있다.

사불라에서 멜레까지는 쉬어 가는 곳으로, 달콤한 물이 솟는 샘이 여럿 있다. 27킬로미터.

그곳에서 차이더까지는 메디나 주민들의 만남의 장소로, 소수의 아랍인들이 산다. 19킬로미터.

차이더에서 메디나까지는 11킬로미터.[127]

메카가 나온 지도에는 그곳이 신성한 장소라는 표시가 거의 없으며, 지도에 따라붙는 설명에도 그런 표시는 없다. 알이드리시는 이렇게 쓴다. "메카는 워낙 오래된 도시라 밤이 되면 도시의 기원이 사라져 버린다. 유명하고 번성한 도시이며, 이슬람 세계 곳곳에서 사람들이 몰려든다." 카바를 묘사한 글도 건조하기는 마찬가지다. "전하는 이야기에 따르면 카바는 아담이 살던 곳이며, 돌과 진흙으로 지어져 홍수에 파괴되었으며, 하느님이 아브라함과 이스마엘에게 도시를 재건하라고 명령하기까지 폐허 상태였다."[128] 이는 예루살렘을 세상의 신성한 중심으로 묘사한 이 시대의 기독교 세계지도mappaemundi(다음 장에서 나물 예정이다)나 메카를 중심에 놓은 발히 학교 세계지도 같은 종교적 지도가 아니다. 경이로움과 기적으로 가득한 물리적 세계를 사실적으로 묘사할 뿐, 신의 창조 행위에는 이렇다 할 관심을 보이지 않는다.

알이드리시는 칼리프의 수도 바그다드에 주목했을 때도 마찬가지로 설명은 붙이지 않았다. "이 거대 도시는 칼리프 알만수르가 티그리스 강 서안에 세웠으며, 그는 주변 영토를 봉토로 나눠 지인과 추종자에게 나눠 주었다."[129] 이와 대조적으로 기독교 세계의 거대 도시들은 사소한 부분까지 칭송한다. 로마는 "기독교의 기둥이며, 대주교 관할구 가운데 으뜸"이고, 고대 건축, 번화한 시장, 아름다운 광장, 성베드로 대성당을 비롯해 1,200개가 넘는 교회가 있는 곳이라고 말한다. 그는 "교황이라 부르는 군주가 사는 궁전"도 설명한다. "이 군주의 권력은 다른 모든 왕을 능가한다. 왕은 그가 신과 동등한 사람인 양 경의를 표한다. 그는 정의로 통치하며, 압제자를 벌하고, 가난하고 나약한 자들을 보호하며, 학대를 막는다. 그의 영적 권력은 기독교 세계의 모든 왕을 능가하며, 왕은 누구도 그의 칙령에 반대하지 않을 것이다."[130] 알이드리시가 루지에로 왕의 비위를 맞추려고 고의로 이슬람 도시를 깎아내리고 기독교 도시를 칭송했다면, 왕이 아닌 교황의 권위를 칭송하지는 않았을 것이다.

그러나 알이드리시의 책에서 예루살렘을 설명하는 부분에서는 지리학에 대한 다각적 관점이 미묘하게 나타나기 시작한다. 그는 유대교, 기독교, 이슬람교의 신학이 뒤엉킨 예루살렘의 역사를 연대순으로 정리하면서, 그리스도를 거듭 "주 메시아"로 언급하고 탄생부터 십자가형을 당하기까지의 그의 생애를 지리적으로 묘사한다. 알이드리시는 이슬람의 성역인 성전산^{Temple Mount}을 언급하는 구절에서 그곳에 있는 모스크를 다음과 같이 묘사한다.

> 다윗의 아들 솔로몬이 지은 신성한 거주지이며, 유대인이 권력을 쥐고 있을 때 그들의 순례지였다. 그 뒤 무슬림이 들어와 유대인에게서 성전을 빼앗고 그들을 추방했다. 무슬림 대군주 통치 시절 성전은 확장되었고, 오늘날 이 모스크는 무슬림에게 '마스지드 알아끄사'라고 알려졌다. 세상에 이보다 더 웅장한 모스크는 없다. 딱 하나, 안달루시아 코르도바에 있는 거대한 모스크를 빼면. 전하는 바로는 그 모스크 지붕이 마스지드 알아끄사 지붕보다 더 크다고 한다.[131]

유대교에서 가장 신성한 장소이며, 이슬람에서는 메카와 메디나 다음으로 신성한 장소인 이 모스크는 예언자 무함마드가 하늘을 나는 말을 타고 메카에서 예루살렘으로 먼 여행을 떠났다 하여 '가장 먼 모스크'로 불렸는데, 그 뒤 잠깐 동안 이곳이 무슬림의 신성한 방향, 즉 '키블라'가 되었다. 그러나 알이드리시는 이 모스크가 세워진 건물을 묘사하면서 독자에게 다음과 같은 사실을 환기한다. "이 건물은 [1104년에] 기독교인들이 무력으로 손에 넣었고, 현재의 모습을 갖춘 지금까지도 여전히 그들 손에 놓여 있다." 알이드리시의 경력이 그렇듯, 이 설명에서도 특정 종교가 두드러지지 않는다. 알이드리시는《유희》곳곳에서 자신을 무슬림이라 밝혔지만, 다양한 지적 전통이나 종교 전통 가운데 어느 하나를 두드러지게 내세우는 데는 관심이 없었던 듯하다.

《유희》가 세계지도에서 루지에로의 지위를 부풀린 것은 분명하다. "보석 중의 보석"이라는 시칠리아는 지중해의 어떤 섬보다 더 부각하고, 그곳 통치자는 "절대 권력을 빛내고 주권에 기품을 더한다"고 칭송한다.[132] 그러나 이는 정치적 절박함의 결과이자 전형적인 자기중심적 지도 제작 사례이며, 이로써 알이드리시는 자신의 위치와 국왕의 위치를 동시에 과장한다. 더 기본적인 차원에서 보면《유희》에서는 프톨레마이오스의 기하학도, 발히 학교 지도 제작에 나타난 송교석 지리학도 우선시되지 않는다. 알이드리시의 지도에는 축척이나 일정한 거리 측정이 나타나지 않는다. 이븐 하우깔의 지도와 달리, 알이드리시의 지도에는 ḥadd가 없다. ḥadd는 한계, 경계, 또는 특정 도시, 국가, 땅덩어리의 끝을 나타내는 이슬람 용어다.[133] 루지에로가 수년 동안 이 작업을 꾸준히 후원했다는 것은 그가 이 작업을 정치지리학으로 여기고 만족했다는 뜻이지만, 알이드리시에게《유희》의 의미는 달랐다. adab, 즉 인격 함양과 오락, 다시 말해 유희를 학문적으로 세련되고 품위 있게 추구하려는 노력이다. adab이 있는 사람, 즉 adīb은 모든 것에 호기심을 품는데, 백과사전 같은 지리책은 그것을 표현하는 최고의 수단이다.[134]

여러 문화의 물건과 생각과 믿음을 교류하고 전파했으며 알이드리시의《유희》의 산실인 콘비벤시아 정신. 자랑스레 떠들던 이 콘비벤시아 정신은 일시적 현상이었다. 루지에로의 삶이 끝날 무렵 열매를 드러내기 시작한 알이드리시의 지리학적 성취는 오도 가도 못하는 상황에 빠졌다. 기독교도와 무슬림의 사상적 양극화가 갈수록 심해져, 여러 언어가 뒤섞인 기독교 궁정에서 무슬림 지도 제작자가 들어설 여지는 거의 없었다. 알이드리시가《유희》를 집필하던 1147년, 루지에로는 예루살렘에서의 무슬림 축출을 궁극적 목표로 하는 제2차 십자군 계획을 열렬히 지지했다. 어느 때보다 영악해진 루지에로가 십자군 개입을 이용해 자신의 정치적 명분을 확장하고자 계획했기 때문이기도 하지만, 기독교와 이슬람의 충돌이 점점 거세지는 상황을 마냥 피할 수만은 없다고 인식한 탓이기도 했다.

1154년에 루지에로가 사망하자 그의 아들 윌리엄 1세가 뒤를 이었다. 윌리엄도 아버지를 따라 학문을 적극 후원했지만 정치 감각은 아버지에 미치지 못했다. 이 시대에 윌리엄의 통치를 묘사한 내용을 보면 "그 모든 평온이 아주 짧은 시간에 자취를 감추었고," 시칠리아 왕국은 곧바로 파벌 싸움과 내부 갈등으로 무너졌다.[135] 알이드리시는 젊어서 코르도바를 도망칠 때처럼 이제 좋은 시절은 다 지났다고 판단했을 테고, 생애 마지막 여행으로 시칠리아를 떠나 북아프리카의 (추측컨대) 세우타로 돌아가 그곳에서 1165년에 예순다섯 살의 나이로 세상을 떠났다. 그가 시칠리아를 떠난 시기는 노르만 군주에 대항한 무슬림의 반란이 거세지던 때와 일치한다. 신성로마제국 황제이자 시칠리아 왕인 프리드리히 2세(재위 1198~1250년)는 시칠리아의 무슬림 공동체에 매우 다른 방식으로 접근하면서 무슬림 다수를 강제 추방했다. 그는 '신성한 십자군' 정신을 이어받아 제6차 십자군을 이끌었고, 1229년에 예루살렘 왕으로 대관식을 치르면서 원정도 막을 내렸다. 그가 죽을 때까지 시칠리아에 남은 무슬림은 추방되거나 노예로 팔리거나 둘 중 하나였다. 노르만족이 시칠리아에서 실험한 콘비벤시아는 비참하게 막을 내렸고, 이로써 무슬림은 시칠리아에서 영원히 자취를 감추었다.[136]

12세기 말 지중해에서 문화의 경계가 이동하고, 한때 그것이 만들어 낸 우호적인 지적 교류의 기운이 변하면서 알이드리시의 지리적 유산은 제한적일 수밖에 없었다. 《유희》처럼 방대하고 복잡한 책이 시칠리아에서 이슬람 세계 전역으로 어떻게 그렇게 쉽게 전파될 수 있었는지를 상상하기란 쉽지 않다. 무슬림 학자 중 상당수는 어쨌거나 알이드리시를 믿음을 버린 변절자로 여겼으니까. 후대의 이슬람 저자 중에는 그의 저서를 참고하고 그의 지도를 복사한 사람들도 있었는데, 유명한 북아프리카 학자 이븐 할둔(1332~1406년)도 그중 한 사람이다. 그도 가족과 함께 서서히 붕괴하는 알안달루스를 떠났던 사람이다. 그는 기념비적 세계사 저서 《교훈의 책Kitāb al-ʿibar》에서 알이드리시의 세계지도를 프톨레마이오스와 비교하며, "세계의 문명화한 지역에 나타나는 산과 바다와 강"[137]을 묘사했다고 썼다. 알이드리시의 책은 주로 북아프리카 학자들 사이에서 퍼졌다. 1592년 로마에서 《유희》의 라틴어 요약본이 인쇄되었지만, 이때까지도 역사에 대한 호기심을 보여 주는 책으로만 취급되었을 뿐 이슬람 지리학의 후진성을 보여 주는 사례라며 무시되었다.

　　20세기 말 학계에서 이슬람 지도 제작의 중요성을 재평가하기 시작하면서 알이드리시의 명성이 서서히 회복되었다. 그의 지도 제작 업적의 중요성, 특히 원형 세계지도의 의미는 점점 커질 것이고, 어쩌면 근래의 놀라운 발견이 될지도 모른다. 2002년 6월, 옥스퍼드 보들리 도서관의 동양 유물 부서는 아랍 지리학 발전을 새롭게 이해하고 알이드리시의 세계지도를 둘러싼 기존의 추측에 도전하는 아랍어 필사본을 손에 넣었다. 저자가 언급한 정치나 왕조를 보건대 원본은 11세기로 거슬러 올라가지만, 이 복사본은 13세기 초에 이집트에서 만들어졌으리라 추정된다. 저자는 알 수 없지만 제목을 번역해 보면 책이 궁금해지는데, 이 책도 알이드리시의 《유희》처럼 묘사적이라는 걸 암시하는 제목이다.

　　《과학의 진기함과 눈으로 보는 경이로움의 책》(이하 《과학의 진기함》)이라는 제목의 이 책은 서른다섯 부분으로 구성되었으며, 아랍어로 하늘과 지상 세계를 묘사한다. 더욱 중요한 사실은 이 논문에는 인도양,

—— **그림 13**
《과학의 진기함》의 13세기 복사본에 실린 독특한 직사각형 세계지도. 지도 위쪽이
남쪽이고, 축척 막대가 있다. → 224~225쪽 사이 컬러화보 참고

지중해, 카스피 해, 나일 강, 유프라테스 강, 티그리스 강, 옥수스 강, 인
더스 강을 묘사한 지도가 무려 열여섯 개나 실렸다는 점이다. 키프로스,
북아프리카, 시칠리아 등을 묘사한 지도도 있다. 책 앞부분에는 세계지
도가 두 개 나오는데 하나는 직사각형이고 하나는 원으로, 둘 다 그 자
체로 놀라운 형상이다. 직사각형 세계지도는 이제까지 알려진 어떤 이
슬람 지도와도 다르다. 대단히 도식적이고, 남쪽을 위에 두었으며, 세계
가 두 개의 거대한 대륙으로 구성되었다고 보고, 유럽 대륙을 오른쪽에,
아시아와 끝없는 아프리카를 한데 붙인 대륙을 왼쪽에 놓았다. 지도에
는 아라비아 반도가 유난히 두드러지는데, 그중에서도 메카는 마치 황
금 편자 같다. 세계를 납작한 평면에 투영한 수랍의 방법과 대단히 유사
한 눈금자도 있다. 눈금자는 지도 꼭대기에서, 오른쪽에서 왼쪽으로 가
다가 동아프리카 해안 어디선가 끝이 난다. 지도를 복제한 사람은 분명

—— **그림 14**
알이드리시의 《유희》에 실린 세계지도와 거의 똑같은, 작자 미상의 《과학의 진기함》에
수록된 원형 세계지도. → 224~225쪽 사이 컬러화보 참고

경위선을 몰랐겠지만(숫자가 엉터리로 매겨져 있다), 눈금자가 있다는 것
은 거리 측정과 축척 사용이 이제까지의 이슬람 세계지도와 달리 한층
정교해졌다는 뜻이다.[138]

원형 지도는 훨씬 친숙하다. 알이드리시의 《유희》 사본 중에서
적어도 여섯 개의 사본에 실린 세계지도와 거의 똑같다. 《과학의 진기
함》에 실린 지도는 《유희》보다 적어도 한 세기는 앞서니, 기존에 알이드
리시의 공으로 돌렸던 것들에 의문을 품게 된다. 이 지도가 《유희》에 실
린 이유를 두 가지로 생각해 볼 수 있다. 알이드리시가 출처를 밝히지
않고 지도를 논문에 베껴 넣었거나, 아니면 좀 더 흥미로운 경우로 《유
희》를 복제한 사람이 《과학의 진기함》에 나온 지도를 보고 《유희》의 나
머지 부분을 어느 정도 보완해 주리라는 생각에 그 지도를 멋대로 《유
희》에 넣었을 수도 있다. 알이드리시의 글에는 세계지도가 한 번도 언
급된 적이 없다는 점, 그리고 이 지도는 오직 지구의 물리적 요소만을

표현했는데 이는《유희》의 나머지 부분이 지역적 인문지리에 관심을 보인 것과는 맞지 않는다는 점을 고려할 때, 두 가지 이유 중 후자일 가능성이 더 크다. 무엇이 옳든 간에《과학의 진기함》이 출현하면서 중세 이슬람 세계에 지도와 지리적 발상이 사학자들의 예상보다 훨씬 오래 전부터, 훨씬 광범위하게 전파되고 교류되었다는 사실이 드러났다. 어떤 종파의 지도든, 중세 지도 제작에 대한 우리의 이해는 이처럼 계속 진화한다.

《과학의 진기함》에 원형 지도가 나타나면서 알이드리시의 지리학적 성취를 바라보는 시가에도 변화가 생겼다. 사람 사는 세계를 지역별로 지도에 담은 그의 방법은 전근대 세계에서 비수학적 방법으로 만든 지도의 훌륭한 본보기이며, 기독교인과 무슬림의 교류뿐 아니라 그리스인과 유대인의 교류의 산물이다. 오늘날의 시선으로 보면 객관적으로 보이지 않을 수도 있지만, 당시 지도에는 흔했던 종교적 색채를 거의 배제하고 공간을 일정하게 지도에 옮겨 일종의 사실주의를 추구했다. 알이드리시의 지역지도에서, 그리고 사람 사는 세계의 마을, 도시, 공동체, 교역로, 두 지점 사이의 거리 묘사에서 기독교와 이슬람의 지도 제작 요소를 통합하려는 시도가 나타나지만, 그는 종교가 주장하는 우주 생성론도, 특정 종교의 전 세계적인 주권 주장도 지지하지 않았던 것으로 보인다.

프톨레마이오스가 그러했듯이 알이드리시도 세계지도 제작을 루지에로 같은 야심 찬 후원자가 요구한 과제를 수행하는 지적 활동으로 여겼다. 그리고 지역지도를 제작하는 무수히 많은 가능성에 흥분했을 것이다. 그는 일흔 개의 지역지도를 통합해 하나의 지구 형상을 만들려 하지 않았다. 그러한 형상은 불가피하게 특정한 종교적 신념에 기초해 창조에 대한 질문을 던지기 때문이다. 지구의 물리적 다양성을 지도에 옮기는 일은 지중해 전역에서 기독교도든 무슬림이든 통치자와 왕실에게 갈수록 받아들이기 힘든 일이 되었다. 13세기에는 양쪽 모두 알이드리시를 외면하고 자신의 특정한 신학적 믿음을 명백히 지지하는 지도만을 요구했다. 알이드리시의 지리학적 혁신에도 불구하고 기독교인도 무슬림도 그의 지도가 지닌 가치를 인정하지 않았고, 종교적 믿음은 지리적 묘사를 압도해 버렸다.

3 신앙

〈헤리퍼드 마파문디〉,
1300년경

이탈리아 오르비에토,
1282년

1282년 8월 23일, 헤리퍼드의 주교 토머스 켄틀루프가
이탈리아 오르비에토 근처 페렌테에서 사망했다. 잉글
랜드 상원의장 겸 대법관과 옥스퍼드 대학 총장을 지
냈고, 런던과 요크의 의전사제이며 에드워드 1세 국왕
의 사적인 조언자였던 켄틀루프는 13세기 영국 교회에
큰 영향력을 발휘한 인물로 손꼽힌다. 말년에는 캔터
베리 대주교 존 페컴과 심각한 논쟁에 휩싸이기도 했
다. 유력한 남작 가문 출신인 켄틀루프는 고위 성직자
가 여러 직책을 맡는 오랜 권리를 굳건히 옹호했다. 흔
히 성직 겸임이라 불린 관행으로, 직책에 따라 토지와
재산이 따라왔다. 페컴은 자신이 기강 해이, 결근, 이단
적 신학 가르침이라 여긴 것들과 더불어 성직 겸임을
강하게 비판했다. 페컴은 1279년에 대주교로 임명되자
마자 켄틀루프를 비롯한 고위 성직자들을 향해 그러한
관행을 근절할 뜻을 분명히 했다. 페컴은 새로운 교회
권위의 상징과도 같았다. 그는 1215년 로마에서 열린
제4차 라테란공의회에서 규정한 교령을 강력히 지지

했다. 공의회는 지도층의 힘을 강화해 기독교 교리를 공식화하고자 했고, 지도층은 더욱 강화된 권위로 평신도에게 교리의 기본을 전파하게 되었다.[139] 페컴은 이러한 개혁을 열렬히 지지하며 소속 교구에서 자신의 권한을 확대했지만, 이 과정에서 많은 주교가 누렸던 권위와 특권을 침해했다.

페컴은 특히 웨일스의 성직자들을 성직 겸임이라는 주제로 한데 모으는 데 관심을 두었다. 종교적이면서도 상당히 정치적인 문제였다. 에드워드 국왕은 1270년대와 80년대에 걸쳐 웨일스를 잉글랜드에 통합하려 시도하면서 독자적인 웨일스 통치자들과 길고도 험한 갈등에 휘말렸다. 잉글랜드와 웨일스의 경계 지역인 마치스에 위치한 헤리퍼드 교구는 잉글랜드의 정치권과 교회권을 더욱 확장할 수 있는 곳이었는데, 페컴은 이 지역에서도 개혁을 실시하려는 마음이 굴뚝같았다. 켄틀루프는 정치 문제에서 에드워드 국왕에게 변함없이 충성했지만, 영국의 종교적 삶에 깊숙이 자리 잡은 성직 겸임과 기타 관행에 도전하려는 페컴의 시도에는 반대했으며 페컴이 자신의 교구에서 실시하려는 개혁에도 저항했다. 1282년 2월, 램버스 궁전에서 페컴이 켄틀루프를 파문하면서 상황은 극적으로 전개됐다. 파문된 켄틀루프는 프랑스로 추방되었고, 그해 3월 교황 마르티노 4세를 직접 만나 이번 사건을 호소하기 위해 로마로 떠났다.[140]

켄틀루프는 1282년 여름 내내 교황을 만나 사정을 이야기했다. 그러나 문제가 해결되기도 전에 건강이 악화되기 시작해 8월에 잉글랜드로 떠나야 했다. 켄틀루프는 결국 페렌테에서 사망했고, 사망 직후 사람들은 그에게서 심장을 꺼내고 시신을 끓는 물에 넣어 살과 뼈를 분리했다. 그런 다음 살은 오르비에토에 있는 교회에 묻고 심장과 뼈는 잉글랜드로 보냈다. 페컴은 1283년 초까지도 켄틀루프의 유골을 헤리퍼드에 묻지 못하게 했다. 그러다가 켄틀루프의 제자이자 헤리퍼드의 후임

주교인 리처드 스윈필드의 노력으로, 1287년에 켄틀루프의 유해가 대성당에 안치되었다. 무덤 주위에는 교회 군인들이 괴물 같은 짐승을 밟고 서 있는 모습이 장식되어 있는데, 이들은 죄악과 싸우며 고결한 켄틀루프를 보호하는 군인들이다. 켄틀루프는 사후에 '천국의 정원'에 누워 그리스도 부대의 보호를 받은 셈이다.[141]

스윈필드는 정신적 스승이던 전 주교를 성인의 반열에 올리려고 온갖 노력을 다했고, 이 묘는 그 노력의 시작이었다. 그는 켄틀루프 묘를 전국에서 신자들이 모여드는 순례지로 만들었다. 1287년부터 1312년 사이에 묘 주변에서 500회 이상의 '기적'이 일어나 미친 사람과 불구자가 치료되고, 익사한 줄 알았던 아이가 기적같이 살아나고, 기사가 아끼는 매가 종자의 발에 밟혀 죽었다가 다시 살아나고, 강도에게 붙잡혀 혀를 잘린 동커스터 지역 남자가 다시 말을 했다. 스윈필드는 교황청에 켄틀루프를 성인으로 추대해 달라고 꾸준히 시성 청원을 넣었고, 그 결과 켄틀루프는 1320년에 드디어 성인으로 인정받아 종교개혁 이전에 시성 영광을 누린 마지막 영국인이 되었다.

켄틀루프의 이력과 그가 교회의 권위를 두고 페컴과 갈등을 빚은 이야기는 13세기 잉글랜드 가톨릭의 우여곡절을 압축해 보여 준다. 그러나 켄틀루프의 삶과 지금도 헤리퍼드 성당 북쪽 익랑翼廊 지하에 가면 볼 수 있는 그의 마지막 안식처는 오늘날 사람들의 기억에서 거의 사라졌다. 이 성당을 찾아오는 비종교인 관광객 대부분은 켄틀루프의 무덤을 지나쳐 곧장 교회 뒤쪽 별관으로 향한다. 이 성당에서 가장 유명한 유물인 〈헤리퍼드 마파문디mappamundi〉를 보관한 곳이다.

mappamundi라는 말은 식탁보나 냅킨을 뜻하는 라틴어 mappa와 세계를 뜻하는 mundus에서 왔다. 8세기 말부터 서양의 기독교 라틴어권에서 발달한 이 말은 세계지도를 뜻하기도 했지만 지리를 서술한 글을 가리키기도 했다. 그리고 이 시기의 세계지도가 모두 마파문디로 불린 것은 아니다. descriptio, pictura, tabula, 그리고 헤리퍼드 지도를 가리킨 estoire(역사)도 모두 세계지도를 가리키는 말로 쓰였다.[142] 이 시기에는 지리학이 뚜렷한 학문 분야로 인식되지도 않았고, 라틴어나 유럽 토착어에는 오늘날의 지도에 해당하는 보편적인 명사도 없었다. 그러나 관련 용어 가운데 마파문디가 600년 가까이 기독교 세계의 지구를 설명하는 글 또는 그림을 정의하는 말로 가장 흔히 쓰였다. 오늘날 전해지는 1,100개의 마파문디는 대다수가 필사본 책에 실렸는데, 크기가 몇 센티미터에 불과한 것도 있다. 내가 당대의 가장 영향력 있는 사상가들, 이를테면 스페인의 성직자이자 학자였던 세비야의 이시도루스(560~636년경), 4세기 말의 저자 마크로비우스, 5세기의 기독교 사상가 파울루스 오로시우스 등의 저작에 삽화로 들어갔다. 이 중에서도 〈헤리퍼드 마파문디〉는 특별하다. 지도 제작 역사상 대단히 중요한 지도로 손꼽히는 이 지도는 현존하는 비슷한 종류의 마파문디 가운데 가장 크고, 800년 가까이 훼손되지 않은 채 전해진다. 이 지도는 13세기 기독교 세계를 백과사전처럼 묘사한다. 중세 기독교 세계의 신학, 우주론, 철학, 정치, 역사, 동물학, 민족지학의 믿음을 반영하는 동시에 표현한다. 그러나 현존하는 가장 뛰어난 중세 지도이면서도, 여전히 수수께끼로 남아 있다. 정확히 언제 만들어졌고 성당에서 어떤 기능을 담당했는지 알 수 없으며, 왜 잉글랜드와 웨일스 국경 지대에 있는 작은 마을에서 발견되었는지도 확실치 않다.

오늘날 관광객이 이 마파문디를 보러 헤리퍼드에 있는 성당 별관으로 걸어 들어가면, 우선 지도라는 사실을 떠나 무척 이질적인 모습에 할 말을 잃는다. 주택의 박공벽(박공처마 밑에 있는 삼각형 모양의 벽 – 옮긴이)처럼 생긴 이 지도는 신비스러운 동물처럼 흐느적거린다. 아닌 게 아니라 높이 1.59미터, 너비 1.34미터의 이 지도는 하나의 거대한 동물

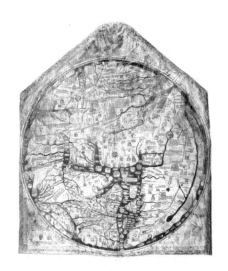

그림 15
동쪽을 지도 위에 둔
〈헤리퍼드 마파문디〉, 1300년경.
→ 224~225쪽 사이 컬러화보 참고

가죽으로 만들어졌다. 동물의 모습은 지금도 분간할 수 있는데, 지도 꼭대기가 동물의 목이고 지도 중간까지가 척추에 해당한다. 그런가 하면 지도 내용은 언뜻 보면 두개골 같기도 하고 혈관과 장기가 드러난 사체 횡단면 같기도 하다. 또 어떻게 보면, 쪼그라든 이상한 동물 같기도 하다. 프톨레마이오스나 알이드리시 지도에 나타난 격자 선은 보이지 않는다. 대신 북적대고 무질서한 세계, 경이로움이 가득하지만 공포가 스멀스멀 다가오는 세계를 구현한 생명체의 분위기를 풍긴다.

　이 양피지를 가득 채우는 것은 원형의 세계, 물로 둘러싸인 하나의 거대한 구 내부에 묘사된 세계다. 지도에 나타난 땅덩어리 분할과 지리적 방위는 오늘날의 눈으로 보면 낯설고 어리둥절할 뿐이다. 지구는 세 부분으로 나뉘고, 각 부분은 금박으로 '유럽Europa', '아시아Asia', '아프리카Affrica'로 표시되었다.**143** 유럽과 아프리카라는 지명은 자리가 뒤바뀌었는데, 13세기 지리 지식의 한계일 수도 있고, 아니면 (세계를 실제와 반대로 그리려는 다소 모호한 의도가 숨어 있지 않은 한) 지도를 베긴 사람도 완성된 지도를 보고는 몹시 당혹스러워 했을지도 모를 일이다. 지도 바깥 원에는 꼭대기부터 시계 방향으로 Oriens(동, 일출), Meridies(남, 한낮의 태양 위치), Occidens(서, 일몰), Septemtrio(북, 일곱을 뜻하는 라틴어로, 북쪽 방향의 기준이 되는 큰곰자리에서 북두칠성의 일곱 개 별을 의미한다)의 기본 방향이 적혀 있다. 알이드리시의 세계지도는 남쪽을 위에 두었지만 〈헤리퍼드 마파문디〉는 동쪽을 위에 두는 새로운 방위를 택한다. 그러나 알이드리시 지도와 마찬가지로 여기에서도 아시아가 지구 전체의 약 3분의 2를 차지한다. 남쪽에 해당하는 지도 오른쪽에는 아프리카가 놓이는데, 아프리카 남부가 엉뚱하게 아시아와 연결된다. 유럽은 서쪽에 해당하는 지도 아래 왼쪽에 놓이고, 오늘날의 스칸디나비아는 북쪽에 있다. 그 나머지는 모두 아시아다.

　　이 마파문디를 오늘날의 지도 방위에 맞추려면 머릿속에서 지도를 시계 방향으로 90도 돌려 지도 위쪽을 오른쪽으로 가게 해야 하지만, 그렇게 해도 지형이 낯설기는 마찬가지다. 마파문디 앞에 선 사람들은 대개 지도에서 헤리퍼드를 찾아 방향을 잡아 보려 하지만, 그것도 별로 도움이 되지는 않는다. 지도에는 콘위나 카나번 같은 13세기의 중요한 지역과 더불어 헤리퍼드와 와이^{wie} 강도 표시되었지만, 이들이 표시된 곳은 지도 맨 아래 왼쪽 귀퉁이에 소시지 모양으로 처박혀 알아보기도 쉽지 않은 '앵글리아^{Anglia}'라고 적힌 섬이다. 영국 제도 전체가 오늘날의 시각으로는 알아보기 힘들지만, 지명만큼은 지역적, 국가적 정체성을 둘러싸고 지금까지도 계속되는 놀랍도록 근대적인 갈등을 드러낸다. 앵글리아는 헤리퍼드 북동쪽에 빨간색으로 표기되었지만, 좀 더 남쪽에는 똑같은 섬에 '브리타니아 섬^{Britannia insula}', 즉 영국 섬이라는 이름이 붙었다. 웨일스^{Wallia}는 잉글랜드(또는 브리튼?)에 실로 연결된 듯 매달려 있고 아일랜드^{Hibernia}는 불길한 악어처럼 지도 맨 가장자리에 떠올라 있는데, 거의 둘로 갈라진 모습이다. 그 북쪽으로는 스코틀랜드^{Scotia}가 잉글랜드와 완전히 분리된 채 자리 잡고 있다.

좁은 활 모양의 물을 건너 유럽으로 들어가도 모호하기는 마찬가지다. 유럽 대륙은 뿔 모양의 쐐기처럼 생겨 알아보기도 힘들고 뱀처럼 흐르는 여러 갈래의 물로 곳곳이 갈라졌는데, 이곳이 유럽임을 말해주는 것은 산맥, 교역로, 종교적 장소, 그리고 (오래된 반프랑스 정서 때문으로 보이는) 이상하게 베이고 긁힌 파리나 "세계의 머리"라고 칭송한 로마 같은 주요 도시들이다. 지도 맨 밑에는 섬이 하나 있고 여기에 두 개의 고대 기둥이 있는데, "몬테 아초와 지브롤터 바위로 추정되는 헤라클레스 기둥"이라는 설명이 붙었다. 그리스 영웅 헤라클레스가 기지 세계의 서쪽 끝에 세웠다는 기둥이다. 바로 옆 인쪽 스페인 본투에는 코르도바와 발렌시아 바로 위에 "유럽의 경계"라고 쓰여 있다. 지중해는 헤라클레스 기둥에서 시작해 지도의 척추를 따라 거슬러 올라가는데, 주변에 흩어진 섬에는 고대 정보가 뒤죽박죽으로 적혔다. 메노르카는 "투석기(끈이나 밧줄에 돌멩이를 매달아 돌려서 던지는 기구 – 옮긴이)가 최초로 발견된 곳"으로 나오고, 사르디니아에는 "그리스어로 '산달리오테스 Sandaliotes'라고도 하는데, 인간의 발과 비슷하게 생겨 붙은 이름이다"라는 설명이 붙었다. 가장 눈에 띄는 섬은 알이드리시의 고향인 시칠리아다. 아프리카 해안에 떠 있으며 "막강한 카르타고"를 묘사한 성 바로 옆에 있다. 이 섬은 거대한 삼각형 모양인데 세 개의 곶, 즉 꼭짓점 사이의 정확한 거리가 적혔다. 시칠리아 바로 위에는 "미로, 즉 다이달로스의 집"이 대부분을 차지하는 크레타가 있다. 고대 신화에 따르면, 아테네의 발명가 다이달로스는 크레타의 왕 미노스의 아내 파시파에가 낳은 괴물 미노타우로스를 가둘 미로를 지었다. 지중해는 크레타 위에서 갈라지는데, 오른쪽으로는 물줄기가 나일 강에서 흘러나오고 왼쪽으로는 아드리아 해로 흘러 들어간다. 로도스 섬과 고대 세계 7대 불가사의 중 하나인 로도스 거상의 잔해를 지나면 오늘날의 다르다넬스에 해당하는 헬레스폰투스에 도착하고, 그 바로 위에는 비잔틴제국의 수도 콘스탄티노플이 있다. 이 도시는 비스듬한 시점으로 묘사되는데, 도시의 거대한 벽과 요새가 대단히 정확하게 재현되었다.

지도는 중심에서 멀어질수록 오늘날의 지리적 사실과도 멀어진다. 지도 위로 갈수록 사람이 사는 곳은 여기저기 흩어지고, 설명은 더 자세해지면서 낯선 괴물과 형상들이 고개를 들기 시작한다. 스라소니가 소아시아를 어슬렁거리며 "벽을 꿰뚫어 보고 검은 돌에 오줌을 눈다." 노아의 방주는 더 위쪽 아르메니아에 자리 잡았고, 그 위에는 무섭게 생긴 동물 두 마리가 인도를 가로질러 왔다 갔다 돌아다닌다. 왼쪽에는 호랑이가, 오른쪽에는 "이빨이 세 쌍이고 얼굴은 인간인 데나 눈은 노랗고 몸 전체가 핏빛에 몸은 사자, 꼬리는 전갈이며 쉭쉭 소리를 내는 만티코라"가 있다. 아시아로 더 깊숙이 들어가면 '황금 양피', 신화에 나오는 그리핀, 기괴한 식인 장면, 그리고 동굴에 살면서 "적의 머리로 컵을 만들었다"는 섬뜩한 스키타이족에 대한 설명이 나온다. 마지막으로 지도의 왼쪽 어깨에 해당하는 부분, 즉 기지 세계의 끝에는 다음과 같은 설명이 적혀 있다.

> 이곳에는 상상을 뛰어넘는 온갖 종류의 공포가 있다. 견딜 수 없는 추위, 사람들이 '비조bizo'라 부르는, 산에서 끊임없이 불어오는 강풍. 인육을 먹고 피를 마시는 지독한 야만인, 카인의 저주받은 아들들도 있다. 주님은 알렉산드로스대왕을 보내 그들을 고립시켰는데, 왕이 보는 앞에서 지진이 일어나고 그들 주변으로 산이 연이어 무너져 내렸다. 왕은 산이 없는 곳에서는 무너지지 않는 담으로 그들을 에워쌌다.

곡과 마곡이라는 '야만인'의 기원과 관련해 성경과 고대 이야기에 나오는 내용을 모두 모아 놓은 설명이다. 이들은 기지 세계의 북단에 흩어져 사는 노아의 아들 야벳(야페테족)의 괴기스러운 후손들이다. 요한의 묵시록은 최후의 날에 사탄이 "땅의 사방"에서 곡과 마곡을 모아 예루살렘을 향해 헛된 싸움을 일으키리라고 예언한다(요한의 묵시록 20:8~9). 알렉산드로스대왕을 이용했다는 초기 기독교와 코란의 설명에 따르면, 왕은 캅카스 산맥에 도착해 황동과 쇠로 된 문을 만들어 곡과 마곡을 꼼짝 못하게 가두었다. 알이드리시의 것으로 보는 원형 세계지도에도 등장하는 장벽이다. 이야기를 종합해 보면, 곡과 마곡은 기독교에서 말 그대로 또는 비유적으로 주변에 등장하는 최악의 야만인이며, 모든 문명 사회를 영원히 위협하는 존재다.

지도에서 아시아를 가로질러 오른쪽으로 가면 경이와 공포는 극에 달한다. 악어, 코뿔소, 스핑크스, 일각수, 만드라고라, 파우누스, 그리고 "입술이 튀어나와 햇빛을 가려 얼굴에 그늘을 드리우는" 대단히 불행한 인종이 이 지역의 남동쪽까지 퍼져 산다. 지도 맨 위 오른쪽에는 빨간색 집게발 모양의 홍해와 페르시아 만이 있고, 그 입구에는 인도 남동쪽 해안에 있어야 할 ('타파나Taphana'라고 쓰인, 그리고 고대 자료에서 '타프로바네'라고도 하는) 스리랑카가 있다. 다시 지도 아래로 내려가, 아프리카 남부 해안을 따라 흐르는 올챙이처럼 생긴 강은 나일 강 상류다(이 상류가 지하로 흘러들어, 내륙의 좀 더 안쪽에 그려진 강 하류와 만난다고 믿었다).

나일 강 오른쪽으로는 터무니없이 길게 뻗은 아프리카가 있는데, 북서쪽 해안의 헤스페로스 산을 제외하면 꼭대기 오른쪽 귀퉁이(이집트 남부)에 성안토니우스 성당이 나올 때까지 사람 사는 땅이 거의 없다. 아프리카는 실제 모습과 전혀 닮지 않았다. 이 대륙은 나일 강의 기원을 설명하고, 곡과 마곡이 아니라 그들과 대척점에 놓인 지도 최남단의 또 다른 "괴기스러운" 사람들이 사는 세계를 묘사하기 위해 존재할 뿐이다. 헤스페로스 산 남쪽에는 모양과 행동이 기괴한 상상의 동물이 다양하게 나오는데, 발가벗은 채로 지팡이를 쥐고 서로를 밀쳐 내는 "갠지니스 에티오피아인"도 그중 하나다. 여기에는 "이들 사이에 우정은 없

다"는 설명이 붙었다. 괴기스럽다기보다 반사회적이다. 이들 남쪽으로
는 눈이 넷 달린 "마미니 에티오피아인", "입과 눈이 어깨에 붙은" 이름
없는 사람들, "입과 눈이 가슴에 붙은" "블레미애", "갓난아기를 뱀에게
내놓아 아내의 순결을 시험하는"(즉 사생아를 살해하는) 필리, "걷지 못하
고 기어 다니는" 불행을 견뎌야 하는 히만토포드가 있다.

오늘날의 적도가 있는 곳에서 남쪽으로 가면, 인종들이 더 기괴
해지고 섬뜩해진다. 터번을 쓰고 수염이 난 데다 여자 가슴에 남자와 여
자의 성기를 모두 가진 인물에는 "여러모로 부자연스러운 양성"이란 설
명이 붙었다. 그 아래에는 "입이 봉해져" 음식을 빨대로만 먹는 이름 없
는 사람이 있고, 다시 그 아래에는 "다리가 하나뿐이지만 쏜살처럼 빠르
고 발바닥이 그늘을 만들어 주는, 모노쿨리라고도 불리는 스키아포데
스"가 있다. 지도에 나오는 스키아포데스는 (발가락이 세 개가 더 붙은) 외
다리일 뿐만 아니라 외눈박이다. 괴기스러운 인종은 아프리카 동쪽 해
안에서 마지막으로 등장하는데, "귀가 없고 발바닥이 서로 반대로 붙은
암바리라 불리는 사람들"이다.

오늘날의 시각으로는 아무리 봐도 지도라 하기 어렵다. 그보다
는 지리학이 아닌 신학으로 정의된 세계의 이미지에 가까워서, 장소는
위치가 아닌 신앙으로 이해되고 성경의 사건을 토대로 한 시간의 흐름
이 영토라는 공간을 묘사하는 것보다 더 중요하다. 지도 중심에는 기독
교의 중심인 예루살렘이 놓인다. 그리스도가 십자가형을 당한 이곳은
단순한 도시를 넘어 둥근 벽으로 둘러싸인 거대한 신학적 톱니바퀴로
묘사된다. 구약성서 에스겔서의 "이것이 곧 예루살렘이라 내가 그를 이
방인 가운데에 두어 나라들이 둘러 있게 하였거늘"(에스겔 5:5)이라는 하
느님의 선언에 따라 예루살렘을 지도 한가운데 놓은 것이다. 알이드리
시가 예루살렘을 묘사할 때 그 밑바탕이 된 여러 겹의 신학적 지리학은
사라지고 오직 기독교 관점만 남은 셈이다.

이 지도에서 지리학보다 신학적 관점에서 예루살렘 밖의 지형을 따라가 보면 더욱 선명한 신학 논리를 발견한다. 아시아는 구약성서에 나오는 장소와 장면들로 가득하다. 예루살렘을 둘러싼 것은 에브라임 산, 올리브 산, 여호사밧 골짜기이고, 그 북쪽으로는 바벨탑, 그리고 바빌론, 소돔, 고모라 같은 도시가 나타난다. 오른쪽으로는 요셉의 '곳간'(중세 판 이집트의 피라미드), 그리고 모세가 하느님에게 십계명을 받은 시나이 산이 보인다. 지도는 사해와 요르단 강을 헤매며 예리코에 닿기까지 이집트를 탈출하는 미로 같은 여정을 엮어 가는데, 롯의 아내가 소금 기둥으로 변한 이야기를 비롯해 이때 등장하는 다양한 이야기와 장소들이 지도에 표시된다.

지리, 성경, 신화, 고대 이야기가 구체적이고 풍성하게 얽힌 이 지도를 보노라면 여지없이 지도 꼭대기와 그곳에 얽힌 신학에 눈길이 가게 마련이다. 지도 맨 위, 원형 테두리 바로 아래에는 지상 낙원 에덴동산이 요새처럼 둥근 섬으로 그려져 있는데, 아담과 하와가 사는 이곳은 네 개의 강이 흘러들어 땅을 적시고 계절은 가을이다. 그 남쪽에는 에덴동산에서 쫓겨난 아담과 하와가 저주를 받아 발밑에 있는 속세를 어슬렁거린다. 이 장면 바로 위, 인간의 시공간이라는 세속의 틀 너머에는 부활한 그리스도가 심판의 날을 주관하며 앉아 있다. 그리스도 주위에는 "보아라 내 증거를"이라는 글이 있다. 자신이 약속된 메시아임을 증명하는 십자가형 표시(오른쪽 가슴의 창에 찔린 자국과 성흔)를 가리키는 말이다. 그리스도 오른쪽(보는 사람에게는 왼쪽)에서는 천사가 구원받은 영혼을 무덤에서 부활케 하며 선언한다. "일어나라! 영원히 기쁨을 맛보리라." 그리스도 왼쪽에서는 저주받은 사람들이 불칼을 휘두르는 천사에 이끌려 지옥의 문으로 향한다. 천사가 선언한다. "일어나라! 지옥의 불로 가리라."

대조되는 두 장면 사이에서 가슴을 드러낸 마리아가 아들을 올려다본다. "아들아, 네 살이 된 젖가슴을, 네가 동정녀의 젖을 찾던 가슴을 보아라." 그리고 간청한다. "네가 직접 약속했듯이, 나를 섬긴 모든 이에게 자비를 베풀어라. 너는 내게 구원의 길이 되었으니." 마리아의 이 호소는 분명 무언가를 연상케 할 의도다. 루가의 복음서에는 이런 대화가 나온다. "군중 속에서 한 여자가" 예수에게 외친다. "당신을 낳아서 젖을 먹인 여인은 얼마나 행복합니까!" 지도를 바라보는 사람들은 이 말에 대한 예수의 대꾸가 떠오를 것이다. "하느님의 말씀을 듣고 그 말씀을 지키는 사람들이 오히려 행복하다."(루가의 복음서 11:27~8) 여기서 사람들은 최후의 심판이 하느님의 말씀을 엄격한 샛대 삼아 이루어졌음을 깨닫게 된다.

이처럼 성경에 나오는 부활과 심판의 장면은 마파문디 맨 위에 나타난다. 요즘 같으면 해당 세계지도나 지도책을 장식하는 말이나 설명이 실릴 법한 이곳에 〈헤리퍼드 마파문디〉는 제목을 쓰기보다 기독교에 나오는 창조와 속량의 드라마를 표현한 시각적 이미지를 실었다. 하느님이 세계를 어떻게 창조했고, 심판의 날에 세계가 어떻게 종말을 맞고 "새 하늘과 새 땅"(요한의 묵시록 21:1)이 어떻게 창조될지를 보여 주는 이미지다. 〈헤리퍼드 마파문디〉는 종교적 상징을 가운데 두고 괴물 형상을 가장자리에 배치한 신앙의 지도다. 프톨레마이오스가 거의 1,000년 전에 알렉산드리아에서 만든 지구의 기하학적 투영이나 알이드리시가 불과 100여 년 전에 팔레르모에서 만든 세계지도와는 전혀 다른 지도다. 프톨레마이오스 이후 〈헤리퍼드 마파문디〉가 탄생하기까지 기독교는 세계종교로 떠오르면서 기독교만의 신학적 이미지에 따라 새롭고 설득력 있는 세계의 모습을 만들어 냈다. 〈헤리퍼드 마파문디〉는 과학이 아닌 신앙으로 만든 야심 차고 새로운 세계의 모습을 보여 주는 좋은 사례다. 이 지도의 낯선 지리에서, 그리고 오늘날의 눈에는 기괴하고 유별나 보이는 민족지학과 지형학에서 고대 그레코로만 문명의 발달과 기독교의 발흥을 추적할 수 있다. 기독교는 지리학을 마지못해 끌어안았지만 8세기부터 이후 600년간 마파문디를 세계의 결정적 모습으로 받아들였다.

헤리퍼드 지도는 갈등과 점진적 타협의 세기에 나온 마파문디의 대표적인 예다. 지구와 그 기원을 바라보는 그레코로만 사고방식, 그리고 세계를 창조하고 인류에게 영원한 구원을 약속한 신성을 믿은 새 일신교인 기독교 사이의 갈등과 타협이다. 그리스와 로마는 기독교의 창조 이야기에 적대적인 '이교도' 사회로 취급받았지만, 그들은 지구의 모양이나 규모와 관련해 성경에 나오는 다양한(종종 모호하고 더러는 모순되는) 선언들을 이해할 지리적 설명을 제시한 유일한 사람들이었다. 그렇다 보니 예수의 제자들이 죽은 뒤 기독교 교리를 정의할 책임을 짊어진 초기 교부들은 고대 세계의 지적 성취를 조심스레 축하하면서 동시에 그들의 이교 행위를 혹평해야 했다.

그러나 기독교가 초기 지리학 지식을 습득할 수 있었던 것은 로마 덕이었다. 초기 마파문디에 나타난 놀라운 수수께끼 하나는 로마의 표준 세계지도가 있으리라는 거듭된 암시다. 로마와 초기 기독교의 지도 제작에 토대가 된 사라진 원본이다. 〈헤리퍼드 마파문디〉에는 오각형 테두리 바깥쪽 맨 위 왼쪽에 이런 글이 쓰여 있다. "지상의 땅덩어리는 율리우스 카이사르의 지시로 측정하기 시작했다." 기원전 44년에 율리우스 카이사르가 지구 전체를 측량하기로 결정한 일화를 가리키는 말이다. 카이사르는 집정관을 파견해 기본 방향을 지도에 담아오게 한 뒤(니코독수스는 동쪽, 테오도쿠스는 북쪽, 폴리클리투스는 남쪽, 디디무스는 서쪽), 그 지도를 로마에 공개 전시한다는 계획을 세웠다. 앞의 세 사람은 〈헤리퍼드 마파문디〉 지도의 동쪽, 북쪽, 서쪽 끝에 각자의 설명과 함께 등장하고, 지도 맨 아래 왼쪽 삽화에 다시 등장한다. 이들 위에는 율리우스의 양아들 아우구스투스 카이사르가 3층으로 된 교황관을 쓰고 왕좌에 앉아 세 사람에게 다음과 같이 쓴 두루마리를 건넨다. "세상을 다 돌아본 뒤에 모든 대륙을 원로원에 보고하라. 문서에 도장을 찍어 [이 명령을] 인증하노라." 이 장면 위에 설명이 하나 더 있다. "루가는 복음서에 이렇게 쓴다. '아우구스투스 카이사르가 세상을 샅샅이 묘사하라는 칙령을 내렸다.'" 성경에는 이 문구가 "온 천하에 호구 조사령을 내렸다"라고 번역되어 있지만, 이 해석은 성경에서 이곳을 끝으로 더 이상 등장하지 않으며 마파문디에서 언급한 것은 분명 지형이지 인구가 아니다.[144]

로마의 측량과 지도 제작에 나타난 과학석 성과가 무엇이든, 테르툴리아누스, 성 키프리아누스, 성 힐라리우스, 성 암브로시우스 같은 라틴 교부 다수는 그러한 혁신에 관심이 없었다. 3세기 기독교 순교자 성 다미아누스는 그러한 학문 추구를 드러내 놓고 무시했다. 그가 물었다. "기독교인이 과학에서 무엇을 얻을 수 있겠는가?"[145] 성 아우구스티누스(354~430년)나 그와 거의 동시대 사람인 성 히에로니무스(347~420년경)처럼 지적 모험을 즐겼던 교부들은 조금 다른 태도를 보였다. 아우구스티누스는 창조된 세계, 즉 피시카^{physica}를 연구하는 고대 학문은 그가 "신성한 것에 대한 지식"[146]으로 정의한 사피엔티아^{sapientia}를 이해하는 데 필수라고 했다. 그에 따르면, "지구, 하늘, 그리고 기타 세계의 요소들"을 모르면 성경을 이해할 수도 없고, 결국 좋은 기독교인이 될 수도 없다. 그는 성경의 시간과 역사를 연구할 때는 공간과 지리학을 함께 연구해야 신의 창조물을 제대로 이해할 수 있다고 주장했다. 아우구스티누스는 《기독교 교리에 관하여》에서 지리학과 역사를 연구하다 보면 어느 면에서는 하느님에게 도전하는 인간의 모습이 나타난다는 사실을 드러내지 않은 채, 교묘히 두 학문의 필요성을 주장했다. "인간이 시간의 질서를 이야기한다고 해서, 그가 시간을 직접 짜 맞추었다는 뜻은 아니다." 마찬가지로 "인간이 어떤 장소의 위치나 동물, 식물,

광물의 본질을 보여 준다고 해서 그가 그것들을 만들었다는 뜻은 아니며, 별과 별의 움직임을 증명한다고 해서 그가 그것을 만들었다는 뜻도 아니다." 그러한 관찰은 오히려 하느님의 창조물을 찬양하는 것이며, 그러한 연구를 수행하는 사람들은 "하느님의 창조물을 배우거나 가르칠" 수 있다.[147]

성 히에로니무스는 성경에 나오는 장소의 목록을 만들자는 아우구스티누스의 제안을 받아들였다. 오늘날 히에로니무스는 초기 히브리어와 그리스어로 된 성경을 라틴어로 번역해 불가타 성경을 만들고 표준화한 것으로 유명하다. 하지만 그는 390년경에 흔히 줄여서 《위치의 책Liber locorum》이라 부르는 《히브리 장소의 위치와 지명에 관하여》를 쓰기도 했다. 성경에 나오는 지명을 알파벳순으로 서술한 책이다. 이 책은 초기 교부이자 카이사레아의 주교로 기독교 교회의 초기 역사를 기록한 에우세비우스(260~340년경)의 저작을 기초로 한다. 에우세비우스는 비잔틴제국의 수도가 된 콘스탄티노플을 건설한 황제이자 기독교로 개종한 최초의 로마 황제인 콘스탄티누스 1세(272~337년)의 고문을 지내기도 했다. 그는 330년경 그리스어 《고유명사집》을 완성했다. "사람과 장소를 지칭하는 고유명사 목록"으로, 성경에 나오는 장소 1,000여 곳을 수록한 지형 사전이다. 히에로니무스는 에우세비우스의 글을 수정하고 보완해 포괄적인 라틴어 성경 지명 색인을 만들었고, "고대 도시와 장소의 위치와 지명을 아는 사람이, 그곳이 그대로든 변했든 좀 더 알기 쉽게 성경을 볼 수 있게" 했다고 설명했다.[148]

에우세비우스, 아우구스티누스, 히에로니무스는 다른 초기 교부들과 마찬가지로 로마제국이 쇠퇴하고 차츰 기독교화하는 시기에 살았다. 312년경 콘스탄티누스 황제가 개종하면서 기독교가 공인되었지만, 그 배경에는 로마의 군사적, 정치적 지배의 쇠퇴, 그리고 제국을 동서로 나눠 콘스탄티노플을 동로마제국의 수도로 삼는다는 콘스탄티누스

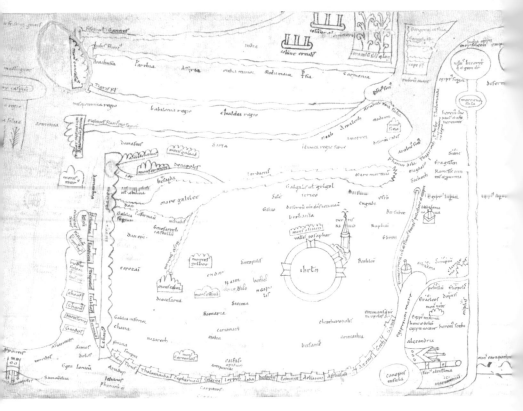

—— **그림 16**
성 히에로니무스의 《위치의 책》에 실린 팔레스타인 지도, 12세기.

의 결정이 있었다. 410년 서고트족의 '로마 약탈'로 일부 사람들은 수세기 동안 상상도 못한 사실을 깨닫는다. 로마는 영원하지 않을 수도 있다는 사실이다. 이는 교부들에게 더욱 심각한 문제로 다가왔다. 콘스탄티누스가 개종하기 전까지 이교도인 데다 억압적 과거의 상징이었던 로마가 4세기가 끝날 무렵 기독교를 정식 종교로 받아들였다. 그러자 많은 사람이 제국의 정치 쇠퇴가 새로 받아들인 종교와 관련이 있으리라고 우려했다. 아우구스티누스는 로마 약탈에 대한 직접적 반응으로 쓴

《하느님의 도시》에서 신학적, 지적으로 심오한 답을 내놓았다. 그는 로마를 은유로 사용해, 세상에는 두 가지 도시가 있다고 했다. 로마와 로마의 이교도 신들 그리고 영예 추구로 상징되는 세속적인 인간의 도시, 그리고 천국의 신성한 수도에 바친 이 세상에 일시적으로 머물면서 순례를 다니는 종교 공동체인 영원한 하느님의 도시다. 아우구스티누스에게 로마, 그리고 (바빌론과 페르시아 같은) 초기 세속 도시와 제국들은 궁극적으로 하느님의 도시를 창조하기 위해 반드시 거쳐야 하는 역사적 전조였다. 신앙과 구원에 대한 이 같은 설명은 이후 기독교 신학의 중심이 된다.

기독교인에게 하느님의 도시는 물리적 장소라기보다 영적 공동체였는데, 그렇다면 히에로니무스와 아우구스티누스 같은 사상가들은 지상의 세계를 성경에 모순되지 않게 어떻게 시각화했을까? 그들은 기독교 세계를 평평한 지도에 어떻게 표현했을까? 히에로니무스는 《위치의 책》에서 한 가지 답을 제시했다. 투르네에서 만든 이 책의 12세기 복사본에는 팔레스타인과 아시아의 지역지도가 실렸다. 히에로니무스의 글과 거기에 딸린 지도는 〈헤리퍼드 마파문디〉를 비롯한 여러 마파문디가 성경에 나오는 지명과 지리적 위치를 표시할 때 참고가 되었다. 예를 들어 히에로니무스의 팔레스타인 지도에는 다윗 탑으로 유명한 둥근 요새의 예루살렘이 중심에 놓이고 그 오른쪽으로 이집트가 있는데, 이곳에 있는 두 종류의 나일 강이 나중에 〈헤리퍼드 마파문디〉에 다시 나타난다. 그리고 예루살렘 위로는 갠지스 강, 인더스 강, 티그리스 강, 유프라테스 강이 아래로 흘러내리고, 그 발원지는 캅카스 산맥과 아르메니아다. 이곳에는 노아의 방주가 쉬었던 곳이라는 설명이 적혔는데, 이 이야기도 나중에 〈헤리퍼드 마파문디〉에 다시 등장한다. 히에로니무스의 지도는 195개 지역 대부분을 성경에서 가져온 명백한 성경 지도이지만, 그레코로만 신화를 다소 윤색해 보여 주기도 한다. 지도 맨 위에는 인도에 알렉산드로스 제단이 있고, 그 옆에는 그가 동방에 있을 때 조언을 얻었다는 예언의 나무 또는 '신탁'의 나무가 있다.

히에로니무스의 지도는 기지 세계에서도 주로 한 부분에 집중했다. 그러나 교부들이 사용할 수 있는, 지구 표면 전체를 표현했다고 주장하는 지도 제작 전통은 더 있었다. 이후 〈헤리퍼드 마파문디〉에 결정적 영향을 미치는 전통이다. 이 중 첫 번째는 'T-O 지도'라고 알려진 것인데, 원 내부가 T자로 나뉘어 아시아, 유럽, 아프리카 세 대륙을 형성하고 주위는 물로 둘러싸였다. 땅덩어리는 T자에 해당하는 세 개의 물길로 나뉘는데, 유럽과 아시아를 가르는 (흔히 '타나이스Tanais'라고 표기되는) 돈 강, 아프리카와 아시아를 나누는 나일 강, 유럽과 아프리카를 가르는 지중해가 그것이다. 〈헤리퍼드 마파문디〉를 포함해 마파문디 대부분이 동쪽을 지도 위에 놓는 T-O 지도의 전통을 따른다. 이 지도의 기원은 여전히 불분명하다. 노아의 아들이 세 대륙에 나눠 살았다는(야벳은 유럽, 셈은 아시아, 함은 아프리카) 유대 믿음에서 나왔을 것이라는 추측도 있지만, 이 특별한 유대 전통을 보여 주는 사례로서 아직까지 남아 있는 것은 없다.

현존하는 가장 오래된 T-O 디자인은 9세기의 고대 로마 역사서 필사본에 실린 삽화다. 살루스티우스(기원전 86~34년)나 루카누스(서기 39~65년) 같은 사학자들은 로마공화정이 몰락하고 로마제국이 세력을 일으키던 시기의 권력투쟁과 갈등을 둘러싼 역사를 서술하면서 지리 묘사를 보조 자료로 활용했다. 살루스티우스는 《유구르타 전쟁》(기원전 40년)에서 기원전 118~105년에 리비아 왕 유구르타가 로마공화정에 대항해 일으킨 성공적 반란을 묘사한다. 그는 제17장에서 잠시 주제를 돌려 이렇게 말한다. "이쯤에서 아프리카의 상황, 그리고 우리가 전쟁을 치르거나 동맹을 맺은 그곳 나라들을 간단히 설명해야 할 것 같다." 그는 지구 분할을 둘러싼 논쟁을 다루면서, "권위자들 대부분은 아프리카

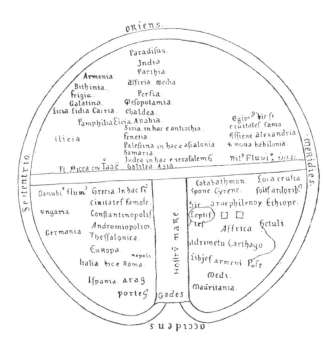

───── **그림 17**
살루스티우스의 《유구르타 전쟁》 13세기 필사본에 실린 T-O 지도.

를 제3의 대륙으로 인정"하지만 "소수의 사람들은 아시아와 유럽만 대
륙으로 인정하고 아프리카는 유럽에 속한다고 본다"고 했다. 그리고 두
장ᵃ을 할애해 "아프리카 원주민, 이주민, 그리고 그곳에서 탄생한 혼혈
인"을 설명하고 나서야 다시 유구르타 반란으로 돌아간다.[149] 살루스티
우스의 지리적 언급은 제한적이지만 오늘날 우리가 인문지리라 부를
법한 것에 대한 보기 드문 고전적 설명을 제시한다. 인간이 어떻게 자연
환경과 소통하고 그 환경을 형성했는가에 대한 설명이다. 이 책과 여기
에 실린 지리적 내용은 인기가 좋아서 9세기에서 12세기 사이에 만든
필사본 106개가 현존하는데, 이 중 절반 이상에 T-O 지도가 삽화로 실
렸다.[150]

교부들이 알고 있던 두 번째 지도 제작 전통이자 〈헤리퍼드 마파문디〉에 보이지 않는 영향을 미친 전통은 띠 지도^{zonal map}다. 이 세계 지도 제작 방식은 기원이 좀 더 선명해서 T-O 지도보다 훨씬 오래전, 그러니까 아랍 천문학을 지나 프톨레마이오스, 아리스토텔레스, 플라톤, 그리고 초기 그리스 우주형상학자들로 거슬러 올라간다. 초기 기독교 시대에 이 방식을 지지했던 사람 중 가장 유명한 이는 5세기의 마크로비우스인데, 그의 저서 《스키피오의 꿈에 관하여》(이하 《스키피오》)에 그것이 잘 나타나 있다.[151] 마크로비우스의 생애는 알려진 바가 거의 없다. 그리스 사람이었을 수도 있고, 북아프리카에서 일한 아프리키 태생의 로마 행정관일 가능성도 높다. 그는 책에서 키케로의 《국가론》 마지막 부분을 논평한다. 키케로가 플라톤의 《국가론》을 거론하되 이상향을 탐색하기보다는 로마의 공화정을 이상적 국가 형태로 옹호한 부분이다. 키케로의 《국가론》은 상당 부분이 사라졌지만, '스키피오의 꿈'으로 알려진 후반부를 마크로비우스가 이어받아 천문학과 지리학으로 해석했다.

마크로비우스는 《스키피오》에서 고전적이고 지구 중심적인 세계의 모습을 서술한다. 그가 주장하기로 "지구는 우주 한가운데 고정되어" 있고, 일곱 개의 구형 행성이 지구 주위를 서쪽에서 동쪽으로 돈다. 구형 지구는 "지나치게 춥거나 더운 지역으로 나뉘고 그 사이에 두 개의 띠, 즉 온대가 있다." 그는 "북쪽과 남쪽에 있는 극지방은 계속되는 추위로 얼어붙었다"며, 그곳에 생물이 살지 못하는 이유를 이렇게 설명했다. "몸을 마비시키는 추위로 동물과 초목이 생명을 얻지 못하기 때문이다. 식물이 살아갈 수 있는 기후라야 동물도 번식할 수 있다." "끊임없는 열로 타오르는" 중앙 지대는 "폭과 둘레에서 좀 더 광범위한 지역을 아우르는데, 이곳은 무더위 때문에 사람이 살 수 없다." 혹한의 극지방과 중앙의 열대 사이에 온대가 놓이고, 이곳은 "상반되는 극한 지대에

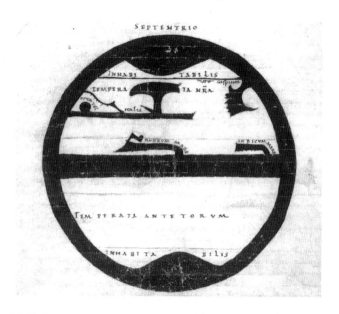

───── **그림 18**
마크로비우스의 《스키피오의 꿈에 관하여》에 실린 띠 지도, 9세기. 지구를 온대, 한대,
열대 지역으로 나누었다. → 224~225쪽 사이 컬러화보 참고

인접하다 보니 온화해져 유일하게 인간이 살 수 있는 자연환경이 조성
된 곳"이다. 마크로비우스는 훗날 (남풍을 뜻하는 라틴어 'auster'에서 이름이
유래한) 오스트레일리아 발견을 예견이라도 하듯, 남쪽 온대는 "우리 지
대와 기후가 같아" 사람이 살지만 "우리는 그곳에 누가 사는지 알 수도
없었고 앞으로도 알 수 없을 것이다. 중간에 놓인 열대가 양쪽 지대 사
람들의 소통을 막기 때문이다"라고 주장한다.[152]

　　　T-O 지도가 초보적 윤곽으로 세계를 서로 다른 대륙으로 나누
면서 단순한 도해 형태의 인문지리를 소개했다면, 마크로비우스가 묘사
한 띠 지도는 자연지리의 이해, 즉 자연계가 어떤 식으로 인간의 거주지
를 결정하는지 보여 주고자 했다. 교부들은 두 모델 중 어느 것을 쓰든,
자신의 신학적 세계관에 맞도록 어느 정도 손을 봐야 했다. 특히 띠 지

도는 인류가 지구상에 존재하는 장소는 주로 자연환경으로 결정된다고 말하는 그리스 전통에 의존한 탓에 더 까다로웠다. 게다가 이 지도는 지구 남쪽 절반에도 접근할 수는 없지만 미지의 민족이 산다는 사실을 전제로 한다. 이 민족은 하느님이 창조했을까? 그렇다면 성경은 왜 이들을 언급하지 않았을까? 이 시기 내내 신학자들은 이런 질문에 답을 하지 않았지만 이 질문을 떨쳐 버릴 수도 없었다.

　　그러나 교부들은 띠 지도 덕에 새로운 기독교 신학에 맞는 신플라톤 철학을 주장하게 되었다. 마크로비우스 같은 저자들은 교부들에게 훗날 〈헤리퍼드 마파문디〉에도 나타나는 중요한 개념을 세시했다. 물리적 세계에서 떨어져 영적 혜안을 획득하는 순간 이 땅을 벗어난다는 초월성에 대한 믿음이다. 마크로비우스는 키케로가 묘사하는 스키피오의 꿈을 해석하면서, "그가 지구의 왜소함을 강조한 이유는 훌륭한 사람이라면 이토록 작은 지구에서 명성을 추구한다는 게 얼마나 하찮은지 깨달을 것이기 때문"[153]이라고 설명했다. 교부들에게 이런 혜안은 그리스도의 부활로 인류가 속량되리라는 믿음과 함께 나타났다. 천국으로 올라간 그리스도가 지구에서 벌어지는 사소하고 지역적인 갈등을 초월해 하늘에서 전지적 관점으로 지구를 내려다보며, 〈헤리퍼드 마파문디〉 맨 위에 나타난 것 같은 총체적인 구원의 장면을 연출하리라는 믿음이다.

　　이 같은 신플라톤주의적 시각을 발전시킨 사람은 초기 기독교 저자들이었는데, 알이드리시의 《유희》와 〈헤리퍼드 마파문디〉의 기초가 된 파울루스 오로시우스도 그중 한 사람이다. 오로시우스의 《이교도에 대항한 역사》는 성 아우구스티누스의 의뢰로 쓰여, 그에게 헌정되었다. 오로시우스의 책도 아우구스티누스의 《하느님의 도시》처럼 로마의 몰락이 기독교가 일어난 탓이라는 생각을 반박했다. 오로시우스는 자칭 "세계 창조에서 [로마] 도시 창조까지"의 역사를 설교 조의 지리학으로 시작한다. "나는 인류와 세계의 갈등을, 말하자면 다양한 부분에서 밝힐 필요가 있다고 생각한다. 악으로 불타오르고 탐욕으로 불붙은 세상의 갈등을 이를테면 감시탑에서 바라보면서, 우선 인류가 사는 세상을, 우리 조상들이 세 부분으로 나눠 놓은 세상 그 자체를 서술할 것이다." 오로시우스는 이런 식의 접근이 필요하다며, 그래야 "전쟁의 현장과 질병의 참사를 서술할 때 관심 있는 모든 사람이 그들 시대에 일어난 사건뿐 아니라 그들이 속한 장소에서 일어난 사건에 대해서도 쉽게 정보를 얻을 수 있을 것"이라고 주장한다.[154]

T-O 지도는 띠 지도보다 기독교인들이 적용하기가 더 쉬웠고 교부들에게도 철학적 어려움이 저었는데, 형태가 단순한 것도 한 가지 이유였다. 그러면서 T자는 점점 십자가형을 상징하는 형상으로 왜곡되었고, 십자가형이 일어난 예루살렘은 〈헤리퍼드 마파문디〉를 비롯한 마파문디뿐 아니라 이 디자인을 사용한 모든 지도의 중심에 놓였다. T-O 지도를 기독교화했던 주요 인물이자 〈헤리퍼드 마파문디〉 제작에 토대가 된 또 한 사람은 세비야의 이시도루스였다. 그는 세비야 주교 임기 (600~636년) 중에 기독교의 믿음과 가르침의 원칙을 공식화할 목적으로 이루어진 일련의 교회 회의에서 중요한 역할을 했다. 오늘날 그는 중세 초기에 대단히 중요한 백과사전적 저서 두 가지를 쓴 사람으로 더 잘 알려져 있다. 그 후의 모든 기독교 지리학에 결정적 영향을 미친 책이다. 그중 하나가 612~615년경에 쓴 《만물의 본질에 관하여De natura rerum》다. 그의 지적 야심이 그대로 드러나는 제목에서 알 수 있듯이 창조, 시간, 우주에서부터 기상학과 기타 신적인 자연현상에 이르기까지 모든 것을 설명하고자 한 책이다. 이시도루스는 자신의 생각을 "옛날 저자들의 방식대로" 제시하고, "여기에 가톨릭 신자들의 저작에서 찾은 사실을 모두 더했다"고 강조했다.[155]

이시도루스는 《어원 또는 기원에 관한 책 20Etymologiarum sive originum libri XX》(622~633년, 간단히 《어원》이라고 불린다)에서도 고대 지식과 성경 지식을 결합해, 모든 지식의 핵심은 언어라고 주장했다. "이름이 어디에서 왔는지 알면 그 의미를 더 빨리 이해할 수 있다. 만물은 어원 연구로 좀 더 명확히 드러나기 때문이다." 《어원》 제14권은 이 방법을 지리학 분야에서 발전시켜 기독교 세계를 꼼꼼히 요약한다. 여기서 이시도루스가 쓴 방법은 〈헤리퍼드 마파문디〉를 포함해 이후에 나오는 대부분의 마파문디에 영향을 미치는데, 세계를 천국이 있는 아시아에서 시작해 서쪽으로 가면서 유럽, 아프리카를 차례로 묘사하고, 고대 띠 지도의 영향을 인정하며 "태양열 때문에 우리에게 알려지지 않은"[156] 네 번째 대륙을 추측한다. 그러면서 세계를 서술하는 내내 고대 어원과 성경 어원으로 지리를 설명한다. 그는 리비아가 유럽Europe보다 틀림없이 오래되었다고 쓰고, 그 이유로 에우로페Europe가 리비아 왕의 딸이었다는 사실을 꼽았다. 아프리카라는 이름은 아브라함의 자손 에벨Afer에서 나왔고, 아시리아는 셈의 아들 아수르에서 나왔다.[157] 이시도루스는 모든 자연현상이 신의 신성한 창조물을 의미한다고 보았다. 이를테면 계절은 기독교 믿음의 변화무쌍함을 따라간다. 즉 겨울은 시련을, 봄은 믿음의 부활을 나타낸다. 태양은 그리스도를, 달은 교회를 상징한다. 이시도루스는 큰곰자리가 기독교의 7대 덕목을 상징한다고까지 주장한다.

이시도루스 저작의 초기 복사본에는 T-O 지도가 실렸는데, 대개는 세계를 셋으로 나눈 초보적 도해에 불과했다. 그러다가 10세기부터는 좀 더 정교한 지도가 삽화로 들어가기 시작하더니 급기야 600여 개의 지도가 탄생했고, 이 중 상당수가 예루살렘을 중심에 놓았다. 오로시우스와 이시도루스 같은 저자들의 지리 설명은 일곱 개 교양과목 규정에 따라 곧바로 중세 초기 교과과정에 통합된다. 일곱 과목 중 '삼학trivium'에는 문법, 수사, 논리가 들어간다. 그러나 지리학에 대한 기독교의 새로운 접근법이 전파될 수 있었던 것은 9세기에서 12세기 사이에 '사학quadrivium'이라 알려진 네 개 학문(산술, 기하, 음악, 천문)이 도입된 덕이다. 지리학은 비록 정식 과목으로 인정받지는 못했지만, 5세기에 비기독교 학자인 마르티아누스 카펠라^{Martianus Capella}가 일곱 교양과목을 의인화하면서 기하학을 지리학 언어를 구사하는 인물로 소개했다. 그의 책 《필로로기아와 메르크리우스의 결혼》에서 '기하학'은 이렇게 설명한다. "나는 기하학이라고 불린다. 곧잘 지구를 가로지르고 측정하기 때문인데, 나는 (세계를 고전 방식대로 따로 설명하기 전에) 지구의 모양, 크기, 위치, 여러 지역, 규모를 계산하고 증명할 수 있다."[158] 마르티아누스는 기하학을 비롯한 사학의 그늘 아래에 지리학이라는 학문의 새로운 윤곽을 제시하는 혁신을 이루었다. 그 덕에 기독교 학지들은 기지 세계를 설명하는 글을 쓰고, 마파문디에 나오는 장소와 사건을 서술할 수 있었다. 일종의 글로 서술한 마파문디였는데, 이들은 이 글을 쓰기 위해 성경에 나오는 특정 장소를 이해할 수 있는 고전 지리 자료를 샅샅이 뒤졌다.[159]

이처럼 마파문디를 글로 표현하는 새로운 전통이 생기면서 기독교의 창조 '이야기'가 지리학에 도입되었다. 고대 그레코로만 종교는 스스로를 창조, 구원, 속량의 고리 안에서 생각하지 않았고 세계를 시작, 중간, 종말로 설명하지도 않았다. 그러나 히에로니무스에서 이시도루스에 이르는 교부들은 창세기에서 시작해 계시와 종말로 끝나는 유한한 성경 이야기로 물리적 세계를 이해했다. 이 믿음대로라면 시간, 공간, 개인 사이의 모든 세속적 관계는 서사적 사건들로 이루어진 수직 고리로 연결되는데, 이 사건들은 그것이 시작되었을 때처럼 하느님의 신성한 섭리로 끝날 수밖에 없다. 이런 접근법에서는 모든 인간, 그리고 지상에서 일어나는 모든 사건은 하느님의 신성한 계획이 실현될 것을 예견하거나 예시했다. 교부들이 성경을 해석할 때는 어느 시점에 나타난 역사적 인물이나 사건, 그리고 그것이 하느님의 계획 안에서 좀 더 광범위하게 실현된 것을 명확히 구분한다. 예를 들어 구약에서 이삭이 희생된 이야기는 신약에서 그리스도가 희생된 이야기를 '예시'한다. 전자는 후자의 사건을 예견하고, 후자는 전자를 실현(또는 정당화)한다. 이 둘은 성경에 나타난 대로, 신의 섭리라는 논리로 서로 연결된다.[160]

시간에 관한 기독교의 이 새로운 철학이 지도에 미친 영향은 뚜렷했다. 9세기부터는 그림으로 된 마파문디와 글로 된 마파문디 모두 마크로비우스와 이시도루스 같은 저자의 글에 들어가는 삽화에 머물지 않고 학교 지도서에, 대학과 수도원에서 사용하는 지리학 논문에, 서사시와 로망스 시에서 문학적 구성 요소로, 그리고 수도원과 교회 같은 공공장소에서 좀 더 정략적이고 교훈적인 용도로 사용되었다.[161] 그리고 특정한 지리적 위치를 좀 더 자세히 설명하면서 띠 지도와 T-O 지도를 합친 세계지도가 탄생했다. 이 모두가 기독교라는 이름으로 이루어졌다. 이렇게 탄생한 지도는 여행이나 탐험을 기초로 한 세계의 지리적 자료와는 거리가 멀었다. 그보다는 고대 장소와 성경에 나오는 장소를 합쳐 기독교의 창조, 구원, 심판의 역사를 투영한 지도였다. 이런 마파문디는 대개 성경의 시간을 수직으로 따라간다. 즉 지도 꼭대기에 있는 동쪽 에덴동산에서 시작해 지도 테두리 바깥에 있는 영원한 현재인 서쪽의 최후의 심판에서 끝나는 구조다.

이런 다양한 전통을 반영하고, 〈헤리퍼드 마파문디〉와 아주 비슷하게 생긴 초기 마파문디는 1130년경에 제작된 이른바 뮌헨의 '이시도루스' 세계지도다. 이시도루스의 《어원》 복사본에 삽화로 넣기 위해 12세기 초에 파리에서 제작된 이 지도는 지름이 고작 26센티미터다. 평신도가 공개적으로 보는 용도가 아니라 학자가 개인적으로 읽을 용도로 만든 책이자 지도다. 그런데도 〈헤리퍼드 마파문디〉를 빼닮았다. 땅덩어리의 전반적 형태가 거의 똑같고 두 지도 모두 테두리에 열두 방향이 나타나며, 지도 둘레에 섬이 떠다닌다. 아프리카 남부에서 괴기스러운 인종이 나타나는 위치도 같고, 그 옆에 있는 나일 강 상류도 거의 똑

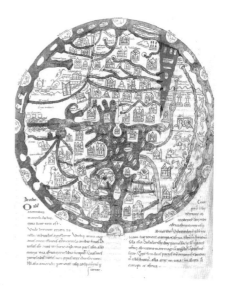

그림 19

이시도루스의 《어원》에 삽화로
들어간 12세기 세계지도. 지름은
26센티미터에 불과하지만
〈헤리퍼드 마파문디〉와 꼭 닮았다.

→ 224~225쪽 사이 컬러화보 참고

같다. 두 지도 모두 삼각형의 시칠리아를 비롯해 지중해의 주요 섬뿐 아니라 홍해의 위치도 같다. 뮌헨 지도가 헤리퍼드 지도보다 훨씬 작아 지상 낙원을 자세히 묘사하지도, 고대 작가의 글을 광범위하게 인용하지도 못했지만 고대 문헌과 성경을 합쳐 알렉산드로스의 원정, 곡과 마곡의 위치, 노아의 방주의 행방, 홍해 횡단을 추적한다. 뮌헨의 '이시도루스' 마파문디는 기독교 학자들이 어떤 식으로 차츰 고대 문헌과 초기 기독교 문헌에서 벗어났는지를 보여 준다. 이 마파문디는 이시도루스의 《어원》 복사본에 삽화로 들어갔지만, 그 모양과 세부 내용은 이시도루스가 쓴 내용과는 딴판이다. 그보다는 진화하는 기독교 세계의 형태와 윤곽을 요약해 보여 준다.

〈뮌헨 마파문디〉도 생 빅토르의 위그(1096~1141년)의 사상을 기초로 하는데,[162] 마파문디를 기독교 가르침에 적용하는 새로운 방법을 보여 주는 전형적인 사례다. 위그는 12세기의 영향력 있는 인물로 손꼽히는 신학자이며 아우구스티누스의 추종자다. 그는 파리 생 빅토르 수도원에 있는 학교 교장의 지위를 이용해《디다스칼리콘Didascalicon》(1130년대) 같은 자신의 학술 저작을 널리 퍼뜨렸다.《디다스칼리콘》은 기독교의 기본 가르침을 다룬 교과서로, 여기서 위그는 "분별 있는 세계는 하느님의 손가락으로 쓰인 책과 같다"[163]고 주장했다. 생 빅토르의 학생을 대상으로 한 강의 자료로 보이는《마파문디의 묘사Descriptio mappe mundi》(1130~1135년경)에서는 지구와 지구의 여러 지역을 〈뮌헨 마파문디〉와 비슷한 방식으로 상세히 묘사했다.

위그가 지리학에 관심을 보인 것은 하느님의 창조를 폭넓게 이해하려는 노력의 일환이었고, 이 노력은 그의 신비주의적 논문《노아의 방주에 관한 신비주의적 해석De Arca Noe Mystica》(1128~1129년)에 자세히 나타난다. 위그는 이 글에서 지구를 노아의 방주에 비유하며 우주 지도를 묘사하는데, 이 지도는 생 빅토르 회랑 벽에 붙어 그의 수업 자료로 이용되었으리라 보인다. 이 마파문디는 현재 전하지 않지만, 위그의 자세한 설명 덕에 어느 정도 상세히 재현할 수 있다. 지도에는 그리스도가 있고, 그 옆으로 천사들이 있다. 그리스도는 우주를 상징하고, 이사야가 스랍에 둘러싸인 하느님을 보며 "그의 영광이 온 땅에 가득하시다"(이사야 6:3)라고 말한 부분을 연상케 하는 장면이 재현된다. 그리스도의 입에서는 엿새 동안의 창조를 의미하는 여섯 개의 원이 나온다. 지도의 중심으로 가면 황도대의 별자리와 일 년의 열두 달, 동서남북의 네 기본 방향, 사계절이 나오고 마지막으로 한가운데에 노아의 방주로 상징되는 지도가 있다.

완벽한 방주가 길쭉한 원에 둘러싸였는데, 원은 방주의 귀퉁이에 닿는다. 원주 내부 공간은 지구를 뜻한다. 이 공간 안에서 지도는 이렇게 묘사된다. 방주 앞은 동쪽을 바라보고, 뒤는 서쪽을 바라본다. (……) 동쪽에 해당하는 꼭대기, 그러니까 원과 방주 뱃머리 사이는 천국이다.

(……) 서쪽으로 삐죽 나온 다른 꼭대기는 최후의 심판인데, 선택된 자는 오른쪽에, 버림받은 자는 왼쪽에 놓인다. 이 꼭대기에서 북쪽으로 가면 지옥이 나오는데, 배교의 마음을 품은 자들이 천벌을 받아 이곳에 떨어진다.[164]

〈헤리퍼드 마파문디〉처럼 방주로 표현된 위그의 세계도 시간이 위에서 아래로 흐르는 이야기로 읽을 수 있다. 꼭대기에는 말 그대로 하느님이 머리가 놓여, 지도의 위쪽(동쪽)과 창조와 낙원을 살핀다. 아래로 내려가면서, 즉 동쪽에서 서쪽으로 이동하면서 살펴보면 지옥이 북쪽에 있고 아프리카가 남쪽에 자리 잡는다. 서쪽 끝 지점에는 최후의 심판과 세상의 종말이 있다. 위그에게 방주로서의 세계는 교회의 탄생을 알리는 전조다. 방주가 홍수에서 노아의 가족을 구했듯, 그리스도가 만든 교회라는 방주는 그 구성원들을 죽음과 영원한 지옥행에서 보호할 것이다. 방주는 모든 종교 지식을 담은 책이기도 하고 건물이기도 한 저장소이며, 이곳은 "세상이 시작할 때부터 끝날 때까지 우리를 구원할 보편적인 것들로 가득하고, 보편 교회의 조건을 충족한다. 여기에서 역사적 사건들의 서사가 엮이고, 여기에서 성례의 신비가 드러난다."[165]

이런 신비주의적 신학 안에서 기독교의 시간과 공간이 통합된다. 방주로서의 세계는 시간의 시작에서 끝에 이르기까지 창조와 구원이라는 기독교 역사 전체를 보여 주는 동시에 말해 준다. 오로시우스와 아우구스티누스처럼 위그도 동쪽에서 시작해 서쪽에서 끝나는 시간의 진전을 바탕으로 한 기독교 역사를 제안했다. 그는 "역사적 사건의 연속에서 공간의 질서와 시간의 질서는 거의 완벽하게 일치하는 것 같다"며, "시간이 시작될 때 일어난 일은 동쪽에서도, 그러니까 공간으로서의 세상이 시작될 때도 일어났을 것이다"라고 주장했다. 이런 믿음에서는 〈헤리퍼드 마파문디〉에서처럼 창조가 동쪽에서 일어났다고 본다. 그러나 홍수가 지나가고 "초기 왕국과 세계의 중심은 동쪽 지역에 있었는데, 아시리아인, 칼데아인, 메디아인들이 그들이다. 그 뒤에 지배권은 그리스인에게로 넘어갔고, 세상의 종말이 다가오자 최고 권력은 서양으로 넘어가 로마인에게 주어졌다." 이런 이동은 위그의 마파문디에도 나타나, 세상과 시간이 시작되는 동쪽 꼭대기에서 시작해 종말이 예상되는 서쪽 바다까지 수직으로 진행된다.

　　제국의 힘이 이처럼 동쪽에서 서쪽으로 옮겨 가는 것은 개인의 구원과 세상의 종말을 동시에 예고하는 것이었다. 아니면 위그의 말처럼 "시간이 종말에 다다르면서 사건의 중심은 서쪽으로 이동했고, 여기서 우리는 사건의 진행이 공간적으로 이미 세계의 극단에 도달해 세상은 조만간 종말을 맞이하리라는 걸 눈치챌 수 있다."[166] 지리학에 의지해 자신의 신학을 정의한 위그는 기독교의 시간과 공간을 통합하는 수단이 마파문디라고 생각했다. 마파문디는 성경의 시간과 세상의 종말이 투영될 수 있는 공간이자 인류가 최후의 구원 또는 최후의 지옥행을 기록할 수 있는 공간이었다. 그의 시각이 극단적으로, 심지어 기이하게 들릴 수도 있지만 그의 책 필사본이 쉰세 권이나 현존하는 것을 볼 때, 그리고 중세 마파문디가 그의 저작을 광범위하게 참고한 것을 볼 때(헤리퍼드 지도는 위그가 묘사한 로도스 섬의 '멋진 기둥'과 악어를 타고 나일 강으로 내려가는 사람들을 참고했다), 그의 저작이 폭넓은 인기와 신뢰를 얻었다는 것을 알 수 있다.[167]

　　이 긴 역사적 전통의 정점에 〈헤리퍼드 마파문디〉가 있다. 같은 시대에 나온 다른 마파문디도 있지만, 규모와 세부 묘사에서 〈헤리퍼드 마파문디〉에 필적할 만한 것은 현재 전해지지 않는다. 이보다 앞서 나온 마파문디가 영국에 여럿 있었지만, 그것들이 어떤 식으로 전파되고 서로에게 영향을 주었는지에 대해서는 일관된 설명도, 그 시대의 해석도 없다. 그런데도 지형적으로나 신학적으로나 놀라운 공통점을 보

그림 20

〈솔리 지도〉, 1190년.
요크셔에 있는 시토 수도회
소속 솔리 수도원에서 발견된
것으로, 영국에서 가장 오래된
마파문디다.

→ 224~225쪽 사이 컬러화보 참고

인다. 1190년경 제작된 영국에서 가장 오래된 마파문디인 이른바 〈솔리
지도Sawley Map〉는 요크셔에 있는 시토 수도회 소속 솔리 수도원 도서관
에서 발견되었다. 뮌헨 '이시도루스' 마파문디처럼 이 지도 역시 12세
기의 인기 있는 지리책에 삽화로 들어갔다. 크기가 작다 보니 낙원과 최
후의 심판을 묘사하는 데 한계가 있었겠지만, 생 빅토르의 위그의 우
주론에서 나온 것으로 보이는 지도 네 귀퉁이의 천사는 요한의 묵시록
의 내용처럼 바람을 저지하고 있다.[168] 이 지도에 나오는 지형은 헤리퍼
드 지도를 빼닮았다. 성경을 참고한 부분이나 저 멀리 북쪽에 있는 괴
기스러운 인종도 비슷하고 강과 만, 바다의 배치는 거의 똑같다. 그러
나 현존하는 이 시대 지도 가운데 고대와 당대의 매우 다양한 지리적,
신학적 신념을 흡수하고, 그 과정에서 기독교와 기독교도의 과거와 현
재 그리고 예상되는 미래를 글과 그림으로 포괄적으로 표현한 것은 〈헤

리퍼드 마파문디)뿐이다. 이 지도에 새겨진 1,100개의 글에 (직간접적으로) 언급된 인물과 자료는 성경, 성 히에로니무스, 오로시우스, 마르티아누스 카펠라, 이시도루스뿐만 아니라 대大 플리니우스의 《박물지》(서기 74~79년)에 나온 "동쪽의 경이로움"에서부터 불가사의와 괴물을 다룬 가이우스 율리우스 솔리누스의 《기억할 만한 사실 모음집》(서기 3세기)에 이르기까지 매우 다양하다. 더러는 성경을 직접 인용하고, 더러는 플리니우스가 말한 길이와 폭을 참고해 아프리카를 재현하는가 하면, 일각수('외뿔소자리')가 존재한다는 이시도루스의 믿음을 인용하기도 한다.

이 지도는 특히 기독교적인 시각에서 새로운 현실적, 영적 여행인 순례도 표시한다. 성지 순례는 12세기에 이르러 북유럽에 완전히 정착했고, 순례 길을 걷는 행위는 개인의 신앙심을 드러내는 표시로 여겨졌다. 〈헤리퍼드 마파문디〉는 기독교에서 가장 중요하게 여기는 순례 장소 세 곳을 표시한다. 예루살렘, 로마, 그리고 지도에 '성 야고보의 무덤'으로 표시된 산티아고데콤포스텔라다.[169] 각 장소는 선홍색으로 밝게 표시하고, 각 무덤으로 통하는 길과 주변 마을은 모두 세심하게 기록했다. 그리고 성 바울로의 소아시아 여행도 되짚어 가고 더불어 당대의 성지 순례 체험도 전하면서 성지에 있는 쉰여덟 개의 지명을 그대로 옮겼는데, 이 가운데 열두 개는 이 시대의 다른 지도에는 나타나지 않는 지명이다.[170]

〈헤리퍼드 마파문디〉는 지나치게 커서 중세에 순례 길을 찾아가는 지도로 사용되었다고 볼 수는 없지만 신자들에게 순례를 고민하게 하고, 순례를 다녀온 사람들의 신앙심을 높이 사며 기독교인의 삶 자체가 늘 진행 중인 순례라는 중세의 보편적 믿음을 드러낼 의도가 있었다고 보인다. 당시 설교는 신자들에게 지상의 삶은 궁극적 종착지이자 영원한 진짜 집인 천국에서 일시적으로 추방된 삶이라는 점을 거듭 상기시켰다.[171] 성 바울로가 히브리인들에게 보내는 편지를 보면, 믿음을 가진 자들은 "이 지상에서는 (……) 타향 사람이며 나그네"(히브리인들에게 보내는 편지 11:13)로 인식되었고, 이들은 자기가 떠나온 고향을 찾아 그곳으로 돌아가려는 사람들이었다. 지상의 삶은 인간의 영적 순례에 등장하는 무대일 뿐이며, 인간은 에덴에서 추방되고, 궁극적 구원을 찾고, 하늘의 예루살렘으로 돌아가는 세 단계 사이의 거대한 역사적 간극을 그 무대 위에서 개별적으로 재연한다.

〈헤리퍼드 마파문디〉의 진수는 인접성, 즉 기독교와 관련한 특정 사건이 일어난 두 장소 사이의 근접성이다. 지리적 공간보다 특정한 장소를 연결하는 종교적 역사가 강조되는 지도다. 이 지도는 신자들에게 창조, 타락, 그리스도의 삶, 계시를 맨 위에서 바닥으로 이어지는 기독교 역사의 수직적 진전의 이미지로 보여 주고, 신자들은 지도를 보며 자신의 구원 가능성을 탐색한다. 헤리퍼드의 신자들이나 헤리퍼드를 찾은 순례자들은 이 마파문디를 애초에 운명으로 정해진 시간의 흐름에 따라 수직으로 읽게 되는데, 에덴동산과 아담 추방에서 시작해 아래로 내려가면서 위대한 아시아 제국들의 성장, 그리스도 탄생, 로마 발흥을 거쳐 서쪽 극단에 해당하는 헤라클레스 기둥에서 최후의 심판을 예시하는 것으로 끝난다. 지리적 위치로 확인되는 이 모든 중요한 역사적 순간은 〈헤리퍼드 마파문디〉에서 서로 같은 거리에 놓인다. 각 위치는 신의 계시를 예견하는 종교적 이야기로 한 걸음 더 나아가고, 신의 계시는 지상의 시공간을 벗어나 오각형 틀 꼭대기에 나타난다. 여러 마파문디를 통틀어, 그중에서도 특히 〈헤리퍼드 마파문디〉에 나타난 놀라운 점은 인류 역사를 하나의 형상에 담으면서 동시에 신의 심판과 개인의 구원을 순차적으로 설명하는 능력이다.

〈헤리퍼드 마파문디〉는 구원을 약속하는 지도다. 그러나 파멸을 예시하기도 한다. 인간은 최후의 심판을 탐구하고 예상하며 지상을 순례하는 존재다. 지상 그 자체는 껍데기다. 신이 창조했지만, "새 하늘과 새 땅"을 준비하는 과정에서 "이전의 하늘과 이전의 땅은 사라지"(요한의 묵시록 21:1)는 종말이 왔을 때 사라져 버리는, 궁극적으로는 소모되는 껍데기다. 마파문디는 그 종말을 예시하며 탄생했다. 즉, 기독교의 구원은 세속적 개인과 그들이 사는 세계의 소멸을 전제로 한다. 죽음과 다가올 세계를 준비해 지상 세계를 적극적으로 포기하는 '콘템프투스 문디'(세계 경멸)라는 주제는 중세 기독교 믿음에 깊이 스며 있었다. 교황 인노켄티우스 3세의 콘템프투스 문디를 보여 주는 소책자《인간 조건의 비참함에 관하여》(1196년경)는 중세 필사본이 400권 이상 전해진다.[172] 지상 순례의 끝은 죽음과 신의 심판일 수밖에 없나는 이 책의 메시지는 종교적 순응을 이끌어 내고 마파문디를 널리 퍼뜨렸다. 이 메시지를 〈헤리퍼드 마파문디〉보다 더 생생하게 묘사한 것은 없다. 이 지도 중에서도 천국(또는 지옥)에 도착했음을 예시하는 맨 윗부분과 말 탄 사람이 나오는 맨 아랫부분이 그렇다. 여기에서 세상에 작별을 고한 뒤 마지막 여정에 오른다. 사후의 영원한 현재로 (지도에 쓰인 설명처럼) "어서 가는" 여정이다. 이 마파문디는 최후의 심판에서, 세상을 묘사하는 일은 이제 끝났다고 예시한다. 최후의 심판은 콘템프투스 문디 전통의 종착지이자 천국과 땅이 새로 출발하는 지점이다. 이런 양식은 13세기에 〈헤리퍼드 마파문디〉에서 절정에 이르렀다가 14세기 말에 쇠퇴하기 시작하는데, 새로운 천국의 세계를 발견해서가 아니라 지상에 얽매인 재미없는 여행자들이 새로운 세계를 대거 발견한 탓이다.

〈헤리퍼드 마파문디〉는 다양한 용도로 제작되었다. 신자들에게 하느님이 창조한 세계의 경이로움을 보여 주기 위해, 창조와 구원 그리고 궁극적으로는 하느님의 최후의 심판의 본질을 설명하기 위해, 세계의 역사를 동쪽에서 서쪽으로, 시간의 시작에서 끝으로 서서히 옮겨 가며 위치를 매개로 보여 주기 위해, 그리고 순례의 현실적, 영적 세계와 궁극적으로는 세계의 종말을 묘사하기 위해서다. 그리고 이 모든 것은 초기 교부에서 로마 시대에 이르기까지 이 지도가 물려받은 기나긴 역사적, 철학적, 정신적 전통의 결실이었다.

마지막으로 이 지도가 탄생하기까지는 좀 더 현실적인 사연이 하나 있다. 성 토머스 켄틀루프의 삶과 죽음으로까지 거슬러 올라가는 이야기다. 지도의 오각형 틀 아래 왼쪽 귀퉁이에 등장하는 아우구스투스 카이사르의 발 아래에 그 이야기가 적혀 있다. "이 역사를 지닌 모든 이들, 또는 이 역사를 듣거나 읽거나 보게 될 모든 이들을 예수께 기도하게 하라. 이 지도를 만들고 펼쳐 보인 홀딩엄의 또는 래퍼드의 리처드를 예수께서 당신의 신성 안에서 불쌍히 여기시어 그에게 친국의 기쁨을 누리게 해주시길 기도하게 하라." 이 마파문디를 누가 만들었고, 마파문디를 헤리퍼드 성당에 설치한 용도가 무엇인지를 추측하는 실마리가 되는 설명이다. 사실 이 지도의 역사와 관계가 있는 리처드는 가까운 친척 관계인 두 사람이다. 드 벨로라고도 알려진 홀딩엄과 래퍼드의 리처드는 (오늘날 링컨셔에 있는 슬리퍼드로도 알려진) 래퍼드의 명예 참사회원이며, 1278년 사망하기까지 링컨 대성당에서 재정을 담당했다. 라틴어 성씨인 드 벨로는 가족 이름이고, '홀딩엄'은 출생지다. 13세기에는 성을 번갈아 쓰는 게 흔한 일이었다.

더 젊은 두 번째 리처드 드 벨로(또는 '드 라 바타유')도 있다. 성에서 알 수 있듯이 그의 가족은 서식스에 있는 배틀 출신이다. 링컨셔에 사는 또 다른 가문 출신인 손아래 리처드는 이름이 같은 홀딩엄의 리처드와 사촌 관계일 수도 있다. 리처드 드 벨로는 1294년에 링컨에서 성직자가 되었지만, 그 후 헤리퍼드셔 노턴에서 참사회원에 임명되었고 솔즈베리, 리치필드, 링컨, 헤리퍼드에서도 계속 성직을 맡았다. 그러니까 한곳에 체류하지 않는 유급 성직을 여럿 겸임했던 사람이다. 그의 후원자이면서 1270년대 말에 링컨 대성당 문서작성보관소를 관리했던 리처드 스윈필드도 그랬고, 역시 그의 후원자이면서 스윈필드의 정신적 스승이었던 토머스 켄틀루프도 그랬다. 리처드 드 벨로, 리처드 스윈필드, 주교 켄틀루프는 모두 성직을 겸임했으며 교회 후원 조직으로 서로 연결되었고, 모두 존 페컴 캔터베리 대주교가 주장한 성직 겸임 반대 개혁을 거부할 이유가 충분했으리라 보인다. 1279년, 페컴은 링컨 주교인 리처드 그레이브젠드를 맹비난하기 시작하면서 유급 성직 몰수를 비롯해 권력 남용에 대한 개혁을 주장했다. 링컨 교구에서 유급 성직을 맡고 있던 켄틀루프는 헤리퍼드에 있던 스윈필드를 링컨으로 보내, 성직 겸임을 지지하고 '캔터베리의 간섭'에 반대하게 했던 것으로 보인다.[173]

성직자의 권리를 둘러싼 갈등은 마파문디 탄생에 대단히 구체적이고 세속적인 배경이 되었다. 지도 제작은 헤리퍼드가 아니라 링컨에서 리처드 홀딩엄(손위 드 벨로), 리처드 스윈필드, 손아래 리처드 드 벨로가 머리를 맞대고 계획해 제작자에게 지도 내용을 간략히 알려 주었을 수도 있다. 13세기 잉글랜드의 대규모 교회 도서관에 누구보다도 자유롭게 출입할 수 있었던 이들은 고전과 성경에 관한 다양한 지식을 흡수할 수 있었고, 그 흔적은 〈헤리퍼드 마파문디〉 곳곳에 분명히 나타난다. 그와 더불어 전국의 다른 종교 기관에 걸린 그 시대의 마파문디를 참고할 수도 있었다. 이들이 가진 재산은 지도 제작자들을 지명하기에도 충분했다. 맨 처음 지도에 들어갈 그림을 그리고 색을 칠한 화가, 지도 전체를 뒤덮은 길고 복잡한 글을 베껴 쓴 필경사, 지도에 표시되는 글씨와 생생한 삽화를 마지막으로 손질한 전문 화공 등이다.

이 마파문디가 페컴과 싸우는 켄틀루프와 그의 성직 겸임 옹호를 신학적으로 특별히 지지하지는 않지만, 지도에 나타난 마지막 장면은 켄틀루프가 죽기 불과 몇 년 전에 일어난 다른 논란에서 켄틀루프를 지지하는 모양새를 띤다. 1277년 켄틀루프는 몰번힐스에서 자신의 사냥 권리를 빼앗은 글로스터의 길버트 백작에게 항의했다. 판결을 내려달라는 요청을 받은 왕실 재판관들은 주교에게 유리한 판결을 내리면서, 백작 측 삼림 관리자들에게는 이 일에 개입하지 말라고 명령하고 켄틀루프와 그의 수행원들에게는 마음껏 사냥하도록 허락했다. 〈헤리퍼드 마파문디〉의 맨 아래 오른쪽 귀퉁이에 나오는 콘템프투스 문디 장면에서는, 멋지게 차려입은 사람이 화려하게 장식한 말에 올라타고 사냥꾼이 그레이하운드 한 쌍을 끌고 그 뒤를 따른다. 사냥꾼은 말을 탄 사람에게 "어서 가라"고 말하고, 말을 탄 사람은 마치 그 말에 수긍하듯 고개를 돌려 위를 바라보며 앞으로 빠르게 나아가는데, 그가 응시하는 곳은 그의 머리 위에 쓰인 글이다. 이 장면은 지도를 보는 사람에게 지상의 영역 너머로, 시간과 공간과 지도의 테두리 밖에 있는 천국의 세계로 "어서 가라"는 제안이다. 그러나 어쩌면 좀 더 단순하게 켄틀루프가 글로스터와 벌인 지역적 논란을 환기하는 것일 수도 있다. 글로스터 사람들을 상징하는 사냥꾼이 말 탄 사람에게, 어쩌면 켄틀루프에게 글로스터에 "어서 가서" 사냥해도 좋다고 말하는 것인지도 모른다.[174]

켄틀루프와 〈헤리퍼드 마파문디〉의 탄생을 이어 줄 수도 있는 마지막 흥미로운 시나리오는 논란의 중심에 섰던 켄틀루프 주교를 성인으로 추대하려는 시도가 지도에도 표현되었다는 점이다. 켄틀루프와 페컴 대주교의 불화는 1280년대 초에 절정에 이르러, 결국 파면된 켄틀루프가 이탈리아로 떠났다가 1282년 8월에 사망한다. 켄틀루프 살아생전에 그를 기념하는 마파문디를 만들려 했다 한들 그것을 독창적인 계획이라 할 수는 없다. 그러나 막상 그가 죽자 마파문디는 그를 추모하고 헤리퍼드를 세계 기독교의 지도에 올려놓을 더없이 좋은 수단이 되었다. 이를 가능케 한 사람은 켄틀루프의 제자인 리처드 스윈필드였다. 스윈필드는 켄틀루프의 뒤를 이어 헤리퍼드 주교에 올랐고, 앞서도 보았듯이 페컴의 반대를 무릅쓰고 자신의 정신적 스승을 성인으로 추대하고 헤리퍼드 성당을 국제적 순례의 중심지로 정착시킬 계획을 추진했다.

모든 순례지는 대개 눈에 보이는 기적이 되풀이해 일어나는 일종의 '경이로움'이 있어야 했다. 아니면 순례자를 끌어들이고 그들의 숭배 대상을 신성시하는 다른 불가사의가 있어야 했다. 스윈필드는 곧바로 헤리퍼드 성당 북쪽 익랑에 켄틀루프의 묘를 단장하기 시작했다. 1287년 성주간에 거행한 의식에서 전직 주교 켄틀루프의 유해가 이곳으로 옮겨졌다. 최근에는 마파문디가 처음 설치된 곳이 켄틀루프 묘 바로 옆 벽일 가능성을 보여 주는 고고학적 증거가 나왔다. 순례자를 끌어들이고 켄틀루프가 성인임을 증명할 목적으로 일련의 통로와 장소와 물건을 용의주도하게 배치해 놓은, 어느 평론가의 표현대로 "켄틀루프 순례 복합단지"였던 셈이다.[175]

골동품 연구가인 존 카터가 18세기에 그린 〈헤리퍼드 마파문디〉를 보면, 그것이 원래는 역시 스윈필드가 의뢰했으리라 추정되는, 화려하게 장식한 접이식 세 폭 제단화의 중앙에 해당한다는 걸 알 수 있다.[176] 대단히 놀랍고 혁신적인 제단화이고, 서유럽에서 발견된 세 폭 패널화 가운데 초기 작품에 해당한다. 조반니 치마부에나 조토 같은 이탈리아 초기 르네상스 대가들의 그림과 대략 같은 시기에 나왔다. 카터는 세 폭 제단화에서 양옆 패널에는 수태고지를 그렸는데, 대천사 가브리엘을 왼쪽 패널에, 동정녀 마리아를 오른쪽 패널에 그려 가운데 마파문디 패널이 전하는 내용을 강조했다. 그리스도가 처음 오시는 날을 예견하는 수태고지는 조화를 중시하는 제단화답게, 마파문디 꼭대기의 그리스도 재림과 대조를 이루면서 순례자들의 눈길을 사로잡는다.[177] 양옆 패널이 삶을 찬양한다면 중앙 패널은 가장자리에 빙 둘러 죽음을 뜻하는 말 'MORS'의 철자를 또렷이 새겨 넣어 마파문디에서 죽음과 세계의 종말을 응시하고 다가올 "새 하늘"과 "새 땅"을 응시하는 순례자들에게 마파문디의 예견을 거듭 확인해 준다.

〈헤리퍼드 마파문디〉를 본 많은 순례자가 이 지도가 전하는 영적 순례에 공감했을 것이다. 베즈 수도원에 살았던 12세기의 익명의 베

그림 21
〈헤리퍼드 마파문디〉를 포함한 세 폭 제단화. 존 카터 작. 1780년경.

네딕트회 수도사가 "당신의 영혼이 이 세상을 떠나 하늘을 가로지르고 별을 넘어 하느님께 닿기를"이라고 기도할 때와 같은 영적 순례다. 그 수도사가 물었다. "누가 우리에게 비둘기 같은 날개를 주어, 우리가 이 세상 모든 왕국을 가로질러 날고, 깊은 동쪽 하늘을 관통할 수 있겠는가? 그리고 누가 우리를 위대한 왕의 도시로 인도해, 우리가 지금 이 책에서 읽는 것과 유리잔으로 보듯 희미하게만 보는 것을 눈앞에 나타난 하느님의 얼굴에서 보고 크게 기뻐할 수 있겠는가?"[178] 하늘에 있는 예루살렘으로 가는 이런 상상의 여정은 지상 세계를 거부하고 기독교식으로 변형한 마크로비우스의 《스키피오의 꿈》을 되풀이한다. 땅 위로 올라가 신성을 마주하고 하늘에서 땅을 내려다보며, 지상의 무의미함과 지상에서 벌어지는 인류의 헛되고 지독한 싸움의 무의미함을 깨닫는 꿈이다.

18세기 말에 이 제단화의 양옆 패널이 사라지면서 〈헤리퍼드 마파문디〉는 세 폭 제단화의 일부라는 정체성을 잃었다. 지금은 원래의 목적을 확장해 실현하면서, 좀 더 세속적인 순례에 초점을 맞춰 관광객을 유치하고 있다. 마파문디를 (원래 있었던 곳이 어디였든 간에) 어쩔 수 없이 옮겨 놓다 보니, 오늘날 그 본래의 기능을 왜곡해 이해하게 되었다. 〈헤리퍼드 마파문디〉는 종교적 믿음을 찬양하는 지도이지만, 그 찬양은 범위가 다양해서 어떤 때는 추상적이면서 보편적이고, 어떤 때는, 특히 켄틀루프와 관련됐다고 보이는 부분에서는 현실적이고 지역적이다. 그리고 자체 소멸을 적극 예견하고 환영한다는 점에서 지도 제작 역사에서 유일무이한 장르를 구현한다. 이 지도는 기독교에서 말하는 심판의 순간을 기다린다. 우리가 아는 지상 세계가 끝나고, 우리의 그 모든 여행 편력도 끝나고 곧 구원이 다가오는 순간이다. 〈헤리퍼드 마파문디〉는 공간과 시간의 종말을, 지리학자도 지도도 부질없는 영원한 현재를 기원한다.

4 제국

〈혼일강리역대국도지도〉,
1402년

중국 북동부 요동 반도,
1388년

1388년, 고려 장군 이성계(1335~1408년)는 군대를 이끌
고 고려와 중국 국경 지대에 있는 요동(랴오둥)반도로
진격할 태세를 갖추었다. 이 지역 명나라 군을 공격하
라는 왕의 명령을 받고 군사 정벌에 나선 참이었다. 그
즈음 건국한 명나라(1368~1644년)는 고려 북쪽 지역 상
당 부분을 차지하려고 위협했고, 고려 왕조는 이에 분
개해 이성계에게 공격을 명령했다. 만주의 일부인 요
동반도에서는 이후 600년 동안 피비린내 나는 싸움이
자주 벌어진다. 그러나 1388년, 이성계는 전쟁을 벌이
지 않고 군사를 돌렸다. 그는 강대국인 명나라에 우호
정책을 펴야 한다는 쪽이었고, 명나라를 공격하는 결
정에 반대했었다. 명나라와의 국경 지대인 압록강 입
구 위화도에서 군대를 멈춘 그는 운명적인 결단을 내
렸다. 그리고 명나라를 공격하지 않고, 고려 우왕을 향
해 진격하겠노라고 선포했다.

이성계는 정치 반란을 일으켜 우왕을 폐위하고
측근을 몰아냈다. 이로써 500년 가까이 한반도를 통치

한 고려 왕조가 막을 내렸다. 이성계는 스스로 왕위에 올라 새로운 조선 왕조를 건국했다. 그 후 조선 왕조는 동아시아 왕국 가운데 단일 왕조로는 가장 긴 500년 동안 한반도를 통치한다. 한편 고려를 지배한 이념인 불교는 부족사회 때부터 내려온 샤머니즘의 한계를 극복했지만, 승려들이 토지를 다량 소유하고 세금을 면제받으면서 부정부패와 족벌주의의 폐단을 드러내자 지도층도 더 이상 이들을 지지할 수 없게 되었다. 중국 왕조는 9세기부터 불교를 비판적으로 바라보며, 영적 세계에 빠진 불교 대신 실용적 통치와 관료 조직을 강조한 유교의 부흥 또는 성리학을 지지했다. 여기에 이성계 같은 사람들도 성리학을 받아들이면서, 한반도에서 변화의 바람은 거스를 수 없는 대세가 되었다.

성리학은 사회적, 정치적 쇄신을 옹호했고, 그 바탕은 중국 고대 성군의 이야기가 담긴 문헌이었다. 성리학은 고려 사회를 형성한 샤머니즘과 불교 교리와는 반대로, 인간의 본성을 이해하고 사회질서를 유지하려면 적극적인 공적 생활이 필요하다고 가르쳤다. 비밀스러운 학습보다 실용적 학문을 선호했고, 불교가 자아 수양을 강조한 데 반해 성리학은 개인을 국가 운영 체계 안으로 끌어들였다. 세속적 관점을 추구하는 성리학과 영적 자유를 추구하고 세속적 고통을 떨쳐 버리려는 불교의 극명한 대조는 조선의 새로운 지배층에게 1390년대부터 시작된 전면적인 사회 개혁과 정치 혁신을 정당화하는 설득력 있는 근거가 되었다.[179]

고려에서 조선으로의 이행은 한국 역사에서 정치, 법, 도시, 관료 구조를 개혁해 사회와 문화를 바꾼 중요한 순간으로 기억된다. 권력은 왕에게 집중되었고, 왕국의 영토는 새로운 군사 조직으로 더욱 공고해졌다. 성리학 이념에 맞춰, 관료의 권력은 중앙으로 집중되었고 과거제도가 재정비되었다. 토지는 국유화되었고, 공정한 새 조세제도가 제시되었으며, 불교는 말살되다시피 했다.[180] 이 시기는 조선 건국을 비롯해

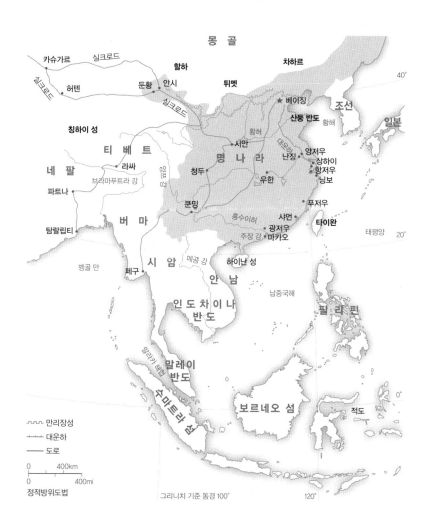

그림 22

14세기 말의 동아시아 상황을 보여 주는 현대 지도.

이 지역의 제국적, 문화적 판세가 광범위하게 재편되던 때였다. 1368년에 명나라가 건국되면서 이 지역에서 몽골의 영향력이 차츰 끝나 가고, 동쪽의 또 다른 강자인 일본에서는 북쪽과 남쪽의 왕조가 통합하기 시작하면서 명, 조선과 비교적 평화로운 관계를 유지하며 활발한 상업 활동을 벌였다.[181]

태조 이성계와 그의 성리학 참모들은 고려 왕조 전복을 정당화하기 위해 왕조의 흥망을 설명하는 고대 중국의 사고방식인 '천명天命'을 끌어들였다. 통치권은 오직 하늘에서 나온다는 생각이다. 태조 이성계는 새로운 천명에는 새로운 통지만이 아니라 새로운 수도도 포함된다고 생각했다. 그는 수도를 송도에서 한양으로 옮기고, 이곳에 경복궁을 지었다. 새 정권은 두 종류의 지도도 주문했다. 땅을 그린 지도와 하늘을 그린 지도다. 하늘을 그린 천문도인 〈천상열차분야지도天象列次分野之圖〉는 높이 2미터가 넘는 거대한 검은 대리석에 새겨져 경복궁에 전시되었다. 중국과 이슬람 세계가 접촉하던 9세기에 그리스 황도대가 중국으로 흘러들어 여기에 중국식 이름이 붙었는데, 중국의 별자리표를 기초로 만든 〈천상열차분야지도〉는 그 중국식 이름을 그대로 옮긴 점이 특이하다. 지도에 나타난 별자리는 위치가 틀린 곳도 많지만, 1390년대 초에 태조와 천문학자들의 눈에 비친 별자리가 어떠했는지를 보여 준다. 새로 들어선 왕조가 하늘의 뜻이라는 우주적 정당성을 부여하는 지도다.[182]

이 천문도는 권근(1352~1409년)이 이끄는 왕실 천문학자들이 1395년에 완성했다. 권근은 성리학을 신봉하고 개혁을 주장했으며, 조선이 개국하면서 왕을 보좌하는 높은 관직에 오른 인물이다. 〈천상열차분야지도〉가 완성되었을 때 그는 이미 지도를 또 하나 만들고 있었다. 1402년에 완성된 세계지도다. 원본은 전해지지 않지만, 사본 세 개가 현존하는데 모두 일본에 있다. 이 가운데 교토 류코쿠 대학 도서관에 있

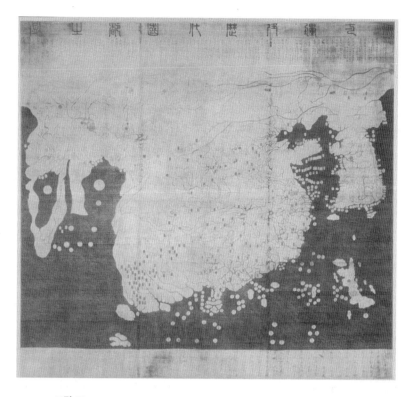

그림 23
〈혼일강리역대국도지도〉, 1470년. 전 세계와 유럽, 조선을 그린 동아시아 최초의 지도.
→ 224~225쪽 사이 컬러화보 참고

는 사본은 1470년대 후반이나 80년대에 제작되었으며, 셋 중 제작 시기가 가장 이르고 보존 상태도 가장 좋다. 여기에는 권근이 쓴 발문 원본도 실렸다. 지도 제목인 〈혼일강리역대국도지도混一疆理歷代國都之圖〉는 '통합된 땅 그리고 역대 국가와 도시를 표시한 지도'라는 뜻이며, 흔히 〈강리도〉로 더 잘 알려져 있다. 동아시아에서 제작된 현존하는 세계지도 중 가장 오래된 지도로 중국과 일본의 그 어떤 세계지도보다 앞서 제작되었으며, 조선을 표현한 최초의 지도이고 아시아에서 최초로 유럽을 표시한 지도다.[183]

비단에 화려한 색채로 제작된 〈강리도〉는 아름답고 대단히 인상적이다. 바다는 풀빛이고 강은 푸른빛이다. 산맥은 구불구불한 검은 선으로 나타나고, 작은 섬들은 동글동글하다. 이 모두가 짙은 황토 빛 땅과 대비된다. 지도 곳곳에는 도시, 산, 강, 행정 중심지가 검은색 한자로 표기되었다. 164×171센티미터 크기에 원래는 족자 형태여서 위에서 아래로 말았다 펼쳤다 할 수 있었는데, 경복궁처럼 중요한 장소의 벽이나 칸막이에 천문도처럼 걸어 두는 용도로 제작하지 않았나 싶다. 천문도가 조선을 새 하늘 아래 두었듯이, 〈강리도〉는 조선을 새롭게 표현한 땅에 올려놓았다.[184]

제3장에서 보았듯이 기독교 지도는 동쪽을 지도 위에 놓았고, 이슬람 지도의 상당수는 남쪽을 위에 놓았던 데 반해 〈강리도〉는 북쪽을 지도 위에 두었다. 지도에 나타난 세계는 따로 떨어진 대륙도 없고 땅을 둘러싼 둥근 바다도 없이, 연속한 하나의 땅덩어리다. 지도 전체가 직사각형이고 윗부분은 온통 육지로 뒤덮이다 보니 지구가 납작해 보인다. 지도의 중심에는 조선이 아니라 거대한 중국 대륙이 인도 서해안부터 동중국해까지 축 늘어져 매달려 있다. 대륙이 워낙 거대해 인도 대륙을 집어삼킬 듯하고, 인도 서해안은 아예 보이지도 않는다. 반면에 인도네시아 군도와 필리핀은 작고 동그란 섬 여러 개로 쪼개져 지도 바다에 통통 부딪히는 것만 같다. 중국의 뿌리 깊은 정치적, 지적 영향은 지도 맨 위에 새긴 글에도 나타나는데, 그 밑으로 중국의 역대 수도 목록이 나오고 당대 중국의 성, 현 등의 행정구역과 그 사이에 놓인 도로가 표시된다.

중국 동쪽으로 지도에서 두 번째로 큰 땅덩어리인 조선이 등장한다. 그 주위로는 작은 섬들이 소형 함대처럼 떠 있는데, 실제로 해군 기지들이다. 이 지도 제작자는 조선의 전체 윤곽을 언뜻 봐도 오늘날의 한국과 대단히 비슷하게 그렸다. 알이드리시가 묘사한 시칠리아나 홀

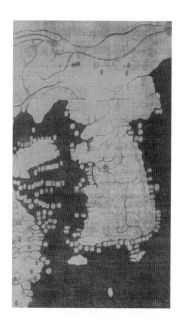

——— **그림 24**

⟨강리도⟩의 한반도 부분. 주요 행정 지역과
군사 지역이 표시되었다.

→ 224~225쪽 사이 컬러화보 참고

딩엄의 리처드가 제작한 지도에 나타난 잉글랜드와는 사뭇 대조적이다.
북쪽 국경이 납작하게 눌린 게 흠이지만, 내용은 놀랍도록 자세하다. 지
명이 총 425개가 나오는데, 이 중 297개는 지방, 38개는 해군기지, 24개
는 산, 6개는 각 도의 핵심 도시이고, 여기에 조선의 새 수도 한양이 마
치 총구처럼 붉은색 원으로 눈에 띄게 표시되었다.[185]

　　지도 아래 오른쪽에는 이 지역의 또 다른 강자 일본이 있는데, 실
제보다 훨씬 남서쪽으로 치우쳐 있다. 일본은 끝이 뾰족하게 갈라져 그
위에 놓인 중국과 조선을 위협한다. 이 위협을 상쇄하려는 듯, 실제로는
조선보다 1.5배 큰 일본을 조선의 3분의 1밖에 안 되는 크기로 작게 그
려 놓았다. 일본에서 가장 서쪽에 있는 섬 규슈는 끝이 북서쪽을 향하는
데, 실제 형상을 시계 방향으로 90도 회전한 모습이다.

　　오늘날의 시각으로 볼 때 더욱 놀라운 모습은 중국 서쪽 세계다.
스리랑카는 (인도 남동쪽이라기보다는) 중국 서쪽 해안에 큼지막하게 떠

있다. 그러나 쐐기 모양의 아라비아 반도, 그리고 홍해와 아프리카 서해안도 제법 알아볼 만하다. 〈강리도〉는 아프리카를 실제보다 훨씬 작게 그렸지만(실제로 아프리카는 오늘날 중국의 세 배가 넘는다), 포르투갈 사람들이 아프리카를 빙 둘러 항해할 수 있다는 사실을 처음 발견한 것보다 80년 이상 앞서서 아프리카 남쪽 끝을 지금처럼 뾰족하게 그렸다. 더욱 특이한 부분은 아프리카 가운데 놓인 거대한 호수 형상인데, 어쩌면 사하라 사막일지도 모른다. 그리고 아프리카, 유럽, 중동의 많은 지역에 한자로 표기한 아랍식 지명이 붙은 걸 보면, 이슬람 지도가 비교적 이른 시기부터 이 지역에 퍼졌다는 걸 알 수 있다(반면에 알이드리시 지도는 한국을 표시하지 않아 지리 지식의 한계를 드러냈다).[186]

아프리카 위에 있는 유럽 묘사 역시 대단히 흥미롭다. (이상하게도 다른 바다처럼 녹색으로 칠하지 않은) 지중해는 초보적 형태로 표현했지만 알아볼 수는 있고, 이베리아 반도도 마찬가지다. 알렉산드리아는 탑처럼 표현했고, 콘스탄티노플로 보이는 수도는 빨간색으로 표시했다. 유럽에는 약 100개의 지명이 나오는데, 대다수가 아직도 번역되지 않아 어떤 곳인지 알 수 없다. 지도에는 심지어 독일도 나오는데, '게르만'을 한자로 음역해 '日耳曼'(이얼만)으로 적었다.[187] 지도 맨 끝 가장자리에 있는 아주 작은 직사각형은 영국 제도처럼 보이지만, 프톨레마이오스가 《지리학》에서 서쪽 끝 점이라고 했던 아조레스일 확률이 높다. 프톨레마이오스의 생각이 일부 전파된 탓이기 쉽다.

이 지도에 나타난 아프리카와 유럽의 지명과 모양은 프톨레마이오스에게서 물려받았겠지만, 프톨레마이오스의 영향은 딱 거기까지다. 〈강리도〉에는 경위선이나 축척 또는 명확한 방위가 없다. 대신 남아시아는 상세히 표시되었는데, 프톨레마이오스는 추측에 의존했던 지역이고 지명도 붙이지 않았던 곳이다. 〈강리도〉는 헤리퍼드나 시칠리아에서 제작된 중세 기독교 지도나 이슬람 지도와 달리, 광활한 우주에 놓인 지구를 바라보는 조선의 시각과 더 나아가 중국의 시각에 근거한 사뭇 다른 지도 제작 관습을 바탕으로 제작되었다.

서로 다른 다양한 종교 신념과 정치 세계를 낳은 그레코로만 세계의 이질적인 사회적, 문화적 유산과 달리 전근대 동아시아는 하나의 절대적 제국인 중국의 영향력 아래 형성되었다. 수세기 동안 중국은 자국이 자칭 문명 세계(또는 천하)의 지도자인 황제가 통치하는 진정한 제국 권위의 중심이라는 사실을 의심치 않았다. 조선 같은 위성 왕국은 중국의 원대한 체제 안에서 움직이는 단역이고, 중국 밖의 민족은 대개 하찮은 야만인으로 간주되었다. 거대하고 비교적 잘 정비된 제국을 통치하려면 대단히 정교한 전근대의 관료정치를 만들고 유지해야 했다. 중국이 거대한(그리고 끊임없이 변하는) 제국의 국경을 유지하고, 더불어 정치적 우월성과 지리적 중심을 타고났다는 지적 확신을 유지했다는 것은 중세 후기의 유럽과 달리 자신 이외의 세계에는 별다른 관심을 두지 않았다는 뜻이기도 했다. 중국의 믿음을 형성한 불교와 유교 유산 역시 그레코로만 세계가 무너진 뒤 서양에서 발달한 '책의 종교', 즉 기독교와 이슬람교와는 한참 달랐다. 기독교도와 무슬림은 세계종교인 기독교와 이슬람을 전 세계에 퍼뜨릴 신성한 책임이 자기들에게 있다고 믿었는데, 이는 불교와 유교에는 대단히 생소한 개념이었다.[188]

그 결과 국경을 설정하고 제국을 현실적으로 유지하는 것에 초점을 맞춘 지도 제작 전통이 생겼다. 서양의 종교 사회에서보다 훨씬 일찍 나타난 관료 엘리트들의 관심사였다. 이 전통은 국경 너머의 세계, 즉 특정 지역이나 이념에 좌우될 수 있는 세계를 상상력을 동원해 투영하려 하지 않았을 뿐 아니라, 인도양 너머까지 장거리 여행이나 해양 팽창을 가능케 하거나 부추기는 목표를 추구하지도 않았다(명나라는 해양 원정을 떠난 자국 선단을 1430년대에 영원히 소환했다). 중국이 하면, 조선도 따라가게 마련이었다. 기원전 100년경으로 거슬러 올라가는 초기 역사부터 중국에 의존했던 한국도 비슷한 관심을 보였다. 조선의 지도 제작자들은 왕국의 지도층에게 통치와 행정에 필요한 실용적인 지도를 제작해 주고자 했다. 〈강리도〉는 대단히 특이한 관점에서 이 임무를 수행했다. 이 지도는 무엇보다도 조선의 특수한 지형을 토대로, 그리고 훨씬 더 크고 막강한 주변국과의 관계를 토대로 만들어졌다.

지도는 대개 이미지와 글 사이에서 일어나는 일종의 상호작용이며, 〈강리도〉 역시 예외가 아니다. 지도 밑에는 권근이 쓴 마흔여덟 줄의 상세한 설명이 실렸다.

천하는 지극히 넓다. 중국의 중심에서 바깥 사해에 이르기까지 몇천만 리에 이르는지 알 수 없다. 이를 줄여 몇 자 폭에 그리자니 상세히 표현하기 어렵다. 그렇다 보니 지도를 만드는 자들은 대개 삭제하거나 줄이게 마련이다. 그러나 오문吳門 이택민李澤民의 〈성교광피도聲敎廣被圖〉만은 매우 상세하고, 역대 제왕의 국가와 도읍 연혁은 천태승 청준淸濬의 〈혼일강리도混一疆理圖〉에 상세히 실렸다. 건문建文 4년[1402년] 여름에 좌정승 상락上洛 김공(김사형, 金士衡)과 우정승 단양丹陽 이공(이무, 李茂)이 정사를 보살피다 여가에 이 지도를 연구하고는 검상 이회李薈에게 명하여 더 상세히 교정한 뒤 합쳐 하나로 만들라 했다. 요수遼水 동쪽과 본국의 강역은 이택민의 지도에서도 많이 누락되었는데, 우리나라를 더 넓히고 일본을 넣어 새 지도를 만드니 조리 있고 볼 만하여 집을 나가지 않고도 천하를 알 수 있다. 지도를 보고 지역의 멀고 가까움을 알게 되니, 이 또한 나라를 다스리는 데 도움이 된다. 두 정승이 이 지도에 정성을 다했으니 지도의 규모가 어떠한지 알 수 있다.[189]

권근의 발문은 《유희》에 나타난 알이드리시의 접근법과 공통되는 점이 있다. 기지 세계의 크기와 형태는 대개 불확실하다는 점, 좀 더 포괄적인 지도를 만들려면 기존의 지리 전통을 참고해야 한다는 점(알이드리시의 경우는 그리스와 이슬람 전통이고, 권근의 경우는 중국 전통이다), 전문가 집단을 포함해 정치적, 행정적 후원이 지도 제작에 필수라는 점, 그리고 그 결과는 경이로움과 즐거움을 가져온다는 점이다.

이 발문은 지도를 이해하는 데 도움이 되는 서로 연관된 두 가지 요소를 드러낸다. 하나는 지도 탄생의 정치적 배경이고, 하나는 중국 지도 제작의 영향이다. 김사형(1341~1407년)과 이무(1409년 사망)는 조선왕조에 성리학을 조언한 핵심 인물이었다. 두 사람 모두 1402년 〈강리도〉가 제작되기 몇 달 전 조선의 북쪽 국경에서 진행된 토지 측량에 관여했고 외교 사절로 중국을 다녀온 적이 있는데, 김사형이 1399년에 중국에 갔다가 권근이 말한 중국 지도를 손에 넣었을 수도 있다. 권근은 〈강리도〉 발문에 1402년을 언급하며, 조선 왕조에 맞춰 '태종 2년'이라 하지 않고 중국 황실에 맞춰 '건문 4년'이라 했다. 혜종 건문제 주윤문(재위 1398~1402년)은 명나라 2대 황제이며, 명나라를 건국한 태조 홍무제 주원장(재위 1368~1398년)의 손자다. 승려이자 지도 제작자였던 청준은 홍무제의 측근이었는데, 새 정권의 정통성을 내세우기 위해 1372년 난징에서 개최한 의식을 관장했다. 청준의 〈혼일강리도〉를 복사한 15세기 사본에는 초기 중국 황실의 지리적, 역사적 묘사가 나타나는데, 권근이 적었듯이 이회는 이 지도에서 동쪽으로는 조선을 더 넓히고, 서쪽으로는 아라비아 반도, 아프리카, 유럽을 추가했다.[190] 이회(1354~1409년)는 고려 시대에 고위 관직을 지낸 인물이다. 그 뒤 태조의 명령으로 잠시 귀향을 떠났다가 1402년에 돌아와 조선 왕조의 지도를 만든다. 그리고 강리도 제작에 착수했을 무렵 그는 (어쩌면 지도 제작의 전문성을 인정받아) 새 정권에서 법률 자문(검상관)을 맡았다.[191]

홍무제의 뒤를 이어 황제에 오른 건문제는 연왕燕王이던 숙부 주체朱棣의 손에 폐위되었다. 주체는 2년 동안 피비린내 나는 내전을 벌

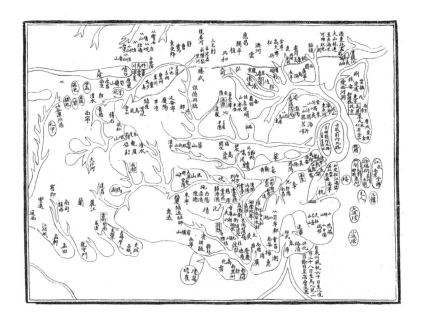

—— **그림 25**
15세기 중반 섭성(葉盛)의 비망록에 실린 청준의 중국 지도 사본.

인 뒤 스스로 황제(영락제)에 올랐다.[192] 〈강리도〉가 완성되었을 때 건문 제는 이미 세상을 떠난 뒤였다. 권근은 〈강리도〉에서 조선 왕조보다 명을 직접 언급했지만, 두 나라 사이에 벌어진 당시의 분쟁에서 군사적으로 가장 민감한 지역을 언급했다. 중국의 지도 제작자 이택민이 지도를 그릴 때 "요수 동쪽"인 조선을 누락했으니 고쳐야 한다고 지적하는 대목이다. 그가 딱 한 번 더 지리를 언급한 부분은 〈강리도〉에 또 다른 강국이자 역사적으로 골칫거리인 이웃 일본을 넣었다고 말하는 부분이다. 15세기 초 동아시아의 변화하는 정치 세계에 조선 왕국을 새롭게 자리 매김하려는 노력이다.

  권근이 발문에 내비친 중국과 조선 사이의 역동적인 정치 변화가 무엇이든 간에 그가 중국의 지도 제작을 〈강리도〉 탄생의 토대로 언급하며 존중했다는 사실은 의심의 여지가 없다. 이택민과 청준은 14세기 전반에 지도를 만든 사람이지만, 중국이 한국의 정치와 지리에 영향을 미친 것은 그보다 훨씬 오래 전으로 거슬러 올라간다. 한국이 기원전 4세기가 시작될 무렵 독립 왕국으로 탄생한 이래 그 통치자와 학자들은 줄곧 국정 운영, 과학, 문화 등에서 더욱 거대하고 강력한 이웃 나라의 문명을 보며 영감을 얻었다. 그것은 결코 수동적인 관계만은 아니었다. 한국은 정치 자립을 끊임없이 주장하면서도 중국 문화에서 자국에 이롭겠다 싶은 것이 있으면 언제든지 가져다 썼다.

　중국에서 지도라 불릴 만한 물건이 발견된 시기는 기원전 4세기로 거슬러 올라간다. 그러나 방대한 시간과 공간에 걸쳐 손으로 지도를 만들던 전근대 사회의 경우가 다 그렇듯이, 수천 년간 이어진 중국의 지도 제작 '전통'을 말하는 것은 문제가 있을 뿐 아니라 시대착오적이다. 우선 현존하는 자료에 문제가 있다. 10세기 전의 지도 중에는 현존하는 것이 거의 없어서 중국 지도 제작의 '발달'을 이야기하는 것은 의미가 없다. 문자 기록이 남아 있더라도 해당 지도가 없는 경우에는 그 지도가 어떻게 생겼을지 추측하기가 쉽지 않다. 너무 적은 지도를 가지고 지나치게 많은 해석을 하게 마련이다. 지도가 전해지는 경우라도 손으로 제작한 지도의 유통과 전파를 둘러싸고 흔히 마주하는 다양한 문제, 이를테면 사본의 신뢰도라든가 학문적 유통의 문제, 그리고 지도의 광범위한 보급을 막는 정치적 명령 같은 문제가 생긴다.

　더 큰 문제는 '지도'의 의미 규정이다. 그리스, 기독교, 이슬람 사회에서 그렇듯이 중국에서도 '지도'를 가리키는 말은 애매하고, 여러 의미와 대상을 포괄한다. 전근대 중국에서 '圖'(도)는 대개 서양에서 말하는 지도나 배치도를 가리킨다. 물론 다양한 매체(나무, 돌, 황동, 비단, 종이)에 그리거나 새긴 다양한 종류의 그림, 도해, 도표, 표 등을 가리키기도 한다. 圖는 글일 수도, 그림일 수도 있으며, 보통 시각적 표현에 (시를 포함한) 글로 쓴 묘사가 합쳐진 경우가 많은데, 이 둘이 서로를 보완하는 기능을 한다. 12세기의 어느 학자는 이렇게 표현했다. "그림[圖]은 날실이고 글[書]은 씨실이다. (……) 그림이 없는 글을 보는 것은 형태를 보지 않고 목소리만 듣는 것과 같고, 글이 없는 그림을 보는 것은 목소리는 듣지 않고 사람을 보는 것과 같다."[193] 이처럼 그림과 글의 상호작용에서 감정의 울림을 찾는 것은 서양의 지도 정의에서는 찾아볼 수 없는 일이다. 동사로서의 '圖'는 계획하고, 예상하고, 생각한다는 뜻이다. 심지어 '계획하기의 어려움'으로 번역된 때도 있는데, 중국 안팎에서 진행되던 초기 지도 제작의 특징을 간단명료하게 포착한 말이나.[194]

중국 전문 학자들은 최근에 圖를 "행동을 위한 발판"[195]으로 정의하면서, 한자 圖는 그리스 초기에 쓰인 pinax라는 말과 달리 물질적 매체보다는 역동적인 활동을 뜻한다고 주장했다. 그리고 그리스어 periodos gēs, 즉 '지구 순회'라는 말과 대조적으로, 널리 퍼진 우주형상학적 믿음과는 밀접한 관련이 없다. 여기에서 중국인들은 또 한 번 그리스인들과는 다른 방식을 발전시켰다. 중국 신화에는 창조 행위의 권한을 가진 신의 의지 같은 것은 없었다. (유대 기독교나 이슬람 전통과 달리) 종교적으로나 정치적으로나 권위를 인정받은 우주생성론이 없었던 중국에서는 지구와 지구에 거주하는 사람들의 기원을 둘러싸고 대단히 독특한 다양한 종류의 믿음이 발전했다. 이 가운데 특히 세 가지 우주관이 득세했다.

그중에서 가장 오래된 것은 '개천설蓋天設'이다. 하늘은 삿갓처럼 둥근 지붕 형태로 땅 위를 뒤덮고 있다는 믿음이다. 땅은 장기판처럼 네모인데 네 귀퉁이로 가면서 내리막이 되고 그 둘레는 거대한 바다가 둘러싼다. 이보다 더 대중적인 우주관은 기원전 4세기에 등장한 '혼천설渾天設'이다. 땅은 하늘 한가운데 있고, 하늘이 그 땅을 둘러싸고 있다는 이론이다(이 이론과 그리스의 동심 천구 우주형상학이 같은 시기에 발전했다는 것도 흥미롭다). 혼천설을 지지한 장형張衡(78~139년)은 "하늘은 달걀 같고 활처럼 둥글며, 땅은 달걀노른자처럼 중심에 떠 있다"[196]고 주장했다. 셋 중 가장 급진적인 믿음은 가장 암시적인 '선야설宣夜設'인데, 우주는 무한히 텅 빈 공간이라고 주장하는 이론이다. 훗날 한나라 사람은 이렇게 썼다. "하늘은 물질이 없이 텅 비었으며, 해와 달과 별 무리는 텅 빈 공간에서 움직이거나 정지한 채 자유롭게 떠다닌다."[197]

세 이론이 중국의 천문학, 우주론, 우주형상학 전반에 계속 등장하는 가운데, 6세기 이후의 공식 역사는 혼천설을 으뜸으로 여기지만 혼천설에도 애매한 부분이 없는 것은 아니다. 땅을 하늘 가운데 놓인 '노른자'에 비유한 것은 구형 세계를 암시하지만 이 이론이 묘사하는 땅은 하늘로 둘러싸인 납작한 사각형이며, 그나마 이 단정도 절대적이지 않다. 중국은 이미 (둥근 하늘 모양으로 만든) 혼천의渾天儀를 사용해 천문 관측을 실시하고 있었는데, 상세한 관측을 토대로 한 현존하는 천문 계산을 보면 둥근 지구가 우주를 대표한다고 단정한다. 그렇기는 해도 이 논리의 근간이 되는 기본 믿음은 "하늘은 둥글고 땅은 네모나다"[198]는 확신이다. 이 확신은 기원전 3세기의 수학 관련 자료에서 처음 기록으로 발견되었다.

이 믿음은 초기 중국 문화에 널리 퍼진 더욱 기초적인 원칙을 토대로 한다. "아홉 칸 정사각형"에 따라 지상 공간을 정리하는 원칙으로, "세계를 정돈하는" 고대 중국의 "위대한 발견 또는 발명"[199]으로 꼽힌다. 정사각형 하나를 가로 셋, 세로 셋으로 갈라 모두 아홉 개의 정사각형으로 나눈 이 사각형은 그 기원이 아직도 분명치 않아서 태곳적에 거북의 거죽(거북의 사각형 가슴을 덮은 둥근 등)을 관찰하다 나왔다는 이야기도 있고, 중국 북부의 거대한 평원을 보며 직선을 이용해 공간을 이해하고 분할하는 방법을 떠올렸다는 좀 더 설득력 있는 설명도 있다.[200] 중국에서 환영받은 아홉 칸 정사각형은 그리스의 철학적(그리고 지리학적) 이상

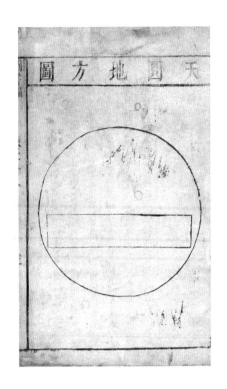

—— 그림 26
장황(章潢)의
《도서편(圖書編)》(1613년)에 실린
원형 하늘과 사각형 땅.

인 완전한 원과 정확히 반대된다. 그리고 이 정사각형은 고대 중국의 거의 모든 분야에서 숫자 9를 분류의 핵심으로 정착시켰다. 하늘에는 아홉 개의 구역이 있고, 수도에는 아홉 개의 대로가 있으며, 사람 몸은 아홉 개의 부분으로 나뉜다. 이 밖에도 몸에 난 아홉 개의 구멍, 아홉 개의 내장, 그리고 저승에 있는 아홉 개의 우물, 황허의 아홉 개의 지류가 모두 그런 식이다.

이런 분류는 중국 고대 문화의 근간으로 가장 중요한 책인 《서경書經》의 〈우공禹貢〉, 즉 〈우왕에게 바치는 글〉 편에서 비롯한다. 기원전 5세기에서 3세기 사이에 편찬된 《서경》은 현존하는 가장 오래된 중국 지리서다. 이 책의 〈우공〉 편에서는 아득한 옛날(기원전 2000년경) 하夏 왕조를 세운 전설적인 통치자 우왕을 묘사한다. 우왕은 대홍수 뒤에 논밭을 정비하고 물길을 다스려 천하의 질서를 잡았다고 전해진다.[201] 황허와 양쯔 강 유역에서 시작해 "우禹는 토지를 다스리고, 산을 따라 나무를 베었으며, 높은 산과 큰 강을 안정시켰다."[202] 영토는 아홉 개의 주[九州]로 경계를 나누고, 아홉 개의 땅과 아홉 개의 물길로 묘사했다. 구주는 가로 세 칸, 세로 세 칸의 총 아홉 개의 사각형으로 되었으며, 사각형 한 칸은 사방의 길이가 1,000리다(1리는 약 400미터에 해당한다).[203]

〈우공〉에서는 기지 세계의 공간을 숫자 9에 맞춰 정돈할 뿐 아니라 바람을 기초로 네 개의 기본방위에 따라 중심을 공유하며 일직선으로 뻗은 다섯 개의 지대로 전 세계를 체계적으로 분류한다. 사기중심적 지리학의 고전적 사례라 하겠다. 문명은 왕의 영역을 상징하며 이 이미지의 정중앙에 자리 잡는다. 사각형은 중앙에서 바깥으로 멀어질수록 야만의 정도가 심해져서, 속국 통치자부터 시작해 변방인, 오랑캐 '연합', 그리고 마지막으로 유럽을 포함해 문화가 없는 야만인들의 지대로 이어진다. 중국식 구분과 그레코로만식 구분 사이의 차이가 또 한 번 명확히 드러나는 순간이다. 서양의 띠 지도 역시 직선적이었지만, 그것은 위도에 따른 띠였지 〈우공〉에서처럼 제국주의를 상징하는 중심으로 정의되는 띠가 아니었다.[204]

아홉 칸 정사각형과 숫자 9는 중국 지도 제작자들에게 우주적 세계관을 심어 주고 그 세계관을 정치 행정과 실용 정책에 적용하게 했다. 원과 사각형의 관계는 상징적 차원에서 학자들에게 제국을 통치하는 특정 방법을 제시했다. 진秦나라 사람은 이렇게 썼다. "통치자가 원을 쥐고 그 밑 관료들은 사각형에 몰두해 원과 사각형이 서로 바뀌지 않을 때 나라가 번영한다."[205] 좀 더 현실적인 행정적 차원에서 보자면, 아홉 칸 정사각형의 또 다른 기초는 토지제도인 정전제井田制다. 가로 세 칸, 세로 세 칸 형태의 '井'(정) 자는 농지를 할당하는 근간이 되었다. 여덟 가구가 똑같이 토지를 할당받고, 가운데 아홉 번째 땅은 공동으로 경작하는 방식이다. 이처럼 공간을 질서 정연하게 분배하는 행위는 사회적 화합과 효과적 통치의 기본으로 간주되었다. 유교사상가 맹자(기원전 4세기)는 이렇게 주장했다. "어진 정치는 경계를 바르게 정하는 것에서 시작해야 한다. 폭군과 부패한 관리는 늘 경계를 정하는 일에 태만하다. 일단 경계를 바르게 정하면 토지를 나누고 봉록을 정하는 일은 앉아서도 할 수 있다."[206]

현존하는 기록을 보면, 초기 지도 묘사 역시 왕정과 행정에 밀접하게 관련되어 있다. 이와 관련한 초기 문서는 여러 제후국이 패권을 다투던 전국시대(기원전 403~221년)에서도 찾아볼 수 있다. 이 시기 초기에 나온 《서경》을 보면, 주공周公은 지도를 보고 수도를 낙읍으로 정한다. 낙읍은 오늘날의 허난 성 뤄양(낙양)에 있던, 베이징에서 남서쪽으로 800킬로미터 떨어진 도시다.

> "제가 황하 북쪽의 여수黎水를 점쳐 보았고 간수澗水 동쪽과 전수瀍水 서쪽을 점쳐 보았으나 오직 낙읍만 길하였고, 제가 또 전수 동쪽을 점쳐 보니 역시 낙읍만 길하였습니다. 이에 [왕께] 사람을 보내어 지도를 올리고 점괘를 바칩니다."[207]

왕조의 수도를 정하는 주공의 점괘는 신의 뜻만이 아니라 정치적 지리에도 영향을 받았다. 주공은 〈우공〉에 나오는 선언을 이어받아, 농업과 정치의 요지인 황허와 양쯔 강 유역에 관심을 집중한다. 주공의 '지도'에 실제로 무엇이 실렸든, 주周나라의 새 수도를 찾았다는 선언을 보충하는 자료로 쓰인 게 틀림없다. 새로 정복한 정치 공간에 고대 이야기에 나오는 전설 같은 지리를 접목하려는 시도다.

지도의 도상학은 그 뒤로도 중국 왕조 정치에서 중요한 순간에 자주 등장한다. 전국시대는 기원전 221년에 진秦 왕조가 중국을 통일하면서 막을 내린다. 통일은 순탄치만은 않았다. 기원전 227년, 진시황은 황제에 오르기 전에 암살될 뻔한 위기를 넘겼다. 암살을 시도한 자는 진시황이 탐내던 영토를 표시한 비단 지도에 칼을 숨겼다.[208] 진 왕조도 마냥 안전하지는 않았다. 기원전 3세기의 어느 학자는 진나라의 적국에 조언했다. "중국 지도를 보니 제후국 영토가 진나라 영토보다 다섯 배나 큽니다. (……) 여섯 나라가 힘을 합쳐 서쪽으로 나아가 진을 친다면, 진은 무너질 것입니다."[209]

지도는 이처럼 명백히 정치적이고 상징적인 기능 외에도 통치 행정의 일부로 간주되었다. 철학자 한비자(기원전 233년 사망)는 "법은 지도와 책에 명문화한다"고 썼다. 그는 법이 "늘 관청에 있고, 사람들에게 널리 알려져야 한다"고 주장했다. 그의 주장에도 불구하고 다른 학자들은 좀 더 회의적이었다. 유교사상가 순자(기원전 230년경 사망)는 나라의 관리란 모름지기 "법칙과 도량과 지도와 호적을 보존해야 한다"고 주장했다. 그러나 안타깝게도 그들은 "그것의 중요성을 모르지만, (……) 삼가서 감히 덜거나 더하지 않고 잘 보존해야 한다"고 했다.[210]

이 시기의 지도 가운데 현존하는 가장 오래된 지도 하나는 청동판에 새긴 기원전 4세기 말의 지도로, 전국시대 중산국中山國 착왕錯王의 무덤에서 발견되었다. 직사각형과 정사각형 판에 금과 은을 상감기법으로 새기고 곳곳에 글을 넣었는데, 지도라고 알아보기가 쉽지 않다. 사실은 치밀히 계획한 착왕 장례식의 '아홉 원칙'에 따른 지형도를 보여 주는 묘 도면, 즉 조역도兆域圖다. 도판의 바깥쪽 사각형은 두 개의 벽을 나타내고, 두 벽 사이에는 정사각형 건물 네 채가 있다. 세 번째 사각형 안에는 주위보다 높은 단 위에 정사각형 건물이 다섯 채 있는데, 착왕과 그 가족의 묘를 덮을 향당享堂이다. 고대에 측정한 구주와 정전법이 담긴 이 조역도는 중국에 현존하는 것으로는 가장 오래된 지도 형태의 조감도다. 여기에는 치수도 나오는데, 청동판에 적힌 글을 보면 척(尺, 발

크기와 거의 비슷한 약 25센티미터)과 보(步, 보폭에 해당하는 약 6척)를 이용한 크기와 거리가 나온다.[211]

무덤에 이 지도가 있는 이유는 여전히 명확하지 않다. 무덤에는 전통적으로 조상을 숭배하는 뜻으로 영험한 힘을 지닌 귀한 물건을 넣었다.[212] 지도를 넣었다는 것은 중산국 통치자가 죽어서 영적 세계로 들어가기 직전에 그가 지상의 공간에서 비교적 세련된 정치를 폈다는 사실을 기념하는 것일 수도 있다.

진나라와 뒤이은 한漢나라(기원전 206~서기 220년) 모두 지도를 이용해 정치적, 행정적, 군사적 중앙집권에 박차를 가했다. 여지도輿地圖, 즉 포괄적 내용을 담은 지도는 여전히 의례에서나 무언가를 기념할 때 이용되었는데, 이를테면 (한국 같은) 이웃 왕국과 외교적으로 지도를 교환한다거나 군사적 승리 또는 속국 정복의 징표로 지도를 이용하는 식이다. 그러면서 지도는 서서히 제국의 통치에도 퍼지기 시작했다.《주례周禮》(주나라의 예)는 한나라의 이상적 관료 체제를 제시했는데, 이때 지도는 정책 결정의 핵심이었다. 지도의 쓰임새는 치수 정책, 조세, 광업, 도로 구분, 국경 분쟁 조정, 토지 도면, 가축 조사, 인구 조사, 관리의 보고 기록 유지, 제후국의 충성도와 봉토 유지 등 다양했다. 지도의 중요성에 대한 인식이 높아지면서, 통치자에게 지리 정보를 제공하는 지관地官으로 '토훈土訓'과 '송훈誦訓'을 임명했다. 이들은 황제가 가는 곳은 어디든 따라갔다. 이때 토훈은 지도를 설명하고, 송훈은 문제가 생겼을 때 지방 기록을 해독하는 일을 맡았다.[213]

이 시기에 중국이 지도를 어떤 식으로 이해했는지는 배수裴秀(223~271년)의 저작에 가장 잘 드러난다. 배수는 지도 제작의 여섯 가지 원칙인 '제도육체製圖六體'를 정립해 중국의 프톨레마이오스로 불린다. 그는 진晉나라(265~420년) 초대 황제 아래에서 국가 대사를 관장하는 직책인 사공司空까지 올랐다. 그는 〈우공〉을 기초로 고대 지리학의 학문적 틀을 확립하고 〈우공지역도^{禹貢地域圖}〉를 만들었으나 현재는 전하지 않는다. 그가 이용한 방법은 《진서^{晉書}》(진나라 역사서)에 기록되어 전하는데, 여기에는 그가 "고대 문헌을 비판적으로 연구해, 분명치 않은 것은 버리고 사라진 옛 지명은 최대한 가려내었다"고 쓰여 있다. 그렇게 해서 〈우공지역도〉 열여덟 편이 탄생했고, 그가 이것을 황제에게 바치자 황제는 "은밀한 곳에 감추었다." 배수는 자신이 정한 제도육체에 따라 지도를 만들었다. 우선 '분율^{分率}' 즉 "일정한 규모로 눈금을 그어 분할[축척]"하고, 둘째로 '준망^{准望}' 즉 "(이차원에 평행선으로) 격자 선"을 긋고, 셋째로 '도리^{道里}' 즉 "직각삼각형의 변의 길이를 계산하듯 보폭으로 길이를 측정"하고, 넷째로 '고하^{高下}' 즉 "높낮이"를 측정하고, 다섯째로 '방사^{方邪}' 즉 "직각과 예각"을 측정하고, 여섯째로 '우직^{迂直}' 즉 "곡선과 직선"을 측정한다.[214]

경위선, 표준 축척, 거리 계산, 그리고 기초 기하학과 수학 계산을 이용한 고도와 곡률을 강조하는 배수의 제도육체는 서양인이 보기에도 근대적이고 과학적인 지도 제작의 기초를 제시한다. 어느 모로 보나 당시 그리스나 로마의 지도 제작에 비견할 만했다. 그러나 이 방식이 중국에서 이렇다 할 근대적이고 과학적인 지도 제작으로 이어지지는 못했다. 그 이유는 배수의 관심사가 그와 같은 지도 제작에만 머무르지 않은 까닭도 있었다. 그의 연구는 중국 전문 학자들이 말하는 '고증^{考證}'의 초기 사례에 해당했다. 고증은 과거를 되살리는 문헌 연구로, 특히 고대 문헌을 현재의 길잡이로 여겨 그것에 주목했다. 이 고증이 배수의 지도 제작에 영향을 미쳤다. 배수는 자신의 연구가 "고대 문헌의 비판적 연구"를 포함하며, 자신이 만든 지도는 지형 측정에 직접 의존하기보다 문헌 자료에 의존했다고 인정했다. 배수와 새로 들어선 진 왕조에게 이 작업은 고대 문헌 〈우공〉의 권위에 최신 지리를 덧입히는 것을 뜻했다. 과거를 존중하고 과거와의 연속성을 강조한 배수는 새것과 옛것을 결합하면서, 왕조의 연속성을 나타내는 그림에서(그리고 글에서) 과거를 입증하고 현재를 정당화하려 했다.[215]

　　문헌에, 특히 글에 의지하는 전통이 워낙 강하다 보니 훗날 배수의 추종자들은 실제 지리를 시각적으로 묘사할 때의 한계를 지적하기도 했다. 당唐나라의 학자 가탐賈耽(730~805년)은 이렇게 썼다. "지도에 이런 것들을 온전히 그릴 수는 없다. 신뢰성을 더하려면 주석에 의존해야 한다."[216] 글에 의지하는 전통은 배수가 공간에 관한 글을 쓸 때도 나타났다. 그는 이렇게 썼다. "준망[격자 선] 원칙을 제대로 적용하면, 직선과 곡선, 가까운 곳과 먼 곳이 숨김없이 드러난다."[217] 그가 새로 만든 지도 제작의 계량적 원칙을 정당화하고, '동시에' 아홉 칸 정사각형을 기초로 한 왕조 행정에 나타난 고전 문헌 전통을 찬양하는 말이다.

　　배수의 지도는 1368년 명나라가 들어서기 전에 만들어진 수많은 지도가 그렇듯 지금은 전하지 않는다. 현존하는 것 하나는 1136년 송宋나라(960~1279년) 때 제작된, 전설적 군주 우왕의 위업을 기초로 한 유명한 〈우적도禹迹圖〉, 즉 '우왕의 자취를 그린 지도'다. 조지프 니덤Joseph Needham은 이 지도를 "당시의 모든 문화를 통틀어 가장 놀라운 지도 제작 업적"이며, 동시대 유럽의 마파문디를 본 사람이라면 "이 시대의 중국 지리학이 서양보다 얼마나 앞섰는지 놀라지 않을 수 없다"고 말했다.[218] 약 80센티미터의 정사각형 석판에 새긴 〈우적도〉는 오늘날 산시陝西 성의 성도인 시안에 있는 공립학교 교정에 세워져 있었다. 배수의 제도육체처럼 〈우적도〉도 대단히 근대적으로 보인다. 중국의 윤곽도 대단히 정확하다. 그리고 중국 지도로는 처음으로 배수가 조언한 격자 선을 이용해 축척을 표현했다. 지도에는 정사각형이 5,000개 넘게 들어가는데, 정사각형 한 변의 길이는 100리(약 50킬로미터)를 나타낸다. 그러니까 축척이 약 1:4,500,000에 해당하는 지도다. 그러나 이 격자 선은 서양의 경위선과는 다르다. 경위선은 위선과 경선으로 지구 표면의 다

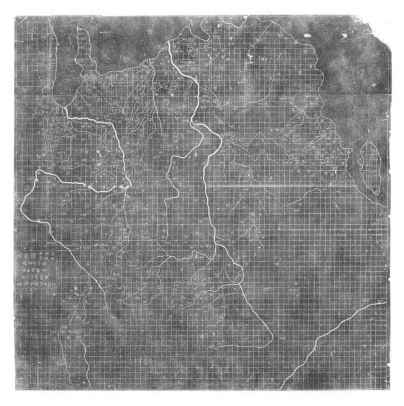

—— 그림 27
〈우적도〉, 1136년.

른 곳들과의 상대적인 위치를 표시하는 반면, 중국의 격자 선은 구형 지구를 평면에 표현하는 것에는 관심이 없고 오직 거리와 면적 계산에만 관심을 둔다.

　　석판 뒷면에는 〈화이도華夷圖〉, 즉 '중국과 이민족 나라의 지도'라는 또 하나의 지도가 있다. 이 지도는 어느 면에서는 〈우적도〉를 보완하는 게 분명한데, 과연 어떤 식으로 보완하는 것일까? 이 지도가 다루는 범위는 훨씬 넓어서 지명이 500개 이상 나타나는데 구주의 강, 호수, 산, 그리고 북동쪽에 있는 만리장성을 포함한다. 더불어 국경 주변의 (고려를 포함한) '이민족 나라'도 표시해, 지도 가장자리에 100여 개에 이르는 방대한 이민족 목록이 적혔다. 그러나 이 지도는 〈우적도〉와는 사뭇 다르다. 격자 선이 없고, 해안선은 극도로 거대하며, (특히 중요한 요동반도에서) 지형이 엉터리인 경우가 많고, 수계水系도 부정확하다. 대체 무슨 내용일까? 이를 이해하려면 다시 석판 앞으로 돌아가 〈우적도〉를 살펴야 한다.

〈우적도〉에서 격자 선만큼이나 놀라운 것은 지도 이곳저곳을 가로지르는 강이다. 북쪽으로는 황허가, 남쪽으로는 양쯔 강이, 그리고 둘 사이에는 화이허淮河가 흐른다. 이곳 지명의 핵심은 산 이름이지만 도시와 성省 이름도 있다. 상단 왼쪽에 적힌 설명에서, 이 지도에는 문헌 연구가 계량적 측정만큼이나 중요하다는 사실을 다시 한 번 확인할 수 있다. 설명은 이렇다. "우공의 산천山川명, 고금古今의 주군州郡명, 고금의 산수지山水地명."**219** 〈우적도〉는 전설적인 시대와 장소를 묘사하는 것으로 당대의 지리를 표현한다. 이 지도의 특징은 〈우공〉을 기본 문헌으로 언급하고, 강과 산으로 정의된 통일 이전의 신화적 중국을 묘사한 것이다. 예를 들어 우왕은 '지스積石'라 불리는 곳에서 황허의 물길을 인도했다고 나오고 지도에도 그곳이 표시되었지만, 13세기에 학자들은 황허가 중국 북서쪽에 있는 쿤룬산崑崙山에서 발원했다는 사실을 알게 된다. 〈우적도〉는 당시의 중국 지도 제작자들도 틀렸다고 지적한 곳까지 〈우공〉 지리학을 그대로 받아들인다.

〈우적도〉는 축척 사용을 자축하고 새로운 지리 자료를 받아들이기보다 신화적 지리에다 당대의 장소를 결합하는 방식을 택하는데, 그 이유가 매우 구체적이다. 송나라는 고대 중국의 국경 지역 전반에서 군사와 행정권의 중앙집권을 이루려고 100년 넘게 노력했다. 정치적 어려움도 있었지만, 아니 어쩌면 그 결과로 송은 문화와 경제에서 놀라운 개혁을 이루며 초기 지폐를 발행하고, '사대부' 학자 관리층을 양산하고,

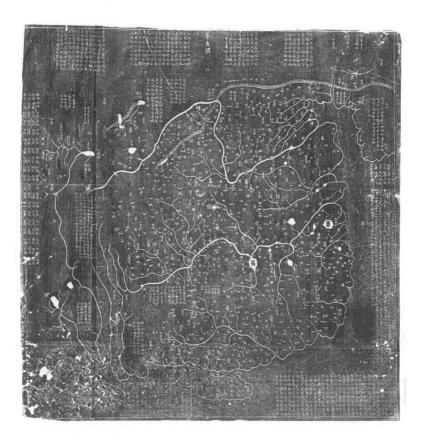

—— **그림 28**
〈화이도〉, 1136년.

7세기 말 중국이 목판인쇄를 발명한 이래 그 인쇄술을 가장 혁신적으로 이용했다.[220] 그러나 12세기 초까지 북방 지역은 여진족(북만주의 퉁구스족 연합)이 세운 금金나라의 위협에 시달렸다. 1127년, 황허 남쪽에 있는 수도 카이펑開封이 금의 수중에 떨어지자 송은 양쯔 강 남쪽 항저우杭州(옛 이름은 임안臨安)로 수도를 옮겼다. 1141년에는 금과 평화조약을 맺으면서 영토의 절반을 양도해, 국경이 황허와 양쯔 강 사이로 내려갔다. 그 후 1279년에 멸망할 때까지 송의 통치자와 사대부들은 잃어버린 북

방 영토를 회복해 고대 제국을 재건하는 꿈을 꾸었다.[221]

그 꿈은 결코 실현되지 않았지만, 〈우적도〉는 눈에 보이는 형태만이 아니라 보이지 않는 형태로도 그러한 통합을 표현한다. 〈우적도〉에는 국경이 없다. 여진족 영토라는 표시도 없다. 그보다는 여진족이 습격해 오기 전, 〈우공〉에 나오는 신화적 지리에다 송나라의 이상적 지리를 결합한다. 송을 통일 제국으로 묘사할 뿐 아니라 이민족 통치자들이 공물을 바친 우왕이 창조한 구주, 즉 통일 중국이라는 독창적 개념을 태생적으로 물려받은 국가로 묘사한다. 지도에 나타난 이상적이고 향수에 젖은 공간에서 정치 현실이 멀찌감치 사라진 덕에 송나라 사람들에게 그러한 통일 가능성을 믿게 하는 지도의 명백한 위력은 더욱 확대된다.

〈우적도〉와 〈화이도〉는 같은 이야기를 두 가지로 표현한 중국의 제국주의 지도 제작 사례다. 〈우적도〉는 정치 분열이 없는 영원한 세계, 우왕이 묘사한 구주의 신화적 통합으로 정의되는 세계를 투영한다. 〈화이도〉도 똑같은 이상을 표현하되, 여기서는 송 제국을 '中國(중국)', 즉 '중앙의 왕국'으로 정의한다. 지도 중심에 있는 중국 북부 지방을 염두에 둔 발상이며, 이민족에 비해 중앙집권을 이루었다고, 혼란스러운 남송 시대에 절실히 필요한 중앙집권을 이루었다고 반복해 강조하는 것이다. 서양인이 보기에 두 지도는 지형적으로 '엉터리'가 분명하지만, 〈우공〉 같은 고대 문헌에 기초한 이상적이고 제국주의적인 지형을 투영하는 작업은 지도의 정확도와는 상관이 없었다.[222]

송의 충격적 분할 전후에 나온 지도를 묘사한 시들을 보면, 분할 전에는 영토를 표현하는 지도의 위력을 인정하고 분할 뒤에는 영토 상실을 한탄한다. 이보다 300년 앞선 9세기에 당나라 시인 조송曹松은 〈화이도를 보며〉(앞서 언급한 〈화이도〉와는 다른 지도 ― 옮긴이)라는 시를 썼다.

붓질 한 번에 땅이 줄고

지도를 펼치니 태평이 다가온다.

중화가 귀한 위치에 있으니

어느 별 아래 변방을 찾으리오.**223**

이 시에서, 지도를 펼쳐 한가운데 있는 통일된 중국 왕조를 바라보는 관조적 행위는 안도감과 확신을 불러일으킨다. 훗날 남송 시인들도 비슷한 자부심을 드러냈지만, 그 분위기는 사뭇 달랐다. 12세기 말 유명한 시인 육유^{陸游}(1125~1210년)는 이렇게 한탄했다.

일흔 해를 돌아다녔지만 내 마음은 처음과 같다.

우연히 지도를 펼치니 눈물이 북받치는구나.**224**

이제 지도는 상실과 슬픔의 상징이며, 어쩌면 "행동을 위한 발판", 즉 잃은 것을 모두 되찾으라는 요청 같은 것인지도 모른다.

송나라 시인들은 석판에 새긴 〈화이도〉뿐 아니라 목판에 새긴 당대의 여러 지도를 노래했다. 대단히 오래된 현존 인쇄 지도로 손꼽히는 〈고금화이구역총요도^{古今華夷區域總要圖}〉(1130년경)도 그중 하나다. 12세기와 13세기에 송나라에 문관이 성장하면서 과거 시험 응시자가 많게는 40만 명에 이르렀는데, 이 시험을 치르려면 지도의 실용적, 행정적 용도를 이해해야 했다. 인쇄공들은 이 새로운 시장에 재빨리 편승해 〈고금화이구역총요도〉 같은 지도를 생산했다. 이 지도가 인기가 높고 지도층 사이에서 널리 퍼지다 보니 종류가 여섯 가지나 생겼고, 인쇄하는 사람이 그때그때 지도를 수정, 보완하곤 했다. 이 지도가 정치에서 어떤 기능을 했는지는 지도에 딸린 설명 즉 "과거와 현재의 행정 분할", "북쪽 오랑캐[北狄]", 그리고 지도 위쪽을 가로지르는 "만리장성" 같은 말에서 유추해 볼 수 있다. 그러나 이 같은 말에서 현재 못지않게 과거

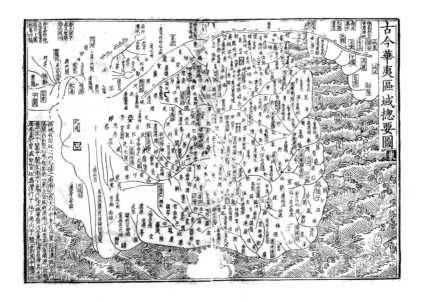

───── **그림 29**
〈고금화이구역총요도〉, 1130년경.

에 뿌리를 내리려는 제국의 시각을 엿볼 수 있다. 앞서 언급한 석판 지
도와 마찬가지로, 이 인쇄된 지도들도 불변의 중국에 자리 잡은 강과 산
에서 제국의 미래상을 창조한다. 이 지도는 학자와 관리들이 제국의 일
상적인 행정 업무를 볼 때도 이용되었지만, 그 안에는 영원한 공간에 대
한 깊은 믿음 또한 담겨 있었다.

　　이처럼 분산되고 불연속적인 중국 역사의 맥락에서 〈강리도〉를
읽으려면 어려운 점이 한두 가지가 아니다. 하지만 이 지도가 참고한 문
헌이나 글에서 중국 지도 제작과의 연속성, 즉 장소를 재현하고 신화적
서술에 의존하는 성향을 찾을 수 있다. 어쩌면 당연한 이야기이지만, 이
지도는 특히 한국의 관심사로 가득하다. 한국은 전근대 세계에서 유일
하게 자국 영토 모양의 화폐를 이용했던 나라다. 1101년에 "이 나라 영
토를 닮은"[225] 은병이 유통된다는 공표와 함께 한반도를 닮은 화폐가

나온 것인데, 영토에 대한 한국인의 관심을 보여 주는 사례다. 한반도는 산악 지대가 많을뿐더러 주변에 영토도 더 크고 군사력도 더 강한 중국과 일본이 있어 늘 촉각을 곤두세워야 했다. 이런 지형적 환경에서, 신화적 사고에다 정치 안보를 결합한 독특한 지도 제작 전통이 출현했다. 한국말로 '지도'는 '땅 도해' 또는 '땅 그림'을 뜻하는데, 지도라는 말이 처음 문헌에 등장한 때는 7세기 초로 거슬러 올라간다. 이때의 지도 중에 현재 전하는 것은 없지만, 당시 지도를 언급한 현존하는 거의 모든 문헌에서 이들 지도가 앞서 언급한 많은 중국 지도처럼 행정과 제국의 용도에 맞춰 발전했다고 말한다. 628년 고구려는 낭나라에 (지금은 분실된) '봉역도封域圖'를 보냈다. 속국이 종주국에게 지도를 조공으로 바치던 전형적 사례다.[226]

　　한국의 지도 제작자들에게 중요했던 것 가운데 또 하나는 오래전부터 내려온 풍수風水다. '형세形勢'라고도 하는 풍수에 따르면 땅의 힘인 '기氣'의 흐름은 강이나 산 같은 지형에 영향을 받는데, 묘나 주거지, 절, 심지어 도시의 터를 잡을 때 기가 자연스럽게 흐르는 명당을 고르는 것이 좋다. 중국의 아홉 칸 정사각형처럼 풍수도 유대 기독교 전통과는 대단히 다른 시각으로 물리적 공간을 바라본다. 불교보다 먼저 생긴 풍수는 지형을 사람의 몸처럼 여겨, 풍수에 따라 터를 잡는 지관은 땅을 진료하는 의사처럼 땅의 맥을 짚고 주요 산과 강을 따라 맥의 흐름을 찾아낸다. 미술평론가 로거 괴퍼Roger Goepper는 중국 산수화에 나타난 풍수를 묘사하며 이렇게 쓴다. "어느 시골의 자연 구석구석이 말하자면 그 자체로 하나의 닫힌 세계이며, 거대한 조직 안에 고립된 소우주로 존재한다. 그 거대한 조직은 공간적으로 연결된다기보다 '기'라는 공통되고 보편적인 힘으로 연결된다."[227]

　　한반도는 국토의 70퍼센트가 산으로 뒤덮인 특수한 환경이다 보니 풍수, 즉 형세에 따라 지도를 제작하는 일이 중국보다 더 흔했다.[228]

풍수지리학자들은 살기 좋은 명당을 우주의 기운이 충만한 북쪽 백두산과 남쪽 지리산 사이에 놓인 지역으로 보았고, 이 백두대간을 벗어날수록 우주의 기운이 줄어든다고 생각했다. 신화에 따르면, 한반도 북동쪽에 자리 잡은 화산인 백두산은 한민족의 기원이자 한반도 자연의 힘의 원천이다. 백두산의 중요성은 1396년 조선 관리 이첨李詹이 한반도를 묘사한 전형적인 풍수에서 잘 나타난다. "중대中臺는 [백두산에서] 운봉雲峰으로 뻗었는데, 여기서는 지리와 지축이 바다를 지나 남쪽으로 가지 않고 맑고 깨끗한 기운이 서려 뭉쳐 있어, 산이 지극히 높아 다른 산은 그만큼 높지 못하다." 이첨에게 자연지리를 묘사하는 것은 곧 영적 형세를 표현하는 것이었다. 그는 이어 말한다. "원기元氣가 여기서 흐르고 저기서 뭉쳐, 산과 강이 각기 제 영역을 형성한다."[229] 고려 왕조를 세운 태조 왕건(재위 918~943년)도 비슷한 풍수지리를 통치의 근간으로 삼아 아들에게 이렇게 훈계했다. "남쪽 지역은 산형지세가 거꾸로 되어 인심도 그러하다. 따라서 그곳 사람들이 조정에 참여하면 나라를 어지럽히고 반역을 꾀할 터이니 조심하여라."[230] 성리학을 신봉한 조선 왕조는 앞선 고려 왕조와 연관된 불교(특히 선종)의 풍수지리 관습으로 보이는 것들을 조심스레 다루어 풍수는 비록 예전보다 줄었지만 그래도 (특히 지방을 중심으로) 여전히 존재했다. 조선의 관청인 관상감은 풍수를 이용해 한양을 새 수도로 정했다.[231]

　　풍수를 바탕으로 한 초기 지도 가운데 현존하는 것은 없지만, 1463년에 지형 전문가로 알려진 정척鄭陟(1390~1475년)이 만든 조선의 공식 지도인 〈동국지도東國地圖〉 사본을 보면 풍수가 얼마나 널리 퍼졌는지 알 수 있다. 지도 전체에 강(파란색)과 산(녹색)이 복잡하게 얽혔는데, 모두 우주 기운의 원천인 백두산과 곧장 연결된다. 각 지방은 서로 다른 색으로 표시하고 중요한 지역은 동그랗게 표시해, 지도를 보는 사람이 주변 강과 산을 보면서 그곳이 명당인지 평가할 수 있게 했다. 그러

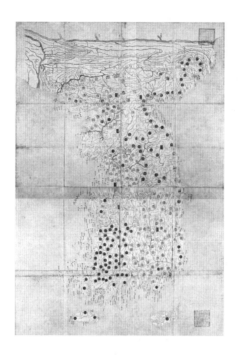

───── **그림 30**

정척이 만든 조선의 공식 지도 사본. 지도에 풍수의 영향이 드러나, 색깔로 구분된
'우주의 기운'이 수계(파란색)와 산맥(녹색)을 따라 흐르고, 각 지역은 소속된 도(道)에 따라
색깔을 달리해 표시했다. → 224~225쪽 사이 컬러화보 참고

나 이 지도는 풍수의 영향만이 아니라 조선이 안보에 얼마나 신경을 썼
는지도 보여 준다. 조선은 국경 지대의 지리에 밝았지만, 북쪽 국경 지
대만큼은 극도로 압축해 표현했다. 풍수지리의 핵심인 백두산이 있는
곳인데도 그러하다. 지도 제작자가 풍수와 안보를 동시에 고려하다 보
니, 지도에서 북쪽 국경을 의도적으로 왜곡해 중국이나 여진족이 침입
해 이 지역이 그들 수중에 떨어졌을 경우를 대비한 것으로 보인다(이 시
기에 지도를 외교적으로 유통하던 상황을 생각하면 얼마든지 가능한 일이다).[232]

〈강리도〉는 이러한 별개의 지도 제작 요소들을 더러는 줄이고 더러는

강조하면서 하나로 결합한 놀라운 지도다. 이 지도가 참고한 14세기 중반 중국의 청준과 이택민의 지도는 글과 역사에 의존하는 지도 제작 전통의 산물이며, 그 전통은 〈우적도〉와 〈화이도〉로 대표되는 송나라의 두 가지 관습을 결합한 것이다. 〈강리도〉는 이런 지도에서 어떤 요소를 가져올지 용의주도하게 선택한다. 격자 선은 사용하지 않지만, '이민족 나라'를 따로 한쪽에 적어두기보다 직접 표시한다. 그리고 〈우공〉 같은 문헌에 나타나는 신화적 이야기를 바탕으로 제국 재건을 이야기하는 중국 전통에 시간과 노력을 쏟기보다 중국 국경 너머의 세계를 불안보다는 호기심이 어린 시선으로 자유롭게 표현한다. 그러나 중국의 문화적, 정치적 중요성을 인정해 중국을 지도 가운데 놓는다. 그리고 격자 선은 없지만 지도를 직사각형으로 만들어, 중국의 우주관인 아홉 칸 정사각형 원칙을 간접적으로 인정한다.

지도에 나타난 중국의 영향 가운데 가장 두드러진 것은 북쪽을 지도 위에 둔 것이 아닐까 싶다. 한국은 아주 오래 전부터 묏자리를 쓸 때 동쪽을 바라보게 했는데, 북쪽에 있는 몽골과 돌궐도 이 원칙을 적용했다. 그러나 제2장에서 보았듯이, 고대 중국의 오래된 전통에서 왕 또는 황제는 백성 위쪽 높은 자리에서 남쪽을 바라보았다. 즉 백성은 북쪽을 향해 황제를 '올려다'보았고, 황제는 항상 백성을 '내려다'보았다. 앞서 살펴보았듯이 한자에서 '등[背]'을 뜻하는 말은 '북쪽[北]'을 뜻하는 말과 발음이 같고 어원도 같은데, 황제의 등이 항상 북쪽을 향하기 때문이다. '암송하다[背]'를 뜻하는 말도 마찬가지다. 학생들이 교과 내용을 암송할 때는 교실 앞에 적힌 원문을 보지 못하도록 교사에게 등을 돌려야 하기 때문이다. 그런가 하면 방위와 관련한 표현에서는 황제의 관점에 따라 '왼쪽'은 동쪽을 의미하고 '오른쪽'은 서쪽을 의미할 것이다. 심지어 중국 나침반은 남쪽을 가리켰다. 나침반은 남쪽을 가리키는 침, 즉 '지남침指南針'이라 불리는데 전통적 방위에서 사용자는 (황제가 없는 한)

남쪽을 바라볼 것이기 때문이다. 남쪽은 따뜻한 바람과 태양이 곡식을 무르익게 하는 방위이며, 집터와 묏자리를 정하는 풍수에서도 중요한 요소다.[233]

한국도 풍수에 집착했지만, 한반도 지도에 나타난 풍수의 영향은 놀랍도록 제한적이다. 조선 사람에게 가장 중요한 곳이 백두산인데도, 〈강리도〉에는 백두산이 강조되지 않을뿐더러 오늘날의 지도와 비교해 지나치게 남동쪽으로 치우쳐 있다. 백두대간을 비롯해 한반도의 주요 산맥은 구불구불한 선으로 희미하게 표시될 뿐이다. 조선 왕조의 척추에 해당하는 백두대산은 동쪽 해안을 따라 내려가고, 거기서 뻗어 나온 산맥은 서쪽으로 대동맥처럼 퍼져 나가 송도와 한양 같은 대도시로 흘러든다. 강은 정확히 표시되고 정맥처럼 한반도 전체에 퍼져 있다. 그러나 이첨이 묘사한 풍수에 비해, 그리고 지도에 나타난 주변 세계에 비해, 풍수는 급격히 줄어든다.

권근은 광범위한 정치적 시각을 담은 지도가 얼마나 민감한지 누구보다 잘 알았고, 1396~1397년에 그가 관여한 외교 임무는 조선과 중국의 관계가 새롭게 시작하는 시기에 〈강리도〉를 제작하는 동기를 새롭게 조명해 준다. 1388년의 반란 직후, 조선 정권은 이웃 명나라와의 오랜 사대 관계를 계속 유지하려 했다. 이성계는 1392년 왕위에 오르기 전에 명 태조 홍무제에게 서한을 보내, 자신의 행동을 정당화하고 더 나아가 새 국호에 대해 자문을 구한다(중국은 고조선과의 연관성을 이유로 '조선'을 선호했다). 그러나 명나라는 1396년에 조선의 종속적 지위를 확고히 할 목적으로, 조선의 서한을 "경박하고 무례하다"고 비난하며 서한을 가져온 조선 사신을 억류했다.[234] 이로써 왕가에서 그리고 문헌에서 제국과 영토를 어떻게 정의할지를 두고 '표전문제表箋問題'라 불리는 외교 위기가 초래되었다.

홍무제 주원장이 모욕이라고 공식적으로 선언한 근거에 담긴 정치지리학은 이후 〈강리도〉 제작을 정당화하는 계기가 되었다고 볼 수 있다.

> 새 조선은 왕이 다스리는 나라이며, 왕은 본디 우리와 긴밀한 관계를 유지하려 애썼다. 그러나 어리석고 반역적인 사신들이 멋대로 행동하고, 그들이 가져온 문서에 인장과 제국의 고명誥命(임명장)을 청하니 이는 결코 가벼이 여길 수 없다. 조선은 산으로 둘러싸이고 바다로 막혀, 하늘과 땅이 그곳을 동이족[동쪽 오랑캐]의 땅으로 만들었으며, 그곳은 풍습도 다르다. 내가 공식 인장과 임명장을 내리고 사신들을 봉신으로 명하면, 혼령들 눈에 내가 탐욕이 과하다 보이지 않겠는가? 그리 되면 고대 성군들에 비해 나는 절제하지 못하는 사람이 될 것이 분명하다.[235]

그럴듯한 말로 호의를 거절하는 것이야 외교의 전형이지만, 명이 내세우는 정당성은 제국의 성리학 원칙에 근거한다. 조선은 산과 바다 너머의 '오랑캐' 왕국이다. 그들은 풍습이 다르고, 전통적으로 중국의 지방으로 인정하는 범위를 넘을 것이다. 황제는 묻는다. 그들을 중국 제국의 영향력 안에 포함해야 하는가, 아니면 그들의 그러한 요구가 고대 성군들이 공표한 내용을 모욕하는 것인가?

표전문제는 권근이 개입하면서 겨우 해결된다. 권근은 난징에 8개월간 머물면서, 홍무제와 사적으로 우호적인 관계를 발전시켜 억류된 사신을 풀어 주고 조선과 명의 외교 관계를 재건토록 협상한다. 두 사람은 시를 교환하기에 이르는데, 홍무제의 시는 〈어제시御製詩(황제의 시)〉, 권근의 시는 〈응제시應製詩(임금의 명에 응해 쓴 시)〉로 알려진다. 시에 쓰인 양식화되고 비유적인 언어에는 정치와 영토에서 서로의 차이를 수용하려는 두 나라의 미묘한 전략이 담겼다.

홍무제의 첫 번째 시는 논란의 대상인 압록강 경계에 주목한다.

이곳은 1380년대에 고려와 명 사이에 긴장이 고조된 장소이자 1388년에 이성계가 군사 반란을 일으킨 중심지다.

압록강

압록강 맑은 물 옛 봉국의 경계인데
훠과 속위수 종식되고 평화를 즐기누나
도망친 자 들이지 않아 천년 국운 열었고
서로 예의를 낚으니 백세의 공을 이루었노라
한(漢)나라가 이룬 정벌은 분명 역사책에 실렸고
요동 원정은 모름지기 남은 자취로 알겠노라
(조선 왕의) 사려 깊은 마음은 하늘의 마음에 닿고
물은 파도가 없으나 수병 침공 없도다.[236]

홍무제의 시는 앞선 송나라 지도가 그렇듯, 오래전 과거를 현재에 적용해 요동 지역은 명의 땅이라고 주장한다. 고대 중국 문헌은 압록강을 중국 영향력의 경계로 규정했지만 요동반도에, 그러니까 결국은 한반도에 문명을 전한 것도 중국이라고 했다. 명을 배척하던 고려가 최근에 축출되고, 조선이 중국 제국에서 "도망친 자"를 숨겨 주지 않으면서 이 지역에 평화와 안정이 찾아왔다. 그러나 홍무제는 기원전 109년에 한나라가 요동 지역을 점령했던 상황으로 거슬러 올라가, 그리고 근래의 일로는 1380년대 말 요동 지역에서 일어난 사태를 암시하며, 권근에게 요동반도가 중국 땅이라는 사실은 "역사책에 실렸다"고 상기시킨다. 궁극적으로 압록강은 근래 들어 정치적 "파도"가 없는 지역이면서, 두 왕국 사이에 왕래 가능한 자연스러운 국경으로 간주되었다.

홍무제는 뒤이어 〈요동을 지나는 사신〉이라는 제목의 시에서, 압록강 서쪽으로 이동해 조선의 사신이 요동반도를 가로질러 명나라 영토로 들어오는 모습을 상상한다. 평화롭고 시간이 멈춘 사회에 대한 상상으로 가득한 이 시는 이렇게 끝맺는다. "하늘과 땅 끝에 닿은 중화의 경계 // 벼와 기장이 밭에 가득하여 해마다 수확하노라."[237] 권근은 이에 더욱 고분고분한 말투로 응대하며, 역시 정치적으로 민감한 압록강과 요동 지역을 언급한다. 그는 〈압록강을 건너며〉라는 시에서, 홍무제가 침략사를 거론하며 중국의 영향력을 주장하던 것을 슬쩍 피해 재치 있는 질문을 던진다.

> 황제의 덕은 중화中華와 동이東夷에 경계를 두지 않는데,
> 지리는 어찌하여 그곳과 이곳의 경계가 나뉘었는가?[238]

권근은 〈요동을 지나며〉에서도 군사 점령으로 얼룩진 이 지역의 역사를 피해 간다. 그리고 유생 같은 '유람'에만 초점을 맞춘다. "요동은 아득하게 길이 먼데" "상국上國 구경이 가장 즐거운 일이로다."[239]

　　　　권근이 외교 차원에서 시로 묘사한 내용은 지리적으로 볼 때 그가 조선에 돌아와 완성한 〈강리도〉의 내용과 같다. 그의 시와 지도는 불교에서 성리학으로 넘어가는 조선 초기의 상황을 반영한다. 중국은 비록 지도 한가운데 '중원'에 놓였지만 정치적 경계가 없는 세계이며, 이웃한 유교 왕국들과 밀접한 지역적, 문화적 유대를 강조한다. 압록강의 정치적 중요성도 모호해서, 지도에 이름이 나온 강 셋 중 하나일 뿐이다. 권근은 표전문제 해결과는 직접 관련이 없는 시에서도 도덕적 지리를 이야기하는데, 이는 〈강리도〉에 다시 나타난다. 그는 〈일본을 바라보며〉라는 시에서, 일본인은 "흉악하고 간사하다", "이웃나라를 침범하고 노략질한다"고 묘사한다.[240] 강리도 발문에서는 새로 추가한 일본 지도의 중요성을 강조한다. 일본의 정확한 방위와 크기는 문제가 아니었다. 중요

한 것은 일본의 위협이나 일본과의 외교에서 느껴지는 근접성이었다. 권근은 지도와 시에서 끊임없이 일본을 거론했는데, 그러다 보니 왜구를 두려워하고 쇼군(일본 무신 정권인 막부의 우두머리 – 옮긴이) 대응에 외교적 어려움을 느낀 중국과 조선 사이에 공통된 명분을 세울 수 있었다.

조선은 일본과의 관계에서 '교린정책', 즉 이웃 나라와의 화친 정책을 추구했다. 여기에는 "태생적으로 완고한" 일본인들을 '예禮'로 교화하는 것도 포함되었다.[241] 권근이 외교 임무를 성공리에 마치고 돌아와 시문집 《양촌집陽村集》에 "지도(〈강리도〉) 제작을 즐거이 지켜보고 있다"[242]고 쓸 무렵 기지 세계에서 조선 왕조의 외교석, 지리적 위치는 안정되는 단계에 이르렀고, 중국이나 일본과의 관계도 마찬가지였다. 〈강리도〉를 본다면 누구든 그 사실을 확인할 수 있을 것이다.

1402년에 제작된 〈강리도〉의 현존하는 사본 가운데 상태가 가장 좋은 것은 류코쿠 대학에 있는 15세기 말의 사본이다. 최근에 제작 연도가 1479년에서 1485년 사이로 추정된 이 지도에는 15세기 말 조선왕조의 불안함이 담겼다. 지도에 실린 지명은 이 시기에 조선이 실행한 몇 가지 민생과 행정 정책을 반영하는데, 이를테면 1479년 전라도에 설치한 해군기지인 수영水營이 지도 남서쪽 해안에 선명히 표시되었다. 반면에 더 넓은 세계 지리를 최신 정보로 보완하는 데는 별다른 노력을 기울이지 않아서, 새로운 자료가 많은데도 중국은 14세기 초의 원나라 지도에 등장하던 모습 그대로다. 류코쿠 지도는 사라진 1402년 〈강리도〉의 단순한 사본이 아니라, 조선의 빠른 변화를 담은 최신 기록일 것이다. 15세기 말에 이 지도를 베낀 사람들은 세계의 다른 나라는 정지했지만 비교적 새로운 정부의 도시, 군사 행정은 빠르게 발전하고 있다고 말하고 싶지 않았을까?[243]

류코쿠에 있는 〈강리도〉는 1402년 지도를 기본으로 삼고 권근의 발문을 그대로 유지해, 1470년대 정권의 관심은 1400년대 초의 관심과 다른 방식으로 유사하다는 사실을 보여 준다. 두 지도 모두 넓은 세계 안에서 조선 왕조의 (풍수 용어를 빌리면) '터를 정하는 일'에 관심을 두었다. 변화하는 세계에서 조선의 제국주의적 야심은 중국과 일본의 야심과 삼각 구도를 이루어야 했다. 그러나 원본 〈강리도〉를 제작한 사대부들은 중국의 원칙에 절대적으로 매달리지 않았던 덕에 동아시아 너머 '오랑캐' 땅도 투영할 수 있었다. 중국인들은 한반도 사람들을 곧잘 오랑캐로 묘사했지만, 조선은 "세계는 대단히 넓다"는 사실을 독자적으로 인식할 수 있었고, 가장자리에 무엇이 놓이든 조선의 지리와 역사를 지도에 독자적으로 표시하고자 했다.

오늘날 서양인의 눈에 〈강리도〉는 모순적이다. 〈강리도〉는 언뜻 보기에 《과학의 진기함》에 실린 여러 지도나 〈헤리퍼드 마파문디〉에 견줄 만한 세계지도 같다. 그와 동시에 물리적 공간을 대단히 다른 방법으로 이해하고 체계화하는 이질적 문화에서 나온 세계의 그림처럼 보이기도 한다. 세계라는 개념 자체는 어느 사회나 공통이겠지만, 세계를 이해하고 표현하는 방식은 사회마다 대단히 독특하게 정의된다. 그런데도 〈강리도〉와 그보다 앞선 중국의 여러 지도가 보여 주듯이, 서로 다른 세계관은 지도를 만들고 사용하는 사람들에게는 대단히 일관되고 기능적이다. 〈강리도〉는 세계 최강의 고대 제국에 지도 제작으로 대응한 것이며, 조선이 자국의 자연 지형과 정치 지형을 동시에 인식해 만든 지도다. 중국과 조선은 경험을 활용해 지도를 만들었고, 그렇게 탄생한 지도는 단지 지리적 정확성이 전부가 아니었다. 그것은 구조적 관계를 효과적으로 표현하는 수단이기도 했다.[244] 〈강리도〉와 그 사본은 작지만 당당했던 새 왕조가 덩치가 훨씬 큰 제국의 영역 안에서 자리매김할 수 있는 방법을 제시하고 있었다.

5 발견

—

마르틴 발트제뮐러의
세계지도,
1507년

독일 함부르크,
1998년

———

필립 버든^{Philip D. Burden}은 영국에서 가장 존경받는 지
도 거래상이자 아메리카 지도 전문가이고《북아메리카
의 지도^{The Mapping of North America}》의 저자다. 1998년 여
름 런던의 전문 서적상이 함부르크에 있는 고객을 대
신해 그를 찾아와, 고객에게 고지도가 하나 있는데 감
정을 받고 싶어 한다는 말을 전했다. 버든은 직업상 그
런 요청을 자주 받았지만, 고객이 붙인 조건을 듣고 돌
연 호기심이 일었다. 감정을 하루빨리 진행할 것, 그리
고 지도의 정체가 밝혀지기 전까지는 이 모든 일을 비
밀에 부친다는 서약에 서명할 것. 버든은 훗날 이 일을
회상하며, 서명을 한 뒤에 "전화 통화를 했는데, 쉽게
잊지 못할 순간"이었다고 했다.

　　버든은 전달받은 정보가 대단히 특별해서, 캘
리포니아 디즈니랜드로 떠나려던 가족 여행을 취소하
고 곧장 런던으로, 그리고 함부르크로 가기로 했다. 그
가 만난 고객 대리인은 그를 차에 태워 함부르크의 은
행 밀집 지역으로 데려갔다. 버든은 어느 은행 회의실

로 들어갔고, 그곳에서 감정할 물건을 소개받았다. 독일 지도 제작자 마르틴 발트제뮐러Martin Waldseemüller가 만든 세계지도 가운데 유일하게 현존하는 것으로 짐작되는 지도였다. 〈프톨레마이오스의 전통과 아메리고 베스푸치 등의 항해를 기초로 한 우주형상도Universalis cosmographia secundum Ptholomaei traditionem et Americi Vespucii aliorumque lustrationes〉라는 제목이 붙은 이 지도는 1507년에 제작했으리라 추정되며, '아메리카America'라는 지명을 사용하고 그곳을 아시아와 떨어진 거대한 땅덩어리로 묘사한 최초의 지도로 널리 인정받는다. 고지도를 여러 해 다룬 버든은 지도가 인쇄된 종이의 독특한 질감을 보고 "이건 정교하게 제작한 가짜가 아니라 진품이 틀림없다"는 확신이 들었다. 지도 제작사에서 대단히 중요한(그리고 값진) 물건을 마주하고 있다는 것도 누구보다 잘 알았다. 그는 훗날 이렇게 적었다. "현존하는 미국 관련 인쇄물 중에서 중요도로 보나 지도에 적힌 대로 미국의 출생증명서라는 의미로 보나 미국 독립선언서와 미국 헌법 다음으로 중요한 문건이 틀림없다고 생각했다."245

　　　버든은 네 시간 동안 지도를 살핀 다음에야 고객에게 전달할 보고서를 작성하기 시작했다. 고객은 최근에 컴퓨터 소프트웨어 회사를 매각한 독일의 부유한 사업가로, 이 지도 매입에 관심을 보이고 있었다. 당시 지도 소유주는 독일 남부 바덴뷔템베르크 주에 있는 볼페그 성의 요하네스 발트부르크볼페그 백작이었다. 지도가 매각된다는 사실이 알려지자, 또 다른 주자가 나타났다. 미국 의회도서관이었다. 버든의 원래 고객은 지도에 흥미를 잃었고, 지도가 아닌 다른 곳에 투자하기로 마음을 바꿨다. 1,000만 달러를 호가하는 발트제뮐러 지도는 세상에서 가장 비싼 지도가 되었다. 의회도서관 대리인은 버든에게 이제 다른 질문을 던졌다. 이 지도가 정말 그렇게 말도 안 되는 가격만큼의 가치가 있는가? 그 가격에 지도를 사겠다는 고객이 적어도 두 명 더 있다고 버든이

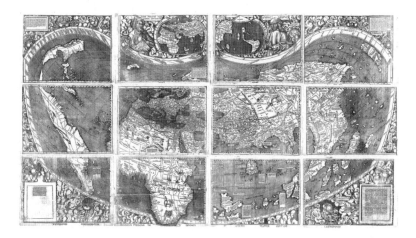

───── **그림 31**
미국의 출생증명서. 최초로 아메리카를 별개의 대륙으로 묘사하고 그곳을
아메리카라고 명명한 마르틴 발트제뮐러의 세계지도(《우주형상도》). 미국 의회도서관이
2003년에 1,000만 달러에 사들였다. 1507년. → 224~225쪽 사이 컬러화보 참고

확인해 주자, 1999년 여름 도서관 대리인은 지도를 매입하기로 결정했
다. 도서관 측은 계약서를 만들고 지도 매입 사유를 적으면서, 지도 제
작사와 미국 역사에서 이 지도의 중요성을 다음과 같이 나열했다.

- 크리스토퍼 콜럼버스가 1492년에 신대륙을 발견하고 마르틴 발트제
  뮐러가 그곳을 '아메리카'라 명명한 뒤로, 이 지도는 '아메리카'가 쓰
  인 최초의 사례로 알려져 있다.
- 마르틴 발트제뮐러가 제작한 목판인쇄 지도 가운데 유일하게 현존하
  는 지도이며, 제작 시기는 1507년으로 추정한다.
- 그전까지 '미지의 땅terra incognita'이라 불린 신대륙에 마르틴 발트제
  뮐러가 '아메리카'라는 이름을 붙여, 이 대륙에 역사적 정체성을 부여
  했다.
- 이에 따라 마르틴 발트제뮐러 지도는 미국인의 역사에 가장 중요한

자료로 꼽힌다.

문서는 "이 지도를 도서관에 매각하는 또 다른 목적은 독일과 미국의 우호 증진"[246]이라는 문구도 덧붙였다.

　　이 지도 매각의 시작은 20세기 초로 거슬러 올라간다. 독일 예수회 사제이자 역사와 지리 교사였던 요제프 피셔는 1900년에 볼페그 성 문서보관실에서 현재 딱 한 장만 전하는 이 지도를 발견했다. 그 뒤 미국의 여러 도서관과 수집가들이 이 지도를 사려고 했고, 1912년에는 미국 의회도서관이 처음으로 매입 제의를 받았지만 재원 부족으로 사양했다. 의회도서관은 그 후 50년 동안 이 지도를 사들이려고 꾸준히 노력했지만, 콜럼버스가 아메리카 대륙에 발을 디딘 지 500주년이 되는 1992년에 와서야 지도의 운명이 결정적 전환점을 맞았다. 워싱턴 국립미술관은 500주년 기념행사로 '1492년 즈음에: 탐험 시대의 예술'이라는 전시회를 열고, 좀처럼 전시되지 않는 발트제밀러 지도를 핵심 작품으로 선보였다. 지도 매각과 관련해 발트부르크볼페그 백작의 의중에 촉각을 곤두세우고 있던 의회도서관은 도서관 명예관장이자《발견자들Discoverers》의 저자이며 퓰리처상 수상 작가인 대니얼 부어스틴Daniel Boorstin에게 백작에게 보내는 편지를 써달라고 부탁했다. 부어스틴은 이렇게 썼다. "아메리카 대륙의 이름이 처음 등장하는 이 지도는 유럽과 아메리카의 지속적 관계의 서막을 알리고 유럽 지도 제작자들이 서구 문명 발전에 선구적 역할을 했음을 시사합니다." 백작 작위를 물려받은 이후로 볼페그 성과 가문의 재산을 당시 번창하던 건강과 골프 리조트 사업에 탕진한 백작에게는 별다른 설득도 필요 없었다. 백작은 그의 가문이 350년 넘게 소유한 지도를 팔 의사가 있다고 의회도서관에 재깍 알려 왔고, 그 후 인터뷰에서 "귀족의 전통 자각과 현대적 기업 정신"에 근거해 매각 결정을 내렸다고 설명했다. 그러나 백작과 도서관 측은

그림 1 이제까지 알려진 최초의 세계지도인
바빌로니아 세계지도, 기원전 700~500년경.
이라크 남부 시파르에서 출토되었다.

그림 2 〈극장으로서의 세계〉, 아브라함
오르텔리우스의 《세계극장》에 실린 권두 삽화,
1570년.

그림 3　프톨레마이오스의《지리학》사본 가운데 가장 오래된 것 중 하나로 꼽히는 13세기 그리스어 사본에 실린 세계지도.

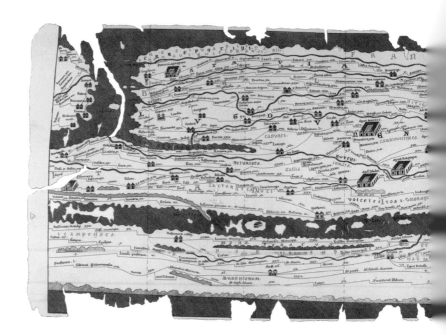

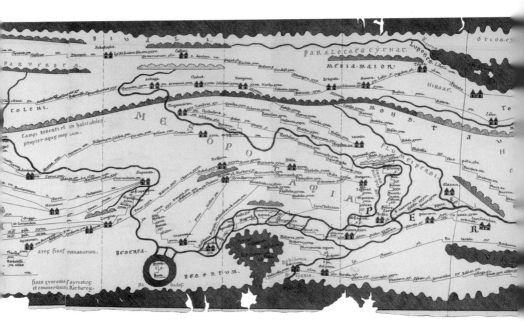

그림 7 〈포이팅거 지도〉(1300년경)의
19세기 복사본. 왼쪽에서 오른쪽으로
잉글랜드, 프랑스, 알프스 산맥이 보이고
아래로는 북아프리카가 보인다.(상단)
포이팅거 지도에 나타난 로마 세계의 동쪽
끝(이란, 이라크, 인도, 한국).(하단)

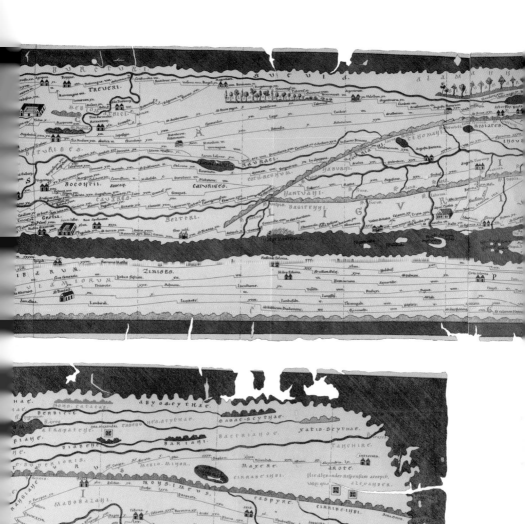

그림 9 알이드리시의《유희》(1154년)의
16세기 복사본에 실린 원형 세계지도.
라틴과 아랍의 지리 지식이 혼재되어 있다.

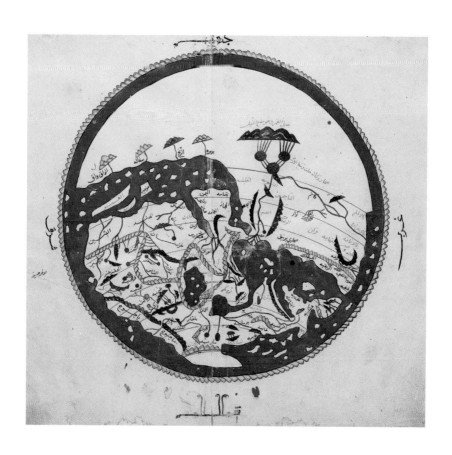

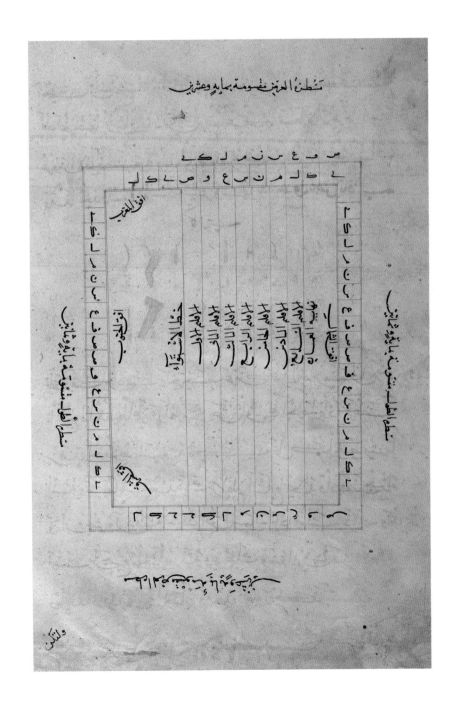

그림 11 남쪽을 위쪽에 놓은 이븐 하우깔의
세계지도, 1086년.

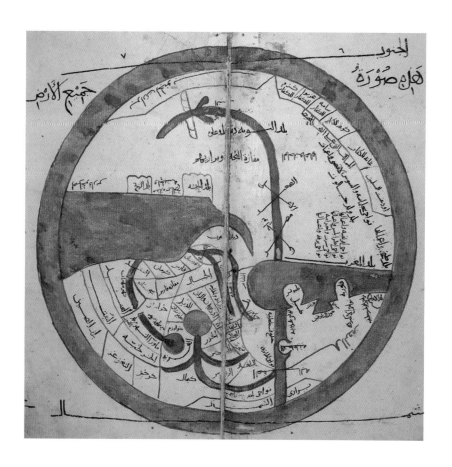

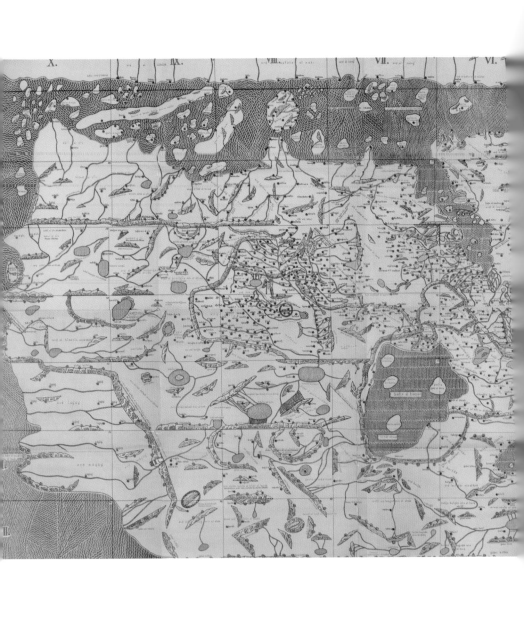

그림 12 알이드리시의《유희》에 실린
일흔 개의 지역지도를 모두 붙여 재구성한
세계지도.

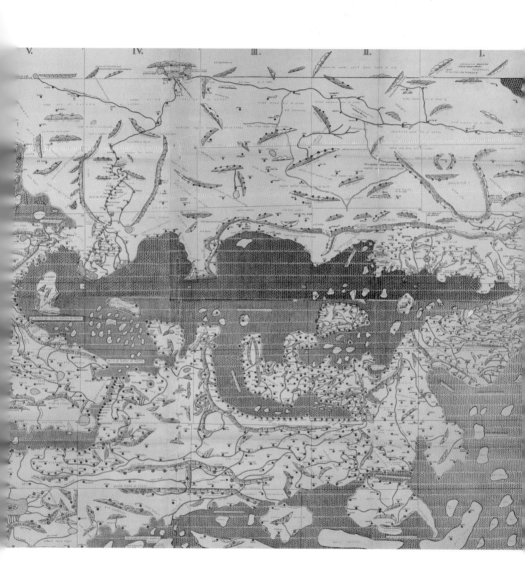

그림 13 《과학의 진기함》의 13세기 복사본에
실린 독특한 직사각형 세계지도. 지도 위쪽이
남쪽이고, 축척 막대가 있다.

그림 14 알이드리시의
《유희》에 실린 세계지도와
거의 똑같은, 작자 미상의
《과학의 진기함》에 수록된
원형 세계지도.

그림 15 동쪽을 지도 위에 둔 〈헤리퍼드 마파문디〉, 1300년경.

그림 15-1 사람들을 천국과 지옥으로
인도하는 그리스도와 양옆에 선 천사들.

그림 15-2 지구를 측량하기 위해 집정관을
파견하는 로마 황제 아우구스투스 카이사르.
그의 바로 맞은편에 영국 제도가 보인다.

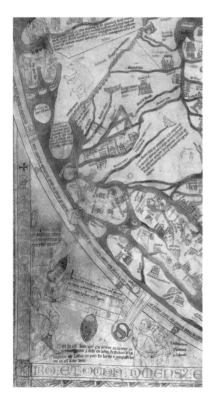

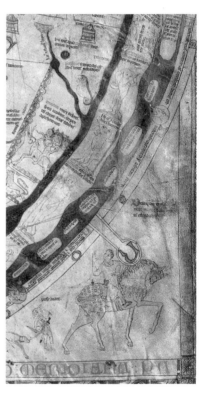

그림 15-3 말을 탄 사람이 아프리카와
그곳의 '괴물 같은' 인종을 응시하고, 그 옆에는
"어서 가라"는 말이 쓰여 있다.

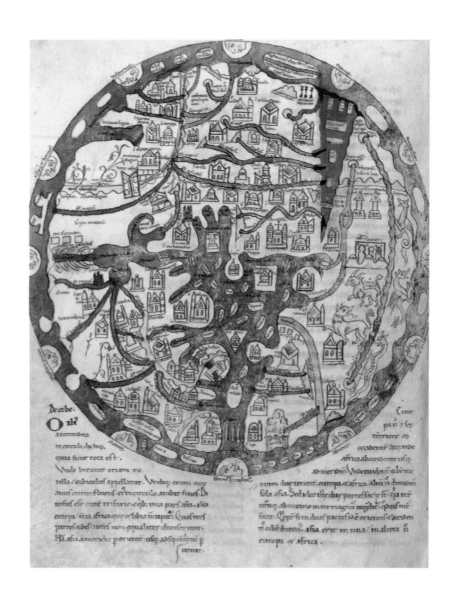

그림 20 〈솔리 지도〉, 1190년. 요크셔에 있는
시토 수도회 소속 솔리 수도원에서 발견된
것으로, 영국에서 가장 오래된 마파문디입니다.

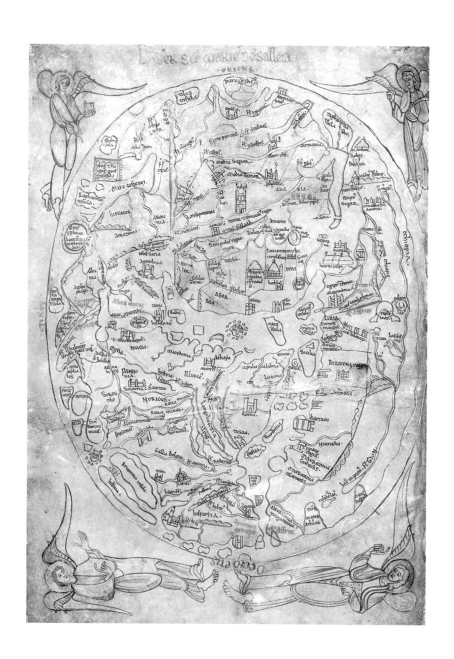

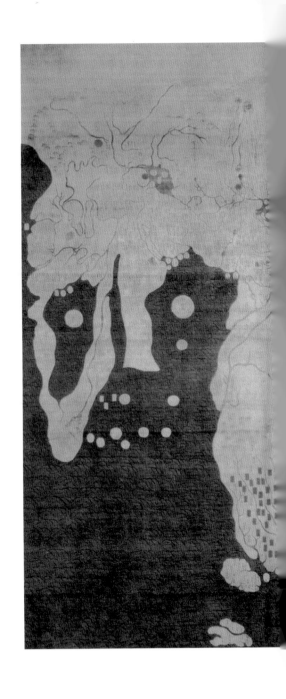

그림 23 〈혼일강리역대국도지도〉, 1470년.
전 세계와 유럽, 조선을 그린 동아시아 최초의
지도.

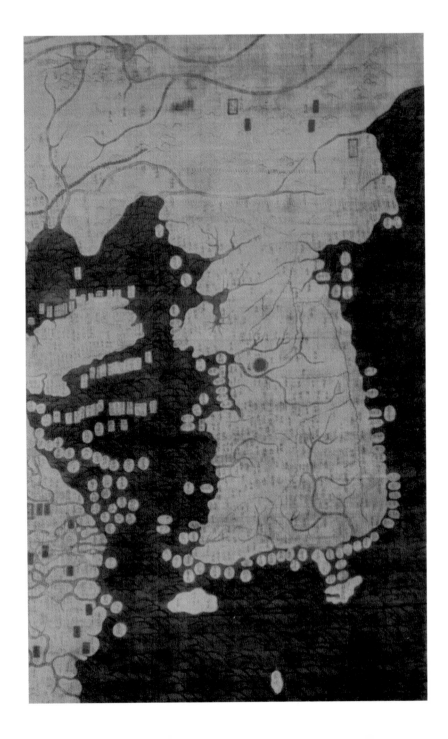

그림 24 〈강리도〉의 한반도 부분. 주요 행정
지역과 군사 지역이 표시되었다.

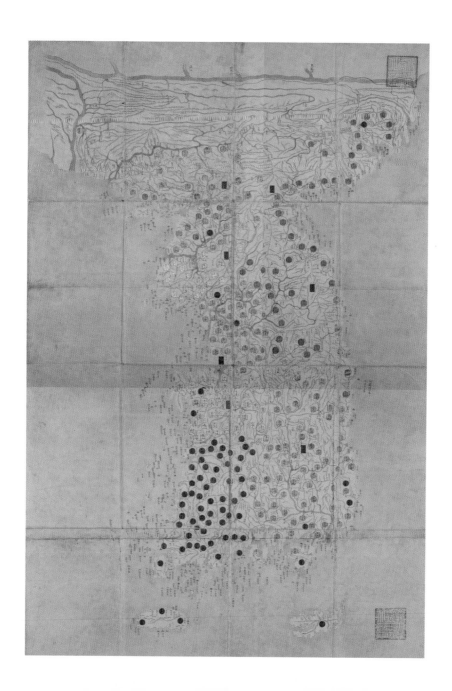

그림 30 정척이 만든 조선의 공식 지도 사본. 지도에 풍수의 영향이 드러나, 색깔로 구분된 '우주의 기운'이 수계(파란색)와 산맥(녹색)을 따라 흐르고, 각 지역은 소속된 도(道)에 따라 색깔을 달리해 표시했다.

그림 31 미국의 출생증명서. 최초로
아메리카를 별개의 대륙으로 묘사하고 그곳을
아메리카라고 명명한 마르틴 발트제뮐러의
세계지도(《우주형상도》). 미국 의회도서관이
2003년에 1,000만 달러에 사들였다. 1507년.

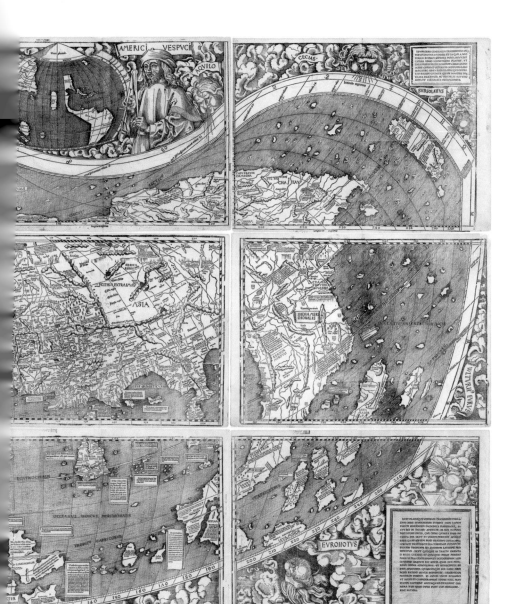

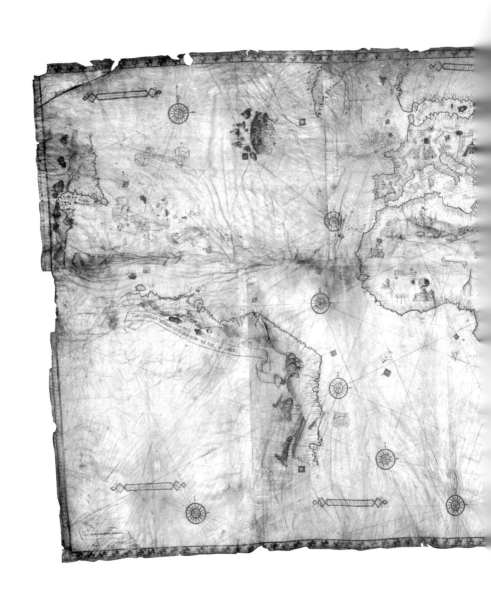

그림 33 프톨레마이오스의《지리학》
라틴어 판(15세기)에 처음 삽입된 세계지도.
유럽 르네상스의 고대 학문 '재발견'의
일환으로 삽입되었다.

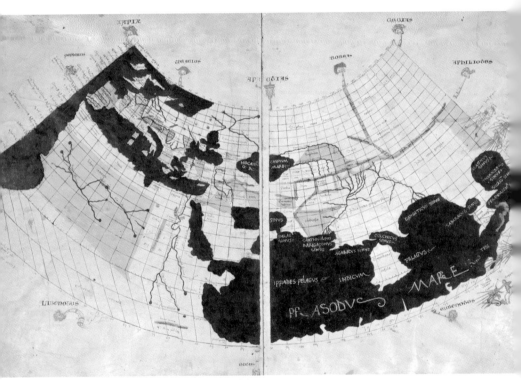

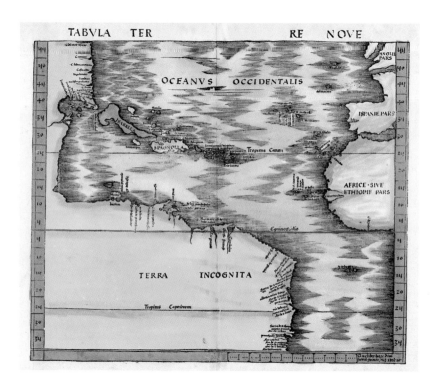

그림 39 발트제뮐러가 제작했다고 추정되는
세계지도. '아메리카'가 나오지만 지도의
제작 연도는 (헨리 스티븐스에 따르면)
1506년이다. 과연 이 지도가 아메리카 대륙을
명명한 최초의 지도일까?

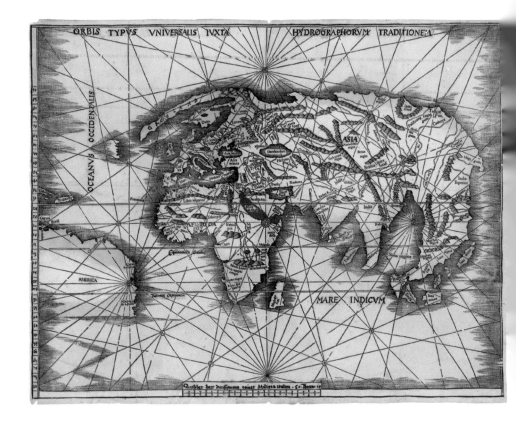

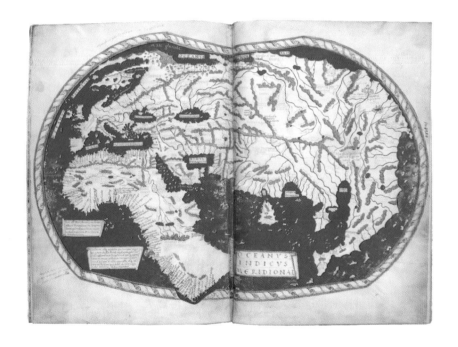

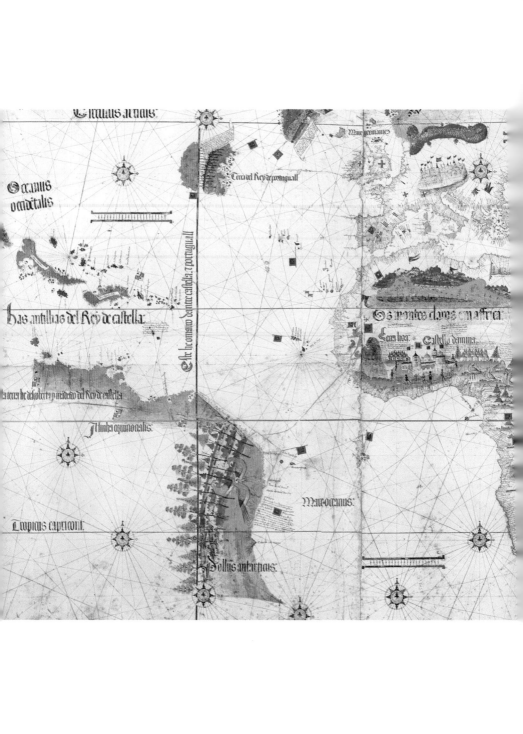

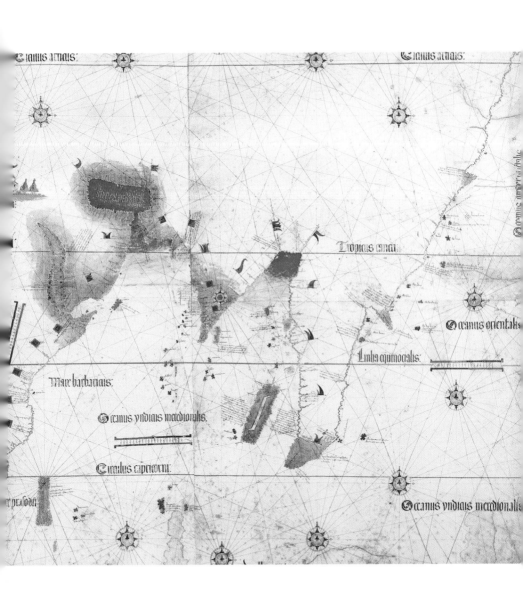

그림 43 1492년 마르틴 베하임이 제작한,
이제까지 알려진 가장 오래된 현존 지구본.
콜럼버스와 마젤란은 지구를 실제보다 작게
추정한 이 지도에 자극받아 동쪽으로 항해를
시작했다.

거래에 합의하기 전에 심각한 정치적 난관을 극복해야 했다. 이 지도는 '국가 지정 독일 보호 문화 자산'에 등재되어 있었는데 일단 이 목록에 등재되면 수출 허가가 나지 않았다. 1993년 의회도서관 대리인은 (역사를 전공한) 헬무트 콜 당시 독일 총리에게 청원서를 제출했으나 단번에 거절당했다.

1998년 콜 총리가 총선에서 게르하르트 슈뢰더에게 패배하면서 독일과 미국의 문화 관계에 변화의 조짐이 보였다. 슈뢰더는 1933년 이후 첫 문화부 장관에 미하엘 나우만 박사를 임명했고(나치는 1933년에 문화부를 폐지했다), 이 일은 발트제뮐러 지도의 미래를 결정하는 중요한 계기가 되었다. 나우만은 미국에도 자회사를 거느린 다국적 출판사인 홀츠브링크 그룹Holtzbrinck Group의 발행인이었다. 그런 그가 두 나라 사이의 긴밀한 문화 유대와 어쩌면 활발한 거래까지도 옹호하는 것은 당연한 일이었다. 그는 백작과 미국 의회도서관이 독일 연방정부와 재협상을 벌이는 것에 적극 찬성했으며, 더 나아가 최근 합병한 다임러크라이슬러가 "독일과 미국의 이 극적인 우호 분위기에 완벽한 동반자"로서 지도 구매 자금 지원에 관심을 보일지 모른다는 이야기까지 전했다. 나우만은 1999년 내내 지도 수출을 허가하는 합의를 이끌어 내기 위한 기반을 마련했고, 변호사들은 판매 조건에 합의하는 계약서를 만들었다.

1999년 10월 13일, 백작과 의회도서관은 발트제뮐러 지도 판매에 합의하는 계약에 서명했다. 지도 가격은 1,000만 달러였지만, 당시 도서관이 지불할 수 있는 금액은 계약금 50만 달러가 전부였다. 계약서에는 앞으로 2년 안에 나머지 대금을 지불한다는 조항이 명시되었다. 그렇지 않으면 백작에게 지도를 반환하는 수모를 겪을 판이었다. 도서관은 나머지 비용을 충당할 자금 모금에 열을 올렸다. 〈포브스〉가 선정한 미국 400대 부자들과도 상의하고, 텍사스 사업가이자 과거 대통령 후보였던 로스 페로부터 헨리 키신저와 헨리 멜런, AOL과 아메리칸 익

스프레스에 이르기까지 개인과 기업을 두루 찾아다녔다. 도서관이 다국적기업들에게서 수백만 달러를 힘들게 모으는 사이에 미국 시민들도 적은 금액이나마 모금에 동참했다. 2000년 10월, 그레그 스나이더라는 사람이 이메일을 보내왔다. "저는 부자는 아닙니다만, 발트제뮐러 지도 구입에 몇백 달러 정도 기부하고 싶습니다." 이런 노력에도 불구하고 모금 결과는 실망스러웠고, 도서관은 다른 방안을 모색했다. 희귀 서적으로 대금 일부를 충당하자는 제안도 나왔지만 그 방법은 채택하지 않기로 했다. 대신 하원 의회위원회에서 대금 지불 비용으로 500만 달러 지원을 약속받았는데, 민간 부문에서 나머지 절반을 확보했을 때만 지급한다는 조건이 붙었다. 위원회는 기이한 전례를 들어 이 자금 지원을 정당화했다. 1939년에 의회가 "크리스토퍼 콜럼버스의 유해 일부"가 담긴, 금과 크리스털로 된 십자가 모양의 펜던트인 '카스티요 로켓' 구입에 5만 달러를 지불한 일이다. 대금의 절반을 충당해야 하는 민간 기금은 소수의 부유한 후원자들에게서 나왔다. 디스커버리 채널Discovery Channel도 상당액을 후원했는데, 도서관은 그 대가로 '세계의 지도'라는 연속 기획 프로그램 제작에 협조하겠다고 약속했다. 지도 매입을 모두가 반가워한 것은 아니었다. 독일 교수 클라우스 그라프Klaus Graf 박사는 이 문제를 다룬 기사에서 "국가가 정한 소수의 문화재를 구입하려는 행위는 부도덕의 소치"라며, "의회도서관은 부끄러운 줄도 모르는가?"라고 물었다. 〈뉴욕타임스〉도 지도 구입을 언급하며, 미국과 독일의 관계가 최근 추락했으며 지도에 거금을 들이기로 한 의회의 결정은 공공도서관에 자금 지원을 삭감하기로 한 연방정부의 결정과 극명하게 대비된다고 신랄하게 꼬집었다.[247]

2003년 6월, 도서관은 드디어 지도 구매를 완료했다고 발표했다. 2003년 7월 23일, 발트제뮐러 지도가 10년이 넘는 협상 끝에 미국 의회도서관 자산이 된 이래 처음으로 토머스 제퍼슨 빌딩에서 공개됐다. 지

도는 당연히 1803~1806년의 루이스-클라크 탐험을 주제로 한 전시의
일환으로 소개되었다. 루이스-클라크 탐험은 국가가 후원한 최초의 지
도 제작 사업으로, 미시시피 강에서 태평양에 이르기까지 북아메리카를
체계적으로 살핀 탐험이었다. 메리웨더 루이스Meriwether Lewis와 윌리엄
클라크William Clark가 이끈 '탐험대Corps of Discovery'는 950만 제곱킬로미
터에 이르는 미국 대륙을 측량하는 대장정에 돌입했다. 그리고 마르틴
발트제뮐러는 이보다 300년 앞서, 아메리카 대륙의 이름과 윤곽을 처음
지도에 옮겼다고 했다.

　　의회도서관이 발트제뮐러 지도를 사들이는 과정에서 벌어진 상
황은 문화 산업에 종사하는 사람들에게는 그리 보기 드문 일이 아니다.
강대국과 제국이 역사적 유물을 거래할 때는 더 큰 외교적, 정치적, 재
정적 이해관계가 발생하거나 그와 관련한 결단이 따르게 마련이다. 의
회도서관이 발트제뮐러 지도를 구입하고 전시한 이번 일은 미국이 더
넓은 세계에서 자국의 위상을 어떻게 생각했는지를 보여 준다. 구매가
끝났을 때 의회도서관은 인터넷 홈페이지에 버튼의 평가를 올렸다. 버
튼은 이 지도를 "미국의 출생증명서"라고 칭송하면서, "서반구를 별개의
대륙으로, 태평양을 별개의 대양으로 묘사"한 최초의 지도라고 했다. 이
지도는 "르네상스가 시작되던 시기의 인쇄술을 보여 주는 더없이 훌륭
한 예"이고, "새로 발견한 아메리카 대륙을 인정하고, 인류가 세계를 이
해하고 인식하는 방식을 영원히 바꿔 놓는 등 지식의 비약적 발전을 가
져온 지도"였다.[248] 발트제뮐러 지도는 대부분의 국가가 염원하는 것,
즉 대개 특정 사건 또는 문서와 연관되기 마련인 국가 탄생의 정확한
시점을 미국에 알려 주었다. 다시 말해 아메리카의 출생 연도는 1507년
이고, 발트제뮐러가 보여 주었듯이 이해에 아메리카는 하나의 대륙으로
당당히 인정받았다.

　　출생증명서에는 부모가 나오기 마련인데, 발트제뮐러 지도는 미

국의 부모를 의심의 여지없이 유럽으로 인정한다. 1992년에 대니얼 부어스틴이 백작에게 보낸 편지에서 드러나듯이, 이 지도는 유럽의 르네상스 드라마에 미국도 긴밀히 관여했다고 미국인에게 인식시킨다. 르네상스는 유럽이 그리스와 로마의 고대 문명의 가치를 재발견하여 스스로 재탄생한 순간이자 더 나아가 19세기의 위대한 사학자 야코프 부르크하르트Jacob Burckhardt의 표현대로 "세계와 인간을 동시에 발견"²⁴⁹한 순간이다. 이런 식의 해석에서는 고전의 부흥(프랑스어 'renaissance'는 '부흥'을 뜻한다)이 르네상스 인문주의와 함께 일어나는데, 인문주의는 개별 자아를 생각하는 새로운 방식이자 빠르게 팽창하는 세계에서 개인의 위치를 '발견'하는 것이었고, 이는 서구 근대화의 조짐이었다. 지도 맨 아래 오른쪽에 나온 설명도 이런 접근법과 일맥상통한다. "고대에 많은 사람이 세계의 범주를 표시하는 데 관심을 가졌지만, 적잖은 부분이 이들에게는 미지의 세계였다. 이를테면 지금은 세계의 네 번째 부분으로 알려진, 발견자의 이름을 딴 아메리카가 서양에서는 미지의 영역이었다."²⁵⁰ 고전에 기초하되, 근대 유럽의 자의식이 형성되면서 궁극적으로는 고전을 폐기한 채 새로 발견한 합리성에 바탕을 둔, 자신에 찬 근대적 목소리다. 이런 믿음은 의회도서관이 발트제뮐러 지도를 언급한 말에도 나타난다. 이 지도는 지식의 비약적 발전을 상징하고, 혁신적인 새로운 인쇄술을 이용했으며, 세계만이 아니라 세계 안에서 우리 위치를 이해하는 방식을 바꿔 놓았다는 설명이다. 다시 말해 유럽 르네상스의 정수를 보여 준다는 이야기다.

　　이 지도는 앞서 살펴본, 유럽에서 제작된 〈헤리퍼드 마파문디〉와는 전혀 다른 세계를 표현한다. 두 지도 사이에 놓인 200년 세월 동안, 세계 전체를 표현하는 방식과 그것을 지적이고 실용적으로 창조하는 일, 심지어 그 두 지도를 묘사하는 용어도 완전히 바뀌었다(이런 와중에도 마파문디는 16세기에 접어들어서까지 계속 제작되었고, 새로 발견한 지역을 담은 새로운 지도와 나란히 진열되었다). 1290년에 〈헤리퍼드 마파문디〉는 'estorie', 즉 '역사'라고 불린다. 1507년, 발트제뮐러 지도에는 땅과 하늘을 묘사하는 과학이라는 뜻의 'cosmographia(cosmography)'라는 제목이 붙는다. 〈헤리퍼드 마파문디〉는 동쪽을 지도 위에 두면서 상단에 종교적 내용을 담고 가장자리에 괴물을 배치했지만, 200년 사이에 이 방식은 사라진다. 발트제뮐러 지도는 남북 방위를 기본으로 삼고, 해안과 땅덩어리를 알아볼 수 있게 표현하고, 과학에 기초해 경위선을 긋고, 일련의 고전적 주제를 담았다. 발트제뮐러 지도를 비롯해 15세기 말에서 16세기 초 사이에 나온 유럽의 세계지도 대부분은 북쪽을 지도 위에 놓으라는 프톨레마이오스의 권고를 받아들이고, 북쪽을 으뜸 방향으로 삼은 나침반 방위에 기초한 항해술 발전에 힘입어 동쪽이 아닌 북쪽을 방위의 기본으로 삼기 시작했다. 그리고 두 지도 모두에서 고전 지식의 영향이 나타나지만 그 방식은 매우 달랐다. 〈헤리퍼드 마파문디〉가 로마와 초기 기독교 저자들에 의지해 창조를 바라보는 종교적 관점을 확실히 한 데 반해, 발트제뮐러 지도는 더 멀리 거슬러 올라가 프톨레마이오스의 헬레니즘 세계, 그리고 지상계와 천상계를 바라보는 프톨레마이오스의 기하학적 시각에 의존했다. 또 〈헤리퍼드 마파문디〉가 꼭대기에 그리스도를 그린 데 반해, 발트제뮐러 지도는 꼭대기에 고대 지리학자와 당대의 항해사를 그렸다. 〈헤리퍼드 마파문디〉가 다른 지도에 관심을 보이지 않은 데 반해, 발트제뮐러 지도는 앞선 모든 지도 제작자에게 영향을 받았다고 선언한다. 이론적이고 학문적인 지도뿐 아니라 프톨레마이오스의 투영법에도 영향을 받았으며, 15세기 초부터 유럽 해안 너머를 항해할 방법을 고민하며 조종사와 항해사들이 만든 좀 더 실용적인 〈포르톨라노 해도〉와 지도에도 영향을 받았다고 선언한다.

지난 100년 동안 유럽 본토의 동쪽, 서쪽, 남쪽에서 새로 발견한 땅을 차츰 지도에 옮기기 시작한 것은 제노바의 지도 제작자 니콜로 카

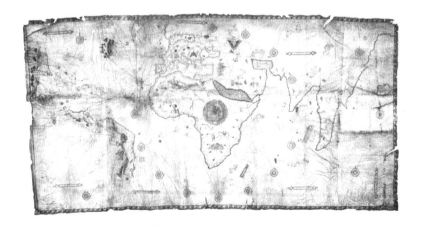

——— **그림 32**
니콜로 카베리오의 세계 해도, 1504~1505년경. 당시의 새로운 발견을 실었지만, 여전히
마파문디의 전통을 이어받아 예루살렘을 중심에 두었다. → 224~225쪽 사이 컬러화보 참고

베리오(또는 카베리, 카네리오)가 1504~1505년에 만든 이른바 〈카베리오
해도〉 같은 여러 해도였다. 〈카베리오 해도〉는 지도 중앙에 놓인 중앙아
프리카에 작은 원형 세계를 그려 넣어 마파문디의 지리적 세계를 인정
하지만, 정교한 항정선(자오선을 일정한 각도로 지나는 선), 그리고 육지가
보이지 않는 곳을 항해할 때 방향과 방위를 알려 주는 뱃길을 표시한
방위표시판이 마파문디의 지리적 세계를 압도한다.

　　이런 종류의 해도는 적어도 12세기부터 지중해를 항해하는 선원
들이 이용했고, 15세기에는 유럽 너머를 항해하는 조종사들이 직접 수
정하거나 만들기도 했는데, 1492년 8월에 시작된 크리스토퍼 콜럼버스
의 네 번에 걸친 아메리카 '신세계' 항해에서도 마찬가지였다. 콜럼버
스는 1498년에 세 번째 항해를 떠났고, 8월 5일에 선원들이 베네수엘라
해안에 도착하면서 유럽인으로는 처음으로 서반구 대륙에 발을 디뎠다.
유명한 이야기이지만, 콜럼버스는 자신이 신대륙을 발견했다고 생각
한 적이 한 번도 없었다. 한편 발트제뮐러 지도의 긴 제목과 지도 아래

왼쪽 구석에 쓰인 설명에는 또 한 사람의 이탈리아 탐험가가 나오는데, "신세계 발견자"인 그가 콜럼버스의 명성을 압도한 것은 잠깐이지만 신대륙에 영원히 새겨질 이름을 부여한다. 지도에 나온 설명은 이렇다.

> 고대 지도에 나타나지 않은 곳을 비롯해 최근의 항해에서 발견한 다양한 육지와 섬을 표시했다. 항해는 1497년에서 1504년 사이에 네 차례 이루어졌는데, 두 번은 카스티야의 페르난도가, 두 번은 포르투갈의 마누엘이 명령했다. 고귀한 두 군주는 아메리고 베스푸치를 항해사이자 탐험대 지휘관이 한 사람으로 피건했다. 지두에 표시된 많은 곳이 이제까지 알려지지 않은 곳이다. 우리는 이 모든 곳을 지도에 조심스레 옮겨 정확한 지리 지식을 전달하고자 했다.[251]

발트제뮐러 지도대로라면 피렌체 상인이자 항해사인 아메리고 베스푸치가 15세기가 저물 무렵 서쪽으로 항해를 떠나면서, 유럽에서 대서양을 가로지르면 새로운 세계, 즉 세계의 네 번째 부분이 나온다는 사실이 확인되었다. 〈헤리퍼드 마파문디〉처럼 세계를 유럽, 아프리카, 아시아 셋으로 나눈 중세에는 알려지지 않은 미지의 영역이다.

　발트제뮐러 지도가 헤리퍼드 지도와 사뭇 다른 점은 지형만이 아니다. 지도의 스타일과 형태를 보면, 마파문디를 만들고 바라보던 중세 사람들과는 완전히 다른 방식으로 지도를 제작했다는 것을 알 수 있다. 이 지도는 유럽의 새로운 발명품인 활자로 제작되었다. 직접 쓰고 그린 개성 있는 글씨와 그림은 사라지고 대신 목판 재단사, 인쇄공, 조판공이 동원되어, 손으로 만든 지도 원본을 16세기 초 독일에서 사용한 인쇄기에 옮겼다. 그리고 신의 세계 창조를 강조하는 종교적 신념보다 주로 프톨레마이오스의 《지리학》 같은 고전 지리 문헌에 의지하면서, 《지리학》을 〈카베리오 해도〉 같은 근대적 항해도와 나란히 평가한다.

이처럼 다양한 지도 제작 방식을 서로 비교하고 대조하면서, 새로운 세계를 표현하는 작업에 더러는 적용하고 더러는 폐기한다. 프톨레마이오스는 비록 그 이름이 지도 제목에 들어가고 초상화가 지도 상단 왼쪽에 새겨지지만, 맞은편에 새겨진 새로운 땅을 발견한 베스푸치와 정면으로 대조된다.

발트제뮐러 지도, 즉 〈우주형상도Universalis cosmographia〉는 어느 면에서는 고대 프톨레마이오스의 세계지도를 해체해 유럽의 지리적 사고에 네 번째 대륙을 소개하고, 이로써 후세 학자들을 사로잡을 일련의 새로운 종교적, 정치적, 경제적, 철학적 질문을 던졌다. 그러나 이 지도가 지리학의 새로운 세계를 급진적이고 심지어 혁명적으로 묘사한다는 식의 평가는 자제해야 한다. 이 지도가 처음 나왔을 때는 물론 그런 식으로 받아들여지지도 않았고, 그런 식으로 생각되지도 않았다. 지도에 적힌 글 어디에도 발트제뮐러라는 이름도, 지도가 처음 발행된 1507년이라는 연도도 나오지 않는다. 솔직히 말하면, 의회도서관이 애지중지하는 이 지도가 정말 1507년에 인쇄되었는지, 아메리카를 별개의 대륙으로 명명하고 표시한 최초의 지도인지도 확실치 않다. 이 지도와 함께 인쇄된 책을 보면, 발트제뮐러와 동료들은 서쪽에서 발견한 땅의 성격을 두고 단정을 피한 채 (이 책의 뒤에서 다시 다루겠지만) 아메리카는 새로운 '대륙'이 아니라 '섬'일 수도 있다고 주장하면서, 나중에 '신세계'를 발견했을 때 지금의 추측을 수정해야 하는 일이 생기면 수정할 수도 있다는 암시를 남긴다. 이 지도는 1,300년 된 프톨레마이오스의 투영법에도 의존한 탓에 프톨레마이오스의 많은 실수를 되풀이하고 지구 중심 우주관을 고수하는데, 이 우주관은 1543년에 코페르니쿠스의《천구의 회전에 관하여》가 나올 때까지 계속 유지된다. 이 모두가 도전적 근대성의 조짐으로 보기는 힘든 특징들이다.

발트제뮐러는 1521년경에 사망할 때까지 지도를 여럿 만들었지만, '신세계'를 넣은 다른 어떤 지도에도 '아메리카'라는 말을 두 번 다시 사용하지 않았다. 그는 1507년에 새로운 대륙을 '아메리카'로 부르는 것이 옳은가를 놓고 심각한 의문을 품었던 것으로 보이며, 그 뒤 한 세대가 지나서야 비로소 '아메리카'라는 이름이 세계지도와 지도책에 널리 사용되었다. 의회도서관이 〈우주형상도〉를 구입할 때 언론의 관심이 쏟아졌지만, 정작 지도가 발행되었을 때는 거의 주목을 끌지 못했고 지도가 나온 지 고작 몇십 년 만에 (1,000부 이상 인쇄돼) 지도가 무더기로 분신되었다.

〈우주형상도〉의 역사를 보면, 지리 발견을 두고 누가, 언제 처음 그곳을 발견했는지를 정의하고 확정하는 일은 생각보다 훨씬 어렵다는 것을 알 수 있다. 〈우주형상도〉에 나타난 다른 지역과 마찬가지로 아메리카 대륙도 처음 발견한 시기를 두고 많은 탐험가, 지도 제작자, 인쇄공, 역사가들이 상반된 주장을 다양하게 폈다. 지나고 보면, 세계사에서 이 시기를 '위대한 발견의 시대'로 보고, 〈우주형상도〉를 그러한 사건의 규모와 그에 얽힌 드라마에 상응하는 지도로 보기는 어렵지 않다. 1420년부터 1500년까지 포르투갈과 스페인 제국의 성취는 누가 봐도 대단히 특별하다. 이 시기에 포르투갈은 미지의 영역을 항해하면서, 아프리카 해안에 발을 디디고 아조레스와 카나리아 제도 그리고 카보베르데 제도를 식민지로 만들었다. 1488년까지는 서아프리카에 무역 기지를 건설하고 아프리카 최남단을 돌았으며, 1500년까지는 인도와 브라질을 항해했다. 스페인은 1492년에 콜럼버스의 첫 번째 신세계 항해를 재정적으로 지원했는데, 이를 포함한 세 차례의 지원으로 카리브 해 섬들과 중앙아메리카에 유럽인의 관심이 집중되었고, 이어진 항해에서 미지의 영역인 북아메리카와 남아메리카의 해안과 조우하게 되었다. 이 모든 발견이 〈우주형상도〉에 기록되었고, 그 결과 이곳에 그려진 세계는 프톨레마이오스의 오이쿠메네보다 두 배 이상 크다.

그렇다 해도 이 특정한 지도와 관련해 가장 설명하기 어려운 말은 이 지도가 언급될 때마다 되풀이해 사용되는 '발견'이란 용어다. 오늘날 사람들은 발견을 직설적 개념으로 이해한다. 이전까지 알려지지 않은 것을 배우거나 드러내는 것으로, 특히 이제까지 알려지지 않은 곳을 여행하거나 '발견'하는 것과 연관 지어 생각한다. 발트제뮐러 지도는 언뜻 보면 서양의 지도 제작 역사에서 '새로운 세계'의 '발견'을 정의하는 최초의 지도 같지만, 이 지도가 그 용어를 어떻게 사용했는지 살펴본다면 '새로운' 땅을 묘사하면서 좀 더 신중한 태도를 취했다는 것을 알 수 있다.

16세기 초에는 새로운 장소, 더 나아가 새로운 세계를 발견하는 것은 경계 대상이자 의심의 대상이었다. 아리스토텔레스와 프톨레마이오스 같은 고대 저자들에게 물려받은 지식 기반에 도전하는 것이었고, 심지어 성경의 권위에 의문을 제기하는 것이었기 때문이다. 아메리카라는 새로운 세계가 존재하고 그곳에 사람이 산다면, 왜 성경에는 그곳이 나오지 않았을까? 여기에다 '발견'이라는 단어에 일관성 없고 곧잘 모순되는 다양한 의미가 포함되는 문제, 그리고 이 시기에 생긴 유럽 토착어의 문제가 겹쳤다. 영어에서 discovery(발견)라는 말이 통용된 것은 16세기 후반이며, 이 말에는 uncover(덮개를 벗기다), disclose(폭로하다), 또는 단순히 reveal(드러내다)을 비롯해 적어도 여섯 개의 서로 다른 뜻이 있다. 포르투갈어에서 15세기 초에 시작된 새로운 해상 '발견'을 기록한 최초의 단어 중 하나인 descobrir는 흔히 '발견하다'로 번역한다. 이 말은 보통 '탐험하다', '덮개를 벗기다'라는 뜻으로 쓰이지만, '우연히 찾다' 그리고 단순히 '집어 올리다'라는 뜻으로도 쓰였다.[252] 네덜란드어에서 '발견'은 보통 ontdekking으로 번역하는데, '벗기다', '진실을 찾아내다', '실수를 발견하다'라는 뜻이다. 따라서 '새로운 세계'를 처음 알아낸다는 뜻도 있지만, 그에 못지않게 신화나 고전에서 이미 알려진 지역이나 땅과 맞닥뜨린다는 뜻도 있었다. 심지어 '새로운 세계'라는 말에도 의도적인 모호성이 담겼다. 포르투갈 사람들은 1488년에 희망봉을 돌아간 일을 가리켜 '새로운 세계'를 '발견'했다고 말하지만, 당시 지도에는 이미 인도양과 주변 영토가 표시되어 있었다. 르네상스 시대 학자들은 그 놀라운 소식에 오늘날의 사람들처럼 흥분하지 않았고, 그런 종류의 '발견'을 늘 고전 지리 지식 안에 편입하려 했다. 그러다 보니 쿠바나 브라질 같은 곳에 발을 디딘 일을 두고 '새로운 세계'의 '발견'이라 할 수 있을지는 모르지만, 탐험가나 지도 제작자들의 묘사를 보면 그런 곳을 이미 알던 장소로 착각하는 일이 흔해서 쿠바를 일본, 브라질을 중국 등으로 엉뚱하게 부르기도 했다.

우리는 르네상스 시대 지도들이 새로 '발견'한 땅을 모두 포함했다고 보지만, 지도를 만든 사람들은 새로운 정보가 프톨레마이오스나 스트라본 같은 저자들이 만든 기존의 고전적 세계 모형과 어느 정도 조화를 이루게 하려고 노력했다. 경험에서 나온 보고는 권위 있는 자료와 다른 때가 많았지만, 지도 제작자들은 명백한 근거가 나오지 않는 한 존경받는 고전 문헌을 쉽게 포기하지 않았다. 그들에게 들어오는 정보는 단편적이고 모순되는 때도 많았는데, 이는 알이드리시나 심지어 헤로도토스 같은 지도 제작자나 저자들도 언급한 문제이며, 새로운 정보를 완벽해 보이는 고전 지리 모형과 함께 평가하는 일은 무척이나 까다로운 과정이었다. 여기에 더해, 지도 제작자들은 포괄적이고 정확한 지도를 만들려는 욕구와 새로운 인쇄 매체의 등장으로 생긴 전에 없던 절박한 문제의 균형을 맞춰야 했다. 바로 지도를 팔아 돈을 벌어야 하는 문제였다. 인쇄는 지도를 제작하는 새로운 수단이기도 했지만 이윤을 남겨야 하는 상업 활동이기도 했다. 이 모든 목적을 충족하도록 균형을 잡는 것은 〈우주형상도〉 제작의 핵심이었다. 발트제뮐러 지도를 유럽의 아메리카 발견과 유럽 자체 발견의 역사를 보여 주는 핵심 자료로 칭송한다면

16세기 초 지리학의 실용적이고 지적인 발전을 오해하는 꼴이다. 이 발전을 이해하려면 지도 제작자로 추정되는 사람에서 시작해야 한다.

마르틴 발트제뮐러(1470년경~1521년경, 그리스식 이름인 힐라코밀루스Hylacomylus 또는 일라코밀루스Ilacomilus로도 불린다)는 오늘날 독일 남서쪽 바덴뷔템베르크 주에 있는 프라이부르크임브라이스가우 근처 볼펜바일러 마을에서 태어났다. 시의회 의원까지 올라간 정육점 주인의 아들인 마르틴은 1490년에 프라이부르크 대학에 들어가 카르투시오 수도회 학자 그레고르 라이히Gregor Reich 밑에서 (아마도 신학을) 공부했다. 발트제뮐러는 마르티아누스 카펠라가 5세기에 《필로로기아와 메르크리우스의 결혼》에서 강조한 과목을 공부했을 것이다. 문법, 논리, 수사의 '삼학'과 산술, 음악, 기하, 천문의 '사학'이다. 그는 사학의 기하와 천문에서 유클리드와 프톨레마이오스 같은 저자를 접하고 우주형상학 원리의 기본을 배웠다. 1490년대 후반에는 바젤로 거처를 옮겼고, 거기에서 라이히의 동료인 유명한 인쇄공 요하네스 아머바흐Johannes Amerbach를 만났다. 아머바흐는 활자를 이용한 원조 인쇄술을 개량하기 시작한 인쇄 2세대에 속했고, 글을 읽고 쓸 줄 아는 늘어난 독자층을 겨냥해 성경, 종교, 법률, 인문 서적을 고루 발행했다. 발트제뮐러가 우주형상학과 지도 제작 분야에서 교육받은 인문주의를 훗날 그가 이름을 날릴 지도 인쇄에 활용하는 법을 배우기 시작한 곳이 아마도 이곳이었을 것이다.

독일에서 활자가 발달한 시기는 1450년경으로, 중국에서 활자가 발명된 지 약 400년 뒤다. 하지만 독일의 활자 발달을 유럽 르네상스의 가장 중요한 기술적 혁신으로 손꼽아도 큰 무리는 없다. 최초의 인쇄기는 1450년대에 마인츠에서 요하네스 구텐베르크, 요하네스 푸스트, 페터 쇠퍼가 합작해 만들었다고 전해진다. 구텐베르크는 1455년까지 동료들과 함께 라틴어 성경을 인쇄했고, 1457년까지는 시편을 인쇄했다. 15세기 말까지 유럽의 주요 도시마다 인쇄기가 설치되었고, 여기서 4만

종의 책이 600만~1,500만 부 인쇄되었다고 추정된다. 로마제국이 몰락한 이래 출간된 책을 모두 합친 것보다 많은 수다(1500년의 유럽 총인구는 8,000만 명으로 추정된다).[253] 대량 인쇄의 돌풍을 처음 경험한 사람들은 그 중요성을 재빨리 파악했다. 독일의 인문주의자 제바스타인 브란트 Sebastian Brant는 약간의 과장을 더해 이렇게 적었다. "옛날 같았으면 혼자서 1,000일 동안 손으로 썼을 분량을 인쇄술 덕에 혼자서 하루 만에 생산하게 되었다."[254]

최근에 학자들은 엘리자베스 아이젠슈타인Elizabeth Eisenstein이 "변화의 동인"이라 말한 인쇄기의 혁명적 영향에 의문을 제기했지만, 이 새로운 발명(또는 재발명)이 지식과 지식의 소통 방법을 획기적으로 바꾼 것만은 분명하다.[255] 인쇄는 속도, 표준화, 정확성을 약속하며 모든 종류의 책을 출간하고 배포했다. 인쇄소의 현실과 그들이 맞닥뜨린 기술적, 재정적 압박 탓에 그 약속이 늘 지켜지지는 않았지만, 인쇄물이 필사본에서는 거의 불가능한 쪽수, 색인, 철자순, 참고 문헌을 비교적 일관되게 기록한 덕에 학자들은 새롭고 흥미로운 방식으로 학문에 접근하게 되었다. 떨어져 사는 두 사람이 이를테면 프톨레마이오스의《지리학》을 똑같은 인쇄판으로 가지고 있다면 서로 같은 책을 보고 있다는 뜻이기 때문에, 이제는 그 책의 특정한 쪽에 나오는 특정한 단어(또는 지도)까지도 서로 토론하고 비교할 수 있게 되었다. 필경사의 서체나 그림체에 많이 좌우되던 필사본 시대에는 이러한 통일성과 표준을 전혀 기대할 수 없었다. 정확한 복제가 가능해지면서 신판, 개정판 개념이 생기고, 인쇄공들은 기존 책에 새로 밝혀진 사실을 추가하거나 기존 책의 오류를 바로잡을 수 있게 되었다. 언어, 법, 우주형상학 등을 주제로 출간된 새로운 참고 서적과 백과사전은 정확한 정의와 비교 연구를 제공하고, 지식을 철자순이나 사건 발생순으로 분류했다.

새로운 인쇄술은 시각적 소통 수단에도, 특히 지도에도 영향을 미쳤다. 어느 평론가의 유명한 말처럼 "똑같이 반복할 수 있는 그림 진술"[256]이 가능해진 것도 인쇄의 중요한 기능 중 하나였다. 새로운 인쇄기 덕에 지도 제작자들은 지도를 수백, 수천 장씩 똑같이 복제해 배포할 수 있게 되었다. 예전에는 상상할 수도 없던 일이다. 그 결과 1500년까지 유럽에 지도가 약 6만 장 인쇄되어 유통되었고, 1600년에는 그 수가 무려 130만 장으로 늘었다.[257] 손으로 그린 지도를 인쇄 지도로 바꾸는 일은 15세기 지도 제작자와 인쇄공들에게 대단한 기술이 필요한 작업이었다는 걸 생각하면 이 수치는 더욱 놀랍다.

마르딘 빌드제뮐러가 1506년에 로렌 공국에 있는 생디에 마을에 도착한 것도 인쇄기가 초래한 문제와 기회를 간파했기 때문이다. 독일 국경과 가까운 생디에데보주 마을은 다양한 유럽 문화가 합류하는 지점이라는 지리적 위치 덕에 고유의 역사를 형성한 곳이다. 로렌 공국은 중세부터 북쪽 발트해와 남쪽 지중해를 잇고 동쪽 이탈리아와 서쪽 저지대 국가 시장을 잇는 교역로의 중심축에 있었다. 그리고 프랑스와 부르고뉴, 제국 통치자들 사이에 끼어 정치적, 군사적 충돌에 휘말리기도 쉬웠다. 이런 상황 탓에 이 지역에 긴장이 고조되기도 했지만, 범세계적인 분위기가 조성되기도 했다. 로렌 공국은 15세기 말까지 르네 2세 공작이 통치했다. 르네는 1477년에 낭시 전투에서 경쟁자인 부르고뉴의 용맹공 샤를에게 승리해 그토록 갈망하던 정치 자치와 군사 안보를 확립하고, 생디에를 학문의 중심지로 만들어 로렌 공국을 둘러싼 프랑스, 부르고뉴, 합스부르크 왕실과 경쟁했다.

르네는 인문주의 학교 '김나지움 보자겐스Gymnasium Vosagense'를 설립하기로 하고 개인 비서이자 생디에 의전사제인 고티에(또는 보트랭) 루에게 그 일을 맡겼다. 돈을 벌기 위해서가 아니라 르네 개인의 영예를 추구하기 위한 일이었다. 루는 학교의 설립 취지를 널리 퍼뜨리기 위해 (르네의 명령으로) 60킬로미터 떨어진 스트라스부르에 있는 인쇄공들의 전문 기술을 활용해 생디에 최초로 인쇄소를 세우기로 계획했다. 스트라스부르는 북유럽 최대의 인쇄 중심지이며, 16세기 말에는 인쇄소가 일흔 개 넘게 들어선 인쇄의 본고장이었다. 루는 스트라스부르에 있는 우주형상학자를 찾던 중 마르틴 발트제뮐러를 "이 문제를 가장 잘 아는 사람"[258]이라고 판단했다. 발트제뮐러도 이미루처럼 세계지도를 인쇄하는 신기술뿐 아니라 우주형상학에도 관심이 있는 신학자였다. 1506년에 발트제뮐러는 이미 김나지움 보자겐스의 초기 회원 가운데 가장 중요한 인물이 되어 있었다.

김나지움에는 발트제뮐러 외에도 소수의 인문학지들이 합류했는데, 이 가운데 특히 두 사람이 〈우주형상도〉 제작에 깊이 관여했다. 한 사람은 마티아스 링만Matthias Ringmann(그리스식 이름은 필레시우스 Philesius)으로, 1482년경 알자스에서 태어나 파리와 하이델베르크에서 공부한 뒤 스트라스부르의 여러 인쇄소에서 교정 작업을 하고 학문적 조언을 해주는 일을 했다. 링만도 루처럼 포르투갈과 스페인의 항해 탐사 서적을 인쇄하는 데 관여했었고, 그것을 계기로 김나지움에 합류했으리라 보인다. 또 한 사람인 장 바생 드 상데쿠르Jean Basin de Sendacour는 라틴어를 전공한 신학자로, 고전과 당대 문헌 번역에 크게 기여하게 될 인물이다.

1506년 발트제뮐러가 생디에 도착하면서 김나지움을 북유럽 지식의 중심지로 만들기 위한 야심 찬 지리 프로젝트가 시작되었다. 이 때만 해도 아메리카 발견을 묘사하는 세계지도를 만들려는 의도는 없었다. 발트제뮐러, 링만, 상데쿠르 세 사람은 다만 프톨레마이오스의 《지리학》 신판을 출간할 계획이었다. 유럽의 동서 항해 활동으로 프톨레마이오스 지리 지식의 기반이 약화된 상황에서 1,300년 전의 서적에 주목한다는 게 이상해 보일 수도 있지만, 여기에는 그럴 만한 이유가 있었다. 프톨레마이오스의 책이 적어도 6세기부터 학자들 사이에서 언급되었다고는 해도, 그리스어로 된 이 책이 이탈리아로 건너와 진지하게 연구되고 번역된 것은 14세기가 되어서의 일이다. 1397년, 콘스탄티노플에 있던 그리스 학자 마누엘 크리솔로라스Manuel Chrysoloras는 피렌체로 건너와 이탈리아의 대표적 학자인 콜루초 살루타티Coluccio Salutati를 중심으로 한 인문학자들에게 그리스어를 가르쳐 달라는 요청을 받았다. 이 피렌체 학자들은 그리스어를 몹시 배우고 싶은 나머지, 프톨레마이오스의 《지리학》을 포함해 콘스탄티노플에 있는 여러 가지 그리스어 필사본을 보내 달라며 돈을 지불했다. 크리솔로라스는 《지리학》을 처음으로 라틴어로 번역하기 시작했고, 피렌체의 인문학자 야코부스 안젤루스Jacobus Angelus가 뒤를 이어 1406~1410년경에 완성했다. 안젤루스가 책 제목을 '지리학'이 아닌 '우주형상학'으로 번역한 데서 이탈리아 인문학자들이 프톨레마이오스의 책을 어떻게 바라보았는지 엿볼 수 있으며, 이 결정은 그 후 200년 동안 지도 제작자들과 그들이 만든 지도에 영향을 미쳤다. 제1장에서 보았듯이, 우주형상학은 하늘과 땅을 분석해 우주의 특징을 묘사한다. 신이 창조한 지구 중심 우주를 믿는 우주형상학은 르네상스 사람들에게 우주와 지구의 관계를 수학적으로 묘사하는 것과 관련이 있었다. 따라서 우주형상학은 오늘날 우리가 지리학자의 몫이라고 보는 활동을 (다소 모호할지라도) 포괄적으로 기술하는 것을 포함하는데, 여기에는 늘 프톨레마이오스, 그리고 천체와 지상을 묘사하는 그의 방법론을 환기시키는 고전적 권위가 덧씌워졌다.[259]

프톨레마이오스의 '지리학'을 '우주형상학'으로 번역했다는 것은 안젤루스와 그의 피렌체 동료들이 구형 지구를 납작한 평면에 투영하는 과학적 방법보다 천체와 천문 관련 문제 해결에 더 관심이 있었다는 뜻이었다. 이탈리아 인문학자 다수가 철학적 이유로 이 책을 참조하면서, 고대 지형 명명법을 근대의 지명과 비교했다. 안젤루스가 프톨레마이오스의 복잡한 수학적 투영을 왜곡하고 생략하며 번역한 탓에 《지

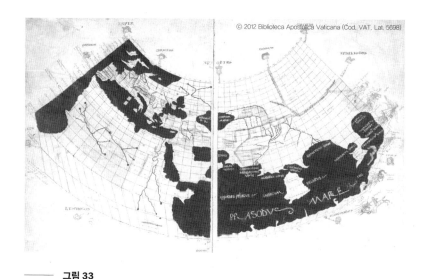

© 2012 Biblioteca Apostolica Vaticana (Cod. VAT. Lat. 5698)

───── **그림 33**

프톨레마이오스의 《지리학》 라틴어 판(15세기)에 처음 삽입된 세계지도.
유럽 르네상스의 고대 학문 '재발견'의 일환으로 삽입되었다. → 224~225쪽 사이 컬러화보 참고

리학》은 15세기 내내 훗날 많은 학자들이 추정했던 것보다 훨씬 단조롭게 읽혔다. 그리고 사람들이 흔히 주장하는 바와 달리, 르네상스 시대의 지도 제작을 획기적으로 바꿔 놓지는 못했다. 프톨레마이오스의 혁신적인 방법을 독자들이 제대로 이해하지 못한 탓이다.[260] 프톨레마이오스의 글은 새로운 인쇄 매체로 출간되면서 책에 실린 지도 대부분이 새롭게 디자인되고 최신 정보가 추가되었지만, 수학적 좌표는 생략된 채 인쇄되어 지구를 지도에 투영한 프톨레마이오스의 과학적 방법을 이해하기에는 부족했다. 인쇄공이나 학자들이나 지도를 인쇄하는 작업만으로도 힘에 부쳤다.

발트제밀러와 동료들이 지도를 만들기 시작할 무렵에는 프톨레마이오스 인쇄본이 무려 다섯 종류나 되었다. 1475년에 비첸차에서 라틴어로 인쇄된 책은 지도가 거의 없었지만, 1477년에 볼로냐에서 인쇄된 책에는 지역지도와 세계지도가 처음으로 실렸다(따라서 '지도책atlas'

이라고 이름 붙지는 않았지만, 인쇄된 최초의 지도책에 해당한다). 이듬해 로마에서 또 다른 인쇄본이 출간되었고, 1482년에는 이탈리아어로 대충 번역하고 지도를 넣어 완성한 책이 피렌체에서 출간되었다. 그해, 울름에서는 최초의 독일어 판이 출간되었다. 알프스 북쪽에서는 목판인쇄가 성행했고 울름 출간본에도 목판인쇄가 쓰였지만, 초기 이탈리아 지도는 전부 동판인쇄로 제작되었다. 동판인쇄는 목판인쇄와 달리 동판을 활자와 나란히 제판할 수 없어 시간이 많이 걸렸지만, 선을 더 정교하고 다양하게 사용할 수 있다는 장점 덕에 16세기 말에는 목판 지도를 대체했다.

프톨레마이오스의 《지리학》을 15세기에 재출간한 것은 인문학자들의 철학적 호기심 충족 이상의 의미가 있었다. 포르투갈과 스페인이 뱃길 탐험에 나선 마당에 프톨레마이오스가 설명하는 세계는 갈수록 시대에 뒤처져 보였다. 포르투갈이 항해를 시작한 초기에 서아프리카 해안을 발견해, 프톨레마이오스의 생각과는 반대로 아프리카를 빙 둘러 항해할 수 있으며 인도양은 육지로 둘러싸이지 않았다는 사실이 밝혀졌다. 게다가 콜럼버스가 대서양 서쪽을 항해하면서 프톨레마이오스와 그리스인들에게는 알려지지 않은 땅덩어리가 모습을 드러냈고, 프톨레마이오스가 계산한 기지 세계의 규모와 형태에 심각한 오류가 밝혀졌다. 그러나 이 같은 항해로 프톨레마이오스의 가치는 떨어졌지만 그의 글은 어느 때보다 인기가 높아졌다. 그 결과 콜럼버스가 항해에서 돌아온 뒤에도 《지리학》의 새 판본이 출간되었지만(1500년까지 인쇄되었다고 기록된 220개의 지도 중에서 절반 이상이 프톨레마이오스에게 직접적으로 영향을 받았다) 콜럼버스가 항해를 시작한 1492년 이후에 인쇄된 판본에도 콜럼버스의 발견은 언급되거나 인정되는 일이 거의 없었다.[261]

르네상스 시대 학자들은 프톨레마이오스를 폐기하기보다 지식을 축적하는 방식으로 고전과 근대 지리 지식을 통합하려 했다. 프톨레마이오스가 만든 표와 그가 쓴 글이 중세 마파문디와 더불어 콜럼버스 같은 항해사나 학자들이 접할 수 있는 유일한 포괄적 세계 모형이다 보니, 이들은 자신이 발견한 것이 고대나 중세의 사고의 틀과 명백히 모순될 때도 그 둘을 접목하려 했다. 많은 사람이 프톨레마이오스의《지리학》을 여전히 제대로 이해하지 못했지만, 일정한 간격으로 떨어진 위선과 수렴하는 자오선으로 기지 세계의 지형을 투영하는 법을 설명한 것은《지리학》이었고, 항해사와 학자들은 이를 바탕으로 새로운 발견을 시도하고 계획할 수 있었다. 그 결과는 당혹스럽고 모순될 때도 많았지만, 실제 탐험과 지적 탐험을 더욱 자극한 건 사실이다. 이런 방식은 프톨레마이오스의 초기 인쇄본에도 나타나, 새로 발견한 내용을 계속 추가해 인쇄하다 보니 나중에는 원래 프톨레마이오스가 쓴 부분을 알아보기 힘들 정도였다.

16세기 초까지 인쇄 혁신을 주도한 곳은 고전 학문과 뱃길을 이용한 지리 발견에 큰 관심을 보인(발트제뮐러 지도 출간에도 한몫을 한) 스트라스부르와 뉘른베르크 같은 독일 도시였다. 두 도시는 교역과 재원을 매개로, 르네상스 시대 이탈리아에서의 지적 발전과 이베리아 반도에서의 뱃길 탐험에 밀접하게 연관되어 있었다. 이제까지 알려진 최초의 지구본은 1492년에 뉘른베르크에서 상인 마르틴 베하임Martin Behaim 이 만들었다. 1480년대에 포르투갈이 서아프리카 해안을 항해하며 교역할 때 자금을 지원하고 직접 참여한 사람이다. 뉘른베르크 같은 도시는 인쇄 외에도 지도 제작과 항해에 필요한 우수한 과학 기구 제작의 중심지로 유명했다.

마티아스 링만은 1505년에 친구에게 보내는 편지에서, 김나지움 인쇄공들의 원래 계획은 이탈리아와 울름에서 출간한《지리학》을 능가하는《지리학》신판을 출간하는 것이라고 썼다. 그러나 작업을 진행하던 이들은 프톨레마이오스가 상상한 세계와는 사뭇 다른, 서유럽에는 알려

지지 않은 새로운 세계를 묘사한 글을 맞닥뜨렸다. 피렌체 상인이자 여행가인 아메리고 베스푸치가 쓴 여러 통의 편지를 번역해 인쇄한 것인데, 베스푸치는 이 편지에서 1497년에서 1504년 사이의 일련의 항해를 묘사하며 이때 신대륙을 발견했다고 주장했다. 링만은 편지에서, 2년 뒤에 출간되는 〈우주형상도〉에 영향을 미치는 두 가지 요소를 설명했다.

> 아메리고 베스푸치가 쓴 책이 우연히 우리 수중에 떨어졌는데, 우리는 그걸 서둘러 읽어 보면서 내용 하나하나를 프톨레마이오스 지도와 비교했지. 자네도 알다시피 우리가 지금 자세히 검토하고 있는 프톨레미이오스 지도 말이야. 그러면서 새로 발견된 이 지역을 넣어 내용을 약간 다듬고 싶어졌어. 시적으로만이 아니라 지리학적으로도.[262]

베스푸치가 피렌체의 후원자인 로렌초 데 메디치에게 썼다는 편지가 《신세계Mundus Novus》라는 자극적인 제목을 달고 라틴어로 번역되어 1503년에 출간되었다. 이 짧은 편지는 남아메리카 동쪽 해안을 항해하던 순간을 기록하면서, "우리가 찾아 헤매다 발견한 새로운 지역," "우리 조상들은 모르던 곳이니 새로운 세계라 부를 수 있는"[263] 지역을 묘사했다. 서반구에서 발견한 곳을 처음으로 새로운 대륙이라 부른 순간이다. 이보다 앞서 1493년에는 콜럼버스가 루이스 데 산탄헬에게 보낸 편지가 출간되었는데, 베스푸치의 편지가 발행된 데에는 콜럼버스의 편지와 경쟁하려는 의도가 다분했다. 콜럼버스의 편지는 1492년 8월부터 1493년 3월까지의 첫 항해에서 카리브 해에 도착한 역사적 순간을 기록했다. 《신세계》는 (자신이 도착한 곳이 아시아라고 믿었던 콜럼버스와 달리) "새로운 세계" 발견을 주장하고 그곳 원주민의 성생활과 식습관을 선정적으로 다룬 덕에 성공이 보장되었다. 발행 몇 주 만에 베네치아, 파리, 안트베르펜에서 엄청난 부수가 인쇄되었고, 독일에서는 마티아스 링만이 편집한 것까지 포함해 1505년까지 적어도 다섯 가지 판본이 인쇄되었다.

같은 해에 베스푸치의 또 다른 편지가 《네 차례 항해에서 새로 발견한 제도諸島와 관련한 아메리고 베스푸치의 편지Lettera di Amerigo Vespucci delle isole nuovamente trovate in quattro suoi viaggi》라는 제목으로 출간되었다. '위대한 영주'로 표시된 수신자는 당시 피렌체 공화국을 통치한 피에로 디 톰마소 소데리니로 추정된다. 이 편지에는 베스푸치가 1497년과 1504년 사이에 스페인과 포르투갈 왕국 정부를 위해 떠난 네 차례의 항해가 기록되어 있다. 이 편지는 《신세계》만큼 신풍적인 인기를 누리지는 못했지만, 1497년 5월에서 1498년 10월 사이의 첫 번째 항해를 묘사하면서 "우리 선조들이 결코 언급한 적 없는" "많은 육지와 셀 수 없이 많은 섬을 발견했다"고 주장했다. 그리고 "고대 사람들은 그 존재조차 알지 못했다"고 했다.[264] 편지에서는 중앙아메리카와 남아메리카 해안에 도착한 상황도 설명하는데, 콜럼버스가 베네수엘라에 처음 발을 디뎠다고 기록한 1498년 8월보다 1년 가까이 앞선다.

인쇄된 이들 편지는 모두 가짜이거나 적어도 베스푸치의 항해를 부풀리고 자극적으로 변형한 것이 분명하다. 베스푸치가 직접 손으로 쓴 편지는 18세기에 와서야 발견되었는데, 앞서 인쇄된 편지에 비해 무미건조하다. 이 편지에서는 베스푸치가 처음 신대륙에 발을 디딘 해가 콜럼버스보다 한 해 늦은 1499년으로 기록되었고, 아메리카를 처음 '발견'했다는 주장은 베스푸치의 뜻이 아니라 편집자의 과욕에서 나왔다는 이야기도 실렸다. 베스푸치의 편지가 발견되었을 당시, 국가적 이해관계 탓에 베스푸치의 성취는 이미 격하되어 있었다. 16세기 중반부터 스페인이 후원하는 콜럼버스의 항해를 칭송하고 싶어 안달하는 스페인 작가들은 베스푸치의 편지를 출간한 사람들의 주장에 경멸을 퍼부었고, 심지어 '아메리카'라는 지명이 들어간 지도는 모조리 발행을 금지해야 한다고 주장했다.

1505~1506년 생디에의 김나지움 보자겐스 회원들은 베스푸치의 여행이 조작되고 자극적으로 포장되었다는 사실을 모르고 있었다. 베스푸치의 항해에 관해 이들이 얻을 수 있는 정보는 지극히 적어서, 베스푸치가 콜럼버스보다 먼저 신대륙에 도착했다고 주장하는, 네 번의 항해를 담은 편지와 《신세계》가 전부였다. 링만이 1505년에 쓴 편지에 나타나듯이, 베스푸치의 편지는 김나지움의 계획을 바꿔 놓았다. 이들은 단순히 《지리학》을 편집하는 데 그치지 않고 좀 더 야심 찬 작업에 착수했다. 베스푸치의 지리 정보를 프톨레마이오스와 비교해 세계지도를 만들고, 프톨레마이오스의 《지리학》에서 탈피한 이유와 방법을 지리학적으로 설명하는 내용을 지도와 함께 출간한다는 계획이었다.

김나지움은 놀랍도록 빠른 속도로 작업했고, 1507년 봄에 그 열매를 맺었다. 이들은 이 작업을 세 부분으로 나눠 출간했다. 가장 먼저 《우주형상학 개론Cosmographiae introductio》을 1507년 4월 생디에에서 출간했다. 40쪽 분량의 짧은 우주형상학 개론에다 《아메리고 베스푸치의 네 번의 항해》 프랑스어 인쇄본을 장 바생 드 상데쿠르가 라틴어로 번역한 60쪽 분량을 더한 책이다. 작업의 나머지 두 부분은 《우주형상학 개론》의 긴 원제에 잘 나타난다. '우주형상학 개론: 기하학과 천문학의 필수 원리와 아메리고 베스푸치의 네 번의 항해, 그리고 프톨레마이오스에게는 알려지지 않은 최근에 밝혀진 외딴 섬들을 비롯한 전 세계를 지구본과 지도로 적절하게 표현하는 방법.'[265] 똑떨어지는 제목은 결코 아니지만 작업의 규모와 야심이 드러나는 제목이다. 합스부르크 왕이자 신성로마제국 황제인 막시밀리안 1세(1459~1519년)를 가리키는 '막시밀리안 카이사르 아우구스투스'에게 책을 바친다는 문구도 마찬가지다. 링만이 막시밀리안에게 시를 바치고 뒤이어 발트제밀러의 건조한 헌사가 나오는데, 여기서 그는 김나지움의 노고를 짧게 설명했다. "사람들의 도움을 받아 프톨레마이오스가 쓴 그리스어 필사본을 연구하고 아메리고 베스푸치의 네 번의 항해에서 나온 정보를 더해, 우주형상학에 입문하는 학자에게 교양이 될 수 있도록 전 세계를 지구본과 지도에 담았다. 이 모든 것을 기지 세계의 군주이신 황제께 바친다."

　　이어지는 내용에서는 프톨레마이오스에 기초한 정통 우주형상학을 소개하면서, 기하학과 천문학의 주요 요소를 설명하고 그것이 지리학에 어떻게 응용되는지 이야기했다. 베스푸치의 발견은 제5장에 처음 등장한다. 제5장은 프톨레마이오스를 비롯한 고대 지리학자들이 지구를 다섯 지대로 구분한 것을 설명한 부분이다. 여기에서 북회귀선과 남회귀선 사이에 놓인 적도의 남쪽 열대를 이렇게 설명한다. "뜨겁고 건조한 열대에 많은 사람이 사는데, 황금 반도[말레이 반도] 사람들, 타브로바네[스리랑카] 사람들, 에티오피아 사람들, 그리고 그동안 미지의 세계로 남았다가 최근에 아메리고 베스푸치에 의해 발견된 지구의 거대한 부분에 사는 사람들 상당 부분이 여기에 속한다."[266] 베스푸치가 서반구에서 발견했다는 지역은 프톨레마이오스가 분류한 고전적 지대에 쉽게 통합되고, 동일한 위도 선상에서 동쪽에서 서쪽으로 다른 지역과 서로 인접한 것으로 나타난다. 제7장에서는 세계를 나눈 기후대 설명을 다듬으면서, 다시 한 번 프톨레마이오스에 기초해 적도의 북쪽과 남쪽에 있는 일곱 지대를 묘사한다. 여기서는 지나가는 말처럼 이렇게 설명한다. "아프리카 극동 지역, 잔지바르 섬들, 그보다 작은 자바 섬, 그리고 세울라와 세계의 네 번째 부분은 모두" 적도 남쪽, "남극 대륙에 가까운 여섯 번째 기후대에 있다."

　　그리고 유럽의 초기 탐험에서 매우 중요한 내용을 언급한다. "세계의 네 번째 부분을 우리는 아메리고, 더 나아가 아메리고의 땅, 또는 아메리카라 부르기로 했다. 아메리고가 발견한 땅이기 때문이다."[267] 베스푸치의 이름을 딴 아메리카가 지명으로 처음 언급된 기록인데, 놀랍게도 이 구절은 세계를 기후대로 나눈 고대 방식을 설명하는 대목에 절묘하게 끼워 맞춰져 있다. 베스푸치가 발견한 아메리카 대륙은 인도양 남쪽 섬들과 남아프리카를 아우르며 동쪽에서 서쪽으로 이어지는 지대에 통합된다. 그 결과, 베스푸치의 '발견'은 프톨레마이오스가 묘사한 세계를 깎아내리기보다 되레 지지한다는 게《우주형상학 개론》의 설명이다.

　　　마지막으로 제9장에서는 세계 전반을 묘사한다. 글은 이렇게 시작한다. "현재 이 작은 세계에는 프톨레마이오스는 잘 모른 네 번째 부분이 존재하고, 이곳에는 우리 같은 사람들이 산다." 그리고 유럽, 아프리카, 아시아를 묘사한 뒤, 다시 새 영토로 돌아가 그 지명을 둘러싼 이야기를 되풀이한다.

> 곧이어 설명하겠지만, 오늘날 이들 지역에서는 아메리고 베스푸치가 발견한 네 번째 부분에서보다 더 광범위한 탐험이 이루어졌다. 잘 알려졌다시피 유럽과 아시아라는 지명이 여성의 이름에서 유래했으니, 네 번째 부분을 그곳을 발견한 위대한 남자의 이름을 따 아메리고, 아메리고의 땅, 또는 아메리카라 부르는 데 반대할 이유가 없다고 본다.

제9장은 이렇게 마무리된다. "이제 세계는 네 부분으로 나뉜다는 것을 알게 됐다. 처음 세 부분은 서로 연결된 대륙이고, 네 번째 부분은 섬이다. 사방이 온통 바다로 둘러싸인 채 발견되었기 때문이다."[268] 이 책은 새로운 발견을 축하하는 동시에 독자들에게 프톨레마이오스는 세계의 네 번째 부분을 "잘 몰랐다"고 말한다. 전혀 몰랐다는 말과 사뭇 다른 표현이다. "이제 알게 됐다"라든가 "발견되었기 때문"이라는 표현에서 새로운 지리 정보와 지도의 영향을 감지할 수 있지만, 앞의 마무리 문장이 유발한 궁극적 잡음은 새로 발견한 땅이 섬이냐 대륙이냐 하는 지위

의 문제였다. 르네상스 시대의 지도 제작자들은 고대 '띠 지도'를 근거로 섬과 세계의 '부분'을 이해했지만, '대륙'은 정의하기가 훨씬 어려웠다. 우주형상학자 페트루스 아피아누스는 1524년에 대륙을 "섬도 아니고 반도도 아니고 지협도 아닌 단단하거나 고정된 땅"[269]으로 정의했지만, 그다지 도움이 되는 정의는 아니었다. 유럽, 아시아, 아프리카는 흔히 '대륙'으로 인식했지만, 발트제뮐러와 동료들은 1507년에 새로운 땅 아메리카의 모양과 크기가 추가로 입증되지 않은 상태에서 그곳에 대륙이라는 중요한 지위를 부여하고 싶지 않았다. 그렇다 보니 아메리카는 추가 정보가 나오기 전까지 섬으로 남아 있었다.

이 출간의 두 번째 작업은 헌사에서 약속한 24×39센티미터의 작은 목판 지도다. 이 지도는 세로로 기다란 띠 모양 조각이 여러 개 붙은 형태인데, 각 띠는 양옆이 곡선이고 끝으로 갈수록 좁아지면서 뾰족해진다. 이 띠를 모아 붙이면 작은 구형 지구본이 만들어진다. 이제까지 알려진 최초의 '지구본 전개도' 인쇄본이다. 여기에는 서반구가 표시되고, 남아메리카에 '아메리카'라는 이름이 보인다. 이 지구본 전개도는 이번 출간 작업에서 가장 야침 찬 마지막 요소인, 열두 쪽을 이어 붙인 거대한 세계지도이자 최초의 인쇄 벽지도인 〈우주형상도〉와 밀접히 연관된다.

《우주형상학 개론》전체를 인쇄하는 작업은 생디에의 작은 인쇄기가 담당할 몫이 분명했지만, 〈우주형상도〉의 규모와 세부 사항은 생디에의 인쇄기가 감당할 수준을 넘어선 탓에 스트라스부르로 넘어갔고, 그곳의 요한 그뤼닝거 인쇄소에서 작업이 마무리되었을 것이다. 〈우주형상도〉인쇄는 오늘날의 기준으로 보아도 놀라운 기술적 성취였다. 손으로 만든 래그페이퍼(펄프가 아닌 면으로 만든 종이 - 옮긴이)에 목판 열두 장을 인쇄했는데, 조각 하나가 45×60센티미터다. 열두 조각을 모두 이어 붙이면 지도의 크기는 120×240센티미터에 이른다. 인쇄할 때의 현

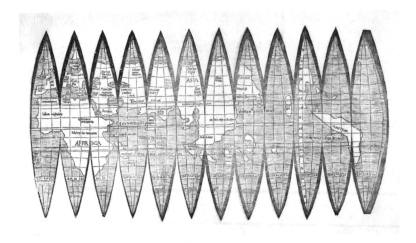

—— **그림 34**
마르틴 발트제뮐러의 지구본 전개도, 1507년.

실적 문제들을 고려하면 지도의 규모는 더욱 놀랍다.

이 지도에는 목판 돋을새김 기술이 쓰였다. 16세기에 흔히 사용한 기술이다. 스트라스부르, 뉘른베르크, 바젤처럼 전통적으로 수공예 기술이 발달하고 목재와 종이, 물을 쉽게 구할 수 있는 마을이나 도시는 목판인쇄가 발달하기에 더없이 좋은 곳이었다. 목판은 널빤지에서 형상을 만들어 가는 작업이었다. (독일에서는 '폼슈나이더'로 알려진) 수공업자가 인쇄되지 않는 부분(인쇄하면 하얗게 보이는 부분)을 칼과 끌로 깎아 내고 지도의 선을 돋을새김으로 남겨 두면 이 부분에 잉크가 묻어 판화를 찍었을 때 지형적 특징이 나타난다. 이 작업은《우주형상학 개론》같은 짧은 글을 인쇄하기 위해 활자를 새기는 과정보다 훨씬 더 손이 많이 가는 정교한 과정이었고, 최종 인쇄본의 시각적 언어를 좌우했다. 목판인쇄술은 영토 표현에 필수인 점진적 농담이나 정교한 선 또는 세부 묘사에 한계가 있었다. 그리고 지리 정보가 없는 곳은 목판을 손대지 않아 인쇄하고 보면 밋밋했다. 〈우주형상도〉에서 아프리카와 아시아의 텅 빈 넓은 지역은 지리 정보의 한계 탓이기도 했지만 인쇄 과정의 결과이기도 했다.

인쇄공이 마주치는 또 다른 문제는 글자 인쇄였다. 지도에는 글자와 선이 같이 들어가야 해서 초기 인쇄공은 지도의 그림을 상세히 표현하면서 그 위에 직접 글자도 새겼는데, 그 결과 지도에 인쇄된 글자는 끌칼로 새긴 두드러지지만 단조로운 정사각형 고딕체였다. 그러나 발트제뮐러 지도가 만들어진 시기는 낡은 기법이 물러나고 이탈리아 인문주의자들이 좋아한 좀 더 세련된 로만체가 등장하던 때였다. 〈우주형상도〉가 고딕체와 로만체를 동시에 썼다는 이야기는 글자의 크기와 모양에서 일관성은 없어도 지도 제작 속도는 빨라졌다는 뜻이다. 〈우주형상도〉에는 글자를 새기는 방식이 두 가지 나타난다. 하나는 나무에 곧바로 글자를 파는 방식인데, 이 방식은 시간이 많이 걸린다. 또 하나는 목판에 끌로 골을 판 다음 접착제를 이용해 활자를 심는 방식이다. 이 방식에도 문제는 있었다. 실수가 끼어들기 쉽고, 글자 수가 많아지면 목판이 벌집처럼 보일 뿐 아니라 판이 뒤틀리거나 갈라지기도 한다. 마스터판(masterforme, 2절지 앞뒤를 인쇄하도록 두 면에 활자를 새긴 틀) 하나를 만들려면 그곳에 들어가는 글자만 새기려 해도 조판공 두 사람이 적어도 하루를 매달려야 했다. 여기에 복잡한 지형까지 새기려면 며칠이 아니라 몇 주가 소요된다. 이런 전문 작업을 열두 번 반복했다고 생각해 보면(〈우주형상도〉는 총 열두 쪽으로 구성된다), 김나지움이 1506~1507년에 실시한 작업의 규모와 속도가 어떠했는지 짐작할 수 있다.[270]

목판 삽화와 활자의 조화를 맞추는 일도 어려움 중 하나였다. 인쇄공은 특정 판을 인쇄할 때 필요하다고 생각되면 목판 지도 삽화에서 일정 부분을 '들어내' 다른 쪽에 배치하는데, 이렇게 되면 소중한 활자가 망가져 다른 책에 활자를 다시 사용할 수 없게 된다. 재인쇄에 들어갈 때 지도를 재배치하면 활자도 다시 맞춰야 하는데, 이때 약간 수정을 하다 보면 전에 없던 실수가 나타나기도 한다. 이런 과정은 현존하는 발트제뮐러 지도에 중대한 영향을 끼쳤을 것이다. 16세기 초부터 나온 '똑같은' 인쇄 지도의 상당수가 사실은 인쇄 판마다 글자가 눈에 띄게 달라서, 인쇄 지도는 원본과 항상 똑같다는 생각이 틀렸음을 보여 준다.[271] 인쇄를 새로 할 때 나타나는 이런 문제에 많은 독자와 학자들이 실망한 탓에 제바스타인 브란트 같은 사람들이 인쇄에 대해 했던 칭송이 무색할 정도였다. 브란트와 동시대에 살았던 어떤 사람은 부주의한 인쇄공의 실수로 인쇄 매체가 "파괴 도구"로 전락한다며, "판단력이라고는 눈곱만큼도 없는 인쇄공들이 책을 제대로 교정해 인쇄하지 못하고, 형편없고 부주의한 교정으로 책을 망가뜨린다"고 했다.[272]

스트라스부르 인쇄공이 맞닥뜨린 마지막 문제는 (발트제뮐러가 그렸다고 추정되는) 거대한 지도를 어떻게 목판에 옮기느냐는 것이었다. 발트제뮐러는 처음으로 지도를 만든 사람이니, 지도를 목판 열두 장에 옮기는 일도 감독해야 했을 것이다. 이때 지도를 목판에 거꾸로 그렸을 수도 있고, 손으로 그린 지도 원본을 목판에 붙여 목판을 파낸 다음 돋을새김을 했을 수도 있다. 후자의 경우, 지도 뒷면에 바니시를 칠해 붙이면 그림이 목판에 스며들어 그림대로 목판을 팔 수 있다. 이 방법의 가장 큰 단점은 물론 원본 지도가 망가진다는 것이다. 발트제뮐러가 손으로 그린 지도가 현재 전하지 않는 것도 이 때문일 것이다(이 시기에 인쇄된 지도 다수가 원본이 전하지 않는다). 1472년 아우크스부르크에서 인쇄된 세비야의 이시도루스가 쓴 《어원》에는 최초의 인쇄 지도로 알려진 T-O 지도가 실렸는데, 이처럼 단순하고 도식적인 지도에서는 이런 문제가 비교적 단순하게 나타났다. 그러나 〈우주형상도〉 같은 대규모 인쇄 지도에서는 이 문제가 심각했다.[273]

세 부분으로 나눠 출간한 것을 한 묶음으로 팔았는지, 개별적으로 팔았는지는 정확히 알 수 없다. 그러나 셋은 명백히 다른 작업이었

—— **그림 35**
세비야의 이시도루스가 쓴
《어원》에 나오는 T—O 지도, 1472년.

다. 열두 쪽짜리 벽지도에서 한 쪽은 그 규모가 개론이나 지구본 전개도의 거의 두 배에 이른다. 이를 모두 합치면 어느 모로 보나 고대와 근대 우주형상학과 지리학의 야심 찬 선언이었다. 이곳에 실린 글은 전체적으로 중세 마파문디와의 돌이킬 수 없는 결별을 나타냈다. 원인은 분명했다. 지도의 모양을 완전히 바꿔 놓은 인쇄의 파급력, 프톨레마이오스의 《지리학》의 영향, 그리고 당시의 지리 발견, 특히 베스푸치의 '신세계' 아메리카 발견의 결과다. 김나지움이 거둔 성과는 세계의 지형을 표현하는 방법을 바꿔 놓은 것에 그치지 않는다. 이들은 지리학이 생산되고 사용되는 방법에서, 지리학을 지적 학문으로 이해하는 새로운 접근법을 시도했다. 〈헤리퍼드 마파문디〉가 신의 세계 창조와 사후 세계에 답을 했다면, 〈우주형상도〉는 세계를 표현하는 고대, 중세, 근대의 방식을 르네상스 시대 인문주의자들의 사고방식에 따라 통합하려 했고, 새롭게 떠오르는 '새로운 세계'에 저마다 다른 관심을 가진 학자, 항해사, 외교관 등 다양한 개인들 사이에서 거의 똑같은 세계지도가 다량으로 유통될 수 있게 했다.

　〈우주형상도〉는 세계를 깔끔하게 서반구, 동반구(물론 당시에는 이런 용어를 쓰지 않았지만)로 절반씩 나누고, 북쪽을 지도 위에 두었다. 오른쪽으로는 지도 여섯 쪽에서 북쪽에서 남쪽으로 카스피 해, 아라비아 반도, 아프리카 동쪽 해안으로 이어진다. 중세 마파문디의 방위와 모양은 사라졌지만, 지도 세부 묘사의 상당 부분이 여전히 중세와 고대 지리에서 나왔다. 중앙아시아와 동아시아 묘사는 13세기 후반 마르코 폴로의 여행을 기반으로 했고, 나머지 지역은 프톨레마이오스의 잘못된 지리 정보를 재현했다. 이 지도는 포르투갈이 (1497~1499년 바스쿠 다가마의 첫 항해를 시작으로) 인도 대륙까지 진출했던 초기 항해 기록을 담은 〈카베리오 해도〉에 기초했지만, 인도는 식별이 불가능하다. 발트제뮐러가 당대의 정보를 무시하고 프톨레마이오스의 실수를 그대로 재현한 탓이다. 가령 인도 서쪽^{India Gangem}이 지나치게 작게 묘사되었고, 인도 전체가 동쪽으로는 오늘날의 동남아시아까지 지나치게 멀리 뻗었는데, 이 부분도 발트제뮐러와 동료들이 프톨레마이오스가 'Sinus Magna', 즉 '그레이트 만^{Great Gulf}'이라 부른 곳을 재현했기 때문이다. 오늘날의 지도 제작 역사가들이 지형적 이유로 "호랑이 다리 반도"라 부른 곳이 오늘날의 캄보디아 부근에 나타난다. 이 지도도 인도를 묘사하면서 중세의 '사제 요한' 전설을 재현하는데, 이곳 또는 동아프리카의 기독교 왕국에 살았다는 전설의 왕이다(두 지역에는 소규모 기독교 공동체가 있었다). (동시대의 다른 지도와 달리) 이 지도에는 요한이 직접 등장하지 않지만, 'India Meridionalis'라고 적힌 인도 동쪽에 있는 기독교 십자가는 그의 존재를 인정한다.

서쪽에는 마다가스카르라는 지명이 등장하고 그 위치가 지나치게 동쪽으로 치우친 반면, 스리랑카^{Taprobana}는 지나치게 서쪽으로 치우치고 크기도 실제와 많이 다르다. 여기서 더 동쪽으로 가면 '대자바^{Java Major}'와 '소자바^{Java Minor}'를 비롯해 실제 섬과 상상의 섬이 뒤섞여 나타난다. 일본^{Zipangri}은 지도 오른쪽 맨 위에 등장하는데, 이곳의 위치 역시

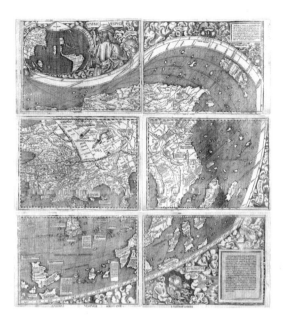

───── **그림 36**

〈우주형상도〉의 동반구 부분.

실제와는 사뭇 다르다. 아프리카는 이즈음 포르투갈의 항해와 발견으로 더 정확히 묘사된다. 아프리카 해안 둘레로는 포르투갈 국기가 펄럭일 뿐 아니라, 아프리카를 주위를 빙 둘러 항해할 수 있는 대륙으로 묘사하고 희망봉Caput de bona speranza과 원주민(이 지도에 등장하는 유일한 인물)을 그렸다는 점에서 프톨레마이오스를 탈피했다. 지도 테두리를 뚫고 나간 희망봉은 이 지도가 고대 지리에서 탈피했다고 말하는 듯하다. 여기서 더 북쪽으로 가면 중세 마파문디의 민족지학적 추측의 흔적이 남아 있어서, 이 지역 북서쪽을 '물고기를 먹는 에티오피아인의 땅Ichtiophagi Ethiopes'으로, 북동쪽을 '에티오피아 식인종Anthropophagi Ethiopes'으로 표기한다. 지도가 유럽에 가까워지면 종교적, 정치적 충성이 합스부르크 제국의 상징인 독수리 문장과 로마 교회의 상징인 교황 열쇠 문장으로

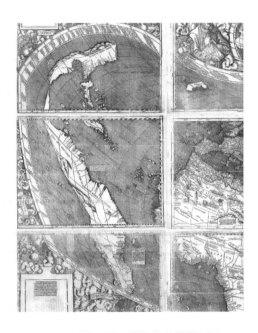

———— 그림 37
〈우주형상도〉의
서반구 부분.

두드러지게 과시되면서, 아프리카와 서아시아에 있는 이슬람 오스만의 초승달 문장과 대조를 이룬다. 그러나 이 지도의 중요성은 뭐니 뭐니 해도 맨 왼쪽 목판 두 쪽에 표시된 "세계의 네 번째 부분", 즉 아메리카다.

　여기서도 지도는 오늘날의 모습과 사뭇 다르다. 오늘날 북아메리카와 남아메리카라 부르는 지역은 연속한 하나의 대륙으로 묘사되는데, 둘을 잇는 것은 북위 약 30도에 있는 지협이다. 이 대륙은 북쪽으로 가다 북위 50도에서 직각을 이루는 선으로 돌연 끝이 난다. 서쪽으로는 산맥이 있고 "미지의 땅 너머Terra ultra incognita"라는 설명이 나온다. 오늘날의 북아메리카가 심하게 축소된 형태인데, 플로리다 반도와 멕시코 만으로 보이는 곳을 비롯해 흥미로운 부분이 눈에 띈다. 'Isabella'(쿠바)와 'Spagnolla'(히스파니올라)를 비롯한 카리브 해 섬들이 '서해Oceanus Occidentalis'로 처음 명명된 바다의 동쪽 해안에 떠 있다. 이 대륙에는 카스티야 국기를 그려 놓아 이 지역이 스페인 영토라는 주장을 지지하지만, 이곳에 아메리카라는 이름을 부여하지는 않았다. 대신 남부 지역을 대문자로 'PARIAS'로 명명했다. 그러니까 중대한 미국의 출생증명서는 사실 북아메리카를 '파리아스'라 부른 것인데, 베스푸치의 설명에 따르면 '파리아스'는 그가 이 지역 주민들을 만났을 때 그들이 자신의 고향을 일컬어 사용한 말이다.

이 지도는 '아메리카'라는 이름을 남쪽 땅덩어리에만 사용해, 오늘날의 브라질에 해당하는 곳에 이 이름이 나온다. 이 남쪽 지역은 북쪽 지역보다 훨씬 크고 자세히 묘사된다. 이 지역의 최남단은 남위 50도에서 잘리지만(이로써 이 지역을 빙 둘러 항해할 수 있느냐는 문제를 교묘히 피해 갔지만), 15년 동안 스페인과 포르투갈이 이 지역 해안을 탐험했던 흔적은 고스란히 나타난다. 북쪽에는 "이 지역은 카스티야 국왕의 명령으로 발견되었다"라는 설명이 나오고, 카스티야 국기가 펄럭이는 북동쪽 해안에는 "이 섬들은 제노바 대장 콜럼버스가 카스티야 왕의 의뢰를 받아 발견했다"라는 말이 적혔다. 이런 설명은 스페인의 정치적 주장을 우선적으로 인정하지만, 남동쪽 해안에 있는 포르투갈 배 그림 밑에는 이런 설명이 나온다. "이 배는 포르투갈 왕의 명령으로 [인도의] 캘리컷으로 향했다가 이곳에 처음 모습을 드러낸 열 척의 배 가운데 가장 큰 배다. 이 섬은 고정되었다고 알려졌으며, 앞서 발견된 그 주변 지역의 크기는 알려지지 않았다. 이곳에서는 남자, 여자, 아이들, 심지어 어머니들도 발가벗고 돌아다닌다. 카스티야 왕이 나중에 그 사실을 확인하기 위해 항해를 명령했던 곳이 바로 이 해안이다." 1500년 페드루 알바르스 카브랄의 항해에 관한 이야기다.[274] 카브랄은 바스쿠 다가마보다 대서양으로 더 깊숙이 항해해 들어갔고, 우연히 브라질을 '발견'했다. 발트제뮐러와 동료들처럼 카브랄도 이곳을 섬이라 생각했고, 여기에서 다시 인도로 떠났다.

이 지도가 새로운 서쪽 대륙을 묘사한 것은 전에 없던 일이지만,

그것을 혁명적이라고 선전한 흔적은 지도 어디에도 없다. 동반구, 서반구를 처음 개별적으로 묘사한 지도의 꼭대기를 다시 보자. 왼쪽에는 프톨레마이오스가 별과 땅을 측정한 그의 고전 방식을 상징하는 사분원자를 들고 있는 모습이 보인다. 그 옆에는 유럽, 아프리카, 아시아의 오이쿠메네를 그린 작은 지도가 있다. 이 오이쿠메네는 그가 아래의 더 큰 지도를 볼 때 마주치는 세계이기도 하다. 그의 오른쪽에는 아메리고 베스푸치가 자신의 근대적 항해술을 상징하는 컴퍼스를 들고 있다. 그 옆에는 서반구를 묘사한 작은 지도가 있고, 여기에는 '아메리카' 대신 단순히 '미지의 땅Terra incognita'이라고만 적혀 있다. 그러나 이 지도에는 태평양이 처음 나타나고, 북아메리카 서쪽 해안의 경계를 지리적으로 불가능한 일직선으로 표시하는가 하면 일본을 이곳과 지나치게 가깝게 그려 놓고 자바는 훨씬 더 서쪽으로 치우쳐 그려 놓았다. 베스푸치도 프톨레마이오스처럼 자신이 발견한 곳과 관련 있는 세계의 절반을 내려다보고 있다. 두 사람은 상대의 영향력이 미친 건너편 지도를 바라보느라 시선이 마주친다. 상호 존중을 나타내는 적절한 시선이자 세계를 바라보는 이 지도의 해석을 강조하는 듯한 시선이다. 다시 말해, 이 지도는 베스푸치의 발견과 콜럼버스를 비롯한 그의 선조들의 기념비적인 발견을 기록하고 그것을 고전 지리학과 동등한 위치에 놓는 동시에, 여전히 프톨레마이오스의 영향을 받고 있다.

　　이 지도에서 아메리카 지리를 상세히 묘사한 부분은 주로 베스푸치의 항해에 기초하지만, 지도의 테두리는 김나지움의 믿음에 따라 여전히 프톨레마이오스식을 유지한다. 전구 모양의 독특한 테두리 형태와 선명한 경위선은 프톨레마이오스가《지리학》에서 서술한 제2투영법을 수정해 세계를 표현하려는 시도의 결과다. 발트제뮐러가 프톨레마이오스의 투영법을 채택한 것은 고전적 지도 제작 모델에 눈을 돌려, 그것으로 새롭게 떠오르는 세계의 윤곽을 이해하고 묘사하려 했다는 뜻이다. 15세기에 기지 세계가 지리적으로 팽창하기 전에, 지도 제작자들은 둥근 지구를 납작한 평면에 투영할 때 생기는 문제를 심각하게 고민하지 않고도 자신이 사는 특별한 반구체를 묘사할 수 있었다. 그러다가 콜럼버스와 베스푸치가 아메리카를 항해하면서 지도 제작자들은 동반구와 서반구를 납작한 지도에 묘사하는 문제에 부딪히게 되었고, 당시 사람들은 이 난제를 재빨리 파악했다. 1512년에 뉘른베르크의 학자 요하네스 코클라이우스Johannes Cochlaeus는 "현재 사람들이 사는 세계의 진짜 규모는 고대 지리학자들이 묘사했던 것보다 훨씬 크다"고 인정했다. 그의 다음 글은 〈우주형상도〉를 묘사한 깃인지도 모른나.

> 갠지스 강 너머에는 인도를 비롯한 거대한 나라들이 뻗어 있는데, 이 중에서 동쪽의 가장 큰 섬은 일본이다. 아프리카는 남회귀선을 한참 넘어서까지 뻗어 있다고 전한다. 돈 강 어귀 너머로 멀리 북극해까지 사람 사는 땅은 대단히 넓다. 유럽 전체보다 더 크다는, 얼마 전에 발견한 새 땅 아메리쿠스는 또 어떤가. 그러니 이제 경도로나 위도로나 사람이 살 수 있는 땅의 한계를 더 넓게 잡아야 한다.[275]

이 문제에는 세 가지 지리적 답변이 가능했는데, 각 답변은 발트제뮐러와 동료들이 출간한 책과 지도 그리고 지구본 전개도에 나타난다. 첫 번째 답은 〈우주형상도〉 맨 위에 나타나듯이, 서반구와 동반구를 모두 묘사하는 것이다. 두 번째는 우주형상학 개론과 〈우주형상도〉에 딸려 인쇄된 지구본 전개도처럼 세계를 별개의 부분으로 나누는 것이다. 마지막은 지구의 가능한 한 많은 부분을 납작한 지도에 표현하는 투영법을 만드는 것이다. 〈우주형상도〉는 이번에도 프톨레마이오스에 주목해 그의 제2투영법을 재현함으로써 이를 실현한다.

　　프톨레마이오스는 《지리학》에서 제2투영법이 제1투영법보다 더 야심 차다고 언급하면서, 그 이유는 제2투영법이 제1투영법보다 그리기는 더 어려워도 "지구본에 나타나는 모양과 더 비슷하고" 따라서 "더 우수"하기 때문이라고 했다.[276] 제2투영법은 수평 위선을 원호로, 수직 자오선을 곡선으로 그려 둥근 지구를 보는 듯한 착각에 빠지게 한다. 이 방법은 우주에서 구형 반구를 '바라보는' 효과를 낸다. 구형 반구를 중앙에서 똑바로 바라보면, 중앙 경선의 대원大圓은 직선으로 보이고, 양옆의 자오선은 일정한 호를 그리는데 자오선이 동쪽과 서쪽으로 멀어질수록 그 굴곡은 더 커진다. 마찬가지로, 실제로는 지구 둘레를 도는 원인 평행선이 동심원의 원호처럼 보인다.[277]

발트제뮐러와 동료들은 프톨레마이오스의 제2투영법을 세계를 구형으로 표현하는 최상의 방법으로 선택했지만, 그러기 위해서는 이 투영법과 거기에 나타나는 지구 표면적을 대폭 수정해야 했다. 발트제뮐러는 프톨레마이오스의 위도 평행선을 북위 90도, 남위 40도까지 총 50도 확장해 당시 남북으로 활발히 이루어진 항해 탐험을, 특히 인도양과 아프리카 남쪽 해안까지 진출한 항해를 표현했다. 이것만으로도 의미심장한 일이지만, 그는 동쪽에서 서쪽으로 세로축을 그으면서 프톨레마이오스에게서 더욱 혁신적으로 탈피한다. 이 지도는 카나리아 제도를 통과하는 프톨레마이오스의 본초자오선을 그대로 유지하지만, 프톨레마이오스가 생각한 기지 세계의 폭을 두 배로 넓혀 동경 270도, 서경 90도까지 표현한다. 이로써 서쪽으로는 북아메리카와 남아메리카가 들어가고 동쪽으로는 일본이 들어가지만, 경도가 멀어질수록 왜곡이 심각해지는 문제도 생겼다.

이처럼 프톨레마이오스에 의존한 결과가 항상 성공적이진 않았지만, 그 한계에서 다소 흥미롭고도 당혹스러운 일이 벌어졌다. 발트제뮐러와 동료들이 경위선을 그을 때 근대적인 수학 방정식을 도입하지 못하다 보니 경위선은 고르지도 연속적이지도 않아서, 적도에서 남쪽으로 갈수록 자오선이 곡선으로 부드럽게 흐르지 못하고 분절되는데, 지도의 동쪽 끝과 서쪽 끝에서 특히 심하다(어쩌면 맨 아래 왼쪽과 오른쪽 목판이 너무 작아 자오선의 부드러운 곡선을 살리지 못하고 각도가 돌연 꺾어졌다는 좀 더 단순한 이유도 있었을 것이다). 북아메리카와 남아메리카를 묘사할 때도 비슷한 문제가 나타나, 해안선이 비현실적인 각도를 이룬다. 최근까지도 학자들은 이 문제가 땅을 투영하는 능력 부족에서 생겼다고 생각했다. 의회도서관 지리지도분과의 존 헤슬러John Hessler는 최근에 '지도 측정cartometric' 분석을 이용해 컴퓨터로 이 지도의 영토 묘사를 평가하면서, 이처럼 왜곡이 나타나는 이유는 지리 정보가 부족해서가 아니라 프톨레마이오스의 제2투영법을 부분적으로 적용하고 연장했기 때문이라고 주장했다.[278] 그는 프톨레마이오스의 투영법에서 오는 왜곡을 고려한다면 이 지도가 묘사한 아메리카와 태평양 서쪽 연안은 놀랍도록 정확하다고 말한다. 지도가 나온 시기가 바스코 누녜스 데 발보아Vasco Núñez de Balboa가 유럽인으로는 처음으로 태평양을 목격한 1513년보다 앞서고, 마젤란이 태평양을 횡단한 1520년보다 앞선다는 점을 생각하면 더욱 당혹스럽다. 헤슬러는 김나지움이 관련 지도와 지리 정보를 가지고 있었으나 그 뒤 잃어버렸으리라고 결론 내릴 수밖에 없었다. 이 경우, 김나지움은 새로운 대륙과 대양을 묘사한 근거가 된 자료에 대해 왜 침묵을 지키려 했는지 여전히 의문이지만.

김나지움은 출간 작업을 하면서 글로 기술한 부분에서, 개론서에서, 그리고 프톨레마이오스의 제2투영법을 통합하는 과정에서 새로운 땅을 '발견'한 것과 관련해 이들이 획득한 더디고 모순된 정보를 당시 널리 퍼진 기지 세계에 관한 고전 정보에 통합했다. 그렇게 나온 결과는 인상적이었지만, 빠르게 변화하는 1507년의 세계를 단편적으로 보여 줄 뿐이라는 사실을 암묵적으로 인정한 꼴이 되었다. 여기에는 세계지도, 지구본 전개도, 소개 글 등 다양한 내용이 실렸지만 변화하는 세계를 어떻게 바라보고 이해할 것인가에 관해서는 여러 가지 다른 관점을 드러냈다. 발트제뮐러는 이 지도가 "전 세계에 퍼졌으며, 영광과 찬사도 없지 않았다"[279]고 자랑했다.

　　이 지도의 여파는 실제로 널리 퍼졌지만, 그 양상은 극명하게 엇갈렸다. 발트제뮐러는 〈우주형상도〉가 1,000부 인쇄되었다고 훗날 주장했다. 당시로서도 대단한 숫자는 아니지만, 무척 복잡한 인쇄 작업을 생각하면 분명 적은 수도 아니다. 그러나 이 지도 구입을 암시하는 이야기는 달랑 하나 전해지는데, 그 설명도 〈우주형상도〉를 가리킨다고 단정하기는 어렵다. 1507년 8월에 베네딕트 수도회의 요하네스 드리데미우스라는 학자가 쓴 글이다. (최근에) "스트라스부르에서 인쇄한 작고 괜찮은 지구본을 싸게 사고, 또 스페인 사람[스페인 사람으로 착각함] 아메리고 베스푸치가 얼마 전 서쪽 바다에서 발견한 섬과 나라를 포함한 커다란 세계지도 하나 샀다."[280] 〈우주형상도〉를 가리키는 말이라면, 왜 혁명적인 공예품을 칭송한 흔적이 없을까? 단지 싸고 신기한 지구본을 사서 기쁘다는 말투가 아닌가. 지도 제작자들은 이 지도를 복제했고 아메리카라는 이름도 그대로 썼다. 이를테면 페트루스 아피아누스는 1520년에 세계지도를 만들면서 아메리카 대륙을 발견한 것이 1497년이라고 표시했다. 제바스티안 뮌스터는 1532년 세계지도에 이 지역을 '아메리카'와 '테라노바Terra nova'(새로운 땅)라고 명명하더니, 1540년 지도에는 '아메리카 또는 브라질의 섬'이라고 명명했다. '아메리카'를 전체 대륙을 일컫는 지명으로 사용한 것은 1538년 헤르하르뒤스 메르카토르Gerhardus Mercator가 처음이다. 그러나 1569년에 유명한 세계지도(제7장 참조)를 만들면서는 그 지명을 뺐다. 그러다가 16세기 말에 독일과 네덜란드 지도 제작자들 덕에 '아메리카'가 드디어 보편적 지명으로서의 지위를 획득했다. 이들은 새로운 대륙을 묘사할 지명이 필요했고, 그 지명은 특정 제국이나 특정 종교와 관련이 없어야 했다(어떤 지도는 그곳을 '새로운 스페인'이라 했고, 어떤 지도는 '성 십자가의 땅'이라 했다). 결국 '아메리카'라는 이름이 살아남았는데, 그곳을 발견한 사람이 누구인지 합의를 했기 때문이 아니라 그 이름이 정치적으로 가장 문제가 없었기 때문이다.

심지어 발트제뮐러 자신도 '아메리카'라는 지명을 사용해야 할지 다시 생각했다. 발트제뮐러와 링만은 《우주형상학 개론》과 〈우주형상도〉를 출간한 뒤에 프톨레마이오스의 《지리학》 신판 출간을 추진했다. 링만은 1511년에 죽었지만 발트제뮐러는 이 작업을 계속했고, 1513년에 스트라스부르에 있는 인쇄공 요하네스 쇼트의 손에 완성됐다. 여기서는 앞서 '아메리카'라는 이름이 붙은 지역이 거대한 '미지의 땅Terra incognita' 이 되었고, 섬인지 대륙인지 애매하게 묘사되었으며, 이후 항해에서 아시아와 연결되었다고 입증될 경우에 대비해 서해안을 눈에 띄게 부정해 놓았다. 이 지도에서는 '아메리카'만 사라진 게 아니라 베스푸치도 같이 없어졌다. 그리고 이런 설명이 붙었다. "이 땅과 인근 섬들은 카스티야 왕의 명령으로 제노바 사람 콜럼버스가 발견했다."281

1507년의 〈우주형상도〉에 '아메리카'를 넣자는 결정에 링만이 힘을 썼을지도 모른다(링만은 베스푸치의 《신세계》를 맨 처음 편집했고, 일부에서는 그가 《우주형상학 개론》 집필의 최고 책임자였다고 주장한다). 어쩌면 1511년에 그가 세상을 떠나면서 발트제뮐러는 자신의 믿음과 어긋나게 이 지역을 아메리카라 부르는 것에서 해방되었는지도 모른다.282 그러나 발트제뮐러가 그 후 지도에서 '아메리카'라는 지명을 모두 빼기로 결정한 것은 그가 거론한 적이 있는 또 다른 여행기 모음집 《최근 발견한 땅Paesi novamenti retrovati》이 출간된 데 따른 것이기 쉽다. 이 책은 1507년 이탈리아 비첸차에서 출간되었지만, 독일에는 1508년에야 《미지의 새로운 땅Newe unbekanthe landte》으로 번역되어 나왔다. 책이 뒤늦게 나온 탓에 〈우주형상도〉는 여전히 베스푸치의 발견을 우선시했지만, 이후의

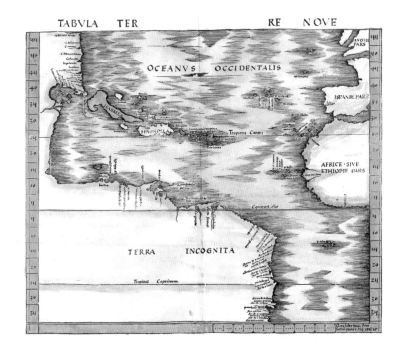

—— **그림 38**
심경 변화? 프톨레마이오스의 《지리학》 1513년도 판에 삽입된 마르틴 발트제뮐러 지도.
'아메리카'가 '미지의 땅'으로 바뀌었다. → 224~225쪽 사이 컬러화보 참고

지도에서 발트제뮐러는 이 책에 실린 연대순을 적용했다. 《최근 발견한
땅》은 1492년 콜럼버스의 항해를 최초의 발견으로 꼽았고, 1500년 브
라질에 발을 디딘 페드루 카브랄을 그다음에 놓았으며, 베스푸치가 처
음 이곳에 도착한 때를 1497년이 아닌 1501년으로 바로잡았다.[283] 발
트제뮐러는 1520년에서 1522년 사이에 사망하기까지, 이후 저작에서
도 줄곧 프톨레마이오스의 지리학 틀에 의존하되 새로운 정보가 들어
올 때마다 조심스럽게 그 정보를 소개했다. 역설적이게도 발트제뮐러는
1507년에 '아메리카'를 지도에 새기는 작업에 처음부터 개입해 놓고도
죽을 때는 그곳의 지명도, 그곳이 별개의 땅덩어리라는 지위도 더 이상

믿지 않은 것으로 보인다. 게다가 1507년 지도조차도 그 대륙을 '섬'으로 언급하며 선택의 여지를 남겨 두었다.

그 후 '발견'의 순간이 한 번 더 찾아왔다. 1900년 여름, 독일 예수회 신부인 요제프 피셔가 발트부르크볼페그 백작에게 볼페그 성에서 수집해 놓은 역사적 문건들을 살펴봐도 좋다는 허락을 받았다. 그는 성의 문서보관실을 샅샅이 살피다가 뉘른베르크 학자 요하네스 쇠너^{Johannes} ^{Schöner}(1477~1547년)가 소유한, 16세기 초에 제본된 그림 한 묶음을 발견했다. 여기에는 독일 화가 안브레히트 뒤러가 그린 별지리표, 쇠너가 만든 천구 전개도, 발트제밀러의 1516년 세계지도, 그리고 딱 하나 전해지는 열두 쪽이 모두 갖춰진 1507년 세계지도가 있었다. 이 중 어느 하나만 찾았어도 횡재일 텐데 네 개를 한꺼번에 발견했으니, 지도 제작 역사상 이런 횡재가 없었다. 사라진 르네상스 시대 지도 가운데 가장 위대한 지도를 찾았다는 사실을 피셔 본인도 잘 알았다. 그는 득달같이 달려가 이 주제로 학술 기사를 쓰면서,《우주형상학 개론》에 나오는 사라진 지도가 바로 이것이며 그중에서도 가장 먼저 인쇄된 판이라고 주장했다. 그리고 새로 발견한 1507년, 1516년 지도를 복제해 수록한《발트제밀러(일라코밀루스) 세계지도 1507 & 1516$^{Die\ Weltkarten\ Waldseemüllers}$ $^{(Ilacomilus)\ 1507\ \&\ 1516}$》가 1903년에 재빨리 출간되었다.

피셔는 자신이 발견한 지도가 발트제밀러가 제작한 신대륙이 그려진 최초의 지도라고 했지만, 그 주장은 널리 인정받지 못했다. 그러다가 19세기 말에 희귀한 책과 지도의 출처와 진위를 밝히는 일이 수익성 높은 사업이 되었는데, 이 현상은 특히 북아메리카에서 심해서 부유한 자선사업가들은 박물관과 문화 기관에 돈을 기부해 미국 역사 연구를 국제적으로 존중받는 학문으로 만들고자 했다. 활발한 수집가 존 카터 브라운$^{John\ Carter\ Brown}$(1797~1874년)도 그중 한 사람으로, 자신의 이름을 딴 도서관에 재산을 기부했다. 이 도서관은 지금 로드아일랜드 주 프로비던스에 있는 브라운 대학에 소속되어 '아메리카나' 연구에 집중하고 있다. 브라운이 가장 신뢰한 조언자이자 이 도서관의 도서와 지도 구입을 책임진 사람은 헨리 스티븐스Henry N. Stevens였다. 1893년에 스티븐스는 발트제뮐러가 1513년에 펴낸 프톨레마이오스의 《지리학》 한 권을 손에 넣었다. 여기에 실린 세계지도는 1513년에 인쇄된 다른 《지리학》에 실린 지도와 여러 면에서 다를 바 없었지만, 한 가지 중대한 것이 추가되어 있었다. 서반구 남쪽 대륙에 새겨진 '아메리카'였다. 스티븐스는 이 지도를 만든 사람은 발트제뮐러이지만 만든 시기는 1506년이리고 생각했다. 그러니까 발트제뮐러와 링만이 《우주형상학 개론》에서 거론한, 오랫동안 사라진 세계지도를 '발견'했다는 뜻이다.

그가 이 지도를 존 카터 브라운 도서관에 1,000파운드에 팔려 했다는 사실 때문에 그의 주장은 설득력이 떨어졌다(스티븐스는 도서관 측에 매매가의 5퍼센트를 수수료로 받을 상황이었다). 1901년 봄, 스티븐스는 이 지도의 제작 시기를 1506년이라고 보는 이유를 적은 보고서를 제출했다. 지도의 종이 재질, 종이에 비치는 무늬, 활자, 지명에 근거한 추정이었다. 그는 이 지도가 1513년에 나온 《지리학》에 삽입된 지도이며, 김나지움 보자겐스가 1505~1506년에 작업했던 《지리학》 신판에 들어갈 실험적 디자인이었다고 결론 내렸다. 존 카터 브라운 도서관은 아메리카가 처음 지명으로 들어간 지도 구입을 긍정적으로 검토한 뒤, 1901년 5월에 지도를 구매했다. 이 지도는 지금도 도서관에서 보관하고 있다. 그리고 고작 6개월이 지나 피셔가 볼페그에서 발견한 것들을 세상에 알리면서 재빨리 "1507년에 제작된, 아메리카라는 지명이 실린 가장 오래된 지도"로 규정했다. 스티븐스는 전문가로서 당혹감을 감출 조치를 하루빨리 찾아야 했다. 그는 존 카터 브라운 도서관과 편지를 주고받으며 볼페그 지도 구입을 돕겠다고 제안했고, 그러면서도 자신의 지도가 피

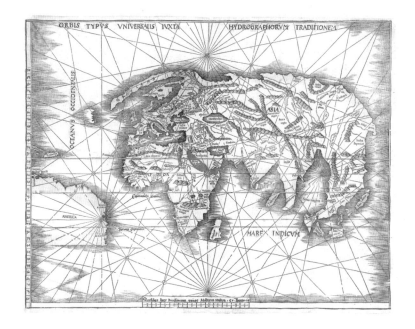

그림 39

발트제밀러가 제작했다고 추정되는 세계지도. '아메리카'가 나오지만 지도의 제작 연도는
(헨리 스티븐스에 따르면) 1506년이다. 과연 이 지도가 아메리카 대륙을 명명한 최초의
지도일까? → 224~225쪽 사이 컬러화보 참고

셔의 지도보다 앞선다는 주장을 조금도 굽히지 않았다. 그는 관련 분야
의 여러 학자와 학예연구원을 설득해, 그가 도서관에 판 지도가 피셔가
발견한 지도보다 앞선다는 학술 기사를 객관적인 투로 쓰게 했다. 그러
나 사적으로는 학자로서의 두려움과 약간의 국가적 편견을 동시에 드
러내는 메모를 남겼다. "독일인들이 그 빌어먹을 물건을 부디 꼭 쥐고
있으면 좋겠다. 왜 그런 걸 발견해 가지고는."**284**

막스 발트부르크볼페그 공은 21세기 초의 후손인 요하네스 발트
부르크볼페그와 마찬가지로 처음에는 지도 매각에 관심을 보여, 1912년
지도를 배편으로 런던에 보내 로이즈에서 6만 5,000파운드 상당의 보
험을 든 다음 미국 의회도서관에 20만 파운드(2003년 가치로 약 400만 달

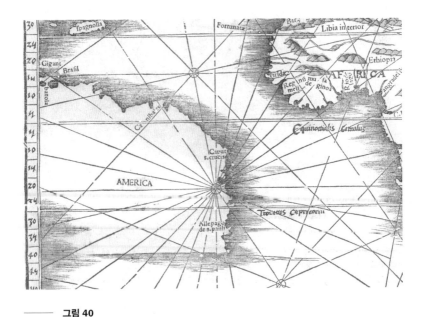

───── **그림 40**
헨리 스티븐스가 1506년에 발트제뮐러가 제작했다고 주장하는 세계지도에서
아메리카 부분.

러)에 매매를 제의했다. 도서관은 제의를 거절했다. 1928년 스티븐스는
어느 책에 쓴 글에서, 카터 브라운 지도는 1506년에 인쇄되었고 따라서
'자신의' 지도가 으뜸이라고 거듭 주장하며 이 소란에 다시 끼어들었다.
그는 발트제뮐러와 김나지움 보자겐스의 다른 회원들이 쓴 편지를 직
접 해석해 그것을 근거로 주장을 폈는데, 편지에는 새로 발견한 지역을
표시한 세계지도를 발행하려고 "서둘러 준비 중"이라는 내용이 실려 있
었다. 그러면서 그는 '자신의' 지도가 열두 쪽짜리 대형 〈우주형상도〉가
나오기 직전인 1506년에 인쇄되었다고 했다.

　　그 후 이어진 논쟁은 스티븐스의 견해에 회의적이었다. 여러
학자들이 스티븐스의 지도에 사용된 종이와 활자는 1540년에 출간
된 책에도 사용되었다는 점을 지적했다. 그리고 김나지움 보자겐스가
1506년에 만든 지도가 그보다 나중에 나왔다고 추정되는 〈우주형상도〉

보다 지리적으로 더 정확할 가능성은 희박했다. 저명한 지도역사학자 스켈턴^{R. A. Skelton}은 1966년에 쓴 글에서, 스티븐스의 지도는 〈우주형상도〉와 같은 해에 인쇄되었을 수도 있지만 종이나 활자 또는 다른 기술적 요소들을 정밀하게 분석해도 정확한 날짜를 둘러싼 논쟁을 속 시원히 해결하기는 힘들 거라고 판단했다. 그러던 중 1985년에 마지막으로 흥미로운 반전이 펼쳐졌다. 학예연구원 엘리자베스 해리스가 피셔가 재발견한 볼페그 지도의 인쇄술을 정밀 분석했다. 지도의 종이, 종이에 비치는 무늬, 목판을 분석한 해리스는 지도에서 균열을 발견했다. 인쇄를 반복했다는 뜻인데, 이 때문에 글자가 눈에 띄게 뿌옇게 인쇄되었다. 해리스는 볼페그 지도가 1507년에 처음 인쇄된 것이 아니며, 원본 목판을 이용했지만 빠르면 1516년, 아니면 그보다 한참 뒤에 인쇄된 것이라고 결론 내렸다.[285]

해리스의 결론이 사실이라면, 현존하는 유일한 〈우주형상도〉는 원본 목판이 만들어진 지 적어도 9년이 지나 인쇄되었다는 이야기다. 그렇다고 해서 원본이 1507년에 만들어졌다는 사실을 의심할 필요는 없지만, 의회도서관이 보유한 지도가 인쇄된 시기는 스티븐스의 지도가 처음 인쇄된 때보다 늦은 1516년경이라는 뜻이 된다. 사정이 이렇다 보니 인쇄된 지도의 우위나 진위를 주장하려는 시도가 더욱 복잡해진다. 아메리카를 처음 '발견한' 사람이 콜럼버스냐 베스푸치냐를 둘러싼 논쟁도 그렇지만, 대륙에 아메리카라는 이름을 처음 붙인 지도가 어느 지도냐를 둘러싼 논쟁은 궁극적으로 해석의 문제다. 목판 원본과 〈우주형상도〉 1쇄가 사라진 지금, 존 카터 브라운 도서관에 있는 스티븐스 지도의 제작 시기가 1506년인지 1507년인지 학자들도 단정할 수 없는 상황에서 그 지도를 아메리카라는 이름을 사용한 '최초'의 지도로 인정해야 할까? 존 카터 브라운 도서관과 의회도서관은 자신들이 소유한 지도가 다른 지도보다 오래됐다는 명분으로 기관의 기득권과 재정적 이익을 누렸다. 만약 국가 도서관이 공공 자금 500만 달러를 합쳐 총 1,000만 달러를 주고 구입한 지도가 1901년에 로드아일랜드에 있는 민간 도서관이 고작 1,000달러에 사들인 지도보다 늦게 만들어졌다고 판명된다면 미국 납세자들은 결코 반가워하지 않을 것이다.

소위 '1507년 발트제뮐러 지도'는 그보다 앞선 마파문디와는 확연히 다른 세계로 우리를 안내한다. 그리고 1505년에서 1507년 사이에 생디에에서 제작된 이래로 줄곧 그것을 규정한 '발견'을 둘러싼 논쟁과는 또 다른 세계를 보여준다. 이 지도는 유럽 르네상스 지도 제작을 대표한다고 볼 수 있는 지도와 그 제작자들의 사고방식에 변화가 일어났음을 분명히 보여 준다. 지도 제작은 이제 그 어느 때보다 당당하게 고전 지리학에, 특히 프톨레마이오스에게 의존한다. 그러면서 조화로운 땅과 하늘을 묘사하는 과학인 우주형상학으로서 새로운 역할을 맡는다. 발트제뮐러 지도 같은 지도들은 고전 지리학에 의지해 세계를 묘사할 뿐 아니라 당대의 지도와 해도를 받아들여, 프톨레마이오스와 그의 선조들에게는 알려지지 않은 장소를 발견하고 탐험한 항해를 표시했다. 이런 식으로 지식에 접근하다 보니 지식은 계속 축적되었다. 지리와 관련한 과거의 믿음과 혁명적 단절을 선언하지도 않았다. 이런 지도와 지도 제작자들은 고전에 영감을 받은 세계를 조심스레 바꿀 것을 제안했고, 증거가 충돌할 때는 새것을 받아들이기보다 옛것에 의지하곤 했다.

새로운 인쇄 시대에 발트제뮐러와 동료들은 탐험이나 발견과 관련해 그들에게 주어진 얼마 되지 않는 정보를 바탕으로 작업하고, 그 정보에 따라 결정을 내렸다. 1507년에 새로운 지역을 '아메리카'로 명명한 것은 대단히 한시적인 결정이었고, 콜럼버스와 베스푸치 같은 사람들의 '발견'을 둘러싸고 선풍적이지만 증명되지 않은 뉴스를 유통시키는 인쇄기의 능력에 휘둘린 결정이었다. 그 결과 생디에 학자들은 대륙을 섬이라 불렀고, 뒤이은 출판물이 애초의 발견에 의문을 던지자 대륙의 일부에 부여했던 아메리카라는 이름을 취소했다.

궁극적으로 인쇄는 〈우주형상도〉를, 그리고 그것을 둘러싼 다른 많은 지도를 이해하는 전반적인 기조를 바꿔 놓았다. 인쇄가 정확한 복제, 표준화, 그리고 지도와 서적의 보존력을 향상시켰기 때문만이 아니라 저작권 침해와 위조, 인쇄 오류, 그리고 지도 제작과 관련한 인쇄공, 식자공, 조판공, 편집인 사이의 재정적 이해관계 때문이기도 하다. 인쇄는 지도 제작의 새로운 차원을 열었다. 한 사람이, 가끔은 필경사와 삽화 채색가와 함께, 손으로 지도를 만들던 중세에는 상상하지 못한 차원이다. 이런 변화로 지도 제작에 새로운 사람들이 투입되다 보니, 지도를 만든 사람이 발트제뮐러인지 링만인지 아니면 특정한 인쇄공인지를 밝히기도 사실상 불가능해졌다. 인쇄가 지형의 기복, 명암, 기호, 글자 묘사를 포함해 지도의 외형을 바꾸었을 뿐 아니라 지도의 목적까지 바꿔 놓은 탓에 지도는 이제 돈과 연결되고, 유럽 국경 너머로까지 세계를 확대해 이해하는 도구로 보는 새로운 인문주의 학문과 연결되었다.

발트제뮐러 지도의 역사는 여러 면에서 여전히 수수께끼다. 태평양과 쐐기 모양 아메리카 묘사부터 역사 기록에서 곧바로 사라진 이유까지 여러 의문이 아직도 풀리지 않았다. 그러나 이 지도는 기원을 찾기란 (그것이 아메리카의 기원이든, 지도 탄생 순서의 기원이든) 희망 사항일 뿐이라는 점을 암시한다. 세계지도가 탄생한 역사적 순간에서 우리가 알 수 있는 것은 고정불변의 기원이 아니라 이질적 이야기 사이의, 경쟁하는 지도 사이의, 서로 다른 전통 사이의 불화다. 기원 확실성에 대한 믿음을 비판한 프랑스 철학자 미셸 푸코의 논리는 〈우주형상도〉의 역사를 서술할 때도 똑같이 적용할 수 있다. "과학적 방법의 정확성과 진실에 매달리는 것은 학자의 열정, 상호 증오, 끝없는 광적 토론, 경쟁의식에서 비롯했다."[286] 초기 인쇄가 역동적이고 복잡했던 탓에 인쇄가 아무리 아름다워도, 학자들이 수년간 아무리 노력했어도, 〈우주형상도〉가

아메리카를 제대로 묘사하고 그것을 지명으로 사용한 '최초'의 지도인
지는 영영 알 수 없을지도 모른다.

6 경계

디오구 히베이루의
세계지도,
1529년

카스티야 토르데시야스,
1494년 6월

1494년 여름, 카스티야 중부 바야돌리드 근처에 있는
작은 마을 토르데시야스에서 카스티야와 포르투갈 왕
국 정부의 대표단이 만났다. 콜럼버스가 신세계로 첫
항해를 떠났다가 1493년 3월에 돌아오면서 생긴 외교
적, 지리적 갈등을 해결하기 위해서였다. 포르투갈은
15세기 초부터 아프리카 해안과 비교적 알려지지 않은
대서양 안쪽을 항해했는데, 그러자 카스티야가 소유 영
역의 경계를 명확히 하라고 요구했다. 1479년의 알카
소바스 조약에는 포르투갈의 영향력이 "이제까지 발견
한 모든 섬, 또는 카나리아 제도부터 기니까지 이후 정
복 활동으로 발견하거나 획득하는 모든 섬"[287]으로 확
장된다고 명시되었다. 애매한 이 타협은 1492년 콜럼
버스의 발견으로 즉각 재검토되어야 했다. 카스티야레
온의 통치자인 이사벨 1세 여왕과 그 남편이자 아라곤
출신 왕인 페르난도 5세는 (발렌시아 태생인) 교황 알렉
산데르 6세에게 새로 발견한 영토의 소유권을 지지해
달라고 청원했다. 교황은 이 청원에 응답해 1493년에

일련의 칙령을 발표하면서 포르투갈의 분노를 샀고, 포르투갈 왕 주앙 2세는 즉각 재협상을 요구했다.

그 결과 1494년 6월 7일 '토르데시야스조약'이 조인되었다. 세계 지형을 둘러싼 유럽의 오만한 제국주의적 야심이 거의 최초로 드러나는 순간이었다. 두 왕국 정부는 다음과 같이 합의했다. "북에서 남으로, 극에서 극까지, 전술한 대양 위에, 북극에서 남극까지 경계 또는 직선을 긋기로 한다. 이 경계 또는 선은 카보베르데 제도에서 서쪽으로 370리그 떨어진 곳에 직선으로 긋는다."[288] 이에 따라 콜럼버스가 발견한 영토를 포함해 이 선의 서쪽은 모두 카스티야 통치 지역으로 들어가고, 아프리카 해안 전체와 인도양을 포함해 이 선의 동쪽은 포르투갈에 할당되었다. 유럽의 두 왕국은 세계를 반으로 갈랐고, 지도로 그들의 세계적 야심을 선언했다.

두 왕국의 영향력이 미치는 범위를 표시한 지도는 현재 전하지 않지만, 이 시기의 일부 세계지도에는 두 왕국이 새로 합의한 카보베르데 제도 서쪽의 자오선이 표시되었다. 이 분할의 결과는 곧바로 나타났다. 스페인은 이 기회에 신세계 항해에 더욱 박차를 가했고, 포르투갈은 동쪽 바닷길 통치권을 제대로 이용하려면 인도에 도달해야 한다는 것을 깨달았다. 주앙 2세는 1485년 교황 인노켄티우스 8세에게 "야만인의 만[인도양]을 탐험할" 자신이 있다고 알리면서, 이 대양으로 가면 "루시타니아(오늘날의 포르투갈 대부분과 스페인 일부를 포함하는 고대 로마의 속주-옮긴이)인들이 해양 탐험을 떠났던 동쪽 끝 지점을 이제는 고작 며칠 만에 갈 수 있다"며 그러려면 "가장 유능한 지리학자들이 진실을 알려 주기만 하면 된다"고 했다.[289] 주앙의 주장은 과장되었겠지만, 1488년 12월에 포르투갈 선박 조종사 바르톨로메우 디아스^{Bartolomeu Dias}가 유럽인으로는 처음으로 희망봉을 돌아 아프리카 해안을 항해하고 16개월 만에 리스본으로 돌아왔다.

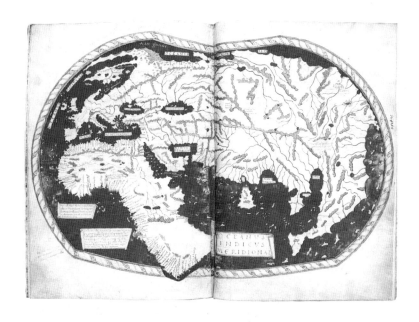

───── **그림 41**

엔리쿠스 마르텔루스의 세계지도, 1489년경. 희망봉 발견으로 고전 세계지도에 나타난
프톨레마이오스의 경계가 무너졌다. → 224~225쪽 사이 컬러화보 참고

　　엔리쿠스 마르텔루스Henricus Martellus의 1489년 세계지도는 디아
스의 항해를 거의 처음으로 묘사한 지도로 꼽힌다. 이 지도 제작자는 전
형적인 프톨레마이오스식 지도에 나타나는 테두리를 부수어 아프리카
최남단을 빙 둘러 항해할 수 있음을 보여 주었다. 그 후 발트제뮐러도
1507년에 이와 똑같은 방법으로 세계지도를 제작해 바르톨로메우 디아
스의 항해가 미친 영향을 표시했다. 1490년대 말에 인도양으로 들어가
는 뱃길이 열리고 토르데시야스조약으로 포르투갈이 대서양 서쪽 안쪽
으로 깊이 들어갈 수 없게 되자, 주앙의 후임자인 마누엘 1세는 인도 원
정을 장려하는 쪽으로 관심을 돌렸다.

　　이런 원정의 동기를 개종이라는 말로 표현했을 수도 있지만, 사
실은 전설적인 향료 무역에 돌입하려는 의도가 다분했다. 15세기가 되

면서 동양에서 후추, 육두구, 계피, 정향, 생강, 장뇌, 용연향이 유럽으로 흘러 들어오기 시작했는데, 기독교 국가 궁정에서는 동경의 대상인 이런 값비싼 향료로 이국적인 아랍 요리를 흉내 내고 몸과 마음의 다양한 병을 치유했으며 향수와 화장품을 만들었다. 15세기 말 유럽으로 수입되는 모든 향료를 관리한 곳은 전설적인 "동양으로 가는 관문" 베네치아였다. 동남아시아에서 수확된 향료는 인도 상인에게 팔렸고, 인도 상인은 그것을 인도 대륙으로 가져와 무슬림 상인들에게 되팔았다. 무슬림 상인들은 향료를 배에 싣고 홍해를 지나 카이로와 알렉산드리아에 도착했다. 여기에서 베네치아 사람들이 향료를 사서 배에 싣고 베네치아로 가져와 유럽 전역에서 몰려온 상인들에게 팔았다. 귀한 물건이 이처럼 원산지에서 수천 킬로미터 떨어진 곳까지 운송되는 사이에 시간도 많이 걸리고 관세도 많이 붙다 보니, 유럽에 도착할 때면 가격은 대단히 높아지고 신선도는 떨어졌다.

　　1498년 5월, 인도 남서쪽 해안에 다가마의 선단이 도착하면서 유럽과 인도양의 상업 균형이 완전히 깨질 조짐이 나타났다. 지역 상인들과 거래하며 후추를 비롯한 향료와 귀한 목재, 돌을 다량으로 구입하던 다가마는 향료처럼 부피가 작은 사치품은 희망봉을 거치는 바닷길을 이용해 곧장 리스본으로 가져가면 유럽과 아시아 사이의 육로를 이용할 때처럼 시간과 비용이 많이 들지 않는다는 사실을 알아냈다. 마누엘 1세는 다가마의 항해가 유럽 제국 정치에서 포르투갈 왕국의 입지를 다지는 데 얼마나 중요한지 재빨리 간파했다. 다가마가 돌아오자 마누엘은 카스티야 왕에게 보낸 편지에서 종교적 색채를 띤 희망을 담아 이렇게 썼다. "대규모 무역이 그 지역 무어인(북부 아프리카와 이베리아 반도에 사는 이슬람교도 - 옮긴이)을 부유하게 하고 있습니다. 그들은 다른 민족이나 개인의 간섭을 받지 않고 물건을 실어 나릅니다. 우리가 규제를 한다면, 그 물건들이 우리 왕국의 배로, 우리 국가로 곧장 옮겨질 것입니다." 그는 엄숙하게 편지를 마무리했다. "이제부터 유럽의 모든 기독교인은 향료와 귀한 돌을 다량으로 얻을 수 있을 것입니다."[290] 인도에서 카스티야를 앞선 기쁨은 숨긴 채 기독교인의 단결을 외친 마누엘은 기독교 세계에서 다가마의 항해로 가장 큰 이익을 볼 왕국은 포르투갈이라는 것을 잘 알고 있었다.

다가마의 항해 소식에 뒤처진 느낌을 받은 것은 카스티야만이 아니었다. 베네치아 사람들은 이 상황을 자신들의 향료 무역 주도권에 정면으로 도전하는 행위로 보고 경악했다. 베네치아 상인 지롤라모 프리울리는 1502년 일기에 이렇게 적었다. "예전에는 산을 넘어 베네치아에 와서 돈을 내고 향료를 샀던 사람들이 이제는 모두 리스본으로 가게 생겼다. 그쪽이 더 가깝고 가기도 쉬울뿐더러 가격도 더 쌀 테니까." 프리울리는 이런 상황에서 베네치아는 경쟁력이 없다고 생각했다. "[오스만] 술탄 나라와 베네치아 도시 사이에 온갖 세금이며 관세며 물품세가 있어서, 1두카트짜리 물건이 60배, 많게는 100배까지 뛴다. 이런 마당에 베네치아의 몰락은 불 보듯 뻔하다."[291]

베네치아의 몰락을 예견한 것은 시기상조로 판명 났지만, 다가마의 항해와 뒤이어 매년 상업 선단을 인도로 파견하는 포르투갈의 '인도 항해Carreira da India' 활동 정착으로 이제 막 시작된 세계경제의 양상이 뒤바뀌었다. 16세기 중반에 한창 번성하던 포르투갈 제국은 해마다 열다섯 척이 넘는 배를 아시아로 파견해 연평균 2,000톤 이상의 물건을 실어 왔는데, 16세기 말에는 이 양이 두 배 가까이 늘었다. 포르투갈 수입품의 약 90퍼센트는 인도 대륙에서 가져오는 향료였고, 이 가운데 80퍼센트가 후추였다. 1520년에는 이 수입에서 거둔 수익이 포르투갈 왕국 정부 총 세입의 약 40퍼센트를 차지했다. 인도양 도처에 있는 포르투갈의 해외 영토에서 나오는 관세 수입은 포함하지 않은 수치다.[292] 리스본으로 유입되는 부와 왕국 정부의 세입으로 포르투갈은 유럽에서 가장 부유한 제국으로 변신했다. 포르투갈의 부와 힘은 이제 영토 획득이 아닌, 제국의 중심에서 수천 킬로미터 뻗어 나간 상업망을 전략적으로 관리하는 데 있었다. 획득한 땅을 토대로 세워진 과거 제국들과 달리 포르투갈은 물을 토대로 세워진 신종 제국이었다.

15세기 후반에 발달한 장거리 항해에서 이렇다 할 과학 혁신을 이루지 못한 포르투갈이 동남아시아 시장에 정기적으로 선단을 파견하는 것은 대단히 위험한 일이었다. 이런 상황에서는 지리 정보가 그 어느 때보다 중요해서, 두 왕국 정부는 지도 제작 기밀 유지에 만전을 기했다. 포르투갈이 향료 무역 주도권을 놓고 베네치아와 한창 경쟁을 벌이던 1501년 8월, 카스티야에 있는 베네치아 대사의 비서인 안젤로 트레비산은 지인인 도메니코 말리피에로에게 보낸 편지에서 인도가 표시된 포르투갈 지도를 구하기가 얼마나 어려운지 설명했다.

우리는 매일 리스본에서 오는 주치의만 기다리고 있어. 그곳에서 우리 대사님과 계시던 분인데, 그분은 내 부탁으로 캘리컷을 출발하는 [포르투갈] 항해를 짧은 글로 설명해 주셨지. 나는 그 복사본을 만들어 폐하께 드리려고 해. 그 항해를 그린 지도를 구하기는 불가능하거든. 그곳 왕은 그 지도를 유출하는 사람에게는 무조건 사형선고를 내린다지 뭔가.

그러나 채 한 달이 지나지 않아 트레비산은 말리피에로에게 다시 편지를 썼는데, 거기에는 사뭇 다른 내용이 적혀 있었다.

우리가 살아서 베네치아로 돌아간다면 폐하께서 저 멀리 캘리컷과 그 너머까지 표시된 지도를 보실 수 있을 거야. 여기서 플랑드르까지의 거리의 두 배가 안 되는 곳이지. 모든 일이 순조롭게 진행되었다고 내가 장담하지. 하지만 폐하께서는 이 사실이 누설되는 걸 좋아하지 않으실 거야. 한 가지 분명한 건, 우리가 도착하면 자네는 많은 사실을 알게 될 거라는 거야. 마치 자네가 캘리컷과 그 너머까지 갔다 온 것처럼 말이지.[293]

트레비산은 어렵게 포르투갈 지도를 손에 넣었다. 그에 따르면, 사형을 감수하는 행위였다. 지도에는 포르투갈에서 인도로 가는 항로에 관한 값진 정보가 실렸지만, 트레비산은 좀 더 무형의 것에, 마술과도 같은 지도의 힘에도 관심이 갔다. 지도를 소유한 사람에게 영토 그 자체를 상상하게 하는 능력이었다. 트레비산은 말리피에로에게 그 지도는 실제로 캘리컷에 있는 느낌을 주는 힘이 있다고 호언장담했다. 그러나 수개월 동안 목숨을 걸고 위험하고 험한 뱃길로 옮겨 온 터라 지금은 베네치아에 있는 자신의 서재에 안전하게 보관해 두었다고 했다.

그가 어떤 지도를 집으로 몰래 가져왔는지는 알 수 없지만, 이와 비슷한 스파이 행위는 다음 해에도 나타났는데 이때도 포르투갈 지도가 대상이었다. 〈칸티노 구체평면도〉(〈칸티노 세계지도〉)로 알려진 아름다운 지도는 지도를 만든 포르투갈 사람의 이름이 아니라 지도를 훔친 이탈리아 사람의 이름을 따서 명명되었다. 1502년 가을, 페라라의 공작 에르콜레 1세 데스테Ercole I d'Este는 표면상으로는 순종 말을 거래한다는 이유로 하인 알베르토 칸티노를 리스본에 보냈다. 그러나 칸티노는 포르투갈 지도 제작자에게 금화 12두카트를 주고 세계지도를 만들어 달라고 했고, 이 지도는 리스본을 몰래 빠져나와 다시 페라라로 들어가 에르콜레의 서재에 자리 잡았다.

이 지도는 지금도 북부 이탈리아 모데나의 에르콜레가 살던 집 서재에 있는데, 손으로 그린 환상적 색채의 그림은 16세기 초 지리 지식의 술렁임을 잘 보여 준다. 아메리카는 플로리다 해안 일부만 표시한 채 여전히 대륙으로 인정하지 않았고, 이즈음 발견된 카리브 해 섬들에 비해 왜소하게 표현했다. 브라질도 안쪽은 내버려 둔 채 1500년에 포르투

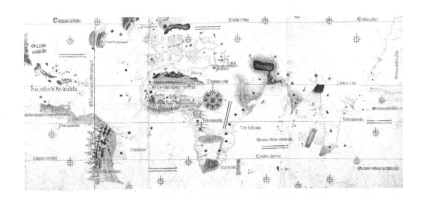

───── **그림 42**

높은 상업적 이익을 가져온 포르투갈의 지리 발견이 궁금했던 이틸리아 스파이가
리스본에서 훔쳐 온 〈칸티노 세계지도〉, 1502년. → 224~225쪽 사이 컬러화보 참고

갈이 발견한 동쪽 해안선만 표시했을 뿐이다. 인도와 극동은 1498년에
다가마가 캘리컷에 도착한 비교적 근래의 상황을 기초로 윤곽만 대충
표시해 놓았다. 이 지도에서 자세히 표시한 곳은 포르투갈 왕국 정부에
중요한 부분이다. 서아프리카, 브라질, 인도에 있는 무역소, 그리고 신흥
세계에서 구할 수 있는 물품을 기술한 일련의 설명들이다. 에르콜레는
이 지도에서 인도로 가는 항해 정보를 얻는 데는 관심이 없었다. 페라라
는 육지에 둘러싸인 자그마한 지역이라 미래에 해양 세력으로 성장하
기는 역부족이었다. 에르콜레가 관심을 둔 것은 경쟁 상대인 다른 왕국
과 제국이 16세기의 세계 변화를 어떻게 바라보는지, 그 신비로운 지식
을 자신도 알고 있다고 과시하는 것이었다.

　　〈칸티노 세계지도〉는 대서양 서쪽에서 토르데시야스조약의 핵
심 특징을 재현했다. 카리브 해 섬들 동쪽으로 북에서 남으로 수직선을
그어 브라질을 양분한 것이다. 이 분할은 〈칸티노 세계지도〉처럼 납작
한 평면 지도에 투영했을 때 더욱 분명하게 나타났지만, 이때 한 가지
중대한 질문이 떠오른다. 16세기 초에 포르투갈은 동쪽으로 그 어느 때

보다 멀리 항해하고 카스티야는 신세계로 더 깊숙이 진출했는데, 그렇게 지구를 빙 둘러 가다 보면 어디에서 만날까? 평면 지도는 정치 분열을 초래할 이 질문을 쉽게 피해 가지만, 그 후에 일어나는 사건들로 두 유럽 제국과 그곳의 지도 제작자들은 세계를 구형으로 상상하면서 벽에 붙이거나 탁자 위에 펼치는 평면이 아닌 구형에 세계를 투영하는 법을 고민하기 시작한다.

1511년, 포르투갈은 말레이 반도 남쪽 끝에 있는 말라카를 점령했다. 이곳은 몰루카 근처에서 생산된 향료가 도착해 유통되는 중심지 중 한 곳이었다. 포르투갈은 몰루카 점령노 벌지 않았고, 그러면 전 세계 향료 무역을 독점하리라고 생각했다. 그로부터 불과 2년 뒤인 1513년에 카스티야의 탐험가 바스코 누녜스 데 발보아가 오늘날의 중앙아메리카에 있는 다리엔 지협을 건너 유럽인으로는 처음으로 태평양을 목격했다. 발보아에게 태평양 발견은 카스티야가 새로운 세계 전체의 영유권을 주장할 가능성을 열어 주는 것이었다. 카스티야는 다리엔에서 서쪽으로 어디까지 영유권을 주장할 수 있을까? 토르데시야스에서 정한 경계선을 태평양에도 적용한다면 경계는 어디가 될까? 포르투갈도 1511년에 말라카를 점령한 뒤로 똑같은 문제를 고민했다. 하지만 방향은 달랐다. 포르투갈의 영향력이 멀리 동쪽으로 몰루카까지 확장될 수 있을까?

토르데시야스조약에 따른 포르투갈의 영유권은 한계에 이르렀다고 생각한 사람이 있었는데, 바로 포르투갈에서 가장 존경받는 선박 조종사 페르낭 드 마갈량이스Fernão de Magalhães, 오늘날에는 스페인식 이름으로 더 잘 알려진 페르디난드 마젤란Ferdinand Magellan이다. 포르투갈 북부 폰트 다 바르카에서 1480년경에 태어난 마젤란은 1505년에 포르투갈 선단에 합류했다. 그리고 1511년에 포르투갈의 말라카 공격에 참여했는데, 바로 이때 포르투갈이 영유권을 동쪽으로 더 확장할 수 있는지 의문을 품기 시작했다. 사실 마젤란은 한 번도 그런 영유권을 지지한 적이 없었으며, 훗날 사람들이 이를 과장했을 뿐이다. 합스부르크 왕가의 자문위원이자 학자인 막시밀리아누스 트란실바누스^{Maximilianus} Transylvanus는 마젤란이 세계 일주를 마치고 돌아온 뒤 1523년에 이렇게 주장했다.

> 포르투갈 선단 대장으로 동쪽 바다를 여러 해 항해한 저명한 페르디난드 마젤란은 그가 생각하기에 자신에게 고마워할 줄 모르는 포르투갈 국왕과 마찰을 빚었고 (……) 그러다가 4년 전 황제[카를 5세]께 말라카가 포르투갈 국경 안에 있는지 카스티야 국경 안에 있는지 아직 명확히 확정할 수 없다는 점을 지적하며, 그 이유는 아직까지 말라카의 경도가 분명하게 알려지지 않았기 때문이라고 했다. 그러나 그레이트 만[태평양]과 중국이 카스티야 경계 안에 있는 건 분명하다고 했다. 그뿐 아니라 말라카로 들어오는 온갖 향료가 자라는 몰루카라 불리는 섬들이 서쪽에, 즉 카스티야 영토에 속하는 것은 두말할 필요가 없으며, 그곳으로 가서 향료를 원산지에서 직접 카스티야로 가져오면 문제도 적고 비용도 적게 들 것이라고 주장했다.[294]

카스티야 통치자인 합스부르크 왕가의 황제 카를 5세에게 조언을 해주는 자문위원인 트란실바누스로서는 마젤란과 포르투갈 국왕의 모호한 마찰을 확대하는 게 이로웠다. 그러나 마젤란은 1517년 10월에 이미 카스티야의 몰루카 영유권 주장을 타당하게 여긴 것으로 보인다. 이때 그는 세비야에 머물면서, 몰루카를 점령하려는 카를 황제의 야심 찬 계획을 지지하며 카스티야를 위해 일하고 있었기 때문이다.

유럽의 위대한 초기 항해와 발견 가운데 마젤란의 최초의 세계 일주만큼 왜곡된 것도 없다. 이 항해는 야심으로 보나 항해 기간으로 보나 인간 인내력의 한계로 보나 콜럼버스의 신세계 1차 항해나 바스쿠 다가마의 인도 항해의 성과를 뛰어넘는다. 마젤란이 세계 일주를 계획했었다는 증거는 없다. 그가 제안한 원정은 계산된 상업적 항해였다. 희망봉을 거쳐 인도네시아 군도로 가는 항로를 장악한 포르투갈을 동쪽이 아닌 서쪽으로 항해해 측면에서 공격할 목적이었다. 마젤란은 항해사로는 처음으로 남아메리카 최남단을 빙 둘러 태평양을 거쳐 몰루카로 항해할 가능성을 인식한 사람으로 알려졌다. 그곳에 도착해 선단에 향료를 싣고 다시 남아메리카를 거쳐 돌아와, 몰루카는 카스티야 영토임을 주장하고 몰루카로 가는 더 빠른 길을 정착시킬 생각이었다.

카스티야의 도미니크 수도회 사제이며 《인디오의 역사》의 저자로, 카스티야 탐험가들이 아메리카에서 벌인 잔인한 행동을 신랄하게 비판한 바르톨로메 데 라스 카사스Bartolomé de las Casas(1484~1566년)는 1518년 봄 바야돌리드에서 원정을 떠나기 전의 마젤란을 만나 나눈 대화를 회상했다. 라스 카사스는 키가 작고 다리를 저는 평범한 외모의 마젤란에게 특별한 인상을 받지 못했지만, 그가 카스티야의 영유권에 확신을 갖는 이유는 확인할 수 있었다. 라스 카사스가 세비야에 도착하자마자 "마젤란은 세계 전체를 표현한 잘 그려진 지구본을 가져오더니 그 위에 그가 가려는 길을 짚어 보였다." 라스 카사스는 이렇게 설명했다.

> 어떤 길로 가려느냐고 물었더니, (우리가 라플라타 강이라 부르는) 케이프 산타마리아로 가서, 거기서부터 해협을 만날 때까지 남쪽으로 내려가려 한다고 했다. 나는 "저편 바다로 통하는 해협을 못 만나면 어쩌겠는가?"라고 물었다. 그랬더니 못 만나면 포르투갈 사람들이 지나간 길을 따라가겠노라고 했다.

짐작컨대 원정을 준비하던 마젤란은 이 단계에서, 만약 남아메리카 끝에서 태평양으로 들어가는 해협을 찾지 못한다면 희망봉을 거쳐 동양으로 가는 포르투갈 항로를 이용하겠다는 공식 입장을 표현한 것으로 보인다. 그러나 라스 카사스는 어리석은 사람이 아니었다.

> 마젤란과 함께 항해에 참여한 비첸차의 피가페타라는 이탈리아 사람이 쓴 편지를 보면, 마젤란은 해협을 찾으리라는 확신에 차 있었다. 훌륭한 선박 조종사이자 우주형상학자인 보헤미아의 마르틴이란 사람이 만든 해도에서 그 해협을 보았기 때문이다. 포르투갈 왕실보관소에 있는 해도에는 그가 말한 대로 해협이 표시되어 있었다. 그 해협은 카스티야 영유권 안에 있는 육지 해안과 바다에 속했고, 따라서 그는 앞서 언급한 몰루카 섬으로 가는 새 항로를 발견하기 위해 카스티야 왕에게 가서 그에게 봉사하기로 약속해야 했다.

마젤란과 함께 항해한 이탈리아 사람 안토니오 피가페타는 서쪽으로 가면 동양에 닿는다는 판단은 실제로 마젤란이 "보헤미아의 마르틴"의 지리를 참조한 결과임을 분명히 했다. 보헤미아의 마르틴, 즉 마르틴 베하임은 1480년대에 포르투갈이 아프리카 해안을 항해할 때 참여했다는 독일 상인이자 지구본 제작자다. 라스 카사스와 피가페타의 생각대로 베하임이 지도를 만들었다면 그 지도는 현재 모두 분실된 상태다. 그러나 지도 제작사에 길이 남을 유물 하나가 전해지는데, 1492년 콜럼버스가 신세계를 향해 떠나기 전날 밤에 완성한 것으로, 현존하는 그의 유일한 지리적 업적이다. 그것은 지도나 도표가 아니었다. 베하임이 '에르트아펠erdapfel' 즉 '지구 사과'라 부른, 유럽인이 만든 지구본 가운데 현존하는 가장 오래된 것이다. 천구의는 그리스 시대부터 줄곧 만들었지만, 지구본을 만든 것은 베하임이 처음이다.

라스 카사스와 피가페타는 마젤란이 베하임에게 관심을 둔 이유

그림 43

1492년 마르틴 베하임이 제작한, 이제까지
알려진 가장 오래된 현존 지구본. 콜럼버스와
마젤란은 지구를 실제보다 작게 추정한 이 지도에
자극받아 동쪽으로 항해를 시작했다.
→ 224~225쪽 사이 컬러화보 참고

가 대서양 남쪽과 태평양을 연결하는 해협 때문이라는 사실을 간파했지만, 막상 베하임의 지구본을 살펴보면 그런 해협이 없다.[295] 마젤란은 지금은 사라진 베하임의 다른 지도나 해도를 보았거나, 그보다 뒤에 나온 요하네스 쇠너 같은 독일 우주형상학자가 만든 지구본을 보았는지도 모른다. 그러나 마젤란이 베하임의 지구본을 참고한 이유는 남아메리카를 거쳐 동양으로 가는 항로를 찾기 위해서라기보다 지구본의 규모를 보며 서쪽으로 항해해 동양에 도착하는 여정을 상상하기 위해서였을 가능성이 높다. 항해사들은 〈칸티노 세계지도〉 같은 지도를 보면서 대서양과 인도양을 가로지르는 항해와 관련해 일반적인 정보를 얻긴 했지만, 그런 지도는 2차원 평면이라 서반구와 동반구를 어느 정도 정확히 투영한 포괄적 그림을 보여 주지는 못했다. 지구본도 마찬가지였다. 지구본은 크기가 제한적이라 항해를 계획할 때 거의 무용지물이어서 항해 도구로 이용하지 못했다. 그러나 마젤란 같은 조종사는 구형 지구본을 보며 그 시대의 지리적 사고방식을 넘어서는 상상을 할 수 있었다. 포르투갈과 카스티야의 통치자들과 외교관들은 여전히 세계를 납작한 지도 위에서 상상하면서 지구의 서반구와 동반구 사이의 관계를 제대로 인식하지 못한 반면, 마젤란은 그가 계획한 항해에서 드러나듯이 세계를 구형 연속체로 상상하기 시작했다.

베하임 지구본에는 마젤란을 자극해 항해를 떠나게 한 중요한 부분이 하나 더 있다. 베하임은 그 시대의 다른 많은 사람들처럼, 세계를 여전히 프톨레마이오스식으로 상상했다. 그는 아프리카 서해안과 남쪽을 직접 탐험한 뒤 프톨레마이오스의 지형을 약간 수정했지만 직접 경험하지 않은 부분은 프톨레마이오스의 생각을 사실상 그대로 받아들였는데, 지구의 크기라든가 아프리카와 아시아 대륙의 규모 등이 그러했다. 잘 알다시피 프톨레마이오스는 지구 둘레를 실제보다 6분의 1 작게 생각했고, 동남아시아의 폭은 실제보다 넓게 생각했다. 아메리카나 태평양을 몰랐던 탓에 아시아를 실제보다 크게 생각한 것이다. 그는 인도양이 육지에 둘러싸였다고 생각했지만 1488년에 디아스가 희망봉을 돌면서 그의 생각이 틀렸음을 증명했고, 베하임은 세계를 구형 지구본에 투영하면서 프톨레마이오스의 이 오류를 바로잡았다. 그러나 아시아만큼은 프톨레마이오스의 생각을 그대로 옮겼다.

프톨레마이오스에 익숙한 사람들에게는 납작한 지도에 나타난 이런 과장이 대수롭지 않게 보였지만, 이를 베하임이 만든 것 같은 지구본에 옮길 경우 동반구에 나타난 과장은 엄청나서, 포르투갈 서쪽 해안과 중국 동쪽 해안 사이가 고작 130도였다. 실제로는 그 두 배에 가까운 230도다. 마젤란은 베하임 지구본을 보면서, 남아메리카를 거쳐 몰루카까지 가는 길이 포르투갈 항로로 말라카까지 가는 길보다 더 짧다고 확신했을 게 분명하다. 엉터리 지형에 기초한 실수 덕에 마젤란이 세계사에 길이 남게 되었겠지만, 그를 비롯해 동행한 많은 사람이 비극적 운명을 맞이한 것도 그 실수 탓이었으리라.[296]

1518년 봄까지 마젤란은 항해를 준비했다. 황제 카를 5세의 채권자인 독일 푸거 가[※]의 재정 지원으로 선박 다섯 척에 각종 삭구, 포, 무기, 식량, 그리고 선원 237명에게 지급할 임금을 800만 마라베디스(선원의 한 달 임금은 1,200마라베디스다) 이상 실었다.[297] 그리고 지리를 조언해 줄 포르투갈 사람들을 모아 화려한 팀을 꾸렸다. 여기에는 경도 계산을 시도해 유명해진 천문학자 후이 팔레이루^{Ruy Faleiro}, 포르투갈에서 가장 영향력 있고 존경받는 지도 제작자 두 사람인 페드루 헤이넬^{Pedro Reinel}과 조르지 헤이넬^{Jorge Reinel} 부자, 이번 항해의 공식 해도 제작자로 임명된 조종사 디오구 히베이루^{Diogo Ribeiro}가 포함되있다. 일등 조종사로 임명된 팔레이루는 해도와 항해 도구 제작을 담당해, 선단에 승선해 사용할 지도를 스무 점 이상 그렸다. 헤이넬 부자는 포르투갈 항해 경험을 바탕으로 실용적 지식을 제공했고, 뛰어난 소묘 실력으로 유명한 히베이루는 이번 원정의 지도를 모두 모아 정리해 통합하는 일을 맡았다. 네 사람 모두 포르투갈 왕국 정부에 고용되었다가 그만두고 나온 사람들이다 보니, 그들이 세비야에 있을 때 포르투갈 비밀 요원들이 일거수일투족을 감시한 것은 당연한 일이었다. 알바레스라고만 알려진 포르투갈 비밀 요원은 1519년 7월에 포르투갈 왕에게 편지를 쓰면서, 예전에 왕 밑에서 지도를 만들던 그들의 항해 계획과 역할을 알렸다.

산루카르에서 곧장 카부프리우로 가는 길을 이용하는데, 그 분계선을 지날 때까지 브라질을 오른쪽에 두고 가다가 거기서부터 서 4분의 1 북서 방향으로 항해해 곧장 말루쿠에 도착한다고 합니다. 아들 헤이넬이 만든 둥근 해도에 표시된 말루쿠를 제가 직접 보았습니다. 그 아버지가 그곳에 도착했을 때는 완성되지 않았는데, 아버지 헤이넬이 전체를 완성하고 몰루카도 표시했습니다. 이 모델을 바탕으로 디에구['디오구'의 오기] 히베이루의 모든 해도며 다른 특별한 해도와 지구본이 만들어졌

습니다.[298]

분명 지리보다 스파이 활동에 더 정통했던 알바레스는 마젤란이 계획하는 토르데시야스 '분계선' 침범이 포르투갈에 미칠 정치적 파장을 피력했다. 마젤란이 항해에 성공하면 포르투갈의 향료 무역 장악을 위협하고 유럽 제국 정치의 세계적 판도가 바뀌리라는 내용이었다.

1519년 9월 22일, 마젤란이 이끄는 선박 다섯 척과 선원들이 산루카르데바라메다 항구를 출발했다. 이때부터 3년간 세계사에 길이 남을 일들이 벌어진다. 마젤란의 기나긴 항해는 굶주림, 난파, 반란, 정치음모, 살인으로 얼룩졌다. 항해 시작부터 주로 카스티야 선원들이 포르투갈 지도자 마젤란과 몰루카로 가는 그의 야심 찬 항로를 무척 수상쩍게 바라보았다. 남아메리카 해안으로 내려가는 포르투갈과 카스티야의 기존 항로는 비교적 문제가 없다고 판명되었지만, 마젤란은 1520년 가을까지도 해도에 나오지 않는 남아메리카 최남단 바다에 있었다. 11월에는 방향을 놓고 많은 탐색과 충돌 끝에 지금도 그의 이름이 남은 해협을 통과해 마침내 태평양으로 진출했다.

마젤란은 이 새로운 대양을 '평화로운 바다Mare Pacificum'라고 이름 붙였다. 그러나 대양은 평화로움과는 거리가 멀었다. 1억 7,000만 제곱킬로미터에 가까운 태평양은 세계에서 가장 큰 대양으로, 전 세계 수면의 약 50퍼센트를 뒤덮고 지구 전체 표면적의 32퍼센트를 차지한다. 1520년에 마젤란은 물론 그런 사실을 몰랐고, 프톨레마이오스와 베하임을 참고해 항해를 계획했을 뿐이다. 이 계산 착오는 마젤란이 이끄는 선원들에게 엄청난 결과를, 일부에게는 치명적인 결과를 가져왔다. 남아메리카에서 서쪽으로 나아가 해도에 나오지 않는 먼 바다를 항해해 필리핀 동부의 육지를 발견한 때는 5개월이 지난 1521년 봄이었다. 그리고 4월에는 막탄 섬에 도착했다. 이곳에서 지역 정치 상황에 휘말린 마젤란은 4월 27일에 섬의 어느 부족 지도자 편에 서서 무장한 사람들 예순 명을 이끌고 상대 부족과 싸움을 벌였다. 그러나 수에서 크게 밀리고 그의 남은 배 세 척이 너무 멀리 있어 도움을 받을 수 없는 상황에서, 마젤란은 자신이 속한 편의 대표로 지목되어 살해되었다.

충격과 당혹감에 휩싸인 남은 선원들은 다시 출항했지만, 적대적인 부족에게 여러 차례 치명적인 공격을 받았다. 마젤란도 죽고 선원들도 만만해 보이니 부족들은 기세가 등등해졌다. 선원은 100여 명 정도 남고, 고위 지휘관 대부분이 죽었다. 파괴되지 않은 배가 겨우 두 척에 불과한 상황에서, 남은 지도자들은 선단을 세 사람이 나누어 지휘하기로 하고 바스크의 조종사 세바스티안 엘카노를 '빅토리아' 호 대장으로 임명했다. 항해 초기에 마젤란에 반대하는 반란에 가담했다가 사슬에 묶였던 인물이다. 1521년 11월 6일, 살아남은 선단이 드디어 몰루카에 도착했다. 그리고 여기서 가까스로 후추, 생강, 육두구, 백단을 배 두 척에 실었다. 선원들이 몰루카 제도의 티도레 섬을 떠날 준비를 하는 동안 안토니오 피가페타는 일기에 이렇게 계산했다. "[이 섬은] 남극 쪽으로 위도 27분에 있고, 경도로는 분계선에서 161도 떨어져 있다." 다시 말해, 지구의 카스티야 쪽 절반 안으로 19도 들어와 있다는 뜻이다.[299]

일 년 가까이 태평양을 횡단하고 배가 두 척밖에 남지 않은 상황에서 선단 지도자들은 어느 방향을 택해 카스티야로 돌아갈지를 두고 의견이 엇갈렸다. 희망봉을 거쳐 돌아가 최초의 세계 일주라는 기록을 남길 것인가, 아니면 온 길을 되짚어 마젤란해협을 통과해 갈 것인가. 그 결과 '트리니다드' 호는 곤살로 고메스 데 에스피노사의 지휘로 태평양을 거치는 위험한 길을 되짚어 가고, '빅토리아' 호는 엘카노의 지휘 아래 희망봉 쪽으로 가기로 했다. 섬에 도착하기까지의 여정이 비록 끔찍했지만, 되돌아가는 두 가지 길 중에서 인도양과 대서양을 거쳐 돌아가는 쪽이 더 위험해 보였다. 빅토리아 호는 이미 상태가 좋지 않았고, 순찰하는 포르투갈 배에 잡힐 확률도 높았다. 그러나 엘카노가 즉시 출발했던 데 반해 에스피노사는 정확한 항로를 두고 마음이 흔들렸다. 1522년 5월, 트리니다드 호는 결국 포르투갈 선단에 잡혀 배는 파괴되고 선원은 감금되었다.

한편 인도양 쪽으로 간 빅토리아 호는 유럽으로 돌아가는 내내 포르투갈 사람들을 쥐락펴락했다. 1522년 9월 8일, 엘카노와 남은 선원들은 섬을 떠난 지 8개월 만에 드디어 세비아에 도착해 최초의 세계 일주라는 기록을 완성했다. 이 과정에서 마젤란이 죽고 배 다섯 척 중에서 네 척을 잃었으며, 약 3년 전에 카스티야를 떠난 선원 237명 가운데 겨우 열여덟 명만 살아남았다. 이 항해의 상황을 여실히 보여 주는 결과다. 엘카노는 카를 5세에게 귀환을 알리는 첫 번째 편지를 썼다. "둥근 세계 전체를 한 바퀴 도는 길을 발견하고 직접 그 길로 돌아서 왔습니다. 서쪽으로 가서 동쪽으로 돌아오는 여정입니다."[300]

마젤란 원정대의 귀환 소식은 유럽 전역에 퍼졌다. 독일에 파견된 교황대사 프란체스코 키에리카티는 만토바에 있는 지인 이사벨라 데스테에게 편지를 썼다. 이사벨라는 아버지 에르콜레(훔친 〈칸티노 세계지도〉의 소유자)가 그러했듯 카스티야의 항해와 발견 소식을 애타게 기다렸고, 키에리카티는 기쁜 마음으로 소식을 전했다. "[안토니오 피가페타가] 세상에서 가장 귀하고 가장 멋진 물건을 가득 싣고 돌아왔습니다. 카스티야를 떠나는 날부터 돌아오는 날까지의 여행 일정도 가져왔는데, 놀라운 일입니다." 키에리카티는 몰루카까지의 여정을 묘사하면서, 살아남은 선원이 "대단한 부를 가져왔을 뿐 아니라 더욱 값진 영원한 명성을 얻어 왔습니다. 아르고 호 영웅들의 행동마저 무색케 할 일입니다"라고 보고했다.[301]

키에리카티 또는 이사벨라처럼 고대 그리스와 로마의 지식을 흡수한 르네상스 이탈리아의 교양 있는 엘리트에게는 이번 항해가 고대

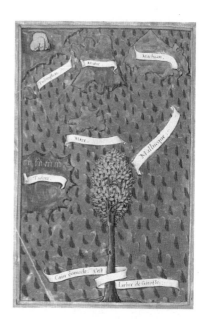

━━ **그림 44**

안토니오 피가페타가 향료가 풍부한
몰루카를 직접 다녀온 뒤에 그린
몰루카 지도, 1521년.

→ 448~449쪽 사이 컬러화보 참고

신화에 나오는 위대한 항해를 무색케 하는 일로 보였지만, 중요한 제국
주의적 논쟁의 중심에 있는 포르투갈과 카스티야의 외교관에게는 대단
히 실용적인 항해로 다가왔다. 엘카노의 항해 보고에는 그의 우선순위
가 분명히 나타난다. "대단히 부유한 섬을 많이 발견했다. 그중에서도
반다에는 생강과 육두구가 자라고, 자바에는 후추가 자라고, 티모르에
는 백단이 자라고, 생강은 이 모든 섬에 널렸다."[302] 포르투갈은 충격에
빠졌다. 1522년 9월 포르투갈 왕 주앙 3세는 카스티야 당국에 포르투갈
영토 침범을 공식 항의하며, 카를 5세는 몰루카 안팎에서 이루어지는
모든 상업 거래에서 포르투갈의 독점권을 인정해야 한다고 주장했다.
카를 5세는 이를 거부하며, 몰루카는 토르데시야스조약에 따라 카스티
야 영토 안에 있다고 주장했다. 포르투갈은 이에 반박하며, 이번 항해는
조약 위반이고 몰루카는 지구의 포르투갈 쪽 절반 안에 있다는 주장을
굽히지 않았다. 카를은 이 문제를 외교 중재에 의뢰하자며 맞섰고, 포르

투갈도 동의했다.

몰루카 제도를 둘러싸고 카스티야가 맨 처음 내세운 외교 주장의 핵심은 '발견'에 대한 흥미로운, 어쩌면 다소 억지스러운 정의였다. 카를 측 외교 사절의 주장에 따르면, 포르투갈 선박이 마젤란보다 먼저 몰루카를 목격하고 '발견'했다 하더라도 그것은 엄밀히 말해 포르투갈이 '소유'할 수 있다는 뜻은 아니며, 마젤란의 선원들이 몰루카 섬의 원주민 통치자들에게 황제를 향한 일종의 충성 서약을 얻어 냈는데 그것은 새로 발견한 영토의 소유권을 주장할 때 카스티야에서 실시하는 관행이었다. 포르투갈은 당연히 그런 말장난을 반박하며, 카스티야는 그 섬의 소유권을 지리적으로 증명할 책임이 있다고 주장했다. 협상이 계속되면서, 포르투갈은 카스티야가 앞으로는 몰루카에 선단을 파견해서는 안 된다고도 주장했다.

1524년 4월, 양측은 이 분쟁을 해결할 공식 협상을 벌이자는 데 합의했다. 이들은 두 왕국의 접경지대에 있는 바다호스와 엘바스 마을에서 만났다. 에스트레마두라 고원에 위치하고 과디아나 강으로 나뉜 마을이다. 1524년 봄, 양측 대표는 회의장에 도착하면서 문제의 중요성을 실감하기 시작했다. 단순히 국경분쟁을 해결하는 자리가 아니라 기지 세계를 절반으로 나누는 자리였다. 카스티야 대표단은 자신들의 주장이 관철되면 카스티야의 통치는 북유럽에서 대서양을 건너 남북 아메리카와 태평양 전체로까지 미친다는 걸 알고 있었다. 포르투갈은 몰루카를 잃을 경우, 유럽 변두리에 놓인 가난하고 고립된 왕국에서 한 세대도 지나지 않아 유럽 최강의 부유한 제국으로 변신하게 된 원동력인 향료 무역 독점이 끝장날 판이었다.

이 세계적 분쟁을 해결할 열쇠는 지도가 분명해 보였다. 그런데 당시 어느 카스티야 사람의 말처럼 지리적 편가름은 무척 희한한 형태로 나타났다.

한번은 이런 일도 있었다. 프란시스쿠 드 멜루와 세케이라의 디에구 로 페스를 비롯한 포르투갈 대표들이 과디아나 강변을 걸어 올라가는데, 엄마가 빨아 놓은 옷을 지키고 서 있던 남자아이가 그들더러 세계를 황제와 나누려는 사람들이냐고 물었다. 그들이 그렇다고 대답하자 아이는 셔츠를 들어 올려 맨 엉덩이를 드러내더니 그 가운데에 선을 그어 달라고 했다. 이 이야기는 그 후 사람들 입에 오르내렸고 바다호스 마을에서 우스개가 되었다.[303]

아마도 포르투갈 대표단을 놀리려고 지어낸 원색적인 농담일 것이다. 그러나 16세기 초에는 평범한 사람들도 더 넓은 세계의 변화하는 지리에 눈뜨기 시작했다는 사실을 보여 주는 일화이기도 하다.

마젤란이 지구를 돌기 전에도 사람들은 지도와 해도가 있으면 항해와 해외시장 접근에 도움이 된다는 걸 깨달은 터라 포르투갈과 카스티야 왕국 정부는 선박 조종사를 훈련하고 뱃길 탐험과 관련한 지리 자료를 종합 분석하는 기관을 후원했다. 포르투갈은 15세기 후반에 '미나와 인도의 집Casa da Mina e India'(미나는 지금의 가나에 해당하는 서아프리카 해안의 요새다)을 설립해 서아프리카와 (더불어 인도에 발을 디딘 후로는) 인도에서의 무역과 항해를 규제했고, 1503년에는 이에 질세라 카스티야가 세비야에 '무역의 집Casa de la Contratación'을 세웠다.[304] 15세기 포르투갈의 항해로, 사람들은 대서양을 지도에 옮기려면 천문학 지식을 알아야 하고 항해 경험도 있어야 한다는 걸 깨달았다. 그 결과 두 기관은 선박 조종사와 항해사의 경험에서 나온 자료와 고대 우주형상학자들에게서 물려받은 지식을 통합하고자 했다. 과거에 알렉산드리아, 바그다드, 심지어 시칠리아도 지리를 탐구하는 연구소를 두었지만, 주로 그때까지 알려진 지리 지식을 종합해 세계가 어떻게 생겼는지를 단정적으로 보여 주는 하나의 지도를 만드는 것이 목적이었다. 포르투갈과 카스티야의 무역 기관이 만든 지도와 해도는 달랐다. 그들은 새로 발견한 지역을 지도에 표시했지만, 그 내부는 나중에 새로운 정보가 생기면 채울 요량으로 텅 빈 공간으로 남겨 두었다.

포르투갈과 카스티야 왕국 정부가 이런 지도를 이용해 대서양과 아프리카 해안에서의 영토와 국경 분쟁을 해결하려 하면서 지도는 법적 권위를 갖게 되었다. 양국 정치 세력은 토르데시야스조약에 따라 만들어진 지도를 법적 구속력이 있는 기록으로 간주했다. 교황이 인정하고 국제적으로 합의한 조약에서 지도가 핵심 역할을 했기 때문이다. 이런 지도는 제작자나 제작에 돈을 댄 정치인들이 직접 가보기는거녕 본 적도 없는 지구상의 장소를 두고 분쟁이 벌어졌을 때 그것을 해결하는 수단으로 이용되었다. 사람들은 이런 지도가 소문이나 오래전의 단정이 아닌 증명 가능한 보고서나 장거리 여행 일지에 근거한 과학적 객관성을 지녔다고 주장했다. 나중에도 살펴보겠지만 이런 주장은 다소 의심스럽고 지도 제작자와 그들의 정치적 후원자들을 이롭게 했지만, 지도에 새로운 지위를 부여하기도 해서 근대 초기 제국들은 지도에 의지해 영토를 거래했다. 특히 몰루카를 둘러싼 포르투갈과 카스티야의 분쟁과 이 분쟁을 해결하기 위해 1524년 바다호스와 엘바스에서 열린 모임에서 지도는 그 어느 때보다 결정적인 역할을 했다.

지도 제작자와 지도의 역할에 대한 인식 변화는 그해 봄 바다호스와 엘바스에 도착한 협상단 구성에서 엿볼 수 있다. 포르투갈 대표단은 (지탄 대상이 된 프란시스쿠 드 멜루와 세케이라의 디에구 로페스를 포함한) 외교관 아홉 명과 지도 제작자 세 명, 즉 로푸 오멩Lopo Homem과 페드루 헤이넬, 조르지 헤이넬 부자로 구성됐다. 카스티야 대표단은 포르투갈보다 더 많은 것을 증명해야 했다. 양측 대표단이 모인 이유도 카스티야가 포르투갈의 동남아시아 향료 무역 독점에 이의를 제기했기 때문인지라 카스티야도 포르투갈 못지않게 대표단이 화려했다. 세바스티안 엘카노를 비롯한 외교관 아홉 명에 유럽 전역에서 뽑아 온 지리 전문가가 무려 다섯 명이 포함됐다. 여기에는 무역의 집 대표인 베네치아 출신 세바스티아노 카보토Sebastiano Caboto도 포함되었다. 그 세대 최고의 항해사로 꼽히는 카보토는 헨리 7세에게 고용되어 1497년에 뉴펀들랜드를 발견하고, 그 뒤 더 부유한 카스티야에 충성을 맹세했다고 전해진다. 이 외에 피렌체 지도 제작자이자 아메리고 베스푸치의 조카인 조반니 베스푸치Giovanni Vespucci, 카스티야 지도 제작자 알론소 데 차베스Alonso de Chaves와 누뇨 가르시아Nuño Garcia가 포함됐다. 가르시아도 무역의 집 대표를 지낸 적이 있으며, 마젤란에게 세계 일주 출발 진에 지도를 몇 장 그려 주었다. 카스티야 대표단의 마지막 구성원은 카스티야인도 이탈리아인도 아닌 포르투갈인 디오구 히베이루였다.[305]

　　　카스티야 협상단 가운데 오늘날 가장 덜 알려진 인물이 히베이루다. 15세기 후반에 태어났다고만 알려진 히베이루는 16세기에 포르투갈의 첫 번째 인도 항해에 합류했고, 얼마 안 가 조종사가 되었다. 그 시대의 포르투갈 지도 제작자 다수가 그랬듯이 히베이루도 전문 학교가 아닌 바다에서 해도 그리는 법을 배웠다. 당시 전문 학교는 여전히 수계지리학이나 지도 제작보다 천문학과 우주형상학을 더 중요하게 여겼다. 앞에서 보았듯이, 1518년에 그는 세비야에서 카스티야 왕국 정부를 위해 일했다. 세비야는 해외를 향한 카스티야의 제국주의적 야심의 중심지이자 무역의 집이 있는 곳이었다. 이즈음 무역의 집에는 항해를 목적으로 바다를 측량하는 수계지리학 전문 사무소가 따로 있어서, 신세계와 그 너머에서 돌아오는 선단이 가져오는 수많은 해도를 관리했다. 히베이루는 조종사로 성공한 뒤 왕실 우주형상학자로 임명되었는데, 바로 이 자격으로 바다호스-엘바스 협상에 카스티야 측 대표 자문위원으로 참석해 그의 포르투갈 동포 맞은편에 앉았다.[306] 동료들에 비해 상대적으로 무명이었지만, 그 후 5년간 카스티야의 몰루카 영유권 주장을 가장 설득력 있게 뒷받침한 사람은 바로 그였다. 그는 아름답고 과학적이고 설득력 있는 지도를 여럿 만들었고, 이들 지도는 몰루카 제도의 역사를 바꾸었을 뿐 아니라 르네상스 시대의 세계 지리학과 지도 제작 변화에 기여했다.

바다호스-엘바스 모임이 열리기 전, 두 제국 대표단은 몇 주 동안 스파이 활동에 열을 올렸다. 포르투갈 대표단은 세비야에서 마젤란과 함께 일했던 헤이넬 부자를 설득해 가까스로 포르투갈 쪽으로 빼내 놓았었다. 그런데 대표단이 도착하자 페드루 헤이넬은 포르투갈 대표 두 사람에게 실토했다. 카스티야 쪽에서 "아늘과 함께 황세를 위해 일해 달라"는 부탁과 함께 포르투갈 돈으로 3만 레이스라는 거금을 제안했었고, 포르투갈 대표단의 또 다른 고위급 대표인 시망 페르난데스에게도 마찬가지 제안을 했었다고.[307] 카스티야의 사학자 바르톨로메 레오나르도 데 아르헨솔라Bartolomé Leonardo de Argensola는 80여 년이 지나 《몰루카 제도 정복Conquista de las islas Malucas》(1609년)에서 이때의 논란을 돌아보며, 카를 5세가 대표단에게 지시한 지침을 다음과 같이 요약했다.

> [황제는] 이렇게 역설했다. 수학적 설명으로나 그 분야에 정통한 사람들의 판단으로나 몰루카는 카스티야 국경 안에 있는 게 분명한 듯하고, 말라카나 그 너머 다른 섬들도 마찬가지다. 포르투갈이 그 많은 우주형상학자들과 유능한 선원들의 기록, 특히 다른 사람도 아닌 포르투갈 사람 마젤란의 의견이 틀렸음을 증명하기란 쉽지 않다. (……) 게다가 이번 논란의 바탕인 소유권 조항을 논하려면 우주형상학자들이 쓰고 인정한 내용을 들고 나와야만 한다.[308]

카스티야 대표단은 이번 논쟁을 해결하려면 지도를 체계적으로 조작하고, 민족적 차이를 미끼로 삼고, 고전 지리의 권위를 선별적으로 도용하고, 필요하면 뇌물도 동원해야 한다고 생각했다.

　　4월 11일, 양측 대표단은 포르투갈과 카스티야 국경에 있는 카이아 강의 다리에서 만났다. 협상은 시작부터 삐걱거렸다. 포르투갈은 카스티야 대표단에 포르투갈 조종사 시몽 드 알카자바와 이스테방 고메스가 끼어 있다고 항의했고, 두 사람은 즉시 교체되었다. 포르투갈은 카스티야의 지리 자문단 구성도 걱정스러웠는데, 그중 한 사람이 유독 신경 쓰였다. 협상이 시작되기 며칠 전에 포르투갈 대표단 한 사람이 리스본에 있는 주앙 왕에게 카스티야 지리학자들의 권위를 무시하는 편지를 보냈는데, 이때 한 사람만은 예외였다. "조종사들은 히베이루를 제외하면 신망 있는 사람들이 전혀 아닙니다." 이때만 해도 몰루카의 위치를 알고 있다는 점에서 히베이루는 독보적이었다. 그는 마젤란 항해 전후의 몰루카 제도에 관한 정보를 바탕으로 양측의 지리 주장을 파악하고 있었는데, 포르투갈은 그의 영향력이 이번 분쟁에 결정적 영향을 미치지 않을까 두려워했다.

　　양측에서 임명한 대표단에 서로 합의하자 협상이 진지하게 시작되었다. 법률 전문가들은 어느 쪽을 제소국으로 하느냐는 문제부터 난관에 빠졌고, 문제 해결에는 지리학자들이 관건이라는 것이 분명해졌다. 양측은 토르데시야스조약의 조항을 다시 읽는 데서부터 시작했다. 토르데시야스에서 그은 분계선은 카보베르데 제도에서 서쪽으로 370리그 떨어진 곳에 있었다. 이는 비공식적 본초자오선에 해당했고, 카스티야는 여기서부터 서쪽으로 180도, 포르투갈은 동쪽으로 180도 안에 있는 모든 영토를 차지했다. 그러나 몰루카의 값진 물건을 두고 치열한 경쟁을 벌이는 상황이다 보니, 양측 대표단은 "앞서 언급한 섬[카보베르데 제도] 중에서 어느 섬을 기준으로 370리그를 측정해야 하는가"라는 문제를 두고 설전을 벌였다.

　　양측은 분계선의 정확한 위치를 확인하기 위해 지도와 지구본을 요청했다. 5월 7일, "포르투갈 대표단은 해도가 다른 내용 없이 자오선만 표시된 지구본보다 못하며, 지구본이 세계의 형태를 더 잘 표현한다고 했다." 이 부분만큼은 카스티야 대표단도 동의하며, "구형이 더 좋지만, 지도와 기타 적절한 도구들도 배제되어서는 안 된다"[309]고 했다. 카스티야는 여전히 마젤란 항해에서 만든 지도가 자국에 더 이롭다고 생각했지만, 그래도 이 단계까지는 양측의 생각이 눈에 띄게 포괄적이었다. 그러나 그다음에 카스티야 대표단은 당연하게도 카보베르데 제도에서 가장 서쪽에 있는 산투안탕을 기준으로 분계선을 계산해야 한다고 주장했다. 그럴 경우 태평양의 상당 부분이, 그러니까 결과석으로는 몰루카까지도 카스티야 영토로 들어가게 된다. 포르투갈은 예상대로 카보베르데에서 가장 동쪽에 있는 사우 또는 보아비스타부터 계산해야 한다며 맞섰다. 두 지점 사이의 거리는 채 30리그도 되지 않아 몰루카를 이편 또는 저편에 넣을 정도로 중대한 차이가 생기지 않는데도 양측이 이런 주장을 내세운 것을 보면 이 협상이 얼마나 민감했는지 알 수 있다.

협상은 교착상태에 빠졌고, 이때부터 우스울 정도로 적대적인 상황이 전개되었다. 양측은 지도를 내놓고 진지하게 검토하다가 맹렬히 공격했고 그런 다음 지도를 감춰 두고 다시 내놓지 않았다. 양측 모두 상대가 지도를 조작했다고 주장했다. 논쟁에 하느님을 끌어오기도 했다. 논쟁이 지나치게 달아오르면 대표단은 꾀병을 앓기도 했고, 어려운 문제가 나오면 너무 피곤하다며 대답을 피하기도 했다. 카스티야는 지도에 분계선을 표시하자는 포르투갈의 주장에, "저들은 이 문제를 피하는 게 상책이라는 생각에 아무것도 없는 지구본에 바다와 육지를 표시하려고만 든다"고 대꾸했다. 포르투갈의 그런 대응은 적어도 "마냥 손 놓고 있지는 않을 것"임을 보여 주지만, "분계선을 어떻게 긋든 몰루카가 어느 쪽에 속하는지는 증명될 것"이었다. 양측은 마침내 각자가 가지고 있는 지도를 공개하기로 했다. 이들이 머뭇거리는 이유는 분명했다.

항해 지식은 철저히 보호해야 할 정보였다. 지도를 공개하면 특정한 주장에 이용될 수 있고, 상대편 전문가가 그 지도를 이용해 부정행위를 저지를지도 모를 일이었다.

5월 23일, 카스티야 대표단은 마젤란의 몰루카 항해 일정을 담은 지도를 공개하면서, 몰루카가 "그 분할선에서 서쪽으로 150[도] 떨어진 곳"에, 그러니까 지구의 카스티야 쪽 절반에 30도 안쪽으로 들어와 있다고 단정했다. 이 지도를 누가 만들었는지는 알려지지 않았지만, 이보다 앞서 몰루카를 표시한 여러 지도 중에는 카스티야 대표단의 지리 자문위원이자 마젤란에게 지도를 그려 주었던 누뇨 가르시아가 그린 것도 있었다. 가르시아는 엘카노의 의견을 반영해 1522년에 수마트라를 가르는 동쪽 분계선을 표시한 지도를 만들기도 했다. 카스티야의 여행 작가 페드로 마르티르Pedro Mártir는 가르시아와 히베이루를 카스티야 대표단의 가장 유능한 지도 제작자로 꼽으면서, "전문 조종사이자 노련한 해도 제작자"라고 했다. 협상 논조와 관련해서는 두 사람이 "이 모든 언쟁과 갈등의 진원지인 몰루카 제도의 상황을 이야기하려면 자기네 지구본과 지도와 다른 기구들이 꼭 필요하다"[310]고 말했다고 전했다.

그날 오후, 포르투갈은 카보베르데를 비롯해 중요한 지역을 표시하지 않았다는 이유로 카스티야 측 지도를 거부했다. 그러면서 "비슷한 지도를 내놓았는데, 상대 지도와는 사뭇 달리 몰루카가 사우와 보아비스타에서 [동쪽으로] 134도 떨어진 곳에", 그러니까 지구의 포르투갈 쪽 절반 안으로 46도 들어와 있었다. 양측은 기지 세계 절반의 소유권을 주장하며 지리 지식을 동원해 세계지도에 몰루카를 표시했는데, 양측이 표시한 위치는 70도 넘게 차이가 났다. 이들은 카보베르데 제도 어디에 자오선을 그을지 여전히 합의하지 못했지만, 그것 때문에 더욱 광범위한 논쟁이 달라진 건 아니었다. 닷새 뒤 양측 대표단은 지구본이 의견 차이를 해소할 유일한 수단임을 인정했다. 그 결과 "양측은 자국 입

────── **그림 45**

누뇨 가르시아가 그린 몰루카 제도 해도, 1522년경. 몰루카를 지구의 카스티야 쪽
절반 안에, 즉 토르데시야스조약(1494년)에서 합의한 분계선의 동쪽에 그렸다.
이 분계선은 수마트라를 관통하고, 수마트라에서 적도와도 만난다.

→ 448~449쪽 사이 컬러화보 참고

맛에 맞게 거리를 표시한 세계 지구본을 내놓았다." 포르투갈이 내놓은
작은 지구본에는 몰루카가 분계선에서 동쪽으로 137도 떨어진 곳에, 즉
그들 영역 안쪽으로 43도 들어와 있었다. 그리고 카스티야는 애초의 계
산을 과감하게 수정해, 몰루카가 경계선에서 동쪽으로 183도 떨어진 곳
에, 즉 지구의 그들 쪽 절반 안으로 겨우 3도 들어와 있다고 주장했다.

　카스티야는 그럴듯하지만 더욱 복잡한 과학적 주장을 폈다. 이
들은 논쟁을 해결하려면 우선 경도부터 정확히 측정해야 한다고 주장
했다. 16세기에 선박 조종사들은 비교적 고정된 지점인 북극성을 기준
으로 위도를 제법 정확히 계산할 수 있었다. 그러나 동쪽에서 서쪽으로

경도를 지나면서 항해할 때는 그러한 고정된 표시가 없었다. 넓은 인도양이나 대서양을 가로지를 때, 또는 아프리카나 아메리카 해안을 따라 내려가며 항해할 때는 그것이 큰 문제가 되지 않았지만, 지구 반대편에 있는 여러 섬의 위치를 놓고 논란이 일 때는 문제가 되었다. 경도를 계산하는 방법은 오묘하고 신뢰하기 힘든 천문 관찰에 의지하는 길뿐이었다. 카스티야는 프톨레마이오스의 고전 권위를 끌어와 경도를 계산하면서, "프톨레마이오스의 설명과 수치는 최근 향료 생산지를 다녀온 사람들의 설명이나 모형과 일치"하며, 따라서 "수마트라, 말라카, 몰루카 제도가 모두 우리 분계선 안으로 들어온다"[311]고 주장했다. 이쯤 되자 마젤란이 프톨레마이오스의 낡은 계산법을 이용한 것이 어쩌다 보니 카스티야의 몰루카 영유권 주장을 뒷받침하게 되었다는 사실이 회의에 참석한 모든 이들에게 분명해졌다. 지구 둘레를 측정하려는 시도도 신뢰할 수 없다며 무시되었다. 거리 단위로서 리그가 정확히 얼마인지도 합의할 수 없었기 때문이다. 카스티야 측은 "이 방법은 수많은 불확실성을 초래"하는데 바다를 측정할 때는 더욱 그러하다며, "정확한 계산을 방해하는 수많은 장애물, 이를테면 해류, 조수, 배의 속도 감소" 그리고 수많은 다른 요소들을 그 이유로 꼽았다.[312]

카스티야는 마지막으로 기발한 주장을 폈다. 평면 지도는 구형 지구를 가로질러 측정한 경도 계산을 왜곡한다는 주장이었다. 몰루카를 표시한 포르투갈 지도나 "앞서 언급한 동쪽 항해로를 따라 자리 잡은 육지들을 평면에 표시한 것" 그리고 "적도상의 경도를 기준으로 계산한 리그 길이는 모두 경도에 문제가 있어서 그 위치가 올바르지 않다." "적도 이외의 위도에서는 위도를 따라 리그 길이가 작을수록 경도 폭을 더 많이 차지하는 것이 우주형상학의 상식이기 때문이다." 이 주장에도 어느 정도 일리가 있다. 이 시기의 평면 지도는 거의 다 위선과 경선을 직각으로 교차하는 직선으로 그렸지만, 지리학적으로 따지면 두 선은 구형 주위를 도는 곡선이어서, 경도 1도의 정확한 폭을 계산하려면 복잡한 구면 삼각법을 써야 했다. 따라서 카스티야 측은 이렇게 결론 내렸다. "평면을 구체에 옮겨 그릴 때는 경도를 훨씬 많이 넣어야 할 것이다. 호와 현의 기하학적 비례를 계산해 그것을 기초로 평면을 구면에 옮겨 위도가 적도에서 멀어질수록 경도 폭이 좁아지게 하면, 앞서 언급한 [포르투갈] 지도에서 경도 폭은 앞서 언급한 조종사들이 말한 것보다 훨씬 넓다."[313]

구형에 근거한 이런 주장은 먹히지 않았다. 양측 모두 물러설 생각이 없었고, 카스티야마저 막판에는 양측이 합동으로 원정을 떠나 1도의 길이와 정확한 경도 측정에 합의하지 않는 한 "몰루카가 자국 영토 안에 있다고 상대를 설득하기는 양측 모두 불가능할 것"이라고 시인했다.[314] 합동 원정은 가망 없는 일이었고, 1524년 6월에 협상은 아무런 결론을 내리지 못한 채 막을 내렸다.

회의 내내 디오구 히베이루는 직접 이름이 언급되는 일은 거의 없었지만, 카스티야가 몰루카 영유권을 주장할 때 그 주장을 지리적으로 뒷받침하는 데 깊이 관여했다. 카를 5세가 몰루카를 둘러싼 양측의 교착상태를 이용해 몰루카에 선단을 보냈을 때, 히베이루는 카스티야 라코루냐에 파견되어 포르투갈의 향료 독점에 도전하기 위해 그즈음 설립한 '향료의 집Casa del la Especieria'의 공식 지도 제작자로 활동했다. 포르투갈 스파이는 라코루냐에서 리스본으로 편지를 보내 다음과 같이 알렸다. "디오구 히베이루라는 포르투갈 사람도 여기서 해도와 지구본, 세계지도, 아스트롤라베, 기타 인도에서 쓸 여러 기구를 만들고 있습니다."[315] 바다호스-엘바스 협상이 실패한 뒤 고작 5개월이 지났을 때 히베이루는 몰루카로 가는 더 빠른 서쪽 항로를 찾아 떠나는 카스티야 선단을 위해 지도와 해도를 제작해 주었다. 포르투갈 사람인 선단 사령관 이스테방 고메스는 플로리다 해안을 따라 내려가다 보면 마젤란이 놓친, 태평양으로 들어가는 해협이 있으리라고 확신했다. 고메스는 소득도 없이 일 년 가까이 항해하면서 멀게는 케이프 브레턴까지 갔다가 1525년 8월에 라코루냐로 돌아왔다. 그간의 노고를 증명할 소득이라고는 노바스코샤에서 아메리카 원주민 몇 사람을 납치해 온 것이 전부였다. 히베이루는 선단 귀국을 환영한 뒤 원주민 한 명을 집으로 데려왔다. 그는 원주민에게 '디에고'라는 세례명을 주고 그의 대부가 되었다. 그가 납치된 디에고를 입양한 동기는 연민과 자선이었을까? 아니면 현지인에게서 신세계 지형을 알아보려는 의도였을까? 히베이루의 성격을 엿볼 수 있는, 흥미롭지만 궁극적으로 애매한 대목이다.

히베이루는 고메스의 항해에 자극받아 카스티야의 몰루카 영유권 주장을 뒷받침하는 세계지도를 만들었는데, 이는 그가 만든 이런 지도 가운데 첫 번째 지도다. 1525년에 완성된 이 지도는 동남아시아에서 카스티야의 영토 야심을 드러내는 첫 번째 초안이라 할 수 있다. 양피지 네 장으로 구성된 82×208센티미터 크기의 종이에 손으로 그린 이 지도는 제목도 없고 설명 글도 없으며 윤곽을 미완성으로 대충 그려 놓은 곳도 많다. 중국 해안은 불연속선으로 이어졌고, 홍해의 북쪽 윤곽은 미완성이며, 나일 강은 아예 보이지도 않는다. 히베이루나 그에게 돈을 대는 카스티야 사람들에게는 관심이 없는 지역들이다. 이 지도가 보여 준 혁신적인 지형은 동쪽 끝과 서쪽 끝에 한정된다. 지도에 새겨진 글이라고는 노바스코샤에서 플로리다까지 이어지는 북아메리카 해안 안쪽에 손으로 희미하게 적은 것이 전부다. "이스테방 고메스가 국왕 폐하의 명령으로 1525년에 발견한 땅."[316] 이 지도에는 플로리다 해안을 따라 고메스가 새로 발을 디딘 여섯 지역이 꼼꼼하게 기록되어 있다.[317] 수정된 동쪽 해안은 지도의 다른 지역에 비해 더 선명하고 밝게 표시되었는데, 1525년의 마지막 몇 달 동안 지도를 마무리하면서 고메스의 항해에서 나온 정보를 급하게 반영한 결과로 보인다.

히베이루의 혁신은 북아메리카 해안 윤곽을 새롭게 그린 것으로 끝나지 않았다. 지도 맨 아래 오른쪽 귀퉁이에, 즉 서반구의 몰루카 바로 아래에 천체 관측에 쓰인 아스트롤라베가 놓여 있다. 지도 왼쪽 귀퉁이에는 높이와 기울기 측정에 쓰인 사분원자를 그려 놓았다. 아메리카 바로 왼쪽에는 항해사가 연중 태양의 위치를 계산할 수 있는 달력이 표시된 거대한 원형 기울기표(원형 태양)가 있다.[318] 이로써 이 지도는 앞선 세계지도에 흔히 등장하는 종교적 또는 민족지학적 그림이나 상징 대신 항해에 쓰이는 여러 도구를 묘사한 최초의 지도가 되었다.

이 지도가 카스티야의 해외 제국 정치를 효과적으로 보여 주는 약식 지도라면, 히베이루가 애써 그런 과학 기구들까지 정교하게 그려 넣은 이유는 무엇일까? 아마도 몰루카의 위치 때문일 것이다. 지도의 동쪽 끝, 그러니까 아스트롤라베 바로 위에 '몰루카 지방Provincia de Maluco'이라는 글자가 선명하게 나타나는데, 이 글자는 지도의 반대편 서쪽 끝에 한 번 더 등장한다. 동쪽에는 아스트롤라베에 카스티야와 포르투갈 국기가 동시에 펄럭이지만, 포르투갈 국기는 몰루카 서쪽에 있고 카스티야 국기는 동쪽에 있다. 지도 한가운데를 지나는 '분할선Linea de la Partición'이라고 이름 붙인 토르데시야스 분계선에 따르면, 아스트롤라베의 국기는 몰루카가 지구의 카스티야 쪽 절반에 놓여 있다는 것을 보여 준다. 히베이루는 이 점을 강조하려는 듯, 몰루카를 지도 서쪽에 한 번 더 그려 넣고 두 제국의 국기를 카스티야 측 주장을 옹호하도록 배치한다. 히베이루가 그린 아스트롤라베 모양과 사분원자 그리고 기울기표에 나타난 과학은 카스티야의 영토 야심을 지지한다. 지도 제작자가 그처럼 기술적으로 복잡한 과학 기구를 이용한다면, 몰루카의 위치는 틀림없지 않겠는가. 히베이루는 카스티야에 돈을 받고 고용된 사람으로서 몰루카를 지구의 카스티야 쪽 절반에 배치하는 포괄적 세계지도를 만든 한편, 기지 세계를 묘사하는 지도가 점점 늘어나는 상황에서 지도 제작에 몸담은 우주형상학자로서 고메스와 동시대 사람들의 지리 발견을 신중하게 지도에 통합했다.

1526년 12월, 카를 5세는 또 한 차례 몰루카 원정을 지시했다. 그러나 그는 제국을 유지할 자금 확보가 절실했다. 그의 제국은 유럽과 이베리아, 아메리카에 걸쳐 있었고, 투르크 그리고 루터교도들과 마찰을 빚고 있었다. 논리적으로나 재정적으로나 몰루카 영유권을 계속 주장하기가 불가능하다고 느끼기 시작한 카를은 선단이 원정을 떠나기 전에 몰루카 영유권 매각을 준비하고 있다고 발표했다. 카스티야 내부에서 환영받지 못한 조치였다. 카스티야 왕국의 집권 의회인 코르테스는 향료 무역이 카스티야 항구에서 이루어지길 기대했고 따라서 매각에 반대했지만, 카를에게는 더 큰 문제가 걸려 있었다. 그는 임박한 프랑스, 영국과의 전쟁 자금이 필요했고, 포르투갈의 주앙 왕과 1525년에 결혼한 여동생 카타리나의 지참금도 마련해야 했다. 주앙 왕은 결혼을 자축하며, 자신과 새 왕비가 통치할 세계를 묘사한 '천구'란 이름의 태피스트리 시리즈를 주문했다. 이 태피스트리에는 주앙의 봉이 리스본에 놓여 있고, 둥근 지구 안에는 아프리카와 아시아 전역에 있는 포르투갈 영토에 포르투갈 국기가 펄럭이는 모습이 담겼다. 지구 동쪽 끝에는 여전히 포르투갈 깃발이 펄럭이는 몰루카가 보인다.

주앙과 카타리나가 결혼한 이듬해인 1526년 3월에 카를은 주앙의 여동생 이자벨라와 결혼식을 올렸다. 두 왕국의 역동적 동맹 관계를 더욱 군건히 하려는 시도였다. 카를은 처남의 의견을 무시한 채 여전히 몰루카 영유권을 주장했다. 그는 교황대사 발다사레 카스틸리오네에게 몰루카를 카스티야 영토에 포함시킨 디오구 히베이루의 1525년 세계지도를 선사했다. 궁정에서의 인간관계와 사교술을 기록한 르네상스 시대 최고 교본인《궁정론Il Cortegiano》의 저자로 오늘날 더 잘 알려진 카스틸리오네에게 더없이 잘 어울리는 선물이었다. 두 황제는 그들만의 방식

───── **그림 46**

베르나르 판 오를리(Bernard van Orley)의 뛰어난 태피스트리 〈유피테르와 유노의 보호를 받는 지구〉, 1525년. 포르투갈 주앙 왕과 합스부르크 왕가 출신의 카타리나 왕비, 그리고 왕의 해양 제국이 묘사되었다. → 448~449쪽 사이 컬러화보 참고

으로 지리를 이용해 분명한 메시지를 전달하고 있었던 셈이다. 비록 결혼으로 하나가 되었지만 몰루카 영유권에 대해서는 여전히 입장이 다르다는 메시지였다.

　카를은 포르투갈이 특별한 이권을 받지 않는 한 몰루카를 포기하지 않으리라는 것을 잘 알고 있었다. 그는 주앙과 결혼하는 여동생의 지참금으로 고작 금화 20만 두카트를 지불하기로 합의했었다(반면에 주앙은 여동생 이자벨라의 지참금으로 카를에게 유럽 역사상 가장 큰 액수인 90만 크루자두를 현금으로 지불했었다). 그러나 그 뒤, 20만 두카트 대신 6년 동안 몰루카 접근을 무제한 허용하고 6년 뒤에는 몰루카의 소유권을 카스티야로 가져오는 방안을 제안했다.**319** 금전적으로 입이 딱 벌어질 제안

그림 47
디오구 히베이루의 세계지도, 1525년. 카스티야의 몰루카(지도 맨 왼쪽과 오른쪽)
영유권 주장을 뒷받침하고 북아메리카 해안 윤곽을 새롭게 그린 일련의 지도 가운데
첫 번째 지도디. → 448~449쪽 사이 컬러화보 참고

이었지만, 카를은 주앙이 머뭇거리는 사이 잉글랜드 친척인 헨리 8세에 게 몰루카 영유권을 팔겠다고 제안했다. 원래는 헨리 8세와 전쟁을 벌 이려던 참이었다. 세비야에 사는 잉글랜드 상인 로버트 손은 헨리에게 정치적으로 복잡한 이번 논쟁에서 멀찌감치 떨어지라고 현명하게 조 언했다. "포르투갈과 스페인의 우주형상학자들과 선박 조종사들은 [몰 루카의] 해안과 위치를 자기들 목적에 이롭게 정하고 있습니다. 스페인 사람은 좀 더 동쪽에 두어 황제[카를 5세]에게 속하게 했고, 포르투갈 사람들은 좀 더 서쪽에 두어 자기들 관할권에 속하게 했습니다."[320] 헨 리는 현명하게도 몰루카에서의 이익을 거절했다. 결국 카를은 주앙이 몰루카를 두고 처남과 갈등을 빚고 싶어 하지 않으리라 추측하고, 그걸 이용하기로 마음먹었다. 그의 생각은 옳았다. 1529년 초에 양측은 사라 고사에서 조약을 맺기로 합의했고, 이 조약으로 영유권 분쟁은 마침내 막을 내리게 되었다.

이런 계략이 계속되는 동안 히베이루는 카스티야의 몰루카 영유 권 주장을 더욱 설득력 있게 뒷받침하기 위해 1525년에 제작한 지도를 수정하기 시작했다. 그리고 1527년에 손으로 그린 두 번째 지도를 완성했다. 상당 부분이 1525년 지도에 기초했지만, 크기가 약간 커지고 정밀함과 예술성은 훨씬 높아졌다. 지도 맨 위와 맨 아래에 길게 이어진 제목은 지도의 지리적 야심이 더욱 커졌음을 암시한다. "이제까지 발견된 모든 지역을 포함하는 세계지도. 국왕 폐하의 우주형상학자가 1527년 세비야에서 제작." 히베이루는 1525년 지도에 빠진 내용을 채워 넣었을 뿐 아니라 설명 글도 덧붙였는데, 대개는 과학 기구의 기능을 설명한 것이지만 몰루카 남동쪽에 새겨진 글은 카스티야의 몰루카 영유권을 다시 한 번 강력히 주장한다. 이 글은 "몰루카의 섬들과 시억"을 묘사하면서, "몰루카에 다녀온 최초의 배이자 1520년, 1521년, 1522년에 처음으로 세계를 일주했던 배의 선장인 후안 세바스티안 엘카노의 의견과 판단에 따라" 몰루카는 "이 경도에 위치"한다고 설명한다.[321] 몰루카의 위치를 엘카노의 계산에 따라 정한 것은 엘카노에게 직접적으로 권위를 부여하는 것이기도 하지만, 몰루카를 동쪽에 치우쳐 배치하는 히베이루의 불안감을 드러내는 것이기도 하다. 그렇더라도 1527년의 세계지도는 카스티야의 몰루카 영유권 주장에 더욱 설득력 있는 증거를 제공하기 위해 제작한 것이 분명했다.

　　1529년 4월, 포르투갈과 카스티야 대표단은 몰루카를 둘러싼 협상을 재개하기 위해 사라고사 마을에 다시 모였다. 1524년에 바다호스-엘바스에서 격렬한 법적, 지리적 논쟁을 벌였지만, 그때의 고압적 토론에서 나온 결론은 그 뒤로 흐지부지되고 말았다. 1528년 초 카를은 프랑스와 전쟁을 준비하면서 포르투갈에 대사를 보내, 앞으로 일어날 충돌에서 중립을 지켜 주면 몰루카 논쟁을 빠르게 종결하겠다고 제안했다. 1529년 초까지 양측 대사는 종결 조건에 합의했다. 1529년 4월 23일에 카스티야가, 그리고 8주 뒤에는 포르투갈이 비준한 최종 사라고사 조약에는 카를이 몰루카 영유권을 포기하는 대가로 상당한 재정적 보상을 받고, 카스티야 사람이 이 지역에서 거래하다 적발되면 누구든 처벌을 받는다는 내용이 명시되었다.

이 조약에 따라 카를 황제는 "오늘부터 영원히, 앞서 언급한 포르투갈 왕에게, 그와 그의 왕국의 모든 계승자에게, [몰루카와 관련한] 모든 권리, 활동, 지배, 소유권, 그리고 소유와 준소유, 그리고 항해와 운송과 거래에 관한 모든 권리를 매각한다"는 내용에 동의했다. 포르투갈은 그 대가로 카스티야에 35만 두카트를 지불하기로 약속했다. 그러나 카를은 어느 때라도 자신의 요구를 보완할 권리를 남겨 두어야 한다고, 나중에 35만 두카트를 전액 돌려주면 그 권리를 행사할 수 있어야 한다고 고집했다. 단, 그때는 바다호스-엘바스에서 해결하지 못한 지리적 위치 문제를 해결할 새 팀을 꾸려야 했다. 카를의 체면을 유지해 준 영악한 조건이었는데, 실제로 효력을 발휘할 것 같지는 않았지만 몰루카의 영유권 주장이 유효하다는 카를의 거짓 믿음을 유지해 준 조건이었다.

양측은 표준 지도를 만들어야 한다고 판단했는데, 그것은 정확한 거리 측정이 아니라 바다호스-엘바스 지리학자들의 그럴듯한 지리적 발언을 토대로 한 지도였다. 이 지도에는 "극점에서 극점으로, 그러니까 북쪽에서 남쪽으로 선을 그어야 하는데, 몰루카에서 동쪽으로 19도 떨어진 지점에서 북동쪽으로 반원을 확장해 긋는다. 이때 19도는 적도상에서는 거의 17도에 해당하며, 몰루카에서 동쪽으로 297.5리그 떨어진 곳에 해당한다."[322] 6년간의 협상 끝에 포르투갈과 카스티야는 마침내 세계지도에서 몰루카를 어디에 놓을지 합의했다. 분할선은 지구 곡률을 고려해 지구본 둘레에 그렸다. 이 선은 서반구에서 카보베르데 제도의 "라스벨라스와 산투토므" 섬을 통과하고, 지구본을 돌아 "몰루카 동쪽 17도(297.5리그)" 지점으로 돌아오는데, 이로써 몰루카는 명백히 포르투갈 구역 안에 놓였다.

이 조약에서 지도를 활용한 것은 전례가 없는 일이었다. 카스티야와 포르투갈 모두 처음으로 세계적 차원의 지구를 인정했다. 그리고 지도를 영구적인 정치 합의를 지지하는 법적 구속력을 가진 기록으로 정착시켰다. 조약이 명시한 내용에 따르면, 양측은 몰루카의 위치를 새롭게 정한 똑같은 지도를 만들어야 하고, "앞서 언급한 국왕들이 이 지도에 서명과 날인을 해 각자 한 부씩 보관한다. 앞서 언급한 선[line]은 지정된 지점과 장소에 계속 고정해 둔다." 이 조약은 단순한 왕실 승인 이상의 의미를 갖는다. 지도는 고정된 물건이자 경쟁하는 정치 분파 사이의 소통 수단임을 인정한 것이다. 지도는 기록 문서로서 변화하는 정보를 흡수하고 재생산할 수 있으며, 경쟁국은 지도로 의견 차이를 극복할 수 있다. 조약에는 이런 구절도 있다. 합의한 지도는 "또한 앞서 언급한 카스티야의 황제이자 앞서 언급한 왕의 봉신들이 지정하는 몰루카의 위치를 명시하며, 이 계약이 유지되는 동안에는 몰루카의 위치를 그곳으로 간주한다."[323] 이 지도는 이로써 두 제국이 합심해 몰루카의 위치에 합의하게 한다. 비록 이후에 외교적, 정치적 이유로 합의를 철회하고 위치를 재조정하기로 결정하지만.

    이 조약을 표시한 공식 지도는 현재 전하지 않는다. 그러나 조약이 최종적으로 비준되는 순간에 완성된 다른 지도가 전한다. 히베이루의 세 번째이자 최종 완성본인 세계지도로, 제목은 이렇다. "이제까지 발견된 모든 지역을 포함하는 세계지도. 국왕 폐하의 우주형상학자 디오구 히베이루가 1529년에 제작. 스페인 국왕과 포르투갈 주앙 국왕이 1494년 토르데시야스 시에서 합의한 결과로 세계가 둘로 나뉨." 이 지도가 1525년에 히베이루가 제작한 첫 번째 세계지도에 기초한 것은 분명하지만, 규모(85×204센티미터)와 값비싼 동물 가죽에 새긴 방대한 글과 세밀한 삽화는 외국 고위 관리에게 카스티야의 몰루카 영유권을 주장할 지도로서의 지위를 증명한다. 몰루카의 위치와 엘카노의 항해를 설명한 글은 1527년 지도 그대로다. 아메리카 서쪽 해안과 몰루카 사이

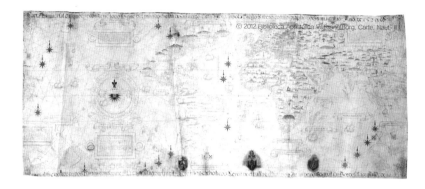

───── **그림 48**

히베이루가 제작한 것 중 가장 뛰어난 세 번째 세계지도, 1529년. 몰루카(지도 맨 위쪽과 오른쪽)를 지구의 가스티아 쪽 질반 안에 그려 놓았으며, 지도 전체 모습도 빼어나다.

→ 448~449쪽 사이 컬러화보 참고

의 거리는 실제보다 훨씬 짧은 134도로 나오는데, 그렇다 보니 몰루카는 토르데시야스 선에서 서쪽으로 172도 30분에 위치해 지구의 카스티야 쪽 절반 안으로 고작 7.5도 들어온다.[324] 대서양과 태평양에는 여기저기 무역선의 모습이 보인다. 단순한 장식처럼 보이는 이 그림도 카스티야의 주장을 뒷받침한다. 이 가운데 어떤 배는 "몰루카로 가다"라고 말하고, 어떤 배는 "몰루카에서 돌아오다"라고 말한다.[325] 이처럼 지도에 몰루카라는 말이 넘쳐나지만, 히베이루의 앞선 지도에 등장했던 외교적 마찰을 보여 주는 표시들은 많이 사라졌다. 지도 동쪽 끝과 서쪽 끝에 있던 카스티야와 포르투갈 국기도 사라졌고, 토르데시야스 선도 비록 지도 제목에는 분명히 언급되지만 정작 지도에서는 사라졌다.

이 지도는 7년간 이어진 카스티야의 몰루카 영유권 주장을 뒷받침한 궁극의 결정적 성명서였을 것이다. 몰루카 영유권을 포기하기로 한 카를의 결정은 카스티야 엘리트 사이에서 환영받지 못했다. 그렇다면 히베이루의 지도는 카를의 전략적 포기에 반대하는 사람들이 몰루카 영유권을 다시 주장하기 위해 사용한 최후 수단은 아니었을까? 아니면 지도가 너무 늦게 도착하는 바람에 카를이 사라고사 조약에 따라 몰루카에 대한 권리를 포기하겠다고 합의했을까? 그럴지도 모른다. 그러나 지도 맨 아래 장식처럼 나온 설명은 다른 가능성을 제시한다. 히베이루는 경쟁국인 카스티야와 포르투갈의 국기 오른쪽에 교황 문장을 배치했다. 그리고 이 지도가 현재 로마 바티칸 도서관에 있다는 사실을 고려하면, 지도가 대단히 특별한 순간에 제작되었다고 볼 수도 있다. 1529~1530년 겨울, 카를 5세는 이탈리아 여행길에 오른다. 1530년 2월에 볼로냐에서 교황 클레멘스 7세에게 신성로마제국 황제로서 왕관을 받는 대관식을 치르기 위해서다.[326] 히베이루의 1529년 세계지도는 세계를 카를 황제의 소망대로 묘사해 교황의 권위를 위협하려는 의도로 만들어졌으리라 보인다. 애초에 토르데시야스조약은 1494년에 교황의 권위로 비준되었다. 그러나 1529년에는 이미 카스티야와 포르투갈의 세력이 커져, 교황에게 무언가를 얻어 내야 하지 않는 한 교황의 의중에는 관심을 두지 않게 되었다. 카를 5세가 신성로마제국 황제로서 대관식을 치르러 이탈리아로 떠난 이유도 교황의 승인이 필요해서였다. 물론 그것도 선언적이고 형식적인 절차일 뿐이었지만. 교황 문장이 장식된 세계지도를 받은 교황은 몰루카의 운명을 둘러싼 세계의 중대한 정치적 결정에서 교황의 권위가 배제된다는 불안감이 누그러졌을 것이다. 그러나 이 지도는 이제부터 기독교 세계에서 가장 막강한 통치자는 포르투갈의 주앙 왕이 아니라 카를이라는 점을 클레멘스 교황에게 상기시켰다. 바로 2년 전, 클레멘스가 카를의 최대 적인 프랑수아 1세 왕에게 정치적 충성을 약속하자 카를은 군대를 보내 로마를 약탈했었다. 카를은 외교적 이유로 몰루카 영유권을 포기했지만, 히베이루 지도는 긴박한 외교 상황과는 별개로 카스티야 대표단이 믿고 있는 몰루카의 위치를 그대로 반영했다. 카를 5세가 주눅 든 교황에게 보여 주고 싶었던 것은 바로 이 지도에 실린 세계가 아니었을까?

히베이루의 마지막 지도가 사라고사 협상에 필요하지는 않았지만, 카스티야의 몰루카 소유권 주장을 포괄적으로 요약해 보여줄 뿐 아니라 당시 지리를 교묘히 조작한 히베이루의 영악함을 드러낸다. 물론 히베이루도 나중에 진실이 밝혀져 지도의 세부 내용이 거짓이라는 게 들통 나리라고 예상은 했을 것이다. 어쨌거나 카스티야 당국은 훗날 몰루카 영유권을 되살리고 싶을 때 이 지도를 이용할 수 있었다. 히베이루의 세계지도가 인쇄본은 없고 모두 필사본이라는 사실 역시 이 지도가 정치적으로 대단히 민감했음을 보여 준다. 나중에 필시 영유권을 다시 주장할 텐데, 만약 지도를 인쇄해 둔다면 그때 문제기 생길 수 있지만 필사본으로 남겨 두면 몰루카의 위치를 카스티야에 유리하게 바꿔야 할 때 쉽게 수정할 수 있었다. 아닌 게 아니라 카스티야가 실제로 영유권을 주장했더라면, 히베이루의 지도는 좀 더 오래 명성을 누렸을 것이다. 그러나 카를 5세의 제국주의적 관심은 다른 곳으로 옮겨 갔고, 히베이루는 세비야에 있는 제2의 고향으로 돌아가 점점 엉뚱한 항해 기구를 발명하며 시간을 보냈다.

히베이루는 1533년 8월 16일 세비야에서 사망했다. 1525년에서 1529년 사이에 그가 그린 세계지도는 발트제뮐러의 지도처럼 그 혁신성이 당대의 젊은 지도 제작자들 사이에 빠르게 흡수되었다. 이들은 전 세계에서 이루어진 지리 발견으로 유럽에 쏟아져 들어오는 여행자들의 보고와 선박 조종사들의 해도를 종합했다. 이 과정에서 처음에는 발트제뮐러가, 다음에는 히베이루가 세계의 형태를 잡는 데 20년 넘게 중요한 역할을 했다. 히베이루의 영향은 오랫동안 이어졌는데, 르네상스 시대의 대표적 그림에서도 그의 영향을 엿볼 수 있다. 히베이루가 죽은 바로 그해에 한스 홀바인이 그린 〈대사들〉이다.

홀바인의 그림에서는 프랑스 외교관 장 드 댕트빌과 조르주 드 셀브가 영국 국왕 헨리 8세 왕실에 서 있다. 헨리 8세가 정부인 앤 불린

───── **그림 49**
한스 홀바인의 〈대사들〉 중 부분, 1533년.

과 결혼하고 로마 교황과의 종교적 관계를 영원히 단절하겠다는 중대
한 결정을 내리기 전날 밤의 풍경이다. 작품 가운데 놓인 탁자에는 르네
상스 시대 유럽 엘리트들의 사고를 지배한 종교적, 정치적 문제들을 도
덕적으로 암시하는 물건들이 놓였다. 탁자 맨 밑에 놓인 상인을 위한 수
학 교본과 망가진 악기 류트, 루터파 찬송가집은 당시 상업과 종교의 마
찰을 상징한다. 그 옆으로 지구본이 보인다. 마젤란이 세계를 일주한 뒤
로 많이 유통되던 지구본인데, 자세히 들여다보면 서반구에 1494년 토
르데시야스에서 합의한 분계선이 보인다. 동반구에는 이 선을 어디에
그었는지 그림자 때문에 잘 보이지 않는다. 잘 알려졌다시피 독일의 지
리학자이자 수학자인 쇠너가 1520년대 말에 만든 지구본이다. 현재는

전하지 않지만 지구본을 만들 때 사용한 전개도의 인쇄본은 남아 있는데, 홀바인의 그림에 나온 지구본과 거의 똑같다. 여기에는 1523년 마젤란의 세계 일주 항로가 표시되었고 몰루카는 명백히 지구의 카스티야 쪽 절반에, 즉 히베이루가 배치한 위치에 놓여 있다.

이 그림은 16세기 전반에 유럽에서 장거리 여행, 제국 간 경쟁, 과학 지식, 종교적 소용돌이의 결과로 일어난 여러 변화를 증명한다는 점에서 히베이루 지도와 유사하다. 둘 다 지구본과 과학 기구와 상업 교본을 종교의 권위보다 앞세웠다. 전통적으로 드 댕트빌이나 드 셀브 같은 저명한 인물을 그릴 때는 제단화니 성무 마리아 상 같은 종교석 물건들을 주변에 배치하기 마련이지만, 홀바인의 그림에서는 세속적인 물건이 신앙의 핵심적 권위를 대체하면서 탁자 위에서 앞다투어 시선을 끈다. 이 그림이 묘사하는 세계는 종교적 확신에 찬 과거와 정치적, 지적, 상업적 흥분으로 들뜬 급변하는 현재 사이에 끼인 과도기다. 종교는 말 그대로 옆으로 밀린 탓에, 은 십자가는 그림 맨 위 왼쪽 귀퉁이에서 커튼 뒤로 간신히 보일 뿐이다. 국제 외교와 제국 간 경쟁이 지배하는 새로운 세계는 종교적 정통성보다 제국주의적, 상업적 절박함에 이끌리다 보니 예전과 달리 새롭게 떠오르는 지구 반대편으로 관심이 쏠렸다.[327]

지구본은 너무 작아서 프랑스 대사 두 사람이 관여하는 외교에는 도움이 되지 않았다. 1520년대에 몰루카 소유권을 둘러싸고 대립한 카스티야와 포르투갈 외교관에게도 마찬가지였다. 더 커진 세계를 이해하려면 히베이루 세계지도처럼 사람 사는 세계를 그리스식으로 투영하는 것에서 벗어나 지구 전체를 360도로 바라보는 세계지도가 필요했다. 지구본과 달리 평면 지도는 중심과 가장자리가 있게 마련이다. 포르투갈과 카스티야가 몰루카를 둘러싸고 세계에서 우위를 차지하려고 싸우는 사이에 히베이루는 세계를 둘러싼 특정한 이익에 따라 나눌 수 있는 지도를 내놓았다. 그의 지도는 평면이었지만, 지도의 개념만큼은 구형이었다.

16세기 초에 살았던 대다수 사람들에게나, 바다호스-엘바스에서 포르투갈 대표단에게 엉덩이를 까 보인 남자아이에게나 몰루카를 둘러싼 논쟁은 의미가 없었다. 그것은 경쟁하는 두 제국 사이의 정치 논쟁이었을 뿐 대다수 사람들이나 그들의 일상과는 무관했다. 심지어 이 갈등이 암시하는 세계적 파장을 감지했던 사람들에게도 세비야나 리스본에서 지도나 지구본에 선을 그어 지구 반대편 세계를 분할하는 일은 해상 활동에 별다른 현실감을 주지 못했다. 이슬람교도든 기독교도든 힌두교도든 중국인이든, 선박 조종사와 상인들은 인도양과 태평양을 누비며 여전히 상업 활동을 벌였다. 포르투갈과 카스티야가 제국의 중심에서 수천 킬로미터 떨어진 영토에 대해 언제까지나 독점권을 주장할 수는 없었다. 그러나 서유럽 제국에서 처음에는 포르투갈과 카스티야가, 그다음에는 홀란트와 잉글랜드가 처음에는 지도에, 다음에는 지구본에 선을 긋고 제국의 군주란 사람들이 한 번도 가 본 적 없는 땅의 영유권을 주장하는 일은 하나의 선례가 되어 이후 수세기 동안 이어졌고, 500년 넘게 지구 전역에서 이루어진 유럽 식민 정책의 근간을 이루었다.

7 관용

헤르하르뒤스 메르카토르의
세계지도,
1569년

벨기에 루뱅,
1544년

체포는 1544년 2월에 시작됐다. 브라반트 검찰총장 피에르 뒤피에프는 체포 몇 주 전부터 루뱅에서 쉰두 명의 명단을 뽑았다. 그는 영국에서 망명한 종교개혁가 윌리엄 틴들을 심문하고 처형한 극단적 보수주의 신학자로 명성을 날린 인물이었다. 틴들은 1536년에 이단으로 기소되어 사형선고를 받고 교살된 뒤 브뤼셀 근처에서 화형에 처해졌다. 뒤피에프 명단 중 마흔세 명은 루뱅 출신이고 나머지는 브뤼셀, 안트베르펜, 그뢰넨달, 엥이언 등 모두 루뱅에서 반경 50킬로미터 안에 있는 도시와 마을 출신이었다. 성직자, 예술가, 학자뿐 아니라 구두 수선공, 재단사, 산파, 과부에 이르기까지 사회 각계각층의 사람들이 '이단' 혐의로 목록에 올랐다. 그 후 며칠 동안 뒤피에프의 법집행관이 이들을 체포하기 시작했다. 이들 중 더러는 연옥의 존재를 부정한다고 자백했고, 더러는 성변화聖變化(성찬의 빵과 포도주가 그리스도의 몸과 피로 변한다는 믿음)를 의심하고 (그리스도와 성인들의) 성상을 파괴했다고 시인했다. 뒤피에프는 철저히 심문했고, 늦봄까지 다수가 추방과 재산 몰수 처분을 받고 풀려나거나 도망쳤지만 몇몇은 이단 죄로 형을 선고받았다. 그 결과 여자 한 명은 생매장되고 남자 둘은 참수되었으며, 또 다른 남자 한 명은 화형을 당했다. 합스부르크 통치의 종교적, 정치적 권위를 의심한 죄에 대한 처벌이었고, 이 공개 처형을 지켜본 사람 중에 그 처벌에 의문을 품은 사람은 아무도 없었다.[328]

합스부르크 황제 카를 5세는 1519년에 부르고뉴 조상에게 이곳 저지대 국가들을 물려받은 뒤 브뤼셀에 총독을 두고 통치했는데, 대단히 독립적인 도시와 자치 지역으로 이루어진 이곳은 그것을 외세에 의한 행정과 조세의 중앙집권으로 여겨 줄곧 반대했다. 1544년의 체포 사건이 일어나기 4년 전, 벨기에의 도시 헨트는 합스부르크 왕가가 이웃한 프랑스와 전쟁을 벌일 때 합스부르크 지원을 거부했다. 그리고 그 후 반란이 일어났을 때, 카를과 그의 여동생이자 헝가리 왕비이며 저지대 국가의 섭정 총독인 마리아가 반란을 무자비하게 진압했다. 2년 뒤, 헬데를란트 동쪽 지역에서 합스부르크에 반대하는 세력이 다시 합스부르크 왕국 정부에 도전해 루뱅을 포위하자 스페인에 있던 카를이 돌아와 군대를 결집해 이들을 소탕했다. 카를과 여동생은 자신들의 권위를 가장 크게 위협하는 것은 왕가가 아닌 종교와 관련된 것이 분명하다고 생각했다. 안트베르펜과 암스테르담에서는 1523년에 마르틴 루터의 번역본을 바탕으로 신약성서가 네덜란드어로 출간되었고, 그러자 그해 루터의 출간물에 대한 논평이 금지되었다.[329] 이 지역은 신학과 종교 활동에서 관용을 베풀고 다양성을 인정한 오랜 역사가 있지만, 카를과 마리아의 출신지는 기독교 전통이 매우 달랐다. 합스부르크는 15세기 말 카스티아에서 유대교와 이슬람교 공동체를 경험한 탓에 정통 가톨릭을 벗어나는 신학은 무조건 합스부르크 권위에 대한 직접적 도전으로 인식했다. 1544년에 체포되고 사형당한 사람들은 마리아가 통치하던 25년 동안 공식적으로 사형에 처해진 약 500명 가운데, 그리고 1520년에서 1565년 사이에 유럽 전역에서 신앙 때문에 형을 선고받은 약 3,000명 가운데 극히 일부일 뿐이다.[330]

뒤피에프가 기소한 사람들의 삶은 상당수가 불분명하거나 전해지지 않지만, 그의 목록에 "메이스테르 헤이르트 스헬레컨스Meester Gheert Schellekens"라고 적힌 인물의 기록만큼은 지금도 전하는데, 그는 루뱅 주민으로 루터교라는 특히 심각한 이단으로 기소된 사람이다 뒤피에프의 법집행관이 루뱅에 있는 스헬레컨스의 집을 두드렸을 때 그는 보이지 않았다. 그는 이교도에다 탈주범이었고, 체포영장도 발부된 상태였다. 그러다가 며칠 만에 뤼펠몬데 마을 근처에서 바스의 법집행관에게 체포되어 그곳 성에 투옥되었다. '메이스테르 헤이르트'는 지도 제작자 헤르하르뒤스 메르카토르Gerhardus Mercator(1512~1594년)로 역사에 더 잘 알려진 인물이고, 스헬레컨스는 그의 아내의 처녀 적 이름이다. 이 사실이 아니었다면, 수많은 잔혹 행위와 박해, 고문, 살인으로 얼룩진 유럽 종교개혁의 역사에서 1544년의 체포와 처형 사건은 안타깝게도 주목받지 못했을 것이다.

유명한 지도 제작자를 말해 보라고 하면, 사람들은 대부분 헤르하르뒤스 메르카토르와 그의 이름이 새겨진 1569년의 세계지도에 나타난 투영법을 댈 것이다. 오늘날에도 여전히 세계지도에 사용되는 투영법이다. 우주형상학자, 지리학자, 철학자, 수학자, 도구 제작자, 판화가 등으로 다양하게 불리는 메르카토르는 유명한 지도 투영법을 발명했을 뿐 아니라 지도 모음집에 최초로 '아틀라스atlas'라는 용어를 사용했다. 그는 유럽 최초의 근대 지도로 꼽을 만한 지도를 만들었으며, 영향력에서 프톨레마이오스의《지리학》을 앞질렀고, 동판화 기술을 아름다움과 정교함에서 비할 데 없는 수준으로 끌어올려 목판 지도 제작을 효과적으로 대체했다. 우주형상학과 지도 제작이 그 어느 때보다 전문화된 덕에 메르카토르의 삶은 앞선 지도 제작자들보다 많이 알려졌다. 그는 훌륭한 전기를 남길 만한 거의 최초의 지도 제작자로 꼽히며, 그의 친구 발터 김^{Walter Ghim}은 메르카토르가 죽은 뒤인 1595년에 《메르카토르의 삶^{Vita Mercatoris}》을 출간했다. 메르카토르란 이름은 그가 만든 투영법과 동의어가 되기 시작했는데, 그 투영법은 유럽을 중심에 두고 아시아, 아프리카, 아메리카의 크기를 축소한 탓에 유럽 중심의 제국주의적 독점의 상징으로 부당하게 혹평을 받아 왔다.

　　사람들은 마르크스를 개조해 자기만의 지리학을 만들지만, 그것은 자유의지나 직접 선택한 환경에서 나온 것이 아니라 예전부터 내려온 주어진 환경에 맞닥뜨려 나온 것이다.[331] 이 공식은 이 책에 나온 많은 지도와 지도 제작자에게도 해당하지만, 특히 헤르하르뒤스 메르카토르의 삶과 업적에 더 직접적으로 해당한다. 메르카토르가 살았던 르네상스와 종교개혁의 시대는 개인을 중시하는 위대한 시대이자 조르조 바사리^{Giorgio Vasari}의 《가장 뛰어난 화가, 조각가, 건축가의 삶》(1550년)이 그렇듯 유명인의 삶을 조명한 전기가 다수 출간되기 시작한 시대이며, 자기가 속한 특정 환경에 적응하고 그 환경을 이용해 자신의 정체성을 예술적으로 형성하는 개인의 능력을 일컫는 '르네상스 자아 형성'의 시대였다. 개인이 자기주장을 펼 때면 교회나 국가 또는 가족 같은 조직의 공격과 한계에 부딪히기 마련이고, 사적이고 사회적인 자신의 존재를 기존 방식에서 벗어나 색다르게 묘사하면 그러한 조직이 기를 쓰고 금지하기 일쑤였다.[332] 16세기가 위대한 자아의 시대이자 동시에 종교적 충돌과 탄압이 극에 달한 시기여서, 교회와 국가는 사람들의 사고방식과 생활방식을 제한하면서 종교적, 정치적, 제국주의적 목표를 추구했다.

　　메르카토르의 이단 혐의는 지도 제작과 직접적 관련은 없었지만, 그가 우주형상학자이다 보니 필연적으로 창조와 하늘에 의문을 던

지게 되고 결국 가톨릭이든 루터교든 16세기의 정통 신앙과 충돌할 수
밖에 없었다. 마르틴 발트제뮐러와 마찬가지로 메르카토르도 자신을 우
주형상학자로 여겼다. 그는 자신이 하는 일을 "하늘과 땅을 통합하는 우
주 전체의 설계와 그 부분들의 위치, 운동, 질서를 연구하는 것"333으로
보았다. 우주형상학은 모든 지식의 기초이며 "자연철학의 모든 원리와
출발 가운데 일차적 가치"를 지닌다. 메르카토르는 우주형상학을 "거대
한 세계의 배치, 규모, 구성"을 분석하는 것으로 정의하고, 지도 제작은
그중 하나의 요소일 뿐이라고 생각했다.

　　우주형상학과 지리학에 이런 식으로 접근하다 보면 다름 아닌
창조의 기원을 연구하게 되는데, 메르카토르는 그것을 "우주의 시초이
자 가장 위대한 부분의 역사"이며, "이 체계[세계]의 최초의 기원이자
그 특정 부분들의 발생"이라 불렀다.334 원대한 야심이자 매우 위험할
수도 있는 야심이었다. 그리스인들도, 그리고 발트제뮐러 같은 후대의
지도 제작자들도 우주형상학과 지도 제작을 연구하면서 창조의 기원을
탐색하다 보면 종교의 금지명령과 마주쳤다. 그러나 16세기 중반이 되
면서는 그런 문제를 다루는 사람이라면 누구나 종교의 양쪽 분파에서
정의감이 넘치는 사람들의 분노를 살 위험을 감수해야 했다. 문제는 우
주형상학자는(그리고 결과적으로는 그의 독자도) 지구와 역사 전반을 훑었
고, 그러다 보니 신의 관점을 이용한다는 혐의를 받는다는 점이다. 신
성을 드러낼 때 필요한 자기 신뢰는 창조 앞에서 겸손을 강조하는 개혁
종교와 극명한 대조를 이루었다. 상황이 이렇다 보니 16세기 중반에 세
계지도를 만드는 우주형상학자들은 갈수록 대립하는 창조 사이에서, 즉
기독교의 창조와 메르카토르를 포함해 종교 당국에서 이단 혐의를 내
린 사람들이 말하는 창조 사이에서 입장을 밝히지 않기가 힘들었다. 종
교 당국은 세계가 어떻게 생겼는지, 그리고 결과적으로는 어떤 종류의
신이 세계를 창조했는지를 드러내는 지리적 관점을 제시하는 사람들을

빠짐없이 통제하려 들었다.

종교개혁은 메르카토르의 경력과 지도 제작에 지워지지 않는 흔적을 남겼다. 메르카토르는 1544년 이단 혐의를 받는 데 한몫했을 것으로 보이는 탁월하지만 경솔한 정치적, 종교적 지도를 여러 점 만든 뒤, 1569년에 지도 투영법을 내놓으면서 항해사들에게 지구를 가로질러 항해하는 획기적인 방법을 제시했다. 그러나 당시 종교 갈등의 맥락에서 보면, 그를 자극하고 상당수는 그를 직접 겨냥한 박해와 편협을 넘어 조화로운 우주형상학을 확립하리라는 이상적 욕구에서 그러한 지도가 나왔고, 그 우주형상학은 16세기 후반 유럽을 갈라놓을 기세도 심각했던 종교의 갈등을 비판했다. 메르카토르는 서로 경쟁하는 사회적 결정론과 자율적 자유의지 사이의 비좁은 공간에 발을 디딘 채, 그를 둘러싼 갈등을 초월해 지도 제작 역사상 가장 유명한 지도를 만들었다. 사람들은 흔히 그 지도가 유럽인의 우월의식에서 나왔다고 말하지만, 실제 동기는 그와는 사뭇 다르다.

메르카토르는 그의 지도처럼 국경과 경계로 정의되었다. 그는 긴 생애 동안 자신이 태어난 뤼펠몬데에서 반경 200킬로미터를 벗어난 적이 없었다. 뤼펠몬데는 동플랑드르에서 오늘날의 벨기에에 해당하는 지역의 스헬데 강가에 있는 작은 마을이다. 메르카토르는 1512년에 이곳에서 태어나 헤르하르뒤스 크레메르라는 이름으로 불렸다. 그가 활동한 이 지역은 (지금도) 유럽에서 인구밀도가 높기로 손꼽히는 곳이며, 다양성이나 예술적 창조성보다는 부족한 자원을 차지하려는 충돌과 경쟁으로 유명했다. 아버지(구두 수선공)와 어머니는 윌리히 공작령에 속한, 독일어를 쓰는 강겔트 마을 출신이었다. 라인 강변에 있는 유럽의 유서 깊은 대도시 쾰른에서 동쪽으로 100킬로미터 떨어진 곳이다. 강겔트 서쪽으로는 네덜란드어를 쓰는 플랑드르가 있고, 스헬데 강이 흐르는 유럽의 상업 중심지 안트베르펜이 있다. 메르카토르의 소년 시절을 지배한 지리 환경은 라인-뫼즈-스헬데로 이루어진 삼각 지대와 유럽의 이 거대한 세 강이 합류하는 지점에 자리 잡은 도시와 삶의 리듬이었다.

메르카토르가 자라면서 이곳의 자연지리는 인문지리의 변덕스럽고 절박한 요청에 따라 변해 갔다. 뤼펠몬데에서 북쪽으로 20킬로미터 정도 떨어진 안트베르펜은 저 멀리 신세계와 아시아에서 들어오는 물건을 밀거래하며 점차 부유해졌다. 라인 강 동쪽에서는 마르틴 루터가 기독교를 개혁하며 교황에게 도전하기 시작했는데, 이 움직임은 서쪽으로 빠르게 퍼져 저지대 국가에까지 이르렀다. 루터가 비텐베르그에서 교황의 면죄부 발행을 공개적으로 비난한 지 3년이 지나 비텐베르크에서 서쪽으로 600킬로미터, 메르카토르의 고향 뤼펠몬데에서 100킬로미터 떨어진 작은 도시 아헨에서 카를 5세가 독일 선제후選帝侯들에 의해 신성로마제국 황제로 선출되었다. 제국주의적 의도가 다분한 공격적 선언과도 같은 일이었다. 768년부터 프랑크의 왕을 역임하며 로마 이후 초기 기독교 황제 가운데 가장 위대한 인물로 꼽히는 샤를마뉴가 가장 좋아한 궁정이 있던 곳이 바로 아헨이다. 카를은 아헨을 대관식 장소로 선택해, 샤를마뉴를 따르겠다는 희망과 서쪽으로는 전통적으로 뫼즈 강까지 뻗은 신성로마제국의 지리적 경계를 확장하겠다는 욕심을 드러냈다. 이 대관식으로 카를은 옛 서로마제국의 황제뿐 아니라 카스티야, 아르곤, 저지대 국가의 국왕 지위를 부여받았지만, 가톨릭을 보호할 의무가 생기기도 했다. 카를은 종교적 책임과 제국주의적 야망 탓에 라인 강 동쪽의 여러 독일 공국에 사는 종교개혁가들과 심각한 충돌을 빚게 된다.

메르카토르의 이력은 둘로 나뉜다. 첫째는 저지대 국가의 마을과 도시에서 교육받고 일하던 초기 이력이다. 둘째는 1544년에 투옥된 이후 1552년부터 1594년에 사망하기까지 여생을 보낸, 오늘날 독일 서부의 클레베 공국에 있는 작은 마을인 뒤스부르크에서 지낸 이력이다.

지나고 보면, 그의 이력은 대단히 충격적이고 하마터면 목숨까지 잃을 뻔한 이단 혐의를 중심으로 나뉜다는 걸 알 수 있다. 당시 메르카토르가 무슨 생각을 했든 간에 그 계기가 되는 인식이나 태도는 초기 이력으로 거슬러 올라가고, 그 영향은 뒤스부르크에서 40년을 살면서 펴낸 지도와 지리책에 또렷이 나타난다.

메르카토르는 모범적인 인문 교육을 받았다. 처음에는 위대한 인문주의자 데시데리위스 에라스뮈스^Desiderius Erasmus(1466/9~1536년)를 배출한 스헤르토헨보스의 유럽 최고 중등학교 '흐로테 학교'에서 교육받았고, 그다음에는 규모와 명성에서 파리 다음가는 루뱅 대학에서 철학을 공부했다. 한 세대 앞서 마르틴 발트제뮐러 같은 학자들은 루뱅 대학이나 프라이부르크 대학 같은 곳에서 새로운 인문주의 학문을 흡수하고 아리스토텔레스 같은 사람들이 쓴 고전에 도전했지만, 메르카토르가 공부한 1520년대에는 그러한 지적 흥분이 정통 신앙으로 경직되었다. 그 결과 메르카토르가 철학을 배울 때는 이교도 철학자인 아리스토텔레스를 맹목적으로 따를 뿐, 기존 기독교의 믿음과 충돌할 수밖에 없는 그의 논리는 제대로 배우지 않았다.

메르카토르는 독일어 이름인 '크레메르(상인)'를 라틴식인 '메르카토르'로 바꾸는 등 평범한 인문주의적 성향을 따르는 듯했지만, 젊은 학자로서 대답보다 질문을 더 많이 품고 대학을 떠났던 것으로 보인다. 그가 추구한 인문학 연구는 새로운 개혁 신학에 부응하지도 못했고, 지리학 같은 학문에서 갈수록 절실히 요구되는 기술을 충족해 주지도 못했다. 지리학은 그가 창조를 신학적, 철학적, 실용적 차원에서 탐구할 때 그 수단으로 끌렸던 학문이다. 그는 키케로, 쿠인틸리아누스, 마르티아누스 카펠라, 마크로비우스, 보이티우스 같은 저자들의 책도 읽었지만, 프톨레마이오스와 로마의 지리학자 폼포니우스 멜라도 연구했다. 그러나 독실하지만 호기심 많은 젊은 메르카토르에게 여러 질문을 던진 사람은 아리스토텔레스였다. 아리스토텔레스는 우주의 영원성 그리고 시간과 물질의 변치 않는 속성을 믿었지만, 그것은 무에서 유를 창조한 성경의 가르침과는 맞지 않았다. 루뱅의 신학자들은 아리스토텔레스 주장의 세세한 부분을 대충 지나치면서, 변하는 지구와 고정된 하늘을 구별한 아리스토텔레스의 사고방식은 기독교의 생각과 일치한다고 우겼다. 지리학 연구는 계속 변했고, 포르투갈과 스페인이 신세계와 동남아시아로 항해를 떠나는 상황에서 세계를 클리마타, 즉 기후대로 나누는 아리스토텔레스의 세계관은 설 자리를 잃었다. 메르카토르는 훗날 이때를 회상하며, 그리스 사상가들과 루뱅의 신학자들 사이에 이처럼 타협할 수 없는 차이가 존재한 탓에 자신은 "모든 철학자들의 진실에 의문을 품게 됐다"[335]고 했다.

　　루뱅에서 감히 아리스토텔레스의 권위에 도전한 학생은 거의 없었다. 그것은 메르카토르도 마찬가지였다. 보잘것없는 집안에서 태어난 가난한 학생인 데다 네덜란드어를 쓰는 세계에서 독일어를 사용하고 이렇다 할 연줄도 없던 메르카토르는 사변적인 철학으로는 장래를 위한 이력을 쌓기 어렵다고 생각했을 게 분명하다. 발터 김은《메르카토르의 삶》에서, "그런 학문으로는 앞으로 수년 안에 가족을 부양할 수 없으리라는 게 분명해지자" 메르카토르는 "철학을 포기하고 천문학과 수학으로" 관심을 돌렸다고 회상했다.[336]

　　1533년까지 메르카토르는 안트베르펜에 머물면서 천문학과 수학을 연구하고 다양한 사람들을 만나기 시작했다. 메르카토르가 야심 찬 철학자에서 지리학자로 변신하는 모습을 지켜보게 될 이들은 플랑드르의 제1세대 지리학자들로, 마젤란의 항해 이후 지상의 세계를 지도뿐 아니라 지구본에 투영하려 한 사람들이다. 그중에서 특히 세 사람이 메르카토르에게 지리학이 추구하는 세 가지 가능성을 제시하게 된다. 첫 번째 인물은 루뱅에서 교육받고 메헬렌에 머물던 프란체스코회 수도사 프란시스쿠스 모나휘스^{Franciscus Monachus}다. 저지대 국가 최초로 (지금은 분실된) 지구본을 제작한 사람이다. 메헬렌 추밀원에서 쓰려고 만든 이 지구본에는 (몰루카와 관련해) 합스부르크의 지구본을 지지하는 소책자가 딸렸는데, 지금도 전해지는 이 책자에는 "프톨레마이오스와 다른 초기 지리학자들의 허튼소리를 반박하는"**337** 내용이 실렸다. 메르카토르는 헤마 프리시위스^{Gemma Frisius}에게도 기하학과 천문학을 배웠다. 루뱅에서 교육받은 명석한 수학자이자 도구 제작자이며 이미 지리학자로도 명성을 떨치고 있던 프리시위스는 지구본을 제작하고 토지 측량에서 괄목할 만한 진전을 이루고 있었다. 1533년에는 밍밍하고 특징 없는 저지대 국가를 가로지르며 반복적으로 토지를 측량하면서 개발한 삼각측량 사용에 관한 논문을 내놓았다. 프리시위스는 경도를 측정하는 새로운 방법도 개발했다. 그가 만든 지구본에 딸린 소책자에는 시계를 이용해 바다에서 경도를 측정하는 방법이 실렸다. 비록 그런 시계를 만드는 기술은 아직 초보 단계였지만, 시계를 이용한 경도 측정법을 제시하기는 처음이었다. 1530년대에 메르카르토에게 결정적 영향을 끼친 세 번째 인물은 루뱅에서 활동한 금세공인이자 판화가인 하스파르 판 데르 헤이던^{Gaspar van der Heyden}이다. 모나휘스와 프리시위스는 자신이 설계한 지구본을 만들고 새길 장인이 필요할 때면 헤이던의 작업실을 찾아갔고, 메르카토르가 지구본, 지도, 과학 기구를 만드는 실용적 기술뿐 아니라 동판화 제작술을 배운 곳도 바로 여기였다. 수도사와 수학자 그리고 금세공인. 이 세 사람과 이들의 천직은 메르카토르의 이후 경력에 결정적 영향을 미쳤다. 메르카토르는 모나휘스에게서 지리학과 우주형상학의 한계를 학문적으로 탐색하는 일과 종교적 삶을 결합할 수 있다는 것을 보았고, 프리시위스에게서는 우주형상학을 제대로 연구하려면 수학과 기하학에 통달해야 한다는 사실을 깨달았으며, 판 데르 헤이던에게서는 지도와 지구본 그리고 여러 도구의 최신 설계도를 보고 그것을 실물로 제작하는 기술을 익혔다.

메르카토르는 이처럼 이질적인 지식을 흡수하려고 애쓰는 사이에 자신이 누구보다 잘할 수 있는 기술 하나를 발견했다. 이탈리아 인문학에서 사용한 이탤릭체인 '챈서리chancery' 글꼴로 동판화를 제작하는 것이었다. 발트제뮐러 세대는 지도를 만들 때 목판에 고딕체 대문자를 이용했는데, 앞에서 보았듯이 각 글자가 공간을 많이 차지할뿐더러 반듯한 정사각형 글자는 볼품도 없고 다른 글꼴과 조화를 이루지도 못했다. 반면 메르카토르 세대의 인문학자들은 15세기에 이탈리아에서 개발한 로마 챈서리 글꼴을 쓰기 시작했다. 이 글꼴은 우아하면서도 구밀했으며 수학 규칙까지 있었다. 메르카토르는 이 글꼴을 동판에 새기는 기술을 빠르게 익혔다. 이 이탤릭체로 로마와 베네치아에서 인쇄한 지도가 안트베르펜의 인쇄업자와 서적 판매상 사이에서 유통되기 시작했고, 동판화의 장점을 알아본 일부 인쇄업자들은 지도에 이탤릭체를 시험적으로 넣어 보기 시작했다. 메르카토르는 자신이 선택한 분야에서 영향력을 발휘할 기회를 알아보았고, 그 기회를 놓치지 않았다.

동판화를 이용한 지도 제작은 금방 효력이 나타났다. 동판화는 지도와 지구본의 모양을 바꿔 놓았다. 눈에 거슬리는 고딕체와 목판을 인쇄할 때 생기는 넓은 여백이 사라지고, 그 자리에 아름답고 정교한 글꼴과 점묘법으로 묘사한 예술적인 바다와 육지가 들어왔다. 동판화는 고치기도 쉽고, 고친 흔적도 남지 않았다. 두어 시간 만에 동판을 문질러 다시 새길 수 있었는데, 목판에서는 불가능한 일이다. 동판인쇄 지도는 이전 지도와는 딴판이었다. 지도 제작자들은 이제 전문적인 지도 제작으로 자신을 표현하게(그리고 수정하게) 되었고, 메르카토르는 이 스타일 변화의 선두에 서 있었다. 1536년부터 1540년까지 고작 4년 사이에 메르카토르는 모나휘스, 프리시위스, 판 데르 헤이던의 성실한 학생에서 저지대 국가의 가장 존경받는 지리학자로 성장했다. 그가 이 중대한 시기에 제작한 지도 네 점에는 자기만의 독특한 지도 제작 형식을 개발하는 와중에도 자신의 지리 이상을 정의하려고 고심한 흔적이 나타난다. 이 네 개의 지도는 네 분야 즉 지구본, 종교지도, 세계지도, 그리고 마지막으로 플랑드르의 지역지도에서 하나씩 제작되었다.

메르카토르는 안트베르펜에서 겨우 일 년을 보낸 뒤 1534년에 루뱅으로 돌아갔고, 1536년에 지구본 제작에 참여했다. 그가 처음 세상에 선보이는 지도였다. 이 시대의 다른 많은 지구본처럼 이 지구본도 카를 5세 황제의 의뢰로 제작되었다. 이 작업에는 여러 사람이 공동으로 참여했는데, 프리시위스가 설계하고 판 데르 헤이던이 인쇄하고 메르카토르가 그만의 우아한 이탤릭체로 동판에 새겼다. 완성된 지구본은 카를 5세의 자문위원이자 합스부르크를 지지하는 《몰루카 제도De Moluccis Insulis》라는 논문을 쓴 막시밀리아누스 트란실바누스에게 헌정되었다. 이 지구본이 히베이루의 정치지리를 재현해 합스부르크의 몰루카 소유를 주장한 것은 그리 놀랍지 않다. 1535년 7월에 카를 5세가 오스만제국에게서 빼앗은 튀니스에는 합스부르크 제국의 독수리 깃발이 펄럭였으며, 당시 스페인의 신세계 정착도 표시되었다. 정치 문제가 얽히지 않은 지역(아시아와 아프리카 대부분)에서는 단순히 프톨레마이오스의 전통적 윤곽만 표시했을 뿐이다. 아메리카는 스페인 소유라고 충실하게 표시해 놓았지만 발트제뮐러의 1507년 지도와 마찬가지로 아시아와 분리해 표시했다. 메르카토르가 이 시기에 발트제뮐러의 지도를 보았던 게 분명하다. 이 지구본은 지구본 제작에 돈을 댄 사람들을 위해 전 세계에 뻗은 합스부르크 제국의 힘을 경축했지만, 학계에서 이 지구본의 의미는 정치적 내용이 아니라 그 형태에 있었다. 이 지구본은 최초로 동판 인쇄를 이용했고, 최초로 메르카토르의 이탤릭체를 사용했다. 이 글꼴은 하나의 지리적 관례로 자리 잡아 넓은 지역에는 대문자를, 특정 장소에는 로마체를, 서술에는 필기체를 사용했다.[338] 예전에는 볼 수 없었던

───── **그림 50**

성지를 표시한 헤르하르뒤스 메르카토르의 지도, 1538년. 루터의 지지자들이 만든 지도와
놀랍도록 비슷하다. → 448~449쪽 사이 컬러화보 참고

방식이며, 이 방식에는 메르카토르의 글꼴이 프리시위스의 정치지리학
만큼이나 큰 영향을 미쳤다.

처음 독자적으로 지도를 만들던 메르카토르는 정치지리에서 종
교로 눈을 돌렸다. 1538년 그는 성지를 그린 판화 벽지도를 발행했는
데, 제목에 따르면 "성경을 제대로 이해하기 위한"[339] 지도였다. 이 지도
덕에 그는 신학에 지속적으로 관심을 가질 수 있었을 뿐 아니라 절실히
필요했던 금전적 성공을 거둘 가능성도 보았다. 지역지도 가운데 성지
지도만큼 잘 팔리는 지도도 없었다. 메르카토르는 독일의 인문학자 야
코프 치글러가 5년 전에 스트라스부르에서 출간한 일련의 미완성 성지
지도를 참고했다. 성지의 역사적 지형을 부분적으로만 담은 지도다. 메
르카토르의 아름다운 판화 지도는 치글러의 지도를 최신 정보로 수정

하고 범위를 확장했으며 구약의 핵심 이야기 하나를 추가했다. 이스라엘 백성이 이집트를 빠져나와 가나안으로 향하는 탈출기다.

과거에도 성경에 나오는 장면을 지도에 옮긴 사례는 있었다. 〈헤리퍼드 마파문디〉를 비롯한 중세 마파문디 역시 탈출기를 비롯해 성경의 장면을 담았고, 프톨레마이오스의 초기 인쇄본도 성지를 그렸다. 그러나 루터 사상의 영향으로 지리상의 장소를 신학 안에서 새롭게 이해하려는 작업이 이루어졌다. 1520년대 이전에는 기독교 지도 제작자들이 해야 할 일이 분명했다. 하느님이 창조한 세계를 묘사하고 최후의 심판을 예상하는 일이다. 그러나 루터가 정통 기독교에 도전하면서 생긴 많은 결과 중 하나는 그렇게 창조된 세계의 지리에서 강조하는 내용이 과거와 달라졌다는 점이다. 루터교를 믿는 지도 제작자들은 더 이상 하느님을 중재를 통해서만 이해할 수 있는 멀리 떨어진 창조주라고 강조하지 않았다. 그들은 신의 섭리가 인간이 사는 지금 바로 여기에 나타나는 훨씬 더 사적인 하느님을 원했다. 그 결과 루터교가 진술하는 지리학은 창조를 폄하하고, 사도들의 기나긴 여정을 좇는 교회 역사를 가볍게 보면서, 하느님의 세계가 어떻게 움직이는지를 보여 주려는 성향이 있었다. 루터의 친구 필리프 멜란히톤Philipp Melanchthon은 1549년에 펴낸 《물리의 기원Initia doctrinae physicae》에서 이렇게 썼다.

> 이 웅장한 극장(하늘, 빛, 별, 지구)은 세계를 만들고 통치하는 하느님의 증거다. 누구라도 주변을 둘러보면 만물의 질서에서, 늘 움직이며 만물을 보존하고 보호하는 설계자 하느님을 알아볼 것이다. 우리는 하느님의 의지에 따라 과학을 연구하며 이 세계에서 하느님의 발자취를 따라가게 될 것이다.[340]

멜란히톤은 하느님을 창조주보다는 "세계를 만드는" 존재로 묘사했다.

하느님은 신성한 건축가이며, 인간이 과학을, 특히 지리학을 세심히 연구한다면 그의 손길을 알아볼 수 있다. 하느님이 세계를 통치하는 섭리는 성경 해설에서 벗어나 제국의 과학을 연구할 때 밝혀진다. 멜란히톤의 주장은 어쩌다 보니 훗날 종교에 회의적인 지리학자들과 지도 제작자들이 성경에 나오는 지리의 타당성에 의문을 제기하는 계기가 된다.

1530년대에 이르면서 이런 개혁 종교의 믿음은 이미 지도와 지도 제작자들에게 영향을 미치기 시작했고, 루터 성경에서 전적으로 새로운 지도 장르를 촉발했다.[341] 루터는 지리학을 멜란히톤보다 더 문자 그대로 받아들이면서, 자신은 이스라엘 백성의 "약속의 땅을 표시한 더 정확한 지도와 훌륭한 지리학"[342]을 원한다고 썼다. 그는 1522년에 직접 번역한 독일어 신약성서에 지도를 넣으려 했지만 마땅한 지도를 찾지 못했다. 그러다가 3년 뒤에 (스위스의 교회 개혁을 이끈 훌트리히 츠빙글리와 아주 가까운 사이인) 취리히의 인쇄공 흐리슈토프 프로샤우어가 루터 번역에 근거한 구약성서를 출간하면서 성경에 최초로 지도 삽화를 넣었다. 주제는 이집트 탈출이었다.

1526년에는 안트베르펜의 인쇄공 야코프 반 리스벨트가 이와 똑같은 지도를 최초의 네덜란드어 루터 성경에 복제해 수록했고, 적어도 두 명의 다른 지역 인쇄공이 메르카토르 지도가 발행되기 전에 다시 이 지도를 복제해 사용했다. 루터 성경에 사용된 이 모든 지도는 1520년대 초에 목판으로 인쇄된 루카스 크라나흐Lucas Cranach의 〈약속된 땅의 위치와 경계〉였다. 루터와 아주 가까운 사이인 크라나흐는 치글러와 마찬가지로 루터교로 개종하고 독일 종교개혁 때 왕성하게 활동한 유명한 인쇄공이었다. 탈출기를 지도에 옮기는 일은 루터와 그의 추종자들에게 신학적 의미가 각별했다. 이들은 스스로를 로마의 부패와 박해에서 탈출하는 현대판 이스라엘 백성으로 생각했기 때문이다. 루터는 탈출기가 하느님을 향한 충성과 개인의 신앙의 힘을 상징한다고 해석했고, 이

───── **그림 51**

루카스 크라나흐의 〈약속된 땅의 위치와 경계〉, 1520년대.

는 부활의 전조 또는 세례의 중요성을 상징한다고 보는 (〈헤리퍼드 마파문디〉에 나타나는) 전통적 해석과 대조를 이루었다.

루터 성경에 실린 지도는 성경 중에서 개혁 종교 가르침의 전형적 예로 삼을 만한 특정 장소와 이야기에 집중했다. 그 결과 에덴 지도와 가나안 분할, 그리스도 시대의 성지, 바울로와 사도들의 동지중해가 16세기 성경 지도의 약 80퍼센트를 차지했다.[343] 1549년에는 영국 인쇄공 레너 울프가 최초로 지도가 삽입된 신약성서를 발행하면서, 독자들에게 "우주형상학 지식"은 "성경을 제대로 읽는 데" 필수라고 했다. 울프는 사도 바울로의 여정을 지도에 묘사하며 말했다. "사도 바울로가 거쳐 간 길의 길이만 봐도 그가 하느님의 말씀을 전파하느라 아시아, 아프리카, 유럽 전역에서 얼마나 혹독한 여정을 거쳤는지 쉽게 알 수 있을지니."[344] 중세 지도가 세상의 종말을 예시했다면, 개혁 종교의 지도는 하느님의 섭리가 나타나는 눈에 보이는 흔적을 추적하는 데 관심을 두었다. 루터가 신학의 공식 교리보다 개인의 성서 읽기가 중요하다고 연신 강조하면서, 성서를 명확히 이해하는 법을 제시하는 지도는 성서 읽기의 중요한 부속물이 되었다. 지도는 독자들에게 성경에 나오는 사건의 글자 그대로의 진실을 좀 더 즉각적으로 체험하게 했고, 루터의(더러는 칼뱅의) 해석대로 성경을 읽게 했다.

1530년대 말에는 이미 탈출기를 그린 성지 지도가 루터파 지도 제작자들의 전유물이 되었다. 그렇다면 가톨릭교의 합스부르크와 가깝게 지내던 메르카토르가 그러한 지도의 지리민이 아니라 신학까지 드러내 놓고 모방한 이유는 무엇일까? 그는 지도 제목에서 지도를 만든 목적을 "구약과 신약을 제대로 이해하기 위해서"라고 했는데, 이는 전형적인 루터파의 목소리다. 그렇다면 메르카토르가 루터파에 공감했다는 뜻일까, 아니면 단순히 지도 제작의 새로운 방향을 제시한다는 흥분에 휩싸인 똑똑한 젊은 지도 제작자의 순진한 열정이었을까? 지도에서 종교를 농락하는 것은 치명적인 결과를 가져올 수 있는 위험한 짓이다. 스페인 학자 미카엘 세르베투스는 1530년대 내내 '이단' 출판 죄로 가톨릭과 신교 양쪽에서 여러 차례 유죄판결을 받았다. 그 출판물에는 성지 지도를 넣어 출간한 프톨레마이오스의 《지리학》(1535년)도 포함되었는데, 세르베투스는 이 지도에서 팔레스타인은 비옥한 땅이 아니라고 주장했다.[345] 그는 1553년 제네바에서 칼뱅파 사람들에게 화형에 처해졌다.

메르카토르가 처음 독자적으로 지도를 만들 때 그 잠재적 위험성을 눈치챈 흔적은 보이지 않는다. 그는 두 번째 지도를 만들기 시작했다. 수학 지식을 이용해 전 세계를 표시한 지도였다. 루터 신학과 더불어 뱃길을 이용한 지리 발견도 지도 제작에 영향을 미쳐 포르투갈, 스페인, 독일의 수많은 지도 제작자들이 이미 그러한 지리 발견을 지도에 기록해 두었다. (앞 장에서 살펴보았듯이) 1522년 마젤란의 세계 일주를 계기로 지구본에 대한 관심이 고조되었는데, 이는 지구를 점차 구형으로 인식한다는 뜻이자 통치자들이 전 세계의 통치권을 주장할 막강한 무기를 손에 쥐게 되었다는 뜻이었다. 그러나 지구본이 제작되면서 구형 지구를 평면에 투영하는 영원한 숙제가 뒤로 밀렸다. 지구를 빙 둘러 항해하려면 꼭 해결해야 하는 문제였고, 스페인과 포르투갈이 세계를 둘로 갈라놓은 당시 상황에서는 반드시 해결해야 하는 문제였다. 발트제뮐러는 프톨레마이오스의 투영법으로 돌아가 이 문제를 해결하려 했지만, 그 방법은 사람 사는 세계, 즉 오이쿠메네만 다룰 뿐 경도 360도와 위도 180도에 걸친 세계 전체를 다루지는 않았다. 메르카토르 같은 지도 제작자들은 이제 수학 규칙을 이용해 예전과는 전혀 다른 새 투영법을 만드는 과제에 직면했다.

지도 제작자들 앞에는 세 가지 선택이 놓였다. 하나는 위선을 직선으로, 자오선을 곡선으로 처리해 오이쿠메네를 둥글게 묘사한 모나휘스 방법을 응용해 반구를 하나 더 그리는 방법이다. 발트제뮐러와 프리시위스처럼 세계를 여럿으로 쪼갠 지구본 전개도를 만드는 방법도 있었다. 아니면 원통이나 원뿔 또는 직사각형 같은 기하학적 도형을 이용해 전체 지구를 납작한 평면에 투영할 수도 있었다. 세 방법 모두 단점이 있었다. 반구를 두 개 그린 지도와 지구본 전개도는 실용성을 고려하면 굉장히 커야 했다. 원통과 원뿔을 이용한 투영법은 크기나 모양 또는 방향 왜곡이 있었고, 이 문제는 프톨레마이오스와 그보다 앞선 티로스의 마리노스도 이미 오래전에 고민했다. 르네상스 시대의 지도 제작자들은 처음에는 이 두 가지 투영법을 수정해 사용했다. 그러나 새로운 대륙의 발견으로 기지 세계의 반경이 넓어지고 메르카토르 같은 지도 제작자들이 프리시위스 같은 수학자들과 그 어느 때보다 자주 접촉하면서, 지구를 표현하는 새로운 형태가 나타나기 시작했다. 세계는 타원형도 되었다가 사다리꼴도 되었다가 사인 곡선형도 되었다가 심지어

콘타리니, 1506년

라위스, 1507년

발트제뮐러, 1507년

로셀리, 1508년

마졸리(방위도법), 1511년

베르너(심장형), 1514년

그림 52

르네상스 시대의 다양한 투영법.

는 심장(하트) 모양도 되었다.[346] 16세기 말까지 지도에 사용한 투영법은 모두 열여섯 가지가 넘었다.

　　일단 형태를 선택하면 더 큰 문제에 가로막힌다. 기지 세계의 끝은 계속 변하는데, 그렇다면 그 세계의 지리적 중심은 어디일까? 세계지도는 어디에서 시작하고 어디에서 끝날까? 그 답은 그리스 천문학자들이 사용한 방위도법이라 알려진 오래된 투영법에 있을지도 모른다. 방위각은 구형 체계 안에서, 보통 (그리스인들과 훗날 메르카토르 같은 지도 제작자에게는) 우주 안에서 측정하는 각도를 뜻한다. 방위각 측정의 흔한 사례 하나는 지평을 기준면 삼아 별의 위치를 알아내는 것이다. 관찰자가 정북 방향을 알 때, 해당 별을 지평에 수직으로 투영한 지점과 정북 점 사이의 각도다. 방위도법은 이 기본적인 방법에서 출발해 방향 설정에 따라 각도를 체계적으로 정하는 것인데, 이때 중심점이 아닌 곳에서는 크기나 모양이 왜곡되지만 중심에서의 거리와 방향은 정확하다. 이 방법은 종류도 무척 다양하다. 임의의 두 점 또는 두 선 사이의 축척과 거리를 일정하게 유지하는 정거도법正距圖法, equidistant projection, 3차원 대상을 서로 다른 방향에서 그릴 수 있는 정사도법正射圖法, orthographic projection, 모든 대원大圓을 직선으로 표시하는 심사도법心射圖法, gnomonic projection, 지구본의 한 점에서 구체를 무한 평면에 투영하는 평사도법平射圖法, stereographic projection 등. 이름에서 알 수 있듯이 지도 제작자는 무엇을 강조하려는가에 따라, 그리고 결과적으로는 무엇을 축소하려는가에 따라 이 가운데 하나를 선택한다.

　　방위도법의 장점 하나는 적도나 극점 또는 지도 제작자의 필요에 따라 어떤 빗각도 기준이 될 수 있다는 점이다. 이 중에서도 극점을 기준으로 한 투영은 그즈음의 항해와 지리 발견을 새로운 시각으로 보여 주어 특히 인기가 높았고, 더불어 (북서 항로와 북동 항로를 찾기 위한) 북극 주변 탐사의 새 시대를 열었다. 극점을 지도 중심에 놓으면,

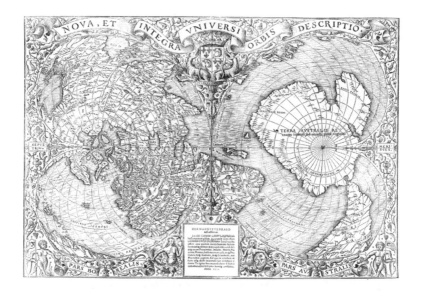

───── **그림 53**

메르카토르가 복제한 오롱스 피네의 〈이중 심장형 세계지도〉, 1531년. 주술적 종교와 개혁 종교를 믿은 피네를 비롯한 많은 지도 제작자들이 이 투영법을 택했다.

→ 448~449쪽 사이 컬러화보 참고

1494년의 토르데시야스조약 이후 지도 제작자들을 골치 아프게 한 동반구와 서반구의 소유권을 둘러싼 민감한 정치 문제를 피해 간다는 분명한 장점도 있었다.

　　두 개의 극점을 이용한 투영법 중 가장 독특한 세계지도는 프랑스의 수학자이자 점성술사이며 지도 제작자인 오롱스 피네^{Oronce Finé}가 1531년에 만든 세계지도다. 이 지도는 심장형 투영법을 수정하고 여기에 하트 모양이라는 참신한 혁신을 더했다. 피네 지도는 적도가 지도 가운데를 수직으로 지나면서 지도를 절반으로 나누고 왼쪽에 북극이, 오른쪽에 남극이 놓인다. 두 개의 바깥 원호는 적도를 나타내고, 지도 중심을 수평으로 지나는 중앙 경선에서 접한다. 메르카토르는 이 피네 지도를 바탕으로 최신 지리 발견을 더하고 약간의 수정을 거쳐 세계지도를 만들었다. (메르카토르가 "스페인에 정복되었다"고 생각한) 북아메리카는 아시아와는 떨어졌지만 남아메리카와는 붙었고, 처음으로 두 곳에 모두 '아메리카'라는 이름이 붙었다. 말레이 반도는 메르카토르가 이 지역을 표시한 히베이루 지도를 보았으리라는 추측을 뒷받침한다.[347]

하지만 이런 지리적 혁신 가운데 그 어느 것도 전형적인 하트 모양에 세계를 투영하는 독특함에 비할 바는 아니다. 이 투영법은 프톨레마이오스의 제2투영법을 실험하며 서서히 탄생했지만, 메르카토르는 지도를 규정하는 모양으로 하트를 선택하면서 다시 한 번 위험한 철학적, 신학적 모험을 시도했다. 하트형 세계는 외부의 물리적 세계를 형성하는 내면의 감정적 삶이라는 발상에서 나온 르네상스 시내의 흔한 은유였다. 이 은유는 한 세기 뒤에 존 던의 〈새아침The Good-Morrow〉이라는 시에도 나타난다. 시에 등장하는 연인은 사랑이라는 새로운 세계를 '발견'하는데, 이때 나타난 기발한 시각적 표현을 제대로 이해하려면 심장형 지도를 참고해야 한다.

> 해양 탐험가들일랑 새로운 세계로 가라 하고,
> 다른 이들일랑 지도에서 이 세계 저 세계를 보라 하고,
> 우리는 하나의 세계를 품자. 각자 하나씩. 그리고 둘이 하나가 되자.
>
> 당신 눈에 비친 내 얼굴, 내 눈에 비친 당신 얼굴,
> 그리고 참되고 소박한 마음은 그 얼굴에 깃든다.
> 이보다 더 좋은 두 개의 반구를 어디서 찾겠는가?
> 혹독한 북쪽이 없다면, 저무는 서쪽이 없다면.[348]

그러나 1530년대에는 심장형 지도 투영법이 당시 논란이 많은 신앙과 연관이 있었다. 멜란히톤 같은 루터파 신학자들은 심장을 인간의 감정이 자리한 곳으로 보았고, 따라서 성서 체험을 변형하는 중심지로 이해

했다. 루터교도들은 가톨릭의 심장 상징을 전용해, 책에(그리고 지도에) 그러한 상징이 나타나는 것을 심장, 즉 양심을 들여다보며 은총의 징표를 찾는 종교적 행위로 여겼다. 미물인 인간은 심장을 시험하고 해석할 뿐이며, '심장을 아는 자kardiognostes' 즉 오직 하느님만이 설명도 필요 없이 심장을 들여다보는 능력을 가졌다.[349]

우주형상학자들이 심장형 투영법을 채택한 것은 스토아철학과도 관련이 있다. 스토아철학은 인간의 세속적 영예 추구가 광대한 우주에 비춰 볼 때 헛되고 무의미하다고 여겼다. 이런 스토아식 우주형상학은 세네카, 키케로, 포세이도니오스, 스트라본 같은 로마 지자들에게 영향을 받은 것으로, 그것이 지리학으로 가장 분명하게 표현된 사례는 마크로비우스의 5세기 작품《스키피오의 꿈에 관하여》다(메르카토르는 루뱅에서 공부할 때 이 책을 읽은 게 분명하다). 이 작품에서 소ㅆ 스키피오 아프리카누스는 하늘로 올라가는 꿈을 꾸는데, 하늘에서 "지구가 아주 작게 보여, 지구 표면의 말하자면 한 점에 불과한 우리 [로마] 제국이 부끄러웠다"고 회상한다. 마크로비우스가 설명한 교훈은 이렇다. "우리 인종은 지구 전체의 극히 일부만을 차지해, 하늘과 비교하면 한 점에 불과"하고, 따라서 "인간의 명성이라고 해봤자" 로마제국이 점령한 "그 작은 부분에 미치는 게 고작이다."[350] 크리스티앙 자코브는 아우구스투스 시대에 스토아철학의 지리학적 위력을 설명하면서 이렇게 말한다. "[그러한 철학적 사고는] 카타스코포스kataskopos(감시관, 스파이 - 옮긴이) 활동이 널리 퍼졌다는 증거다. 세속적 지구 곳곳을 '위에서 내려다보면' 인간의 가치와 성취를 상대화할 뿐 아니라 지적인 관점을 갖게 되는데, 그것은 희미하게 깜빡이는 인간의 지식과 그 지식의 한계 너머에 있는 아름답고 질서 있는 세계를 알아볼 영적 시선이다."[351] 16세기 초에는 세계가 팽창하면서 종교를 둘러싼 갈등과 편협이 더욱 심해지고 제국은 힘과 영예를 추구하면서, 피네나 아브라함 오르텔리우스 또는 메르카토

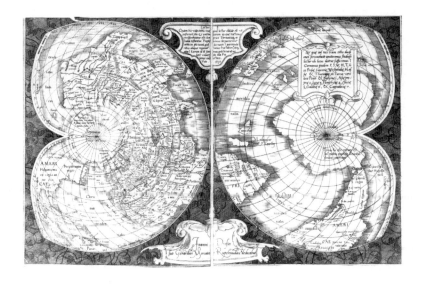

──── **그림 54**

메르카토르가 최초로 시도한 세계지도, 1538년. 이중 심장형(하트형) 투영법은 그가
시도한 여러 투영법 중 하나다. → 448~449쪽 사이 컬러화보 참고

르 같은 우주형상학자들은 스토아적 사색에 빠져 유럽이라 불리는 세
계의 "작은 부분"을 집어삼킬 듯한 편협과 편견에 대응해 개인과 우주
의 조화로운 관계를 고민했다.

　　16세기 전반에 하트형 지도를 만드는 것은 종교에 이의를 제기
하는 분명한 선언이었다. 이런 지도는 보는 사람에게 자신의 양심을 들
여다보며 스토아적 우주라는 넓은 맥락에서 생각하라고 종용했다. 그러
나 이처럼 '이교도' 철학과 노닥거리는 것을 가톨릭이나 신교 당국이 늘
환영한 것은 아니다. 오롱스 피네는 초자연적 철학 연구에 워낙 심취한
탓에 1523년에는 잠시 체포된 적도 있었다. 사실 16세기에 심장형 투영
법을 사용한 지도 제작자는 거의 다 신비주의적이고 개혁적인 성향을
가지고 있었다.[352] 메르카토르는 자신이 만든 세계지도를 성직자 친구
요안네스 드로시우스에게 헌정했는데, 6년 뒤에 드로시우스는 메르카

토르와 함께 이단 혐의를 받게 된다. 메르카토르가 수학과 철학, 신학에 기초해 개발한 투영법은 좋게 말하면 정통이 아니고, 나쁘게 말하면 이단이라고 해석될 수 있었다.

메르카토르가 다른 지도를 본떠 만든, 다소 독특한 그런 지도가 크게 성공하지 못한 것은 어쩌면 차라리 잘된 일이었다. 메르카토르는 그 지도를 두 번 다시 사용하지 않았고, 이후 출판물과 편지에도 그 지도를 언급조차 하지 않았다. 비교적 미숙할 때 만든 지도라 그 지도와 연관되지 않으려고 노심초사했을 가능성이 크다. 발터 김은 《메르카토르의 삶》에서 1538년에 만든 세계지도를 언급하지 않고 넘어가면서, 메르카토르가 16세기 초에 새롭게 성장한 지리 분야인 지역지도에 눈을 돌렸다고 기록했다. "그는 수많은 상인의 다급한 요청에 적극 응답해, 플랑드르 지도를 설계해 짧은 시간에 완성했다."³⁵³ 1540년에 완성한 이 지도는 메르카토르의 초기 지도 가운데 가장 인기 있는 지도가 되어 그 후 60년 동안 15쇄를 찍었다.

이 지도를 의뢰한 사람은 플랑드르 상인들인데, 이들은 합스부르크 통치에 도전하는 인상을 주는 기존의 플랑드르 지역지도를 대신할 지도를 원했다. 이보다 앞서 1538년에 피테르 판 데르 베커^Pieter van der Beke가 헨트에서 발행한 플랑드르 지도는 합스부르크의 전쟁 자금을 모으려는 헝가리 왕비 마리아의 시도에 대항한 플랑드르의 반란을 편들며, 이 지역의 합스부르크 통치를 노골적으로 거부했다. 이 지도는 헨트의 시 당국, 귀족 가문, 봉건적 권리를 줄줄이 언급하고, 합스부르크 통치에 반대해 플라망어인 '파트리^patrie' 즉 아버지의 나라, 조국이라는 전에 없던 개념에 호소했다.³⁵⁴ 1539년에 헨트가 반란에 휩싸이고 카를 5세가 군대를 동원해 시를 행진하자, 겁에 질린 상인들은 자신들이 할 수 있는 최선은 판 데르 베커 지도와 반대편에 선 지도를 만드는 것이라고 판단하고 메르카토르에게 지도 제작을 의뢰했다. 메르카토르가 지도

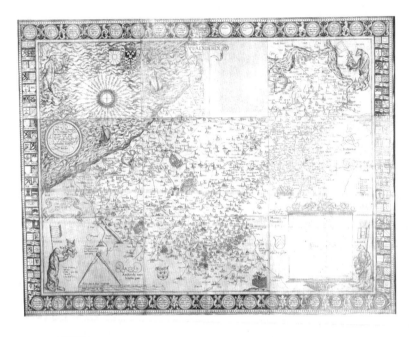

—— **그림 55**
메르카토르의 미완성 플랑드르 벽지도, 1539~1540년. 1540년 합스부르크의 헨트 점령을
막으려고 성급히 만들다 보니 일부가 미완성으로 남았다. → 448~449쪽 사이 컬러화보 참고

를 워낙 서둘러 마무리하는 바람에 설명이 들어갈 공간 하나가 텅 빈 채
남았지만, 그 외에는 판 데르 베커 지도에 담긴 애국적 내용을 모두 삭
제하고 합스부르크를 향한 플랑드르의 충성을 노골적으로 드러내더니
급기야 황제에게 충성을 약속한다. 황제는 지도가 완성될 무렵 시내로
진격해 왔다.[355] 그런데 이게 웬일, 효과가 없지 않은가. 카를은 1540년
2월에 독일 용병 3,000명을 이끌고 헨트로 들어와 반란 주모자를 참수
하고 상인조합에게서 상업 특권을 박탈하는가 하면 오래된 수도원과 도
시의 관문을 파괴했다. 황제는 헨트를 비롯한 플랑드르 도시에 메르카
토르나 그의 지도보다 훨씬 더 선명한 족적을 남긴 셈이다.[356]
　　그런데도 메르카토르의 플랑드르 지도는 무수한 재판본이 나올

정도로 상업적 성공을 거두었다. 이 지도로 메르카토르는 다시 한 번 카를 5세의 주목을 받게 되는데, 그의 오랜 대학 동창이자 이즈음 아라스 주교로 임명된 앙투안 페레노의 정치적 지원 덕이었다. 앙투안의 아버지 페레노 드 그랑벨은 카를 황제의 최고 자문위원이었다. 메르카토르는 이들의 후원으로 다시 지구본과 과학 기구를 만들기 시작했다. 그중에는 1541년에 완성해 그랑벨에게 헌사한 지구본도 있었는데, 앞서 프리시위스, 판 데르 헤이던과 공동으로 만든 지구본에 새 정보를 추가한 것이었다. 모든 일이 순조롭게 돌아가는 듯했다. 그는 아직 30대였고 대단히 존경받는 지리학자였으며 기구 제작자로도 차츰 명성을 쌓아 갔다. 그리고 1544년 겨울이 오고, 이단 색출이 시작되었다.

지나고 보면, 그리고 메르카토르가 훗날 종교에 관해 쓴 글을 보면, 그의 신앙은 단지 '루터교'였던 것이 아니라 그보다 훨씬 더 복잡했다는 걸 알 수 있다. 15세기 말부터 좀 더 내적이고 사적인 신앙이 북유럽 여러 도시의 식자층에 퍼졌다. 디아메이드 매컬로크^{Diarmaid} MacCulloch는 이렇게 주장했다. "[그들은] 종교의 감정 과잉이나 물질적인 부분을 촌스럽고 교양이 없다고 생각했고, 그런 종교를 보면 선심 쓰듯 대하거나 싫은 내색까지 하면서, 구원을 얻으려는 신자에게 의례나 종교적 성물 따위는 문자가 전달하는 내용보다 덜 중요하다고 보았다." 이런 신자들은 "영적인 사람"으로 알려졌고, 이들은 "종교 또는 신과의 접촉은 개인 안에서 일어난다고, 즉 하느님의 영혼은 인간의 영혼과 직접 접촉한다고 확신하는" 특징을 보였다.[357] 이들은 가톨릭 의례에 당연히 회의적이었고, 갈수록 이래라저래라 하는 루터의 가르침을 멀리했으며, 물론 칼뱅의 가르침도 기피했다. 메르카토르는 1576년에 의견이 분분한 성변화라는 주제로 사위에게 편지를 썼다. 성변화는 성찬의 빵과 포도주가 그리스도의 몸과 피라는 믿음인데, 루터교는 이를 그리스도와 신자들의 상징적 통합으로 여겼다. 메르카토르는 이렇게 썼다. "이 신비스러움은 아주 위대해서 사람들의 이해 수준을 넘어서지. 게다가 구원에 필수인 신앙 교리로도 헤아릴 수 없어. (……) 그러니 사람들이 그렇게 생각하도록 내버려 두면 그만이야. 독실하기만 하다면, 하느님 말씀을 거스르는 어떤 이단도 입에 올리지만 않는다면, 비난받아서는 안 된다고 나는 확신하네. 그리고 그런 사람이 있다고 공동체가 무너지기야 하겠나."**358** 이런 주장으로 미루어 볼 때, 가톨릭을 믿는 시골에서 자라고 훗날 루뱅에서 교육받으며 프리시위스나 에라스뮈스 같은 사상가들과 교류한 메르카토르는 개혁의 필요성을 인정하면서도 개인의 종교는 사적 영역이라는 개혁 이전의 확신을 가지고 있던 '영직인 사람'으로 간주되어야 옳다. 신앙은 (지도를 포함해) 그의 모든 출판물에 영향을 미쳤지만, 그것이 공개적인 신앙고백으로 간주되지는 않았다. 1520년대 초까지만 해도 그의 믿음은 눈에 띄지 않고 지나갔겠지만, 1544년에는 쉽게 이단으로 해석되었다.

　　가톨릭 왕가인 합스부르크가 종교 감시를 강화할 무렵, 정통을 벗어난 메르카토르의 믿음은 결국 그의 발목을 잡을 것이 뻔해 보였다. 이 외에도 그의 두 후원자인 카를 5세 황제와 윌리히클레베베르크의 공작 빌헬름 사이의 충돌도 그가 체포되는 계기가 되었다. 빌헬름은 1539년에 이 공작령에 취임해 오면서 저지대 국가 북동쪽 국경 지대에 있는 헬러 공작령을 물려받았는데, 이곳은 카를 황제가 합스부르크 통치권 안으로 끌어오려 했으나 여전히 통치 지역 밖에 놓인 곳이었다. 빌헬름은 독일의 루터교 공국들과 프랑스와 동맹을 맺고 1542년 여름에 저지대 국가로 진격해 들어갔다. 그리고 7월에 메르카토르의 제2의 고향인 루뱅을 포위했다. 카를은 이번에도 대규모 군대를 이끌고 스페인에서 돌아와야 했다. 프랑스의 반격이 시들해지자 카를은 윌리히 공작령을 공격했고, 빌헬름은 재빨리 항복했다. 1543년 9월, 빌헬름은 평화조약에 서명했다. 라인란트를 계속 소유하되 그 지역 종교를 가톨릭으로 유지해야 하며, 헬러 소유권은 포기하고 그곳 열일곱 주를 카를에게 넘겨야 한다는 내용이었다. 헬러는 나중에 네덜란드가 되는 지역이다.[359]

포위됐던 루뱅 시민들이 안도감을 느낀 것도 잠깐이었다. 이 사건으로 화들짝 놀란 카를의 여동생 마리아는 개혁 종교에 동조하는 낌새가 보이는 사람들을 체포하기 시작했다. 그리고 몇 달 지나지 않아 메르카토르도 체포되었다. 이단 혐의 내용은 지금도 애매하다. 현존하는 문건에는 메헬렌에 있는 프란체스코회 수사(아마도 모나휘스)에게 보낸 "의심스러운 편지"가 언급될 뿐이다. 어쩌면 이 편지에서 신학이나 지리학을 이야기했을지도 모른다. 메르카토르가 자신의 신앙을 직접 설명한 자료가 없는 상황에서 이단 혐의에 이렇다 할 근거가 있었는지는 영원히 미지수로 남을지도 모른다. 그런데 메르카토르를 체포한 자들은 그를 뤼펠몬데 성에 8개월 가까이 가둬 두었다. 다행히 그가 사는 지역의 신부와 루뱅 대학이 늦여름까지는 그를 석방해 달라고 탄원을 올렸다. 그리고 형 집행이 시작될 무렵 메르카토르는 돌연 석방되었고, 혐의도 모두 벗겨졌다.

메르카토르는 루뱅으로 돌아왔지만 그곳 분위기는 여느 때보다도 살벌했다. 투옥 오명은 계속 그를 따라다녔고, 1545년 11월에 인쇄공 야코프 반 리스벨트가 이단 출판물을 펴낸 죄로 처형되었다는 소식이 전해지면서 분위기는 더욱 험악해졌다. 그 후 수개월, 수년 동안 박해는 점점 심해졌고, 안트베르펜과 루뱅 같은 도시가 아무리 지적이고 범세계적인 도시라고 해도 우주형상학의 근원적 질문에 주목하는 영적 사상가들에게는 더 이상 안전한 곳이 아니었다.

떠나야 할 때가 분명했지만 메르카토르는 여전히 생계를 꾸려야 했다. 그 후 6년 동안 지도 한 장 남기지 못하고 묵묵히 카를 5세에게 바치는 소소한 제도 기구만 몇 개 만들었을 뿐이다(이 기구들은 1548년에 카를의 가톨릭 군대와 루터교 제후들의 슈말칼덴 동맹이 충돌하면서 파괴되었다).
메르카토르는 별을 보며 스토아철학적 명상에 빠져 지내기 시작했다.
마지막으로 지도를 출간한 지 10년이 지난 1551년 봄, 메르카토르는 앞
서 만든 지구본 옆에 놓아둘 천구의를 만들었다. 이 천구의는 루뱅에서
만든 마지막 작품이 된다. 그 뒤 일 년이 못 되어 전쟁과 반란이 이 지역
을 집어삼킬 듯 다시 거세게 일어나자 메르카토르는 마침내 이곳을 영
원히 떠나 라인 강변으로 돌아갔다.

　　메르카토르는 1544년에 투옥될 때 간접적으로 원인을 제공한
남자가 1552년에는 피신처를 마련해 주는 보은을 결코 이해하지 못했
을 것이다. 윌리히클레베베르크 공작 빌헬름은 카를 5세에게 수모를 당
한 뒤로 자신의 공작령으로 돌아가 자존심을 회복하고 건축, 학습, 교육
에 투자했다. 그는 윌리히와 뒤셀도르프에 있는 거처에 이탈리아식 궁
전을 설계했고, 뒤셀도르프에서 북쪽으로 30킬로미터 떨어진 뒤스부르
크에 대학을 세우기로 마음먹었다. 1551년에는 그곳으로 메르카토르를
초대했는데, 자세한 내용은 알려지지 않지만 그에게 우주형상학을 맡아
달라고 요청한 모양이다.[360] 빌헬름은 유럽의 대표적인 우주형상학자를
자신이 세운 학문의 중심지로 영입했을 때의 장점을 분명히 알고 있었
고, 메르카토르는 대학에 자리를 얻고 루뱅의 갑갑한 분위기를 벗어날
기회를 놓칠 수 없었다. 1552년 메르카토르는 뒤스부르크를 향해 200킬
로미터에 이르는 여정에 올랐고, 중간쯤에서 부모의 고향 강겔트도 지
났다. 뒤스부르크는 안트베르펜에 비해, 심지어 루뱅에 비해서도 작고
보잘것없는 마을이었지만 관용의 통치가 이루어지는 곳이었다. 로마는,
그리고 제네바까지도 갈수록 신학적 순응을 요구했지만 빌헬름 공작은
이를 거부하고 에라스뮈스가 추구한 '중도', 즉 신앙을 엄연히 사적인
영역으로 여기는 태도를 취했다.

　　점잖은 후원자의 보호에 안심한 메르카토르는 다시 지도를 만들

기 시작했다. 그 결과 1554년에는 열다섯 쪽짜리 거대한 벽지도를 발행했다. 최신 토지 측량법에 기초해 당시의 유럽을 묘사한 이 지도는 마침내 프톨레마이오스식 유럽 지형을 버리고 프톨레마이오스가 과장한 유럽의 크기를 9도 줄였다. 이 지도는 이때까지 그가 만든 지도 가운데 가장 큰 성공을 거둬 1566년 한 해에만 208장이 팔렸다. 발터 김은 "이제까지 나온 이와 비슷한 다른 어떤 지도보다 다양한 학자들에게서 칭송을 많이"[361] 이끌어 냈다며 찬사를 보냈다. 그리고 1564년에는 영국 제도를 담은 지도를 펴내 인기를 끌었는데, 이 지도가 인쇄된 해에 메르카토르는 빌헬름의 공식 우주형성학자로 임명되었다.[362]

메르카토르는 새 고향에서 자신감도 생기고 돈이나 신학 문제로 고민할 필요도 없어지자 마침내 신학과 전공을 살려 오래전부터 관심을 둔 일에 도전할 수 있었다. 그는 1540년대 중반에 대단히 야심 찬 우주형상학을 계획했었다. "하늘과 땅을 통합하는 우주 전체의 설계와 그 부분들의 위치, 운동, 질서를 연구"[363]하는 우주형상학이다. 여기에는 창조, 하늘, 땅 그리고 그가 말한 "우주의 시초이자 가장 위대한 부분의 역사"를 연구하는 것이 포함될 예정이었다. 다시 말해, 창조에서 시작하는 우주의 연대기다. 이 계획은 세계지도를 중심으로 실행되겠지만, 앞서 다른 지도를 본떠 만든 심장형 세계지도와 달리 이번에는 전혀 다른 방법으로 만들어 독특함 하나는 확실했다. 그러나 작업에 착수하기 전에 우선 자신이 제안한 세계의 연대기부터 완성해야 했다.

지리학과 연대학은 고대부터 역사의 두 핵으로 간주되었고, 이즈음의 지리 발견 항해로 둘 다 급진적으로 재평가받기 시작했다. 신세계와의 조우만으로도 기지 세계의 변화하는 공간을 이해하는 새로운 우주형상학이 필요했다. 그곳에 사는 사람들과 그곳의 역사는 기독교 연대학에 어려운 질문을 던졌다. 왜 그들은 성경에 언급되지 않았을까? 그들의 역사는 기독교의 창조 안에서 어떻게 평가되어야 하나? 특히 그들의 역사가 창조보다 앞서는 위협적인 순간은 어떻게 해야 하나? 16세기에 우주형상학과 연대학은 이처럼 당시 가장 논란이 많았던 문제에 답하는 핵심 수단이었다.

두 주제는 정통과는 거리를 둔 채 더러는 체제에 반대하는 명석한 사상가들에게 환영받았다. 많은 사람에게 우주형상학자는 지구를 응시하는 신성한 관점을 가졌고 우주의 구조와 기원을 알아보고 고민하는 사람으로 생각되었다. 그러나 바로 그 때문에 거만하다거나 오만불손하다는 비난뿐 아니라 이단 혐의마저 받을 수 있다는 걸 메르카토로도 잘 알고 있었다. 연대학도 그런 혐의를 완전히 피해 갈 수는 없었다. 역사적 사건을 제때 정리하고 사람들이 동의하는 시간 순서에 맞춰 배열하는 학문은 이미 고대부터 학자들을 매료했지만, 16세기에 들어서는 그런 연대순 배열의 실용적이고 도덕적인 가치가 학자들을 사로잡았다.[364] 메르카토르와 동시대에 살았던 점성술사 에라스뮈스 라인골트는 1549년에 이렇게 물었다. "만약 여러 해[年]의 순서를 알 수 없다면, 지금 우리 삶에 어떤 무질서가 생길까?"[365] 정확한 연대 기록이 없다면 어떻게 부활절을 제때 기념할 수 있을까? 정확한 시기를 알 수 없다면 예상되는 세계의 종말에 어떻게 대비할 수 있을까? 15세기 말부터는 좀 더 실용적인 차원에서 정확한 시계와 달력이 필요해졌다. 시계에 들어가는 기계식 탈진기(일정한 간격으로 톱니바퀴를 회전하는 장치 ─옮긴이)가 개발되면서 사람들은 새로운 시간 관념으로 일도 하고 기도도 했다. 그리고 그 어느 때보다 복잡한 연대기와 달력, 책력이 출간되어 이 신기술을 보완했다.

16세기 중반이 되자 사람들은 "현재의 무질서가 몰아낸 질서를 찾을 희망으로 연대기에 주목했다."[366] 그러나 그러한 희망과 두려움은 의심도 불러왔다. 메르카토르와 거의 동시대 사람인 가톨릭교도 장 보댕Jean Bodin(1530~1596년)과 위그노교도 조제프 스칼리제르Joseph

Scaliger(1540~1609년)는 성경에 나오는 창조 이야기와는 모순되는 고전 문헌을 기초로 방대하고 학문적인 연대기를 썼다. 스칼리제르는 사석에서 예수의 혈통부터 십자가형을 당하는 날짜에 이르기까지 걱정하지 않은 문제가 없었는데, 그러다가 연대기는 종교에 규정될 필요가 없다고 결론 내렸다. 이렇다 보니 연대학자나 우주형상학자 모두 도리 없이 가톨릭과 신교 당국의 주목을 받았다. 피네 같은 우주형상학자들뿐 아니라 보댕도 이단 혐의를 받았고 스칼리제르는 프랑스에서 종교 박해를 피해 도망쳤으며, 이들의 저서 상당수가 교황의 '금서 목록'에 올랐다.

메르카토르는 우주형상학자로서의 이력을 되살리고 연대학을 출발점 삼아 루뱅 대학 학생 시절부터 몰두한 주제인 우주의 기원과 창조에 관한 질문에 답하는 새로운 방법을 찾으려 했다. 다소 난해한 방법이었지만 연대학이라는 비법을 이용해 종말론적 현재를 좀 더 원대한 관점에 편입하면, 과거의 그리고 더 중요하게는 미래의 실체가 드러날지도 모를 일이었다. 그리고 메르카토르를 비롯한 많은 사람의 믿음처럼, 연대학은 임박한 종말론의 진실을 밝혀 줄지도 몰랐다. 메르카토르는 《연대기Chronologia》를 출간한 뒤에 친구에게 이렇게 썼다. "지금 벌어지는 전쟁은 요한의 묵시록 17장 끝에 언급된 '하늘의 군대' 중 하나가 분명해. 그곳에서는 양과 선민이 승리할 것이며, 교회는 과거 어느 때보다 번창할 거야."[367] 이 말이 개혁 종교의 지나친 로마 공격을 겨냥한 것인지는 명확하지 않지만, 메르카토르가 세계의 종말이 임박했으며 연대학은 그 정확한 날짜를 밝혀 주리라고 믿었던 것만은 분명하다.

1569년, 메르카토르의 《연대기》가 쾰른에서 출간되었다. 이 책은 성경과 일치하는 일관된 세계사를 기술하기 위해 바빌로니아, 히브리, 그리스, 로마의 방대한 자료를 참고했다.[368] 이 모든 자료와 그곳에 나온 다양한 시간을 인정하면서 연대기의 문제를 해결하기 위해 메르카토르가 쓴 해법은 기독교의 날짜를 그리스, 히브리, 이집트, 로마 달력과 비

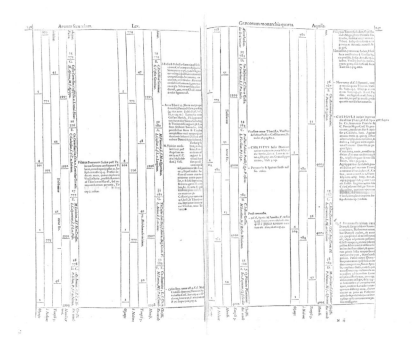

──── **그림 56**
메르카토르의 《연대기》의 한 부분, 1569년.

교하는 표를 만드는 것이었다. 이렇게 하면 독자들이 특정 순간을 잘라 그 단면에 나타난 세계사의 여러 순간을 비교하며 시간을 여행할 수 있다. 한 예로 147쪽에는 그리스도의 십자가형이 나오는데, 이해는 그리스 올림픽력으로 202기의 네 번째 해(올림픽이 시작된 기원전 776년부터 시작해 다음 올림픽이 개최되기까지의 4년을 1기로 계산한다 – 옮긴이), 이집트력으로 780년, 히브리력으로 예루살렘 성전이 세 번째 파괴된 이후 53년, 로마력으로 785년, 그리고 창조가 일어난 지 4,000년이 지난 해다.[369] 메르카토르가(그리고 다른 연대학자들도) 맞닥뜨린 문제는 창조가 일어난 때와 메시아가 온 때는 시간 차이가 있는데, 이 차이가 통일되지 않은 상황에서 어떻게 연도 계산을 하느냐는 것이었다. 그리스어로 된 구약성서는 두 사건이 5,200년의 간격을 두고 일어났다고 하고, 히브리어로 된 구약 성서는 그 간격이 4,000년이라고 주장했다. 다른 많은 연대학자들처럼 메르카토르도 히브리어 성서를 더 신뢰했고, 프톨레마이오스 같은 저자들의 고전 문헌을 바탕으로 그것을 약간 수정했다.[370]

메르카토르의 신학적 연대기는 그 후에 나온 스칼리제르 같은 연대학자들과 비교할 때 전통을 많이 따르는 편이었다. 비록 개혁 종교의 사건과 인물을 언급했다는 이유로 '금서 목록'에 오르기 했지만. 그러나 대단히 의미 있는 부분은 자료를 정리하는 방식이었다. 메르카토르는 역사에서 같은 시기에 일어난 사건들을 한 페이지에 나열할 때, 연대순을 정하고 양립할 수 없어 보이는 역사 정보를 조화시키기 위해 지도 제작자들이 구형 지구를 네모로 펴서 납작한 평면에 투영할 때 쓰는 방법을 이용했다.

메르카토르의 《연대기》는 그의 광범위한 우주형상학적 이상의 일부였으며, 연대학과 지리학 연구를 통합해 우발적이고 지상에 얽매인 행위들을 넘어서고자 했다. 그는 플라톤, 프톨레마이오스, 그리고 키케로의 '스키피오의 꿈'에 담긴 스토아철학에 영감을 받아 초월적이고 우주적인 시선을 받아들여, 지상에서 일어나는 사소한 갈등에는 무심한 채 저 위에서 세상을 내려다보았다.[371] 그리고 이는 메르카토르의 유명한 투영법이 담긴 세계지도가 탄생하는 직접적 배경이 되었다.《연대기》가 독자들에게 시간 여행을 가능케 했듯이 그의 세계지도는 지구 이곳저곳을 둘러보는 공간 여행의 기회를 제공했는데, 이를 위해서는 이번에도 지구를 납작한 평면으로 변형하는 우주형상학자의 손길이 필요했다. 메르카토르의 세계지도는 유럽을 중심에 놓아 유럽 문명화의 가치를 찬양한 것이 아니라 16세기 유럽의 신학 박해와 분열을 뛰어넘으려는 우주형상학의 일부였다. 다시 말해, 그의 세계지도는 유럽 중심주의를 과시하기보다 그러한 가치를 완곡히 거부하며 우주 공간과 시간을 가로지르는 거대하고 조화로운 그림을 제시한다.

《연대기》는 크게 성공하지 못했다. 메르카토르의 연대학자로서의 명성은 보잘것없었고, 《연대기》가 날짜와 사건을 전통적 방식으로 해석하다 보니 (비록 그 배열 형식은 독특했지만) 인기도 없고 비평가의 주목을 받지도 못했다. 사실 《연대기》는 10년이 넘는 집필 기간에도 불구하고 그의 지리 업적에 비해, 특히 그가 이제 곧 퍼낼 지도에 비해 쉽게 간과되곤 한다.

메르카토르는 《연대기》를 인쇄한 지 몇 달 지나 우주형상학 연속물의 다음 편을 내놓았다. 뒤스부르크에서 발행한 〈항해 용도로 제작한 개정 증보판 세계지도Nova et aucta orbis terrae descriptio ad usum navigantium emendate accommodata〉다. 메르카토르의 1569년 세계지도는 지리학 역사상 가장 영향력 있는 지도로 꼽히지만 가장 별난 지도이기도 했다. 이 시대 사람들은 규모로나 외형으로나 "항해 용도로 제작"되었다는 주장으로나 그런 이상한 물건을 받아들일 준비가 전혀 되어 있지 않은 상태였다. 하늘을 땅 위에 투영하는 데 관심을 둔 우주형상학자인 메르카토르는 지도를 제작하면서 정확한 항해라는 실용적 목적에 관심을 둔 적이 없었다. 그전에 제작한 유일한 세계지도인 1538년의 심장형 세계지도도 심장 신학에 매료되어 제작한 것이지 지구 항해를 고려한 것은 아니었다.

1569년 세계지도는 규모부터 엄청났다. 벽에 붙일 용도로 제작한 이 지도는 열여덟 쪽으로 나눠 새겼는데, 열여덟 쪽을 모두 붙이면 폭이 2미터가 넘고 높이는 1.3미터에 가까워 1507년에 제작한 발트제뮐러 지도와 비슷했다. 더욱 놀라운 점은 독특한 배치다. 언뜻 보면 세계지도 역사상 기념비적인 작품이라기보다 아직도 제작 중인 지도 같다. 테두리를 정교하고 화려하게 장식하고 그 안에 글이나 복잡한 도해를 담은 것들이 지도의 상당 부분을 차지한다. 발트제뮐러 지도에서

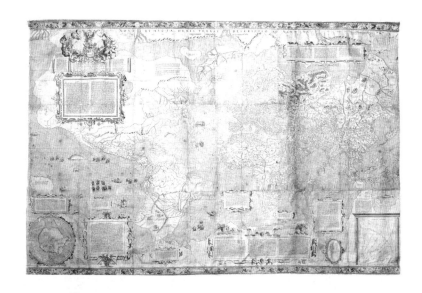

───── **그림 57**

메르카토르의 유명한 1569년 세계지도와 투영법. → 448~449쪽 사이 컬러화보 참고

는 자그마한 쐐기 모양 치즈 조각 같던 북아메리카가 '인디아 노바India Nova'라는 이름을 달고 거대한 지역에 뻗어 있는데, 그 북쪽 땅덩어리는 유럽과 아시아를 합친 것보다 더 넓다. 남아메리카는 남서쪽이 툭 튀어나온 알 수 없는 모양을 하고 있는데, 히베이루나 다른 지도 제작자들이 기다란 추처럼 묘사한 것과는 완전히 딴판이다. 유럽은 실제보다 두 배는 넓고, 아프리카는 이 시대의 다른 지도에서보다 작게 표현됐으며, 동남아시아는 모양과 크기를 과장했던 프톨레마이오스 지도를 보고 자란 사람에게는 식별이 불가능했다.

더 특이한 부분은 극지방이다. 지도 맨 위와 맨 아래에 좌우로 끊어지지 않고 이어진 극지방 묘사는 지구가 구형이라는 사실을 전혀 개의치 않는 모습이다. 지도가 이상하다 싶으면 맨 아래 왼쪽에 있는 설명을 참조하면 된다. 14세기에 옥스퍼드 주에 살던 '린의 니콜라'라 불린 수도사가 "마법 같은 기술"로 북극까지 여행했는데, 메르카토르는 그의 전설적인 여정을 참고해 북극 지역을 묘사했다는 설명이다. 메르카토르는 극지방이 둥근 땅덩어리로 되어 있다며 다음과 같이 결론 내렸다. "이 섬들 사이로 난 열아홉 개의 통로가 대양을 쪼개고 대양은 네 개의 바다 줄기를 형성한다. 이 바다가 땅덩어리를 쉼 없이 북쪽으로 옮기고 땅덩어리는 거기서 지구 내부로 깊이 흡수된다." 메르카토르는 이 땅덩어리 하나를 두고 이렇게 썼다. "여기에 피그미족이 사는데, 키가 고작 120센티미터 정도로 그린란드의 스크랠린저라 불리는 사람들과 비슷하다."[372]

지도의 세부를 보면 오래된 우주형상학 전통도 보이고 지리학을 수학으로 새롭게 이해한 흔적도 보이는데, 메르카토르의 신앙과 많이 닮았다. 아시아 묘사는 마르코 폴로의 여행을 참조했지만, 설명 글에는 바스쿠 다가마와 콜럼버스, 마젤란을 둘러싼 당시의 정치 계략도 자세히 적어 놓았다. 전설적인 기독교도 통치자 '사제 요한'의 존재에 관한 긴 여담도 있다. 더불어 프톨레마이오스가 묘사한 나일 강, 갠지스 강, 그리고 '황금 반도'의 위치를 정확하게 고쳐 놓았다. 그러나 아프리카와 아시아 곳곳에는 플리니우스가 언급했던 "서로를 잡아먹는 종족 사모예드", "입이 좁고 구운 살의 악취를 맡으며 사는 종족 페로사이트", "땅에서 황금 개미를 파내는 사람들"을 그대로 재현한다.

메르카토르의 지도는 우주형상학 연구가 극한까지 넓어졌음을 보여 준다. 이 지도는 전체를 바라보려는 우주형상학적 욕구에다 수학적 정확성을 갖춘 새로운 토지 측량술과 항해술을 통합하려는 시도로, 고대와 중세의 권위자들을 뒤돌아보는 동시에 앞을 바라보며 지리학의 새로운 구상을 받아들였다. 그러나 메르카토르가 여러 해 동안 지리학과 함께 연대학을 연구하면서 성취한 위대한 발견은 구형 지구를 평면에 옮기는 방법, 즉 이후 지도 제작을 탈바꿈시키고 우주형상학의 종말을 알리게 되는 수학적 투영법이다.

메르카토르는 지도에서 맞춤한 자리인 북아메리카에다 이 지역 대부분을 가려 버린 거대한 설명 글을 넣으면서, "세계지도를 만들며 우리는 세 가지를 고민했다"고 썼다. 이들은 "우주의 어느 부분이 고대 세계에 알려졌는지를 드러내어, 고대 지리학의 한계를 알리고 그 시대가 마땅히 받아야 할 영예를 돌려주고자" 했다. 그래서 고대 사람들에게, 특히 프톨레마이오스에게 그들 몫을 정중히 돌려준 뒤 퇴장하는 문으로 조용히 안내했다. 두 번째로, 메르카토르는 "장소 사이의 거리뿐 아니라 땅의 위치와 규모를 표현하되 가능한 한 진실에 가깝게 표현하려" 했다. 그러나 마지막이지 가장 중요한 그의 의도는 이렇다.

> 구면을 평면에 펼쳐 놓을 때, 여러 장소의 위치가 모든 면에서 서로 조화를 이루되 방향과 거리가 올바르고 위도와 경도가 정확해야 한다. 그런 다음, 여러 부분의 형태를 가능한 한 그대로 유지해 구면에 있듯 보이게 해야 한다.

여기에서 말한 메르카토르의 두 가지 목적은 기본 상식처럼 들린다. 사람들은 이제 세계지도라고 하면 으레 그곳에 나타난 지형적 특성이 지구본에 나타난 것과 같고, 방향과 거리가 정확하려니 생각한다. 그러나 30년 동안 지구본을 만든 메르카토르는 평면에서 그러한 특징이 그대로 유지되기는 불가능하다는 걸 알고 있었다. 16세기 중반의 지도 제작자들이 이 문제와 더불어 마주친 또 다른 문제는 넓은 지역을 표현하는 것은 대륙과 바다를 지구 위에 있는 상상의 점에서 내려다보듯 표현하고자 한 우주형상학자의 영역인 반면에, 방향과 거리는 거의 전적으로 넓은 바다를 항해하는 선박 조종사의 관심사이며 이들은 땅덩어리의 모양에는 거의 또는 아예 관심이 없다는 사실이었다.

16세기 이전에는 이런 것들이 문제가 되지 않았다. 우주형상학자는 고전적 이상을 추구하며, 기하학 원리를 막연하게 정의된 세계의 표면에 투영했다. 반면에 지중해에서 사용한 〈포르톨라노 해도〉는 아주 기본적인 항해 투영법이면 그만이었다. 이 해도가 다루는 부분은 지구 표면의 극히 일부였기 때문이다. 여기서는 교차하는 직선으로 이루어진 기하학적 망을 개발해, 한 지점에서 다른 지점으로 항해하는 데 이용했다. '항정선rhumb line'이라 알려진 선인데, 스페인어 rumbo(경로, 방향) 또는 그리스어 rhombus(마름모)에서 유래한 말이다. 직선 항정선은 지표면이 둥근 탓에 실제로는 곡선이었다. 그래서 항정선을 멀리 확장하면 왜곡이 생겨 조종사가 길을 잃지만, 지중해처럼 비교적 짧은 거리 안에서는 그 차이가 심각한 결과를 초래하지 않았다. 그러다가 포르투갈이 아프리카 해안을 따라, 그리고 대서양을 가로질러 장거리 항해를 시작하면서 문제가 되었고, 따라서 지구의 곡률을 고려한 직선 항정선을 써서 지도를 그려야 했다.

엄밀히 말해, 항정선은 나중에 수학자들이 '록소드롬loxodrome'(그리스어에서 '비스듬한'을 뜻하는 loxos와 '경로'를 뜻하는 dromos에서 유래했다)[373]이라 부르게 되는 선이다. 어원이 말해 주듯이 록소드롬, 즉 항정선은 모든 자오선을 같은 각도로 교차하는 일정한 방향의 사선이었다. 지구 표면을 가로질러 항해하는 방법에 항정선만 있는 것은 아니었다. 항해사는 전통적인 〈포르톨라노 해도〉식 직선 항해술을 이용할 수도 있었지만(그리고 많은 항해사들이 변화를 두려워해 수십 년 동안 이 방법을 이용했지만), 그 경우에는 지중해를 넘어가면 길을 잃고 우왕좌왕해서 항해를 계속할 수 없었다. 다른 방법으로는 대원大圓 항해가 있었다. 대원은 그 이름에서 알 수 있듯이 지구 둘레를 따라 그릴 수 있는 가장 큰 원으로, 대원을 지나는 평면은 지구 중심을 지난다. 적도와 자오선은 모두 대원이다. 대원 항해의 장점은 대원이 지구 표면에 있는 두 점을 지나는 최단 통로라는 점이다. 그러나 정확하게 적도나 자오선을 따라가며 한

───── **그림 58**
나선형 항정선.

지점에서 다른 지점으로 가는 항해로를 그리기란 불가능에 가까울 뿐만 아니라 기술적으로도 대단히 어려웠다. 둥근 호의 방향이 끊임없이 바뀌고, 조종사는 방향을 계속 조정해야 하기 때문이다.

항정선은 '중도', 즉 '중간 길'을 표현했다. 항해사들이 가장 흔히 택하는 방향인데, 특히 희망봉과 마젤란해협을 거쳐 동서로 비스듬히 항해하는 길이 16세기 유럽 뱃길 무역의 핵심이 되면서 더욱 그러했다(메르카토르 지도에 표현된 배들이 이용한 길도 그런 종류였다). 그러나 지구 표면에 긋는 항정선의 또 다른 복잡한 특징은 그것이 곡선일 뿐 아니라 그 선을 계속 따라가면 나선형 곡선을 이루면서 결국 극점에 가까워진다는 것이다. 자오선이 극점으로 수렴하기 때문이다. 나선형 항정선은 수학자들에게 매력적인 기하학적 특성이었지만, 항해사들에게는 그 나선을 직선으로 변형하는 일이 골칫거리였다. 메르카토르는 1541년에 지구본 표면에서 일련의 항정선을 따라가던 중 일찌감치 이 문제에 직면했다. 포르투갈의 우주형상학자들은 1530년대부터 이미 항정선을 언급했다. 대서양을 항해하는 조종사들이 점점 항로를 이탈하는 이유를 설명하면서다. 그러나 이들은 안타깝게도 항정선을 똑바로 펴서 평면에 정확하게 그리는 법을 찾지 못했다.

메르카토르는 독자들에게 전하는 글에서, 새로운 투영법의 핵심인 자오선 곡률 문제를 해결할 독창적 해법을 제안했다. 그는 "자오선은 지리학자들이 지금도 여전히 사용하지만 사실은 휘어지고 서로 수렴해서 항해에 사용하기에는 적합하지 않다"며, 그 이유를 이렇게 설명했다. "자오선은 극한으로 가면 위선에 비스듬하게 투사되기 때문에 지역의 형태와 위치를 심하게 왜곡해 알아볼 수도 없고 상대적 거리가 그대로 유지되지도 않는다." 그리고 다음과 같은 유명한 결론을 내린다. "바로 이런 이유로, 위선이 적도에서 멀어질수록 길이가 길어지는 것에 비례해 극으로 갈수록 위도 사이의 간격을 벌려놓았다." 그는 어떻게 이 결론에 도달했으며, 그 원리는 무엇이었을까?

메르카토르 도법은 지구를 원통에 투영하는 방법에 근거한다. 훗날 사람들은 지구를 풍선에 비유해 이 방법을 설명했다. 풍선을 원통에 꼭 맞게 집어넣어 풍선 지름, 즉 적도를 원통 지름과 일치시킨다. 이때 풍선을 더 부풀리면 둥근 표면이 원통 벽에 닿아 '직선'이 된다. 곡선인 자오선도 원통에 닿아 직선이 되고 위선도 마찬가지다. 이처럼 풍선을 계속 부풀려 원통 안을 채우면, 북극과 남극은 원통 벽에 절대 닿지 않은 채 자오선과 위선이 밖으로 무한히 뻗는다. 풍선의 자오선과 위선이 원통 벽에 찍힌다고 할 때, 이 원통을 펼치면 메르카토르 도법과 비슷한 사각형이 나타난다. 이 방식으로 메르카토르 도법의 개발 원리를 유추해 볼 수 있다. 메르카토르는 수십 년을 수학적이고 실용적인 지구본 개발에 매달리다가 지구본 표면을 적절히 변형해 납작한 지도에 옮기는 방법을 구상해 냈다. 우선 사과나 오렌지를 세로로 한쪽 잘라내듯 지구본 한쪽을 떼어내 보자. 그것을 종이에 옮겨 그리되, 적도에 나타난 자오선 사이의 간격을 맨 위와 맨 아래까지 그대로 유지한다. 그런 다음 (풍선 비유에서처럼) 위선을 늘여 직선이 된 자오선 사이를 메우면 좁고 긴 직사각형이 나온다. 이 방법을 지구본의 모든 조각에 적용해 여러 개의 직사각형을 만든 다음 모두 붙이면 평면 지도가 된다.[374]

이 방법으로도 북쪽과 남쪽 극단의 땅덩어리는 여전히 왜곡된다. 하지만 메르카토르가 위선 사이의 간격을 정확히 계산할 수만 있다면, 유일무이한 것을 성취하게 된다. 지도 제작자들이 '정형성正形性, conformality' 또는 '정각성正角性'이라 부르는 것으로, 지도의 어느 점에서도 위선과 경선의 각도가 정확하게 유지되는 성질이다. 이 두법으로 지도를 만들면 땅덩어리는 왜곡되더라도 항해사들은 지도 표면에 직선을 그을 수 있고 방위각을 일정하게만 유지하면 예정된 목적지에 도달할 수 있다. 메르카토르가 생각하기에 그런 지도를 만들려면, 자오선을 직선으로 펴고 위선 사이의 간격을 계산해 방위선을 직선으로 유지할 수 있어야 했다. 예를 들어, 적도에서 두 자오선 사이의 거리는 북위 60도를 지나는 위선에서 자오선 사이의 거리보다 두 배 길다. 자오선이 수렴하기 때문이다. 따라서 메르카토르는 북위 60도에서 위선 간격을 실제 길이의 두 배로 늘여, 빗각을 이루며 그곳을 지나는 선은 모두 직선이 되게 했다.[375] 다른 위선도 모두 같은 계산법을 적용해 간격을 조절했다.

메르카토르는 오늘날의 지도 제작자가 말하는 최초의 원통형 등장방等長方 정각도법을 만들었다. 지구를 원통으로 보고, 그 표면을 지나는 각도를 정확하게 유지하는 투영법이다. 물론 16세기의 선박 조종사들은 투영법의 이름 따위에는 전혀 관심이 없었다. 메르카토르의 방법은 자오선을 '직선'으로 펴서 자오선이 더 이상 극지방을 향해 안쪽으로 휘는 일 없이 위선에 수직이 되게 했고, 덕분에 조종사들은 이제 메르카토르 도법으로 항정선을 그릴 수 있게 되었다. 그리고 직선 항정선을 이용하면 한 지점에서 다른 지점으로 정확히 항해할 수 있어, 예전 해도에서처럼 나선형을 따라가다 길을 잃는 일이 없었다. 프톨레마이오스 시대부터 지도 제작자들이 줄곧 고민한, 전체 지구를 평면에 투영하는 문제를 비교적 단순하면서도 독창적으로 해결한 방법이었다. 메르카토르가 마침내 지리상의 원을 사각형으로 바꿔 놓은 것처럼 보였다. 지도를 영원히 바꿔 놓고 메르카토르에게 불멸의 명성을 안겨다 줄 결정적인 발견이었다.

　　그러나 메르카토르가 만든 세계를 얼핏 보기만 해도 이 투영법의 문제가 한눈에 들어온다. 풍선 비유가 보여 수듯이, 자오선이 한 점으로 수렴하지 않는 탓에 극지방은 무한대로 뻗어 항상 지도의 직사각형 틀을 벗어난다. 메르카토르가 작은 지도를 끼워 넣어 북극의 지형을 설명해야 했던 이유도 바로 이 때문이다. 극점에서 발생하는 수학적 왜곡도 고위도 지역 땅덩어리의 상대적 크기에 영향을 미쳐, 남극 대륙은 남반구의 다른 모든 대륙을 왜소하게 만들고, 그린란드는 실제로 남아메리카의 8분의 1에 불과한데도 거의 같은 크기로 나타난다. 반면에 유럽은 실제로 남아메리카의 절반에 불과하지만 두 배는 되어 보인다. 북쪽과 남쪽에서 위선을 연장해 긋는 방식도 장거리 항해에서 두 지점 사이의 거리를 왜곡한다. 하지만 당시에는, 특히 증기기관이 출현하기 전에는 시간이 얼마나 걸리는가보다 목적지에 확실히 도달하는 게 선박 조종사들에게는 더욱 중요했다.

　　여기에 한 가지 중요한 문제가 더 남았다. 메르카토르는 지도 제작자와 조종사들이 그의 투영법을 그대로 따라 그릴 수 있는 복제 가능한 수학 공식을 내놓지 못했다. 메르카토르 도법대로 위선과 자오선을 그리려면 삼각함수표가 있어야 하는데, 당시에는 삼각함수표를 만드는 데 필요한 로그와 적분 계산이 없었다. 메르카토르 도법이 이처럼 이론적 바탕이 없는 상태에서 나왔다는 점은 대단히 놀랍지만(그리고 여전히 수수께끼지만), 그 점 때문에 조종사들은 메르카토르 도법을 사용하기가 여전히 어려웠다. 1581년에 엘리자베스 1세 시대의 수학자 윌리엄 버러 William Borough는 메르카토르가 자신의 투영법을 설명한 것을 두고 이렇게 말했다. "극점으로 가면서 위도 간격을 늘여 놓았는데, 이런 방식은 바다에서 항해용으로 사용하기보다 육지에서 책을 읽어 가며 우주형상학을 연구하기에 더 제격이다."[376] 메르카토르는 수세기 전부터 내려온 항해용 지도 제작 문제를 효과적으로 해결했지만 그 원리를 설명하는 데는 놀랍도록 무관심했던 탓에, 곧바로 명성을 얻지도 못했고 명성을 오래 유지하지도 못했다. 메르카토르 도법은 수학적 설명이 없어 우주형상학자들의 학문적 연구 자료로만 머물렀다.

메르카토르는 지구 전체를 납작한 지도에 옮기는 오래된 난제를 풀고 항해에 적합하도록 정각성을 유지하는 방법을 개발할 만한 기초가 전혀 없어 보였다. 이때까지 그의 경력에서 가장 큰 업적은 1541년에 만든 지구본이었다. 지구본은 구형이라 지구의 곡률을 투영하는 데 아무 문제가 없었지만, 그 후 30년이 지나도록 그것을 납작한 지도에 옮기는 방법을 찾지 못했다. 그런데 재미있는 가능성이 하나 있다. 메르카토르는 《연대기》를 쓰느라 여러 사건을 시간에 따라 연결하면서 여러 해를 보내는 동안, 지구 공간에 있는 여러 장소를 납작한 지도 위에 서로 연결해 놓는 새로운 방법을 고안했다. 그는 1560년대 내내 연대기에 몰두하는 동시에 자료를 수집하고 투영법을 연구해, 마침내 1569년의 세계지도로 열매를 맺었다. 이 둘은 몇 달 간격으로 출간되었다. 메르카토르는 《연대기》에서 시간을 횡적으로 가로질러 읽고 서로 다른 시기에 일어난 종교적 사건을 살펴보는 방법을 제시했는데, 이를 새 투영법에도 그대로 적용해 항해사들이 하느님의 지구를 가로지를 때 항정선을 써서 부정확한 직선과 비현실적인 대원 사이의 '중간 길'을 택하게 했다. 이로써 《연대기》가 서로 다른 사건의 시간적 위치를 '정확히' 나열했

듯이, 새 투영법은 여러 장소의 공간적 위치를 '정확히' 연결했다.[377]

앞서 내놓은 성과물과 달리 메르카토르 지도에는 제국의 후원이나 종교적 귀속, 정치적 경계가 눈에 띄게 사라졌다. 독수리 문장도 없고, 유럽 통치자를 대신해 그들의 세계 지배를 옹호하며 멀리 떨어진 영토의 소유권을 표현한 곳도 없다. 이 지도는 지구를 항해하는 좀 더 정확한 방법을 제시하고, 그와 동시에 기독교 독자들에게 키케로와 마크로비우스의 스토아철학 원리에 기초한 영적 평화와 화합을 제시했다. 메르카토르는 사람들이 잘 읽지 않는 지도의 헌사에서 후원자 빌헬름 공작에게 경의를 표하지만, 그 자리를 빌려 진 세계 사람들과 국가를 우주적 조화의 이미지 안으로 끌어들인다. 이때 고대 신들을 불러내지만 그 신들은 전쟁, 기근, 종교적 충돌에 무심한 기독교 하느님의 영향 아래 놓인다.

행복한 국가, 행복한 왕국, 그곳에서는 유피테르의 고귀한 자손인 정의의 여신이 영원히 통치하고, 아스트라이아가 봉을 다시 움켜쥔 채 신성한 선량함과 손잡고 고개를 들어 하늘을 쳐다보며 최고 군주의 의지에 따라 만물을 통치하면서 불행한 인간들을 하느님의 유일한 절대 권력에 복종시키는 데 헌신하며 행복을 추구하고 (……) 그리고 선의 적이며 아케론 강을 요동치게 하는 불경스러움이 더러 음울한 무질서를 일으키기도 하지만, 공포는 감지되지 않는다. 세상 꼭대기에 계시는 선하디선한 하느님 아버지는 고개를 끄덕여 만물을 호령하시고, 하느님의 과업과 하느님의 왕국을 절대 버리지 않으실 것이다. 시민들은 현명한 통치가 이루어지는 이곳에 있을 때 복병을 겁내지 않고, 끔찍한 전쟁과 음울한 기근을 두려워하지 않으며, 아첨꾼의 쓸데없는 험담에서 핑계를 죄다 쓸어 버리고 (……) 부정직함은 경멸을 받아 엎드리고, 선량한 행동은 도처에서 우정을 낳고, 서로의 약속은 왕과 하느님을 섬기기에 마음을 다하는 사람들을 한데 묶는다.

메르카토르는 이처럼 지도에서 세상을 성찰하며 신앙에 관계없이 하느님에 대한 믿음의 '통치'를 받으면 폭동이나 갈등 그리고 세속적 영예를 추구하는 파괴적 행동은 덧없고 우주형상학적 관점에서 보면 무의미하다고 독자들을 일깨운다.

투영법을 이런 식으로 해석하는 것은 마치 항정선처럼 비스듬히 '에두른' 설명이라고 하면 적절하겠다. 그러나 메르카토르는 1540년대의 충격적 사건에 이어 다시 한 번 암호 같은 느낌과 불가사의한 상징의 세계에 빠져들었다. 오늘날에는 메르카토르 도법을 지지하는 사람이든 비난하는 사람이든 그 지도를 사심 없는 수학적 혁신이라 판단하면서 지도의 광범위한 신학적, 우주형상학적 배경은 메르카토르의 사적인 삶과 마찬가지로 비교적 부수적인 것으로 여긴다. 그러나 메르카토르의 이력을 보면 16세기 중반에는 과학과 역사를, 역사와 지리학을, 지리학과 우주형상학을, 우주형상학과 신학을 분리하기가 불가능했음을 알 수 있다. 메르카토르가 보기에, 만물은 서로 연결될 뿐 아니라 궁극적으로는 영적 권위에 복속되고, 그것은 하느님이 창조한 세계를 투영하는 행위를 비롯해 모든 것을 감독하는 설계자에 복속되었다.

메르카토르 도법은 메르카토르 살아생전에는 실패했다고도 볼 수 있다. 판매는 부진했고, 버러를 비롯한 많은 사람이 메르카토르가 투영법을 설명하지 못한 탓에 지도가 항해에 쓰이지 못하고 사실상 무용지물이 되었다고 불만을 토로했다. 그러다가 영국인 에드워드 라이트Edward Wright가 《항해에서의 명백한 실수Certaine Errors in Navigation》(1599년)에 일련의 수표數表를 싣고 나서야 비로소 선박 조종사들이 그 수표로 메르카토르 도법을 해석하게 되었고, 메르카토르 도법은 이때부터 17세기 내내 사용되었다.

메르카토르는 자신의 성취에 무심했던 모양이다. 그는 인생의 마지막 30년을 우주형상학 프로젝트에 매달렸고,《연대기》와 세계지도는 그중 일부일 뿐이다. 1578년에는 프톨레마이오스의《지리학》을 편집해 출간하면서 역사의 골동품으로 애정을 담아 프톨레마이오스의 지도를 재탄생시켰다. 고대 그리스 세계가 이해한 지구는 중요하지만 이제는 진부한 개념이었다. 이 편집본을 끝으로 프톨레마이오스가 동시대 지도 제작에 영향을 미치는 일은 더 이상 없었다. 이때부터 세계를 지도에 담으려는 지도 제작자들은 프톨레마이오스를 수성하고 보완하기보다 자기만의 방식을 개발하게 된다.

메르카토르는 우주형상학을 토대로 신학에 관한 글쓰기도 멈추지 않았다. 1592년에 출간한 복음서 연구 서적《복음서의 역사Evangelicae historiae》도 그중 하나다. 그리고 그가 1594년에 세상을 떠나고 약 일 년이 지나 그의 우주형상학의 절정이 세상에 나왔다.《아틀라스: 세계의 구조와 그 구조의 형태에 관한 우주형상학적 고찰Atlas sive cosmographicae meditationes de fabrica mundi et fabricati figura》(이하《아틀라스》)이 그것으로, '지도책' 즉 '아틀라스'를 제목에 처음 사용한 최초의 근대 지도책이다. 여기에는 세계의 여러 부분을 그린 지도 107점이 새로 실렸다. 그러나 1569년의 투영법을 적용한 세계지도가 빠졌는데, 그것은 메르카토르가 이 투영법의 과학적 혁신에 무관심했다는 또 하나의 증거다. 그 대신 그는 '이중 반구 평사도법'으로 세계를 묘사했다. 메르카토르는《아틀라스》에서 앞서 만든 세계지도의 지위를 우주형상학 안에서 조명한다. 그는 예전에 자신이 만든 유럽 지도와 1569년 세계지도에 실린 지리 정보를 이곳에 이용했다며 독자에게 우주형상학에 주목하라고 호소하면서, 우주형상학은 "교회 역사든 정치 역사든 모든 역사의 빛이며 한가한 구경꾼이 우주형상학에서 배우는 것이 (곧잘 하늘은 바꾸면서도 마음은 바꾸지 않는) 여행자가 길고, 번거롭고, 비싼 노동에서 배우는 것보다 많을 것"[378]이라고 말한다. 메르카토르는 로마 시인 호라티우스의 《서간집Epistles》에서 훗날 로마의 스토아 철학자 세네카도 인용했던 한 구절을 인용해 우주형상학의 진정한 가치를 강조한다. "지구상의 방위보다 영적 양심을 고민하라." 메르카토르는 스토아철학의 이 관점을 발전시켜, 독자들에게 이렇게 말한다. "그대에게 오직 일시적으로 주어진 거주지에서의 영예를 부지런히 고민하라. 시인 조지 뷰캐넌George Buchanan(1506~1582년)은 그곳을 천상의 영역과 비교하며, 지구상의 덧없는 일에 매몰된 영혼을 불러내어 더 고상하고 영원한 깃을 추구하는 길을 안내하고자 했다."[379] 조지 뷰캐넌은 국제적 명성을 얻은 스코틀랜드의 사학자이자 인문주의자이고, 루터교 동조자이며, 스코틀랜드 여왕 메리와 그 아들이자 훗날 잉글랜드 국왕이 되는 제임스 1세의 가정교사이고, 유명한 스토아 철학자였다. 메르카토르는 지구와 하늘을 지도에 담는 자신의 스토아철학적 접근법을 요약할 때 자신의 언어를 사용하기보다 곧잘 뷰캐넌의 시를 인용하곤 했다.

근사한 말을 동원해 우주에서 도려내어 자랑스레 우리 영역으로 삼은 곳이
우주에서 얼마나 작은 부분인지 깨달을지어다.
우리는 작은 땅 한 덩이를 두고 칼로 나누고,
피를 흘려 사들이고, 승리를 이끌어 낸다.
그 힘은 따로 떼어 놓고 보면 실로 대단하지만
별이 총총한 하늘 지붕과 비교하면
티끌 하나, 씨앗 하나에 불과한데
가르게투스의 노인[에피쿠로스]은 그 씨앗으로 무수한 세계를 창조하였다.

뷰캐넌은 누가 봐도 마크로비우스의 '스키피오의 꿈'을 떠올릴 이야기로 끝을 맺으며, 우주에서 이처럼 작은 부분에 사는 인류가 세속적 영예를 추구하는 것은 어리석은 짓이라고 말한다.

> 우주의 티끌만 한 곳에서 영예욕이 고개를 들고,
> 분노가 들끓고, 두려움이 번지고, 슬픔이 타오르고,
> 결핍이 칼로 부를 끌어오고 불과 독을 들고 매복한다.
> 그리고 인간사는 소란으로 요동치고 들끓는다![380]

메르카토르는 호라티우스, 세네카, 그리고 그들의 새로운 스토아철학 추종자인 뷰캐넌을 끌어들여, 개인에게 그 세대의 종교적, 정치적 불화를 멀리하는 동시에 초월하면서 더 큰 우주적 조화를 받아들여 영적 대피소를 찾으라고 권고한다. 오직 우주형상학만이 종교개혁의 신학적 갈등을 바라보는 올바른 관점을 제시하고, 그 갈등의 배타적 태도를 멀리하면서 좀 더 포용적인 관점으로 신성한 조화를 받아들이는 방법을 제시할 수 있었다.

16세기 말이 되면서 메르카토르의 혁신적 업적 중 상당 부분은 그다지 유명하지 않은 지리학자들 손에 좀 더 효과적으로 광고되거나, 지적으로 구식으로 보이기 시작하거나 둘 중 하나였다. 1583년에 스칼리제르의 더욱 포괄적인 저서 《시간 개량 연구De emendatione temporum》가 출간되자 메르카토르의 《연대기》는 곧바로 폐물이 되었다. 메르카토르보다 젊은 문하생 아브라함 오르텔리우스는 1570년에 이미 안트베르펜에서 세계지도를 담은 아틀라스를 출간했었다. 물론 제목은 《세계극장 Theatrum orbis terrarum》이었고, '아틀라스'라는 말을 사용하지는 않았다. 개신교의 재세례파와 연관을 맺은 '사랑의 가족'이라는 비주류 종교 집단에 속한 오르텔리우스는 《세계극장》에서 메르카토르보다 자유롭고 노

골적으로 스토아철학을 옹호하며 세계를 묘사했다(스페인의 펠리페 2세 군대가 1576년 11월에 안트베르펜을 무자비하게 약탈하고 약 7,000명을 학살하기 고작 6년 전의 일이다). 지도에서 화려하게 장식한 글 상자에는 평화와 화합을 강조하고 세속적 영예에 무관심한 우주형상학적 철학이 메르카토르보다 더욱 노골적으로 나타난다. 그는 세네카의 말을 인용해 이렇게 묻는다. "바로 이곳이 그토록 많은 국가가 칼과 불로 나눠 가진 곳인가? 인간이 만든 경계란 얼마나 어리석은가." 그리고 키케로의 수사적 질문도 있다. "눈앞에 늘 영원을 펼쳐 놓은 채 우주의 광대함을 꿰뚫는 존재에게 인간 세계에서 일어나는 일들이 어떻게 보이겠는가?"[381]

메르카토르의 《아틀라스》는 여전히 최초의 근대적 지도책이라 불릴 자격이 있다(오르텔리우스가 제한적이지만 영리하게 묶음으로 펴낸 지도책보다 훨씬 더 혁신적이다). 이 책이 확립한 지도 배치와 차례는 이후에 나오는 지도책의 본보기가 되었다. 책은 잘 팔렸고 제목도 결국에는 정착되었지만, 메르카토르는 자신의 기회를 알아보지 못했다. 땅은 그의 발밑에서 움직이고 있었고(태양 중심 우주를 주장하는 코페르니쿠스의 새 이론에 따르면 실제로 지구는 움직였다), 그의 우주형상학은 이 분야에서 최고 수준이었다. 그것은 마침내 프톨레마이오스의 《지리학》을 대체했지만, 프톨레마이오스의 영향력이 1,000년 넘게 지속된 반면 메르카토르의 우주형상학 저작이나 지도는 고작 다음 세기까지 가까스로 명맥을 유지하다가 프톨레마이오스의 저작처럼 역사의 골동품이 되었다. 그러나 1569년 세계지도만큼은 계속 살아남았다.

정치, 지식, 신학, 지리의 변화 속도는 그야말로 너무 빨라서 학자 한 사람이 설명하기에는 불가능했고 이른바 우주형상학의 위기까지 불러왔다. 양극화한 종교는 우주형상학이 마치 하느님처럼 세상을 바라보는 태도를 더 이상 용납하지 않으려 했다. 자연계를 표현하기가 워낙 복잡하다는 사실만으로도 더 이상 한 개인이 종합적이고 포괄적인 시야를 제공할 수는 없었다. 조반니 바티스타 라무시오, 리처드 해클루트, 테오도르 드 브리 같은 좀 더 근대적인 지식인들은 여행자들의 보고와 항해 기록을 수집하고 편집해 메르카토르 같은 우주형상학자 개인의 관점을 보충하기 시작했다. 저지대 국가의 요도퀴스 혼디위스나 빌럼 블라외, 프랑스의 카시니 가문 같은 후대의 지리학자들은 왕실로 들어가 국가 재정으로 학자, 측량사, 인쇄공으로 이루어진 대규모 집단을 고용해 대를 이어 가며 지구본과 지도책을 만들었다. 우주형상학은 별개의 여러 작업으로 세분화되었고, 우주형상학의 신학적, 도덕적 위력은 수학과 역학에 자리를 내주었다.[382]

이 세분화를 발전으로 보는 사람도 있지만, 세속적 갈등과 배타적 태도를 뛰어넘어 더 큰 틀에서 세속적이고 종교적인 공간을 바라보던 지도 제작 능력이 쇠퇴했다는 뜻이기도 했다. 데이비드 하비는 안타까운 심정으로 지적했다. "모든 것을 공간과 우주의 관점에서 이해하던 르네상스 지리학 전통이 밀려났다." 우주형상학이 점점 시들어 사라지면서, 지리학은 "본격적으로 활동을 시작해 제국을 관리하고, 토지 사용과 영토권을 지도에 담아 계획하고, 사업과 국가 행정에 유용한 자료를 모으고 분석해야 했다."[383] 그러나 메르카토르의 우주형상학이 빠르게 퇴물이 된 반면, 우주형상학적 관심에서 나온 그의 투영법은 새로운 지리학의 핵심이 되었다. 그곳에 담긴 수학 원리는 국민국가와 유럽의 점점 늘어나는 식민지를 측량하기에 제격이었다. 영국 해군의 공식 해도와 영국 토지측량부Ordnance Survey가 메르카토르 도법을 채택했고, 우주형상학의 반전 격으로 미국 항공우주국NASA은 이 도법으로 태양계의 다양한 부분을 지도에 옮겼다. 위대한 우주형상학자 메르카토르도 이를 승인했을 것이 분명하다.

메르카토르는 자기만의 지리학을 만들었지만, 자유의지로 한 일은 아니었다. 지금은 유명해진 그의 투영법을 기초로 한 1569년 세계지도는 어떤 힘이 아주 특별하게 연속적으로 작용해 탄생했고, 이 때문에 그는 우주형상학을 우주에서 차지하는 개인의 위치를 더욱 관대하고 조화로운 시각으로 바라보는 학문적 훈련으로 상상하게 되었다. 이러한 시각은 결국 계속 유지되지 못하고 우주형상학의 몰락을 재촉했을 뿐이다. 그러나 1569년의 투영법은 계속 살아남게 되는데, 그 투영법이 탄생한 배경은 하느님의 지구에서 유럽이 애초에 다른 지역보다 뛰어나다는 우월 의식이 아니라 유럽 문명화에 나타난 종교적 배타성이었다

8 돈

요안 블라외의
《대아틀라스》,
1662년

암스테르담,
1655년

_____

1655년 7월 29일, 암스테르담의 새 시청사가 공식적으
로 문을 열고 시의원과 고위 관리들이 참석한 가운데
연회를 열었다. 네덜란드 건축가 야코프 판 캄펀이 설
계하고 완공하기까지 7년이 걸린 이 건물은 17세기 네
덜란드 공화국이 기획한 건축 가운데 최대 규모였다.
판 캄펀의 목적은 포로 로마노에 견줄 만한 건물을 지
어 암스테르담이 근대 초 유럽의 새로운 정치적, 상업
적 중심지로 떠올랐음을 선포하는 것이었다. 저명한
학자이자 외교관인 콘스탄테인 하위헌스는 연회에서
새 건물에 헌정하는 시를 낭송하며, 시의원들을 "세계
8대 불가사의의 설립자들"[384]이라 칭송했다.

　　이 건물에서 가장 흥미로운 혁신이자 가장 경이
로운 부분은 건물의 심장부인 거대한 뷔르헤르잘, 즉
시민 홀에 있다. 시민 홀은 가로 46미터, 세로 19미터,
높이 28미터로, 당시의 시민 공간 중에서 지지대를 사
용하지 않은 것으로는 가장 넓은 공간이었다. 이 홀은
15, 16세기의 뛰어난 르네상스 왕궁들과 달리 모든 이

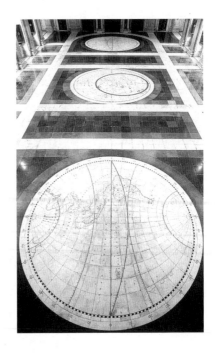

―――― **그림 59**
암스테르담 시청 바닥에 새겨진
세 개의 반구, 1655년.
요안 블라외의 세계지도(1648년)를
기초로 제작했다.
→ 448~449쪽 사이 컬러화보 참고

에게 개방되었다. 이곳이 앞서 지은 기념비적인 공간들과 다른 점은 또
있다. 이 홀의 주된 장식은 태피스트리나 그림을 이용한 벽장식이 아니
라 반들반들한 대리석 바닥에 새긴 세 개의 지구본 그림이라는 점이다.

방문객이 홀 안으로 들어오면 가장 먼저 지구의 서반구가 보이
고, 두 번째로 북쪽 하늘을 묘사한 반구가, 세 번째로 지구의 동반구가
보인다. 앞서 제작한 많은 지도는 벽에 걸거나 책에 싣거나 소유자가 감
춰 두거나 했지만, 이 지도는 시민 홀의 대리석 바닥에 정교하게 새겨
모든 사람이 볼 수 있게 했다. 암스테르담 시민은 상당수가 직간접적으
로 장거리 바다 여행을 경험했는데, 그런 이들이 이제는 지구를 가로질
러 걸어가는 신선한 체험을 하게 됐다. 세계가 암스테르담으로 들어온
듯했다. 자신감이 넘친 네덜란드 시민들은 암스테르담을 구태여 대리석
반구의 가운데 놓을 필요조차 느끼지 못했다. 이들에게는 암스테르담이

곧 세상의 중심이었다.

시민 홀 바닥에 반구를 새긴 이는 네덜란드 화가 미힐 코만스였지만, 원작은 지도 제작 역사상 아마도 가장 위대한, 그리고 분명 가장 영향력 있는 네덜란드 지도 제작자 요안 블라외Joan Blaeu(1598~1673년)가 이보다 7년 전에 제작한 세계지도다. 동판 21장을 이어 붙여 인쇄한 블라외의 거대한 세계지도는 폭이 2미터가 넘고 높이가 3미터에 가깝다. 이 지도는 똑같은 반구 두 개를 그렸는데, 투영법이 괴상하고 서쪽 대륙과 남쪽 대륙을 추측으로 그렸던 메르카토르의 1569년 세계지도와는 눈에 띄게 닮았다. 블라외는 메르카토르와 달리 기관에 소속된 지도 제작자의 신분을 활용할 줄 알았다. 그는 1638년부터 네덜란드 동인도회사의 공식 지도 제작자로 활동했다. 그 덕에 네덜란드가 상업적 목적으로 유럽의 서쪽과 동쪽을 50년 넘게 항해한 기록뿐만 아니라 인도와 그 너머의 항로를 추적한 선박 조종사들의 최신 지도와 해도까지 누구보다 자유롭게 열람할 수 있었다. 그렇다 보니 남아메리카 남단과 뉴질랜드Zeelandia Nova를 정확하게 묘사할 수 있었다. 이 지도는 오스트레일리아('1644년에 발견한 신홀란트Hollandia Nova detecta 1644'로 표기) 서해안과 (1642년 12월에 유럽인으로는 처음으로 이 섬에 도착해 공식 소유권을 주장한 아벌 얀스존 타스만의 이름을 딴) 태즈메이니아를 표시한 최초의 세계지도이기도 하다.[385]

그러나 블라외가 이 지도를 제작한 또 다른 이유는 특별한 정치적 사건을 축하하기 위해서였다. 지도는 페냐란다의 백작 돈 가스파로 데 브라카몬테 이 구스만에게 헌정되었다. 베스트팔렌조약을 체결해 30년전쟁(1618~1648년)과 80년전쟁을 끝낸 외교 협상에서 스페인 대표단을 이끌었던 사람이다. (네덜란드 독립전쟁이라고도 알려진) 80년전쟁은 스페인과 그 속령 사이에서 일어난 전쟁으로, 이 속령이 결국 '연합주'로 탄생한다. 베스트팔렌조약은 오늘날의 네덜란드에 해당하는 북부의

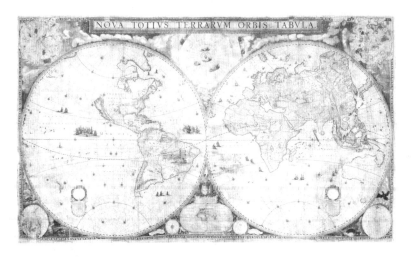

그림 60

요안 블라외의 세계지도, 1648년. 네덜란드 공화국의 독립과 동인도회사의
세계적 야망을 예찬한다. 지동설을 바탕으로 한 최초의 세계지도다. 지도 제목 바로 아래,
즉 두 개의 반구가 만나는 부분 위에 '코페르니쿠스 가설'이라는 이름이 붙은 태양계에서
지구가 태양 주위를 도는 모습이 표현되었다. → 448~449쪽 사이 컬러화보 참고

(신교가 대부분인) 공화국 주를 오늘날의 벨기에에 해당하는 (전통적으로
스페인이 지배한) 남부 지역에서 분리해 독립을 인정하고 이곳의 다수를
차지하는 칼뱅주의자들에게 종교적 표현의 자유를 부여했다. 이렇게 탄
생한 네덜란드 공화국은 암스테르담에 본부를 둔 동인도회사를 중심으
로 상업 세계의 핵심으로 성장했다. 블라외의 지도는 영악하게도 정치
독립을 한껏 축하했고, 조약 비준 직후에 네덜란드가 해상무역을 독점
하리라고 예견했다.[386]

블라외의 1648년 지도는 이 책에 실린 지도 가운데 근대적인 세
계지도라고 한눈에 알아볼 수 있는 첫 지도가 아닐까 싶다. 비록 태평양
은 형태가 모호하고 오스트레일리아 해안선은 불완전하지만, 히베이루
의 그리다 만 듯한 지도나 메르카토르 도법보다는 친숙해 보인다. 그동
안 지리 정보를 꾸준히 축적한 덕에 17세기 중반에는 유럽의 지도 제작

자들이 세계의 모양에 어느 정도 합의를 이루었기 때문이다. 하지만 블라외의 지도에 삽입된 여섯 개의 그림을 자세히 들여다보면, 이 지도는 단지 유럽에 새로운 평화의 시대가 오고 세계의 모양이 표준화된 것을 축하하는 데 그치지 않는다. 지도 맨 위 왼쪽과 오른쪽 귀퉁이에는 천구의 북반구와 남반구를 그려 놓았다. 이 두 그림 사이에, 그러니까 지도의 라틴어 제목 중 'terrarum' 바로 아래에 그림이 또 하나 있다. 니콜라우스 코페르니쿠스의 태양중심설에 따라 태양 주위를 도는 지구의 모습을 그린 태양계다. 처음에는 그리스가, 다음에는 기독교계가 수세기 동안 믿어온 지구 중심 우주를 뒤엎는 설이다. 이보다 고자 한 세기 앞선 1543년에 코페르니쿠스의 획기적인 저서 《천구의 회전에 관하여》가 처음 인쇄되었지만, 혁명적인 태양중심설을 최초로 세계지도에 옮긴 사람은 블라외였다. 이 점을 강조하려는 듯, 지도 맨 아래에는 1490년처럼 보이는 세계지도가 가운데에, 프톨레마이오스의 우주를 묘사한 그림이 왼쪽에, 그리고 그와 대조되는 위대한 덴마크 천문학자 튀코 브라헤의 '지구태양중심geo-heliocentric' 우주 도해(1588년 첫 출간)가 오른쪽에 있다.

시의원들은 블라외의 1648년 세계지도를 시민 홀 바닥에 재현하면서, 사람들의 시선을 의식해 세계를 아주 새로운 모습으로 창조했다. 유럽 르네상스의 종말을 알리는 신호였다. 이들은 새로운 지도에만 돈을 쓴 게 아니라 지구가, 그리고 결과적으로는 인류가 더 이상 우주의 중심에 놓이지 않는 세계의 새로운 철학에도 돈을 썼다. 그런 세계에서는 지리학과 지도 제작이 국가기관과 국가의 상업 조직 안에서 학문으로 제도화되어 연구되는데, 네덜란드에서 그런 기관 또는 조직이란 곧 동인도회사를 뜻했다.

네덜란드 동인도회사는 무역 관행을 바꾸고 일반 대중이 상업 활동에 자금을 지원하는 방식을 바꿔 놓았다. 이사 열일곱 명으로 구성된 '헤이렌 17'이 회사를 관리하면서, 회사를 회의소 여섯 개로 나눠 열일곱 개 주에서 활동했다. 주식회사인 동인도회사는 네덜란드 시민에게 투자 기회를 주고 나중에 이윤을 가져갈 수 있게 했다. 이 제안은 대단히 매력적이어서, 1602년에 암스테르담 회의소는 인구가 고작 5만인 이 도시에서 1,000명이 넘는 투자자를 끌어들였다. 초기 투자의 수익 배당률은 평균 20퍼센트가 넘었고, 일반 공모는 액수가 640만 휠던에서 시작해 1660년에는 4,000만 휠던이 넘었다. 네덜란드 동인도회사의 방식은 유럽에서 상업 혁명을 일으키면서, 위험 부담을 낮추고 전에 없던 방식으로 무역 독점을 장려했다.[387]

장거리 무역의 재정 조달 방법이 이처럼 바뀌지 지도의 기능도 크게 바뀌었다. 포르투갈과 스페인 제국은 항로를 찾는 장비로 자국의 상업적 위상을 다졌고, '무역의 집' 같은 기구를 만들어 그 장비들을 표준화하려 했다. 그러나 해외 활동이 다 그랬듯, 이런 활동도 왕국 정부가 관리했다. 이들은 지도도 변함없이 손으로 그려서 만들었다. 유통을 제한하려는 헛된 의도 탓도 있었지만, 15세기 말부터 북유럽에서 일어난 대규모 인쇄 산업이 이베리아 반도에서는 아직 발달하지 않은 탓도 있었다. 1590년대에 네덜란드에 설립된 영리회사들은 경쟁 상대인 스페인이나 포르투갈보다 자금과 인력이 부족했지만, 경험이 풍부하고 검증된 화가, 판화가, 학자들에 의지해 지도, 해도, 지구본, 지도책에 관한 최신 지리 정보를 수집해 분석했다. 발트제뮐러, 메르카토르, 오르텔리우스 같은 지도 제작자들은 신뢰할 만하고 보기에도 좋은 지도를 공개 시장에서 원하는 사람 누구에게나 팔아 지도 제작을 수익성 있는 사업으로 일찌감치 변화시켰다. 네덜란드의 영리회사들은 이러한 발전을 기회로 삼아 지도 제작자들을 고용해, 상업 활동을 하면서 이 장소에서 저 장소로 이동하는 가장 안전하고 빠르고 수익성 있는 길을 알려 주는 해도와 지도를 만들었다. 지도 제작자들을 집단으로 꾸려, 정보를 표준화하고 상업적 협동과 경쟁을 부추긴 것도 의미 있는 일이었다.

그 결과 1590년대 초까지 네덜란드의 다양한 지도 제작자들은 영리회사에 해외 무역 발전에 도움이 될 지도를 공급하느라 경쟁을 벌였다. 1592년, 네덜란드 공화국에서 선출된 주 대표로 구성된 입법부인 의회는 지도 제작자 코르넬리스 클라에스Cornelis Claesz(1551년경~1609년)에게 12년 동안 다양한 해도와 벽지도를 팔 수 있는 특권을 부여했고, 그는 1휠던짜리 유럽 지도부터 8휠던짜리 동인도 지도와 서인도 지도 묶음집까지 다양한 지도를 팔았다. 1602년에는 지도 제작자 아우후스테인 로바에르트Augustijn Robaert가 동인도회사에 해도를 공급하기 시작했는데, 새로 발견한 지역을 모두 표시한 지도 한 장에 무려 75휠던을 받기도 했다.[388] 지도는 차츰 수익이 짭짤한 상품이 되었고, 지도 제작자는 지도를 필요로 하는 회사에 소속되어 일하기 시작했다. 지도로 돈을 벌기 시작한, 새롭게 떠오른 재능 있는 신세대 지도 제작자들은 서로 협력하기도 했지만, 더러는 새로운 영리회사에게서, 그리고 동인도회사 같은 조직에 속하지 않은 상인이나 선박 조종사에게서 후원을 받으려고 서로 경쟁하기도 했다. 페트뤼스 플란시위스Petrus Plancius, 코르넬리스 두츠Cornelis Doetsz, 아드리안 페인Adriaen Veen, 요한 밥티스타 프린트 Johan Baptista Vrient, 대* 요도쿠스 혼디위스Jodocus Hondius the Elder는 개인뿐 아니라 동인도회사에 그들이 원하는 지도와 해도, 지도책, 지구본을 제작해 팔았다. 지도는 이제 특정한 상업적 목적에 따라 재생산되고 거래되었다.[389] 포르투갈은 근대적 지도를 만드는 과학 기술을 진작 도입했지만, 그것을 산업화한 것은 네덜란드였다.

새로 나온 네덜란드 지도에는 멀리 떨어진 영토의 가장자리가 더 이상 희미하게 처리되는 일이 없었고, 세계의 변방이 되도록 피해야 하는 괴기한 인종으로 가득한 두렵고 불가사의한 장소도 아니었다. 페트뤼스 플란시위스의 몰루카 지도(1592년)를 비롯해 많은 지도가 세계의 경계와 가장자리를 명확히 규정하고 경제적 이용 가치가 있는 장소

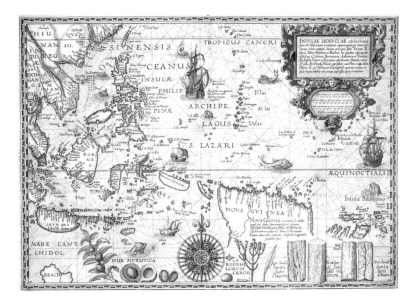

—— **그림 61**

페트뤼스 플란시위스의 몰루카 지도, 1592년. 이 지역에서 거래된 상품에 대한 네덜란드의 관심이 드러난다. 지도 밑에 육두구, 정향, 백단이 보인다. → 448~449쪽 사이 컬러화보 참고

를 표시하면서 지역을 시장과 원료에 따라, 주민들을 상업적 이해관계에 따라 표시했다. 지구 구석구석이 지도에 표시되었고, 상업적 가능성에 따라 평가되었다. 새로운 세계는 새로운 돈벌이 수단이라는 척도로 규정되기 시작했다.

　　이 시대의 관심사를 표현한 세계지도는 블라외의 1648년 지도처럼 바닥에 깔려 있거나 벽에 붙어 있지 않았다. 그보다는 책에, 더 정확히는 지도책에 들어 있었다. 1648년 지도는 블라외가 17세기의 위대한 저작인 방대한 지도책을 준비하며 만든 여러 지도 중 하나일 뿐이다. 1662년에 출간한《대아틀라스: 블라외의 우주형상학Atlas maior sive cosmographia Blaviana》(이하《대아틀라스》)이 그것인데, "이제까지 출간된 지도책 가운데 가장 위대하고 섬세하다"³⁹⁰는 평가를 받았다. 크기와 규

모만 따져도 앞선 세대인 오르텔리우스와 메르카토르의 지도를 비롯해 당시 유통되던 모든 지도를 앞질렀다. 진정한 바로크 창작물인 셈이다. 초판본은 열한 권으로 구성되었는데, 라틴어 글 3,368쪽에다 권두 삽화가 스물한 점, 그리고 지도가 자그마치 594점이 들어가 열한 권이 총 4,608쪽에 이른다. 그리고 1660년대 내내 프랑스어, 네덜란드어, 스페인어, 독일어 판본이 나오면서 지도와 글이 계속 더해졌다. 《대아틀라스》가 세계 지리 정보를 최신으로만 실은 것은 아니었지만 가장 포괄적이며 지도책의 형식을 확립한 것은 분명해서, 세계와 여러 지역의 형태와 규모를 표준화해 보급하는 원동력이 되었다. 마지막으로 15세기 말 프톨레마이오스의 《지리학》이 처음 인쇄판으로 나온 이래 지도 제작자들이 수십 년간 시도했으나 실패한 일을 성취해 냈다. 세계를 책으로 (이 경우에는 여러 권으로) 엮은 것인데, 이 점에서는 이후로도 가히 독보적이다.

　　《대아틀라스》 탄생에는 네덜란드에서 출현한 칼뱅 문화가 한몫했다. 물질적 부를 추구하고 획득하는 행위를 칭송하면서 동시에 부를 소유하고 소비하는 행위를 부끄러워하고 두려워하는 문화인데, 사학자 사이먼 샤마Simon Schama는 이를 "풍요의 당혹스러움"[391]이라는 유명한 말로 묘사했다. 이 외에 미술사가 스베틀라나 알퍼스Svetlana Alpers가 "묘사의 예술"이라 부른 네덜란드식 시각 전통도 《대아틀라스》 탄생에 기여했다. 이는 개인과 사물과 장소를 있는 그대로 관찰하고 기록하고 규정하려는 충동으로, 대상을 도덕이나 상징과 연관 지어 묘사하는 이탈리아 르네상스 예술과 구분되는 방식이다.[392] 그러나 《대아틀라스》 탄생의 자세한 내막과 이 책을 유럽 최고의 지리 지도책으로 만들기까지 17세기 전체를 통틀어 블라외 가문이 기울인 노력을 살펴보면, 이 책에 얽힌 다양한 배경이 드러난다. 그것은 넓은 우주에서 지구가 차지하는 위치를 과학적으로 새롭게 조명하는 과정에서 일어난 종교 갈등, 지식

——— **그림 62**
요안 블라외의 《대아틀라스》에
실린 권두 삽화, 1662년.
→ 448~449쪽 사이 컬러화보 참고

경쟁, 상업 혁신, 재정 투자에 관한 이야기다. 그 결과로 네덜란드 문화
와 사회에서 지리학의 역할과 지도 제작자의 지위가 차츰 달리 인식되
기 시작했는데, 클라에스와 플란시위스 같은 인물이 그 기초를 놓고 블
라외 가문이 기초를 굳게 다진 결과다. 지도 제작자들은 갈수록 특정 기
관에 소속되어 일하기 시작했고, 그러면서 전에 없던 정치적 영향력과
부를 소유하게 되었다. 그 대표적인 경우가 블라외 가문이었다.

블라외는 3대에 걸쳐 지도를 제작한 가문으로, 요안 블라외의 아
버지 빌럼 얀스존 블라외^{Willem Janszoon Blaeu}(1571~1638년)에서 시작해 요
안의 아들 요안 2세^{Joan II}(1650~1712년)까지 이어졌다. 이 가문의 중심인
물인 요안 블라외는 아버지와 협력해 가업을 세웠는데, 이 가업은 그 후
그의 세 아들인 빌럼^{Willem}(1635~1701년), 피터르^{Pieter}(1637~1706년), 요
안 2세의 손으로 넘어가면서 기울기 시작했다. 블라외 가문은 네덜란드
의 지도 제작을 독점하다시피 했지만, 동인도회사가 1703년을 끝으로

지도에 블라외 가문의 이름을 더 이상 새기지 않으면서 이 가업도 막을 내렸다.[393]

《대아틀라스》의 출발점은 요안의 아버지 빌럼의 탁월한 이력이다. 암스테르담에서 북쪽으로 약 40킬로미터 떨어진 알크마르 또는 아위트헤이스트에서 태어난 빌럼 얀스존은 할아버지의 애칭인 '블라우에 빌럼'('파란 빌럼'이란 뜻)에서 '블라외'를 따와 성으로 썼고, 지도에 이 성으로 서명을 한 것은 1621년부터다.[394] 돈은 많았지만 특별히 내세울 것은 없었던 상인 집안에서 태어난 빌럼은 동네 청어 가게에서 점원으로 일하기 시작했다. 그러나 야심 있고 수학에 재능이 있던 그는 곧 일을 그만두고 1596년에 벤(덴마크와 스웨덴 사이에 있는 섬)으로 가 튀코 브라헤 밑에서 공부했다. 브라헤는 당시 혁신적이고 존경받는 천문학자로 손꼽히던 인물로, 1576년 벤에 천문 관측 연구소를 세우고 그 시대에 가장 정확한 행성 관측을 실시했다. 그 결과 지구 중심 태양계를 수정한 모델을 만들어 다소 거만하게 '튀코계'라 불렀다. 프톨레마이오스의 천동설과 코페르니쿠스의 지동설의 중간 입장을 선택한 튀코는 지구는 여전히 우주의 중심이고 달과 태양은 지구 주위를 돌지만 다른 행성은 태양을 돈다는 식의 절충안을 내놓았다.

블라외가 벤 섬에 머문 시기는 고작 수개월이지만, 브라헤를 도와 천문을 관측하면서 천체우주형상학과 지도 제작의 기본 기술을 배운 것으로 보인다.[395] 블라외는 브라헤 밑에서 이후 삶에 유용하게 써먹을 실용적 기술을 익히기도 했지만, 프톨레마이오스의 지구 중심 우주를 회의적으로 바라보는 시선도 물려받았다. 그 후 몇 년 동안 그는 브라헤의 가장 유명한 제자인 요하네스 케플러^{Johannes Kepler}가 개발한 새로운 태양 중심 모델을 서서히 받아들였다. 그리고 1599년에 다시 네덜란드로 돌아와 첫 과학 작품으로 브라헤의 항성 목록에 기초한 천구의를 제작했다. 이 천구의는 이상하게도 과학사가들에게 주목을 받지 못했지만, 처음으로 프톨레마이오스를 탈피해 천체를 표현한 작품이다.

추측보다 경험적 연구와 실용적 결과를 바탕으로 자연에 접근하는 태도를 중시하는 과학계에 발을 디딘 젊은이의 대단히 야심 찬 출발이었다. 스페인에 대항한 독립 투쟁의 일환으로, 특히 1585년에 안트베르펜이 약탈된 뒤에 수많은 수공업자, 상인, 인쇄업자, 예술가, 반체제 종교인 등이 스페인이 통치하는 남부 주를 떠나 암스테르담 같은 북쪽 도시로 이주했다. 그 결과 종교, 철학, 과학에서 새로운 사상이 갑작스레 밀려들었다. 1580년대부터 레이던에 머물던 플랑드르의 수학자이자 공학자인 시몬 스테빈$^{Simon Stevin}$(1548~1620년)은 스페인에 대항하는 오라네 공 마우리츠가 이끄는 군대에서 공병工兵으로 일하며 수학, 기하학, 공학 분야에서 네덜란드어로 혁신적인 저작을 여럿 집필했다. 스테빈은 화폐와 무게에서 소수小數 사용을 개척한 인물이자 달의 인력에 따른 조석을 이해한 최초의 과학자였다. 삼각법, 대수방정식, 유체정역학流體靜力學, hydrostatics, 축성학, 항해, 그 밖의 여러 관심사를 주제로 한 다양한 저서는 모두 "이론은 언제나 목적이 있어야 한다"[396]는 스테빈 자신의 말처럼 특정 용도를 염두에 두고 쓴 것들이다. 천문학에서는 안트베르펜 약탈 이후 북쪽으로 이주한 네덜란드의 개혁교회 목사 필립스 란스베르헌$^{Philips Lansbergen}$(1561~1632년)이 미델뷔르흐에 정착해 천문학 표를 만들고 지구의 움직임을 관찰하기 시작했다. 코페르니쿠스의 지동설을 지지하는 그의 저작은 곧 베스트셀러가 되었고, 케플러와 갈릴레오는 란스베르헌의 글을 이용해 천문학 저서를 썼다. 또 다른 개혁교회 목사 페트뤼스 플란시위스(1552~1622년)도 북쪽으로 피신해 암스테르담에 정착했는데, 코르넬리스 클라에스처럼 이윤을 추구하는 지도 제작자들과도 일했지만 경도를 정할 목적의 천문 관측을 선도하기도 했다. 플란시위스는 동인도회사에 거금을 투자하고 신흥 해외시장에 관해 조언을 해주었으며, 새 별자리에 이름을 붙이고 네덜란드의 상업적 이익을 옹호하는 일련의 지역지도와 세계지도에 메르카토르 도법을 적용했다.

　　이런 사람들은 무엇보다도 실용적(그리고 특히 상업적) 과학에 관심이 많았는데, 블라외 역시 예외는 아니었다. 블라외는 브라헤나 케플러의 새로운 과학적 사고를 지지하는 것만으로는 생계를 꾸릴 수 없다는 걸 알고 있었다. 1605년에 그는 암스테르담에 있었다. 과학과 사업에 관심을 둔 청년이라면 당연했다. 얼마 지나지 않아 그는 암스테르담에서 잘나가는 작가와 인쇄공 250여 명의 대열에 합류했다. 당시 암스테르담은 베네치아를 제치고 유럽 서적 무역의 중심지로 떠오르기 시작했다. 네덜란드가 정치, 종교, 과학에 비교적 관대하다 보니 사본이 이곳으로 몰렸고, 스테빈과 플란시위스 같은 사람들은 이곳에서 다양한 주제로 라틴어에서 네덜란드어, 독일어, 프랑스어, 스페인어, 영어, 러시아어, 이디시어, 아르메니아어에 이르기까지 그야말로 온갖 언어로 책을 출간하고 판매했다.[397]

　　블라외는 암스테르담에서 인쇄 사업을 시작해 선원용 실용 안내서뿐 아니라 시집도 출간했다. 이때 나온 그의 베스트셀러 《항해의 빛 Licht der Zeevaert》(1608년)은 브라헤의 천문 관측을 토대로 더 정확한 항해 정보를 제공할 목적으로 쓰였다. 블라외는 새로운 지도의 수요가 늘면서 이 시장의 잠재적 수익성을 간파했는데, 그 덕에 사업은 그 후 30년 동안 번창했다. 그는 동판화 제작자를 고용해 자신이 만든 지도를 판화로 제작했고, 아들 요안이 자라자 지도 편집을 맡기기 시작했다. 빌럼은 수요가 보장된 지도만 발행했다. 당시 가장 인기 있는 주제는 세계지도, 유럽 지도, 사대륙 지도, 그리고 네덜란드, 암스테르담, 스페인, 이탈리아, 프랑스 지도였다. 빌럼은 브라헤에게 수학을 이용한 지도 제작을 배웠고 새로운 과학에도 관심이 많았지만, 무엇보다 사업가였다. 그는 200여 개의 지도를 발행했지만, 직접 만들고 서명한 지도는 채 스무 개가 되지 않았다.

블라외는 지도를 제작하고 인쇄하는 사람으로서 입지를 굳히려면 플란시위스나 클라에스, 두츠, 로바에르트 같은 경쟁자들을 능가하는 고품질 세계지도를 만들어야 한다고 생각했다. 1604년, 그는 세계지도를 투영법을 달리해 무려 세 가지나 발행할 계획에 착수했다. 판화 새기는 사람을 고용해 유통 중인 지도를 복제하고 수정하게 하면서 세계지도를 발행하기 시작했는데, 단순한 원통도법에서 시작해, 그다음에는 평사도법을, 그리고 마지막으로 1606~1607년에는 메르카토르 도법을 이용해 네 장을 이어 붙인 아름다운 세계지도를 만들었다. 원본은 분실된 채 조잡한 사진 복제품만 전해지는 이 지도는 17세기 네널란드의 지도 제작에서 대단히 중요한 세계지도로 손꼽힌다. 이 지도는 메르카토르 도법을 이용함으로써 플란시위스의 영향력을 인정할 뿐 아니라 17세기 초에 네덜란드가 몰두한 정치, 경제, 민족지학을 백과사전처럼 자세히 보여 준다.

이 지도에서 세계를 묘사한 부분은 인쇄 면의 절반밖에 되지 않는다. 지도 맨 위에는 (터키 황제, 페르시아 황제, 러시아 황제, 중국 황제를 비롯해) 당시 가장 막강한 황제 열 명이 말을 탄 모습으로 일렬로 나열되었다. 지도의 왼쪽과 오른쪽 옆에는 서쪽으로는 멕시코부터 동쪽으로는 아덴과 고아에 이르기까지 세계의 주요 도시 스물여덟 곳의 지형이 그려져 있다. 그 옆과 아래로는 콩고 사람, 브라질 사람, 인도네시아 사람, 중국 사람을 비롯해 그 도시 주민의 모습을 담은 그림 서른 점이 있는데, 이들은 블라외가 상상한 전통 복장을 입었다. 그리고 지도의 왼쪽, 오른쪽, 아래를 빙 둘러 맨 가장자리에는 라틴어로 지구를 묘사한 글이 있고, 역사에 나오는 다양한 장면과 인물을 묘사한 판화 열 점이 글 곳곳에 삽입되었다.[398]

지도의 제목은 〈빌럼 얀스존이 최고의 지도 제작자들에게서 입수한 자료를 토대로 제작한 신세계지도NOVA ORBIS TERRARUM

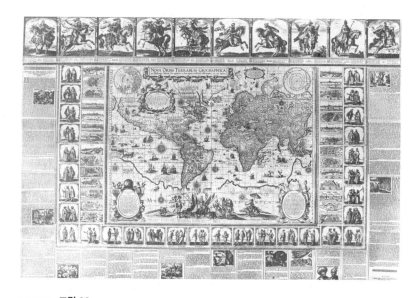

───── **그림 63**
메르카토르 도법을 이용한 빌럼 블라외의 세계지도, 1606~1607년.

GEOGRAPHICA ac Hydrogr. Tabula, Ex Optimis in hos operea uctorib' desumpta auct.

Gul. Ianssonio〉다. 지도를 어떻게 구성했는지 엿볼 수 있는 제목이며, 이에 대해서는 블라외가 지도 곳곳에 다시 자세히 설명해 놓았다. "포르투갈과 스페인 사람에게서, 그리고 우리 동포에게서 구할 수 있는 해도 가운데 지금까지 발견된 모든 지역을 포함한 최고의 해도를 그대로 옮기는 게 좋다고 생각했다. 장식 효과와 재미를 위해, 가장자리는 우리 시대에 세계를 호령한 최고 군주 열 명과 세계의 주요 도시 그리고 여러 민족의 다양한 의상을 그려 넣었다." 블라외는 지도에 적용한 메르카토르 도법을 자세히 설명하면서 "그래도 지구의 북쪽과 남쪽을 평면에 표현할 수는 없었다"고 시인했다. 그 결과 남쪽 대륙은 주로 상상으로 그렸는데, 메르카토르 도법을 사용했기 때문이기도 하고 남극 대륙과 오스트랄라시아(오스트레일리아, 뉴질랜드 및 그 부근의 남태평양 제도를 가리킨다-옮긴이)가 여전히 미지의 영역이었던 탓이기도 했다. 세계지도 아래 왼쪽과 오른쪽에 테두리를 화려하게 장식한 타원형 글 상자에는 이 지도의 수학적 투영법을 설명한 글을 새겨 놓았고 그 옆 바닥에는 좌우로 길게 글을 써놓았는데, 바로 위에 유럽이 근엄하게 앉아서 속국 민족에게 선물을 받는 그림을 설명하는 내용이다.

> 멕시코인들과 페루인들이 금목걸이와 빛나는 은 장신구를 바치는 사람은 누구인가? 아르마딜로가 가죽과 사탕수수와 향료를 바치는 사람은 누구인가? 바로 높은 왕좌에 앉아 세계를 발아래 둔 최고 통치자 유럽이다. 전쟁과 진취적 기상으로 육지와 바다의 최강자가 된 유럽. 모든 재화의 부는 그의 것이다. 오, 여왕이여, 그대에게 행운의 인도인들이 금과 향료를 바치고, 아랍인들이 발삼을 가져오도다. 러시아인들은 모피를 보내고, 러시아의 동쪽 나라에서는 그대의 옷을 은으로 장식한다. 마지막으로 아프리카는 그대에게 값비싼 향료와 향기로운 발삼을 바치고 백색 상아로 그대를 부유케 하며, 여기에 검은 피부의 기니인들이 적잖은 금을 보태노라.[399]

블라외의 지도는 전 세계 제국의 풍경과 세계 최대의 상업 도시와 그곳의 다양한 사람들을 묘사하여, 네덜란드에 절실한 상업 활동을 강조했다. 이 지도는 기지 세계를 다루면서, 무역을 의인화한 유럽부터 자기 물건을 바쳐 유럽을 세계 최고의 대륙으로 부유케 하는 아프리카인과 멕시코인에 이르기까지 모든 장소와 사람을 그 잠재적 상업성으로 평가했다.

블라외의 성공을 가늠하는 한 가지 방법은 17세기 네덜란드 화가들이 네덜란드의 실내와 정물을 그리면서 블라외의 지도, 해도, 지구본을 어느 정도나 묘사했는지 살펴보는 것이다. 이 시기의 화가 중에서 얀 페르메이르만큼 지도에 열광한 사람도 없었다. 현존하는 그

───── **그림 64**

요하네스 페르메이르의 〈군인과 웃는 소녀〉, 1657년경. 네덜란드와 프리슬란트를 묘사한
베르켄로더의 지도(1620년)가 벽에 걸렸다. → 448~449쪽 사이 컬러화보 참고

의 그림 중 적어도 아홉 점이 벽지도, 해도, 지구본을 꼼꼼히 묘사했는
데, 얼마나 정교했던지 한 평론가는 "지도광"[400] 페르메이르에 대해 따
로 글을 쓰기도 했다. 1688년경에 그린 〈지리학자〉에는 지도 제작에 몰
두한 청년의 모습과 주변에 널린 작업 도구가 나온다. 뒤에 있는 수납
장 위에는 지구본이 놓였고 벽에는 해도가 걸렸는데, 빌럼 블라외가
1605년에 만든 '유럽 해도'와 똑같다. 1657년경에 그린 초기 작품 〈군
인과 웃는 소녀〉에는 여자와 군인이 있는 실내 뒤쪽 벽에 홀란트와 서
^西프리슬란트를 묘사한 (서쪽을 위에 둔) 지도가 나온다. 지도는 이 그림
에서 시선을 사로잡는 주요 주제다. 페르메이르는 이 지도 외에도 네
덜란드 지도 제작자들이 만든 다양한 지도를 그림에 삽입했다. 이를테

면 하윅 알라르트^{Huyck Allart}(1650~1675년경 활약)와 니콜라스 피스허르 ^{Nicolaes Visscher}(1618~1679년)가 만든 17개 주 지도, 대＊ 요도퀴스 혼디위 스(1563~1612년)가 만든 유럽 지도 같은 것들이다. 지도에 관심을 보인 화가는 또 있었다. 니콜라스 마에스^{Nicolaes Maes}(1634~1693년)와 야코프 오흐테르벌트^{Jacob Ochtervelt}(1634~1682년)도 페르메이르만큼 정교하게 는 아니지만 그림에 지도를 그렸다. 페르메이르는 〈군인과 웃는 소녀〉 에 넣을 네덜란드 주 지도를 고르면서, 당대의 예술가들과 마찬가지로 당시 독립한 네덜란드의 정치적, 지리적 통합에 대한 자부심을 과시하 고자 했다.

페르메이르가 이 그림에 지도를 제목까지 정교하게 그려 넣은 덕에 이 지도가 당시 유명한 네덜란드 지도 제작자 발트하사르 플로리 스 판 베르켄로더^{Balthasar Florisz. van Berckenrode}의 작품이라는 걸 금방 알 아볼 수 있다. 1620년 네덜란드 의회는 베르켄로더에게 이 지도를 발행 할 특권을 주었고, 베르켄로더는 지도를 한 장당 12휠던에 팔았다. 17세 기의 인쇄 특권은 일정 기간 동안 특정 글이나 그림을 다른 사람이 복 제하지 못하게 하는 것으로, 오늘날의 저작권에 해당했다. 이 권리를 침 해하면 상당한 벌금을 물어야 했고, 의회가 이런 제재를 직접 실시했다. 인쇄된 내용을 정치적으로 보증한다는 뜻이기도 했다.[401] 특권을 부여 했다고 해서 상업적 성공이 보장되는 것은 아니었다. 기록에 따르면 베 르켄로더의 지도가 애국적 외양을 갖추었지만 인기가 그리 높지는 않 아서, 1620년 판 가운데 지금까지 전해지는 것은 없다. 베르켄로더는 판 매 실적에 실망해 1621년에 지도 발행 특권과 동판을 빌럼 블라외에게 팔았고, 블라외가 이를 성공시킨 것으로 보인다. 그는 베르켄로더를 설 득해 북부 지역을 더 정확하게 그리게 했고, 1620년대 내내 지도의 인 기가 점점 높아졌다.[402] 블라외는 특권 기간이 만료되는 1629년까지 이 지도를 계속 생산했는데, 페르메이르가 그림에 삽입한 지도는 블라외의 이름이 새겨진 판본이다. 블라외는 지도 디자인이나 판화 작업에는 개입하지 않았지만 지도에 자신의 이름을 새겨 블라외 지도로 효과적으로 탈바꿈시켰고, 페르메이르는 1650년대 말에(그리고 이후 15년 사이에 적어도 두 번 더) 블라외의 지도를 그림에 넣으면서 아마도 그 사실을 알았을 것이다. 블라외와 그의 여러 아들이 남의 지도를 이용해 돈을 번 것은 이때가 처음도 마지막도 아니었으며, 이 일은 이들의 가업이 어떤 식으로 번창했는지 잘 보여 준다.

17세기도 20년이 지날 무렵, 블라외는 암스테르담의 대표적인 인쇄업자이자 지도 제자자로 입지를 굳혔다. 그가 성공한 이유는 다른 경쟁자들과 달리 판화가, 과학자, 사업가의 재능을 고루 갖추어 아름답고 정교한 판화 지도를 제작할 수 있었기 때문이기도 했지만, 그가 활동한 시기가 신흥 네덜란드 역사에서 아주 중요한 순간이기 때문이기도 했다. 클라에스와 플란시위스 같은 경쟁자들보다 약간 젊었던 그는 스페인과 네덜란드가 휴전협정을 맺은 1609년부터 12년 동안을 잘 활용해 이익을 챙겼다. 이 짧은 기간에 네덜란드는 스페인의 군사적, 정치적 반대 없이 국제무역을 할 수 있었다. 그러나 휴전협정 조인을 두고 의견이 첨예하게 엇갈려 연합주의 (실질적 대표인) 최고행정관stadthouder 오라녜 공 마우리츠는 협정에 반대했고, 홀란트 의회 의장landsadvocaat 요한 판 올덴바르네벨트는 협정에 찬성했다. 휴전협정으로 처음에는 상업이 번창했지만, 네덜란드 주가 두 진영으로 나뉘는 결과가 초래됐다. 이들의 의견 차이는 (마우리츠 공과 동인도회사의 여러 이사가 폭넓게 지지하는) 칼뱅파와 이들의 반대파인 (올덴바르네벨트가 지지하는) 아르미니위스파, 즉 '항의서파'의 복잡한 신학 분열로 더욱 고조되었다. '항의서Remonstrance'라 알려진 청원에서 이름을 따온 항의서파는 칼뱅파와 신학적으로 분명히 거리를 두고자 했다. 긴장이 고조되고 양측이 무장을 하자 마우리츠는 1618년 7월에 위트레흐트로 진격해 들어갔다. 결국 올

덴바르네벨트가 체포되었고, 엄격한 칼뱅파이자 반反항의서파인 동인
도회사 이사 레이니르 파위가 이끄는 법정에서 재판을 받은 뒤 1619년
5월 헤이그에서 참수되었다.

　　블라외는 이 논쟁에서 돌연 불리한 위치에 놓이고 말았다. 16세
기에 재세례파에서 나온 메노파 운동과 그것이 강조한 개인의 영적 책
임과 평화주의의 뿌리 깊은 전통에서 태어난 블라외는 자유지상주의에
절대적으로 동조했고, 그의 지인 다수는 항의서파이거나 (네덜란드 신학
자 프란시스퀴스 호마뤼스Franciscus Gomarus[1563~1641년]의 이름을 딴) '호마
뤼스파'였다. 반항의서파가 올덴바르네벨트를 재판에 회부해 죽음으로
몰고 갔듯이 동인도회사는 네덜란드의 해상 상업 활동과 관련 있는 지
도의 유통을 제한하려 했고, 이를 위해 공식 지도 제작자를 임명해 동인
도회사의 항해일지와 해도, 지도를 그리고 수정하는 책임을 맡기고자
했다. 블라외는 이 일의 적임자가 분명했지만 그의 정치적, 종교적 신념
을 볼 때 반항의서파가 대다수인 동인도회사가 그를 임명할 가능성은
없었다. 이들은 대신 블라외보다 정치적으로 안전하다고 판단한 그의
제자 헤설 헤리츠Hessel Gerritsz를 임명했다.[403]

　　블라외는 1620년대에 줄곧 사업을 키웠고, 이즈음에는 아들 요
안이 사업을 도왔다. 1620년대 말, 블라외는 지도 제작 사업의 범위를
더욱 넓히기 시작했다. 지구본, 여러 장으로 구성된 벽지도, 여행기뿐
아니라 한 장짜리 지도 생산에서도 독보적 존재로 떠오른 그는 이제 지
도책 분야로 사업을 넓혀 17세기 지도 제작의 치열한 경쟁에 불을 붙인
매입 작업을 단행했고, 여기서 마침내 요안 블라외의 《대아틀라스》가
탄생했다. 1629년, 블라외는 이즈음 사망한 소小 요도퀴스 혼디위스의
재산 중에서 약 40개의 동판 지도를 손에 넣었다. 혼디위스의 아버지는
초기 동인도회사에 지도를 공급했었고, 혼디위스 자신도 아버지 대부터
시작한 지도 제작 가업을 이어 갔다. 1604년, 아버지 혼디위스는 레이

던에서 열린 경매에서 "거금"을 들여 메르카토르의 친척에게서 메르카토르가 《아틀라스》를 만들 때 사용한 동판을 사들였다. 혼디위스에게는 대단한 횡재였고, 2년도 지나지 않아 그는 암스테르담에서 《아틀라스》 증보판을 펴냈다. 여기에 실린 지도 143점 가운데 36점이 새로 추가된 지도였는데, 일부는 혼디위스가 직접 만들었지만 대부분은 다른 제작자의 지도를 가져온 것이었다. 이 지도책은 연합주 의회에 헌정되었다. 혼디위스는 원본 《아틀라스》의 디자인과 통일성을 파괴했지만 메르카토르의 이름을(그리고 그의 저작을) 팔아 이내 큰 수익을 올렸다. 신판 《아틀라스》의 인기는 폭발적이었고, 혼디위스는 1612년에 사망하기 전 6년 동안 일곱 가지 판본을 라틴어, 프랑스어, 독일어로 출간했다.[404] 그는 《아틀라스》 도입부에 자신이 메르카토르와 마주 보고 앉아 함께 지구본 한 쌍을 즐겁게 만들고 있는 모습을 새겨 넣기까지 했다. 메르카토르가 죽은 지 20년 가까이 지난 때였다. 오늘날 《메르카토르-혼디위스 아틀라스》라고 알려진 이 지도책은 포괄적인 지도책과는 거리가 멀었고, 새로 추가한 지도도 질이 천차만별이었다. 그런데도 메르카토르를 이용한 덕에 당시 가장 잘나가는 지도책이 되었다. 유일한 경쟁 상대인 오르텔리우스의 《세계극장》(1570년)은 더 이상 증보판이 나오지 않아 케케묵은 지도로 보였고, 가격도 지나치게 비싸 150개에 가까운 지도를 아예 새로 만들어 추가한 혼디위스의 《아틀라스》와 경쟁이 되지 않았다.

혼디위스가 1612년에 죽자 그의 아내 콜레타 판 덴 케이러Coletta van den Keere와 두 아들 소小 요도쿠스 혼디위스와 헨리퀴스 혼디위스Henricus Hondius가 사업을 이어받았다. 그러나 두 형제는 1620년경에 사이가 틀어져 각자의 길을 갔다. 요도쿠스는 새 지도책에 넣을 지도를 준비하기 시작했고, 헨리퀴스는 처남인 출판업자 요하네스 얀소니위스Johannes Janssonius와 함께 사업을 시작했다.[405] 그러다가 새 지도책을 출판하기도 전인 1629년에 요도쿠스가 서른여섯 살의 나이로 갑자기 사

───── **그림 65**
메르카토르 사후에 출간된 《아틀라스》, 1613년. 메르카토르와 요도퀴스 혼디위스를 함께
그려 놓았다. → 448~449쪽 사이 컬러화보 참고

망했다. 이제 블라외에게 기회가 찾아왔다. 당시는 혼디위스 지도책이
시장을 장악하고 있었지만, 가족의 불화로 새 지도를 추가한 신판이 나
오지 못한 채 사업은 사실상 침체되고 있었다. 블라외는 혼디위스 가족
들이 재산을 놓고 드잡이를 벌이는 틈을 노려 헨리퀴스의 새 지도를 손
에 넣고 자신과의 경쟁에 들어갔다.

　　블라외가 헨리퀴스의 지도를 어떻게 손에 넣었는지는 알려진 바
가 없지만, 그 지도를 어떻게 사용했는지는 분명하다. 블라외는 1630년
에 첫 지도책 《아틀란티스 부록Atlantis Appendix》을 출간했다. 말 그대로
메르카토르와 혼디위스의 지도책을 보충하는 책이다. 여기에는 지도가
예순 점 실렸는데, 거의 다 유럽 지도이고 아프리카와 아시아의 지역지
도는 사실상 전무했다. 예순 점 중에 무려 서른일곱 점이 혼디위스 지도
였는데, 혼디위스의 이름을 지우고 그 자리에 아무렇지도 않게 블라외
를 집어넣었다. 블라외의 대담함은 거기서 그치지 않았다. 그는 독자에

게 전하는 서문에서 혼디위스의 지도에 감사한다는 말조차 남기지 않았다. 그 대신 앞서 나온 오르텔리우스와 메르카토르의 지도에 감사를 표하며 이렇게 썼다. "여기에 실은 지도 일부는 《세계극장》이나 《아틀라스》에 이미 실린 바 있음을 인정한다. 하지만 우리는 성실하고 조심스럽고 정확하게 내용을 더하고 보충하느라 형태와 외양을 바꾸었고, 나머지 지도처럼 거의 새 지도로 만들었다." 블라외는 우스꽝스러울 정도의 거짓을 섞어, 지도를 "성실과 진실과 정확한 판단으로 만들었다"는 거창한 말로 마무리했다.[406]

블라외가 이런 행동을 보인 것은 얀소니위스와의 오랜 상업적 충돌 때문이기도 했다. 블라외는 일찍이 1608년부터 줄곧 홀란트-서프리슬란트 의회에 탄원을 넣어, 해적판 지도 때문에 생기는 수입 손실을 막아 달라고 요청했다. 얀소니위스의 1611년 세계지도가 블라외의 1605년 지도와 매우 비슷해 얀소니위스에게 본때를 보여 주려는 의도도 있었다.[407] 그러자 1620년에는 얀소니위스가 블라외의 《항해의 빛》에 대 요도퀴스 혼디위스의 처남인 피테르 판 덴 케이러^{Pieter van den Keere}의 동판을 삽입해 출간하면서 반격을 가했다. 블라외가 자신의 책을 인쇄할 특권을 가진 시한이 만료되었으니, 얀소니위스의 노골적인 해적 행위를 막을 방법은 막대한 비용을 들여 선박 조종사용 안내서를 새로 출간하는 길뿐이었다.[408] 1629년까지 블라외는 이제 헨리퀴스 혼디위스의 도움까지 받는 얀소니위스를 꺾기가 불가능해 보였을 게 분명하다. 그리고 이제 《아틀란티스 부록》 출간으로 외형상 상대를 이겼으니 블라외도 어느 정도 만족했을 것이다. 비록 이 일로 이후 30년 넘게 이어지는 두 집안의 경쟁이 더욱 확대되긴 했지만.[409]

《아틀란티스 부록》도 《메르카토르-혼디위스 아틀라스》와 마찬가지로 지리를 고루 다루지 못했고 인쇄의 질도 들쭉날쭉했다. 그래도 네덜란드 부유층이 혼디위스 지도와는 다른 새로운 지도책을 사고 싶어 안달한 탓에 책은 이내 날개 돋친 듯 팔렸다. 헨리퀴스 혼디위스와 요하네스 얀소니위스는 죽은 자신의 집안사람이 만든 지도에 시장이 위협받는다는 사실에 경악했다. 이들은 이런 상황에 발 빠르게 대응해 1630년에 기존 지도책에 따라붙는 별책을 출간했고, 1633년에는《메르카토르-혼디위스 아틀라스》를 새롭게 확장해 프랑스어 판으로 출간했다. 이들은 이 책에서, 소 요도퀴스의 지도책에 실린 지도까지 복사한 블라외의《아틀란티스 부록》을 "구닥다리 지도가 뒤범벅된 책"이라고 대놓고 비난했다.[410]

블라외가 성급하게 펴낸 지도책을 두고 혼디위스과 얀소니위스가 비판한 내용은 구구절절이 옳았다. 그리고 그 비판은 그들 자신이 펴낸 지도책에도 똑같이 해당되었다. 양측이 서로 경쟁하며 깨달은 사실은 낡은 지도를 긁어모으고 새 지도를 성급하게 의뢰하거나 해적질해 만든 지도책은 오래 살아남지 못한다는 것이었다. 동인도회사가 직접 그린 동남아시아 해도를 포함해 새로 발견한 지역을 표시한 최신 지도를 담은 아주 새로운 지도책이 필요했다. 그러나 그러한 모험을 감행하려면 최신 항해 정보를 얻어야 할 뿐 아니라 (숙련된 기술, 노동시간, 방대한 분량의 인쇄 등에) 거금을 투자해야 했다. 1620년대 후반에는 정치와 상업의 기류가 변하면서 블라외가 다른 경쟁자들보다 우위를 차지했다. 반항의서파의 정치적 영향력이 점차 약해지고 블라외를 비롯한 항의서파 사람들이 시 당국과 동인도회사에서 호의적인 대우를 받았던 것이다. 블라외와 가까운 라우렌스 레알Laurens Reael도 그런 대우를 해준 사람이었는데, 시에서 권한과 영향력이 막강한 그는 아르미니위스와 사돈 사이였고, 전임 동인도 총독이자 현 동인도회사 이사였다.[411]

블라외에게 이런 권력 변화가 정점에 이른 순간은 헤설 헤리츠의 죽음으로 동인도회사의 공식 지도 제작자 자리가 공석이 된 1632년이었다. 1619년만 해도 블라외가 그 자리에 임명되는 것은 생각지도 못할 일이었지만 1632년에는 그가 마음먹기에 달렸고, 그해 12월에 (레알을 비롯해) 동인도회사 이사들이 찾아와 그 자리를 제안했을 때 그는 지체 없이 승낙했다. 그리고 1633년 1월 3일에 정식으로 임명되었다. 계약서에 명시된 내용에 따르면, 그는 동남아시아를 항해하는 동인도회사 선박 조종사들의 항해일지를 보관하고, 동인도회사의 해도와 지도를 수정하고 보완하며, "믿을 만한" 사람을 임명해 지도를 제작하고, 기밀을 철저히 유지하고, 이사들에게 연 2회 관련 상황과 지도 제작 활동을 보고할 책임이 있었다. 블라외는 그 대가로 연간 300휠던을 받았다. 비슷한 급의 공무원에 비하면 많지 않은 액수였지만, 그 위에 해노나 지도를 만들 때마다 별도로 대가를 받았다.[412] 이 일로 블라외는 네덜란드의 정치, 상업 정책의 핵심에 놓였고, 네덜란드 지도 제작 업계에서 전례 없는 막강한 힘과 영향력을 행사했다.

블라외는 이 직책에 임명될 때도 시장을 장악할 의도로 또 하나의 저작 《새 아틀라스Novus Atlas》를 만들고 있었다. (출간 전의 광고대로라면) "새로운 제판, 새로운 세부 묘사로 전에 없던" 지도책이 될 예정이었다. 1634년에 출간된 이 책에는 블라외의 지도책 가운데 처음으로 빌럼의 아들 요안의 이름이 언급되었다. 요안은 적어도 1631년부터 아버지를 도왔지만, 제작에 참여한 사람으로 이름을 올리기는 처음이었다. 안타깝게도 《새 아틀라스》는 애초의 광고에 미치지 못했다. 지도가 161점이나 실렸지만 절반 이상이 예전에 이미 출간된 지도였고, 아홉 점은 미완성이었으며 다섯 점은 애초에 실을 의도가 없던 지도였다.[413] 동인도회사 지도 제작자로서의 임무, 그리고 지도책을 서둘러 내놓아 지도 경쟁에서 앞서려는 욕심에서 나온 실수가 분명했다.

하지만 블라외는 동인도회사의 지도 제작자로 임명된 뒤로 지도책의 규모를 확대할 자신감을 얻었다. 모든 재료는 가까이 있었다. 헤리츠는 1632년 사망할 때 인도, 중국, 일본, 페르시아, 터키를 새긴 동판 여

섯 장을 갖고 있었는데, 모두 상업적으로 민감한 지역이어서 동인도회
사가 무역하랴 지도 제작하랴 바쁜 곳이었다. 동인도회사의 특권 덕에
그 지도는 사실상 회사가 소유했다. 그러나 블라외는 아마도 헤리츠의
유언 집행인이었던 레알의 도움으로 이 동판을 사적인 목적에 사용할
수 있었던 듯하다. 1635년, 블라외는 더 큰 지도책을 내놓았다. 이번에
는 두 권짜리였다. 새 지도 쉰 점을 포함해 지도를 총 207점 실었고, 책
의 내용과 관련해 더욱 거창한 주장을 폈다. 블라외는 서문에 이렇게 썼
다. "우리는 전 세계를, 즉 하늘과 땅을 이 두 권과 비슷한 다른 지도책에
묘사하고자 한다. 이 가운데 땅을 묘사한 두 권이 곧 나올 것이다."[414] 이
지도책에는 헤리츠가 그린 인도와 동남아시아 지도를 그대로 옮긴 뒤,

───── **그림 66**
빌럼 블라외의 《아틀라스》에 실린 인도 지도, 1635년. → 448~449쪽 사이 컬러화보 참고

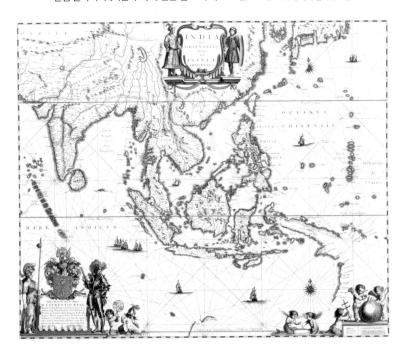

상단과 아래 왼쪽 귀퉁이에 화려하게 장식한 글 상자를 넣고 아래 오른쪽 귀퉁이에는 천사들이 항해 도구를 가지고 놀면서 컴퍼스로 지구본에 길을 표시하는 모습을 추가했다. 왼쪽 글 상자에는 이 지도를 다름 아닌 라우렌스 레알에게 바친다는 내용이 나온다.

이런 교묘한 수법은 지도책 시장을 장악하려는 블라외의 현실적 노력을 분명히 보여 주지만, 그 동기는 늘 불분명했다. 1636년에 가톨릭 종교재판에서 이탈리아 천문학자 갈릴레오 갈릴레이의 지동설이 이단 판정을 받자, 일부 네덜란드 학자들이 그에게 네덜란드 망명을 제안하는 계획을 추진했다. 위대한 법학자이자 외교관인(그리고 항의서파 동조자인) 휘호 흐로티위스가 계획을 세우고, 라우렌스 레알과 빌럼 블라외

―――― **그림 67**

헤설 헤리츠가 손으로 그린 인도 지도, 1632년. 헤리츠가 죽은 뒤 블라외는 이 지도를 그대로 베껴 자신의 이름을 넣었다. → 448~449쪽 사이 컬러화보 참고

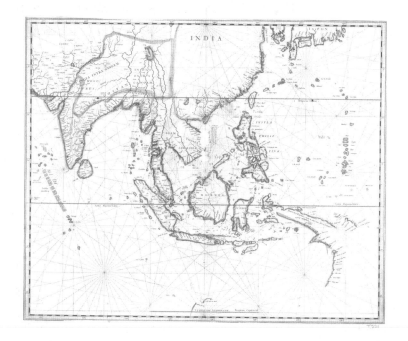

가 열렬히 지지했다(블라외는 흐로티위스의 저작들을 출간했다). 세 사람은 지구 중심 우주에 대한 믿음을 떠나 이번 초청 제안에 상업적 이해관계를 갖고 있었다. 이미 항해를 주제로 글을 쓴 바 있는 흐로티위스는 갈릴레오를 암스테르담으로 끌어들여 동인도회사가 그에게서 경도를 정하는 새로운 방법을 전수받길 기대했다. 성공하면 네덜란드가 국제 항해를 완전히 장악할 수도 있었다.[415] 다소 비주류적인 지적 소신을 갖고 있던 블라외는 참신한 상업적 기회를 감지했다. 갈릴레오는 새로운 방식으로 세상을 바라보는 인물의 상징이었지만, 블라외의 계산으로는 그를 잘 활용하면 1630년대 지도 발행에서 우위를 차지할 것 같았다. 그러나 갈릴레오 초청 계획은 결국 물거품이 되고 말았다. 갈릴레오가 건강상의 이유로(그리고 필시 종교재판에 따른 가택 연금으로) 유럽에서 칼뱅주의를 선도하는 국가로의 깜짝 망명이 될 뻔한 여정을 거절했기 때문이다.

계획은 실패했지만 블라외에게는 달라진 게 없었다. 그는 여전히 승승장구했다. 1637년에는 가업 확장의 일환으로 암스테르담 서쪽 요르단 거리에 있는 블룸흐라흐트의 새 건물로 인쇄 작업장을 옮겼다. 이곳은 염색과 인쇄 산업의 중심지였다. 새 작업장은 주조 시설과 활판 인쇄기 아홉 대(여섯 대는 지도 제작 전용)를 갖춘 유럽 최대의 인쇄소였다. 그런데 이게 웬일인가. 빌럼이 유럽 최고의 인쇄업자로 영예를 누린 것은 고작 일 년에 불과했다. 1638년, 그는 가업을 아들 요안과 코르넬리스^{Cornelis Blaeu}(1610~1642년경)에게 넘긴다는 유언을 남기고 세상을 떠났다.

빌럼의 죽음으로 네덜란드의 인쇄와 지도 제작을 독점하다시피 한 블라외 가문의 전성기 제1단계가 막을 내렸다. 빌럼은 암스테르담에서 인쇄와 지도 제작의 선두 주자로서 입지를 확고히 다졌다. 그의 세계 지도와 항해 안내서는 앞선 지리학자들의 지도를 대체했고, 그의 지도

책은 오르텔리우스나 메르카토르의 지도책에 도전했다. 그는 지도 제작을 국가의 정치와 상업 정책의 핵심에 놓는 데 앞장서 결국 동인도회사의 지도 제작자로 일하는가 하면, 지도와 책을 출간할 때는 지구를 더 이상 우주의 중심에 놓지 않는 태양 중심 세계를 표현했다. 요안과 코르넬리스는 출판 업계의 다급한 상황, 혼디위스 그리고 얀소니위스와의 경쟁, 동인도회사의 작업 의뢰를 고려할 때 경쟁자들이 들어오기 전에 아버지의 성과를 더욱 굳건히 해야 한다고 생각했다.

　　요안과 코르넬리스의 사업은 아버지가 죽은 뒤에도 번창했다. 헨리퀴스 혼디위스가 어쩐 일인지 처남 얀소니위스와 함께 진행하던 지도책 사업에서 손을 떼기 시작하더니 결국 얀소니위스 혼자 사업을 한다는 소식이 들려왔다. 그리고 1638년 11월에 요안이 아버지의 뒤를 이어 동인도회사의 공식 지도 제작자로 확정되면서 블라외 가문의 입지는 더욱 굳건해졌다. 빌럼이 재임하던 시기에 바타비아(오늘날의 자카르타)에 있는 동인도회사 인도네시아 본부와 암스테르담 사이에 교역량이 증가하면서 빌럼의 작업도 확대되었고, 요안이 임명될 즈음에는 네덜란드 상선이 약 2,000척으로 늘어나 유럽의 다른 해양 강국을 능가했다. 수용 용량이 약 45만 톤에 이르고 3만 명의 상선 선원을 고용한 동인도회사는 연간 4,000만~6,000만 휠던에 이르는 출자금을 유치했으며, 그와 동시에 수익이 꾸준히 증가하고 시장이 확대되어 향료, 후추, 직물, 귀금속뿐 아니라 상아, 도자기, 차, 커피 같은 사치품도 활발히 거래했다. 동인도회사는 1640년대를 통틀어 해마다 10만 톤이 넘는 물자를 동쪽으로 실어 날랐고, 17세기 말에는 선박 약 1,755척, 인력 97만 3,000명 이상을 아시아로 파견했다(이 중에 17만 명이 항해 도중 목숨을 잃었다).[416]

　　이들 선박이 텍설에서 바타비아로 항해하려면 지도와 해도가 필요했다. 그래서 선장, 일등 조종사, 하급 조종사에게는 적어도 아홉 개의 해도로 구성된 해도 세트가, 경비대원에게는 약간 제한적인 지도 세트가 지급되었는데, 이를 모두 블라외와 조수들이 만들었다. 첫 번째 해도는 텍설에서 희망봉까지 가는 길을 안내하고, 두 번째는 아프리카 동쪽 해안에서 출발해 자바와 수마트라를 가르는 순다 해협에 이르는 인도양 해로를 표시하고, 다음 세 장은 인도네시아 군도를 확대해 보여 주고, 나머지 해도는 수마트라, 순다 해협, 자바, 그리고 (자바 섬에 있는 반텐을 포함해) 바타비아를 표시했다. 각 세트에는 지구본, 설명서, 항해일지, 백지, 그리고 해도를 모두 담아 두는 깡통까지 딸려 있었다. 동인도회사는 지도의 유통을 제한하기 위해, 항해가 끝나고 지도를 반납하지 않을 경우 지도 값을 물어내게 했다.

블라외는 동인도회사의 공식 지도 제작자 자리를 맡다 보니 동인도 무역선에 승선한 경비대원부터 회사 이사에 이르기까지 모든 사람과 알고 지냈고 그들의 정책 결정에도 간여했다. 동인도회사의 모든 배에 승선하는 선장과 항해사들은 동쪽으로 항해하는 길에 기록한 일지며 기타 기록들 그리고 지형을 그린 그림을 회사 지도 제작자에게 제출해야 했고, 블라외는 그것을 아우더 호흐스트라트에 있는 동인도회사 본부에 맡기기 전에 일일이 점검하고 승인해야 했다. 그리고 읽은 내용을 토대로 해도를 그렸다. 훗날 완성할 지도의 원형에 해당하는, '레허르'라고 알려진 해도였다. 이 해도는 윤곽이 단순하고, 크기는 최종 지도와 같았다. 언제든지 새 자료를 추가할 수 있는 이 해도는 동인도회사의 모든 조종사가 사용하는 표준 해도 세트의 기본이 되었다. 이 해도가 완성되면 최대 네 명의 조수가 고용되어 양피지에 손으로 해도를 그렸다. 인쇄가 아닌 수작업을 택한 것은 지도의 세부 내용이 공개 시장에서 쉽게 유통되는 것을 막기 위해서였고, 양피지를 쓴 것은 긴 바다 항해에도 오래 견디게 하기 위해서였다. 이런 식으로 해도를 만들면 원본 해도에 최신 정보를 빠르고 참신한 방법으로 추가할 수도 있었다. 이를테면 원본에

그림 68
요안 블라외가 손으로 그린 수마트라와 몰루카 해협 해도, 1653년. 동인도회사가
선박 조종사에게 지급한 전형적인 해도다. → 448~449쪽 사이 컬러화보 참고

새 해안선이나 섬을 바늘로 찔러 그린 다음, 새 양피지 위에 놓고 검댕
을 뿌린다. 그리고 원본을 떼어내면, 새 양피지에 바늘로 찌른 부분을 따
라 검댕 자국이 남는다. 그러면 블라외의 조수들이 이 자국을 섬세하게
조합해 더 정확한 새 해안선을 만들었다.⁴¹⁷

여기에 들어가는 비용은 상당했다. 동인도회사는 블라외가 만든
새 지도 한 장당 5~9휠던(웬만한 작은 그림 한 점 가격)을 지급했는데, 배
한 척에 필요한 해도 세트를 모두 갖추려면 적어도 228휠던이 들었다.
블라외가 들인 비용은 한 장당 2휠던을 넘지 않았을 테니, 적어도 160퍼
센트의 막대한 이윤을 챙긴 셈이다. 이 수치는 물론 확실치 않다. 전해

지는 해도가 얼마 되지 않는 상황에서 해도가 얼마나 반환되어 재사용되었는지, 그리고 블라외가 해도에 얼마나 자주 새 정보를 추가해야 했는지를 추정하기란 불가능하기 때문이다. 하지만 그의 수입이 엄청났던 건 분명해 보인다. 1668년, 블라외는 동인도회사에 무려 2만 1,135휠던을 청구했는데, 그의 연봉이 500휠던이란 걸 생각하면 어마어마한 액수였다. 최고 목수의 연간 수입과 맞먹는 액수였다(그리고 암스테르담의 평균 집 한 채 값이었다). 그가 청구한 금액에는 해도 대금도 포함되었겠지만, 지구본이나 외국 고위 인사에게 보여 주기 위해 수작업으로 만든 크고 값비싼 지도도 포함되었을 것이다. 1644년에는 마카사르(오늘날의 인도네시아) 왕에게 선사할 용도로 거대한 지구본을 수작업으로 만들어 5,000휠던을 받았고, 또 어떤 기록을 보면 지구본이나 지도책 또는 장식이 많이 들어간 지도를 제작하고 수백 휠던에서 수만 휠던까지 받았다.[418] 하지만 조수들에게는 보수를 박하게 지급한 모양이다. 한번은 조수 디오니쉬스 파울뤼스가 인도양 지도를 그렸는데, 블라외는 회사 이사에게 지도 대금으로 100휠던을 청구했다. 하지만 파울뤼스는 "물 한 모금" 마실 돈밖에 받지 못했다고 불만을 토로했다.[419]

블라외를 공식 지도 제작자로 임명한 일은 공적 독점 행위와 사적 기업 활동을 기이하게 조화시킨 동인도회사 포고령의 특징을 반영했다. 이사들은 동인도회사가 블라외의 해도를 독점적으로 소유하고 해도 제작 과정은 비밀에 부쳐져야 한다고 주장하면서도 블라외가 새로 발견한 지도 제작 지식을 사적인 인쇄 작업에 이용하는 것에는 놀라우리만큼 자율권을 인정했다. 블라외는 심지어 이 지식을 이용해 회사가 제안한 항해 개혁을 막을 수도 있었다. 회사 이사들은 1650년대와 60년대 내내 표준화한 항해 안내서를 인쇄하자고 제안했지만 블라외는 이 토론에 관여하면서도 시종일관 애매한 태도를 보였는데, 한마디로 그 제안을 지지할 마음이 없었던 탓이다. 특히 《대아틀라스》 제작에 착수

했던 터라 더욱 그러했다.[420]

　　이처럼 동인도회사의 직책은 블라외에게 상당한 경제적 이익 그 이상을 안겨 주었다. 그는 해도에 필요한 최신 정보를 누구보다 쉽게 얻었고, 새로운 제안에 영향력을 행사할(그리고 필요에 따라서는 그것을 차단할) 수도 있었다. 그 후 30년간 그는 공직도 여럿 맡았는데, 시의회에서 일정 기간 시의원도 맡고 시민군 대장, 요새 건설 총감도 맡았다.[421]

　　블라외는 블룸효라흐트 인세소의 사업 영역도 확장해, 암스테르담 시 당국의 반대에도 불구하고 항의서파나 소치니파(삼위일체설을 부정한 자유주의적 분파로, 칼뱅파는 가톨릭교도 못지않게 이들을 경멸했다)뿐 아니라 가톨릭교도들이 쓴 종교 저작도 출간했다. 블라외는 자신의 정치적 입지에 워낙 자신만만해서, 1642년에 소치니파 종교 서적 출간과 관련해 시 검사가 불시에 그의 출판사에 들이닥쳤을 때도 큰 탈 없이 지나갔다. 시 검사는 책을 불태우라고 명령하고 블라외 형제에게 벌금 200휠던을 부과했지만, 블라외가 재빨리 손을 써 시장이 이를 무효화했다(책은 이미 불타 버렸지만). 블라외는 여느 때처럼 이 논란을 기회로 이용해, 불타 버린 책을 네덜란드어로 다시 출간하면서 "공개 처형되어 불타버린"[422] 책이라고 선전했다. 아버지에게서 물려받은 이런 자유로운 기질은 출간 결정에도 줄곧 영향을 미쳤지만, 그렇다고 해서 상업성이 뒷전으로 밀리지는 않았다. 그는 버진아일랜드에도 재산을 투자해, 그곳 플랜테이션에 아프리카 노예를 공급했다.[423] 블라외가 야박한 고용주라는 파울뤼스의 주장과 그의 노예무역 활동을 종합해 보면, 그가 아버지에게서 자유지상주의를 신봉하는 성향과 무자비한 기업가 성향을 함께 물려받았음을 알 수 있다.

　　인쇄업자로서 블라외가 한시도 포기하지 않았던 야심은 지도책 교역을 완전히 장악하는 것이었지만, 동인도회사의 지도 제작자인 데다 그곳의 정보 이용 특권까지 누리고 있으면서도 여전히 요하네스 얀소니위스와의 무자비한 경쟁을 피할 수는 없었다. 한쪽은 아버지가, 한쪽은 동업자가 사라진 상태에서 두 사람은 시장에 최상의 지도책을 내놓아야 하는 치열한 경쟁에서 헤어나지 못했다. 이들은 1640년대와 50년대에 더욱 크고 야심 찬 지도책을 내놓으면서, 메르카토르 같은 과거의 지도 제작자들을 멀리하고 심지어 《새 아틀라스》라는 똑같은 제목을 반복해 사용하며 근대적 이미지를 강조했다. 블라외는 아버지에게서 물려받은 지도책 구성을 그대로 살리면서 책의 수를 늘리는 데 집중했다. 그 결과 1640년에 세 권짜리 새 지도책을 내놓으며 이탈리아와 그리스 지도를 새로 선보였다. 1645년에는 잉글랜드와 웨일스가 들어간 제4권을 발행해 찰스 1세에게 헌정했다. 잉글랜드 내전이 왕의 반대 세력인 공화파에게 유리하게 돌아가기 시작한 때였다. 1640년대 말에는 지도책 생산을 잠시 중단했는데, 1648년에 베스트팔렌조약이 조인되면서 관련 지도를 잇달아 발행했기 때문이기도 했다. 스물한 장을 이어 두 개의 반구를 묘사한 세계지도도 그중 하나로, 나중에 시민 홀 바닥에 새겨지는 세계지도의 기초가 된다. 그러다가 1654년에 스코틀랜드와 아일랜드를 묘사한 지도책을 추가로 내놓았고, 1655년에는 새로운 중국 지도 열일곱 장으로 구성된 제6권을 내놓았다. 극동에 있는 동인도회사 조직 내의 광범위한 인맥을 바탕으로 제작한 지도였다. 이 지도책은 한 권에 25~36휠던, 여섯 권 한 세트는 216휠던에 팔렸다.

　　그러나 블라외가 지도책을 한 권씩 내놓을 때마다 얀소니위스도 보조를 맞춰 한 권씩 내놓더니, 앞으로 하늘과 땅을 포함해 전 세계를 포괄적으로 묘사하는 지도책을 출간해 블라외뿐만 아니라 16세기의 위대한 우주형상학 논문을 앞지르겠다고 큰소리쳤다. 실제로 1646년에 네 권짜리 책을 새로 출간하고, 1650년에 다섯 번째 해도를 추가하더니, 1658년에는 총 여섯 권의 지도책을 완성했다. 삽입된 지도는 총 450점으로, 403점이 들어간 블라외의 6부작을 앞섰다.

1658년이 되면서 두 출판업자의 싸움은 교착상태에 빠졌다. 사실은 인쇄 재원으로나 동인도회사 자료에 접근할 기회로나 블라외가 명백히 유리했지만, 얀소니위스의 지도책이 균형 감각에서나 포괄적인 면에서나 한 수 위였다. 그러나 당시 이미 50대 후반에 이른 블라외는 중대한 결심을 하고, 얀소니위스를 마지막으로 완전히 제압할 출간 기획에 착수했다. 지구와 바다와 하늘을 포괄적으로 묘사하는 기획이다. 그는 이 모험을 《대아틀라스: 땅과 바다와 하늘을 정확히 묘사한 블라외의 우주형상학Atlas maior sive cosmographia Blaviana, qua solum, salum, coelum, accuratissime describuntur》으로 부르자고 제안했다. 블라외는 지구에서 출발해 바다를 거쳐 하늘로 이어지는 3단계 출간 기획을 상상했다. 얀소니위스가 이미 그런 지도책을 내놓겠다고 약속했지만, 그는 그 약속을 충실히 이행할 재원이 부족했다. 블라외는 이제 자신의 어마어마한 재원을 그의 마지막이자 가장 위대한 업적이 될 지도책에 쏟아부었다.

1662년 이 기획의 첫 부분을 거의 완성할 무렵, 블라외는 자신이 거느린 출판 제국에서 서적 부문을 정리하고 지도책 인쇄에만 집중하겠으며 재고 서적을 모두 팔아 그 수익을 곧 완성할 지도책 제작에 사용하겠다고 발표했다. 그해 말 책이 나오자 블라외가 자금을 최대한 끌어들여야 했던 이유가 분명해졌다. 라틴어로 출간한 《대아틀라스》 초판은 한마디로 거대했다. 이제까지 한 번도 출간된 적이 없는 책이었다. 지도가 594점에 분량이 총 4,608쪽에 이르는 열한 권으로 된 이 지도책은 얀소니위스뿐 아니라 블라외의 과거 모든 지도책을 압도했다. 그러나 유럽 지도책 시장을 장악하겠다는 블라외의 계획은 《대아틀라스》를 하나가 아니라 다섯 개 판본으로 동시에 내놓는 것이었다. 첫 번째가 (교양인에게 필수인) 라틴어 판본이고, 나머지는 인기도 더 높고 수익도 더 좋은 각 지역 토착어 판본이었다. 1663년에 나온 두 번째 판본은 지도가 597점 들어간 열두 권짜리로, 블라외의 가장 큰 시장에 공급할 프랑스어 판본이었다. 세 번째 판본은 고향 독자들을 겨냥해 1664년에 내놓은 네덜란드어 판본으로, 총 아홉 권에 지도가 600점 들어갔다. 네 번째 판본은 유럽에서 여전히 해외에 가장 큰 제국을 세웠다고 인정받는 나라의 언어인 스페인어 판본이었다. 다섯 번째이자 가장 드문 판본은 독일어 판본이다. 블라외는 이 판본을 가장 먼저 시작했지만, 더 중요한 라틴어와 프랑스어 판을 먼저 내놓으려고 뒤로 미뤘다. 독일어 판은 1659년에 축약본 형식으로 출간했지만, 완성된 판본은 총 열 권에 지도가 545점 들어갔다. 각 판본은 그것이 묘사하는 지역과 사용한 인쇄 형식이 다르지만, 글과 지도는 거의 다 똑같이 들어갔다. 지도책의 필수인 표준화를 위한 노력이었다.[424]

1659년부터 1665년까지 약 6년에 걸쳐 이 지도책이 탄생하기까지 관련 통계도 놀랍다. 다섯 가지 판본의 총 인쇄 부수는 약 1,550부로 추정되는데, 라틴어 판이 약 650부로 가장 많다. 언뜻 대단치 않아 보이는 이 수치를 자세히 들여다보면, 글을 새긴 페이지가 총 544만 쪽이고 동판인쇄가 95만 점이라는 경이로운 수치가 나온다. 여기에 투입된 시간과 인력도 놀랍다. 다섯 판본의 일차 원본에서 글을 인쇄한 페이지가 1만 4,000쪽인데, 쪽당 조판 시간을 여덟 시간이라고 계산하면 전체 조판에 식자공 다섯 명이 10만 시간을 매달려야 한다. 조판공 한 팀이 종일 매달리면 2,000일, 즉 6년이 걸린다는 계산이 나온다. 반면에 글자가 들어간 인쇄판 183만 장을 인쇄하는 작업은 비교적 빠르게 진행되었다. 블라외가 보유한 인쇄기 아홉 대를 모두 가동하면, 시간당 50장을 인쇄한다고 할 때 이론상으로는 10개월 남짓이면 네 판본의 인쇄가 모두 끝난다. 그런데 동판 지도 인쇄는 또 다른 문제다. 특히 이미 인쇄한 판의 뒷면을 인쇄할 때가 문제다. 동판 하나로 한 시간에 찍을 수 있는 양은 고작 열 점 정도였을 것이다. 네 판본에 동판인쇄가 95만 점 들어갔으니, 블라외가 보유한 지도 전용 인쇄기 여섯 대를 약 1,600일, 즉 4년

반 동안 계속 가동해야 한다는 계산이 나온다. 이 지도 중에서 상당수는 손으로 채색까지 해야 했다. 이렇게 하면 구매자는 마치 주문 지도를 산 듯한 만족감을 느꼈다. 그런데 채색은 지도 하나당 3스타위버르(1휠던의 20분의 1에 해당하는 화폐 – 옮긴이)씩 쳐서 하청업자에게 따로 맡겼기 때문에 여기에 소요된 시간을 측정하기 어렵다. 그다음 제본 작업에서는 여러 권짜리 한 세트를 제본하는 데 적어도 하루가 걸렸다. 이 작업에는 (이 시기에 완성할 다른 인쇄물과 마찬가지로) 블라외가 블룸흐라흐트 작업실에 고용한 80여 명의 인력이 모두 동원되었다.[425]

이 기획에는 막대한 사본이 투입되고 투자 위험도 높았는데, 《대아틀라스》 여러 판본의 판매가가 이를 잘 보여 주었다. 블라외의 이전 지도책은 대개 200휠던이 조금 넘었지만 《대아틀라스》는 그보다 훨씬 비쌌다. 손으로 채색한 라틴어 판은 430휠던이었고(채색하지 않은 것은 330휠던이었다), 더 큰 프랑스어 판은 채색한 것이 450휠던, 채색하지 않은 것이 350휠던이었다. 이 지도책은 이제까지 팔린 그 어떤 책보다 제작 비용도 많이 들었고 판매가도 높았다. 450휠던이면 17세기 장인의 꽤 괜찮은 연봉이었고, 오늘날로 치면 약 3만 달러에 해당한다. 《대아틀라스》는 물론 평범한 노동자를 겨냥한 책은 아니다. 구매자는 이 책이 탄생하는 데 연관된 사람이거나 네덜란드의 정치적, 상업적 팽창을 도울 여력이 되는 정치인, 외교관, 상인, 금융업자였다.

그토록 많은 노력과 기대 속에 탄생한 《대아틀라스》에서 모험 정신을 찾아볼 수 없다는 점 또한 무척 놀랍다. 편집뿐 아니라 지도 자체에서도 블라외가 개혁이나 혁신에는 관심이 없다는 사실이 잘 드러난다. 블라외 것이든 얀소니위스 것이든 이전에 나온 지도책은 질보다 양이 우선이어서 일단 많이 넣고 보자는 식이었다. 그러다 보니 지구의 방대한 부분을 아주 상세히 다루면서 그 외의 지역은 방치하다시피 했고, 지도를 싣는 순서에도 일관성이 없었다. 《대아틀라스》는 이런 단점을 고치지 않았고, 당시 지리 지식을 반영하는 새로운 지도도 싣지 않았다. 예를 들어 제1권에는 세계지도가 나오고, 이어서 북극 지역, 유럽, 노르웨이, 덴마크, 슐레스비히 지도가 나온다. 여기에 실린 지도 스물두 점 중에 열네 점은 새것이지만, 나머지 지도 중에는 30년이 더 된 것도 있다. 제3권은 독일만 집중적으로 다루면서 아흔일곱 점의 지도를 실었는데, 이 가운데 이 책에 처음 실린 지도는 스물아홉 점에 불과했다. 네덜란드를 다룬 제4권에는 지도가 예순세 점 실렸는데, 이 중 서른 점이 엄밀히 따지면 새로 실린 지도지만 실제로는 대부분이 블라외의 지도책에 처음 실린 오래된 지도였다. 심지어 이 책 시작 부분에는 블라외의 아버지가 무려 1608년에 처음 발행한 17개 주 지도를 싣기까지 했다. 잉글랜드만 다룬 제5권에는 지도가 쉰아홉 점 들어갔는데, 열여덟 점을 뺀 나머지는 모두 존 스피드John Speed의 《대영제국 극장Theatre of the Empire of Great Britaine》(1611년)에서 그대로 베낀 지도다. 제9권에는 스페인과 아프리카를 다루었고, 여기서 비로소 유럽이 끝난다. 제10권은 아시아 지도 스물일곱 점이 전부다. 그나마 하나 빼고는 모두 예전에 발행된 지도이고, 동인도회사가 이 지역을 광범위하게 탐험한 흔적도 거의 나타나지 않는다.[426]

　이처럼 《대아틀라스》는 인쇄 매체가 지도 제작의 혁신을 이끌기보다 되레 방해한 사례가 되고 말았다. 인쇄된 지도는 아름답고, 활판술은 오늘날의 동판화 전문가가 봐도 최고다. 그러나 방대한 작업에 거금을 쏟아부은 블라외는 한 가지 문제에 직면했다. (대개는 돈 많은) 보수적 구매자를 쫓아 버릴 수도 있는 새롭고 낯선 지도를 소개하는 모험을 감행할 것인가, 다시 말해 혁신을 원하는 대중의 취향에 기대를 걸고 도박을 할 것인가의 문제였다. 앞서의 지도 판매 실적을 보면 승산이 없는 도박이었다. 사실 블라외의 이력을 보면 그는 동인도회사에서 비축한 혁신적 지식을 자신의 지도에 소개할 마음이 없었던 것으로 보인다. 그보다는 그 지식을 아껴 두었다가 별도의 보수가 지급되는 동인도회사용 해도를 만들 때 사용했다. 《대아틀라스》도 예외가 아니었다. 이 지도책은 제목이 암시하듯 앞선 지도책보다 규모가 큰 '대'지도일 뿐이었다.

이러한 성향이 분명하게 드러난 사례는 이 지도책의 첫 번째 지도인 〈전 세계를 담은 새롭고 대단히 정확한 지도 Nova et accuratissima totius terrarum orbis tabula〉다. 이 지도책에 실린 다른 많은 지도와 달리 이 지도는 비교적 새 지도였다. 이제까지 블라외의 지도책에는 7의 아버지가 메르카토르 도법을 바탕으로 1606~1607년에 만든 세계지도가 실렸다. 그에 반해 새로 실린 이 세계지도는 메르카토르 노법을 버리고, 메르카토르가 1595년에 《아틀라스》를 펴내면서 정립한 전통적 방식으로 돌아갔다. 평사적도도법 平射赤道圖法, stereographic equatorial projection에 따라 그린 똑같은 반구 두 개로 지구를 표현하는 방식인데, 시민 홀 바닥에 새긴 대리석 세계지도의 기초가 된 블라외의 1648년 세계지도에 사용한 방식과 아주 비슷하다. 평사도법에서는 위선과 경선이 표시된 투명한 지구가 종이 위에 놓여 있다고 상상한다. 이때 블라외의 경우처럼 적도를 종이에 닿게 놓는다. 그리고 지구에 불빛을 비추면, 종이에 자오선과 위선은 곡선으로, 적도는 직선으로 나타난다. 새로운 방법은 아니지만(프톨레마이오스도 이 방법을 썼다) 르네상스 시대에는 주로 천문학자들이 별자리표를 만든다거나 지구 곡률 표현에 관심이 많은 블라외 같은 사람들이 지구본을 만들 때 사용한 방법이다. 하지만 동인도회사는 메르카토르 도법의 우수성을, 특히 항해에서의 우수성을 깨닫기 시작했고, 블라외도 이를 잘 알고 있었다. 그런데도 아버지가 선호한 메르카토르 도법이 아닌 평사도법을 새로운 세계지도에 사용한 것은 똑같은 반구 두개를 이용한 투영을 선호하는 검증된 대중의 취향에 영합했기 때문이다. 이러한 취향은 시민 홀과 1648년 세계지도에도 분명히 드러나지만, 사실은 마젤란이 최초로 지구를 한 바퀴 돌고 난 뒤인 1520년대로까지 거슬러 올라간다.

이 투영법을 선택한 의도는 단지 가장 잘 팔릴 것 같아서만은 아니었다. 이 지도에는 1648년 세계지도에서 더 추가된 것도 거의 없다. 동반구에는 오스트레일리아가 '신홀란트'라는 이름을 달고 미완성으로 남아 있고, 이곳이 뉴기니와 연결될 수도 있다는 암시도 애매하게 나타난다. 서반구에는 북아메리카의 북서 해안이 미완성으로 남아 있고, 캘리포니아가 섬으로 잘못 묘사되어 있다. 이 1662년 지도에서 달라진 것은 가장자리의 정교한 장식이다. 맨 아래에는 사계절이 의인화되어 나타나는데, 왼쪽에는 봄이, 오른쪽 끝에는 겨울이 있고, 중간에 가을과 여름이 있다. 두 반구 위에는 더욱 정교하게 의인화한 모습이 보인다. 왼쪽 서반구 위에는 프톨레마이오스가 한 손에는 분할기를, 한 손에는 혼천의를 들고 있다. 그 반대편, 즉 동반구의 오른쪽 위에는 코페르니쿠스가 분할기를 지구본 위에 놓고 있다. 두 사람 사이에는 당시 알려진 행성 다섯 개가 고대의 신으로 의인화되어 나열되어 있다. 왼쪽부터 차례로 프톨레마이오스 옆에 벼락과 독수리를 든 유피테르(목성)가 있고, 그 옆에 큐피드와 함께 비너스(금성)가, 그 옆에 아폴론(태양)이, 그 옆에 지팡이 카두케오스를 든 메르쿠리우스(수성)와 갑옷을 입은 마르스(화성)가, 그리고 코페르니쿠스 바로 위에 육각별이 그려진 깃발을 든 사투르누스(토성)가 있다. 아폴론 아래, 두 반구 사이에는 머리와 어깨가 원근법으로 축소된 의인화한 달이 고개를 내밀고 있다.

세계가 넓은 우주 안에 있고 지구가 그 중심에 놓여 똑같은 반구 두 개로 펼쳐진 듯한 모습이다. 그것이 진실일까? 이 지도는 프톨레마이오스의 지구중심적 믿음과 코페르니쿠스의 태양중심설을 나란히 배치해 두 우주론을 모두 받아들이려 한다는 점을 암시한다. 그러면서도 행성을 태양에 가까운 순서로 배치해 코페르니쿠스 설을 에둘러 지지한다. 지팡이를 든 수성이 태양과 조금 더 가깝고, 다음이 금성, 다음이 달

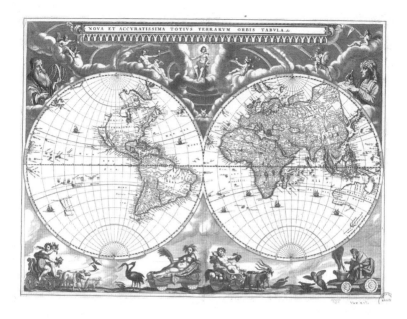

─── **그림 69**

《대아틀라스》(1664년 판)에 실린 요안 블라외의 세계지도. 프톨레마이오스의
고전주의(왼쪽)와 코페르니쿠스의 혁신(오른쪽)을 대조해, 전통과 혁신을
일시적으로 접목했다. 메르카토르 도법을 버리고 똑같은 반구 두 개를 이용한 평사도법을
택했지만, 행성을 의인화해(맨 위) 태양과 가까운 순서대로 배치함으로써
코페르니쿠스설을 지지한다. → 448~449쪽 사이 컬러화보 참고

과 지구다. 그리고 화성이 목성보다 가까이 있고 마지막에 토성이 온다.
코페르니쿠스의 지지자들이 주장하는 차례를 정확히 지킨 배열이다.

블라외는 지도책 서문인 〈지리학 서문〉에서 이렇게 말한다. "세
계의 중심과 천체의 움직임을 두고 우주형상학자들은 상반된 두 가지
견해를 보인다. 어떤 이는 지구가 우주의 중심에 정지해 있고, 행성을
거느린 태양과 항성이 지구 주위를 돈다고 말한다. 또 어떤 이는 태양
을 세계의 중심에 놓는다. 이들은 태양이 그곳에 정지해 있고, 지구와
다른 행성이 그 주위를 돈다고 믿는다." 블라외는 자신의 세계지도를
직접 설명하듯이, 후자가 주장하는 코페르니쿠스의 우주형상학을 계속

설명한다.

> 첫 번째 반구에 있는 태양에서 가장 가까운 수성은 80일에 걸쳐 서쪽에
> 서 동쪽으로 정해진 길을 움직이는 반면, 두 번째 반구에 있는 금성은 아
> 홉 달에 걸쳐 움직인다. 이들은 지구를 발광체 또는 다른 것과 똑같은 행
> 성이라고 믿고, 지구를 달과 함께 세 번째 자리에 놓는다(달은 지구 주위
> 를 27일 8시간에 걸쳐 주전원周轉圓, epicycle을 그리듯 돈다). 이들은 지구가
> 태양을 도는 데 자연년年으로 1년이 걸린다고 단정한다. 그리고 이에 따
> 라 한 해의 계절인 봄, 여름, 가을, 겨울이 구분된다고 말한다.[427]

블라외는 자신의 세계지도에 나온 대로 화성, 목성, 토성의 위치를 계속
설명한다.

> 그러더니 "이 견해 중에 세계의 자연 질서에 가장 잘 맞는 진실
> 이 어느 것인지 여기서 명확히 밝히는 것은 우리 뜻이 아니다"라며 본
> 심을 교묘히 숨긴다. 그는 이 문제를 "천체 과학에 정통한 사람들에게"
> 맡긴 채, 지구중심설이든 태양중심설이든 "두드러진 차이가 없다"고 가
> 볍게 말하고는 "고정된 지구 가설이 점점 더 그럴듯해 보이고 이해하기
> 도 쉬우니, 이 서문에서는 그 가설에 따르겠다"고 말한다.[428] 과학자가
> 아닌 기업가의 말투이고, 지리학자라기보다는 출판업자의 말투다.

> 그렇기는 해도 1662년의 《대아틀라스》 세계지도는 행성의 위치
> 를 표시하면서 지구를 우주의 중심에서 떼어 내, 태양을 중심에 놓은 태
> 양계를 최초로 제시했다. 바로 이 점이 방대한 분량 외에 이 지도책의
> 역사적 성취에 해당한다. 그러나 출간과 관련한 상업적 절박함 때문에
> 요안 블라외는 아버지와 달리 이 지도책의 급진적 과학을 희석했다. 사
> 실 네덜란드는 지구중심 통설을 반박하는 과학에 동조했는데도 1662년
> 세계지도는 코페르니쿠스와 튀코를 삽입해 당시 널리 퍼진 프톨레마이

오스 모델에 도전한 1648년 지도에서 한 걸음 물러났다. 1662년 지도 자체는 지구가 태양중심의 태양계 안에 자리 잡은 모습을 보여 주지만, 그 모습은 고전적 외피에 워낙 여러 겹 둘러싸이고 블라외 자신이 거기서 발을 빼는 듯한 설명을 덧붙인 탓에 의미가 반감되다 보니 역사학자도 대부분 그 중요성을 깨닫지 못했다.[429] 블라외는 새 과학 이론을 지지하면 사업에 이익이 될지 손해가 될지 확신하지 못했던 모양이다. 결국 그는 코페르니쿠스의 이론을 배배 꼬아 설명하면서 태양중심 세계를 반영한 훌륭한 지도를 만들었지만, 그가 만든 세계의 모습은 갈수록 주목받지 못했다.

《대아틀라스》가 큰 성공을 거두었으니, 블라외의 판단은 상업적으로 영악했다고 봐야 할 것이다. 암스테르담뿐 아니라 유럽 전역에서 부유한 상인, 금융업자, 정치인들이 이 지도책을 사들였다. 블라외는 다양한 판본을 유럽에서 정치적으로 가장 영향력 있는 인물에게 헌정하면서, 채색과 제본, 문장紋章을 맞춤 제작해 그들에게 보냈다. 이 중에는 호두나무나 마호가니에 정교한 조각을 새겨 특별히 디자인한 보관함을 만들어, 단순한 지도책 이상의 지위를 부여한 것도 많다. 라틴어 판은 오스트리아의 레오폴트 1세 황제에게, 프랑스어 판은 루이 14세에게 헌정했다. 블라외는 루이 14세에게 보낸 책에 지리학의 중요성을 강조하는 그럴듯한 설명을 덧붙였다. 그는 (오르텔리우스의 말을 변형해) "지리학은 역사의 눈이자 빛"이라면서, 왕 앞에 그 전망을 펼쳐 보였다. "지도는 가장 멀리 떨어진 것을 안방에서, 그리고 바로 눈앞에서 생각하게 한다."[430] 그는 영향력 있는 고위 관리에게도 책을 보냈고, 외국 통치자에게 이국적인 선물로 맞춤형 지도책을 선사한 뒤에는 네덜란드 당국에서 그 대금을 챙겨 갔다. 1668년에 네덜란드 의회가 오스만 술탄에게 두 나라의 정치적, 상업적 동맹을 강화할 목적으로 벨벳 장정의 라틴어 판을 선사했을 때도 그러했다. 이 책은 인기가 워낙 좋아 1685년에는

터키어로 번역되고 복제되었다.[431]

《대아틀라스》출간으로 50년간 이어진 얀소니위스와의 경쟁도 막을 내렸지만, 그것은 이 지도책이 뛰어나서가 아니었다. 얀소니위스는 1664년 7월에 세상을 떠났다. 블라외가 《대아틀라스》판본을 여럿 내놓은 5년 동안 얀소니위스도 자신의 《대아틀라스》를 네덜란드어, 라틴어, 독일어로 출간했다. 1658년과 1662년 사이에 아홉 권으로 출간한 네덜란드어 판은 순서가 블라외와 비슷했고 지도는 495점 실렸다. 1658년에 나온 열한 권짜리 독일어 판은 지도가 무려 547점이나 실렸다. 얀소니위스는 재원이나 정치적 인맥이 블라외에 미치지 못했지만, 사실상 그가 죽는 날까지 쟁쟁한 경쟁자에 맞서 방대한 지도책을 꾸준히 내놓았다.[432] 그가 더 오래 살았다면 궁극적으로 네덜란드 지도 제작을 호령한 블라외의 이야기도 사뭇 달라졌을 것이다.

블라외는 큰 성공을 거둬, 1667년에는 인쇄 제국을 확장해 흐라번스트라트에도 인쇄소를 차렸다. 그러나 성공은 오래가지 못했다. 1672년 2월, 새 건물에 화재가 발생해 책과 인쇄기의 상당 부분이 불에 탔다. 공식 보고에 따르면, 책도 책이지만 "모든 게 다 들어 있는 거대한 인쇄소가 워낙 심하게 훼손되어, 귀퉁이에 쌓아 둔 동판마저 화염에 납처럼 녹아 버렸다." 블라외가 입은 손실은 무려 38만 2,000휠던에 달했다.[433] 바다와 하늘도 지도로 만들겠다던 블라외의 약속은 이제 영원히 물 건너가 버렸다. 하지만 이것이 전부가 아니다. 1672년 7월, 네덜란드가 프랑스와 전쟁에 직면하자 의회는 오라녜의 빌럼에게 최고행정관직을 수여했다. 이 권력 이동으로 암스테르담 의회에서 블라외를 비롯한 반오라녜파가 축출되었다. 인쇄소가 폐허가 되고 정치적 영향력마저 끝장나자 블라외는 빠르게 쇠락했고, 1673년 12월 28일에 일흔다섯 살의 나이로 세상을 떠났다.

블라외의 죽음으로 가업은 기울기 시작했다. 그의 아들들이 가업을 물려받았지만, 아버지나 할아버지에 비해 명석함이나 추진력이 부족했다. 지도 시장도 변하고 정치 상황도 바뀌어 방대한 지도책 제작에 필요한 막대한 자금을 끌어들이기도 어려웠다. 위험 부담이 너무 컸다. 얀소니위스와 블라외의 죽음으로 1630년과 1665년 사이에 지도책 출판을 이끌었던 상업적 경쟁이 사라졌다. 새 지도책에 대한 수요도, 공급도 없었다. 《대아틀라스》인쇄에 사용된 동판 중에서 화재 때 불타지 않은 동판은 1674년과 1694년 사이에 모두 팔리거나 경매에 붙여졌다.[434] 블라외의 가업은 1696년 마침내 문을 닫았고, 동인도회사는 1703년에 블라외의 이름을 마지막으로 사용하면서 지도 제작의 중심에 섰던 이 가문과의 길고도 성공적인 관계를 끝맺었다.

그 후 블라외 지도책의 운명은 제작자도 상상하지 못한 방향으로 흘러갔다. 블라외는 바다와 하늘을 아우르는 애초의 기획을 완성하지 못했지만, 기획의 첫 번째 부분을 수령인 개개인에 맞춰 제작함으로써 의도치 않게 지도책 소비에서 전에 없던 새로운 방식을 촉발했다. 소위 '합성 지도책'이다. 17세기 말에 사람들은 블라외를 모방해 자신이 소유한 블라외 지도책에 새 지도와 그림을 보충하기 시작했다. 암스테르담의 법률가 라우렌스 판 데르 헴Laurens van der Hem(1621~1678년)은 《대아틀라스》라틴어 판을 구입한 뒤, 그것을 기초로 지도와 해도, 지형도, 초상화 3,000점을 모아 엮은 마흔여섯 권짜리의 놀라운 책을 만들었다. 마치 블라외 원본의 거대 확장판인 듯, 판 데르 헴이 직접 전문적으로 정리하고 제본한 책이다. 이 지도책이 워낙 인상적이어서 토스카나 대공이 3만 휠던에 그 책을 사겠다고 제안했을 정도다. 투자액 430휠던을 생각하면, 판 데르 헴이 가치를 상당히 더했다고 해도 엄청난 수익이다.[435] 다른 사람들도 자신이 가지고 있는 블라외 지도책을 항해나 우주형상학 심지어 오리엔탈리즘 등 취향에 따라 변형했다. 블라외의 지도책이 그렇듯, 이 맞춤형 지도책들도 확장 가능성이 무한대였다. 결국 수집하는 사람이 죽어야 끝나는 책이었다.

　　재미있는 사실은 블라외가 지리학이나 천문학에서 혁신적인 내용들을 희생하면서 주로 수익성 있는 고객을 대상으로 지도책을 판매한 탓에, 그 후에 나온 지도책들은 책 내용을 출판인 또는 지리학자가 결정하는 형식에서 탈피해 구매자가 직접 결정하는 식으로 옮겨 갔다는 점이다. 이탈리아의 인쇄업자들은 지도를 표준 형식에 맞춰 출간하기 시작했는데, 지도를 구입한 고객이 자기 식대로 지도책을 만들 수 있게 하기 위해서였다. 그 후 이런 지도책은 거래상들 사이에서 'IATO^Italian, Assembled to Order 지도책'(16세기에 처음 나온 이탈리아의 주문 제작 지도)으로 알려졌다. 정확히 말하면 이탈리아 합성 지도책으로, 지도책에 실을 지도를 고르는 사람은 대개 출판인이 아닌 수집가였다. 합성 지도책의 출현은 17세기 말에 지도 제작자와 인쇄업자가 궁지에 처하면서 나타난 현상이었다. 이들이 소유한 지리 정보는 어느 때보다 방대했고 인쇄술은 속도와 정확도에서 그 정보를 세밀하게 표현할 수 있을 정도가 되었지만, 누구도 그 많은 정보를 정리하고 표현할 뾰족한 수를 내놓지 못했다. 언제쯤 되어야 지리 지식이 완벽하다고 생각될까? 이런 기획이 어떻게 돈이 될까? 끝이 안 보이는 일이 분명했고, 차라리 각자 필요한 지리 정보를 선별하는 게 최선이었다.

　　블라외의 《대아틀라스》는 아름다운 활판인쇄, 섬세한 장식, 빼어난 색채, 호화로운 제본으로 17세기 인쇄물 가운데 단연 으뜸이었다. 그것은 스페인 제국에서 벗어나고자 격렬히 투쟁하고, 영토 획득보다는 부 축적을 선호하는 세계시장을 창조한 네덜란드의 산물이었다. 블라외도 궁극적으로는 이와 똑같은 절박함으로 지도책을 생산했다. 그에게는 구태여 암스테르담이 그러한 세계의 중심에 놓일 필요가 없었다. 네덜란드에서 돈줄을 쥔 세력들은 갈수록 널리 퍼져 갔지만 눈에 띄지 않게 세계 곳곳으로 스며들었다. 17세기 금융시장도 오늘날과 마찬가지로 부를 축적할 수만 있다면 정치 중심지나 경계 따위는 별로 상관하지 않았다.

사실《대아틀라스》의 성공은 17세기 말이 되면서 지리학 발전에 도움이 되기보다는 방해가 되었다. 프톨레마이오스 때부터 지도 제작자들을 자극해 온 보편적 지리 지식 획득이라는 고전 전통은 이제 사라졌다.《대아틀라스》는 분량이 엄청났음에도 불구하고 세계의 모습을 표현할 새로운 지리학적 방법을 제시하지 못한 채, 과학 혁신이나 지리적 정확성보다 지도나 지도책의 장식적 가치에 관심을 둔 구매자들을 만족시켰을 뿐이었다. 그리고 세계를 바라보는 새로운 투영법이나 비율을 제시하지 않은 채, 세계는 더 이상 우주의 중심이 아니라는 암시만 던졌다. 블라외에게 태양중심설은 그저 판매 수단일 뿐이었다.《대아틀라스》는 르네상스 전통과 확실하게 단절한 진정한 바로크 창작물이었다. 메르카토르 같은 선대의 지도 제작자들은 우주에서 세계가 차지하는 위치를 단일한 과학적 시선으로 바라보려 했지만, 블라외는 세계의 다양성을 보여 주는 자료들을 무작정 많이 수집했다. 이는 시장성을 고려한 것이지, 세계를 이해하는 특별한 방법을 찾으려 해서가 아니었다. 《대아틀라스》는 확고한 지적 원칙 없이 부피만 한없이 커진, 지식만큼이나 돈에 이끌린 아쉬운 미완성 걸작이다.

9 국가

카시니 가문의
프랑스 지도,
1793년

프랑스 파리,
1793년

1793년 10월 5일, 공화국 프랑스의 국민공회는 '프랑
스 혁명력 수립령'을 발표했다. 약 1년 전인 1792년 9월
22일에 프랑스 공화국이 수립되었음을 공식 선언하는
달력을 도입한다는 포고령이다. 이즈음 무너진 '앙시앵
레짐(구체제)'의 흔적을, 절대군주의 통치부터 그것이
달력에 남긴 흔적에 이르기까지 모든 흔적을 남김없이
쓸어버리려는 일련의 개혁 중 하나였다. 국민공회에 따
르면, 이날은 공식적으로 혁명력 2년 방데미에르 2기
14일이었다(방데미에르는 포도 수확을 뜻하는 '방다주'에
서 따온 말로, 가을의 첫 번째 달을 뜻한다). 이 혁명력을 시
작하기 몇 주 전, 국민공회는 좀 더 급진적인 대의원이
고 배우이자 극작가이며 시인인 파브르 데글랑틴Fabre
d'Églantine에게 한 가지 보고를 받았다. 루이 16세 처형
에 찬성표를 던졌던 데글랑틴은 새 혁명력을 만들도록
위임받은 위원회에서 두드러진 인물이었다. 그런 그가
이제 지도에 주목했다. 그는 "아카데미 지도라 불린 프
랑스 일반도"로 국민공회의 관심을 돌려, 지도를 비판

했다. "주로 정부가 비용을 지원해 생산했는데, 그 뒤 민간의 손에 들어가면서 사적 재산으로 취급되는 통에 일반 사람들은 터무니없는 값을 주고 지도를 사야 할 뿐 아니라 장군들이 지도를 요청해도 거절할 정도다."[436]

국민공회는 데글랑틴에 동의했고, 지도와 인쇄 원판을 몰수해 '전쟁사무국'으로 옮기라고 명령했다. 사무국 국장 에티엔 니콜라 드 칼롱은 승리감에 젖어 이 결정을 환영했다. 그가 선언했다. "이번 결정으로 국민공회는 국가적 성취를, 40년에 걸친 기술자들의 노고의 결실을 투기꾼 집단의 탐욕에서 다시 빼앗아 왔고 이로써 정부는 지도를 언제든 이용할 수 있게 되었다. 지도를 잃거나 포기하면 정부의 자원은 줄고 적의 자원은 늘어날 것이다."[437]

데글랑틴과 칼롱은 문제의 프랑스 지도를 압수하고 장도미니크 카시니Jean-Dominique Cassini(1748~1845년)를 무릎 꿇리는 것이 목적이었다. 장도미니크는 불행하게도 4대째 내려온 유명한 지도 제작 가문인 카시니 집안의 마지막 세대가 될 운명이었고, 국민공회가 거의 다 완성된 프랑스 지도를 몰수할 때 그것을 소유했던 사람으로 추정된다. 골수 왕당파인 장도미니크에게 국유화는 정치적 파국이자 개인의 비극이었다. 그는 회고록에 이렇게 한탄했다. "그들은 지도가 완성되기도 전에, 마무리 손질이 끝나기도 전에, 지도를 빼앗아 갔다. 예전에는 누구도 이런 일을 당하지 않았다. 대체 어떤 화가가 마지막 붓질을 끝내기도 전에 그림을 압수당했던가?"[438]

소유권 논쟁이 일어난 지도는 혁명가들이 '프랑스 일반도'라 불렀던 지도이며, 카시니와 동료들이 자기들 것인 양 '카시니 지도Carte de Cassini'라 불렀으니 데글랑틴과 칼롱은 필시 못마땅했을 것이다. 이 지도는 지구 표면을 측량하는 측지학과 삼각측량으로 프랑스 전국을 최초로 체계적으로 측량해 만든 지도였다. 예정대로 완성했다면 1:86,400 축척으로 제작한 지도 182장을 이어 붙여 가로 11미터, 세로 12미터의 프랑스 전국지도가 되었을 것이다. 이 지도는 혁신적인 과학적 측량법으로 유럽의 한 국가 전체를 표현한 최초의 근대적 국가지도였지만, 1793년이 되자 한 가지 문제가 생겼다. 소유주가 누구일까? 지도가 표현한 새로운 혁명 국가일까, 아니면 4대에 걸쳐 지도를 만든 왕당파일까?

지도의 기원은 1660년대 초로 거슬러 올라가 장도미니크의 증조부인 조반니 도메니코 카시니Giovanni Domenico Cassini(1625~1712년) 또는 카시니 1세에서 시작한다.[439] 조반니는 1667년 루이 14세가 세운 '파리 천문대'의 사실상 초대 대장이었다. 그리고 조반니의 아들 자크 카시니Jacques Cassini(1677~1756년) 즉 카시니 2세, 손자 세사르프랑수아 카시니 드 튀리César-François Cassini de Thury(1714~1784년) 즉 카시니 3세, 증손자 장도미니크 즉 카시니 4세가 100년 넘게 대를 이어, 증명 가능한 측정과 수량화라는 엄격한 과학 원리에 따라 전국의 토지를 측량했다. 이 기획을 실행하면서 현실적, 재정적, 정치적 우여곡절도 있었고 각 세대가 추구하는 방향도 달랐지만, 측지학에 삼각측량을 결합한 이들의 방식은 그 후 서양의 모든 지도 제작에 영향을 미친다. 이들의 원리는 지금도 전 세계 지도책에, 그리고 영국 토지측량부와 인터넷의 지리 공간 애플리케이션에 이르기까지 거의 모든 과학 지도에 적용되는데, 모두 카시니가 처음 제안하고 실용화한 삼각측량과 측지학을 기초로 한다. 국왕이 통치하는 왕국을 측량하는 데서 출발한 이 측량법은 그 후 200년 동안 근대의 모든 국민국가를 표시하는 지도의 기본 틀이 된다.

1793년의 선언은 민간의 지도 제작 기획을 최초로 국유화한 것이었다. 카시니 집안은 대대로 프랑스 왕실과 친밀한 관계를 유지했고 왕실은 이들의 사업에 일부 자금을 지원했다. 혁명 세력에게는 이 관계를 끊는 것이 목표였지만, 데글랑틴과 칼롱 같은 사람들은 개인적으로 카시니의 측량이 자신들의 정책 과제에 활용될 수 있는 놀라운 가치가 있음을 알아보았다. 카시니 측량과 그것을 인쇄한 지도는 왕실과의 긴밀한 관계에서 나왔지만 궁극적으로 새로운 '프랑스 시대'의 상징, 즉 근대적 공화제를 실현한 국민국가로서의 프랑스라는 개념을 만들 청사진이 될 수 있었다. 이 지도의 군사적 가치는 누구든 한눈에 알아볼 수 있었다. 이제 막 탄생한 프랑스 공화국이 적대적인 이웃 왕국들의 침략에 직면했을 때 프랑스의 각 지역과 경계를 상세히 묘사한 카시니 지도는 새로운 정권을 방어하는 데 필수가 될 것이다. 더구나 국민공회는 이미 프랑스 행정조직의 효율을 높이기 위해 교회 관구, 고등법원, 회의소, 교구 등의 복잡한 행정구역을 여든세 개의 데파르트망département으로 나눌 계획을 세웠고, 국유화한 카시니 지도는 이들 구역을 규정하고 관리하는 데도 핵심 역할을 하게 된다.[440]

여기에 더 큰 무형의 파급효과도 있다. 카시니의 측량이 공화국 수중에 들어가면서 이 지도는 국가(또는 국민)의 지도, 국가(또는 국민)를 위한 지도라는 믿음이 생겼다. 데글랑틴이 이 측량을 국유화하자고 요구한 뒤로 프랑스 대중은 자신의 국가를 두 눈으로 확인하고, 국가의식을 처음으로 구현한 지도에서 자신의 국가를 알아보게 되었다. 샤를 드 세콩다 몽테스키외Charles de Secondat, baron de Montesquieu(1689~1755년)나 장자크 루소Jean-Jacques Rousseau(1712~1778년) 같은 사상가들은 18세기에 "국가라는 일반 정신"을 규정하기 시작했는데,[441] 측량은 그 정신에 반응하고 그 정신을 토대로 한 것이었다. 부르봉 왕가의 군주들은 자신의 통치를 기념하는 수단으로 파리를 중심으로 한 측량을 장려했었다. 공화정 아래에서는 프랑스 영토를 인치까지(국민공회가 미터법을 도입한 1795년 4월부터는 미터까지) 속속들이 지도에 옮기는 작업은 사람과 땅을 하나로 묶어 군주가 아닌 프랑스라 불리는 비인격체인 상상의 국가 공동체에 충성하게 만드는 작업으로 보였을 것이다.[442] 이제 국가의 물리적 영토와 주권은 똑같은 하나라는 주장이 정치적 미사여구로 등장하고, 이런 사고방식은 유럽 전역으로, 더 나아가 세계 전체로 퍼지게 된다.

카시니 집안 사람들이 측량을 하면서 비록 측지학을 이용하고 지구의 모양과 크기를 정확하게 측정했지만, 이들의 주된 관심사는 세계지도 제작이 아니었다. 이들의 야심은 프랑스를 지도에 담은 뒤 측량과 지도 제작에서 확립한 원리를 지구 전역의 국민국가로 확장하는 것이었다. 그러나 이들이 지도 제작 역사에 기여한 공로는 그 공로를 토대로 탄생한 영국 토지측량부의 이야기에 비해 소홀히 취급되어 왔다. 비록 영국 토지측량부가 널리 알려지긴 했어도, 서양 지도 제작의 원리를 최초로 정립하고 근대 국민국가의 행정부가 지도를 이해하고 세내로 활용하게 만든 것은 카시니 가문이었다.

17세기 중반의 프랑스는 지도 제작의 미래를 바꿀 나라로는 보이지 않았다. 16세기에는 스페인과 포르투갈의 지도 제작자들이 이 분야를 장악했고, 17세기 초에는 그 주도권이 프랑스를 우회해 저지대 국가로 이동했다. 프랑스의 이웃 국가에서는 뱃길을 이용한 지리 발견이나 주식회사 설립이 유행했지만 프랑스는 그런 일에 관여하지 않았다. 프랑스에서 부르봉 왕가가 통치하던 시기는 16세기 말부터다. 부르봉 왕가는 종교 문제를 놓고 여러 차례의 기나긴 내부 싸움 끝에 권력을 잡았다. 부르봉의 군주들은 이러한 내부 위협에 맞서, 그리고 각 주의 강력한 지역적 독립성에 맞서 유럽에서 가장 강력한 중앙집권 정치를 확립했다. 이런 중앙집권적 성향과 그것에 저항한 지역주의는 당연히 조율이 필요했는데, 한 가지 확실한 방법은 정치 중심에서 멀리 떨어진 지역을 지도에 담는 것이었다. 유럽의 다른 군주들도 비슷한 결론을 내린다. 신성로마제국의 요제프 1세(1678~1711년) 황제는 18세기 초반에 헝가리, 모라비아, 보헤미아의 거대한 측량도를 만들게 했고, 페라리스 백작^{Comte de Ferraris}(1726~1814년)은 1770년대 내내 저지대 국가의 오스트리아 소유지를 상세히 측량해 '내각 지도Carte de Cabinet'를 만들었다. 그러나 프랑스는 면적이 약 60만 제곱킬로미터로 유럽에서 가장 큰 나라이다 보니 가뜩이나 어려운 작업이 더욱 어려웠다. 6,000킬로미터가 넘는 국경은 절반 이상이 육지와 맞닿았고, 이 중 상당 부분이 경쟁 왕조와 이웃했다. 각료들이 생각하기에 지도 제작 전략에는 왕국 내부를 관리하는 것뿐 아니라 외부의 침략에 맞서 왕국을 보호하는 것도 포함해야 했다.

초기 근대 유럽에서는 다른 어떤 나라보다 프랑스가 지도와 지도책에 행정구역을 일관되고 영속적으로 표시하는 일에 몰두했다. 아브라함 오르텔리우스의 《세계극장》은 지도의 45퍼센트에서 행정구역이 일관되지 않았지만, 1658~1659년에 나온 니콜라 상송Nicolas Sanson(1600~1667년)의 지도책 《프랑스 프로뱅스 일반도Les Cartes générales de toutes les provinces de France》에서는 지도의 98퍼센트가 표준화한 색깔과 점선을 이용해 행정구역을 체계적으로 새롭게 표시하면서, 사법 지역인 파를망, 즉 고등법원을 전통적인 교회 구획과 구분했다.[443] 상송은 부르봉 왕가가 프로뱅스(프랑스혁명이 일어나기 전의 프랑스 행정구역 – 옮긴이)에 영향력을 강화하기 시작하면서 왕실의 공식 지리학자가 되었다. 당연한 일이겠지만 그의 관심사는 프랑스 지도든 아프리카 여러 왕국의 지도든 국가 간 그리고 국가 내부의 구역 간에 경계를 긋는 것이었다.

카시니 프랑스 지도가 탄생한 배경은 땅을 측량하거나 인간이 만든 땅의 경계를 측량하는 것이 아니라 별을 관측하는 것이었다. 1666년 12월, 젊은 국왕 루이 14세(1638~1715년)는 재정감독관 장바티스트 콜베르Jean-Baptiste Colbert의 종용으로 과학아카데미Académie des sciences를 구성했다. 첫 회의에는 장 피카르Jean Picard(1620~1682년)와 네덜란드인 크리스티안 하위헌스Christiaan Huygens(1629~1695년)를 비롯해 선별된 천문학자와 수학자 스물두 명이 모였다. 아카데미 창설 계획에는 과학천문대 설립도 포함되었다. 아카데미는 이듬해 파리 중심의 남쪽에 있는 포부르 생자크에서 활동을 시작했다. 그리고 1672년에 파리 천문대가 문을 열었다.

조반니 도메니코 카시니(카시니 1세)도 아카데미 창립 회원에 합류해, 비공식 초대 천문대 대장이 되었다. 카시니 1세는 볼로냐와 로마에서 연구 활동을 하며 세계적 명성을 얻은 이탈리아 천문학자였다. 그가 연구한 목성 위성의 움직임은 갈릴레오의 연구를 확장했고, 경도를 결정하는 오래된 문제를 해결할 방법을 제시했다. 천문학자와 지리학자들은 경도가 시차에 따른 거리를 나타낸다는 사실을 알고 있었다. 문제는 시차를 어떻게 정확히 기록하느냐였다. 카시니는 목성 위성의 식蝕, eclipse과 같은 천문 현상이 일어나는 시각을 두 장소에서 동시에 기록하면 경도를 결정할 수 있으리라고 생각했다. 이 계산은 천문학적으로 보면 지구 둘레를 정확히 계산하는 데 도움이 될 수 있고, 지리학적으로 보면 콜베르 같은 정치인에게 전국지도를 만드는 데 필요한 정보를 줄 수 있었다.

콜베르가 과학아카데미를 구상한 까닭은 국가 운영에서 과학의 역할을 새롭게 인식했기 때문이다. 잉글랜드와 홀란트는 경험적 관찰과 실험으로 자연과학에서 고대부터 내려오는 확신에 도전하고 있었다. 프랜시스 베이컨은《새 아틀란티스New Atlantis》(1627년)에서 영국왕립학회Royal Society(1662년 설립)의 탄생을 예고하듯 실험을 중시하는 과학자들로 이루어진 학회를 상상했다. 콜베르가 과학에 보인 관심은 좀 더 실용적이었다. 그는 유럽 각국이 부러워할 국가 차원의 과학 기구를 세우려 했고, 그 계획에 직접적으로 도움이 될 만한 과학 연구를 후원하고자 했다.[444] 콜베르는 절대적 정보가 정치적 절대주의를 자극하고 강화하리라고 생각했다.

아카데미 간사였던 베르나르 르 보비에 드 퐁트넬은 훗날 콜베르에 대해 이렇게 썼다.

그는 학문을 후원했는데, 여기에는 타고난 성향 탓도 있었지만 건전한 정치적 이유도 있었다. 그는 알고 있었다. 과학과 예술만이 정권의 영광을 구현하고 어쩌면 정복 활동보다 더 효과적으로 한 나라의 언어를 널리 퍼뜨릴 수 있으며, 정권은 과학과 예술이 있어야 유용한 고급 지식과 산업을 관장할 수 있고 과학과 예술은 수많은 외국인을 끌어들여 그들의 재능으로 나라를 부강하게 한다는 것을.[445]

콜베르는 루이 14세의 관심을 전쟁에서 떼어 놓고 싶은 간절한 마음에, 그리고 프랑스의 대표적 천문학자들의 로비를 받아들여 아카데미 탄생을 열렬히 지지하면서 천문대가 세워질 장소에 6,000리브르를, 그리고 완공까지 70만 리브르 이상을 지원했다. 그는 아카데미 회원들에게 연금도 지급했는데, 1668년에 합류한 카시니에게 지급한 연금은 3,000리브르에 이르렀다.[446] 연금은 실험을 중시하는 과학자들의 사회적 지위가 변했음을 인정한 것이었다. 이들은 이제 최고위 국가 권력 기구에 소속되었다.

콜베르의 파리 천문대도 프톨레마이오스의 알렉산드리아나 알이드리시의 팔레르모처럼 '계산의 중심'이 되고, 국가 권위에 이익이 되는 방향으로 다양한 정보가 모이고 처리되고 사람들에게 널리 배포되는 곳이 되었지만,[447] 연구 규모와 정확도는 프톨레마이오스와 알이드리시가 상상에 그쳤던 수준까지 이르렀다. 1666년 일식과 월식뿐 아니라 일련의 혜성들이 나타났을 때, 파리 천문대는 천문학자들 일색이었다. 그러나 콜베르는 아카데미의 영역을 천문학 너머로 확장하고, 이곳을 과거의 알렉산드리아나 팔레르모 또는 세비야의 무역의 집 같은 곳과는 사뭇 다른 과학 지식의 집합소로 만들려는 야심이 있었다.

퐁트넬의 관찰대로 콜베르가 아카데미 후원에 관심을 보인 것은 왕정 국가를 운영하는 관료 프로그램의 일환이었다. 콜베르는 아카데미를 창설하기 전부터 프랑스 왕국 전체를 담은 대규모 최신 지도를 만들어 국가의 자원을 가늠하고자 했다. 그는 프로뱅스 관리들에게 구할 수 있는 지역지도를 모두 제출하라고 지시했고, 그것으로 "해당 지역이 전쟁에 적합한지 농업에 적합한지, 상업에 적합한지 제조업에 적합한지 가늠하고, 또 도로와 수로가 있는지, 특히 강이 있는지, 그리고 그것들을 개선할 가능성이 있는지"[448] 평가하고자 했다. 지도가 모이면 니콜라 상송이 분석하고 수정할 예정이었다. 이론상으로는 훌륭한 계획이었지만, 나타난 결과를 보면 극복해야 할 정치적, 현실적 문제가 상당했다. 콜베르의 요청에 응한 프로뱅스는 고작 여덟 곳이었다. 나머지는 지도 제작 재원이 부족해서 또는 더 높은 조세 부담을 우려해서 침묵을 지켰다. 또 다른 문제로, 상송은 행정구역의 경계선을 긋는 데 관심이 있었지만 사실 고대 세계를 지도에 직접 그리고 채색하는 데 더 소질이 있었다. 그런 그가 이번 기획의 규모에 겁을 먹은 것은 당연했다. 1665년에 작성한 제안서에서 그는 이 일과 관련해 두 가지 기획이 필요하다고 판단했다. 하나는 프랑스 일반도를 만드는 것이고, 하나는 행정구역을 표시한 지역지도를 만드는 것이었다. 지역지도는 "아주 작은 동네와 개간지, 심지어 교구에서 외따로 떨어진 저택과 농장과 개인 주택 한 채까지 포함해" 콜베르가 지역의 특징을 낱낱이 알 수 있어야 했다. 프랑스의 면적과 지형의 다양성을 생각하면, 물리적으로는 엄두가 나지 않고 기술적으로는 까다롭고 비용도 많이 들 작업이다. 전통적인 측량 방식대로 막대자를 들고 거리를 서성이며 현지인을 만나고 낡은 법규에 순종하다 보면 "이 일은 세상 모든 측량사와 기하학자를 총동원하지 않는 한 결코 끝날 수 없을 것이다."[449] 다른 방법을 찾아야 했다. 콜베르는 아카데미에 대규모 영토를 측량할 새 방법을 개발하라고 요구했다. 그가 어찌나 안달했던지, 1666년 12월에 처음 모인 아카데미 회원들은 첫날부터 이 문제를 토론했다.

이들은 천문학과 지리학을 혼합한 참신한 방법을 제안했다. 하늘을 지도에 옮길 때 사용하는 과학 기구 제작 기술을 지형 측정 도구에 적용하고, 카시니의 천문 관측을 경도 결정에 응용할 수 있을 것이다. 사분원자를 비롯해 천체 고도 측정에 사용하는 기존의 과학 기구, 그리고 항해에서 방향과 방위를 결정할 때 사용하는 앨리데이드나 육분의 같은 과학 기구를 개선하는 데 자금이 지원되었다. 아카데미는 새 원리와 과학 기구를 일련의 '관측'에 적용하기로 했다. 파리부터 시작해 나라 전체를 최신 과학 기술을 이용해 측량하고 지도에 옮길 것이다. 아카데미는 과학 측정의 두 가지 방법을 한데 엮었다. 즉 카시니는 경도를 가장 정확히 계산하는 천문 관측법을 제시했고, 프랑스 사제이면서 천문학자이자 측량사인 아카데미 창립 회원 장 피카르는 현실적인 측량술을 기초로 지형의 정밀함을 더했다. 이 둘을 결합하면 프랑스 전역을 측량하는 훌륭한 방법이 나올 것이다.

피카르는 계측기를 이용해 천체 현상을 정확히 관측하고 지형을 정밀하게 측정해 유명해진 인물이었다. 그의 주된 관심은 적어도 에라토스테네스로까지 거슬러 올라가는 어려운 과학 난제인 지구의 지름을 정확히 계산하는 법을 찾아내는 것이었다. 카시니가 동쪽에서 서쪽으로 경도를 계산하는 데 흥미를 보인 반면, 피카르는 북쪽에서 남쪽으로 이어지는 자오선 호를 측정하는 데 흥미를 보였다. 자오선 호(또는 직선)는 지구 어디서든 정북과 정남을 이어 그릴 수 있는 선으로, 극점에서 극점까지 지구 둘레를 따라 그리는 상상의 선이다. 이 호를 아주 정확히 측정한다면, 그리고 호에 있는 두 지점의 위도를 천문 관측으로 정확히 계산한다면, 지구의 지름과 둘레뿐만 아니라 어느 곳이든 위도 추정도 가능해진다.

피카르의 측량법에는 두 가지 측정이 들어간다. 첫째는 측량사가 있는 곳의 위도를 알아내는 천체 측정이고, 둘째는 정확한 삼각측량을 위한 지상에서의 일련의 각도 측정이다. 피카르는 새로운 마이크로 미터(천체의 각도 크기를 측정하는 기구)를 이용해 행성의 크기를 더욱 정확히 계산했고, 바늘구멍처럼 작은 구멍을 이용하는 기존의 관찰 방식을 망원사분원자로 대체해, 천체의 고도와 지상의 각도를 전례 없이 정확하게 측정했다. 이처럼 새로운 기구로 무장한 그는 이제 최초의 근대적 측지술로 지구 표면을 측정할 준비를 마쳤고, 1669년에 파리 남쪽 말부이진과 아미앵 근처 소르동 사이이 자오선을 측정하기 시작했다. 그가 계산하기로는 두 곳이 같은 자오선 위에 있었다. 그는 정확히 재단한 길이 4미터의 나무 막대를 이용해 100킬로미디가 약간 넘는 거리를 한 치의 오차도 없이 계산했고, 결과는 인상적이었다. 피카르는 위도 1도를 5만 7,060트와즈라고 추산했다. 1트와즈는 2미터에 약간 못 미치

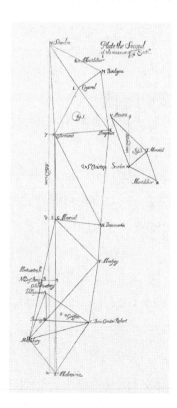

그림 70

장 피카르의 《지구 측정》에 실린
삼각측량 도해. 1671년.

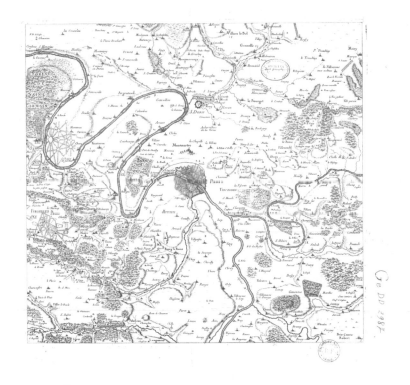

───── **그림 71**
〈파리 주변 특수 지도〉, 1678년.

는 길이로, 5만 7,060트와즈는 111킬로미터에 해당했다. 그는 이 수를
승수 삼아 지구의 지름을 653만 8,594트와즈, 즉 1만 2,554킬로미터로
계산했다. 오늘날 계산한 실제 수치는 1만 2,713킬로미터다.

　　피카르의 측량은 천문학계를 깜짝 놀라게 했다. 그는 지구의 크
기를 계산해 아이작 뉴턴의 만유인력 가설을 증명했고, 이를 계기로 영
국인들은 마침내 뉴턴의 주장을 담은 《자연철학의 수학 원리Philosophiae
Naturalis Principia Mathematica》(1687년)를 출간했다.[450] 피카르의 방법이 지
도 제작에 미친 실질적 파급효과는 상당했다. 피카르는 자오선 호를 설
정하기 위해 기준선, 즉 기선을 측정했는데, 지금도 이 선을 따라 삼각측

량으로 거리와 방향을 측정한다. 피카르에 따르면, 기선 위에 있는 두 점 사이의 정확한 거리를 알고 있으면 삼각함수표를 이용해 다른 곳에 있는 한 점까지의 거리를 정확하게 계산할 수 있다. 이렇게 계산하다 보면 기선을 따라 뱀이 삼각형을 그리며 움직이는 것 같은 모양이 나온다. 이 방법은 피카르가 쓴 《지구 측정Le Mesure de la terre》(1671년)에 실렸고, 그가 1660년대 말에 완성해 1678년에 처음 발행한 아카데미 최초의 '관측'인 〈파리 주변 특수 지도Carte particulière des environs de Paris〉에 사용되었다. 이 지도에서 1리뉴(혁명 전에 사용한 가장 작은 길이 단위로, 약 2.2밀리미터에 해당한다)는 지상에서 100트와즈에 해당하니, 지도의 축적은 1:86,400이 된다. 그 뒤 카시니 집안에서 만든 지역지도는 모두 이 축척을 따른다. 두 가지 사례에서 알 수 있듯이 이 단계에서 아카데미의 주요 목표는 이후에 프랑스 지도를 만들 새로운 기하학적 틀을 제시하는 것이었다. 삼각측량이라는 수학을 이용해 거리를 측정하면 특정 지점의 위치를 빈 공간에 정확히 표시할 수 있었다. 그 결과 무질서하고 변화한 프랑스의 모습이 아니라 추상적인 기하학 사슬을 닮은 지도가 탄생했다.

아카데미의 다음 '관측'에서는 이 새로운 방법이 정치에 미치는 영향력이 더 잘 드러났다. 이번에도 피카르가 작업을 지휘하는 임무를 맡았다. 프랑스 해안 전체를 지도에 담는 계획이었다. 삼각측량으로 내륙을 지도에 옮기는 자오선 원리를 정립한 피카르는 나라 전체의 윤곽은 다른 방법을 써야 한다는 카시니의 생각에 동의했다. 이번에는 목성 위성의 식을 관찰한 카시니의 관측을 이용해 경도를 계산할 계획이었다. 피카르는 1679년에 다시 현장으로 나왔다. 그는 아카데미 회원인 필리프 드 라 이르Philippe de la Hire의 도움을 받아 가며 3년 동안 해안을 따라 여러 위치를 계산했다. 이전의 프랑스 지도에서는 카나리아 제도를 지나는 본초자오선을 기준으로 위치를 계산했다. 그리스인들에게 물려받은 16세기 경도 계산법을 그대로 답습한 방식이었다. 그러나 프랑스 해안과 카나리아 제도 사이의 거리를 한 번도 정확히 계산한 적이 없었다. 피카르는 이제 파리를 지나는 자오선을 본초자오선으로 삼았다. 그리고 해안 아래로 차츰 내려가면서 브르타뉴(1679년), 라로셸(1680년), 프로방스(1682년)를 차례로 측량했다.[451]

완성된 지도는 〈개정판 프랑스 지도Carte de France corrigée〉라는 제목으로 1684년 2월에 드디어 아카데미에 제출되었다. 왕은 말할 것도 없고 아카데미 회원들도 놀라움을 금치 못했다. 피카르와 라 이르는 자신들의 계산이 얼마나 근대적인지를 강조하려는 듯 상송이 그린 전통적인 윤곽 위에 새 해안선을 굵은 선으로 표시했다. 이 지도는 파리를 지나는 자오선을 최초로 표시했을 뿐 아니라, 상송이 15만 제곱킬로미터로 계산한 프랑스 면적도 크게 줄여 12만 제곱킬로미터 남짓으로 계산했다.[452] 대서양 해안은 전반적으로 동쪽으로 이동했고, 지중해 해안은 북쪽으로 물러났다. 이 지도는 셰르부르와 브레스트처럼 전략적으로 중요한 군항을 상송의 지도보다 바다 쪽으로 수킬로미터 더 나아간 곳에 표시했다. 퐁트넬은 이 지도를 보며 과학적 흥분과 정치적 우려를 동시에 표했다. "가스코뉴 해안을 크게 고쳐, 예전에는 굽었던 곳을 곧게 펴고 내륙으로 더 들여놓았다. 폐하[루이 14세]께서는 간혹 농담처럼, '그자들 때문에 내가 손해만 봤다'고 말씀하셨다. 그 손해 덕에 지리학이 발전하고 항해가 더욱 확실하고 안전해졌다."[453] 이 말이 뜻하는 바는 위압적이지만 분명했다. '전통적인 프랑스 지도는 찢어 버리고, 새로운 기하학 측정법으로 다시 측정하라.'

1680년대 중반에 전국을 측량할 만반의 준비가 끝났다. 카시니의 천문 관측과 피카르의 삼각측량법을 더해 일반적 측지의 기본 틀이 완성되었으니 이를 토대로 이제 내륙의 세부를 측량할 수 있었다. 그런데 콜베르가 요구한 각 지역의 지리 정보가 아직 충족되지 않았고, 아카데미 회원들에게 1680년대까지 주요 연구 목표는 여전히 지구의 크기

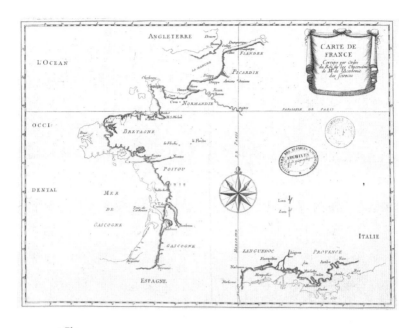

—— 그림 72

장 피카르와 필리프 드 라 이르의 〈개정판 프랑스 지도〉, 1693년 판.

와 모양을 알아내는 대규모 측정이었다. 게다가 측량사들이 임무를 완수하는 동안, 루이 14세 군대는 스페인이 점령한 네덜란드 일부를 침략해 전쟁을 촉발했다(1683~1684년). 피카르가 죽고(1682년) 뒤이어 콜베르마저 사망하자(1683년) 루이는 군대에 많은 비용을 지출했고, 그러다 보니 카시니와 피카르가 시작한 작업을 확대할 재정을 지원하기가 어려워졌다. 1701년 루이는 왕조를 확장할 야심으로 다시 한 번 유럽의 싸움에 휘말렸다. 공석이 된 스페인 왕좌의 세습권을 놓고 벌인 싸움이었다. 부르봉 왕가를 중심으로 프랑스와 스페인이 힘을 합친 모습을 상상하며 경악한 잉글랜드, 홀란트, 포르투갈이 유럽과 북아메리카 그리고 카리브 해까지 뻗어 나간 그들에 대항해 피비린내 나는 긴 전쟁을 시작했다. 12년간 이어진 스페인 왕위 계승 전쟁이 별다른 결말도 내리지 못하고 1713년에 쓰디쓴 종지부를 찍을 때, 루이의 영토 야심은 여전히 충족되지 못한 채 국고는 바닥을 드러냈다. 사실 카시니 1세가 사망한 1712년에는 이미 야심 찬 측량과 지도 제작 사업을 지속할 정치적 의욕도 지적인 지도자도 모두 사라진 상태였다.

파리를 지나는 자오선을 프랑스 북쪽에서 남쪽까지 연장해 측정하는 작업이 간헐적으로 이어졌지만, 그것은 17세기 말의 과학자들을 사로잡은 주제인 지구의 정확한 크기와 모양을 알아내려는 측지의 일환으로 간주되었을 뿐이다. 아이작 뉴턴의 중력이론에 따르면, 적도와 극점 사이의 중력은 일정하지 않기 때문에 지구 모양은 완벽한 구가 될 수 없었다. 뉴턴은 지구가 완벽한 구가 아니라 적도 부근이 약간 불룩하고 극점 부근이 약간 판판한 납작한 구형이라고 결론 내렸다. 뉴턴에 끌리지 않았던 카시니 1세와 그의 아들 자크(카시니 2세)는 르네 데카르트 René Descartes(1596~1650년)의 이론을 따랐다. 유럽 전역에서 위대한 정신의 철학자로 존경받는 데카르트는 '기하학자' 또는 응용수학자로도 명성을 날렸다. 그는 지구는 달걀처럼 극점 부근이 불룩하고 적도 부근이 판판한 길쭉한 구형이라고 주장했다. 데카르트의 이론은 아카데미에서 널리 인정받았고, 이 논란은 곧 영국해협을 사이에 둔 양쪽 국가의 자존심 대결로 이어졌다.[454]

둘 중 어느 쪽도 이렇다 할 경험적 증거를 내놓지 못했다. 뉴턴을 지지하는 사람들은 진자를 이용한 중력 측정에서 극점으로 갈수록 중력이 커진다는 증명되지 않은 보고를 언급했다. 아버지의 뒤를 이어 1712년에 파리 천문대 대장이 된 자크 카시니는 자신의 권위를 이용해 데카르트의 주장을 지지하고자 했다. 카시니 2세는 1718년에 아카데미에 자료를 돌리면서, 1680년대에 아버지와 피카르가 지휘한 측량에서 위도 1도 길이는 북극으로 갈수록 짧아지는데, 이는 데카르트가 주장한 길쭉한 구형을 입증한다고 주장했다.[455] 잉글랜드는 평소의 잉글랜드답

지 않게 추측에 의존한 이론으로 프랑스의 경험적 관측에 대항했다. 아카데미 회원들은 이 논쟁을 해결하기 위해, 새로 왕위에 오른 루이 15세와 해군 대신에게 적도와 극지방에서 위도를 측정하도록 과학 원정을 지원해 달라고 로비를 펼쳤다. 회원들은 이 원정으로 과학 논쟁을 프랑스에 유리하게 해결할 뿐 아니라 상업과 식민지 건설에서도 이익을 얻을 수 있으리라고 주장했다. 이에 동의한 루이는 "항해를 더욱 정확하고 수월하게 만들어, 과학 발전뿐 아니라 상업에도 기여"[456]한다는 이미로 두 차례의 원정에 자금을 지원했다. 카시니와 피카르가 발전시킨 정확한 천문 관측과 측량이 이제 지구의 머나먼 곳에서 과학의 숭대하고 근본적인 물음에 대답하는 실험대에 오르게 되었다. 이로써 아카데미 본래의 측량 임무가 돌연 국제적으로 확대되었고, 이제까지는 프랑스의 국경과 지방에 관심을 쏟았지만 앞으로는 그 관심을 무색하게 하는 논쟁을 해결해야 했다.

1735년에 1차 원정대가 적도 부근의 스페인 식민지 페루를 향해 출발했고, 이듬해에 2차 원정대가 북극권에 있는 라플란드로 향했다. 적도와 북극권에서 위도 1도의 길이를 비교 측정해야만 논쟁을 해결할 수 있었다. 만약 지구가 (뉴턴의 주장대로) 납작한 구형이라면 위도 길이가 위로 갈수록 길어질 터이고, (데카르트의 주장대로) 길쭉한 구형이라면 짧아질 터였다. 두 원정대는 천문 관측으로 위도를 결정하고 삼각 측량으로 거리를 측정하는 카시니의 측량법을 이용할 생각이었다. 페루 원정대는 지진과 화산 폭발, 내전에 이르기까지 여러 재난 탓에 임무를 수행하기가 쉽지 않아 8년 만에 귀환했다. 라플란드 원정대는 성공적이었고, 1737년 8월에 원정대 대장 피에르루이 모로 드 모페르튀이Pierre-Louis Moreau de Maupertuis가 파리로 돌아왔다.[457] 모페르튀이는 3개월 뒤에 국왕과 대신들 그리고 아카데미 회원들에게 원정대가 알아낸 사실을 보고했다. 카시니 2세는 경악을 금치 못했다. 모페르튀이가 계산한 위도는 지구가 적도에서 약간 불룩하다는 뉴턴의 믿음과 맞아떨어졌다. 피카르의 1669년 측정도 뉴턴의 만유인력 이론을 뒷받침했는데, 이제는 카시니 집안이 사용한 방법까지 지구는 납작한 구형이라는 뉴턴의 이론을 지지하고 자신들의 이론을 반박하는 분명한 경험적 증거가 되었다. 뉴턴을 지지했던 프랑스 사람들은 쾌재를 불렀다. 다름 아닌 볼테르도 그중 한 사람으로, 그는 모페르튀이에게 보낸 축하 서신에 짓궂게도 "세계와 카시니 집안을 납작하게 만든 그대에게"[458]라고 썼다.

1744년에 돌아온 페루 원정대 역시 뉴턴의 이론을 뒷받침했다. 지구의 모양을 둘러싼 논란은 아카데미의 권위를 크게 실추시켰지만, 카시니의 측량법이 세계 어디서든 통용될 수 있음을 증명한 셈이었다. 이 측량법은 데카르트를 지지한 카시니 집안의 생각이 틀렸음을 증명했고, 그 덕에 신앙과 사상에 관계없이 세계를 증명 가능하고 객관적인 방법으로 표현하는 과학적 측량법이라는 인식을 더욱 굳혀 주었다. 그리고 지구 모양을 둘러싼 논쟁의 또 다른 결과가 드러나기 시작했다. 카시니 1세와 피카르는 애초에 지구를 완벽한 구형으로 가정하고 측량을 실시했었다. 이제 뉴턴의 이론이 증명되었으니, 이들의 계산도 전면적으로 수정되어야 했다.

1730년에 필리베르 오리Philibert Orry(1689~1747년)가 루이 15세의 재정감독관에 임명되면서 "국가의 이익과 대중의 편의를 위해"[459] 전국적인 측량을 실시하려던 콜베르의 관심이 새롭게 조명되었다. 오리는 지구의 모양을 둘러싼 논쟁을 소수만의 논쟁으로 간주해 관심을 두지 않았다. 그보다는 공공건설부가 프랑스의 수송망을 개발할 때 정확한 지도가 부족하다는 사실에 관심을 두고, 1733년에 카시니 2세에게 전국적으로 삼각측량을 재개하라고 지시했다. 오리는 콜베르와 달리 공학자와 측량사(또는 기하학자)를 모집하고 훈련하는 일을 국가가 관리하고자 했다. 루이 14세와 콜베르는 왕실과 가문의 관계 또는 개인의 능력에 따

W. H. Toms Sculp.

그림 73

피에르루이 모로 드 모페르튀이의 《지구의 모습》에 실린 〈자오선 호를 측정했던 나라의 지도〉, 1738년.

라 석학을 선발해 후원했다. 반면에 오리는 국가가 과학대학을 설립해 학생을 모집하고 측량과 지도 제작에 필요한 기술을 교육해야 한다고 생각했다. 그는 표준화된 지도를 만들어, 해군에 정확한 해도를 제공하고 군대의 요새 건설을 돕고 왕국의 국경을 확실히 하고자 했다. 나중에는 포고령을 발표해 "왕국 전체에 통일된 형태의 도로 계획"[460]을 세울 측량을 실시하게 했다. 이제 측량의 목표와 관련 언어도 바뀌기 시작했다. 국가의 역할, 공공의 이익, 표준화의 중요성 같은 말들이 왕실의 후원, 엘리트의 과학적 추론, 추론의 완성을 지원하는 천문학 같은 말들을 대체했다. 그러나 훈련된 새로운 기하학자 세대가 나오기까지 오리는 카시니 2세에 의지해 측량을 완성하는 길밖에 없었다.

그러나 카시니가 생각하는 과제는 사뭇 달랐다. 1711년에 '법복 귀족'(17, 18세기에 부르주아 출신으로 관직에 올라 귀족이 된 계층 – 옮긴이) 가문과 결혼한 그는 천문학을 지리학보다 훨씬 고상한 학문으로 보았고, 아버지를 포함한 가족의 과학적 혈통의 명성을 지키기에 힘썼다. 그는 삐딱하게도 측량 재개를 뉴턴 지지자들에 반대하고 데카르트의 이론을 증명할 마지막 기회로 보았다. 1733년, 기선을 측정하고 삼각측량으로 거리를 측정하는 힘든 과정이 다시 시작되었다. 전국적 지도 측량이 흔한 일상으로 인식된 지금, 카시니 2세가 착수한 작업의 규모를 상상하기란 쉽지 않다. 근대적 측량 기구도, 수송 수단도 없는 데다 지역 주민의 이해 수준도 낮아 기본적인 작업도 극도로 힘들었을 것이다. 이들은 측량할 지역을 시찰하며 자연 지물이나 인공 지물을 정하고, 어디에서 기선을 측정하고 각거리를 측정할지 결정하는 일부터 시작했다. 이때부터 문제가 생겼다. 비교적 쾌적한 시가지에서 측량을 진행하던 예전과 달리, 기하학자들은 이제 더 정확해지고 발달한 과학으로도 어찌 해볼 도리 없는 풍경과 마주쳤다. 눈에 띄는 지형지물이 없어 삼각측량으로 거리를 측정하기 어려운 곳이나 장비를 설치하기가 극히 위험한 산악 지대도 모두 측량해야 했다. 보주 산맥에서 일하던 1743년 여름에는 재세례파로 의심받아 비밀 야영지에서 혁명을 꾀하고 이상한 행동을 한다고 신고를 당하는가 하면, 1740년대 초에는 측량팀 한 사람이 메종 지역의 레제스타블러 마을 사람들에게 난도질을 당해 죽었다. 그가 지닌 기구가 지역 농작물에 마법을 건다는 의심을 받은 탓이었다.[461]

　　한번은 측량 팀이 외부 세계와 단절된 작은 마을에 들렀는데, 마을 사람들은 낯선 사람들이 왜 마을을 돌아다니며 이상한 기구를 가지고 풍경을 지목하며 괴상한 질문을 하는지 전혀 이해하지 못했다. 측량사들이 시찰을 다니기 시작하면서 장비를 도난당했고, 밀을 빌리거나 길잡이를 쓸 수도 없었으며 돌팔매질을 당하는 일도 여러 번이었다. 지역 정보를 얻기도 힘들었다. 상황을 이해한 사람도 여전히 비협조적이었고, 측량이 끝나면 십일조 헌금과 임차료, 세금만 더 높아질 뿐이라고 (제법 정확히) 판단했다.

　　기본적인 지역 시찰이 끝나면(무사히 끝난다면) 기선 측정을 준비한다. 측량사는 컴퍼스, 마이크로미터, 사분원자를 이용해 고도를 정확히 계산한다. 그리고 최소 100트와즈(200미터) 길이의 구간에 처음부터 끝까지 2트와즈의 나무 막대를 계속 이어 붙여 기선을 만든다. 기선을 정확히 만든 뒤에라야 삼각측량을 할 수 있다. 기선 위에 놓인 두 점 사이의 거리를 확인했다면 세 번째 점을 택해 삼각형을 만든다. 그러나 이때도 문제가 있다. 측량사는 이 지역의 고도를 측정할 방법이 없다. 할 수 있는 것이라고는 인공 지물을 하나 정해(대개는 교회 종탑) 점들을 이어 삼각형을 만드는 것뿐이다. 위치를 정했으면 사분원자나 반원자로 세 번째 점까지의 각도를 측정한다. 그런 다음 삼각함수표를 보며 관련 각 세 개와 세 번째 점까지의 거리를 계산한다. 세 개의 각거리를 알아냈으면, 두 번째 삼각형을 만든다. 이런 식으로 삼각형을 계속 인접해 만들면서 전체 지역을 측량한다. 삼각형이 완성될 때마다 평판을 이용해 대충 스케치를 하는데, 이것이 나중에 해당 지역의 정확한 지도가 된다.

이처럼 거리와 각을 측정하고 계산한 뒤에 정확한지 점검한 다음 번거로운 측량 기구들을 모두 다른 곳으로 옮기는 일은 여간 힘든 게 아니었다. 그리고 오차가 발생할 확률도 높았다. 일은 당연히 한없이 더뎠다. 현장에서 만든 현존 필사본 지도를 보면 얼마나 많이 관측하고, 판독하고, 계산했는지 짐작할 수 있다. 도시, 마을, 강을 제외하면 세부 사항은 거의 표시되지 않았다. 그 대신 삼각측량에서 나온 각을 나타내는 선이 무수히 교차하며 지도를 뒤덮었다. 측량으로 점점 방대한 양의 자료가 쌓이면서, 파리에서 현장 작업을 정리하던 사람들은 피카르의 애초 계산이 생각만큼 정확하지는 않다는 사실을 깨닫기 시작했다. 측량은 맨 처음 피카르가 그린 파리 자오선에 직각이 되게 삼각형을 그리는 것에서 시작했다. 1740년까지 삼각형 400개와 기선 열여덟 개를 측정한 카시니 2세와 그의 젊은 아들 세사르프랑수아는 피카르가 맨 처음 측정한 자오선이 5트와즈, 즉 10미터 밖으로 나가 있다는 것을 알게 되었다. 작은 오차였지만 전국적으로 계산하면 애초의 계산이 죄다 위험해진다. 이미 끝난 측정을 전부 다시 계산해야 했다. 작업이 끝난 1738년, 카시니 2세는 또 한 번 달갑지 않은 결과를 마주했다. 위도를 다시 계산하고 보니 모페르튀이의 라플란드 측정이 옳았다. 프랑스 땅에서 실시한 측정도 마침내 뉴턴의 이론이 옳다고 증명한 꼴이 되었다.

자크의 아들 세사르프랑수아 카시니 드 튀리, 즉 카시니 3세가 측량에 적극 참여하지 않았더라면 카시니 혈통의 영향력은 여기서 끝날 수도 있었다. 카시니 3세는 천문학자라기보다는 지리학자였고 사람을 다루는 수단이 좋은 사람이었다. 그는 재빨리 뉴턴 지지자들의 승리를 인정하고 측량을 다시 하라는 오리의 요구를 이해했으며, 1730년대와 40년대를 통틀어 그 힘든 측량을 능숙하게 지휘해 완성했을 뿐 아니라 인쇄까지 마쳤다. 아들이 지리학에 더 전문적으로 접근하는 쪽으로

그림 44 안토니오 피가페타가 향료가 풍부한 몰루카를 직접 다녀온 뒤에 그린 몰루카 지도, 1521년.

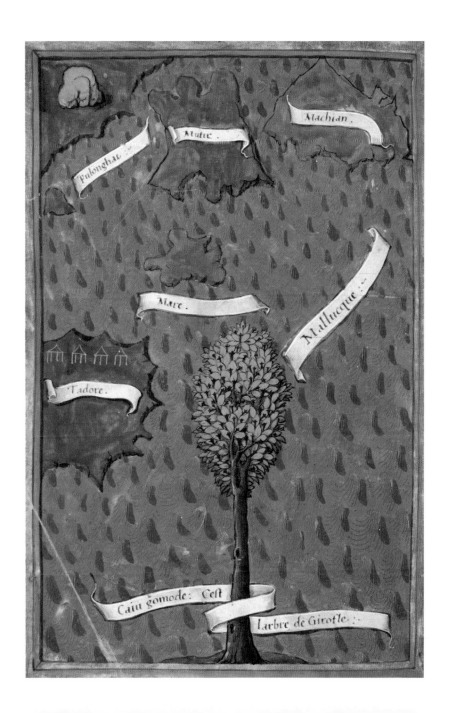

그림 45 누뇨 가르시아가 그린 몰루카 제도
해도, 1522년경. 몰루카를 지구의 카스티야 쪽
절반 안에, 즉 토르데시야스조약(1494년)에서
합의한 빨간 분계선의 동쪽에 그렸다.
이 분계선은 수마트라를 관통하고,
수마트라에서 적도와도 만난다.

그림 47 디오구 히베이루의 세계지도, 1525년.
카스티야의 몰루카(지도 맨 왼쪽과 오른쪽)
영유권 주장을 뒷받침하고 북아메리카 해안
윤곽을 새롭게 그린 일련의 지도 가운데
첫 번째 지도다.

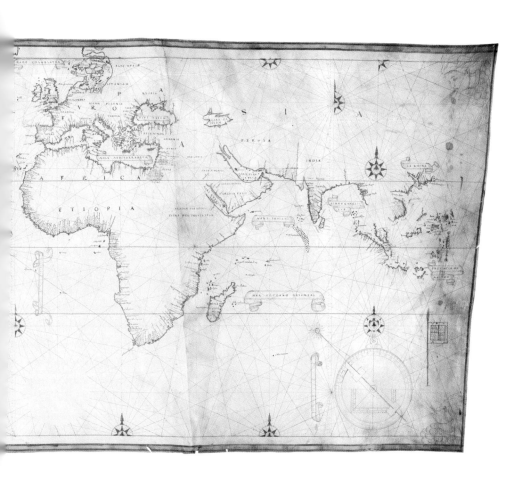

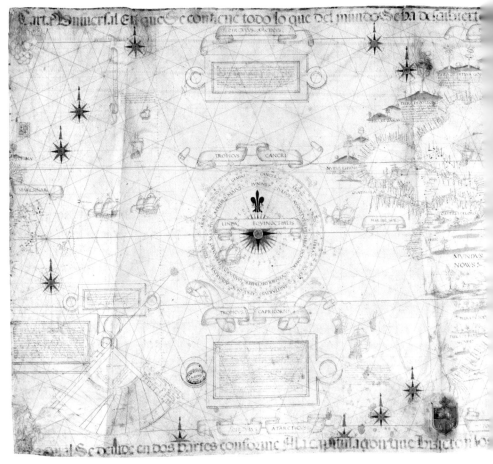

그림 48 히베이루가 제작한 것 중 가장 뛰어난 세 번째 세계지도, 1529년. 몰루카(지도 맨 왼쪽과 오른쪽)를 지구의 카스티아 쪽 절반 안에 그려 놓았으며, 지도 전체 모습도 빼어나다.

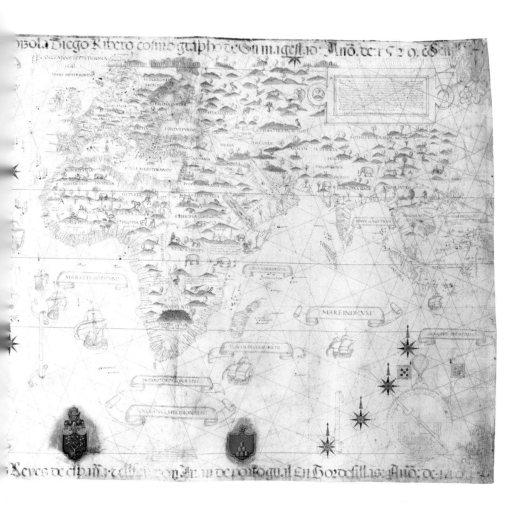

그림 50 성지를 표시한 헤르하르뒤스
메르카토르의 지도, 1538년. 루터의
지지자들이 만든 지도와 놀랍도록 비슷하다.

그림 53 메르카토르가 복제한 오롱스 피네의
〈이중 심장형 세계지도〉, 1531년. 주술적 종교와
개혁 종교를 믿은 피네를 비롯한 많은 지도
제작자들이 이 투영법을 택했다.

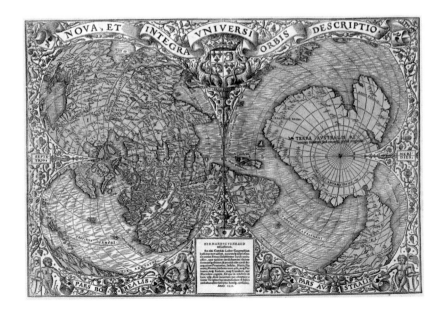

그림 54 메르카토르가 최초로 시도한
세계지도, 1538년. 이중 심장형(하트형)
투영법은 그가 시도한 여러 투영법 중 하나다.

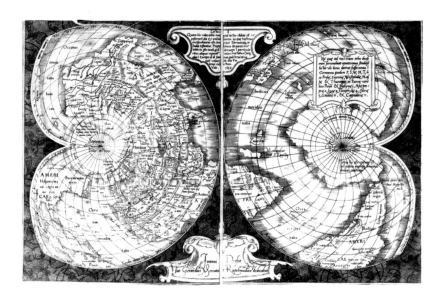

그림 55 메르카토르의 미완성 플랑드르
벽지도, 1539~1540년. 1540년 합스부르크의
헨트 점령을 막으려고 성급히 만들다 보니
일부가 미완성으로 남았다.

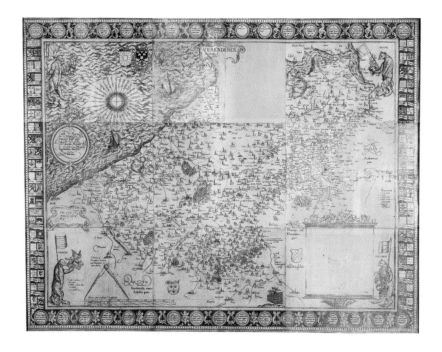

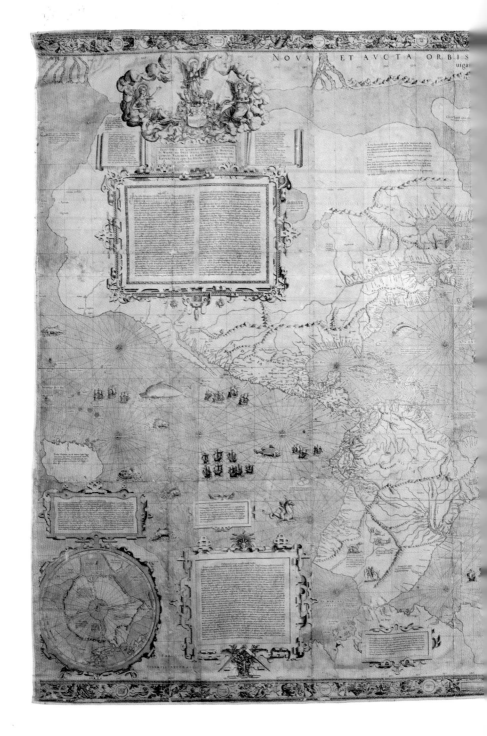

그림 57 메르카토르의 유명한 1569년
세계지도와 투영법.

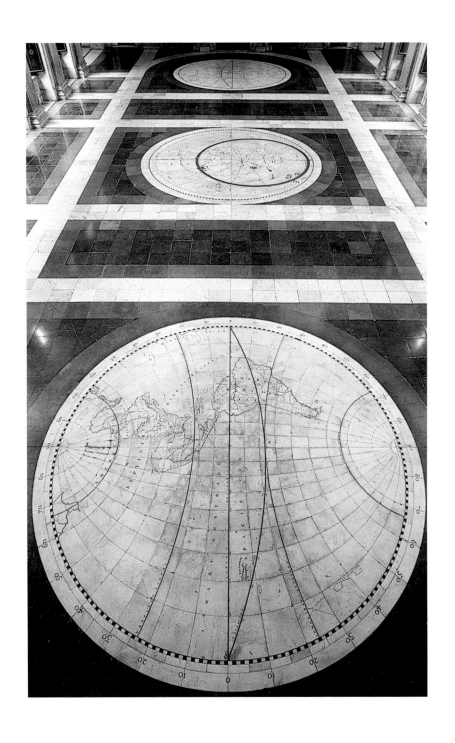

그림 59 암스테르담 시청 바닥에 새겨진
세 개의 반구, 1655년. 요안 블라외의
세계지도(1648년)를 기초로 제작했다.

그림 60 요안 블라외의 세계지도, 1648년.
네덜란드 공화국의 독립과 동인도회사의
세계적 야망을 예찬한다. 지동설을 바탕으로
한 최초의 세계지도다. 지도 제목 바로 아래,
즉 두 개의 반구가 만나는 부분 위에
'코페르니쿠스 가설'이라는 이름이 붙은
태양계에서 지구가 태양 주위를 도는 모습이
표현되었다.

그림 61 페트뤼스 플란시위스의 몰루카 지도, 1592년. 이 지역에서 거래된 상품에 대한 네덜란드의 관심이 드러난다. 지도 밑에 육두구, 정향, 백단이 보인다.

그림 62 요안 블라외의 《대아틀라스》에 실린 권두 삽화, 1662년.

그림 65 메르카토르 사후에 출간된
《아틀라스》, 1613년. 메르카토르와 요도쿠스
혼디위스를 함께 그려 놓았다.

그림 66 빌럼 블라외의《아틀라스》에 실린
인도 지도, 1635년.

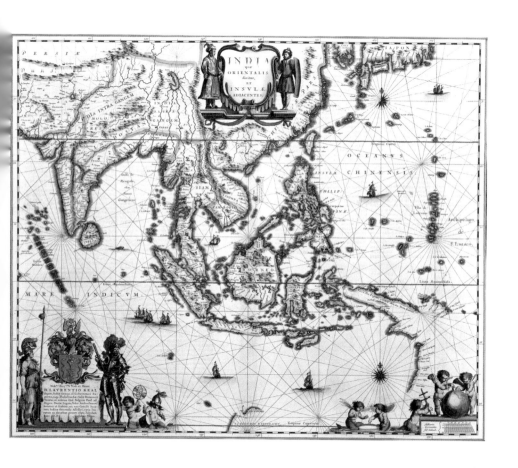

그림 67 혜설 헤리츠가 손으로 그린
인도 지도, 1632년. 헤리츠가 죽은 뒤 블라외는
이 지도를 그대로 베껴 자신의 이름을 넣었다.

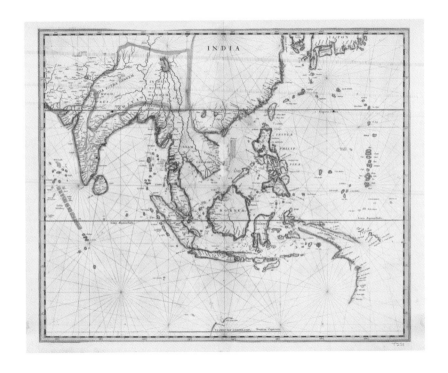

그림 68 요안 블라외가 손으로 그린
수마트라와 몰루카 해협 해도, 1653년.
동인도회사가 선박 조종사에게 지급한
전형적인 해도다.

그림 69 《대아틀라스》(1664년 판)에 실린
요안 블라외의 세계지도. 프톨레마이오스의
고전주의(왼쪽)와 코페르니쿠스의
혁신(오른쪽)을 대조해, 전통과 혁신을
일시적으로 접목했다. 메르카토르 도법을
버리고 똑같은 반구 두 개를 이용한
평사도법을 택했지만, 행성을 의인화해
(맨 위) 태양과 가까운 순서대로 배치함으로써
코페르니쿠스설을 지지한다.

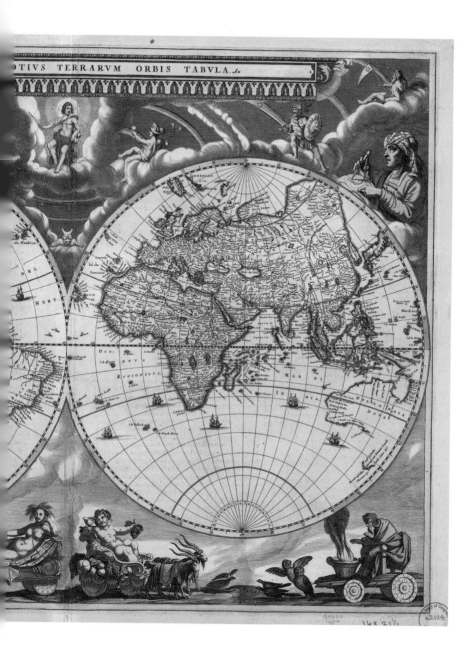

TIVS TERRARVM ORBIS TABVLA. *du*

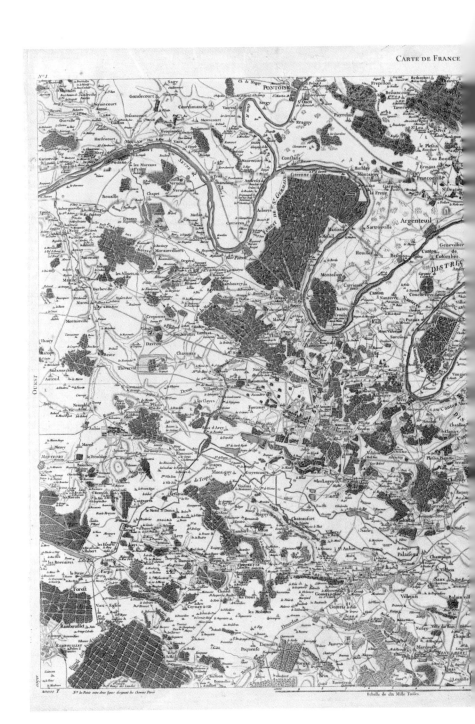

그림 75 파리와 그 주변을 묘사한
세사르프랑수아 카시니 드 튀리의 최초의
프랑스 지도, 1756년.

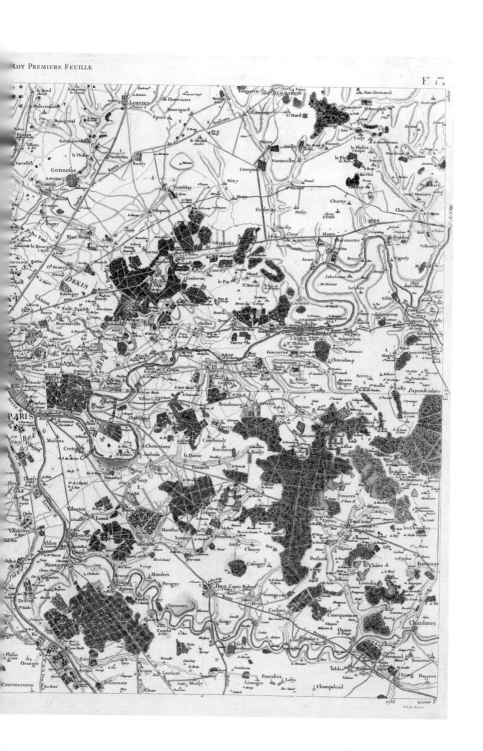

그림 76 루이 카피텐의 프랑스 지도, 1790년.
수십 년간 진행된 카시니 측량을 기초로 제작한
이 지도는 프랑스혁명으로 생긴 새로운 프랑스
내부 경계를 처음으로 표시한 지도다. 종교와
귀족의 이해관계에 맞춰 형성된 예전의 지역
분할은 프랑스혁명 이후 중앙정부의 필요에 따라
규칙적으로 나눈 데파르트망으로 바뀌었다.

그림 78 대령 토머스 홀디시 경의 아프리카 지도, 1901년. 아프리카에서 영국 제국의 측량의 한계가 드러났다. 빨간 부분은 삼각측량으로 측량한 지역이고, 파란 부분은 "상세히 측량한" 지역이다. 넓은 회색 지역을 비롯해 나머지 부분은 "미답" 지역이다.

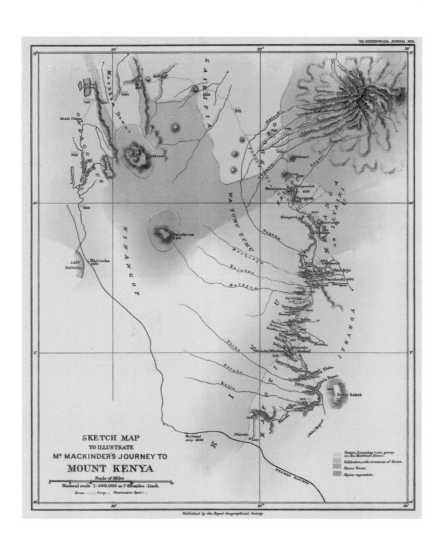

그림 86 아폴로 17호 승무원이 우주에서 찍은
최초의 지구 사진, 1972년. 망가지기 쉬운 '푸른
지구'를 상징하며, 환경 운동을 촉발했다.

그림 87 평등한 세계? '골 정사도법'을 사용한 아르노 페터스의 세계지도, 1973년.

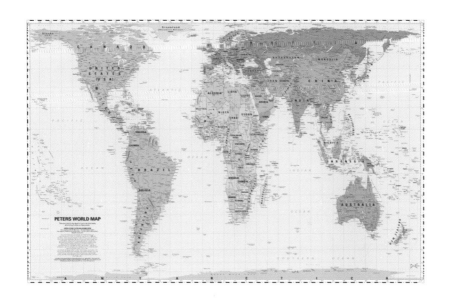

그림 90 1500년의 인구 분포를 나타낸
통계도, 2008년. 세계의 이미지가 점점
친숙해지면서 인구 문제는 투영법을 둘러싼
논쟁보다 더 중요한 주제가 되었다.

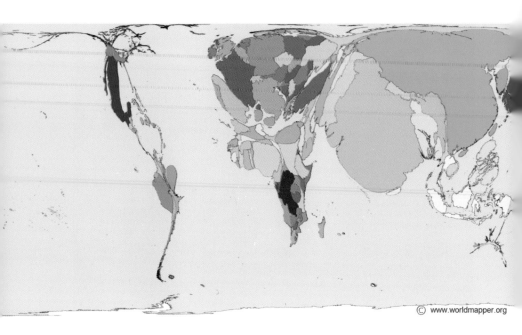

그림 91 가상 세계: 구글어스 홈페이지,
2012년.

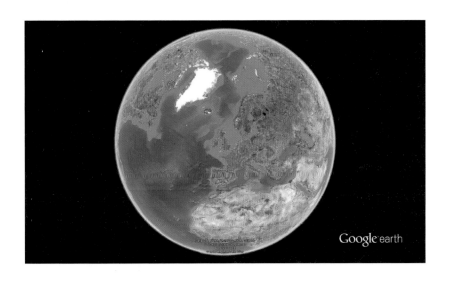

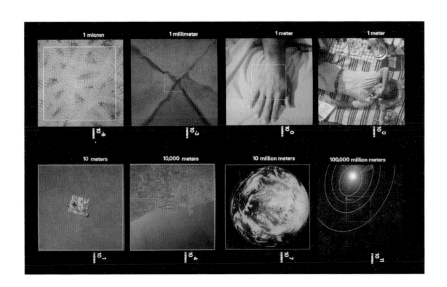

그림 92 지리 공간을 시각화한
초기 이미지들. 찰스 임스와 레이 임스가
제작한 짧은 영상 〈10의 제곱수〉(1968년)에
나온 장면들. 컴퓨터공학자들이 열렬히
환영한 영상이다.

그림 93 1:1,000,000 축척의 미완성
국제세계지도 제작 상황을 나타낸 색인도,
1909년.

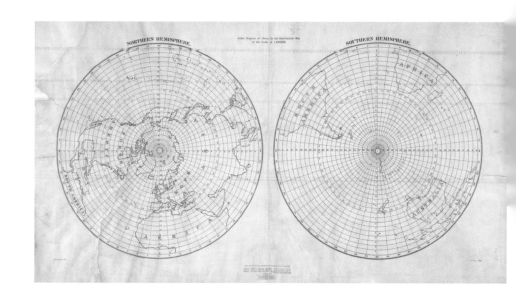

방향을 틀자 카시니 2세는 환멸을 느끼고 점점 냉담해졌다. 카시니 3세는 이에 아랑곳하지 않고 이번 측량 결과를 일반 사람들에게 널리 퍼뜨리는 계획에 착수했다.

1744년, 드디어 측량이 마무리되었다. 기하학자들은 아주 특별한 주요 삼각형 800개와 기선 열아홉 개를 완성했다. 카시니 3세는 측량 결과가 나올 때마다 그것을 지역지도로 인쇄하는 모습을 머릿속에 그렸다. 그리고 1744년까지 지도가 열여덟 장 발행되었다. 약 1:1,800,000의 적당히 작은 축척으로 제작한 이 새로운 프랑스 지도는 삼각형이 그물처럼 얽힌 모습으로 프랑스를 나타냈는데, 지형의 윤곽은 거의 표시하지 않았고 피레네 산맥, 쥐라 산맥, 알프스 산맥 같은 광대한 지역은 아예 비워 놓았다. 지도는 일종의 기하학적 골격으로 구성되어 일련의 점, 선, 삼각형이 해안, 계곡, 평원을 따라 늘어서고 관측을 실행한 주요 지역을 연결했다. 지도를 뒤덮다시피 한 삼각형은 합리적이고 증명 가능한 과학적 방법을 뜻하는 새로운 불변의 상징이었다.[462] 카시니 3세 지도에서 삼각형은 그것만의 물리적 실체를 띠는데, 그것은 거대하고 어지러운 무질서가 지배하는 지상의 세계에서 불변의 기하학과 수학 법칙의 승리를 의미했다. 바빌로니아인들과 그리스인들은 원을 숭배했고, 중국인들은 정사각형을 찬미했으며, 프랑스인들은 이제 삼각형의 응용이 궁극적으로 지구를 지배하리라는 것을 보여 주었다.

1744년의 측량도 발행으로 콜베르와 오리의 원래 계획이 실현되었다. 이 지도는 오늘날의 포괄적이고 세부적인 지형 묘사에 기초한 전국 측량이 아니라, 국가 계획에서 중요한 의미를 갖는 장소들의 위치를 표시한 측지였다. 카시니 3세도 그 사실을 인정하며 이렇게 설명했다. "마을과 동네를 일일이 돌아다니며 측량하지는 않았다. 농가를 찾아가거나 모든 강의 물길을 따라가며 측량하지도 않았다. (……) 그처럼 세부적인 내용은 일부 영주 땅의 지도에나 필요하다. 적당한 크

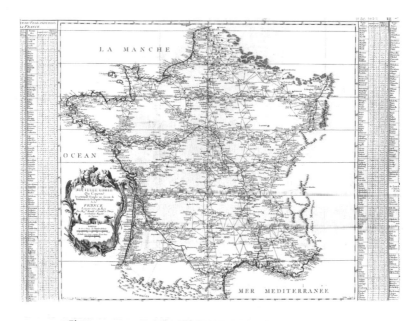

───── **그림 74**
세사르프랑수아 카시니 드 튀리의 〈프랑스 새 지도〉, 1744년.

기의 전국 지도에 그 많은 것들을 넣으면 대혼란이 생긴다."[463] 한 번
도 아닌 두 번의 측량을 완성하기까지의 작업은 한마디로 너무 거대했
다. 여기에 프랑스 전체를 대상으로 세 번째 측량을 실시하려면 상당
한 자금과 인력 그리고 정확한 기술이 필요할 터인데, 카시니 3세가 생
각하기에 그것은 비현실적이었다. 그는 자신이 할 일도, 가족이 할 일
도 여기까지가 전부라고 생각했다. 1744년 지도에서 빈 부분은 공적
으로든 사적으로든, 개인이든 조직이든 알아서 채울 일이었다. 파리에
서 상업적인 지도 거래가 활발해지면서 알렉시위베르 자요Alexis-Hubert
Jaillot(1632~1712년)나 기욤 드릴Guillaume Delisle(1675~1726년) 같은 지도
제작자들이 지도 수집으로 유명해졌지만, 장 바티스트 부르기뇽 당빌
Jean Baptiste Bourgignon d'Anville(1697~1782년)과 디디에 로베르 브공디Didier
Robert Vaugondy(1723~1786년) 같은 신세대는 이제 카시니 3세가 만들어

놓은 지도 제작 기회를 이용해 지도와 지도책을 생산하기 시작했다.[464]

누구도, 특히 카시니 3세는 더더욱 1733~1744년의 측량을 더 뛰어난 프랑스 지도 탄생의 예비 단계로 생각하지 않았지만,[465] 카시니는 부르봉 왕가의 통치 야심과 군사적 야심을 충족할 또 한 차례의 측량을 요청받았다. 루이 14세가 스페인의 왕위 계승권을 둘러싸고 프랑스를 전쟁으로 몰고 가 값비싼 대가를 치렀듯이, 루이 15세도 1740년에 비슷한 논란에 개입했다. 이번에는 프랑스 북부와 동부 국경 지대에서 오스트리아가 합스부르크의 영유권을 주장한 것이다. 이 오스트리아 왕위 계승 전쟁(1740~1748년)으로 루이 15세는 띠비런내 니는 값비싼 군사작전을 여러 차례 전개해야 했고, 1746년 봄에는 루이의 군대가 네덜란드의 오스트리아 점령지에서 적과 싸웠다. 카시니 3세는 프랑스 기술자들에게 스헬데 강을 따라 기선을 측정하는 방법을 전수해 달라는 요청을 받았고, 1746년 10월에는 리에주 외곽에 있는 로쿠스 전투에서 지형지도 제작을 도왔다.

루이 15세는 프랑스가 승리한 뒤에 이 지역을 찾아가 이곳 지형을 카시니 지도와 비교했다. 이때 그가 남긴 말은 전국적 측량의 미래에 전환점이 된다. 카시니 3세는 이렇게 회고했다. "폐하께서는 손에 지도를 들고 해당 지역과 폐하 군대의 배치를 찾아보셨는데, 지도가 워낙 잘 나와 있어 장군들에게도 안내인에게도 질문을 하지 않으셨다. 그리고 영광스럽게도 내게 이런 말씀을 해주셨다. '내 왕국의 지도도 이렇게 만들면 좋겠구나. 자네가 이 일을 맡아주게. [재정감독관 바티스트 드] 마쇼에게 그렇게 알리겠네.'" 앞서 8년간 고생을 했던 터라 왕도, 지도 제작자도 이 일이 결코 쉽지 않다는 걸 알고 있었지만, 카시니는 "폐하께서 영광스럽게도 내게 일이 쉽게 진행되겠는지, 완성되려면 시간이 얼마나 걸리겠는지 여러 차례 물으셨다"고 회고했다.[466]

실용주의자인 카시니 3세는 국왕의 물음에 곧 대답했다. 그는 이

런 어마어마한 일이 가능할지 걱정이 앞섰지만 또 한 차례의 측량을, 이
번에는 강에서 동네와 마을에 이르기까지 프랑스 전체 지형의 특성을
측량할 기회를 놓치기 아까웠고, 과학의 불멸성도 유혹적이었다. 그는
이번 측량에 18년이 걸리리라고 계산했다. 축척을 1:86,400으로 통일한
지역지도를 180장 만들어야 전국 지도가 나오는데, 그런 지도를 일 년
에 열 장씩 만든다는 계산이다. 비용은 장비, 측량, 인쇄를 모두 합쳐 지
도 한 장당 4,000리브르가 들 것이다. 따라서 연간 40,000리브르가 두
명의 기술자가 이끄는 열 개 팀에 지급되고, 이들이 현장에서 관련 정보
를 측정하고 기록해 파리 천문대로 보내면, 천문대는 이를 섬섬해 세판
과 출간 작업으로 넘길 것이다. 지도는 한 장당 2,500부씩 인쇄해 한 부
당 4리브르에 판다. 180장을 모두 이런 식으로 판다면 총수익이 180만
리브르에 이른다. 국가사업으로 고작 72만 리브르를 투자해 이 정도 수
익을 올린다면 꽤 괜찮은 편이다. 재정감독관 마쇼가 보기에 숙련된 노
동자의 연간 수입이 1,000리브르이고 왕실 소목장小木匠이 10년간 일하
고 93만 8,000리브르를 청구한다는 점을 고려하면 카시니의 측량은 순
전히 재정적으로만 따졌을 때 훌륭한 투자처였다.[467] 앞서 오스트리아
왕위 계승 전쟁으로 왕실 금고가 바닥나 충격을 받은 마쇼는 국가의 낡
은 십일조 조세제도를 개혁하기 위해 모든 이에게 세율을 똑같이 적용
하는 조세제도를 도입하는 데 큰 관심을 보여, 오래된 봉건적 방식에서
득을 보던 귀족과 성직자들을 화들짝 놀라게 했었다. 이런 상황에서 새
로운 측량 작업은 그의 새로운 계획에 힘이 되어 주고, 예전에 측량에
격렬히 반대했던 사람들 다수에게 이익을 주리라고 예상됐다.

　　카시니 3세는 프랑스에서 지리학에 대한 이해를 바꿔 놓을 새로
운 측량을 실시할 기회를 포착한 셈이었다. 게다가 그가 사용한 방법은
그간의 지리학적 관행을 통째로 바꿔 놓기에 이른다. 그는 측량으로 만
든 지도를 표준화하자고 제안하며, 오늘날 횡축등장방형도법橫軸等長方形

圖法, transverse equirectangular projection이라 부르는 방법을 제시했다. 지구를 원통으로 간주해 직사각형에 투영하는 방법이다. 지구를 뉘어 놓으면 어떤 자오선도 적도가 있던 위치에 놓을 수 있는데, 이때 그 선을 따라, 그리고 그 선에 직각을 유지하는 어떤 곳에서도 축척을 동일하게 유지하는 도법이다. 이 투영법은 북쪽과 남쪽 극한에서 왜곡이 나타나게 마련이지만 카시니의 목적에서 이런 왜곡은 무시해도 그만이었다. 측량할 지역은 왜곡에 영향을 받을 정도로 넓지 않기 때문이다. 그 외에는 앞서의 두 차례 측량과 달리 새로운 과학 혁신이 필요하지 않을 것이라고 카시니는 지적했다. 이렇게 측지의 기본 틀을 정한 가시니 3세는 이제 내부를 세부적인 지형으로 채울 방법을 내놓았다. 신세대 지리학자들에게 표준화한 방법으로 측량과 지도 제작을 교육하려던 오리의 계획과 같은 맥락으로, 카시니 3세는 기술자들에게 측량에 필요한 측정과 관측 기술을 기초부터 교육하자고 제안했다. 기술자들은 관측일지를 두 권씩 써야 한다. 한 권에는 마을, 강, 교회, 기타 지형지물의 위치 같은 지형 정보를 기록하는데, 지역 성직자나 유지들에게 확인할 내용이다. 다른 한 권에는 정해진 기선과 주요 삼각형을 기준으로 한 삼각측량에서 얻은 측지 자료를 기록하는데, 파리로 보내 천문대 회원들에게 검토하게 할 내용이다. 정확도, 통일성, 검증 가능성이 이번 측량의 정치적, 재정적 성공의 핵심으로 지목됐다. 카시니 3세가 정한 지침에 따라 지리학은 이제 나라의 허가를 받아 실시하는 일상적이고 지속적인 활동이 되었으며, 이를 실행하는 사람들은 당국이 정한 엄격한 지침 안에서 움직여야 했다. 박식한 학자들이 천문학, 점성학, 우주형상학의 불가사의한 지혜를 한데 모아 지도를 만드는 시대는 점차 막을 내렸다. 지리학자들이 서서히 그러나 분명하게 공직으로 들어오고 있었다.

오스트리아 왕위 계승 전쟁이 1748년 10월에 엑스라샤펠 조약으로 종결된 직후, 약속한 1차 지불금이 카시니 3세에게 지급되어 측량을 시작하게 되었다. 이번에도 기술자들이 전국에 흩어져, 카시니 3세가 말한 "왕국 전역에 흩어진 셀 수 없이 많은 도시, 마을, 촌락, 기타 지물들"[468]을 측량할 준비를 하고 있었다. 작업은 평소처럼 파리 주변에서 시작해 센 강의 지류들을 따라갔다. 기술자들은 앞서 두 차례의 측량에서 얻은 삼각형 골격에 지리적 살을 붙였고, 따라서 이번에는 지형학이 기하학보다 중요했다. 작업은 그다지 전문적이지 않았지만, 인간이 땅에 정착하면서 나타난 영향을 묘사한 전례 없는 지도가 탄생하려는 순간이었다.

카시니 3세는 인간관계에서 수완이 좋기로 이미 평판이 자자했다. 여기에다 이제는 세밀함과 정확성에 집착하다 보니, 현장에서 사적으로 관여하고 출판에서 제판을 감독하는 등 측량을 하나부터 열까지 관리했다. 어느 것 하나 우연에 기대지 않았다는 사실은 그가 현장에서 측량사의 평범한 하루를 기록한 글에서도 나타난다.

측량사들은 종탑 꼭대기에 올라가, 지역 정보를 알려 주고 지금 보고 있는 곳의 이름을 알려 줄 교구 목사나 행정관 같은 사람들을 곁에 둔 채 해당 지역을 지도에 표현할 만큼 익숙해질 때까지 충분히 시간을 보내면서, 측량 기구의 상태와 망원경의 평행을 점검하고 주요 지점 사이의 각도를 재고 또 재는가 하면 주위의 지평선을 빙 둘러 측정한 각도가 360도를 넘지 않는지 살폈는데, 이는 전체 조망을 구성하는 각도의 정확성을 점검하는 데 있어서 삼각형의 세 번째 각을 측정하는 것만큼이나 유용했다. 낮 동안의 작업이 끝나면 연구실 작업에 들어간다. 여기서 해당 지역의 윤곽을 파악한 뒤에 고지, 계곡, 도로의 방향, 강의 물길, 지형의 성질을 대략 그린다. 그러니까 지도를 그리는 것인데, 지형지물이 곁에 있어서 지도가 정확한지 확인할 수 있고 잘못된 것은 고칠 수 있을 때 미리 그려 두는 것이다.[469]

현장 작업만큼이나 중요한 일은 현장 작업 증거를 기록하는 일이었다. 카시니는 기술자들에게 밖에서나 연구실에서나 관측한 내용을 기록하고 손으로 직접 약식 지도를 그려 가며 고칠 게 있으면 고친 뒤에, 모두 파리로 보내 또 한 차례 검증을 거치게 했다. 그는 지도 초안이 완성되면, 처음에 관련 지형 정보를 점검해 준 지역 유지들에게 다시 보내야 한다고 우겼다. "기하학 부분은 우리가 한 일이고, 지형을 표현하고 지명의 철자를 점검한 것은 귀족과 성직자들이 한 일이다. 기술자들은 그들에게 지도를 건네고 그들이 제공한 정보로 이익을 얻으면서 그들의 지시에 따라 읽히고 그들이 보는 앞에서 지도를 수정하는데, 우리는 지도에 [기록된 정보가 옳다고 확인해 주는] 인증이 있을 때만 지도를 발행한다."⁴⁷⁰ 정확성을 위해서는 필수 과정이지만, 이는 또 하나의 결과를 낳았다. 지역 귀족이 달갑지 않은 기술자의 관측을 확인해 주든 확인해 주지 않든 그들은 이제 전국 측량의 기본 구성원으로 편입되기 시작했다는 점이다. 이제까지는 지역 정보가 무시된 채 삼각측량이라는 기본 틀에서 나온 순수한 기하학만을 인정했었다. 그러나 카시니 3세는 이제 프랑스라는 상상의 공동체를 시각화하려면 그 안에서 살고 일하는 사람들의 지식도 포함해야 한다는 점을 분명히 했다.

작업은 한없이 더뎠다. 애초에 카시니가 예상한 측량 소요 기간인 18년 중에서 8년이 지났을 때, 지도는 고작 두 장이 발행되었다. 파리와 보베 지도였다. 1756년 여름, 카시니 3세는 루이 15세를 알현하고 갓 찍어 낸 보베 지도를 바쳤다. 처음에는 일이 잘 진행된다 싶었다. 카시니는 국왕이 "세부적인 부분까지 정확히 표기되어 놀라신 듯했다"고 회상했다. 하지만 국왕은 곧 청천벽력 같은 소식을 전했다. "이보게 카시니, 정말 미안하게 됐네만, 자네에게 안 좋은 소식이 있어. 재정감독관이 내가 이 지도에서 손을 뗐으면 하더군. 지원해 줄 돈이 없어."⁴⁷¹ 작업이 한참이나 더 남은 상태에서 비용은 점점 늘어났고, 카시니는 이

제 지도 하나에 비용이 5,000리브르가 들 것이라고 추산했다. 일이 지금처럼 진행되면, 전체 작업은 다음 세기에 한참 접어들어서야 끝날 터였다. 마쇼의 개혁은 예상대로 귀족의 반대에 부딪혀 좌초되었고, 그의 후임자 장 모로 드 세셸은 국가의 재정이 위태로운 상황에서 지도 제작에 돈을 더 내줄 수 없었을 것이다. 카시니 3세가 그 자리에서 어떤 반응을 보였는지 알 수 없지만, 훗날 그는 국왕의 말에 그답게 단호하게 대답했다고 회상했다. "지도는 완성될 것입니다."[472]

카시니 3세는 절대적인 완벽함을 고집하는 지리학자였고, 그 때문에 측량이 지연되고 아예 손을 놓아야 할 위험에 빠지고 말았다. 하지만 이제 사업가로서 일을 되살리기 위해 빠르게 움직였다. 그는 앞서 1733~1744년에 측량을 할 때도 늘 민간 부문에서 투자를 하면 좋겠다고 생각했는데, 이제 그 생각을 시험하고 측량을 계속할 계획이 떠올랐다. 그는 국왕의 지원을 받아 '프랑스지도협회Société de la Carte de France'를 조직했다. 연간 8만 리브르가 들어가고 앞으로 10년은 더 걸릴 것으로 추정되는 측량 사업에 연간 1,600리브르를 지원할 주주 50명으로 구성된 조직이다. 이들은 그 대가로 예상되는 이익의 지분을 받고, 지도가 완성되면 두 부씩 받게 된다. 정치적으로나 재정적으로나 뛰어난 조치였다. 귀족과 정부의 주요 인사들이 공개적으로 이 계획에 동참했고, 심지어 왕의 정부인 퐁파두르 부인까지 합세했다. 카시니는 필요한 액수보다 더 많은 돈을 모았다. 그는 사업을 성공적으로 민영화했지만, 측량 운영과 지도 발행은 전적으로 과학아카데미가 관리한다는 점을 명시했다. 카시니 3세는 하마터면 폐기될 뻔한 측량 사업을 몇 주 만에 되살리고 이후의 자금 지원을 확보하면서도 정부나 주주의 간섭은 배제했다.

카시니의 행동은 측량에 기초한 지도 생산에 활력을 불어넣었다. 그는 며칠 뒤, 앞서 제작한 첫 번째 지도인 파리와 보베 지도를 한 장당 4리브르에 판다고 발표했다. 보통 1리브르 하는 다른 지역지도에 비해 훨씬 비싼 가격이었다. 카시니는 매달 지도를 하나씩 내놓겠다고 약속했고, 그 뒤 3년 안에 모, 수아송, 상스, 루앙, 샤르트르, 아브빌, 랑, 르아브르, 쿠탕스, 샬롱쉬르마른 지도를 잇달아 내놓아 애초에 예상한 지도 180장 가운데 서른아홉 장을 발행했다(모두 파리 북부 또는 파리 부근이었다). 인쇄 부수도 상당했고(한 장당 500부) 판매 실적도 좋았다. 1760년까지 지도 마흔다섯 장이 총 8,000부 팔렸다.**473** 그리고 1760년대를 통틀어 개별 지도 수만 부가 프랑스 각지로 팔려나갔다. 카시니가 발행한 지도의 가짓수는 그보다 더 비싼 네덜란드 지도책인 블라외의 《대아틀라스》에 실린 지도보다 적었지만, 유통된 총 부수는 《대아틀라스》 판매 부수를 앞질렀다. 지도는 이제 전례 없이 대규모로 유통되기 시작했다.

1756년에 발행한 첫 번째 지도는 누가 봐도 놀라운 성취였다. 측량에서 발행에 이르기까지 모든 단계를 꼼꼼히 감독했던 카시니 3세는 정밀함, 세밀함, 정확성, 표준화에서 독보적인 일련의 지도를 만들었다. 각 지도는 최상의 재료로만 생산했다. 여기에는 프랑크푸르트에서 생산한 독일산 검정 잉크와 질산이 포함되었는데, 이 재료들은 지도의 선을 지도 특유의 선명한 느낌이 나게 하고 오래 지속되게 할 뿐 아니라 부드러운 은빛을 띠게 했다. 카시니는 지도가 "특정한 미적 감각과 명료함을 드러내야" 한다고 주문했다. 그는 "사람들은 그런 사소한 부분만으로 판단한다"고 생각했다. 완성된 지도의 섬세함과 정밀함은 다른 지도에서 볼 수 없는 미적 아름다움을 자아냈다. 지도 제작은 이제 과학이 되었지만, 카시니는 지도를 예술로 보는 대중의 취향까지 헤아렸다.

카시니는 사람들의 관심에 편승해 또 한 번 혁신적인 제안을 내놓았다. 1758년 2월, 프랑스 전국지도를 두고 공모를 실시했다. 562리브르를 내면 지도가 완성되었을 때 발행된 지도 180장을 모두 받는 조건인데, 이렇게 되면 158리브르를 절약하는 셈이다. 150명이 공모에 응

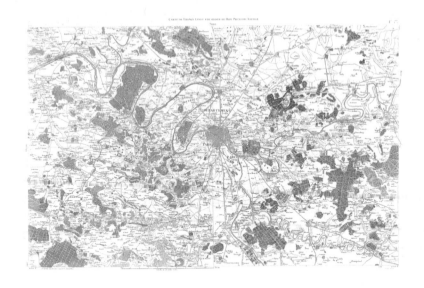

—— **그림 75**
파리와 그 주변을 묘사한 세사르프랑수아 카시니 드 튀리의 최초의 프랑스 지도, 1756년.
→ 448~449쪽 사이 컬러화보 참고

했고, 1780년에는 그 수가 203명으로 늘었다.[474] 회사 주주들과 달리 이들 중에는 파리 엘리트가 거의 없었다. 대신 지방 농민과 상인이 공모에 참여했는데, 이들 다수가 예전에 측량에 강력히 반대했던 프랑스 사회의 중간층이었다. 이 부르주아들은 공모자 가운데 상대적으로 수가 적었지만, 이번 측량의 이른바 '민영화' 결과로 생긴 의도치 않은 '국유화'를 대변했다. 카시니 3세가 정확성에 집착한 결과 지역 사람들이 전국적 측량에 기여하고 그것을 자신의 나라를 대변하는 것으로 여겼듯이, 꾸준한 재정 지원을 확보하려는 카시니의 시도는 해당 지역 밖의 사람들에게 프랑스의 작은 부분에 투자할 기회를 만들어 주었다.

국가는 이 계획의 자금 지원을 민간으로 넘겼지만, 측량이 활력을 되찾아 계속 진행되는 과정에 여전히 깊은 관심을 보였다. 1764년에 왕실은 포고문을 발표해, 측량 대상이 아닌 지역은 빠짐없이 관련 경비를 기부하라고 했다. 이때의 수입으로 카시니 3세는 측량을 완성하는 데 필요한 예상 비용의 약 30퍼센트를 충당했다. 아쉬운 순간에 더없이 큰 힘이었다. 측량을 완성하겠다는 맨 처음 계획은 지나치게 낙관적이었고, 카시니는 필요한 경비를 모으려고 고군분투하면서 그 사실을 깨달았을 것이다. 새로 들어온 자금 덕에 그는 기술자 아홉 명을 더 고용할 수 있었지만, 그래도 여전히 부족했다. 인구밀도도 높고 접근하기도 쉬운 프랑스 중부와 북부 지역을 측량하고 지도에 담는 일은 이러울 게 없었다. 하지만 남부와 남서부의 광활한 산악 지대는 어느 때보다 힘들었다. 1760년대 말에 측량이 끝나리라는 예상도 빗나갔다. 1/63년과 1778년 사이에 주로 중부와 서부 지역의 지도 51장을 추가로 발행했지만, 아직도 프랑스의 3분의 1 이상이 남았다. 브르타뉴도 그중 하나였다. 이곳에서는 보수 귀족들이 "중앙집권적 측량 요구"는 받아들이지 않겠다며 측량을 방해했다.

현장에서 측량한 결과를 수백 킬로미터 떨어진 파리에서 지도에 새기다 보면 사소한 실수가 남발될 가능성이 있었다. 이 때문에 카시니는 확인하고 시험하고 검사하는 과정에 집착했다. 그는 지도가 인쇄되는 종이도 정확히 계산해, 통일된 1:86,400 축척에 맞춰 표준화한 65×95센티미터 종이에 정확히 78×49제곱킬로미터에 해당하는 지역이 들어가게 했다. 카시니는 측량 결과를 지역 주민들에게 검증하는 방식을 정착시킨 뒤, 제판 문제로 관심을 돌렸다. 메르카토르와 블라외가 지도와 지도책에 사용한 화려한 이탤릭체는 다량의 정보를 담은 1:86,400 축척 지도에는 어울리지 않았다. 카시니는 그들의 지도를 못마땅하게 여겼다. "지도 제판을 보면, 이 예술이(프랑스에서는 예술로 받아들였다) 지리 부분을 어떻게 그렇게 방치해 왔는지 믿기 힘들 정도다." 그는 "제판공을 훈련해 지역 형태와 숲, 강을 표시할 때 사용할 표본을 만들게 해야 한다"고 했다.[475] 그리고 이것으로도 성에 차지 않았던지, 제판공을 두 팀으로 나눠 한 팀은 지형을 새기고 한 팀은 글자를 완성하도록 훈련해야겠다고 생각했다. 카시니가 고용한 제판공 중 핵심 인물인 피에르 파트는 1758년에 쓴 글에서, 흑백 판화로 자연계의 세세한 부분을 감각적으로 표현한 방법을 소개했다.

> 지도를 구성하는 서로 다른 부분을 표현하는 예술은 자연을 전반적으로 어떻게 표현할지 감을 잡은 다음에 표시하려는 부분에 혼을 담는 것에 달렸다. 높은 산에 올라 주변 지역에 있는 서로 다른 대상의 색조를 생각해 본다. 숲은 죄다 갈색 덤불 같고, 주위 배경도 약간 살색이다. (……) 산은 꼭대기를 제외하면 윤곽을 똑 부러지게 묘사하기 힘들지만, 정상만큼은 언제나 약간 타원형으로 둥글게 생겼고 그늘진 쪽은 거칠지 않고 벨벳 같은 분위기를 연출한다.[476]

카시니와 제판공들은 지도 제작의 새로운 문법을 정하고, 지형을 새로운 지도 언어로 바꿀 기호와 상징과 글자를 개발했다. 그 결과는 지도 측량 역사상 가장 유명하고 상징적인 지도에 잘 나타나는데, 바로 파리 지도를 구성하는 첫 번째 지도다. 한눈에 봐도 장식이 사라졌다. 화려한 글 상자도 없고, 차례를 적은 표나 상징을 설명한 글도 없으며, 지도와 상관없는 예술적 장식도 없다. 단지 파리와 주변 지형을 묘사했을 뿐이다. 앞서 카시니 지도에 있던 삼각형으로 된 기하학적 골격도 사라지고, 대신 지역의 풍부한 세부 묘사가 자리 잡았다. 이 지도에서 무의식적으로 구현한 기하학이 무엇인지는 겉으로 드러나지 않는다. 다만 지도 중앙을 가로지르며 파리를 통과하는 자오선과 그것에 수직을 이루며 지도 정중앙인 파리 천문대를 지나는 선에서 지도의 기하학이 나타날 뿐이다. 그러나 이 지도에서 자기중심적 지리학을 축하하는 분위기는 찾아볼 수 없다. 그보다는 정확한 지명과 아름답게 표현한 지형이 시선을 사로잡는다.

　　이 지도에는 모든 것이 표준화되었다. 카시니는 정해진 기호와 상징(이를테면 서로 다른 모호한 관점으로 표시되는 도시, 마을, 교구, 대저택, 동네와 같은 전통적인 체계)을 개선하고, 여기에 그가 만든 기호와 상징을 더해 수도원은 주교의 지팡이가 있는 종탑으로 표시하고, 시골 별장은 작은 깃발로, 광산은 작은 동그라미로 표시했다. 국가 차원에서 지방 차원에 이르기까지 행정구역은 다양한 점선으로 구분하고, 땅이 기복을 나타낼 때는 해칭(빗금으로 음영이나 양감 등을 표현하는 판화 기법 – 옮긴이)을 사용했다. 각 지도마다 표준화한 똑같은 관례와 상징을 사용했다. 이것이 의미하는 바는 분명했다. 프랑스 왕국은 구석구석 어디든 똑같은 원칙으로 지도에 표시된다는 것이다. 이 지도는 프랑스의 굳건한 지역주의에 대항해, 어느 곳도 예외를 두지 않는다는 점을 분명히 했다. 이 강력한 통합 메시지는 기욤조제프 사쥐Guillaume-Joseph Saige 같은 법률가들이 군주 통치에 반대하는 목소리를 점점 높일 때도 드러났다. 사쥐는 1775년에 이런 글을 남겼다. "정치 조직체의 필수 요소는 오직 사회계약과 일반의지의 발휘뿐이다. 그것 말고는 모든 것이 그 형태와 존재에서 전적으로 국가의 최고의지에 달렸다."[477]

　　역설적이게도 이 '의지'를 가장 소리 높여 전달한 것은 지도였다. 그것은 지도의 가장 두드러진 특징이기도 했다. 18세기 프랑스에서는 왕의 백성들이 프로방스어, 바스크어, 브르타뉴어, 카탈루냐어, 이탈리아어, 독일어, 플라망어, 이디시어, 그리고 수많은 프랑스어 방언에 이르기까지 매우 다양한 언어를 사용했다.[478] 카시니 지도에서는 시, 마을, 촌락, 대저택, 시골 별장처럼 순수하게 대상을 기술할 때는 파리 프랑스어를 사용했다. 지리를 표준화하면서 언어도 함께 표준화되었다. 지도를 보는 사람에게 통합된 프랑스에서 자신이 속한 장소를 상상해 보라고 한다면 파리에 있는 그들의 통치자가 쓰는 언어로 상상할 것이 분명했다.

1780년대에는 측량에도, 프랑스에도 중대한 변화가 많았다. 카시니가 70대를 바라볼 무렵 아들 장도미니크 백작(카시니 4세)이 측량에 합류했다. 덕분에 작업을 완성하려는 노력이 배가되었다. 그러나 1784년 9월, 카시니 3세가 천연두에 걸려 일흔 살의 나이로 세상을 떠났다. 살아생전에 그가 이룬 업적은 대단했다. 1740년대에 지구의 모양을 두고 카시니 집안이 곤혹을 치른 뒤에 집안을 다시 일으켰을 뿐 아니라, 예전에는 상상도 못한 야심 찬 기하학적 측량을 또 한 차례 시작하면서 좌절의 고비를 극복하고 거의 완성 단계까지 갔다. 이제 선국적 측량을 완성하는 이 부담스러운 작업이 새로 천문대 대장이 된 장도미니크에게 넘어갔다. 증조부의 이름을 이어받은 장도미니크는 카시니 집안이 집처럼 여기는 파리 천문대에서 태어나고 자랐으며, 카시니 1세, 2세와 더불어 1740년대부터 파리 귀족으로 확고하게 입지를 굳혔다. 그는 스스로를 지리학자라기보다는 천문학자로 여겼다(그가 활동하던 사회에서는 여전히 천문학자의 권위가 더 높았다). 귀족 과학자이자 아카데미 회원인 그는 천문대가 자기 집인 양 그곳에만 머물면서, 기술자들이 현장에서 작업한 내용을 점잖게 앉아 검토했다. 그의 아버지가 인정한 대로 이번 측량은 카시니 1세와 2세 때처럼 과학적 성과를 거두지는 못할 것이다. 카시니 4세는 훗날 과학이 지리학 연구에 미친 영향을 이렇게 평가했다.

전 세계 지식인들의 수많은 항해 덕에, 그리고 천문학과 기하학과 시계 제작술이 쉽고도 정확한 방법으로 모든 장소의 위치를 측정한 덕에, 지리학자들은 선택이나 비판 능력도 필요 없이 이제 곧 세계 곳곳의 주요 장소들을 확실하게 알아낼 수 있을 것이다. 캔버스는 우리가 프랑스 일반도를 만든 절차를 모방하며, 시간이 지나면서 차츰 저절로 채워질 것이다.[479]

지리학은 과학이라기보다 "비판 능력"이 없는 하나의 수단으로 무시되었다. 지리학자들은 정해진 숫자대로 색을 칠하는 사람으로 전락했고, 현장에서 일하는 카시니의 기술자들과 비슷하게 취급되었다. 카시니는 이번 측량이 위대한 성취가 되리라는 것을 암묵적으로 인정했지만, 측량 완성을 단지 빈 곳을 기계적으로 메우는 작업으로 생각해 되도록 빨리 끝내고 더 야심 찬 천문학 연구를 하고 싶어 했다.

누구보다도 가문의 명성에 신경 썼던 카시니 4세는 측량과 최종 지도 인쇄 작업을 성실히 수행해, 1780년대에 49장의 지도를 추가로 발행했다. 하지만 작업이 계속되고 1780년대가 저물 무렵, 중대한 성지적 사건이 터져 측량이 어려워지기 시작했다. 1788~1789년의 몹시 추운 겨울과 이어진 가뭄으로 식량 가격이 폭등해 프랑스 전역에서 폭동이 일어났다. 프랑스 군주는 위태로운 재정 상태를 더 이상 손쓰지 못하고 정치와 재정 개혁을 성직자, 귀족, 평민 대표로 구성된 삼부회로 넘겼고, 삼부회는 1614년 이후 처음으로 베르사유에서 소집되었다. 개혁이 귀족의 반대로 좌절되자 앙시앵 레짐에 반대하는 사람들이 마침내 문제를 직접 다루겠다고 나섰다. 1789년 6월 20일, 삼부회 회의 참가를 제지당한 제3신분, 즉 평민 대표들이 따로 모여 새로운 성문헌법을 요구하는 '테니스코트의 서약'에 서명했다. 혁명의 발단이 된 이 서약으로 곧 새로운 입법의회가 생기고, 이후 실패로 끝날 입헌군주제가 등장했다. 이 혁명은 1792년의 프랑스 공화국 선언과 1793년의 루이 16세 처형에서 절정을 이루었다.

1780년대 말, 왕의 통치에 반대하는 사람들은 파트리^{patrie}(조국)와 나시옹^{nation}(국가, 국민)이라는 말을 반복하며 대대적인 정치 개혁을 요구했다. 카시니의 측량사들이 전국에서 땀 흘리며 일하던 18세기 후반에는 왕당파와 갈수록 목소리가 커지는 그들의 정치 적수가 '파트리'라는 말을 놓고 싸웠다. 처음에 왕을 지지하는 사람들은 애국하는 길은 왕당파가 되는 것이라고 외쳤지만, 반대파는 1770년대 초부터 스스로를 '애국당parti patriote'이라 부르며, 군주제를 청산하지 않는 한 프랑스는 '파트리'가 아니며 진정한 국가라 할 수도 없다고 주장했다. 이 논쟁은 책 제목에도 나타난다. 1770년과 1789년 사이에 인쇄된 책 중에서 277개 제목에 'patrie' 또는 그 변형이 들어갔고, 'nation' 또는 그 변형이 들어간 제목은 895개였다.[480] 여기에는 〈애국자의 맹세Les Vœux d'un patriote〉(1788년) 같은 소책자부터 피에르장 아지에Pierre-Jean Agier가 군주제에 반대해 쓴 논문《국가 법률고문Le Jurisconsulte national》(1788년)과 수도원장 포셰Fauchet가 쓴 좀 더 회유적인 글《국가 종교De la religion nationale》(1789년) 등이 포함된다. 제3신분 지지자들은 1789년에 정치 주도권을 잡으면서, 국가라는 새로운 개념을 되풀이해 이야기했다. 그중 한 사람은 이렇게 썼다. "만약 특권층이 없어진다면, 국가는 더 빈약해지기는커녕 더 풍부해질 것이다."[481] 투생 기로데Toussaint Guiraudet는 〈국가는 무엇이고 프랑스는 무엇인가?〉(1789년)라는 소책자에서, 마치 카시니의 지도를 내려다보듯 정치 상황을 묘사했다. "프랑스는 주의 복합체가 아니라 2만 5,000제곱리그에 해당하는 공간이다."[482] 또 한 명의 저명한 제3신분 지지자인 수도원장 에마뉘엘 시에예스Emmanuel Sieyès는 "프랑스의 모든 부분을 하나의 덩어리로, 그리고 프랑스를 나누는 모든 민족을 하나의 덩어리로" 만들어야 한다고 썼다. 그러면서 "국가는 모든 것에 앞선다. 국가는 모든 것의 근원이다"라고 주장했다. 그는《제3신분은 무엇인가?》라는 책에서 제3신분 대리인들을 국가와 국민의 진정한 대표로 소개했고, 1789년 6월에 제3신분은 시에예스의 말을 토대로 "모든 주권의 원천은 근본적으로 국가와 국민에 있다"[483]고 선언했다.

정치 상황이 하루가 멀다 하고 악화되자 카시니 4세는 혁명으로 치닫는 프랑스의 지도를 완성하는 데 박차를 가해《삼각형 모음 지도Carte des Assemblages des Triangles》를 추가했고, 이로써 지도는 애초에 계획한 180장에서 182장으로 늘었다. 1790년 8월, 국민의회가 카시니의 기술자들이 측정한 교구 경계와 데파르트망을 재정비하기 시작하자 카시니는 프랑스지도협회 주주 회의에 보고서를 제출했다. 더 발행할 지도가 열다섯 장 남은 상태였다. 측량은 끝났고, 지도 발행도 거의 마무리 단계였다. 새 정권이 적대적인 이웃 나라를 상대로 전쟁을 준비하면서 군은 지도에 주목했다. 군 공병단 단장 장클로드 르 미슈 다르송Jean-Claude Le Michaud d'Arçon은 카시니가 공격에 취약한 산악 지대의 민감한 정보를 담은 나머지 지도를 발행할 때의 위험성을 고려해, 이렇게 주장했다. "그곳의 강점도, 단점도 적에게 알리지 않는 게 관건이다. 그곳 성보는 오직 우리에게 이로워야 한다는 게 무엇보다도 중요하다. 카시니의 기술자들에게 특권을 주되 그 지역은 제외해야 하며, 그곳 정보는 우리 손에만 있어야 한다." 그는 카시니의 상황을 가감 없이 솔직하게 포착하며 결론 내렸다. "그의 지도는 좋을 수도, 나쁠 수도 있다. 좋다면 금지해야 하고, 나쁘다면 특혜를 받을 자격이 없다."[484]

그러나 제9장 도입부에서 보았듯이, 지도는 금지되지 않았다. 그대신 1793년 9월에 국민공회가 지도를 국유화했다(정치적 견해에 따라 압수했다고 볼 수도 있을 것이다). 다시 말해 지도는 일반인들 사이에서 전혀 유통되지 않았고, 전쟁사무국이 새로 탄생한 국가의 이익을 생각해 원판과 이미 발행된 지도를 압수했다. 1793년 12월, '공포정치'가 파리를 휩쓸 때 회사 주주들을 마지막 총회에 소집했다. 카시니 4세와 그의 충직한 조수 루이 카피텐은 하릴없이 기다렸다. 마침내 주주가 딱 한 사람 도착해 그에게 알렸다. "선생님들, 잘 들으세요. 원하는 대로 하셔도 좋습니다. 저희는 지도 말고도 할 일이 너무 많습니다. 저는 선생님들께 작별 인사를 드리고 은신처를 찾아야겠습니다."[485] 카시니 주위로도 포위망이 좁혀졌다. 천문대 대장직뿐 아니라 아카데미 회원직도 빼앗긴 그는 1794년 2월에 감옥에 갇히고 말았다(아카데미는 곧 해체되었다). 제자들 손에 유죄 선고를 받은 그는 단두대에 오르는 것만은 겨우 피했지만, 같이 감옥에 갇힌 운 없는 사촌 포스빌은 카시니가 속수무책으로 지켜보는 가운데 단두대에서 처형되었다.

1794년 여름, 공포정치가 주춤하면서 카시니는 감옥에서 풀려났지만 빈털터리였다. 그는 과학에 등을 돌리고, 혁명적 개혁은 "모든 것을 이유 없이 바꾸고, 오직 파괴하는 쾌감에 모든 것을 뒤엎는다"[486]며 거세게 비판했다. 그는 몇몇 아카데미의 가입 요구를 저울질하기도 하고, 프랑스지도협회 주주의 손실을 보상하겠다는 카피텐의 시도를 지원하기도 했다. 전쟁사무국의 지형국 국장 필리프 자코탱은 국가가 (카시니를 포함해) 주주들에게 얼마나 보상해야 할지를 조사하는 임무를 맡았는데, 이때 그는 단순히 지도를 새긴 동판의 금속 가치가 지난 20년간 얼마나 변했는지를 계산해 그 기간 동안 동판을 보존한 비용을 공제했다. 그 결과 주주 한 사람당 (예전의 리브르와 가치가 거의 같은) 새 프랑스 프랑으로 3,000프랑을 보상한다는 계산이 나왔다. 카시니는 당연히 분개했다. "그런 전문적 견해는 지형국 국장에게 물을 게 아니라 보일러공에게 물어야 한다. 그가 낡은 동의 가치를 누구보다 잘 알지 않겠는가."[487] 아버지와 아들이 50년간 대대로 이어온 과학 업적의 가치가 지도를 새긴 동판 가격으로 결정되는 순간이었다. 영광스러운 작업의 비참한 결말이었다. 환멸과 멸시를 느낀 장도미니크는 튀리에 있는 집으로 돌아가 1845년에 아흔일곱의 나이로 세상을 떠났다.

엄밀히 말하면, 프랑스 일반도는 끝을 보지 못했다. 측량이나 지도와 관련한 모든 것이 국유화되어 전쟁사무국으로 이전되었다. 여기에는 완성된 지도 165장, 동판에 새기기 전의 지도 열한 장, 그리고 측량은 마쳤지만 아직 지도에 옮기지 않은 브르타뉴 지도 네 장이 포함되었다. 전쟁사무국은 전국지도를 구성할 통일된 1:86,400 축척의 지도 180장에다 카시니 4세가 추가한 《삼각형 모음 지도》까지, 1748년부터 구상해 온 프랑스 지도를 완성할 모든 것을 손에 쥐었다. 그런데 또 한 차례 상황 변화가 끼어들었다. 가장 근래에 만든 지도도 새 도로와 공화정의 행정 개혁인 데파르트망을 반영하는 수정과 보완을 거쳐야 했다. 계획한 프랑스 지도의 축소판이 여럿 나왔지만, 어느 것도 원래의 계획에 부응하지 못했다. 국유화 전인 1790년에 루이 카피텐은 측량을 토대로, 국민의회가 재정비한 각 지역 데파르트망을 반영하는 축소판 지도책을 준비했었다. 그는 〈새로 나뉜 데파르트망과 여러 기역을 담은 프랑스 지도Carte de la France suivant sa nouvelle division en départements et districts〉도 발행했다. 국민의회와 프랑스 지도협회 주주에게 헌사한 지도로, 그들의 다양한 정치적, 상업적 이해관계를 수용하려는 과감한 시도였다. 그리고 개정된 데파르트망을 반영한 첫 지도였다. 그러나 이 지도 역시 카시니 3세와 4세가 구상한, 프랑스 전체를 구석구석 측량한 포괄적 지도는 아니었다.

지도의 완성을 격려하고 동시에 몰락을 예고한 사람이 다름 아닌 혁명가이자 황제인 나폴레옹 보나파르트라는 사실은 묘하게도 꽤 그럴듯하다. 나폴레옹은 공화정을 전복하고, 1804년 12월에 스스로 황제의 자리에 올랐다. 그는 대관식 몇 주 전에 군 참모총장인 루이알렉상드르 베르티에에게 보낸 편지에서 라인 강 너머 프랑스 군의 움직임을 걱정했다. "지리 기술자들에게 군사지도 대신 토지대장이나 만들게 하더군. 그래서야 앞으로 20년 뒤에 뭐가 남겠나." 그는 계속 푸념을 늘어놓았다. "카시니가 만들던 규모로 지도를 계속 만들었다면, 라인 강 국경지대 전체를 진작 우리 손에 넣었을 거야. 내가 당부한 건 하나, 카시니 지도를 완성하라는 거였네."[488] 적어도 나폴레옹이 보기에, 카시니 지도의 규모나 세밀함은 군사작전에 완벽한 도구였다.

10년 뒤, 나폴레옹이 적에게 쫓겨 궁지에 몰렸을 때 일어난 작은 일은 카시니 지도가 당시 국가의식 형성에 얼마나 깊은 영향을 미쳤

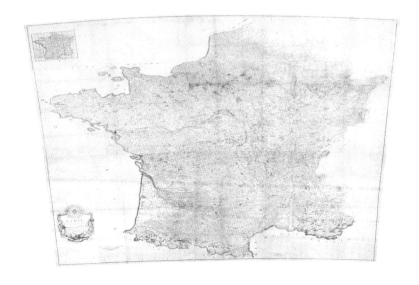

그림 76

루이 카피텐의 프랑스 지도, 1790년. 수십 년간 진행된 카시니 측량을 기초로 제작한
이 지도는 프랑스혁명으로 생긴 새로운 프랑스 내부 경계를 처음으로 표시한 지도다.
종교와 귀족의 이해관계에 맞춰 형성된 예전의 지역 분할은 프랑스혁명 이후 중앙정부의
필요에 따라 규칙적으로 나눈 데파르트망으로 바뀌었다. → 448~449쪽 사이 컬러화보 참고

는지 잘 보여 준다. 1814년 2월, 나폴레옹은 샹파뉴아르덴 지역에 있는
작은 마을 '에'에서 밤을 보내며 아르시쉬르오브 전투를 준비했다(그는
이 전투가 끝나고 한 번 더 전투를 치른 뒤 관직에서 쫓겨나 엘바 섬으로 추방된
다). 지역 성직자의 거처에 머물던 나폴레옹과 장교들은 저녁 식사를 하
러 자리에 앉았고, 나폴레옹의 충실한 비서인 팽 남작은 훗날 이 순간을
다음과 같이 회상했다. "집 주인은 군인 손님들이 이 부근을 어떻게 그
리 상세히 아는지 도무지 이해할 수 없었고, 우리가 원래 샹파뉴 사람들
이 틀림없다고 우겼다. 우리는 그가 놀라는 원인을 설명해 주려고 카시
니 지도를 몇 장 보여 주었다. 우리 일행이 다들 주머니에 넣고 다니는
지도였다. 그는 지도에 주변 마을의 이름이 죄다 나온 걸 보고 더욱 놀
랐다. 지리학이 그렇게 상세한 부분까지 다루리라고는 생각하지 못했

기 때문이다."⁴⁸⁹ 나폴레옹의 수행원들이 빠짐없이 카시니의 지도를 가지고 있었다는 사실은 그 지도가 군사적 용도로 사용되었다는 증거다. 그러나 마술처럼 펼쳐진 지도를 보고 성직자가 어리둥절해한 이 일화는 이 지도가 (현실이야 어떻든) 지역 차이를 얼마나 크게 좁힐 수 있었는지를 보여 준다. 성직자와 군인은 종교나 사상을 떠나 무엇보다도 모두 '프랑스인'이다.

전쟁사무국은 나머지 지도의 발행과 배포를 직접 관리하면서, 제판공 열두 명을 뽑아 압수한 지도 원판에 필요할 경우 최신 정보를 보충해 새 판을 인쇄하게 했다. 지도의 정치적, 군사적 중요성을 고려해 필요한 자금은 늘 국가에서 지원했는데, 베르티에는 1806년에 사무국 국장에게 보내는 편지에서 이 사실을 언급했다. "제도사나 제판공을 고용하는 데 돈은 부족하지 않을 겁니다."⁴⁹⁰ 이렇게 만든 새 지도가 한 장당 4프랑에 팔린 걸 보면, 시장에서 활발히 거래된 게 틀림없다. 1815년, 마침내 마지막 브르타뉴 지도가 마무리되어 182장 한 세트가 완성되었다. 그러나 착수한 지 67년이 지나 완성된 카시니 프랑스 지도는 완성과 함께 이미 과거의 유물이 되어 버렸다. 나폴레옹은 이보다 7년 전인 1808년에 프랑스 지도를 새로 만들라고 명령했다. 어느 보고서는 카시니 지도에 나타난 명백한 오류와 실수를 강조했다.

> 카시니 지도 원판을 소유한 전쟁사무국은 지도의 정확성을 증명할 기회가 많았다. 안타깝게도 중요한 오류를 발견했는데, 이를테면 실제보다 1리그 떨어져 표시된 곳도 있었고, 카시니의 정보와 계산으로는 경도를 정확히 측정할 수도 없었다. 게다가 원판은 처음부터 제판이 엉터리여서 심하게 낡았고 이미 수없이 고쳐서 상당수는 제판을 새로 해야 했는데, 전체를 뜯어고치든가 아니면 솔직히 말해 측정을 아예 다시 해야 했다.⁴⁹¹

카시니의 측량과 지도가 궁극적으로 쓸모없어진 것은 왕의 칙령이나 공화정의 사상적 요구 때문이 아니라 오늘날의 국민국가가 정기적으로 실시하는 작업인 또 한 차례의 측량 때문이었다. 1818년에 새로운 측량을 처음 실시해 1866년에 겨우 완성했지만, 최종 지도(총 273장)는 1880년에야 나왔다. 당시에는 중력으로 고도각을 계산하는 경사계를 비롯해 고도와 지면 기복을 측정하는 새로운 방법이 개발된 덕에 측량은 더 정확해졌고, 마침내 카시니 지도의 기술적 성취를 넘어섰다.[492]

카시니의 업적 가운데 영향력이 가장 오래 지속된 것이라면 국가 측량 기관으로 가장 유명한 영국 토지측량부의 탄생에 기여했다는 점이다. 1783년 10월, 카시니 3세는 죽기 몇 달 전에 런던에 있는 왕립학회에 편지를 써서, 그리니치 천문대와 파리 천문대가 측정한 위도와 경도가 차이가 나니 프랑스 전역에서 일하는 자신의 기술자가 완성한 삼각측량법으로 다시 제대로 측정해 보자고 제안했다. 이 분야 최초의 진정한 국제적 공조였다. 카시니는 망원경을 이용한 기구로 프랑스에서도 영국에 있는 장소의 위치를 알아낼 수 있었는데, 그런 그가 이제 바다를 건너가 삼각측량을 하자고 제안한 것이다. 정확히 측정한 일련의 삼각형 고리 안으로 오랜 두 적수를 통합하는 작업이었다.[493]

이 제안은 당연히 유럽의 두 강대국 사이에서 오래된 적대감을 일깨웠고, 영국 왕실 천문관 네빌 마스켈라인Nevil Maskelyne 목사는 영국이 측정한 그리니치의 위치가 정확하지 않을 것이라고 말한 카시니의 무례함을 나무랐다. 그러나 이 경우에는 과학이 국가주의를 앞섰다. 영국 왕립학회 회장 조지프 뱅크스Joseph Banks 경은 육군 소장 윌리엄 로이에게 영국에서 측량에 착수하자고 제안했고, 로이는 1784년 6월에 런던 서쪽에 있는 하운즐로히스에서 첫 번째 기선을 어렵게 측정하며 측량을 시작했다. 로이의 기선은 그 후 토지측량부가 영국 전국지도를 만들 때 기초가 되었으며, 115년 전에 장 피카르가 파리 서쪽에서 기선을 그을 때 사용한 원칙을 그대로 따랐다. 측량 기구는 새롭고 좋아졌지만 (수직각과 수평각을 측정하는 괴물 같은 90킬로그램짜리 경위의經緯儀, theodolite 도 도입했다), 로이와 토지측량부가 19세기 내내 사용한 방법은 전적으로 프랑스의 피카르와 카시니 집안이 개발한 방법이었다. 카시니 3세로서 는 자신의 측량술이 영국해협 너머로 수출된 것은 120년 전으로 거슬 러 올라가는 측지 작업의 정점이었고, 영국으로서는 이때가 훗날 카시 니 지도보다 더 유명해질 전국적 측량의 시초였다.[494]

카시니 지도는 지도 제작 역사상 진례가 없는 신척이었다. 그것은 측지 와 지형 측량을 기초로 전국을 그린 최초의 일반도였다. "이 지도는 해 야 할 것과 하지 말아야 할 것을 전세계에 가르쳐 주었다."[495] 그것은 17세기 중반에 시작된 "기하학적 정신"[496]을 추구하면서 경험적이고 표 준화된 객관적 방법을 사용했고, 그 결과 이후 150년에 걸쳐 지도 제작 을 증명 가능한 과학으로 서서히 바꿔 놓았다. 그리고 이 방법은 곧 세 계 전체로 퍼졌다. 지도 제작자는 이제 지도와 영토를 연결하는 사심 없 는 기술자로 인식되었다. 그리고 일련의 기하학적 삼각형으로 단순화한 세계는 인식 가능하고 관리 가능한 세계가 되었다.

　　그러나 과학을 사심 없이 객관적으로 탐구해야 한다는 카시니의 주장은 현실보다는 희망에 가까웠다. 파리 천문대 대장직에서 물러나 오랜 은퇴 생활을 하며 재직 시절을 회고하던 카시니 4세는 아쉬운 듯 이렇게 썼다. "천문대에 둘러싸여 생각했다. 나는 모든 폭풍우를 피해 항구에 있고, 우리가 세계라 부르는 질투와 음모의 공간 너머에 있구나. 나는 별의 움직임을 보며, 우주의 경이로움이라는 고상하고 기분 좋은 생각에만 사로잡혀 있었다."[497] 이는 그가 스스로 도구주의자들이라고 가차 없이 몰아붙인 새 공화주의 정권의 처분에 맡겨지면서 환멸을 느 껴 나온 반응이기도 했지만, 그의 일가가 네 세대에 걸쳐 절대군주의 요구에 충실했다는 사실을 회피하려는 반응이기도 했다. 1660년대에 과학아카데미가 설립될 때부터 카시니 집안은 처음에는 루이 14세의, 다음에는 루이 15세의 정치적, 재정적 요구를 그대로 받아들여 프랑스를 측량하고 지도를 제작했다. 재정감독관은 측량과 지도를 국가를 효율적으로 관리하는 수단으로 보았다. 콜베르와 이후의 재정감독관들은 줄곧 새로운 지도를 요구했다. 수송망을 표현하고, 지역 조세를 관리하고, 토목공사를 수월하게 하고, 군대의 병참을 지원하는 지도였다. 카시니 집안은 중립적이고 사심 없는 과학적 성찰로 측량법을 개발하기보다는 보통 그러한 요구에 완벽하게 부응했다.

그 결과 이들이 사용한 방법은 생각만큼 그렇게 정확하거나 포괄적이지 않았다. 기술자들은 어려운 여건에서 거추장스럽고 곧잘 제한적인 기구를 사용해 정확히 측정하느라 애를 먹었고, 그러다 보니 세 차례의 측량이 끝나고 카시니 지도가 사실상 완성된 뒤에도 나폴레옹 당국은 지도에서 위치 오류, 최근에 건설된 도로 누락과 경위도 측정 오류를 발견했다. 게다가 이 지도는 측량 결과를 대단히 선별적으로 기록했다. 개별 지도에서 자신의 지역을 살펴본 사람들은 농가, 개울, 삼림 지대, 심지어 성마저 누락되었다고 불만을 토로했다. 나라가 조세를 비롯한 특정한 행정 목적을 위해 "주요 지역의 위치 도해"[498]를 요구했는데도 그런 결과가 나왔다. 카시니 3세도 "프랑스 지형이 워낙 여러 가지로 변형되기 쉬워 고정된 불변의 측정 방식으로 포착하기가 불가능하다"[499]고 인정했다. 하지만 측량의 한계와 미완성 카시니 지도의 한계는 결국 전국 측량은 사실상 끝이 없다는 사실을 보여 줌으로써 되레 가장 중요한 유산을 남긴 셈이 되었다. 축적된 지형 자료는 워낙 방대하고 복잡해서, 첫 번째 측량에서 나타난 기하학적 골격을 압도했다. 새 도로, 운하, 숲, 다리, 그리고 풍경을 바꾼 무수한 인공물을 기록하지 않은 카시니 지도를 보노라면, 아무리 과학을 동원해 정확히 측량해도 오랜 세월 변치 않는 곳은 없다는 것을 알 수 있다.

카시니 지도는 단지 전국적 측량에만 머물지 않았다. 이 지도는 개인에게 국가 또는 국민의 일부라는 인식을 심어 주었다. 사람들이 카시니 지도에서 '프랑스'라 불리는 곳을 보며 스스로를 그 안에 사는 '프랑스' 시민으로 여겼다는 것은 국민국가로만 정의되다시피 하는 오늘날의 세계에서는 지극히 당연해 보이지만, 18세기 말에는 그렇지 않았다. 국가주의라는 그럴듯한 말과는 달리, 국가는 저절로 생시시 않는다. 국가는 역사의 어느 순간에 절박한 정치사상에서 생겨나는 발명품이다. 18세기에 국가주의 시대가 밝아올 때와 카시니가 측량을 하던 시기가 정확히 맞아떨어지고, 또 1790년대에 '국가주의 또는 민족주의 nationalism'라는 용어가 만들어지고 카시니 지도가 프랑스혁명이라는 이름으로 국유화되었다는 사실은 결코 우연이 아니다.**500**

베네딕트 앤더슨Benedict Anderson은 국가주의의 기원을 연구한 고전《상상의 공동체Imagined Communities》에서, 국가의식의 뿌리는 종교적 믿음과 제국의 왕조가 기나긴 역사에서 부식하며 생겨났다고 주장한다. 종교적 구원에 대한 확신이 줄면서 유럽의 앙시앵 레짐 제국들이 서서히 해체되었다. 개인의 믿음이라는 영역에서, 앤더슨의 말마따나 국가주의는 "운명을 연속성으로, 우연을 의미로 바꾼 세속적 변형"이라는 설득력 있는 위안을 제공했다. 정치권력 차원에서 보면, 국가는 제국을 영토라는 새로운 개념으로 대체했다. "국가의 주권은 법으로 경계를 정한 영토의 1제곱센티미터마다 단호하고 공평하고 유감없이 발휘된다." 제국과는 정반대의 개념이다. 제국에서 "국가는 중심으로 규정되고, 국경은 엉성하고 희미하며, 주권은 모르는 사이에 사람들 사이에 스며들어 사라져 버렸다."**501**

이런 변화는 토착어가 바뀌고 시간개념이 변화해 나타난 것이다. 15세기에 서양에서 앤더슨이 말한 "인쇄 자본주의"가 나타나 제국과 교회의 권위를 상징하는 "신성한 언어"인 그리스어와 라틴어를 서서히 몰락시키고 방대한 새 잠재 독자층이 사용하는 토착어를 퍼뜨렸다. 뒤이어 유럽에서 소설, 신문, 철도가 대중화하기 시작하고 시계와 달력의 도입으로 시간 측정이 가능해지면서 "시간적 일치"를 뜻하는 "동시"라는 새로운 시간개념이 생겼다. 사람들은 평생토록 자기 나라의 극히 일부만을 가보고 극히 일부 사람들만 만나지만, 상상에서만큼은 시간과 공간을 가로질러 동시에 발생하는 여러 일들을 떠올리기 시작했다.

그러나 "사학자들의 알 수 없는 지도 혐오"[502]의 전형적 사례로, 앤더슨은 처음에는 국가 정체성의 발현 가운데 가장 상징적인 것을 생각하지 못했다. 언어와 시간의 변화가 "국가를 '생각'하게 했다"[503]면 공간과 시각 개념을 바꿀 수도 있는 지도는 국가를 '보게' 한다. 철도, 신문, 소설이 문화의 한복판을 차지하기 시작한 시기에 탄생한 카시니 지도는 사람들에게 국가라는 공간을 상상하게 해주는 그림이었다. 사람들은 지도를 보며 자신이 사는 특정 지역에서 나라 전체로 시선을 옮기면서, 그리고 (1790년대 중반부터 혁명정부가 표준화한) 파리 프랑스어라는 표준어로 표기한 지도를 읽으면서 지형적 공간과 그곳 주민을 동일시하게 되었다. 그 결과 국가는 백성들에게서 전례 없는 애착과 정치적 충성을 유발하는 행정적 견고함과 지리적 실체를 발전시키는 길고도 험난한 과정에 들어갔다.

카시니의 측량은 새로운 방법으로 나라 전체를 지도에 담는 출발점이 되었지만, 주민들은 애착과 충성을 느낄 대상이 필요했고 그것은 기하학적 삼각형만으로는 부족했다. 종교도 더 이상 그 답이 되지 못했다. 그리스도가 한때 세계를 내려다보며 통솔했다면, 카시니 지도는 지구를 바라보는 수평적 관점을 제시했다. 그 관점에서 바라보는 지구는 어느 곳이든(더 나아가 어느 주민이든) 똑같은 가치를 지녔다. 정치적 절대주의 또한 지속될 수 없었다. 군주들은 처음에는 왕가의 영역을 감시하고 통치할 수 있는 지도 제작 체계를 정립하려 했지만, 그들이 후원한 왕국지도는 어쩌다 보니 국가지도로 탈바꿈해 버렸다.

카시니 지도 182장 하나하나에 새겨진 메시지는 이후 세대의 국가 이데올로기에 쉽게 이용되곤 했다. 단일 지도, 단일 언어, 그리고 풍습과 믿음과 전통을 공유하는 단일 민족을 강조하는 이데올로기다. 카시니 지도는 백성들에게, 끊임없이 반복되는 국가적 자기희생에서 싸워 지켜야 하고 심지어 목숨까지 바쳐 지킬 가치가 있는 국가의 모습을 제시했다. 당시에는 숭고하기 그지없는 명분이었다. 그러나 그처럼 확고한 국가주의가 낳은 과두한 결과는 1790년대 프랑스 선역에서만 나타난 것이 아니었다.

10 지정학

해퍼드 매킨더의
〈역사의 지리적 중추〉,
1904년

런던,
1831년 5월

────

1831년 5월 24일 저녁, 런던 중심의 세인트제임스 지역
에 있는 술집 '초가집'Thatched House'에 남자 40명이 저
녁 식사를 하러 모였다. 여행과 탐험에 경험이 많은 이
들은 '롤리 여행자 모임' 회원들이었다. 롤리 여행자 모
임은 당시 런던에서 유행한 사적인 만찬 모임 중 하나
로, 모임 이름은 엘리자베스 시대의 위대한 탐험가 월
터 롤리Walter Raleigh 경의 이름에서 따왔다. 1826년에
여행가 아서 데 케이펠 브룩Arthur de Capell Brooke 경이
만든 이 모임에서 회원들은 돌아가면서 2주에 한 번씩
화려한 연회를 열고 여행과 모험 소식을 전했다. 그런
데 이날 저녁만큼은 만찬 안내장에 약간 다른 주제가
쓰여 있었다. 영국 해군부 차관으로 중국과 남아프리카
를 여행하고 그곳에서 정치 활동도 한 유명한 존 배로
John Barrow 경이 주최한 이번 모임에서 회원들은 이런
의견을 냈다. "영국의 이 대도시에 문학 학회, 과학 학
회는 수없이 많은데, 과학 분야 중에 딱 하나, 가장 중
요하고 흥미진진한 지식인 '지리학'을 장려하고 전파하

는 단체가 없다." 그리고 이렇게 제안했다. "그러니 유익한 새 학회를 만들고 이름을 '런던지리학회Geographical Society of London'로 하자."[504]

모임의 회원들은 그런 학회는 "인류 전체에 가장 중요하고, 영국처럼 해외에 방대한 영토를 가진 해상 국가의 번영에 으뜸일 것"이라고 생각했다. 따라서 새 학회는 "새롭고 흥미롭고 유익한 사실과 발견"을 모두 "수집해 등록하고 이해하며," "지리학 분야 최고의 책을 꾸준히 수집"하는데, 여기에는 "지리 묘사가 조악한 초기 시대 지도와 해도부터 가장 발전한 오늘날의 지도까지 일체"를 포함한다. 그리고 "[각종 도구의]견본을 확보하고," "여행을 떠나는 사람들에게는 간단한 교육을 해 주며," "지리학과 관련한 모든 철학, 문학 학회들과 소통"하자고 제안했다.[505]

언론은 이 소식을 환영했다. 1831년 11월자《쿼털리 리뷰Quarterly Review》는 "그런 학회를 일 년 전만 해도 상상도 못했다는 것이 놀랍다. 그것도 세계 구석구석에 손을 뻗치지 않은 곳이 없는 이 위대한 나라에서. 유럽의 수도치고 오래전부터 지리학회를 두지 않은 곳이 거의 없다는 점을 생각하면 더욱 놀랍다." 그리고 기쁘게 전했다. "널리 이로운 일이라면 후원과 성원을 아끼지 않으시는 폐하[윌리엄 4세]께서 왕실 이름을 사용하도록 허락해 주셨을 뿐 아니라 지리학 지식을 장려하는 의미로 학회에 연간 50기니의 장려금을 기부하기로 약속하셨다."[506]

1820년대와 30년대는 지리학과 지도 제작에 전환점이 된 시기다. 카시니 측량이 군사와 법률 행정에 유용하게 쓰이고 국가의식마저 고취하자 유럽 정치인들은 지리학을 진지한 지적, 실용적 학문으로 장려할 때의 가치를 알아보기 시작했다. 업계는 국가보다 빠르게 지도의 가치를 알아보았다. 농업과 공업이 성장하면서 기존 지도뿐만 아니라 새 지도에 대한 수요도 증가했다. 토지 도면, 십일조 조세 지도, 인클로저 도면, 새 운하와 철도 체계를 표시한 수송 지도, 마을과 교구를 표

시한 지도가 모두 인기를 끌었다.[507] 히베이루나 메르카토르 같은 개인
이 대규모 세계지도를 제작하던 방식으로는 그런 다양한 지도를 생산
하는 데 필요한 자료를 수집하고 처리할 수 없었다. 이제는 지도 제작
을 제도화해서, 인력과 자원을 전례 없는 규모로 모집해야 했다. 그 결
과 19세기 전반에 학구적인 지리학회가 여럿 생겨났다. 이들은 지리학
에서 국가적 이익과 상업적 이익을 연계하고, 지도 제작을 학문과 실용
적 측면에서 제도적으로 후원했다 프랑스는 1821년에 '지리학회Société
de Géographie'를 세웠고, 독일에서는 카를 리터Karl Ritter(1779~1859년)가
1828년에 '베를린지리학회Gesellschaft für Erdkunde zu Berlin'를 창설했으며,
영국에서는 다소 늦은 1831년에 '왕립지리학회Royal Geographical Society'
가 출범했다. 이와 더불어 지도는 전에 없이 전문화되고 정치화되었다.
18세기 말부터 국가가 지도의 행정력을 활용하기 시작하면서 국가와
지도 제작자의 관계는 어느 때보다 가까워졌는데, 지도 제작자들은 이
때를 자신의 직업적, 지적 지위를 높일 기회로 보았다. 카시니 측량이
근대 유럽 국가라는 이미지를 만들었다면, 국민국가는 이제 특정한 정
치 이익에 부응하는 지도 제작 전통을 만들고자 했다.

　　지도의 기능에 대한 인식이 바뀌기 시작하면서 지도의 모양도
바뀌었는데, 이는 석판인쇄라는 중대한 기술 발전 덕이었다. 1796년에
독일 판화가 알로이스 제네펠더Alois Senefelder는 이미지를 복사하는 새
로운 방법을 우연히 발견했다. 그는 석회석 판에 왁스 크레용으로 그림
을 그릴 수 있으며 여기에 물을 바르면 잉크가 왁스의 윤곽에는 달라붙
되 다공질 석회석에는 달라붙지 않는다는 사실을 발견했다. 이 방법이
적절히 변형되어, 이미지를 대량으로 찍어내는 새로운 방법이 탄생했
다.[508] 석판인쇄를 발견하기 전에 사용한 동판인쇄는 숙련된 기술이 필
요하고 시간과 비용도 많이 들었지만, 16세기 초부터 지도 제작에는 줄
곧 동판인쇄가 쓰였다. 지도는 지도 제작자의 지식만큼이나 제판공의

전문성에도 좌우되었고, 제판을 마친 동판을 종이에 인쇄하는 작업도 대단한 육체노동이 들어갔다. 그러나 석판인쇄는 완전히 다른 기술이었다. 석판인쇄의 화학적 공정에는 별다른 기술이 필요하지 않았다. 그리고 지리학자가 이미지를 건네면, 좌우를 바꾼 이미지를 만들어 동판에 새기는 과정을 생략하고 곧바로 복제본을 만들 수 있었다. 이렇다 보니 누구라도 쉽게 지도를 인쇄할 수 있었다. 비용도 비교적 적게 들고, 제네펜더의 주장대로라면 속도도 동판인쇄보다 세 배나 빨랐다. 19세기에 석판인쇄가 계속 발전하면서, 지도에 색과 사진도 넣을 수 있게 되었다. (토지측량부를 비롯해) 많은 기관이 처음에는 여전히 기존의 동판인쇄를 고집했지만, 20세기에 들어서면서 지도 발행 부수가 워낙 많아져 석판인쇄가 동판인쇄를 압도해 버렸다.⁵⁰⁹

15세기 이후로 지도 제작에서 그 정도의 혁신은 없었다. 이 혁신은 개념 차원에서 지리학과 지도 제작의 지위 변화를 촉발했다. 얀소니위스와 블라외의 원대한 우주형상학에서 이미 우주형상학자가 하는 일의 유효성에 의문이 제기되었지만, 처음에는 코페르니쿠스설의, 그다음에는 다윈설의 파급력이 우주의 형상을 이해하는 우주형상학이라는, 일련의 지도에 나타난 전통적 개념에 심각한 타격을 입혔다. 우주형상학이 19세기 초에도 계속 쇠퇴하면서 우주형상학을 대체하는 새로운 개념이 퍼지기 시작했고, 그 과정에서 지도 제작의 과학성을 좀 더 분명하게 표현하는 '카토그래피^{cartography}'라는 말이 나왔다. 베를린지리학회를 창설한 카를 리터는 1828년에 '카토그라프^{Kartograph}'라는 용어를 처음 사용했다. 그리고 1년 뒤, 프랑스지리학회가 '카토그래피크^{cartographique}'라는 말을 사용하기 시작했다. 1839년에는 포르투갈 역사학자이자 정치인이며 산타렝의 자작인 마누엘 프란시스쿠 드 바호스 이 소사^{Manuel Francisco de Barros e Sousa}가 자신이 만든 말이라며 '카르토그라피아^{cartographia}'라는 단어를 사용했다. 리처드 버턴^{Richard Burton} 경은

1859년에 왕립지리학회의 후원으로 중앙아프리카의 호수를 탐험하는 원정에서 영국인으로는 처음으로 그 말을 차용했다. 1863년에는 지도를 제작하는 사람을 가리키는 '카토그래퍼cartographer'라는 말이 사용되었고, 1880년대에는 카토그래피와 카토그래퍼, 두 단어가 어휘 목록에 확실하게 자리 잡았다.[510]

카토그래피가 각광받고 지도 제작이라는 주관적 행위에 어느 정도 과학적 전문성이 부여되면서, 지도를 만드는 사람이 1 엉치에서 지도의 수혜를 받는 사람이나 지도 제작을 모든 지리 지식이 발전하는 토대가 되는 일관된 학문으로 여기게 되었나. 지도 제작은 점차 객관적이고 경험적이며 과학으로 증명 가능한 연구 분야로 인식되었고, 수세기 동안 지도 제작과 연관을 맺어 온(그리고 흔히 지도 제작에 포함되는) 우주형상학, 항해, 측량, 천문학 같은 학문과는 별개로 취급되었다.[511]

이런 생각은 설득력이 있었고, 지도 제작에서 더 큰 진전을 가져왔다. 순수수학과 응용수학이 발전하면서 지도 투영법에 관심이 촉발되어 16세기의 여러 혁신적 투영법에서 훨씬 더 발전한 투영법이 나왔다. 1800년과 1899년 사이에 지도 투영법이 새로 53개나 나왔는데, 18세기를 통틀어 나온 투영법의 세 배가 넘는 수다. 메르카토르 도법을 비롯해 지구를 평면에 투영하는 다양한 시도들은 새로운 수학적 투영법이 쏟아져 나오면서 계속 도전을 받았고, 새로운 투영법은 자연계에 대한 지식이 늘어나면서 수요가 증가한 중축척과 소축척 지도에 사용되었다. 수학자들은 미적분학과 기하학을 결합해 갈수록 복잡한 투영법을 제시하면서, 원통과 직사각형을 이용해 지구를 종이에 투영하는 고전적 모델을 넘어섰다. 새 투영법 중 다수는 비전문가가 자신을 알리려는 의도로 내놓았지만, 그 외의 것들은 지도 제작에서 생기는 정치적, 상업적 통찰력을 이용하려는 지리학 단체와 국가의 지원으로 탄생했다. 그중에서 오래 살아남은 도법은 프랑스 지도 제작자 리고베르

상송 플램스티드 도법 또는
시뉴소이드 도법

몰바이데 도법(유사원통정적도법)

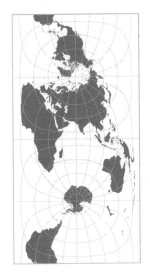

카시니 3세(횡축평면지도)

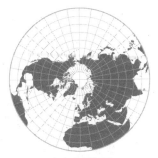

라 이르의 극점 지도
(위도 45도 지점이 반지름의 2분의 1)

라그랑주

본 도법(유사원뿔정적도법)

머독(원뿔정거도법)

—— **그림 77**

18, 19세기의 지도 투영법.

본Rigobert Bonne(1727~1795년)의 이름을 딴 것으로 지형도에 사용한 유사원뿔도법pseudo-conic projection인 본 도법, 필리프 드 라 이르Philippe de la Hire(1640~1718년)가 개발한 것으로 반구 지도에 사용한 방위투시도법azimuthal perspective projection, 스위스 태생으로 미국 해안측량부United States's Survey of the Coast를 이끈 페르디난트 루돌프 하슬러Ferdinand Rudolph Hassler(1770~1843년)의 다원뿔도법polyconic projection 등이다. 다원뿔도법은 왜곡을 줄이려고 동심원이 아니 표준 위선은 어러 게 시용히는 투영법인데, 워낙 인기가 좋아 19세기에 메르카토르 도법을 제치고 미국의 공식 지형도와 해안도에 사용되었나. 가상 혁신적인 투영법은 1805년에 나왔다. 독일의 수학자이자 천문학자인 카를 브란단 몰바이데Karl Brandan Mollweide(1774~1825년)가 메르카토르의 원통도법을 버리고 각도에 충실하기보다 면적이 정확한 세계지도를 만든 것인데, 유사원통정적도법pseudo-cylindrical equal-area projection이라 알려진 이 도법은 지구를 타원형으로 묘사하면서 자오선은 곡선으로, 위선은 직선으로 그렸다.

이런 투영법은 수학자와 측량사가 지도 제작의 가능성과 한계를 재고하면서 나온 것이다. 1820년대에는 독일 수학자 카를 프리드리히 가우스가 하노버에서 측지측량 작업을 실시했다. 이때 지구 곡률 측정 문제를 연구하던 그는 미분기하학 정리를 내놓아, 심각한 왜곡 없이 지구를 평면에 투영하기는 불가능하다고 주장했다. 그는 메르카토르 도법을 수정하면서 (형태가 똑같다는 뜻의 라틴어 'conformalis'를 참고해) 'conformality(정형성 또는 정각성)'라는 말을 만들고, 어느 한 점 주위로 정확한 형태를 유지하는 새로운 투영법을 만들고자 했다. 이 외에도 수많은 투영법이 나왔지만, 어느 하나를 표준 지리 투영법으로 채택할 권위 있는 국제적 지리 기구는 없었다. 19세기의 지도책은 거의 다 세계지도에 여전히 메르카토르 도법을 이용했지만, 반구나 대륙 지도에는 10여 가지 투영법을 다양하게 사용했다.[512]

이러한 변화의 결과로 '주제도'라는 새로운 장르가 탄생했다. 주제도는 다양한 자연적, 사회적 현상이 나타난 지리적 특성을 그리고, 대개 눈에 보이지 않는 범죄, 질병, 가난 같은 정해진 주제의 공간 분포와 변이를 묘사한다.[513] 멀게는 1680년대에도 에드먼드 핼리Edmund Halley가 기상도를 그렸지만, 주제도가 빠르게 발전한 것은 양적 통계와 인구조사가 유행한 1800년대 초부터다. 확률론이 발달하고 통계분석에서 오차를 일정하게 유지하게 되면서 사회과학에서 전국적 인구조사를 비롯한 방대한 자료를 종합할 수 있게 되었다. 1830년대에는 플랑드르의 천문학자 아돌프 케틀레Adolphe Quételet가 '평균인'이라는 통계 개념을 발전시켜 교육, 의료, 범죄, 인종 분포를 나타내는 '윤리적' 주제도를 내놓아 관심을 끌었다.[514]

주제도는 사회과학 발전에 기여했을 뿐 아니라 자연과학에서 자료를 완전히 새로운 방식으로 분류하고 표시하게 했다. 생물학, 경제학, 지질학 모두 이 새로운 방식을 이용해 지구의 대기, 대양, 동식물, 지표면을 지도에 옮겼다. 1815년에는 윌리엄 스미스William Smith가 지질 분석에 통계 방법론을 이용해 최초의 영국 지질 주제도인 〈영국의 지층The Strata of England〉을 제작했고, 다른 과학자들도 이 방법으로 지도 제작에서 새로운 시각적 언어를 탄생시켰다.[515] 이와 더불어 석판인쇄가 유행하면서 인쇄 비용이 낮아지고 인쇄물이 폭넓게 유통되었다. 1840년대 중반에 프랑스 인쇄업자들이 프랑스 지질도를 컬러 석판인쇄를 하면 장당 3~5프랑이 들었는데, 보통 장당 21프랑이 드는 컬러 동판인쇄와는 사뭇 대조적이었다.[516] 값이 싸다 보니 한 번에 수백 부가 아닌 수천 부씩 인쇄했고, 블라외의 《대아틀라스》나 카시니 지도가 유통될 때보다 훨씬 큰 시장이 형성되었다.

지도 제작의 이런 변화가 대부분 스스로를 지리학자로 여기지도 않는 여러 개인에게서 나오다 보니 학문으로서의 지리학이 흔들리기 시작했다. 지리학에서 지도 제작이 차지하는 위치는 대책 없이 혼란스러웠고, 특히 조직적인 지도 제작 능력 부재를 한탄하는 목소리가 학계에서 지속적으로 터져 나오던 영국에서는 더욱 그러했다. 왕립학회 회장 조지프 뱅크스는 1791년에 이미 지도에 벵골이 영국보다 더 정확히 표현되었다고 불평할 정도였다. "주변 국가에 과학의 선두 주자로 인식되고 싶어 하는 영국인들이 레넬 소령이 벵골을 묘사한 것만큼이나 정확하게 영국을 묘사할 수 있다면, 그래서 내가 그 사실을 자랑스레 밀할 수 있다면 얼마나 좋겠는가." 동인도회사가 후원한 제임스 레넬James Rennel의 《벵골 지도책Bengal Atlas》(1779년)을 가리키는 말이다.[517] 이 시기에 영국은 영토의 65퍼센트에서 측량을 마쳤지만 결과는 들쭉날쭉했다. 1784년 윌리엄 로이가 처음 측량을 시작한 이래로 1791년에 국가가 후원하는 토지측량부가 정식으로 설립되었지만, 측량에는 여전히 통일성과 표준화가 부족했다. 사유지를 그린 사적인 지도는 수세기 전부터 사용했지만, 대개는 지역 측량사가 토지 소유주에게 이롭게 제작한 지도였다. 그런 지도는 토지측량부의 표준화 목표에 맞지 않는 축척을 사용했지만, 값이 싸고 내용이 상세했다. 전국적 측량은 비용이 워낙 많이 드는 탓에 토지측량부는 토지의 상당 부분을 민간 측량사에게 맡겼다. 그러다 보니 지역마다 측량이 제각각이고 지도 전체의 질이 고르지 못했다.

토지측량부는 영국의 복잡하고 견고한 토지 소유 체계와 운영 체계를 표준화한 지도에 담느라 어려움을 겪었지만, 이와 대조적으로 영국의 동인도회사는 인도 같은 해외 식민지를 측량할 때 비록 면적은 방대해도 새로운 과학 기술을 이용하고 지역별 지도 제작법과 토지 소유 방식을 무시하면 일이 아주 쉬울 것이라고 생각했다. 동인도회사는 1760년대에 레넬 같은 개인의 측량을 재정적으로 후원했는데, 이 작업은 '인도의 대규모 삼각측량'에서 절정을 이루었다. 이 측량은 1843년에 완성되었다고 보지만 작업은 그 후로도 수십 년간 계속되었고, 카시니 측량이 그랬듯이 끝난 날짜를 꼬집어 말하기 어렵다. 측량 분야의 가장 저명한 사학자 매슈 에드니Matthew Edney의 말처럼, 측량사들은 "'진짜' 인도를 그리지 않았다. 그들은 자신이 인식하고 통치한 인도를 지도에 옮겼다." 그 결과 "영국령 인도"가 탄생했다.[518] 비슷한 과정이 아프리카에서도 일어났다. 조지프 콘래드Joseph Conrad가 쓴 《어둠의 심장Heart of Darkness》(1899년)에서 주인공 말로는 "무지개 색으로 표시된" 제국의 지도를 유심히 들여다보며 "언제 봐도 좋은 빨간색이 잔뜩 표시된 부분"을 보고 즐거워한다. "그곳에서는 일다운 일이 진행된다는 걸 알기 때문이다."[519] 프랑스(파랑), 포르투갈(주황), 이탈리아(초록), 독일(자주), 벨기에(노랑) 제국의 소유지와 대비되어 빨강으로 표시된 영국 영토는 영국 제국의 문명화 임무의 절정을 의미했다. 적어도 콘래드 같은 열렬한 지지자에게는 그러했다.[520] 그러나 인도 지도가 그렇듯 이런 지도의 상당수가 직접적인 식민 통치보다는 제국의 관심 영역을 표시했는데, 이는 다름 아닌 제국주의적 야심이 담긴 "비공식적 속마음"이 드러난 사례이며, 왕립지리학회 같은 조직은 이를 은밀히 부추겼다.

이런 조직은 행정 현실을 고려하기보다는 언뜻 객관적으로 보이는 과학 원리에 기초한 이상적 투영법을 반영한 지도 제작을 선전했다. 유럽이 지도 제작을 이용해 제국의 영토권을 주장한 가장 악명 높은 사례는 아마도 1884~1885년 아프리카에서 열린 베를린 회의일 것이다. 이 회의는 지금도 제국의 '아프리카 쟁탈전'의 시초로 간주된다. 회의에 참가한 유럽의 열네 개 강국이 이때부터 콘래드의 《어둠의 심장》에 나온 선을 따라 아프리카 대륙을 나눠 먹기 시작했으리라는 단정에서 나온 생각이다. 사실 회의록을 보면, 회의가 소집된 이유는 아프리카 대륙 전체를 분할하기보다는 주로 서아프리카에 대한 유럽의 상업적 접근을 규제하기 위해서였다.[521] 한 영국 관리는 "[회의에서] 정의한 콩고 강이 지리적 사실과 맞지 않아 거세게 반발"했고, 또 일부는 지리가 너무 혼란스러워서 마치 론 강 유역에 라인 강을 그린 꼴이라고 항의했다.[522] 회의에서는 유럽의 이익에 따라 아프리카를 나누는 그 어떤 지도도 만들지 않았고, 주권에 관한 법적 구속력이 있는 어떤 발표도 하지 않았으며, 단지 이후의 소유권 주장은 정치지리보다는 자유무역 원칙에 따라 승인한다는 막연한 합의만 했을 뿐이다.

왕립지리학회는 특히 아프리카에서 계획성 없이 진행되는 국제적 지도 제작이 걱정스러웠다. 인도 국경 지대를 측량했던 전직 측량사이자 이후 지리학회 회장이 되는 대령 토머스 홀디시Thomas Holdich 경은 1901년에야 비로소 학회 학술지에 '어떻게 아프리카 지도를 만들 것인가?'[523]라는 직설적 제목의 기사를 실었다. 그는 이렇게 한탄했다. "각 지방 행정기관의 감독 아래 아프리카의 여러 지역에서 다양한 측량이 시작되었는데, 서로 연계도 되지 않고 기술 체계나 축척에서 공통된 기반도 없어 우리 아프리카 소유지를 담은 만족스럽고 균질한 첫 지도를 펴내기는 어려울 것이다." 그는 이를테면 축척과 기본 측량을 통일한 좀 더 체계적인 지도 제작 기술을 도입하고, 지역공동체 또는 그가 "현지 대리점"이라 말한 곳에서 정보를 수집해 활용하자고 주장했다. 그가 글에 첨부한 아프리카 지도는 문제를 여실히 보여 주었다. 공식적으로 영국 제국의 통치 아래 놓인 영토 675만 제곱킬로미터가 아직도 지도에 표시되지 않았고, 다른 유럽 강국의 통치 지역 중에도 아직 측량하지 않은 곳이 많았다. 지도에는 아프리카 북부, 동부, 서부, 남부 해안 지대가 "상세히 측량되어" 나오지만, 회색으로 표시된 "미답" 지역이 압도적으로 많아 "삼각측량에 기초해 상세히 측량한" 자그마한 붉은 지역과 극명히 대비되었다. 행정구역을 표시한 세계지도라면 지면의 4분의 1 가까이가 영국 제국의 붉은색으로 표시되겠지만, 이 지역의 지형을 표시한 지도는 식민 제국의 위용을 보여 주지 못했다.

——— **그림 78**

대령 토머스 홀디시 경의 아프리카 지도, 1901년. 아프리카에서 영국 제국의 측량의 한계가 드러났다. 빨간 부분은 삼각측량으로 측량한 지역이고, 파란 부분은 "상세히 측량한" 지역이다. 넓은 회색 지역을 비롯해 나머지 부분은 "미답" 지역이다.

→ 448~449쪽 사이 컬러화보 참고

이 혼란스러운 상황에 발을 들여놓은 사람이 영국 교수 해퍼드 매킨더Halford Mackinder(1861~1947년)였다. 영국에서 지리학이라는 학문을 혼자 바꿔 놓다시피 하고, 지정학이라는 주제를 이해하고 사용하는 새로운 방법을 고안한 사람이다. 매킨더는 19세기 말과 20세기 초에 영국 학계와 정치계에서 가장 영향력 있는 인물이자 런던경제대학

(1895년) 창립자 중 한 사람이다. 스코틀랜드 통합당Unionist Party 의원 (1910~1922년), 남부 러시아 주재 영국 고등판무관(1919~1920년)을 지냈으며, 열정적인 비전문 탐험가로서 유럽인으로는 처음으로 케냐 산을 올랐다(1899). 1920년에는 의원 활동 공로를 인정받아 기사 작위를 받았고, 1923년에는 런던경제대학에서 지리학과 정교수가 되었다.

링컨셔 게인즈버러에서 태어나고 교육받은 매킨더는 이른 나이에 지리학과 정치학에 관심이 싹텄다. 1943년, 여든두 살이 된 그는 지난 삶을 다음과 같이 회고했다. "내가 기억하는 첫 번째 공무는 1870년 9월 어느 날로 거슬러 올라간다. 어린아이었던 내가 그 지역 중등학교에 이제 막 다니기 시작했을 때였다. 그날 우체국 문에 전보가 붙었는데, 나폴레옹 3세가 이끄는 군대가 스당에서 프로이센에게 항복했다는 내용이었고 나는 그 소식을 집에 알렸다."[524] 당시 아홉 살이던 매킨더는 이미 "공책에 전쟁사를 쓰고 있었고," 쿡 선장의 항해를 읽었으며, 가족 앞에서 오스트레일리아를 비롯해 지리에 관해 연설을 했는데, 아버지는 그를 칭찬하며 "발표력 양호, 이해력 우수"라고 평가했다.[525] 이런 그가 학교 선생님에게 늘 귀여움을 받았던 것은 아니다. 그는 훗날 "라틴어 작문을 해야 하는데 지도를 그리는 바람에 학교에서 쫓겨났다"[526]고 회상했다. 어려서는 섬나라 왕 놀이를 하면서 "대개 뒤떨어진 주민들을 교화"했다. 그의 청소년기는 영국이 제국주의 세력을 떨치던 시기와 일치해서, 1868년에는 왕립식민학회Royal Colonial Society가 설립되었고 1877년에는 빅토리아 여왕이 인도 황제로 선포되었다.

매킨더가 옥스퍼드 대학에 입학한 1880년에는 제국주의는 신이 내린 소명이라는 믿음이 기성 종교가 추구하는 믿음을 대체하기 시작했다. 기성 종교는 여전히 다양한 도전을 받아 휘청거렸는데, 찰스 다윈의 《종의 기원On the Origin of Species》(1859년)과 《인간의 유래The Descent of Man》(1871년)에 담긴 진화론이 대표적이었다. 매킨더는 대학 학부생

시절에 기본 군사 훈련과 기동 훈련을 실시하고 사격술을 익히는 교내 '전쟁 게임Kriegspiel 학회'에 가입했다. 그는 '옥스퍼드 연합Oxford Union'에도 가입해 1883년에 회장이 되면서 훗날 영국의 제국 정책을 추진하게 되는 학생들과도 친분을 맺었다. 인도 총독과 외무장관을 지낸 조지 커즌George Curzon(1859~1925년)과 보어전쟁 때 남아프리카 고등판무관을 지낸 앨프리드 밀너Alfred Milner(1854~1925년)도 이때 만난 사람들이다. 매킨더는 역사와 자연과학을 공부했고, 나중에는 비교해부학의 리너커 교수인 헨리 모즐리Henry Moseley(1844~1891년)의 영향을 받았다. 모즐리는 왕립지리학회가 후원한 해양과학 연구 활동인 '챌린저 탐사'(1872~1876년)에도 참여했다. '해양학oceanography'이라는 신조어를 탄생시킨 이 탐사에서 참가자들은 전 세계 12만 7,600킬로미터를 돌며 4,717가지 생물종을 새로 발견했다. 다윈의 영향을 받은 모즐리는 진화론을 굳게 믿었지만, 매킨더에게 지리적 분포의 중요성도 가르쳤다. 종의 진화에서 지리가 생물에 큰 영향을 미친다는 이야기였다.[527] 이는 새로운 종류의 환경결정론이었는데, 다윈은 이를 "원대한 주제이며 창조 법칙의 핵심이나 다름없는 '지리 분포'"[528]라 불렀다.

　　매킨더는 처음에 런던에 있는 '이너 템플Inner Temple'에서 국제법을 연구할 준비를 했고, 그와 동시에 옥스퍼드 대학 공개강좌에서 강의를 시작했다. 대학 공개강좌 운동은 대학에 정식으로 입학해 공부할 기회가 없는 성인에게 교육 기회를 제공하려는 취지에서 시작한 운동이다. 1886~1887년에는 학기 중에 영국 곳곳을 수백 킬로미터씩 누비며, '신지리학'이라는 도발적인 제목으로 시청이나 연구소에서 강의했다. 훗날 그는 자신의 임무가 "전국의 지식인에게 지리는 인명 목록도, 여행자의 이야기도 아니라는 인식을 심어 주는 것"[529]이라 생각했다고 회고했다.

　　그는 처음에는 옥스퍼드에서, 다음에는 전국을 돌며 지리학을 앞장서 가르쳤고, 인문지리를 정식으로 연구하는 학교가 없다는 현실을 고려해 1893년에는 여러 사람과 함께 지리협회Geographical Association를 만들었다. 그리고 2년이 지나 정치학, 경제학과 더불어 지리학 연구를 개혁하겠다는 뜻을 품고 런던경제대학 설립에 참여했다. 처음에는 이곳에서 경제지리학 시간강사로 활동하며 "지리학을 명확한 경제, 정치 문제에 응용하기"를 주제로 강의했으며 1903년부터 1908년까지는 대학 국장을 지냈다. 매킨더는 자신이 학교에 끌리는 이유를 설명하며, 학교는 "낡은 고전적 선험 정치경제학을 갈기갈기 찢는 행위"를 옹호하고, "사실을 확인한 다음 참된 과학 정신으로 그것을 일반화하려는 전문가 집단 형성"을 지지한다고 했다.**530** 그는 1923년에 이곳 정교수로 임명되어 1925년에 은퇴했다. 이 시기에 레딩 대학 창립에도 관여해, 1892년부터 이곳이 대학 지위를 얻는 1903년까지 총장을 지냈다.

　　매킨더는 옥스퍼드 대학과도 관계를 꾸준히 유지했지만, 그의 성과가 점점 눈에 띄면서 교수직이 위태로워졌다. 그는 옥스퍼드 대학이 지리학 학문에 회의적이라는 걸 알고 있었다. 새로운 학문이고 과학적 엄격함이 부족해 보인 탓이다. 지리학에 반대하는 세력이 뭉친 계기는 파리와 베를린의 경쟁 대학들이 지리학 수업을 실시한다는 사실이었다. 그곳에서 지리학을 지지한 가장 유명한 이는 베를린 최초의 지리학 교수인 카를 리터, 그리고 위대한 탐험가이자 다섯 권짜리 저서《코스모스: 우주를 물리적으로 설명한 밑그림Kosmos: Entwurf einer physischen Weltbeschreibung》(1845년과 1862년 사이에 출간)을 펴내 돌풍을 일으킨 알렉산더 폰 훔볼트Alexander von Humboldt(1769~1859년)였다. 훔볼트의 책은 지리학을 단번에 과학적 탐구 수단의 가능성을 지닌 학문으로 재정의했고, 자연계와 물리적 우주를 완벽하게 설명했다.**531** 매킨더도 강의에서 지리학의 물리적 요소를 강조하면서, 풍경과 기후와 환경이 어떻게 인간의 삶을 형성하는지 설명했다. 지리학을 이해하는 이런 방식은 오늘날에는 너무 당연해 진부해 보일 정도지만, 1880년대에는 선구적인 방식이었으며 대학 당국에 지리학을 과학으로 존중하도록 설득하려는 대담한 시도였다.

그의 강의는 크게 성공했다. 1887년에는 왕립지리학회가 매킨더를 초청해 학회 특별회원들에게 지리학 이야기를 들려 달라고 했다. 1월 31일, 스물다섯 살의 매킨더는 자신의 첫 번째 글을 학회에 소개했다. 〈지리학의 범위와 방법〉이라는 제목의 이 글은 그의 새로운 지리학 선언 같은 것이었다. 발표에 시간이 워낙 오래 걸려 토론은 2주 뒤에 열리는 다음 모임으로 연기되었다. 모임에 대한 반응은 좋게 말해 잇길렸다. 매킨더는 이렇게 회고했다. "앞줄에 앉은 높은 장군이자 학회 이사가 강의 내내 '시건방진 소리'라고 투덜댔다."[532]

매킨더의 첫 질문은 그 무렵 유명했던 그의 단도직입적 태도를 잘 보여 주었다. "지리학이 무엇입니까?" 그가 물었다. 그는 이 질문을 던지는 이유를 두 가지로 설명했다. 첫 번째는 지리학을 "우리 학교와 대학 교과과정" 안으로 끌어오려는 "교육적 투쟁"의 일환이었다. 투쟁을 이끄는 사람은 물론 매킨더였다. 두 번째는 학회에 직접적으로 도전하기 위해서였다. 지리학은 변하고 있었다. 매킨더는 이렇게 주장했다. "반세기 동안 여러 학회가, 주로 우리 학회가 세계 탐험을 적극 장려했습니다. (……) 그러다 보니 당연히 위대한 발견도 끝이 보이기 시작합니다. 우리 지도에 커다란 공백으로 남은 곳은 극지방뿐입니다. 스탠리가 콩고를 또 한 번 발견해 세계를 환호하게 할 수는 없는 노릇입니다." 그리고 다음과 같이 경고했다. "모험담은 점점 줄고 토지측량부가 다루는 지역은 점점 늘어나니, 지리학회 특별회원님들도 실망해서 질문하시겠지요. '지리학이 대체 뭐야?'" 매킨더는 필시 앞줄에 앉은 장군의 분노를 샀을 건방진 한 방을 날렸다. 학회를 "더 이상 정복할 곳이 없어 눈물을 흘리는 알렉산드로스"[533]에 비유해, 개혁하지 않는 학회는 문을 닫을 수밖에 없다는 끔찍한 암시를 던진 것이다.

발표를 마무리하면서 매킨더는 학회에 간절히 요청했다. "사회에서 인간의 상호작용을 추적하고, 지역마다 다른 다양한 환경과의 상호작용을 추적하는 과학"인 지리학을 영국 대중의 삶과 교육의 한복판으로 끌어오자고. 매킨더는 자연지리학과 인문지리학(또는 그의 말대로 정치지리학)을 통합하려는 시도로, 역사와 지금은 대중적 학문이 된 지질학의 서로 다른 주장을 인정했다. "자연지리학은 지질학 집을 진 사람들이, 정치지리학은 역사 부담을 안은 사람들이 이미 떠맡았습니다. 하지만 그 중심에 놓인 지리학을 떠맡아 지리학의 과학과 지리학의 역사를 자기 연구와 관련 있는 학문으로 대등하게 취급하려는 사람이 아직 없습니다."[534] 매킨더는 지리학을 더 집중적으로 거론하며, "지질학자는 현재를 보면서 과거를 해석하고, 지리학자는 과거를 보면서 현재를 해석할 것"이라고 잘라 말했다.

뒤이어 지구 표면을 거의 우주형상학적으로 조망하는데, '남동부 영국 지리'와 백악으로 덮인 그곳 풍경에서 시작해 그 주변을 빠르게 아우르며 신이 내려다보듯 지구 전체를 내려다보았다. 매킨더는 청중에게 말했다. "육지가 없는 상태의 우리 지구를 상상해 보십시오. 세 개의 거대한 동심 타원체인 대기권, 수권, 암석권[지구의 바깥쪽 껍데기]으로 이루어진 지구입니다." 그는 민족, 국가, 심지어 도시까지도 사회 발전과 정치 발전의 기초는 지리 환경이라고 주장했다. 매킨더는 지리 정보를 기초로 한 단계 한 단계 분석해 가면서, "어디서든 정치 문제는 자연환경을 연구한 결과에 좌우될 것"이라고 했다. 그는 강의를 마무리하며, 자신의 지리학 야심을 분명히 했다. "지리학은 이제까지 제가 대략 이야기한 선에서 연구될 것입니다. 지리학은 정치인과 상인이 바라는 실용적 요건을 충족하고, 사학자와 과학자가 바라는 이론적 요건뿐 아니라 교사가 바라는 지적 요건까지도 모두 충족하리라고 나는 믿습니다." 그가 주장한 과학과 실용성의 통합을 가리킨 말이었다. 그는 장군을 분명 화나게 했을 마지막 주장에서 지리학은 고전 학문을 "대체"하고, "모든 인간의 문화에 공통된 요소"가 될 것이며, "전문가라면 그것을 기반으로 삼을 것"이라고까지 이야기했다.[535]

학회 이사이면서 유명한 탐험가이자 선구적 우생학자인 프랜시스 골턴Francis Galton 경은 지리학이 과학이라는 매킨더의 주장에 우려를 표했다. 하지만 지리학을 정식 학문으로 끌어들이려는 움직임에 공감하면서, 매킨더의 글에 한계가 있을지언정 그는 "지리학 교육에 발자취를 남길 사람"[536]이 분명하다고 했다. 사실 골턴은 여기서 더 나아갔다. 그는 이미 왕립지리학회가 후원하는 이 분야의 강사를 임명하자고 옥스퍼드와 케임브리지 대학 당국과 협의 중이었는데, 이는 1870년대 초부터 지리학회의 염원이었다. 그러면서 매킨더를 초청해, 그를 가장 적절한 후보로 돋보이게 했다. 1887년 5월 24일, 매킨더의 강의가 끝난 지 녁 달이 지나지 않아 옥스퍼드 대학은 왕립지리학회가 자금을 지원하는 5년 임기의 지리학 강사 자리를 만들겠다고 약속했고, 다음 달 매킨더가 연봉 300파운드의 조건으로 이 자리에 공식 임명되었다.[537]

이 새로운 자리는 왕립지리학회에 일대 사건이었다. 학회에게는 새로운 임무가 생긴 것이고, 매킨더에게는 개인적인 영광이었다. 그러나 옥스퍼드 대학의 회의적 태도는 쉽게 사라지지 않았다. 지리학이 여전히 온전한 학위 자격을 인정받지 못한 탓에 매킨더에게 강의를 들은 학생들은 고작 1년 과정의 수료증을 받았을 뿐이다. 얼마든지 예상할 수 있는 결과였다. 전국을 돌며 수백 명 앞에서 강의를 하던 매킨더는 옥스퍼드에서의 첫 강의가 그다지 인기가 없다는 걸 깨달았다. 그는 이렇게 회고했다. "청중은 셋이었다. 한 사람은 베데커 책(독일 출판업자 칼 베데커가 펴낸 여행 안내서 – 옮긴이)을 완독해서 스위스 지리는 훤하다고 내게 말했던 학장이고, 두 사람은 여자였는데 뜨개질을 하며 강의를 들었고 당시에는 그것이 그리 드문 일이 아니었다."[538] 그래도 그는 노력했고, 첫해가 끝날 무렵 왕립지리학회에 두 과목을 맡아 강의를 42회 진행했다고 보고했다. 하나는 '지리학 원론'을 강의한 과학 수업이었고, 하나는 '자연의 특성이 인간의 이동과 정착에 미치는 영향'에 초점을 맞춘 역사 수업이었는데, 과학 수업이 역사 수업보다 인기가 적었다.[539] 재직 기간이 끝날 무렵, 그리고 옥스퍼드 당국이 지리학 학위를 인정하는 데 관심을 보이지 않던 1892년, 매킨더는 런던경계대학에 지리를 잡았다. 이곳에서 그의 관심은 정치학과 제국의 모험으로 차츰 옮겨 갔다.

1895년 9월, 매킨더는 지리협회에서 회장 연설을 했다. '근대 지리학, 독일어와 영어'라는 제목의 연설에서 그는 19세기 지리학과 지도 제작 발전에 관한 해박한 지식을 보여 주었다. 매킨더는 특유의 단도직입적 태도로 연설을 시작했다. "우리는 하나의 국가로서 당당하게 주장할 수도 있겠죠. 여러 세대에 걸쳐 개척 정신을 발휘하는 일에 앞장섰다. 정확한 측량, 수계지리학, 기후학, 생물지리학에 공헌한 바에 만족하지 못할 이유가 없다고 말이죠." 하지만 그는 "우리 학문 중에서 종합적이고 철학적인 분야인 교육 분야는 외국보다, 특히 독일보다 수준이 한참 뒤떨어졌다"고 했다. 매킨더가 걱정하는 부분은 영국 지리학자들은 독일 지리학자들과 달리, 지리학 연구의 실용성을 전면적 이론에 통합할 줄 모른다는 점이었다. "18세기에 지리학에서 중대한 변화가 일어날 수 있었던 이유는 고대와 르네상스 시대에 소홀히 하거나 전혀 풀지 못한 새로운 문제를 인식했기 때문"이었다. 홈볼트나 리터 같은 위대한 독일 지리학자들은 지리학을 "정식 학문 아니면 연구조사의 한 분야"로 분리하는 낡은 시각을 용케 극복했다. 독일은 철학적 전통 덕에 지리학 연구가 제시하는 여러 가능성을 무척 다른 관점으로 바라보았다. 이마누엘 칸트Immanuel Kant(1724~1804년)가 보편적 과학을 추구하고, 요한 볼프강 폰 괴테Johann Wolfgang von Goethe(1749~1832년)와 프리드리히

셸링Friedrich Schelling(1775~1854년)이 자연을 설명하는 초월적 조정 원칙이 있다는 이상적 믿음을 가졌던 탓에 훔볼트는 지리학을 모든 것을 통합하는 과학, 따라서 과학의 으뜸으로 여겼다. 그 결과 자연을 과학으로 연구하면서 동시에 자연의 장엄함과 아름다움을 감성적으로 바라보는 지리학 학파가 생겼다. 이 전통에 따라 아우구스트 하인리히 페터만August Heinrich Petermann(1822~1878년)은 유럽에서 가장 혁신적인 지도 제작자로 입지를 굳히면서, 새로운 지리 연구 잡지 〈페터만 지리학 통신 PGM〉을 발행했고, 오스카 페셸Oscar Peschel(1826~1875년)과 페르디난트 폰 리히트호펜Ferdinand von Richthofen(1833~1905년)은 지구 표면의 형태와 진화를 연구하는 지형학을 개척했다. 매킨더는 독일의 이런 진취적 활동을 "땅의 기복, 기후, 초목, 동물군, 인간의 다양한 활동"을 "지리학"이라는 하나의 이름 아래 "자연스럽게 연관 지으려는 포괄적 시도"로 보았다.[540]

그는 영국 전통의 미흡함을 한탄하며, 자신의 새로운 지리학 개념에서 지도의 역할을 분명하게 규정했다.

지리학을 규정한다고 말할 수 있는 (주로 지도와 관련한) 서로 연관된 세 가지 기술은 관측, 지도 제작, 교사의 가르침이다. 관측자가 지도에 필요한 자료를 얻으면, 지도 제작자는 그 자료를 조립하고, 교사는 그것을 해석한다. 이때 지도는 수많은 사실의 체계를 표현하는 예민한 도구로 생각할 수 있으며, 대단히 비싼 일부 영국 지도책에서 여전히 그러하듯 단지 지명이나 기록해 두는 것이 아니라는 점은 두말할 필요가 없다. 예외도 있겠지만 일반적으로 말하면, 우리 영국에서는 관측자는 훌륭하고, 지도 제작자는 그저 그렇고, 교사는 아마 지도 제작자보다 조금 더 안 좋을 것이다. 사정이 이러하니, 지리학 재료의 적잖은 부분이 영어인데도 그것을 표현하고 해석하는 것은 독일어다.

지도는 경험을 토대로 관측 가능한 장소의 이름을 제시하는 데 그쳐서는 안 된다. 생물지리학(유기 공동체와 그것의 환경을 연구하는 지리학)과 인류지리학(인간을 연구하는 지리학)뿐만 아니라 지형학까지 연구하는 독일 지리학자들처럼 표현과 해석이 필요했다. 매킨더에게 지도는 그것이 묘사하는 영토가 아니라 영토를 구성하는 지질학, 생물학, 인류학 요소들을 해석하는 것이었다.

매킨더는 '이상적 지리학자'를 언급하며 다음과 같이 설명했다.

> 지도 제작 기술을 막강한 생각의 도구로 활용하는 사람이다. 사람에게 말이 없다면 생각을 할 수 있을 수도, 없을 수도 있겠지만, 지도가 있으면 말을 무수히 절약할 수 있는 것만은 분명하다. 지도는 흘끗 보기만 해도 일반화한 정보를 수없이 얻을 수 있고, 같은 지역을 두고 강우량, 토양, 땅의 기복, 인구밀도 등 서로 다른 내용을 표시한 지도를 둘 이상 비교해 보면 인과관계를 알 수 있을 뿐 아니라 기록 오류도 밝힐 수 있을 것이다. 지도는 암시적이면서 비판적일 수 있기 때문이다.

그가 묘사한 이상적 지리학자는 예상대로 남자였고, 매킨더 자신과 무척 닮았다. "그는 지도 제작자로서 학구적이고 생생한 지도를 만들 것이고, 교사로서 지도에 목소리를 부여할 것이며, 사학자로서 또는 생물학자로서 환경을 독립적으로 연구해야 한다고 주장할 것이며, (……) 상인이나 군인 또는 정치인으로서 지구 표면의 현실적인 공간 문제를 다룰 때는 훈련된 이해력과 진취성을 발휘할 것이다."[541]

'근대 지리학'의 필요성을 역설한 매킨더의 또 한 번의 탁월한 주장이다. 영국이 독일 전통을 따라잡으려면 지리학 연구에서 지적인 '중앙집중화'가 필요했다. "지리학은 실재하는 사실을 보고, 분석하고, 무리 짓는 명확한 관점이며, 따라서 신학적 또는 철학적, 그리고 언어학적,

수학적, 물리학적, 역사적 관점과 어깨를 나란히 한다"[542]는 그의 믿음을 실현할 수단은 중앙집중화였다. 그의 주장은 영국 지리학자와 탐험가들을 국제 문제에서 선두에 세우려는 더욱 야심 찬 시도를 예견하는 것이기도 했다.

1898년 매킨더는 유럽인으로는 처음으로 동아프리카의 케냐 산을 오를 계획을 꾸몄다. 그는 1940년대에 이때의 결심을 회고하며, 서른 일곱의 나이에 갑자기 탐험가가 되겠다고 결심한 것은 강한 자의식에서 나왔음을 인정했다. "당시만 해도 완벽한 지리학자로 널리 인정받으려면 남들을 가르칠 수 있을 뿐 아니라 탐험도 할 수 있다는 걸 증명해야했다."[543] 케냐 산을 선택한 것은 자연지리와 정치지리를 동시에 고려한 결정이었다. 훗날 그는 당시의 생각을 이렇게 적었다. "우간다 철도 덕에 해안에서 케냐까지의 거리가 3분의 2 단축되면서, 시간을 많이 들이지 않고도 장비를 제대로 갖추고 유럽인의 체력으로 케냐 산기슭까지 갈 수 있었고, 그 정도 탐험이면 고산지대의 비밀을 밝힐 좋은 기회가 될 수 있었다."[544] 철도가 생겨 다른 탐험가들도 케냐 산을 오를 테니 서둘러야 했다. 특히 동아프리카에서 영국의 가장 강력한 경쟁 제국인 독일보다, 그중에서도 이미 킬리만자로 산을 오른 독일 등반가 한스 마이어보다 먼저 가야 했다. 1898년 매킨더는 케냐 산 등반 계획을 발표했고, 이로써 동아프리카에서 경쟁하는 두 제국 사이의 경주가 시작되었다.

1899년 6월 8일, 기차로 영국을 떠나 마르세유에 도착한 매킨더는 유럽인 길잡이와 짐꾼 여섯 명을 만났다. 6월 10일에는 배를 타고 이집트로 출발했으며, 그곳에서 수에즈 운하를 통과해 잔지바르와 몸바사를 차례로 지난 뒤 그즈음 놓인 철도를 이용해 6월 중순에 나이로비에 도착했다. 여기서부터 진짜 탐험이 시작되었다. "우리는 백인 여섯 명이었고, 우리 짐은 원주민 170명이 머리에 이고 날랐는데, 이 중 절반은 완전히 벌거벗은 채였다. 당시 동아프리카에는 자동차는 말할 것도 없고 말도, 짐을 옮기는 소나 노새도 없었다." 산까지 170킬로미터에 이르는 여정은 고되고, 여러 문제로 지체되었다. 매킨더는 "원주민의 기질이 수상쩍고 위험했다"고 했는데, 그 말을 증명이라도 하듯 스와힐리족 길잡이 둘이 살해되고 8월 말에는 산을 오를 준비를 하는 사이에 음식을 거의 다 도둑맞았다.[545] 그래도 단념하지 않고 산을 올랐지만, 식량이 다 떨어지자 등반을 포기할 수밖에 없었다. 물자를 더 확보한 뒤에는 그와 다른 두 사람이 다시 등반을 시작해 하루 좋일 산을 올랐다. "대단히 가파르고 극도로 힘든" 산행이었다. 9월 13일 정오에 드디어 정상에 도착했다. 하지만 폭풍우가 심해 "관측하고 사진만 찍고는 겨우 40분 만에" 내려와야 했다. 매킨더는 정상의 높이를 5,240미터로 측정했는데, 실제 높이인 5,199미터에서 크게 벗어나지 않는 수치였다. 이 등반은 그의 과학적 수치의 정확성과 더불어 놀라운 물리적 성취였다. 매킨더가 고국에 가져온 것은 "케냐 윗부분의 평판 스케치와 암석 표본, 발길이 닿지 않은 길 두 곳의 측량 결과, 기상과 고도 관측, 일반 사진과 아이브스 컬러 사진, 포유류와 조류와 식물을 채집한 것, 그리고 곤충 몇 가지"[546]였다. 매킨더는 최초로 프레더릭 아이브스의 새로운 컬러 사진술을 과학 원정에서 사용했고, 산과 자신이 지나간 길을 표시한 아름다운 지도 세 장을 그렸으며, 원정에서 돌아온 지 두 달이 지난 1900년 1월 22일에 왕립지리학회에서 강연을 하고 그 내용을 석판인쇄로 남겼다.

이 지도는 제국의 과학 지도 제작의 전형을 보여 주었다. 매킨더의 여정을 그린 첫 번째 지도는 1:500,000 축척으로 경위선과 등고선을 표시하고 빨간색으로 여정을 표시했다. 이 지도는 유럽 탐험의 흔적을 보여 주는 것이기도 했다. 매킨더는 시계, 프리즘 나침반, 육분의를 이용해 측량했다. 그리고 이번 원정을 공동 후원한 왕립지리학회 회장 클레먼츠 마컴Clements Markham 경에게 경의를 표하는 뜻으로 북서쪽 지역을 '마컴다운스'로 명명했다. 케냐 산에는 아내의 삼촌이자 또 다른 후

그림 79
케냐 산 정상에 선 해퍼드 매킨더, 1899년.

원자인 캠벨 하우스버그Campbell Hausberg의 이름을 따 '하우스버그밸리'
라는 이름을 남겼다. 하우스버그밸리의 북동쪽 계곡은 '매킨더밸리'로
명명해 자신의 이름도 남겼다.

　　매킨더가 탐험에 성공했다는 소식은 런던에는 기쁨이고 베를린
에는 충격이었다. 1899년 말에 고국으로 돌아온 매킨더는 곧바로 자신
의 공적을 기록하면서 1900년 1월에 왕립지리학회 특별회원들에게 발
표할 내용을 준비했다. 학회 부회장인 토머스 홀디시 경은 매킨더가 훗
날 케냐에서의 "휴일"이라 일컬었던 여정을 진정으로 감탄하며 환영했
다. 1월 22일 저녁, 그는 매킨더를 이렇게 소개했다. "과학 지리학자로

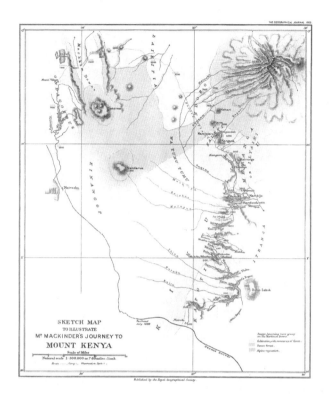

그림 80
아랫부분의 나이로비에서 맨 위 오른쪽 귀퉁이의 케냐 산 정상에 이르는 해퍼드 매킨더의
여정을 표시한 지도, 1900년. 서쪽으로 왕립지리학회 회장의 이름을 딴 '마컴다운스'가
보인다. → 448~449쪽 사이 컬러화보 참고

우리 모두에게 잘 알려진 그가 가장 성공한 여행가로서, 동아프리카의
주요 정상인 케냐 산을 오른 최초의 인물로서 오늘 밤 우리 앞에 섰습
니다."[547] 성공한 지리학 교사로서, 용감한 탐험가로서 확고하게 입지를
다진 매킨더가 빅토리아시대 말기의 영국에서 자신의 분야를 지적인
학문으로 당당하게 인정받는 순간이다. 지리학을 바라보는 그의 새로운
시각이 영국 제국 수호에 중대한 요소로 선언되면서(매킨더가 케냐에서
돌아오자마자 영국은 남아프리카에서 보어인들과 전쟁에 들어갔다) 그의 성공

은 사실상 보장되었고, 1880년대 말처럼 그의 연설에 투덜대는 사람은 찾아볼 수 없었다.

매킨더가 모험을 하면서 더욱 광범위한 제국주의적 열망을 드러낼 무렵 그의 정치 견해는 확연히 달라졌고, 이는 그가 정치에 입문하는 계기가 되었다. 독일은 갈수록 영국 제조업을 위협했지만, 매킨더는 1890년대 내내 여전히 국가 간 자유무역을 지지했다. 하지만 케냐에서 돌아오면서 생각이 바뀌었다. 1900년 9월, 매킨더는 워릭셔에서 자유당 제국주의파 의원으로 출마했다가 떨어졌다. 그 뒤 자유통일당 식민지 장관 조지프 체임벌린의 보호무역주의 주장에 점점 끌려, 1903년에는 자유무역을 완전히 포기하고 자유당을 탈당해 보수당에 가입했다. 그리고 막강한 영국 해군과 관세를 바탕으로 영국의 해외무역을 장려하기 위한 제국 보호무역주의라는 새로운 이론을 지지했다.[548]

그러나 지리학자인 매킨더가 새로운 정치 주장을 내놓자 문제가 생겼다. 제국 보호무역주의라는 그의 지정학적 논지를 지도에 어떻게 표현할 것인가? 그는 이미 지도가 땅의 기복 같은 기본적인 지형의 특징을 표현하는 데 한계가 있다고 말한 바 있다. 그렇다면 보호무역주의와 제국의 권위라는 진화하는 세계의 모습을 어떻게 표현해야 할까? 그는 한창 보호무역주의를 옹호하던 1902년에《영국과 영국해Britain and the British Seas》를 출간해 이 문제를 다루었다. 그는 이 책에서 자연지리가 어떻게 사회 세계를 형성하는지에 관해 친숙한 주장을 펼쳤지만, 이번에는 정치적 다급함이 더해졌다. 영국의 지리적 특성은 "세계 드라마에서 영국에게 유일한 역할을 부여했고" 이로써 "바다의 주인"이 되어 대적할 자 없는 힘과 세계적 권위를 지닌 해양 제국이 되게 했다.[549] 그러나 20세기 초에 세계적으로 힘의 균형이 이동하면서 그 권위가 위협받기 시작했다.

매킨더는 영국 해양력의 계보를 추적하다가 지도에 주목했다.

그는 〈헤리퍼드 마파문디〉에 나타난 영국해의 위치부터 살폈다. 지도를 보면, 콜럼버스가 항해를 떠난 15세기 말 전까지 "영국은 세계의 끝에, 세계의 거의 바깥에" 있었다. 이어서 아메리카를 발견하고 대서양의 북쪽, 서쪽, 남쪽 길을 모두 열면서, "영국은 점차 끝에서 중심으로 옮겨와 세계의 땅이 되었다." 그러나 지도는 그의 주장을 뒷받침하기에 부족했다. 그는 "평면 해도는 해안선만 표시할 뿐 (……) 북대서양의 느낌을 정확히 전달하지 못한다"고 불만을 토로했다. 전형적인 지기중심적 지리를 고민하던 매킨더는 콜럼버스 이후 지구에서 차지하는 영국의 새로운 위치를 이해하는 최고의 방법은 "지구를 돌려 영국을 바로 눈앞에 놓는 것"임을 깨닫고 기뻐했다. 그가 그린 〈육반구The Land Hemisphere, 陸半球〉는 지구를 납작한 평면에 그릴 때 나타나는 오래된 문제를 그대로 드러냈다. 이 지도에는 오스트레일리아와 남아메리카 절반이 아예 사라져 버렸다. 반면에 (우주 비행 이전 시대에는 해당하지 않는 말이지만) 〈지구 사진〉은 매킨더의 주장을 분명하게 증명한다. 이 '사진'을 보면 영국은 유일무이한 위치를 차지한다. 이곳에서는 "세계의 역사적인 지역 다섯 곳을 모두 바다로 갈 수 있다."[550]

지구를 표현한 교묘하고 뛰어난 지도 제작 기술이었다. 매킨더는 지구를 평면에 투영하지 않고 지구 '사진'을 돌려 영국 제도를 지도 가운데 놓아 영국을 해상과 제국의 강자로 묘사하는 데 기여했다. 그는 지도에서 거대한 국제적 해상로가 교차하지만 어떤 대륙과도 연결되지 않은 곳에 영국을 배치하고는 이렇게 주장했다. "영국에는 두 가지 지리적 특성이 있다. 서로 적대적이라기보다 상호 보완적 특성인 고립성과 보편성이다." 영국은 "유럽이지만 유럽 안에 있지 않다." 그렇다 보니 이웃 나라와 분란을 일으키지 않고도 해양자원을 이용할 수 있다.[551] 그러나 영국을 위대한 제국으로 만든 요인이 거꾸로 영국을 파멸로 몰아가려 했다. 영국이 식민지를 '영국화'라는 넓은 이상으로 동화시키려는 제

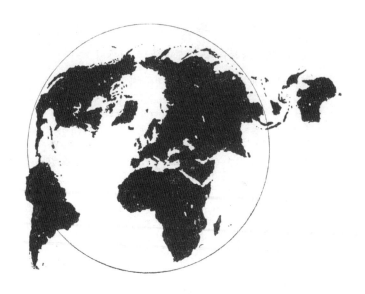

───── **그림 81**
매킨더의 《영국과 영국해》(1907년)에 실린 〈육반구〉.

국주의적 야심을 다시 생각하지 않는다면, 멀리 떨어진 영토는 이제 막 떠오르는 육지 기반의 러시아, 독일, 중국 제국에 흡수될지도 모를 일이었다. 매킨더는 다른 많은 제국주의자처럼 아버지 같은 말투로, "딸 국가[속국]는 성숙하고, 영국 해군은 영국 제국의 해군으로 확대되는"[552] 그날을 기대하며 책을 마무리했다. 영국 제국의 힘이 지속되리라는 거의 미신과도 같은 믿음이며, 이 믿음은 2년 뒤에 매킨더의 가장 유명하고 오래 지속된 이론에서 정점에 이른다.

　　왕립지리학회는 문을 연 지 70년이 넘은 1904년 1월 25일 저녁에 런던 중심의 새빌로 1번지에 있는 학회 건물에서 매킨더에게 글을 발표하게 했고, 특별회원들에게 그것을 경청할 기회를 마련했다. 학회는 설립 이후 줄곧 영국 제국의 탐험을 격려하고 자금을 지원하는 데 앞장서면서, 매킨더의 케냐 모험뿐 아니라 클레먼츠 마컴 경, 데이비드

───── **그림 82**
매킨더의 《영국과 영국해》(1907년)에 실린 〈지구 사진〉.

리빙스턴 박사, 헨리 모턴 스탠리 경, 로버트 팰컨 스콧 같은 유명인들
의 식민지 원정이나 선교 활동을 지원했다. 그러다가 20세기 초가 되자
지리학의 좀 더 철학적이고 교육적인 차원으로, 그러니까 매킨더 같은
개인에게 이로운 분야로 관심을 돌렸다.[553] 정치적 영향력이 있는 특별
회원들은 참혹했던 보어전쟁(1899~1902년) 이후 영국 제국의 실추된 명
예를 회복하고자 안간힘을 썼다. 보어전쟁에서 영국은 2억 2,000만 파
운드가 넘는 손실을 보았고, 영국군 8,000명이 교전 중에 목숨을 잃었
으며 1만 3,000명이 다쳤다. 보어인 사망자는 약 3만 2,000명으로 추산
되었는데, 이들 중 다수가 영국의 '강제수용소'에서 목숨을 잃은 여성과
아이들이었다. 근대 전쟁에서 강제수용소가 사용된 첫 사례였다. 국제
사회가 한목소리로 영국을 비난하고 독일은 적극적인 식민지 팽창 정
책과 군비 확충 정책을 펴는 상황에서, 매킨더가 예견한 영국 제국의 외

교 고립, 군사 무력화, 경제 쇠퇴는 점점 현실이 되었다. 1860년에 영국은 세계무역의 25퍼센트를 점유했지만, 매킨더가 언급한 시기가 되자 그 수치가 14퍼센트까지 떨어졌고, 이 틈에 프랑스와 독일, 미국이 재빨리 영국을 따라잡았다.[554]

오랜 기간 학회의 특별회원이었고 성공한 탐험가이자 이제는 제국 보호무역주의의 열렬한 옹호자가 된 매킨더는 당연히 환대를 받았지만, 그 자신이나 청중이나 그의 발표가 일으킬 파장을 예상하지는 못했다. 그가 쓴 글의 제목은 〈역사의 지리적 중추The Geographical Pivot of History〉였다. 글은 지구 역사의 장대한 파노라마를 훑으며 시작했다. 그는 청중에게 "콜럼버스 시대"는 곧 끝난다고 다시 한 번 강조했다. 400년간 이어진 이 치열한 뱃길 탐험과 발견의 시기에 "세계지도의 윤곽이 거의 정확하게 완성되었고, 난센과 스콧이 극지방까지 항해하면서 이제 극적인 발견도 없을 것"이라고 했다. 왕립지리학회가 자금을 지원한 스콧의 성공적인 첫 남극 탐험을 일컫는 날카로운 발언이었다. 남아 있던 학회 회원들은 매킨더가 이야기를 하는 도중에도 서둘러 자리를 떴다. 매킨더는 이어서 말했다. "하지만 20세기의 시작은 위대한 역사적 시대를 마감할 적기다." 그가 생각하기에 이 순간이야말로 "세계의 먼 변방 지대는 전에 거의 밝혀진 바가 없으니, 그곳을 사실상 완전히 정치적으로 이용해야 할" 때였다. 매킨더는 경제적, 정치적 세계화의 영향을 둘러싼 21세기의 논쟁을 예고하듯 이렇게 주장했다. "사회의 힘이 주변의 미지의 공간과 미개한 무질서 속으로 소멸하지 않고 폭발한다면, 그 폭발은 매번 지구의 저 먼 곳에서 다시 날카롭게 메아리칠 것이며, 그 결과 세계의 정치, 경제 유기체에서 나약한 요소들은 산산이 부서질 것이다."[555] 매킨더가 생각하기에 모든 것은 서로 연결되었고, 이 연결을 추적할 유일한 방법은 사회 안에서 자신의 전공 분야인 지리학을 이용하는 것이었다.

매킨더로서는 이즈음 일어난 세계의 변화를 이해하고 더 나아가 그 변화에 영향을 미치려면 역사와 정치를 지리적으로 새롭게 이해해야 했다. 그의 발표는 계속 이어졌다.

따라서 내가 보기에, 근래에 우리는 처음으로 광범위한 지리적 일반화와 광범위한 역사적 일반화 사이의 상관관계를 어느 정도 완벽하게 시험해 볼 위치에 놓였다. 우리는 처음으로 전 세계를 무대로 과정과 사건의 실제 비율을 인지할 수 있게 되었으며, 보편적 역사에 등장하는 지리적 원인이 특정한 면을 표현한 공식을 찾을 수도 있을 것이다.

그는 이렇게 결론 내렸다. "운이 좋다면, 이 공식은 현재 국제정치에서 서로 경쟁하는 세력을 멀찌감치 떨어져 바라보게 하는 실용적 가치를 지닐 것이다."[556] 이는 매킨더가 수년 동안 공공연히 선언했던 정식 학문으로서의 지리학의 중요성을 강조한 발언일 뿐 아니라, 국제 외교와 제국 정치에 지리학의 통찰력을 활용해야 한다는 요구이기도 했다.

매킨더는 지리학의 중요성을 각인시킨 뒤, 핵심 논지로 들어갔다. 그는 당시 팽배한 영국의 제국주의적 이상과 반대로, "세계 정치의 중심"은 중앙아시아 또는 그가 말한 "유라시아Eurasia"라고 주장했다. 상당수 청중의 자기만족적 단정에 도전하는 주장이며, 매킨더도 그 사실을 잘 알고 있었다. "그러니 잠깐만 유럽과 유럽의 역사를 아시아와 아시아의 역사에 종속되었다고 생각해 보라. 유럽 문명은 정확히 말해 아시아의 침략에 대항한 세속적 투쟁의 결과이니까." 놀라운 주장이지만, 매킨더가 중앙아시아의 자연지리를 광범위하게 개괄하면서 줄곧 옹호했던 주장이었다. 그의 주장에 따르면 역사를 통틀어 볼 때 그가 "유로아시아Euro-Asia"라 부른 평원, 즉 육지로 둘러싸인 거대한 평원의 주변에 정착한 농경 공동체와 해상 사회를 끊임없이 위협한 호전적인 유목

공동체를 양산한 것은 바로 지역적 특성이었다. 그는 유로아시아를 이렇게 설명했다.

> 북쪽으로는 얼음으로 둘러싸이고 다른 쪽은 물로 둘러싸인 끝없는 육지이며, 전체 면적이 약 5,440만 제곱킬로미터로 북아메리카의 세 배가 넘는다. 유럽 면적의 두 배가 넘는 약 2,330만 제곱킬로미터에 이르는 중앙과 북부 지역은 대양으로 나가는 물길이 없는 반면에, 북극에 가까운 삼림 지대를 제외하면 전반적으로 말과 낙타를 타고 이동하기에 좋다.[557]

매킨더는 현재로 옮겨 와 물었다. "현재 배는 닿지 않지만 고대에는 기마 유목민에게 열려 있었고 오늘날에는 곧 철도망으로 뒤덮일 거대한 유로아시아가 세계 정치의 중추 지역이 아니겠는가." 이때 매킨더는 자신이 예상한 일종의 제국 세계지도를 거침없이 표현했다. 그는 "러시아가 몽골 제국을 대체한다"고 경고하면서, 서쪽의 비르발리스에서 동쪽의 블라디보스토크에 이르는 9,000킬로미터의 철도 덕에 광활한 육지의 천연자원을 기반으로 한 방대한 군수 물자와 경제 물자를 운송하고 배치할 수 있으며, 이는 영국 같은 해상 제국의 해상 수송 능력을 넘어설 것이라고 했다. 이렇게 되면, "방대한 대륙의 자원을 이용해 선단을 건조하고, 이를 기반으로 세계적인 제국이 출현할 것"이다. 그는 현재의 영국 외교정책을 직접 거론하면서, "독일이 러시아와 손을 잡으면" 그런 상황이 발생하리라고 경고했다.[558] 거대한 이 두 제국은 서유럽에서 중국의 태평양 해안까지, 그리고 남쪽으로는 페르시아 중부와 인도 국경에 이르기까지 전 세계에서 지리적으로 핵심인 지역을 효과적으로 통치할 것이다. 시기적절한 관찰이었다. 매킨더가 말했듯이, 러시아가 한국과 만주 지역을 넘보자 일본은 군대를 이동하기 시작했다. 러시아가 극동 지역까지 팽창하자 홍콩, 버마, 심지어 인도에서까지 영국의 제국

주의적 야심이 위협받았다. 매킨더가 이 이야기를 하고 2주가 지난 2월 8일, 전쟁이 터졌다.[559]

　　매킨더는 이 새로운 세계 질서를 지도로 그려 슬라이드를 이용해 설명했다. 처음에는 동유럽과 아시아 지역지도를 보여 주었고 나중에는 자신의 주장을 생생하게 표현한 세계지도를 제시했는데, 이는 훗날 "지정학 전통에서 가장 유명한 지도"[560]로 평가받는 지도다. 〈권력의 자연적 위치The Natural Seats of Power〉라는 제목의 이 지도는 서로 다른 세 지역을 표시한다. 첫 번째 지역은 점으로 표시한 중추 지역으로, 러시아 대부분과 중앙아시아를 아우르고 사방이 육지로 둘러싸였다(매킨더는 이 지역의 북쪽 끝을 자신이 '얼음 바다'라고 명명한 곳에 인접하게 그려 논지를 강조한다). 이 지역 밖으로는 동심원을 구성하는 두 개의 초승달 지역이 있다. 하나는 '내부 또는 주변 초승달 지대'라고 표시한 지역으로, 일부는 대륙이고 일부는 대양인데 유럽, 북아프리카, 중동, 인도, 중국 일부가 들어간다. '외부 또는 섬 초승달 지대'는 주로 대양으로 구성되고 일본, 오스트레일리아, 캐나다, 아메리카, 남아프리카, 영국이 들어간다.

　　매킨더는 지도의 동서 가장자리에 있는 남아메리카와 북아메리카의 모습이 낯설다는 것을 인정하면서 다음과 같이 주장했다. "미국은 최근에 동쪽의 강대국이 되어 러시아를 통해 간접적으로 유럽의 균형에 영향을 미치기 시작했으며, 태평양에 파나마운하를 건설해 미시시피와 대서양의 자원을 태평양에서 이용하려 할 것이다[미국은 이즈음 파나마운하 공사권을 따냈고, 4개월 뒤인 1904년 5월에 공사를 시작했다]. 이 관점에서 보면, 동과 서를 가르는 진짜 경계는 대서양이다."[561] 아메리카 대륙이 서반구에 놓이고, 동과 서를 가르는 문화와 지리의 경계가 대개 오늘날의 중동쯤에 있다고 간주하는 세계지도에 익숙한 사람들에게 매킨더의 지도와 그 지도가 옹호하는 주장은 충격이었다. 그리고 그것이 암시하는 영국 제국의 미래에 대한 군사적 위협도 마찬가지로 충

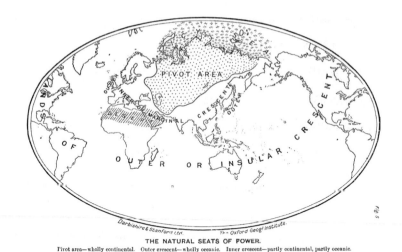

THE NATURAL SEATS OF POWER.
Pivot area—wholly continental.   Outer crescent—wholly oceanic.   Inner crescent—partly continental, partly oceanic.

—— **그림 83**
해퍼드 매킨더의 〈역사의 지리적 중추〉에 실린 세계지도 〈권력의 자연적 위치〉, 1904년.

격이었다.

매킨더의 발언에는 지리학을 정치적 삶에 자리 잡게 하려는 야심이 녹아 있었다. "나는 지리학자로서 이야기했다." 그러나 그는 다음 글에서, 자신의 정치 신념이 바뀌면서 교수로서 해야 할 새로운 역할을 내비쳤다.

> 물론 정치권력의 실제 균형은 어느 때든 한편으로는 경제적으로나 전략적으로나 지리 조건의 산물이며, 다른 한편으로는 경쟁하는 민족 간의 상대적 숫자, 힘, 장비, 조직의 산물이다. 이런 수치를 얼마나 정확히 측정하느냐에 따라 우리는 막무가내로 무력에 호소하지 않고 서로의 차이를 조정할 수 있다. 그리고 이 계산에서 지리와 관련한 수치는 인간과 관련한 수치보다 측정하기가 더 쉽고 일정하다. 따라서 우리 공식은 과거의 역사와 현재의 정치에 똑같이 적용될 수 있어야 한다.[562]

매킨더에게 지리학은 국제정치의 균형 이동을 측정하고 예견할 수 있는 유일한 학문이었다. 그리고 역사의 지리적 중추를 이해하는 그의 '공식'만이 세계적으로 힘의 균형이 크게 이동할 때 생기는 불가피한 군사적 충돌 또는 "막무가내로 무력에 호소"하는 것을 막을 수 있었다.

그의 글에 대한 청중의 반응은 분명하게 엇갈렸다. 학회의 특별회원들은 순전히 개념적인 이런 주장에 익숙하지 않았고(이들은 이런 주장을 외국인의 전유물로 여기곤 했다), 당시 정치 기류가 실제로 그러했는데도 영국 제국이 위험에 직면했음을 암시하는 주장을 달가워하지 않았다. 처음으로 반응을 보인 스펜시 윌킨슨은 청중에 사료가 없음을 한탄했다. 그들이 매킨더의 설명을 들었더라면, "반세기 전만 해도 정치인들은 체스 판에서 칸을 많이 비워 둔 채 고작 몇 개 칸만 가지고 게임을 했지만, 이제 세계는 폐쇄된 체스 판이며 정치인은 한 수를 둘 때마다 체스 판의 모든 칸을 남김없이 고려해야 한다"는 걸 배웠을 것이다. 그러나 그는 "매킨더의 역사적 분석이나 역사적 선례 가운데 일부"에 회의적이었고, 다른 많은 특별회원들도 마찬가지였다. 이들은 영국 제국이 위협을 받을 수 있다는 매킨더의 주장을 반박하며, "우리 같은 섬나라는 해군력만 유지한다면, 대륙을 분열시키는 여러 세력 사이에서 균형을 이룰 수 있다"[563]는 윌킨슨의 주장에 동조했다. 매킨더의 주장이 아무리 뛰어난들 영국 제국의 해군력은 난공불락이 아니던가.

윌킨슨은 매킨더의 세계지도도 걱정스러웠다. "메르카토르 도법을 사용해 인도를 제외한 영국 제국을 과장했기 때문"[564]이다. 아닌 게 아니라 지도가 이상했다. 하지만 매킨더의 예전 지도보다는 확실히 그럴듯하다. 정확히 4년 전에 왕립지리학회에서 발표한 케냐 지도와 더불어 이 세계지도는 19세기 전체에 걸쳐 일어난 지리학과 지도 제작의 변화를 보여 주었다. 두 지도는 확연히 다르지만, 지도 제작과 제국 정책에 접근하는 전반적인 방식은 같다. 케냐 지도는 지도 제작의 표준 방식과 상징을 이용해 영토를 표시하고 그곳의 소유권을 주장한 전형적인 지역지세도(지역지도)에 해당한다.

반면에 지리적 중추 세계지도는 세계적 차원이면서 극도로 단순하다. 카시니와 토지측량부가 위대한 측량을 실시한 이후, 매킨더 지도에는 지역지도와 세계지도 제작에서 기존에 확립된 특징들이 눈에 띄게 사라졌다. 케냐 지역지도와 달리 이 세계지도에는 축척이나 경위선이 없다, 기본적인 지명조차 없다. 대양, 국가, 심지어 대륙에도 이름이 붙지 않았다. 정치적 논지를 숨기지 않은 지도치고 이상하리만치 국가나 제국, 인종, 종교 노선에 따른 영토나 영역 구분이 없다. 독특한 타원형 윤곽도 16세기 이후로 지도 제작자들이 폐기하다시피 한 형태다. 이지도는 메르카토르에 도전한 몰바이데 지도와 형태가 비슷하지만, 그리고 타원형 틀은 메르카토르가 자신의 세계지도에도 영향을 미쳤다고 인정한 왜곡을 더욱 확대했지만, 매킨더가 선택한 도법은 여전히 메르카토르의 1569년 도법이었다.

이 세계지도에는《영국과 영국해》에서 선보인 주장이 정점에 이른다. 매킨더가 고안한 이미지는 사실 지난 20년 동안 교사, 탐험가, 정치인으로 활동하면서 축적한 대단히 자극적인 정치 '자료'를 이용한 주제도였다. 이 지도는 19세기 지도 제작의 상당 부분을 차지했던 물리적, 도덕적 주제도에 기초해 지정학의 기본 이미지를 만들었고, 그 이미지는 호소력은 있지만 이념적 색채가 짙은 거대한 제국의 체스 판 같은 세계지도였다. 일부 지리학자는 그것을 지도라고 할 수 있는지 의문을 제기했다. 사실 이 이미지는 주장을 증명할 자료를 전혀 사용하지 않아 주제도의 정의를 왜곡했다. 그러나 이미지의 모든 면이 순전히 해석적이지만, 그것의 교화력에는 의문의 여지가 없었다. 매킨더의 이미지는 '사막'과 '얼음 바다'라는 묘사를 빼면 '중추', '초승달'이란 말로 이루어졌는데, 과거의 지리 언어와는 전혀 관련이 없는 언어였다.

매킨더는《영국과 영국해》에서 이미지를 이용해 세계에서 영국의 위치에 대한 자신의 주장을 뒷받침했듯이, 이번에도 자신의 논지에 생생한 힘과 권위를 부여하기 위해 '지도'의 범위를 최대한 확대했다. 그도 스펜서 윌킨슨처럼 메르카토르 도법의 한계를 알고 있었다. 그래도 그 도법을 선택한 까닭은 그것의 상징성 때문이었고, 그것이 그의 제국주의적 사고방식에 부합하는 방식으로 동반구와 서반구를 강조했기 때문이다. 메르카토르처럼 매킨더 역시 북극과 남극에는 관심이 없었던 탓에, 메르카토르 지도에서는 극지방이 무한대로 표시되었고 매킨더 지도에서는 아예 표시되지 않았다. 매킨더는 타원형 틀 안에 메르가도르 도법을 적용해, 대륙을 늘여 외부 섬 초승달의 범위를 드러낼 수 있었다. 그리고 이 방법 덕에 2년 전에 만든 평면 지도와 〈지구 사진〉의 어색함도 극복했다. 이렇게 탄생한 지도는 대단히 현대적이면서 동시에 묘하게 구식으로 보인다. 비록 이 지도의 주장이 새로운 지정학적 세계 질서를 상징할지언정 이미지 자체는 순전히 기하학적이어서 16세기 초에 스페인과 포르투갈이 만들어 놓은 제국의 상징적 분할선을 연상케 한다. 두 나라의 실제 영향력은 기지 세계의 극히 일부에만 미쳤는데도 세계를 둘로 나누자고 우기는 바람에 당시 지도와 지구본에 생긴 분할선이다. 시각적으로나 지적으로나 이보다 더 강력한 지도는 매킨더가《영국과 영국해》에 첫 번째 삽화로 사용한 〈헤리퍼드 마파문디〉 같은 중세 지도다. 그가 1919년에《민주주의의 이상과 현실: 재건 정치학 연구 Democratic Ideals and Reality: A Study in the Politics of Reconstruction》에서 '심장부' 이론을 개괄하며 사용하곤 했던 이미지다. 그는 〈헤리퍼드 마파문디〉를 "예루살렘을 세계의 기하학적 중심, 세계의 배꼽으로 묘사"한, "십자군과 동시대에 나온 수도사의 지도"라고 설명했다. "우리가 연구하는, 그리고 이제는 완벽하게 파악한 지리 현실을 바탕으로 올바른 결론을 내린다면 중세 수도사들이 크게 틀리지 않았다는 것을 알 수 있다." 그는 이렇게 결론 내렸다. "'세계의 섬'이 불가피하게 지구에서 인류에게 중요한 자리라면 (……) 예루살렘의 요새 언덕은 세계 현실에 비추어 볼 때 전략적 요지인데, 그러한 현실은 예루살렘이 고대 바빌론과 이집트 사이에 놓인 전략적 요지라는 중세의 이상적 관점과 크게 다르지 않다."**565**

매킨더에게 〈헤리퍼드 마파문디〉는 신학으로 규정되는 것이 아니라 십자군의 지정학, 그러니까 바빌론에서 예루살렘으로 제국이 서쪽으로 이동한 사실로 규정되는 것이었다. 따라서 마파문디는 그의 중심 논지인 심장부를 차지하려는 제국 간의 끊임없는 충돌을 입증한 초기 증거다. 역사적으로 시간이 많이 흐른 지금 돌아보면, 〈헤리퍼드 마파문디〉에 영감을 주었던 것과 똑같은 종류의 이상적 기하학이 매킨더의 1904년 지도에도 나타났다는 것을 알 수 있다. 신이 내린 소명인 제국이 기성 종교가 추구하는 믿음을 대체한 것인데, 세계의 다양성과 복잡성을 세월이 흘러도 변치 않는 일련의 진실로 단순화하려 한 점은 둘 다 마찬가지였다. 이제 지리학이 궁극적 현실을 드러내고, 지도 제작자는 그 현실을 기초로 정치 미래를 예견할 수 있다는 믿음이 생겼다. 700년 간격을 두고 제작된 두 지도는 전혀 다르게 생겼지만, 둘 다 기존의 이상적 기하학을 기초로 세계의 특정 이미지를 만들어야 한다는 의무감에서 나왔다는 점에서는 같다.

매킨더는 평생토록 지리학의 중추 논지로 돌아가 그것을 수정하며 두 차례의 세계대전을 설명했다. 1919년에는 전년도에 체결된 휴전협정의 여파 속에서 집필한 《민주주의의 이상과 현실》을 출간해 당시 베르사유에서 벌어지는 평화 협상에 영향을 미치고자 했다. 그는 이 책에서 '중추' 이론을 수정해, 동유럽에서부터 중앙아시아 전반에 이르는 더욱 광범위한 '심장부' 이론을 내놓았다. 매킨더는 '심장부', 더 나아가 그가 '세계의 섬'이라 부른 유럽, 아시아, 북아프리카를 연결하는 지역이 독일이나 러시아의 손에 넘어갈 수 있는 모든 외교적 해결안에 반대했다. 그는 훗날 근대의 지정학적 사고방식을 드러낸 가장 악명 높은 구호로 평가받는 다음과 같은 말로 자신의 주장을 요약했다.

> 동유럽을 지배하는 자는 심장부를 호령하고,
> 심장부를 지배하는 자는 세계의 섬을 호령하고,
> 세계의 섬을 지배하는 자는 세계를 호령한다.[566]

제2차 세계대전이 발발하면서 지정학적 세계지도가 또 한 차례 바뀌자 매킨더는 자신의 이론을 다시 수정해야 했다. 1943년 7월, 전세가 연합국에 유리해지면서 매킨더는 〈둥근 세계와 평화 달성The Round World and the Winning of the Peace〉이라는 제목의 글을 발표했다. 그가 평생 두려워한 독일과 러시아의 동맹은 1939년 '독소불가침조약'으로 마침내 현실이 되었다. 비록 두 나라가 모두 궁극적으로는 '중추'나 '심장부'를 지배하지 못했지만. 그러나 1941년에 히틀러가 러시아의 '심장부'를 침공하면서 매킨더의 논지가 또 한 차례 입증되었고, 침공이 실패로 끝나면서 매킨더는 전쟁 종료 후 "평화를 달성"할 계획의 기초를 얻게 되었다. 대서양에 강력한 해군이 생기고 중앙아시아에 막강한 군사력이 출현한다면 "독일인은 자신들이 전쟁을 일으켰을 때 '난공불락'의 전선 두 곳을 감당해야 한다는 점을 영원히 인식하게 될 것"[567]이라는 게 그의 생각이었다. '심장부'의 전략적 중요성을 간파한 뛰어난 진술이자 북대서양조약기구NATO와 소비에트 블록이라는 전쟁 이후의 지정학적 세계를 내다본 놀라운 설명이며, 전쟁 이후 소련의 불가피한 영향력을 포함하는 견제와 균형의 지정학적 모델을 제시한 발언이다.

매킨더는 북대서양조약기구 창립을 예견하며 그가 말한 "내륙의 대양Midland Ocean", 즉 북대서양을 가로지르는 새로운 군사동맹의 중요성을 역설했다. 이를 위해 "프랑스에 교두보를, 영국에 해자를 두른 소형 비행장을, 미국 동부와 캐나다에는 훈련된 인력과 농공업을 확보"해야 했다. 매킨더의 전쟁 이후 세계지도에는 지정학이 추상적인 기하학적 이상으로 단순화될 것이고, 그곳에서 "인류가 사는 균형 잡힌 세계"는 "균형이 있고 따라서 자유롭기에 행복"할 것이다.[568] 이상적일 수도 있으나 앵글로아메리카의 냉전 논리를 예견하는 발언이다. 반세기 가까이 국제정치를 지배하게 되는 논리이자, 미국이 이후에 소련과 동남아시아를 견제한다며 펼칠 외교정책에 영향을 미치는 논리다. 정치이론가 콜린 그레이Colin Gray에 따르면, "앵글로아메리카의 국정 운영에 가장 큰 영향을 미친 지정학적 개념은 유라시아 '심장부' 개념이었고, 그다음으로는 당시 유라시아에 대항하는 심장부가 아니라 유라시아 안에 있는 심장부 세력을 억제하는 상보적인 정책 개념이었다. 해리 트루먼에서 조지 부시에 이르기까지 미국의 국가 안보를 바라보는 중대한 시각은 명백히 지리적이며, 그 직접적 기원은 매킨더의 심장부 이론으로 거슬러 올라간다." 그레이가 생각하기에 "매킨더 이론과 냉전 시대에 심장부를 점령한 소련을 견제하는 것 사이의 관련성은 워낙 명확해서 새삼 언급하기가 진부할 정도"[569]였다.

어떤 개념이 어떻게 직접적 정책으로 변모했는지 정확히 밝히기란 늘 어려운 일이지만, 1990년대의 다양한 정치인들의 선언을 보면 매킨더의 사고방식이 얼마나 널리 퍼졌는지 짐작할 수 있다. 리처드 닉슨과 제럴드 포드 시절 국가안보보좌관과 국무장관을 지낸 헨리 키신저는 1994년에 이렇게 썼다. "러시아는 누가 통치하든 해퍼드 매킨더가 말한 지리적 심장부에 걸터앉은 나라이며, 가장 강력한 제국 전통을 물려받은 나라다." 역시 국가안보보좌관을 지낸 즈비그뉴 브레진스키는 1997년에 "유라시아는 세계의 축을 이루는 초대륙"으로, "지리적 체스판"에서 심장에 위치한다고 주장했다. 그는 "지도를 얼핏 보아도 유라시아를 지배하는 나라는 거의 자동적으로 중동과 아프리카를 통치하리라는 것을 알 수 있다"고 결론 내렸다.[570] 표면적으로 매킨더의 정치지리학은 평화를 유지하려는 국가의 열망에 기초한다. 그러나 실제로는 세계를 무대로 한 체스 판에서 다양한 말들이 갈수록 귀해지는 자원을 놓고 서로 경쟁하는 가운데 벌어지는 끊임없는 군사 충돌과 국제 전쟁을 기초로 한다. 이 정치지리학은 전쟁 이후 미국의 지정학적 전략에도 기여해, 미국은 세계의 거의 모든 대륙에서 은밀히 또는 공공연하게 군사적으로 간섭하기 시작했다.

1942년에 독일의 정치학자 한스 바이게르트Hans Weigert는 매킨더의 1904년 발표를 회상하며, 많은 영국인에게 "충격적이고 비현실적으로 보였으리라"고 썼다. 그러나 매킨더가 세상을 떠난 1947년 무렵에는 그의 주장이 당시 가장 영향력 있는 정치 이론으로 확실히 자리를 잡았다. 그의 이론에 의지한 20세기의 가장 유명한(그리고 가장 매도되는) 정치인으로는 조지 커즌, 윈스턴 처칠, 베니토 무솔리니가 있다. 독일 교수 카를 하우스호퍼Karl Haushofer(1869~1946년)는 스스로 "세계 전쟁에 이바지하는 지리학"[571]이라고 평가한 매킨더의 개념을 이용해 나치의 지정학 이론을 개발했다. 하우스호퍼는 나치당 부대표인 루돌프 헤스와 가까운 사이였으며, 히틀러는 1930년대에 독일을 향한 러시아의 위협을 연설하면서 줄곧 매킨더의 말을 인용했다.[572] 지리적 중추는 심지어 조지 오웰의 1948년 소설《1984》에도 나타난다. 소설에서 세계는 오세아니아, 유라시아, 동아시아라는 세 개의 군사 대국으로 나뉘어, 매킨더가 말한 대양 국가와 육지로 둘러싸인 국가 간의 계속되는 갈등을 해결하기 위해 서로 끊임없이 전쟁을 벌인다. 매킨더가 죽은 지 7년이 지난 1954년에는 유명한 미국 지리학자 리처드 하츠혼Richard Hartshorne이 매킨더의 원래 모델은 "세계 권력을 분석하고 예측하는 것이었는데, 긍정적으로든 부정적으로든 인간이 자신을 둘러싼 정치 세계를 바라보는 시각에 영향을 미친 가장 유명한 근대 정치지리학이 되었다"고 주장했다. 미국 중앙정보국^{CIA}의 전신으로 전쟁 중에 운영된 전략사무국^{OSS}에 지리분과를 창설했던 하츠혼의 이 말은 분명 칭찬이었다.[573]

    매킨더의 주장은 지리학의 지위를 정식 학문으로 끌어올리려는 열망에서 나온 것만은 아니었다. 그는 영어권 세계에서 전적으로 새로운 연구 분야인 지정학을 효과적으로 정의했다. 물론 1904년 강의에서는 지정학이라는 용어를 쓰지 않았다. 지정학의 정의는 다양하다. "역사에서 반복되는 특정한 지리적 유형의 중요성에 주목하려는 시도", "공간적 관계와 역사적 인과관계에 관한 이론", "공간적 또는 지리적 관점에서 국제 관계를 바라보는 학문" 등.[574] 오늘날 지정학은 정치에서 도처에 등장하는 말이 되었다. 이 용어를 처음 쓴 사람은 스웨덴의 정치인이자 사회학자인 루돌프 셸렌^{Rudolf Kjellén}(1864~1922년)이다. 그는 1899년에 지정학을 "지리적 유기체로서 또는 공간에서 일어나는 현상으로서 국가에 관한 이론"[575]으로 정의했다. 미국에서는 해군 전략가인 앨프리드 머핸^{Alfred Mahan}(1840~1914년)이 비슷한 지정학 어휘를 개발했다. 머핸은 《해상 세력이 역사에 미친 영향^{The Influence of Sea Power upon History}》(1890년)이란 책에서, 미국에서 "가장 취약한 국경 지대인 태평양 연안"이 직면한 위협에는 "바다를 이용하고 통제"하는 방식으로 대응해야 한다고 주장했다.[576] 그는 1902년에 〈페르시아만과 국제 관계^{Persian Gulf and International Relations}〉라는 글에서 '중동^{Middle East}'이라는 말도 새로 만들어 썼다.[577] 독일에서는 지리학자 프리드리히 라첼^{Friedrich Ratzel}(1844~1904년)이 독일 국가 팽창을 기초로 지정학 이론을 개발했다. 그는 《정치지리학^{Politische Geographie}》(1897년)에서, "국가 간 충돌은 대개 영토를 둘러싼 투쟁일 뿐"[578]이라며 인간의 생존 투쟁을 지리 공간을 둘러싼 영원한 싸움으로 규정했다. 매킨더는 1895년에 '근대 지리학' 강의에서 라첼의 '인류지리학'에 크게 감탄했지만, 라첼 이론의 바탕에는 독일 인종의 우월성도 있었다. 라첼은 자신의 주장을 '생활공간 Lebensraum'을 확보하려는 국가적 투쟁 이론으로 확장하곤 했다. 히틀러는 '생활공간' 논리가 1930년대 내내 자신의 외교정책의 상당 부분을 정당화해 준다고 믿었고, 이 논리는 급기야 1939년에 전쟁 발발로 이어졌다.[579]

이런 저자들은, 특히 머핸과 라첼은 세계 전쟁의 불가피성을 정당화하는 지정학 이론을 개발했다. 이들 모두 자국이 외교정책에 영향을 미쳤지만, 파급효과가 가장 컸던 것은 매킨더의 지정학 공식이었다. 매킨더 이론의 중심에는 세계지도가 있었고, 이 지도는 그 후 지리학사와 정치인들 손에서 끝없이 복제되면서 지정학이라는 개념에 생생한 형태를 부여했다. 매킨더의 동료와 추종자들이 만들어 낸 '심장부', '중동', '철의 장막', '제3세계', 그리고 이보다 훨씬 뒤에 나온 '악의 제국'과 '악의 축' 같은 용어들은 이념적 색채가 짙은 지정학 용어의 사례다. 20세기 초만 해도 이런 개념은 지리학에서나 정치학에서나 여전히 함축적이었다. 매킨더의 위대한 업적은 이 모든 것을 바꾸고, 이 과정에서 근대 지리학과 지도 제작이 정치학이나 제국과 어떤 관련이 있는지 그 상관관계를 정립하는 데 기여했다는 것이다. 매킨더나 그가 촉발한 지정학 연구를 주제로 최근 학계에서 펴낸 출간물의 양을 볼 때, 오늘날에도 지리학은 여전히 그의 유산과 타협하고 있다는 것을 알 수 있다.[580]

1944년 4월, 연합국이 노르망디 침공을 준비할 때 당시 여든세 살이었던 매킨더는 런던 주재 미국 대사관에서 지리학에 이바지한 공로로 찰스 P. 데일리 메달을 받았다. 그는 대사에게 전하는 연설에서, '역사의 지리적 중추'에 관한 연설이 미친 지대한 영향력을 회상했다.

우선 민주주의를 향한 제 충심을 증언해 주신 여러분께 감사드립니다.

저는 그동안 특정 부류에게서 나치 군국주의의 기초가 되었다는 어이없는 비난을 받아 왔습니다. 듣자 하니, 제가 [카를] 하우스호퍼에게 영감을 주고, 하우스호퍼는 헤스를 자극하고, 헤스는 《나의 투쟁Mein Kampf》을 구술하는 히틀러에게 어떤 지정학 개념을 제안했는데 그 개념이 제게서 나왔다더군요. 여기에 세 개의 고리가 얽혔는데, 두 번째와 세 번째 고리는 제가 아는 바가 없습니다. 하지만 하우스호퍼의 저술에서 분명히 알 수 있는 사실은, 그분이 제 연설의 어떤 부분을 차용했든 저는 그 연설을 40년 전에 왕립지리학회에서 했고, 그때는 나치당이니 하는 문제가 생기기 훨씬 전이었다는 것입니다.[581]

매킨더는 자신의 지정학이 나치즘 탄생에 영향을 주고 유럽을 세계대전에 빠뜨렸다는 혐의에 당연히 아연실색했다. 그 연관 관계는 필연적이지 않았다. 하지만 그럴듯하다. 매킨더의 궁극적 유산은 그의 생애에 지리학 연구를 이른바 "탁월한 제국주의 과학"[582]으로 정착시켰다는 것인데, 바로 이 지리학과 제국주의의 결합에서 지정학이 탄생했다. 나치나 소비에트 이념과는 대조적으로, 매킨더는 저서에서 갈등을 조장하거나 전쟁을 드러내 놓고 부추긴 적이 없다. 그러나 그 저서의 바탕에는 영토 공간을 둘러싼 제국 충돌의 불가피성, 그리고 정치권력을 유지하기 위한 또는 그의 말을 빌리면 "평화를 달성"하기 위한 무력행사의 필요성이 있었다.

매킨더의 1904년 지도는 집단적 행동은 아예 없는 듯한 세계의 궁극적 모습을 표현했다. 이곳에서 세계의 어지러운 현실은 여러 사회의 끝없는 전쟁으로 단순화되고, 전쟁은 언제나 각국의 지리적 위치와 갈수록 귀해지는 자원을 차지하려는 욕구에서 비롯한다. 매킨더가 성공적으로 수행한 임무 중에 빼놓을 수 없는 것은 그때까지 미지의 영역이었던 지리학 연구를 격상해, 지도를 보며 국제정치 관계를 파악하게 했다는 점이다. 그러나 매킨더의 이 유산은 양날의 검이었다. 제2차 세계대전 이후 탈식민지화의 여파로 지리학자와 지도 제작자들은 자신의 학문이 기존 정치 세력에 쉽게 굴복하는 상황에 서서히 의문을 품기 시작했다. 비록 다수가 매킨더의 유산에서 이익을 보았지만, 그 외 사람들에게는 지리학의 권위 향상이 대단히 불안했다.

　매킨더의 지도에 나타난 세계관은 여전히 전 세계 외교정책에 영향을 미치고 있다. 미국 육군대학 학보 〈파라미터스Parameters〉 2000년 여름 호에는 크리스토퍼 페트웨이스Christopher Fettweis의 '해퍼드 매킨더 경, 지정학, 그리고 21세기의 정책 결정'이라는 제목의 기사가 실렸다. 이 글에서 페트웨이스는 "유라시아, 즉 매킨더에게 '세계의 섬'은 여전히 미국 외교정책의 핵심이며, 이런 성향은 당분간 지속될 것"이라고 주장했다. 그는 오늘날 "심장부의 심장이 기름 바다 위에 떠다닌다"고 지적했다.[583] 많은 정치 관계자들은 이미 1990~1991년에 일어난 제1차 걸프전을 미국이 세계 석유 공급을 장악하려는 일련의 '자원전쟁'의 시작으로 보았다. 예일 대학의 저명한 역사 교수이자 매킨더 전문가인 폴 케네디Paul Kennedy는 2004년 6월에 발행된 〈가디언Guardian〉에 이렇게 썼다. "유라시아 주변 지역에 미군 병력 수십만이 주둔하고 미 행정부가 주둔의 당위성을 끊임없이 설명하는 현재 상황을 보면, 미 정부는 '역사의 지리적 중추'를 장악해야 한다는 매킨더의 권고를 심각하게 고려하는 듯하다."[584] 매킨더의 애초 예측이 실현되는 당혹스러운 순간이다. 현재 미국의 걸프전 개입을 보건대 갈수록 귀해지는 천연자원을 둘러싼 국제적 충돌이 여기서 끝날 것 같지도 않다. 매킨더의 세계지도는 사실상 폐물이 되었지만, 그곳에 나타난 세계관은 지금도 전 세계 사람들의 삶에 영향을 미치고 있다는 엄연한 현실을 상기시키는 대목이다.

11 평등

페터스 도법,
1973년

인도,
1947년 8월 17일

———

1947년 6월, 법률가이자 전직 정보부 장관 시릴 래드
클리프Cyril Radcliffe 경은 영국 정부의 위임을 받아 인도
대륙 분할을 보고하기 위해 난생처음 인도를 여행하
게 되었다. 그의 임무는 인도 대륙을 종교에 따라 힌두
교와 이슬람교로 나눠 인도와 파키스탄을 탄생시키는
것이었다. '래드클리프 국경위원회'는 고작 3개월 만에
40만 제곱킬로미터에 이르는 지역에 사는 9,000만 명
을 가르는 6,000킬로미터의 지리 경계를 설정해야 했
다. 인도에 가본 적도 없고, 최신 지리 측량이나 새 국
경 분계선을 의뢰할 마음도 없던 래드클리프는 인도
를 나눈 낡은 인구 분포 자료에서 시작했다. "무슬림
과 비무슬림이 따로 무리를 이뤄 다수 분포한다는 정
보를 기초로 펀자브 지방을 둘로 나눠 국경을 정하겠
다"[585]는 뜻이었다. 그의 이른바 '판정'은 1947년 8월
17일에 발표되었다. 인도와 파키스탄이 각각 독립국가
로 정식 선포된 지 고작 이틀 뒤였다. 인도 화가 사티
시 구즈랄은 당시 분할 소식을 전하던 뉴스의 대혼란

을 기억했다. "참 이상한 게, 그렇게 중대한 소식이 신문에 나오지 않고 (당시 신문은 발행이 중지되었다) 벽에 공고문으로 붙었다."[586] 래드클리프가 만든 분할 지도가 초래한 재앙은 빠르게 퍼졌다. 역사상 최대 규모의 이주가 시작되어 1,000만에서 1,200만에 이르는 사람들이 펀자브와 벵골에 새로 생긴 국경을 넘었다. 새 국경 지대는 피비린내 나는 폭력 현장으로 변했고, 많게는 100만 명이 집단 학살에서 목숨을 잃었다.[587]

래드클리프의 판정은 누구도 만족시키지 못했다. 카슈미르에서 무슬림이 대다수인 지역이 인도로 들어가고 무슬림이 소수인 지역은 그대로 남은 상황에서 1947년 말이 되자 인도와 파키스탄은 국경을 두고 전쟁을 벌였다. 전쟁은 1965년과 1971년에도 이어졌으며, 두 나라의 긴장 상태는 오늘날까지도 계속된다. 게다가 지금은 핵을 두고 서로 대치하는 상황까지 더해졌다. 지도에 그은 선이 이렇게까지 참혹한 결과를 가져온 적은 일찍이 없었다.

재앙을 몰고 온 인도 분할은 18, 19세기의 야심 차지만 불완전한 지도 제작 사업이 낳은 결과이자, 국가 건설과 제국 팽창에 대한 집착이 낳은 불가피하지는 않을지언정 논리적으로는 당연한 결과였다. 앞에서 보았듯이 프랑스에서는 카시니 집안이 여러 세대에 걸쳐 야심 차지만 불완전한 지도 제작 기술을 개발해 프랑스의 국가의식 형성에 기여했다. 이들의 지도 제작법은 하나의 정치지리학으로서 곧 유럽 전역에 퍼졌다. 이 정치지리학에 따르면 유럽 대륙은 개별 제국과 군주국으로 이루어진 집단에서 주권을 가진 일련의 국민국가 집단으로 서서히 진화해 갔다. 아프리카, 인도, 남아시아, 중동을 지배하는 영국 제국에서는 지도와 현실이 괴리된 탓에 인도 같은 나라를 분할할 때 충돌이 일어날 수밖에 없었다. 제국주의를 토대로 세계 질서를 바라보는 매킨더의 지정학적 시선은 그의 악명 높은 1904년 세계지도에 생생하게 나타난다. 매킨더는 그 시선이 공정하고 과학적으로 객관적이라고 주장했지만, 그것이 남긴 유산을 보면 그의 주장과 달리 지도 제작이 얼마나 다양한 정치 이념에 전용될 수 있는지 알 수 있다.

정치권력이 지도 제작을 손쉽게 이용한 사례는 20세기 역사에서 여러 차례 되풀이된다. 세월이 흐르고 유럽이 세계적 충돌의 소용돌이에 빠져들면서 지도는 어느 때보다 노골적으로 정치적 색채를 띠었고, 더러는 지금은 꽤 익숙해진 정치 선전의 노예로 전락했다. 나치는 제2차 세계대전이 일어나기도 전에 정치 메시지를 건달히는 지도의 위력을 간파했다. 한 예로 악명 높은 1934년 지도는 체코슬로바키아가 독일 주권을 위협한다는 주장을 뒷받침했는데, 이는 꾸며 낸 위협이었고 궁극적으로는 1939년 3월 나치 침공의 구실로 사용되었다. 축척이나 지명이 엉터리여서 엄밀한 의미로는 지도라고 할 수 없는 이 그림은 활기 없이 텅 빈 독일과 위협적인 모양새를 한 체코슬로바키아를 흑백으로 대비해 놓았다. 조잡한 부챗살 모양의 선은 공중폭격의 위협을 암시한다(체코의 실제 공군은 보잘것없는 규모였다). 한 평론가는 제2차 세계대전 중에 이런 선전 지도를 두고 이렇게 썼다. "과학으로서의 지리학과 기술로서의 지도 제작은 효과적인 기호 조작을 찾는 수요에 굴복했다."[588] 이 지도는 형태와 메시지가 조잡하지만 1930년대에 독일 지도와 지리학 교과서에 나타난 조직적인 정치 왜곡을 보여 주는 전형적인 사례다.

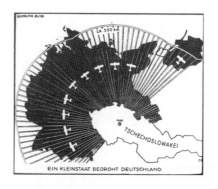

—— **그림 84**
독일의 선전 지도
〈작은 국가가 독일을 위협한다!〉,
1934년.

나치가 소위 객관적이고 과학적인 지리학 방법론을 이용해 인종적, 민족적 메시지를 전달하면서 일어난 일이다.[589]

제2차 세계대전 중에 나치가 지도를 이용해 유럽의 유대인을 조직적으로 대량 학살하는 이른바 '최종적 해결'을 추진하면서 지도 조작은 새롭고 비극적인 절정에 이르렀다. 1941년, 나치 장교들은 인종에 기초한 공식 인구 분포 통계를 바탕으로 슬로바키아 괴뢰국의 인종 지도를 자성했다. 슬로바키아를 대단히 정확히 나타낸 지도였지만, 곳곳의 검은 원은 지도의 가장 불길한 기능을 드러냈다. 그 원은 유대인과 집시 공동체의 위치를 나타냈다. "공무 전용"이라고 표시된 이 지도는 나치에 동조한 슬로바키아 당국이 이듬해 유대인과 집시를 체포해 죽음의 수용소로 이송한 뒤 몰살하는 데 이용되었다.

제2차 세계대전 중의 지도 전용은 냉전 시대가 되면서 정치적

───── **그림 85**
슬로바키아의 인종 지도, 1941년.

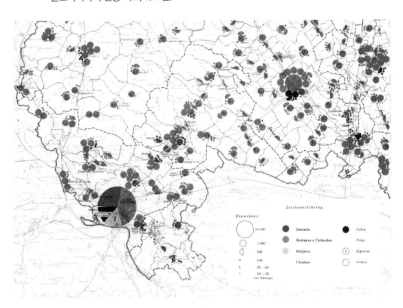

벼랑 끝 전술로 빠르게 전환되었는데, 1955년에 〈타임^{Time}〉에 실린 지도 〈붉은 중국〉은 그 전형적인 예였다. 전후 소련과 미국의 군사 대치 상황에서 오는 세계적 위협을 암시하면서 중국, 일본, 한국, 베트남을 표시하고, 태평양에 위태롭게 위치한 미국 영토를 전면에 배치한 지도다. 이 지도는 지도로서 '정확성'을 갖춘 척하면서, 매킨더라면 금방 이해했을 지정학적 의미를 암시한다. 동남아시아에 '붉은' 공산주의가 확산된다는 두려움과 태평양에서 미국의 이익은 마는 위협이다.

이념이 상반된 양쪽의 냉전 전략가들이 "설득력 있는 지도"를 이용해 겁에 질린 대중의 불안감에 편승하면서, 지리학도 아프리카와 남아시아를 지배하던 유럽 제국주의가 몰락할 때의 전철을 밟았다. 19세기에 아프리카에서 그러했듯 대륙 전체에 임의로 선을 그어 인종, 언어, 부족을 나누던 과거의 식민 강국들은 전후 탈식민지화 시대가 되면서 과거의 그런 권위적인 지도 제작을 되풀이해야 했다. 그 결과 인도의 사례에서 보듯이, 설득력도 없었고 어쩌다 엉뚱한 쪽에 들어간 사람들은 치명적인 결과를 맞이하는 일도 잦았다.

지도 제작에 정치적 입김이 들어가고 지도가 조작되다 보니 한편에서는 새로운 표현 매체를 개발하기에 이르렀다. 더러는 세계를 다른 시각으로, 좀 더 긍정적인 시각으로 바라볼 수 있는 매체였다. 이는 지구를 바라보는 21세기 인식의 획기적인 변화였고, 이 변화는 1972년 12월 7일에 시작되었다. 미국 항공우주국의 아폴로 17호 우주선에 탑승한 우주비행사들은 이날 카메라를 들고 지구의 사진을 찍었다. 이들은 임무를 마치고 크리스마스에 무사히 귀환했고, 다음날 항공우주국은 이들이 지구 표면에서 3만 3,500킬로미터 이상 떨어진 곳에서 찍은 사진 한 장을 공개했다. 우주여행과 탐험의 새 시대를 알리는 상징적인 이미지이자 지구 자체를 상징하는 대표적인 이미지가 된 사진이다. 프톨레마이오스 시대 이래로 이 땅에 발을 디딘 지도 제작자들은 세계를 마

그림 86
아폴로 17호 승무원이 우주에서 찍은 최초의 지구 사진, 1972년.
망가지기 쉬운 '푸른 지구'를 상징하며, 환경 운동을 촉발했다. → 448~449쪽 사이 컬러화보 참고

치 우주에서 바라보듯 묘사하기 위해 상상력을 동원해 지구를 투영했
고, 역사에 나타난 지도 투영법은 거의 다 그런 관점을 택했다. 그러나
그 투영법에는 인간은 누구도 실제로 지구를 그런 위치에서 볼 수 없다
는 단정이 내포되어 있었다. 그러다가 이제 최초로, 지리학이 처음 생겼
을 때부터 연구 대상이었던 지구 전체의 모습을 모든 사람이 똑똑히 볼
수 있게 되었다. 지도나 지도 제작자의 기술을 통해서가 아니라 우주비
행사가 찍은 사진을 통해서였다.[590]

아폴로 17호 사진에 나타난 어둡고 텅 빈 심연, 황량한 공간에
홀로 떠 있는 푸른 세계의 숭고한 장엄함과 수려한 아름다움은 경이로

움을 불러일으키면서 동시에 '우리' 세계의 상황에 분노를 자아냈다. 종교적 경외심을 드러내며 사진을 환영하는 목소리는 정치와 환경을 고민하는 목소리로 재빨리 대체되었다. 신념이나 피부색 또는 정치 성향과 관계없이 모든 지구인을 품은 세계가 얼마나 망가지기 쉬운지를 걱정하는 목소리였다. 지구 사진의 여파는 '브란트 보고서The Brandt Report'로까지 이어졌다. 서독 총리를 지낸 빌리 브란트가 회장을 맡은 자립위원회가 북쪽 선진국과 남쪽 개발도상국 사이의 경제 발전 문제를 해결하고자 1980년에 발표한 보고서다. 브란트는 이렇게 썼다. "우리는 우주에서 이 작고 연약한 공을 바라본다. 공을 뒤덮은 것은 인간의 활동이나 건물이 아니라 구름과 대양, 초록 식물, 흙이 이루는 무늬다. 인간이 그 무늬와 조화를 이루어 행동하지 못하다 보니 행성계가 근본적으로 바뀌고 있다."591 지구 전체의 모습을 담은 이 사진은 환경과 기후변화에 대한 인식 향상에도 크게 기여했다. 이것이 우리가 소유한 유일한 세계라는 사실이 전에 없던 생태적 사고를 일깨워 지구를 아껴야 한다는 생각, 좁은 땅 위에서 사소한 싸움을 벌이기보다는 전체론적 관점으로 환경에 접근해야 한다는 생각을 심어 주었다. 이 사진은 제임스 러브록James Lovelock에게도 영향을 미쳤다. 러브록은 미국 항공우주국에서 일하던 1960년대에 지구를 스스로 생명을 유지하는 유기체로 보는 '가이아Gaia' 이론을 개발한 인물이다(이론을 책으로 출간한 것은 1979년이다). 1960년대 초에 '지구촌 마을'이라는 개념을 만든 캐나다 사상가 마셜 매클루언Marshall McLuhan도 이 사진에서 새로운 자극을 받았다. 이런 정서는 프톨레마이오스에서 마크로비우스를 거쳐 메르카토르에 이르기까지 지도 제작의 역사에 줄곧 등장한 초월적 지구의 모습을 되풀이했다. 비록 지금은 여기에 다급한 정치적 요구가 더해졌지만.

　　아폴로 지구 사진의 여파는 세계지도 제작에서 더욱 확연히 나타났다. 만족스럽지 못한 투영법으로 지구 표면을 불완전하게 지도에 옮기지 않고 지구 전체를 사진에 담을 수 있다면 지도 제작이 무슨 필요가 있을까? 그에 대한 한 가지 대답은 물론 우주에서 찍은 사진은 지구를 지구본이나 평면 지도가 아니라 납작한 원판으로 보여 줄 뿐이라는 점이다(게다가 아폴로 17호 사진은 동아프리카와 페르시아 만에 초점을 맞춰 아메리카 대륙과 태평양은 아예 보이지도 않는다). 또 다른 대답은 지리정보시스템GIS의 빠른 발전에서 얻을 수 있을 것이다. 전자 데이터베이스 기술로 항공사진과 위성사진을 합쳐 인터넷 지도를 만드는 시스템인데, 이에 대해서는 마지막 장에서 자세히 살펴볼 것이다.

아폴로 17호의 지구 사진이 나온 지 6개월이 지나지 않아 20세기의 선별적이고 정략적인 지도 제작에서 벗어나 모든 국가를 평등하게 보여 준다는 세계지도가 독일에서 공개되었다. 1973년 5월, 독일 역사학자 아르노 페터스Arno Peters(1916~2002년)가 당시 서독 수도인 본에서 기자회견을 열었다. 페터스는 회견장에 모인 350명의 외신 기자들 앞에서 자칭 '페터스 도법Peters Projection'을 기초로 만든 새로운 세계지도를 발표했다. 이 소식은 즉시 반향을 불러일으키면서 국제면 머리기사를 장식했다. 영국에서는 〈가디언〉이 '페터스 박사, 대담한 세계지도 선보여'라는 제목의 기사에서 새 지도와 수학적 투영법을 "이제까지 나온 세계지도 투영법 가운데 가장 정직한 투영법"592이라고 소개했다. 〈하퍼스 매거진Harper's Magazine〉은 한 걸음 더 나아가 페터스 도법 기사에 '진짜 세계'593라는 제목을 달았다. 1973년에 이 지도를 처음 본 사람에게는 지도의 모양이 참신했다. 익숙한 메르카토르 도법에 비하면 북쪽 대륙의 크기가 급격하게 줄어든 반면 아프리카와 남아메리카는 남극대륙으로 갈수록 거대한 눈물방울 같았다. 지도를 보고 유명한 소감을 남긴 사람도 있었다. "땅덩어리가 북극권에 널어 놓은 축축하고 너덜너덜한 기다란 겨울 속옷 같다."594

페터스는 자신의 새 지도가 400년 동안 주도권을 장악한 1569년

——— **그림 87**
평등한 세계? '골 정사도법'을 사용한 아르노 페터스의 세계지도, 1973년.
→ 448~449쪽 사이 컬러화보 참고

의 메르카토르 도법과 그 뒤에 숨은 "유럽 중심적" 사고를 대신할 최고
의 대안이라고 주장했다. 지도를 공개하면서 그는 독어권 선조들이 제
작한 "평범한" 지도는 비록 회견장에 모인 사람들에게 익숙할지언정
"특히 유색인의 땅을 완전히 엉터리로 묘사"한다며, "그런 지도는 백인
의 가치를 부풀리고 당시 식민지 지배자에게 이롭게 세계의 모습을 왜
곡한다"고 주장했다. 그는 새 지도의 기술적 혁신을 설명하며, 메르카
토르는 적도를 자신의 지도보다 3분의 2 가까이 아래에 배치해 유럽을
효과적으로 중심에 놓았다고 지적했다. 메르카토르 도법에서는 땅덩어
리가 왜곡되어 유럽과 "선진국" 세계가 부정확하게 확대되고 페터스가
"제3세계"라고 부른 지역, 특히 아프리카와 남아메리카가 축소되었다.
페터스는 자신의 지도가 각 나라와 대륙의 크기와 면적을 "정확하게"
유지하는 소위 "정적도법正積圖法, equal-area projection"을 구현한다고 주장했

다. 따라서 "메르카토르의 유럽 중심적 편견"을 수정하고, 지구상의 모든 국가에서 "평등"을 실현했다.[595]

페터스 도법과 페터스의 메르카토르 공격의 여파는 엄청났다. 페터스 지도는 그 후 20여 년 동안 가장 잘나가는 세계지도가 되었고, 랜드 맥낼리Rand McNally와 미국지리학회National Geographic Society가 만든 세계적 베스트셀러 지도책에 실린 미국의 지도 제작자 아서 로빈슨Arthur Robinson의 1961년 도법과 어깨를 나란히 하고 심지어 메르카토르의 유일무이한 도법과도 경쟁할 정도가 되었다. 1980년에는 '브란트 보고서'의 표지를 장식하고, 1983년에는 전 세계 발전을 주제로 한 잡지 〈뉴 인터내셔널리스트New Internationalist〉 특별 호에 처음으로 영어로 실렸다. 이 잡지는 페터스 지도를 "놀라운 세계지도"라고 칭송하며 페터스의 주장을 되풀이해, 메르카토르 지도가 "과거 유럽의 식민지를 상대적으로 작은 주변 지역으로 표시"한 반면에 그의 지도는 "각 나라를 실제 크기대로 묘사"했으며 따라서 "제3세계 묘사에 극적인 변화를 가져올 것"이라고 했다.[596]

같은 해에 영국의 세계교회협회Council of Churches가 이 지도를 수천 부 배포했는데, 이에 옥스팜OXFAM과 액션에이드ActionAid를 비롯해 20여 개의 단체와 기관이 지지를 보냈다. 교황도 페터스 지도의 진보적 사고를 칭송했다. 그러나 페터스 지도를 누구보다 열렬히 지지한 곳은 유엔이었다. 유네스코UNESCO(유엔의 교육·과학·문화를 담당하는 조직)가 이 지도를 채택했고, 유니세프UNICEF(유엔아동기금)는 "새로운 차원, 공정한 조건"이라는 표어를 내걸고 이 지도를 약 6,000만 부 발행했다. 지도의 인기가 얼마나 대단했던지 페터스는 자신의 접근법을 개괄하는 성명서를 독일어는 물론 영어로도 발표했다. 영어판 성명서는 1983년에 《새 지도 제작법The New Cartography》으로, 1989년에는 《페터스 세계 지도책The Peters Atlas of the World》으로 출간되었다. 페터스 지도는 이제까지

전 세계에 8,000만 부 이상 배포되었으리라 추정된다.[597]

그러나 대중매체와 진보적인 정치, 종교 기관이 페터스의 지도와 지도 제작법을 재빨리 받아들인 반면, 학계는 경악과 경멸로 반응했다. 지리학자와 현역 지도 제작자들은 앞다투어 혹독하고 지속적인 공격을 퍼붓기 시작했다. 이들은 페터스 투영법이 주장하는 뛰어난 '정확성'이 사실은 부정확하며 지도 제작을 전문적으로 배운 적이 없는 페터스는 지도 투영법의 기본 원리조차 이해하지 못했을뿐더러 메르가도르를 허수아비 삼아 그 영향력을 필요 이상으로 과장한다면서, 자신의 지도와 지도책을 노련히게 광고하는 페터스를 보면 무지한 대중을 냉소적으로 이용해 사적인 목적과 정치적 목적을 추구하는 사람 같다고 했다.

이런 반응은 학계의 기준으로 봐도 혹독했다. 영국 지리학자 데릭 메일링Derek Maling은 1974년에 페터스 도법에 대한 최초의 영어 논평을 내놓으며, "궤변과 지도 제작의 기만을 보여 주는 놀라운 행위"[598]라고 혹평했다. 역시 영국 지리학자인 노먼 파이Norman Pye는 페터스의 지도책을 "엉터리"라고 무시하면서, "저자의 허세와 엉터리 주장에 속아 화를 내지 않는 사람은 지도 제작의 문외한뿐일 것"이라고 비난했다.[599] 영국의 저명한 지도 제작자 루이스H. A. G. Lewis는 《새 지도 제작법》을 논평하며 이렇게 썼다. "이 책을 독일어로, 영어로 여러 번 읽었는데 그가, 또는 그 어떤 사람이라도, 그런 헛소리를 쓸 수 있다는 사실이 여전히 경이롭다."[600]

페터스 도법에 가장 신랄한 저주를 퍼부은 사람은 아서 로빈슨이었다. 로빈슨은 1961년에 정각도법과 정적도법을 절충한다는 분명한 목표를 세우고 새로운 투영법을 만들었다. 자오선을 곡선으로 처리하면서 똑같은 간격으로 떨어뜨려 놓되 한 점으로 수렴하지 않게 해, 극점에서의 왜곡을 줄이고 지구 전체를 지구본처럼 비교적 현실적으로 묘사한 투영법이다. 이 투영법은 (프랑스어로 '바르게 말하기'라는 뜻으로) '오르소파닉orthophanic'이라고도 알려졌는데, 로빈슨의 동료 존 스나이더John Snyder는 "왜곡의 최상의 결합"[601]이라는 말로 절충안으로 나온 이 투영법의 태생적 특징을 포착했다. 그러나 이 지도는 랜드 맥널리 출판사와 미국지리학회의 후원으로 수백만 장이 유통되었고, 마침내 메르카토르 지도를 누르고 가장 인기 있고 가장 널리 퍼진 세계지도가 되었다. 그런 로빈슨이 1985년에 독일 경쟁자인 페터스의 지도를 사정없이 공격했다. 《새 지도 제작법》은 지도 제작이라는 학문을 "영악하고 교활하고 기만적으로 공격"하지만, 그 방법은 "비논리적이고 잘못된" 데다 "엉터리"이고 "논리는 겉만 번드르르해서 더러는 누가 봐도 엉터리"라는 주상이다. 로빈슨은 루이스의 평가를 되풀이하며, "지도 제작을 공부했다는 사람이 어떻게 그런 글을 썼는지 이해하기 어렵다"고 했다.[602]

독일에서도 공격은 계속되었다. 1973년에 페터스 도법이 나오자 독일지도제작협회는 비난 성명을 발표해야 한다고 생각했다. 협회는 "진실과 과학적 토론을 위해" "역사학자 아르노 페터스 박사의 계속되는 엉터리 선전"에 개입하기로 결정했다는 성명을 발표했다. 협회는 "구면을 평면에 왜곡 없이 완벽하게 투영하기란 불가능하다는 수학적 증명"을 언급하며 주장했다. "페터스는 '세계지도의 품질 목록'을 만들어 본인의 지도가 유일하게 양질이며 결점이 없다고 주장하지만, 이는 지도 제작과 관련한 수학적 증명과 모순되는 주장이며 페터스가 만든 목록의 객관성과 유용성도 의심스럽다." 성명은 페터스의 주장을 조목조목 반박한 뒤에 결론 내렸다. "페터스 지도는 세계의 모습을 왜곡해 전달한다. 그것은 결코 현대적인 지도가 아니며, 우리 시대의 세계적, 경제적, 정치적 관계를 다각도로 보여 주지도 못한다!"[603]

이런 거친 비난 속에서도 페터스 지지자들은 정부와 구호단체에 이 지도를 꾸준히 선전했다. 1977년에는 서독 정부의 언론정보부가 새로운 페터스 지도를 지지한다는 공식 입장을 여러 차례 발표해 많은 지도 제작자들을 경악하게 했다. 미국측량지도회의^{ACSM} 회보에 이 발표가 실리자 회원들은 1977년 11월에 '미국 지도 제작자들은 독일 역사학자의 투영법을 맹렬히 비난한다'라는 제목의 기사로 응수했다. 이 기사는 독일지도제작협회가 보인 반응보다 더 거칠었다. 회원 가운데 가장 유명한 아서 로빈슨과 존 스나이더가 쓴 이 기사는 페터스를 "분별없는" 사람으로 매도하면서 그의 투영법은 "우스꽝스럽고," 좀 더 올바른 투영법을 만든 "수십 명의 다른 개발자들에 대한 모욕"이라고 주장했다.[604]

페터스 지도를 바라보는 학계의 반응을 보면, 페터스의 투영법에 문제가 있고 그의 주장이 틀렸다고 믿기 쉽다. 하지만 시노는 그리 간단한 문제가 아니다. 논란의 양쪽에 선 사람들은 자기네 쪽이 객관적 진실이라고 주장했지만, 언제나 그렇듯이 여기서도 곧 좀 더 주관적인 믿음과 기득권 세력의 개인적, 조직적 이해관계가 드러났다. 논쟁은 점차 지도 제작의 본질에 관한 깊은 고민으로 바뀌어 갔다. 세계지도를 평가하는 정해진 기준이 있는가? 있다면, 그 기준을 정한 사람은 누구여야 하는가? 어떤 지도가 일반 대중에게 광범위하게 받아들여지지만 지도 제작 전문가들에게는 인정받지 못한다면 어떻게 되고, 이 경우 지도를 읽는(또는 잘못 읽는) 대중의 능력을 어떻게 평가해야 하나? '정확한' 세계지도는 무엇이고, 사회에서 지도의 기능은 무엇인가?

전문가들이 처음 페터스 도법을 비난할 때는 이런 문제가 논의되지 않았다. 전문적으로 훈련받은 지도 제작자들은 대부분 페터스 도법은 '나쁘고' 페터스의 주장은 '틀렸다'고 무시하기에만 급급했다. 사실 비난할 점은 많았다. 가장 걱정스러운 부분은 페터스가 세계지도를 그리면서 계산부터 틀렸으리라는 점이었다. 초기에 페터스를 비난한 어떤 사람은 페터스 도법에 나타난 경위선을 측정해 보고는, 위선이 최대 4밀리미터까지 밖으로 나가 있는데 실제 세계로 따지면 심각한 왜곡이며 따라서 엄밀히 말해 "페터스 도법은 정적도법이 아니다"[605]라고 주장했다. 축척과 거리가 정확하다는 페터스의 주장은 수학적으로도 말이 되지 않았다. 구면에 있는 두 점 사이의 거리를 평면 지도에 옮기려면 지구 표면의 곡률에 비례하는 축척을 써야만 하기 때문이다. 영토 왜곡을 급격히 줄이고 유럽 강국의 식민지였던 나라들을 정확히 표현했다는 주장도 자세히 들여다보면 맞지 않았다. 사람들은 그의 지도에서 나이지리아와 차드가 실제보다 두 배나 크고 인도네시아는 실제보다 길이는 두 배가 길고 폭은 절반밖에 되지 않는다고 주장했다.[606] 심각한 오류였지만, 페터스는 자신의 계산법을 고수하며 오류를 인정하지 않았다. 어쩐 일인지 그의 투영법에서 형태 왜곡은 아프리카와 남아메리카에서 가장 심했다. 그가 유럽의 "표시 오류"에 가장 큰 피해를 본 지역으로 꼽은 대륙이다. 반면에 북아메리카와 유럽 대부분을 포함하는 중간 위도 지역은 왜곡이 거의 없다. 이런 오류와 모순은 1989년에《페터스 세계지도책》이 영어로 출간되면서 더욱 심각해졌다. 이 책에서 페터스는 자신의 표준위선을 바꾸었고, 모든 지역지도에 보편적인 투영법 한 가지를 사용한다는 자신의 주장과 달리, 극지방 지도에는《새 지도 제작법》에서 단번에 무시했던 (메르카토르 도법을 포함해) 좀 더 전통적인 투영법 두 가지를 사용했다.

　　페터스는 자신이 만든 지도의 정확성을 과장했을 뿐 아니라 자신의 설교를 정작 본인은 실행하지도 않았다. 그를 비난하는 사람들이 지적했듯이 그가 유럽을 지도 중심에 놓고 식민 국가를 왜곡하는 지도 제작 전통을 바로잡고자 했다면, 아프리카나 중국 또는 태평양 어딘가의 자오선을 얼마든지 본초자오선으로 삼을 수 있었을 텐데도 구태여 그리니치 자오선을 그대로 받아들인 이유가 뭘까? 비평가들이 지적하는 또 하나의 문제는 그가 만든 투영법의 정치적 차원이다. 데이비드 쿠퍼는 이렇게 썼다. "면적은 남과 북을 가른 유일한 원인도 아니고 유일한 결과도 아닌데, 이 지도가 어떻게 세계 문제를 바라보는 우리 인식을

개선하는가?"[607] 페터스는 표면적의 평등을 실현한다는 투영법으로 지
도를 만들면서 정치 불평등을 해소할 수 있다는 암시를 주었다. 적어도
페터스에게는 면적이 중요했다. 그러나 다른 어느 비평가도 물었듯이,
인도네시아의 크기를 좀 더 정확히 표현한다면 이곳의 대단히 높은 영
아 사망률이 해결될까, 아니면 더 모호해질까? 어느 정도는 생각해 볼
법한 문제이지만, 페터스의 요지는 인도네시아를 실제 크기에 비례해
인식하는 것이야말로 더 넓은 지정학적 세계에서 인도네시아의 위상을
확립하는 데 중요한 단계라는 점이다. 페터스를 향한 비판은 세계지도
가 과연 (지난 수년 동안 거론되지 않은 주제인) 통계에 잡힌 사회 불평등을
그림으로 의미 있게 다룰 수 있는지를 토론할 필요성을 일깨웠다.

　　페터스를 비판하는 사람들은 대부분 그가 다른 투영법은 다 놔
두고 하필 메르카토르 도법만 공격하는 것에 의문을 제기했다. '유럽 중
심주의'와 이후 세계의 많은 부분에서 이루어진 식민지화를 메르카토
르 탓으로 돌리는 것은 시대착오적이며, 지도에 실제보다 지나치게 큰
권력과 권위를 부여하는 꼴이었다. 메르카토르 도법의 기술적 한계는
18세기부터 알려졌고, 적어도 19세기 말부터는 메르카토르 도법이 각
종 지도와 지도책에 끼친 영향력도 줄어들기 시작했다는 게 다수의 지
적이었다. 메르카토르를 '부정확한' 세계지도를 만든 인물로 너무나 쉽
게 비난의 표적으로 삼은 이유는 페터스 지도를 무엇보다 면적이 '정확
한' 지도로 선전하기 위해서였다. 다른 수많은 투영법은 제쳐 두고 하나
만 문제 삼은 놀랍도록 단순한 대조 덕에 명확한 시각적 효과로 대중의
상상력을 재빨리 사로잡았을 것이다.

　　페터스 도법은 처음 발표된 지 30년이 넘은 지금도 지도 제
작자들 사이에서는 경악을, 대중매체에서는 호기심을 불러일으킨다.
2001년, 미국에서 정치 드라마로 각광받은 〈웨스트 윙The West Wing〉에
는 '사회 평등을 실현하는 지도 제작 기구'라는 허구의 조직이 등장해,

대통령 참모들에게 "미국의 모든 공립학교 지리 수업에 전통적인 메르카토르 [지도] 대신 페터스 도법 지도를 이용하도록 의무화하는 법을 제정"[608]하자고 로비를 벌인다. 방송이 나간 뒤 페터스 지도의 판매량이 다섯 배 늘었다. 미국의 저명한 지리학자 마크 몬모니어^{Mark Monmonier}는 이 문제를 여전히 대수롭지 않게 여겼다. 몬모니어는 페터스가 죽기 2년 전인 2004년에 메르카토르 도법의 사회사를 다룬 《지도전쟁^{Rhumb Lines and Map Wars}》에서 이 논란을 다시 다루었다. 그는 메르카토르가 사용한 방법을 어떻게 수정해야 하느냐는 문제에 페터스가 "어처구니없이 부적절한 해결책"을 제시했다고 혹평하며, "페터스 지도는 정적도법이되 대단히 엉터리 정적도법이어서 그를 옹호하는 사람들이 지지를 보낸 열대 지방 국가의 형태마저 심하게 왜곡했다"고 주장했다.[609]

　　몬모니어가 깊이 있게, 그러나 여전히 적대적으로 페터스를 비판할 무렵 페터스 지도와 페터스 도법은 이제 더는 지도책에 나타나지 않은 채 역사적 호기심의 대상이 되어 있었다. 페터스 도법을 둘러싼 기술적, 정치적 논쟁을 재평가한다면 지도 제작 역사에서 '결정적 순간'이라 불리는 때를 돌아볼 수 있다. 페터스가 사용한 방법들은 의심스러웠고 자신의 지도가 정확하다는 그의 주장은 오래가지 못했지만, 그는 지도 제작에서 더욱 중요한 사실을 일깨웠다. 페터스가 촉발한 '지도 전쟁'으로 모든 지도와 투영법은 고의든 아니든 그 시대의 사회와 정치에 영향을 받는다는 인식이 생겼고, 지도 제작자들은 자신의 지도가 이상적 중립성과 과학적 객관성을 실현해 특정 공간을 '정확하게' 표현한 적도, 표현할 수도 없다는 사실을 인정해야 했다. 페터스 덕에 지도 제작자와 일반 대중 모두 지도는 다소 편파적이며 따라서 정략적이라는 사실을 마주할 수 있었다.

　　페터스가 이처럼 정치에 주목한 것은 한 세기에 걸친 개인적 경험의 직접적 결과였다. 그동안 그는 지도가 군사 정복과 제국의 행정,

국가의 자기 인식 같은 정치 목적에 이용되는 것을 목격했다. 아폴로 17호의 지구 사진이 몰고 온 경이적 파장에서는 지구 전체의 이미지가 가진 힘이 사람들을 환경에 눈뜨게 하고 불평등이 지구 전반에 미치는 해악을 깨닫게 하는 것 또한 목격했다. 그의 지도 외에 페터스에게 한 가지 잘못이 있다면, 그의 지도 역시 세계를 불완전하게 표현했고 그가 서양 지도 제작 역사에서 목격한 정략적 힘의 상호작용에 그의 지도도 개입했다는 사실을 인식하지 못한 점이다. 페터스 지도가 나온 지 40년 가까이 지난 지금, 우리는 페터스와 그의 세계지도가 지도 제작 역사에서 차지하는 위치를 좀 더 정확히 볼 수 있게 되었다.

페터스가 메르카토르 도법에 반감을 보였고 두 사람 사이에는 역사적 간극이 있지만, 페터스의 삶을 보면 비록 그는 인정하고 싶지 않겠지만 그와 메르카토르 사이에는 공통점이 많다. 페터스도 메르카토르와 마찬 가지로 정치적, 군사적 충돌의 시기에 라인 강 동쪽 독일어권 땅에서 태어났다. 1920년대의 바이마르 공화국과 1930년대의 나치 독일에서 자라고, 서독과 동독이 정치적으로 나뉜 제2차 세계대전 이후의 상황에서 사회를 경험한 페터스는 지리학이 국가와 민족을 나누는 데 어떻게 사용되는지를 누구보다 잘 알았다. 그는 1916년에 베를린의 노동운동가 집안에서 태어났고, 아버지는 정치적 신념을 이유로 나치에게 끌려가 투옥되었다. 페터스는 10대에 처음에는 베를린에서 다음에는 미국에서 교육을 받았는데, 이때 영화 제작을 공부하면서 '대중을 이끄는 수단으로서의 영화'를 주제로 박사 논문을 썼다. 유럽이 또 한 차례 전면전에 빠져들던 때였다(나중에 그를 비판하는 사람들 다수가 그가 정치 선전에 흥미를 보였던 이 시기를 빌미로, 그가 지도 제작을 교묘히 이용했을 가능성이 있다고 주장했다). 페터스는 1970년대에 자신이 정치색을 띠게 된 발단을 회상하며 이렇게 썼다. "내가 우리 역사적, 지리적 세계관을 구체적으로 비판하기 시작한 것은 30년 전, 이곳 베를린에서였다." 제2차 세계대전 중에 지도가 광범위하게 이용되는 것을 목격한 페터스는 "우리 유럽 중심의, 아니 독일 중심의 협소한 세계관"을 비판 대상으로 삼아야 하고, "그세계관은 우리 시대의 세계와 삶을 둘러싼 광범위하고 포괄적인 방식과 맞지 않는다는 사실을 자각해야" 한다고 판단했다.**610**

페터스는 1940년대 말 독립된 학자로서 독일 지방정부와 미군의 자금을 지원받아, 동독과 서독에서 모두 사용할 세계사 교과서를 만들기 시작했다. 그 결과 1952년에 《공시적 세계사Synchronoptische Weltgeschichte》를 출간했다. 이 공시적 관점에서는 여러 개의 연대표를 동시에 나열하는데, 역사를 서양 업적 중심으로 설명하는 전통적인 선형적 방식에서 탈피하기 위해 페터스가 고안한 방법이다. 그는 유럽 중심의 역사는 "지구의 나머지 10분의 9"를 무시한다고 한탄했다. 그의 수정주의적 접근법의 좋은 예는 중세를 설명할 때 잘 나타난다. "600년간의 그레코로만 전성기가 우리 세계사까지 들어와 인간의 문명이 마치 거기서 시작하는 것처럼 인식되었다. 그레코로만이 쇠퇴하면서 역사책은 다시 한 번 빠르게 넘어간다. 잘 알려졌다시피 이른바 중세는 유럽에서, 그러니까 우리 역사책에서 '암흑기'였다. 하지만 다른 세계에서 이 1,000년의 세월은 전성기였다."**611** 페터스는 역사의 각 단면에 동일한 비중을 두기 위해 기원전 1000년부터 서기 1952년까지의 시기를 서사로 풀어 쓰는 대신 여러 개의 표로 묘사했는데, 표는 "여덟 가지 색으로 구성하고, 경제, 지적 삶, 종교, 정치, 전쟁, 혁명의 여섯 부류로 나누었다."**612** 그는 이 방식의 핵심은 "우리가 공간을 지도에 표시하듯 같은 방식으로 시간을 표시하는 것"이라고 했다. 그는 책이 탄생하던 때를 이렇게 회상했다. "처음에는 종이 위에 일정한 간격으로 시간을 적어 넣었다. 그리고 연도마다 폭 1센티미터의 띠를 수직으로 그려 넣었다." 그렇게 해서 "시간 지도가 탄생했다."**613**

독일 잡지 〈슈피겔Der Spiegel〉은 페터스의 책을 "지난 2주간의 최대 스캔들"[614]로 언급했다. 훗날 페터스를 비판하는 사람들은 이 논란을 물고 늘어지며 페터스는 투영법을 내놓기 몇십 년 전부터 이미 학술 정보를 개인적, 정치적 목적에 이용했다고 주장한다. 1952년 12월, 우익 성향의 미국 잡지 〈프리먼The Freeman〉은 '공식 오보'라는 제목의 기사에서 이렇게 썼다. 독일에 있는 미국 관리들이 "그 나라를 '민주화'한다는 기특한 생각으로" 페터스 부부에게 "세계사"를 써달라고 의뢰했지만, "그 일에 4만 7,600달러를 쓰고 9,200부를 받아 그중 1,100부를 배포한 뒤에야 책의 저자들이 공산주의자이며 책 자체는 친공산주의, 반민주주의, 반가톨릭, 반유대주의라는 사실을 알게 되었다." 베스트셀러까지 된 책의 내용을 보면 이런 원색적인 비난은 당치 않았지만, 어느 것도 〈프리먼〉의 분노를 누그러뜨리지 못했다. 기사는 "미국 납세자들은 4만 7,600달러짜리 사기에 희생되었을 뿐 아니라 무능하고 불충한 관리들이 적의 선전에 돈을 대주는 바람에 심한 상처를 입었다"고 목소리를 높였다.[615]

그러나 〈슈피겔〉은 논란에 좀 더 침착하게 대응했다. 〈슈피겔〉이 주로 문제 삼은 것은 책 내용이 아니라 독일사회당 당원에게 일부 자금을 지원받았다는 사실이었다. 〈슈피겔〉은 페터스의 책을 칭송하면서, 세계사를 포괄적으로 설명하려는 시도는 훌륭했으나 성공하지는 못했다고 평가했다. 페터스는 "역사를 평등하고 균형 있게 다루려 했다"고 주장했지만, 미국과 소련으로 양분된 냉전 체제에서 페터스 같은 학자의 진보적 노력은 〈프리먼〉 같은 우익 잡지뿐만 아니라 독일사회당 같은 좌익 세력의 이념 공격에도 먹이가 되기 십상이었다. 사회당은 그들이 생각하기에 이렇다 할 사건이 없는 기나긴 선사시대에 공간을 할애하는 건 말도 안 된다고 주장했다. 결국 유통된 책 가운데 일부가 회수되었다.

　　재미있는 사실은 페터스가 (나중에 본인도 인정했듯이) 세계사를 연구한 결과로 투영법을 개발했다는 점이다. 그가 질색하던 헤르하르뒤스 메르카토르가 혁신적인 세계사 연대기를 편찬하면서 유명한 지도 투영법을 완성한 것과 똑같다. 두 사람이 끼친 지적, 이념적 영향은 물론 사뭇 다르지만, 둘 다 깊이 간직한 개인적 신념에 따라 역사를 서술했다. 메르카토르에게는 그 신념이 성서에 나온 정의였고, 페터스에게는 모든 국가와 인종의 평등이었다. 두 사람 모두 긴 띠나 표를 이용해 세계사를 공간적으로 이해하는 책을 펴냈고, 둘 다 보편적 역사를 연구하다가 세계 지리를 묘사하는 방법을 고민하게 되었다. 메르카토르는 당시의 신학적, 상업적 급선무에 몰두했고, 그러다 보니 사람들이 세계를 (실제로 그리고 영적으로) 항해하는 데 필요한 지도를 만들게 되었다. 반면에 페터스는 정확한 항해는 더 이상 지구 투영법의 목적이 아니라고 판단했다. 그는 세계 전쟁과 민족주의와 탈식민지화로 규정되는 "식민지 이후 시대"에서는 토지 분배, 인구 조절, 경제 불평등의 문제가 지리학 연구와 실제 지도 제작의 핵심이라고 생각했다.

　　페터스는 '세계사'를 출간한(그리고 회수한) 뒤인 1950년대 말과 60년대에 독일사회당 기관지 〈페리오디쿰^{Periodikum}〉의 편집을 맡았고, 차츰 공간과 지도 제작으로 관심을 돌렸다. 그는 이렇게 썼다. "내 공시적 세계사에 딸릴 지도책을 준비하다 보니 기존의 세계지도는 역사적 상황과 사건을 객관적으로 표현하는 데는 무용지물이라는 게 확실해졌다." 그리고 이렇게 덧붙였다. "오만함과 외국인 혐오증의 원인을 찾다 보면 결론은 언제나 세계지도였다. 세계지도는 사람들이 자기 시점에서 바라보는 세계에 대한 인상을 형성하는 데 큰 영향을 미쳤다."[616] 지도의 힘을 제대로 꼬집은 말이자, 그 후 페터스의 이력을 지배하는 말이다. 그가 자신의 새 지도를 학계 내부에 퍼뜨렸을 때, 그 투영법은 황당한 여러 투영법 가운데 하나일 뿐이었다. 그러다가 세계적인 매체로 눈

반 데어 그린텐 1세, 1904년

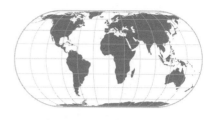

에케르트 4세(유사원통도법), 1906년

몰바이데(등비율도법), 1800년경
구드(단열도법), 1916년

구드(호몰로사인도법, 단열도법), 1923년

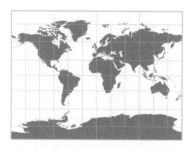

밀러(원통도법), 1942년

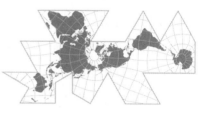

풀러(다이맥시언 도법), 1943년

로빈슨(유사원통도법), 1963년

정지궤도기상위성에서 본 모습
(투시도법, 정사도법), 1988년

—— **그림 88**
20세기의 다양한 지도 투영법.

을 돌려 본에서 기자회견을 열고 '새로운 세계지도'를 발표하면서 페터
스는 대중과 학계가 세계지도의 역할을 이해하는 방식을 극적으로 바
꿔 놓았다.

페터스의 목표를 객관적으로 설명하다 보면 곧바로 어려움에 부
딪히는데, 그의 주장부터가 일종의 신화, 이념적 단정, 과학적 오류, 자
기 과장에 빠져 있어서 앞서의 지도 제작자들과 다를 바 없기 때문이다.
자신의 지도가 정확하다는 그의 주장은 뒤이은 편파적이고 더러는 대
단히 사적인 비난에 반응하는 그의 모습에 묻혀 버리고 마는데, 그는 그
러한 비난이 나올 때면 토론 조건을 바꾸기 일쑤였다. 그러나 그의 투영
법을 바라보는 숱한 주장과 논쟁을 따져 보기 전에, 지난 20여 년 동안
발표한 글이나 강의를 종합해 그가 자신의 일을 어떻게 생각했는지 알
수 있다.

20세기에 통신, 교통, 세계 전략이 발전하고 측량법, 통계분석,
항공사진에서 혁신이 일어나면서 지도에도 새로운 용도가 생겨났다. 그
렇다 보니 특정 용도에 맞는 특정 지도 제작법을 기초로 새로운 투영법
이 쏟아져 나오고 기존 투영법이 수정되었다. 한 예로, 메르카토르 도
법이 세계를 묘사하는 방식에 차츰 의문이 제기되면서 그것은 지역을
측량하는 방법으로 새롭게 태어났다.[617] 페터스는《새 지도 제작법》에
서 지도 투영법이 갈수록 다양해지는 현상을 이야기하면서, 전통적 지
도 제작법을 지탱한 일련의 "신화"를, "절반의 진실과 황당함과 왜곡"을
설명했다. 한마디로 "유럽은 지구의 중심에서 세계를 지배한다"는 신화
였다.[618] 그는 이어서, 정확한 현대적 세계지도에 필요한 "결정적인 수
학적 특징 다섯 가지와 가장 필수적인 실용적이고 미적인 특징 다섯 가
지"를 제시했다. 결정적 특징 다섯 가지는 면적, 축, 위치, 축척, 비례의
충실도이고, '필수' 특징 다섯 가지는 보편성, 완전성, 보완 가능성, 명확
성, 적용성이다.[619] 페터스는 메르카토르 도법에서 자신의 도법에 이르

기까지 역사적인 지도 투영법 여덟 가지를 개략적으로 살피면서, 자신의 지도에는 10점 만점에 10점을 주고, 메르카토르의 1569년 투영법과 에른스트 함메르Ernst Hammer의 1892년 정적도법, 그리고 세계를 여섯 쪽으로 나눈 폴 구드J. Paul Goode의 정교한 1923년 도법에는 한참 낮은 4점을 주었다. 페터스와 가장 가까운 경쟁 상대인 함메르의 정적도법은 위선이 복잡한 곡선을 이룬 데다 보편성과 적용성이 부족하다는 이유로 무시되었다.

페터스에게 '면적 충실도'는 자신의 새 투영법의 핵심이었다. "임의의 두 곳의 면적은 지구상에서와 같은 비율을 유지해야 한다"는 것인데, "이 특징이 지켜져야만 지구상의 다양한 대륙이 실제와 똑같은 크기 비율을 유지할 수" 있기 때문이었다. 지도 제작자들은 이 특정한 방법을 영토 면적의 비율이 유지된다고 해서, 즉 '정적성正積性, equivalence'을 충족한다고 해서 '정적도법'이라 부른다. 메르카토르 도법처럼 이 방법도 종이를 원통에 두르는 식으로 지도를 만드는데, 중대한 차이는 메르카토르 도법이 특정한 점을 중심으로 형태를 정확히 유지하는 정각성에 초점을 맞춘 데 반해 정적도법은 상대 면적을 정확히 유지하는 정적성에 초점을 맞춘다는 점이다. 페터스는 이를 위해 위선과 자오선을 배치하는 방법을 고안해야 했다.

페터스는 기존의 지구 둘레 측정치를 기초로 북위 45도와 남위 45도에 표준위선을 긋는데, 이곳이 구체를 납작한 지도에 옮길 때 왜곡이 가장 적은 부분이다. 그는 위도 평행선을 적도와 길이가 같게 그렸다. 그런 다음 적도 선을 따라 동서로는 축척을 반으로 줄이고, 남북으로는 적도로 다가가면서 축척을 늘려 적도에서 축척이 두 배가 되게 해 직사각형 지도를 완성했다. 메르카토르가 세계를 동서로 누비며 교역을 하던 16세기 상황에 영향을 받은 반면, 페터스는 20세기 후반 남과 북의 경제, 정치 상황에 몰두해 투영법을 만들었다는 사실은 놀라울 게 없다. 그러다 보니 세로 길이는 늘고 가로 폭은 줄어든 모습이 페터스의 지도에 선명하다. 이를테면 아프리카와 남아메리카 같은 남반구의 열대 지역은 길고 가늘지만, 극점으로 갈수록 압축이 심해져 캐나다와 아시아 같은 지역은 땅딸막하고 뚱뚱해 보인다. 이들 지역은 상대적 압축이나 확장으로 비록 형태는 왜곡되었지만 상대적 표면적을 구체에서 지도로 좀 더 정확하게 옮길 수 있었다.[620]

　　면적은 지도 투영법의 중요성을 강조한 페터스의 정치적 주장에서 핵심이다. 페터스가 판단하기에는 세계를 면적에 따라 상대적으로 표현하지 못한 경우는 메르카토르의 정각도법에서 절정을 이루는데, 이는 정치 불평등을 보여 주는 초보적 행태였다. 오로지 영토 면적에 집중한 페터스의 방법도 일리가 있었다. 메르카토르 도법에서는 면적이 970만 제곱킬로미터인 유럽이 남아메리카보다 훨씬 크게 나타나는데, 실제로는 남아메리카가 1,780만 제곱킬로미터로 유럽보다 두 배 가까이 크다. 2,470만 제곱킬로미터인 북아메리카는 3,000만 제곱킬로미터인 아프리카보다 훨씬 크게 나타난다. 중국은 실제로 950만 제곱킬로미터에 이르지만 메르카토르 지도에서는 고작 210만 제곱킬로미터인 그린란드보다 훨씬 작아 보인다. 이런 현상은 페터스 도법이 나오기 전에 발행된 대부분의 지도책에서 나타난다. 지리학자 제러미 크램프턴 Jeremy Crampton은 20세기의 다양한 지도책을 살펴보다가, 아프리카가 지구 육지 면적의 20퍼센트를 차지하는데도 겨우 세 개 지도에만 나타나고 모두 1:8,250,000 축척 지도라는 사실을 발견했다. 한편 영국은 지구 육지 면적의 고작 0.16퍼센트를 차지하는데도 세 개 지도에서 적어도 1:1,250,000 축척으로 좀 더 정밀하게 실렸다.[621] 이런 불평등은 '브란트 보고서'(1980년)에 압축되어 나타나, 세계를 고작 3,000만 제곱킬로미터에 이르는 선진 지역인 북반구와 6,200만 제곱킬로미터가 넘는 개발도상 지역인 남반구로 나눈 것을 볼 수 있다.

정적 계산이 페터스 도법을 정치적, 수학적으로 정의하는 핵심이지만, 페터스의《새 지도 제작법》에는 그가 새로운 세계지도의 필수 조건으로 간주한 것들도 담겨 있다. 그는 (메르카토르 전이나 후에 두루 사용된) 곡선 자오선을 이용한 투영법을 무조건 반대하면서 자신이 말한 두 번째 결정적 특징인 축의 충실도를 그 이유로 꼽았다. 페터스는 "지도에는 축의 충실도가 있다"며 이렇게 주장했다. "지구상에서 어떤 기준점의 북쪽에 놓인 점은 모두 그 점에서 정확히 수직으로 위에 놓여 있고, 기준점에서 남쪽에 놓인 점은 모두 그 점에서 정확히 수직으로 아래에 놓여 있다." 페터스는 이 특징이 '방위'와 그 지점에서의 국제 표준시 간대를 적용하는 데 도움이 된다고 했다. 결국 지구 표면에 위선과 자오선의 격자 선을 일정한 직사각형을 이루도록 긋는다는 뜻이다. 메르카토르 도법처럼, 또는 그의 도법처럼.

다음은 위치 충실도다. 페터스는 이를 위해 적도에서 같은 거리에 있는 모든 점은 적도에 평행이 되는 선에 두어야 한다고 했는데, 이역시 위선과 자오선이 직각을 이루어야 가능한 특징이었다. 축척 충실도는 "원본(지구 표면)을 수량화할 수 있는 정확성을 갖추어 재현"하게 한다. 페터스는 "면적의 절대적 충실도"에 관심을 두었기 때문에 일반적 축척(예를 들면 1:75,000,000)을 거부하고, 예컨대 자신의 투영법처럼 1제곱센티미터:123,000제곱센티미터 식의 축척을 사용했다.[622] 마지막으로 비례 충실도가 있다. "지도 윗부분 가장자리를 따라 생긴 세로 왜곡이 아랫부분 가장자리를 따라 생긴 왜곡만큼 크면(또는 작으면)" 비례가 맞는 지도다. 페터스 도법은 분명 이 원칙을 충족하지만, 페터스는 이 비례 충실도가 구체를 납작한 지도에 투영할 때 불가피하게 생기는 "일정 정도의 왜곡"을 최소화하기 위한 것이라고 인정했다. 어쨌거나 그는 완곡한 말로, 그의 지도에서 한눈에 알 수 있는 비례 충실도가 "오류를 균일하게 나누기 위한" 것이라고 설명했다.

이 외에 페터스의 '필수' 특징 다섯 가지는 궁극적으로 페터스 자신의 지도를 희생하면서까지 경쟁 상대인 다른 투영법을 깎아내렸다. 보편성, 완전성, 적용성은 다양한 지리적 목적에 두루 사용할 수 있는 하나의 연속한 세계지도 투영법의 필요성을 강조하고, '보완 가능성'과 '명확성'은 지구를 바라보는 포괄적 관점을 제시한다. 이런 구분은 대부분 정적도법에 속하는 다른 부류의 세계지도인 소위 '단열斯裂, interrupted'도법 지도를 무시하는 게 목적이었다. 이름에서 알 수 있듯이, 단열도법은 지구를 '단열'해, 즉 별개의 부분으로 나누어 왜곡을 최소화하려는 투영법이다. 페터스는 1923년에 폴 구드가 발명한 정직도법을 예로 들었다. 구드는 다양한 투영법을 합쳐 하나의 지도를 만들었는데, 마치 오렌지 껍질을 벗겨 납작하게 펼쳐 놓은 것처럼 지구를 여섯 개의 독특한 모양으로 나눠 놓은 지도다. 구드가 구체 지구를 좀 더 정확하게 2차원에 옮기기 위해 이처럼 왜곡되고 불연속적인 형태에 의지해야 했다는 것은 지구를 납작한 지도에 옮기면 정각성과 정적성을 동시에 유지하기가 불가능하다는 뜻이었다.

페터스는 이런 '단열' 지도가 기술적으로, 어쩌면 미적으로도 보편성이나 완전성 또는 명확성이 떨어진다고 재빨리 지적했다. 그런 지도는 세밀한 국지적 지도에도 쉽게 적용할 수 없었다. 페터스가 보기에 이 투영법은 "면적 충실도를 갖춘" 덕에 메르카토르 지도의 독점을 위협하는 수준에 이르렀다. 하지만 "면적 충실도를 유지하려고 (명확성과 보완 가능성 같은) 메르카토르 지도의 중요한 특징을 버리다 보니 메르카토르 지도를 대체할 수는 없었다"는 것이 그의 생각이다. 페터스는 앞서 나온 지도 투영법을 지체 없이 모조리 제쳐 놓았다. 그리고 이념적으로 "유럽 중심주의"에 치우치고, "조국을 지도 중심에 놓는다는 낡고 순진한 관행을 따른" 사람이 제작한 메르카토르 지도만 남겨 두었다. 결국 페터스가 말한 "과학의 시대에 필요한 객관성"[623]을 달성할 수 있는 세계지도는 페터스 자신의 지도뿐이었다.

페터스는 이처럼 자신의 지도가 독창적이고 정확하다고 주장했지만, 비평가들은 그의 투영법은 전혀 새롭지 않으며 그 역시 기회주의적이고 신뢰할 수 없다고 재빨리 꼬집었다. 사실 이 투영법은 약 한 세기 전에 스코틀랜드의 복음주의 목사 제임스 골James Gall(1808~1895년)이 발명한 방법이었다. 그는 새로 만든 지도를 1855년에 '골 정사도법Gall's Orthographic Projection'이라고 이름 붙여 영국과학진흥협회BAAS에 제출했다. 이 도법은 페터스 도법과 거의 일치해서, 지금은 많은 지도 제작자들이 '골-페터스 도법Gall-Peters Projection'이라 부른다. 사실 골 도법 자체는 프톨레마이오스가 티로스의 마리노스(100년경)의 발명품이라고 말한 바 있다.

페터스는 골 도법을 몰랐다고 줄곧 주장했지만, 그가 지도 투영법의 역사에 몰두했다는 사실을 생각하면 놀라운 주장이다. 골과 페터

―――― **그림 89**
제임스 골의 '골 정사도법', 1885년.

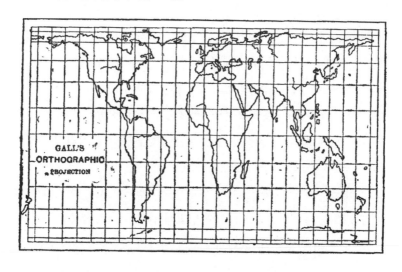

스가 '새로운' 투영법을 내놓았을 때 상당히 다른 반응이 나타났다는 것은 그들 시대에 지리학이 어떤 위치에 있었는지를 말해 주지만, 그럼에도 두 사람은 공통점이 많았다. 골도 페터스처럼 전문 지도 제작자가 아니었고, 많은 글을 남긴 저자였다. 골은 전형적인 빅토리아시대의 신사이자 학자로, 신앙심이 깊고 대단히 박식했으며 사회복지에 관심이 많고 약간 별난 기질이 있었다. 그가 출간한 책은 종교에서 교육과 사회복지에 이르기까지 다양해서, 시각장애인용 삼각 알파벳에 관한 책을 펴내는가 하면 《실체가 드러난 원시인The Primeval Man Unveiled》(1871년)에서는 사탄과 악마가 아담 이전의 인류로서 창조 이전에 지구에 살았다고 주장했다. 그의 책 중에서도 천문학 책이 특히 인기가 좋았는데, 여기에는 《별을 담은 인간의 지도책People's Atlas of the Stars》과 《쉬운 별자리 안내서An Easy Guide to the Constellations》(1866년) 등이 있다.

《쉬운 별자리 안내서》는 골이 새로운 지도 투영법을 개발하는 계기가 된 책이다. 골은 별을 묘사하는 적절한 방법을 찾다가 "별자리 하나를 도해 하나로 개별적으로 표현"하면 "별자리를 크게 표시할 수 있고, 하늘의 넓은 부분을 한 장의 지도에 표시할 때 생기는 두드러진 왜곡도 피해 갈 수 있다"는 사실을 깨달았다.[624] 그는 훗날 자신의 천체 투영법을 이용해 저 아래에 놓인 지구를 포괄적으로 담은 방법을 설명했는데, 이때 그의 모습은 위대한 르네상스 우주형상학자들을 연상케 했다. 1885년에 그는 이렇게 썼다. "그것과 똑같은 또는 비슷한 투영법으로 완벽한 세계지도를 만들 수 있겠다는 생각이 들었다. 전에 없던 방법이다. 마흔다섯 번째 위선을 수정해 투영법을 그리니, 지리적 특성과 상대적 면적이 대단히 만족스럽게 유지됐다."[625]

1855년 9월 글래스고에서 열린 영국과학진흥협회 회의에서 골은 '세계를 평면에 투영하는 개선된 방법에 관하여'라는 제목의 글을 발표했다. 그는 원통도법만이 "세계 전체를 하나의 그림으로 표현할 수 있다"고 주장하면서, 메르카토르 도법을 포함해 원통도법은 불가피하게 몇 가지 특징(면적과 방위 등)을 희생하지만 다른 장점이 있다고 했다. 그는 "최고의 투영법은 오류를 분산하고" 서로 다른 다양한 특징의 "장점을 통합하는" 투영법이 될 것이라고 했다.[626] 골은 이를 목표로 세계 투영법을 하나도 아닌 세 개씩이나 내놓았다. 정사도법 외에 평사도법과 (등장방형도법等長方形圖法, equirectangular projection의 변형인) 등사도법謄寫圖法, isographic projection까지. 재미있는 사실은 페터스는 나중에 정사도법을 받아들였지만, 골은 "평사도법이 으뜸이다. 다른 도법에 있는 완벽함은 없지만, 결점이 적고 다른 도법의 장점들을 조화로운 비율로 모두 갖췄다"고 평가했다는 점이다. 그러나 그는 정사도법도 제한적이지만 여전히 쓰임새가 있다고 믿었다. 그는 정사도법은 "육지나 바다처럼 서로 다른 대상으로 뒤덮인 곳의 상대적 면적이나 다른 과학적, 통계적 사실을 나타낼 때 유용하다"면서, "지리적 특성은 다른 어떤 도법보다 이 도법에서 심하게 왜곡되지만 못 알아볼 정도는 아니며, 그렇다면 장점을 무시할 일도 아니다"라고 인정했다.[627]

골 지도는 이 부류에서 최초의 지도는 아니다. 직사각형 도법으로, 복제 가능한 수학 계산에 기초한 최초의 정적도법 세계지도는 1772년에 스위스 수학자 요한 하인리히 람베르트Johann Heinrich Lambert가 만들었다. 람베르트는 적도를 표준위선 삼아 면적을 정확하게 유지하는 특징을 살린 지도를 만들었지만, 북쪽과 남쪽에서 심각한 왜곡을 초래했다. 골이 그러했듯 람베르트도 정각성과 정적성을 동시에 만족하는 세계지도를 만들기는 불가능하다는 것을 인정하고, 원뿔도법으로 정각성을 유지하는 지도를 만들면서 두 방법 사이에 가능한 방법을 증명해 보였다. 골은 람베르트 도법을 몰랐던 것 같지만, 극점 사이의 표준위선 두 개를 변경해 람베르트 도법을 효과적으로 재현했다.[628]

골은 페터스와 달리 그의 새 투영법이 신뢰할 수 없다느니 복제할 수 없다느니 하는 즉각적인 비난을 받지는 않았다. 여기에는 몇 가지 이유가 있다. 골은 자신이 발견한 것들을 자신의 목표와 철학에 우호적인 빅토리아시대의 단체 내부에 전파했다. 영국과학진흥협회는 왕립지리학회와 같은 해에 설립되었지만 목적은 달랐다. 그곳은 이리저리 옮겨 다니는 단체여서, 전국 각 지방 도시에서 모임을 개최하며 더 나은 빅토리아 사회를 만들기 위해 중산층 일반인을 대상으로 실용 과학을 교육했다[629] 빅토리아 여왕의 남편 앨버트 공도 이 협회의 명예회원이었고 찰스 다윈, 찰스 배비지, 데이비드 리빙스턴 같은 대가들은 협회에서 연사로 활동했다. 골은 빅토리아 사회의 도덕적, 지적 기풍에 도전하기보다 종교, 교육, 과학 분야에서 연설과 출간 활동으로 그 기풍을 자세히 설명하는 데 열정적으로 참여했다. 그는 자신의 투영법에 한계가 있음을 인정했고, 그 투영법이 누군가의 정신을 개선할 수 있다고 주장한 적이 없다. 골은 30년 뒤에 쓴 글에서 자신의 투영법이 일으킨 파장을 회상했다. "오래 자리 잡은 관습으로 틀에 박힌 습관이 생겼을 때 변화를 일으키기란 언제나 어려운 일이다." 페터스가 바로 그 경우일 것이다. 골은 그 후 20년이 넘는 세월 동안 "그 투영법을 사용한 사람은 나뿐이었다"[630]고 안타깝게 고백했다. 물론 페터스 도법은 그런 운명을 맞지는 않았다.

페터스를 비판하는 사람들 중 많은 이들이 보기에, 그의 '새로운' 투영법이 골의 투영법과 거의 똑같다는 사실은 좋게 말하면 한심한 학문 수준을, 나쁘게 말하면 기회주의적 표절을 뜻했다. 골은 자신의 정사도법의 의미를 좀 더 겸손하게 주장하면서 투영법에 으레 나타나기 마련인 불완전함을 폭넓게 이해했지만, 페터스는 자신의 투영법을 한순간에 보편적인 투영법으로 끌어올렸고, 그런 모습은 골과 대비되어 황당해 보일 정도다. 그러나 이런 대조는 1850년대와 1970년대 사이에 지도 제작을 바라보는 전문가와 일반 대중의 인식의 차이를 보여 주는 것이기도 했다. 골은 빅토리아시대의 여러 기관과 단체의 목표에 폭넓게 보조를 맞추었고 그들은 골의 생각을 전파한 반면, 페터스는 19세기 말의 지도 제작 전문 집단에 도전하고 그 밑바탕이 되었다고 생각한 시대적 이념에 직접 대항했다.

1970년대가 끝날 때쯤 이들 사이에 명확한 전선이 형성되었다. 한쪽에서는 지도 제작 전문 집단과 관련 기관이 한데 뭉쳐 자기들만의 지도 제작 규칙과 방법에 따라 기술적 차원에서 페터스 도법을 규탄했다. 다른 한편에서는 정치단체와 구호단체들이 페터스 도법의 노골적인 사회적, 이념적 목표를 끌어안았다. 이들 단체는 당연히 페터스 도법의 기술적 오류를 거론하는 논쟁에 끼어들기를 꺼렸고, 지도 제작 집단은 페터스가 (자신의 지도를 뺀) 모든 세계지도는 불완전하며 주관적이고 이념적인 이해관계에 영향을 받기 쉽다고 주장할 때 그 말을 인정하려 들지 않았다. 여기에다 페터스를 비판하는 사람들 다수가 자신의 기득권에 대해서는 침묵하는 문제까지 더해졌다. 아서 로빈슨이 페터스 도법을 기술적으로 비난한 부분은 널리 인정받았지만, 그는 페터스의 세계지도가 자신의 투영법을 심각하게 위협한다는 사실을 인정하지 않았다. 로빈슨의 투영법은 미국 출판업자들 덕분에 1970년대에 전 세계 지도책에 널리 사용되었다. 그런가 하면 페터스를 끊임없이 공격하던 전문 지도 제작자들은 차츰 교만해지기 시작하더니 일반 대중을 지도도 읽을 줄 몰라 페터스에게 마냥 속아 넘어가는 군중으로 묘사했다.

페터스의 지지자들과 공격자들을 갈라놓은 것은 단지 지도 투영법의 수학적 정확성을 둘러싼 논쟁만이 아니었다. 1968년 5월 프랑스에서 일어난 정치 시위로 대표되는 1960년대의 정치적 기후변화는 무엇보다도 사회 안에서 인문학과 사회학의 위치를 급진적으로 재평가하게 했다. 당시 역사와 철학 같은 학문은 기존의 정치 통념을 앞장서 비판했지만, 사회정책과 국가기관에 깊이 자리한 지리학 같은 학문은 그러한 변화에 무딜 수밖에 없었다. 이때 지리학계의 비주류에 속하면서 정치적으로 활발히 활동한 페터스 같은 사람들이 시대 변화에 맞는 지도 제작을 제시했다. 이들의 주장은 정치적 현상 유지로 정치와 조직에서 이익을 챙겼던 앞선 많은 지도 제작자들보다 훨씬 급진적이었다.

　페터스의 거창한 주장은 1970년대 초에 벌어진 정치 논쟁과 비슷했다. 당시는 서구 선진국과 남부 개발도상국 사이에 점점 커지는 경제적, 정치적 불평등을 해소해야 한다는 정치적 경각심이 커지던 때였다. 1970년대 초에 세계은행은 남부 개발도상국의 8억 인구가 절대적 빈곤에서 살아가고, 인구의 40퍼센트만이 최소한의 생필품을 갖추고 산다고 추산했다. 브란트 보고서는 북부 선진국과 남부 개발도상국의 격차를 강조하며, "비상조치와 장기 조치를 포함하는 실행 계획이 수립되어, 아프리카와 아시아 그리고 특히 최빈개발도상국 빈곤 지대를 지원해야 한다"고 촉구했다. 이 문제에 이권이 개입된 브란트 보고서의 저자들은 이렇게 주장했다. "남과 북이 어떤 차이가 있든, 차이가 얼마나 크든, 양측 사이에는 상호 이익이 있다. 두 곳의 운명은 긴밀히 연관된다." 이 보고서는 북에서 남으로 자금이 전면적으로 이동해야 한다며, 그 수치는 관련 국가 국내총생산^{GDP}의 0.7퍼센트, 그리고 2000년도까지는 1퍼센트가 되어야 한다고 주장했다(실제로는 둘 다 달성하지 못했다).[631]

　북쪽 선진국들에도 그곳만의 문제가 있었다. 1970년대는 60년대에 비해 경제성장이 50퍼센트 가까이 떨어졌고, 1970년대 말에는 선진국으로 구성된 경제협력개발기구^{OECD}의 회원국 가운데 4분의 3이 인플레이션과 경기 침체를 겪었으며 누적 실업자 수는 1,800만 명을 기록했다. 미국의 경제와 정치 불평등에서도 폴 크루그먼$^{Paul\ Krugman}$이 "극심한 양극화"라 부른 현상이 일어났다. 미국 평균 노동자의 생산성은 두 배가 되기 시작했지만 그와 동시에 임금은 낮아지기 시작했고, 반면에 미국 사회의 상위 0.1퍼센트는 20세기 후반 동안 일곱 배나 부유해졌다. 1920년대 이후로 소득 불평등은 그 어느 때보다 심화되었는데, 크루그먼은 이 불평등이 그 후 미국 정치 문화의 양극화를 초래했다고 주장했다.[632]

지리학자 중에서 세계 불평등을 이처럼 복잡하고 심오한 차원에서 이해할 만한 사람은 거의 없었지만, 페터스는 달랐다. 독일민주공화국(동독)에서 나치즘과 스탈린주의 정권의 부당성을 모두 경험한 그는 불평등을 거창하게 설명하고 평등을 서으로 제안할 적인자였다. 이께 지리학으로 불평등을 다루고 더 나아가 지도에 불평등에 반대한다는 뜻을 표시할 수 있었다.

1970년대 말은 지리학과 지도 제작 역사 연구에 변화가 일어난 시기이기도 했다. 가스통 바슐라르Gaston Bachelard나 앙리 르페브르Henri Lefebvre 같은 철학자들은 이때부터 이미 우리가 공간을 어떻게 이해하고 그 안에서 어떻게 살아가야 하는가, 하는 근본적인 질문을 던지기 시작했다. 바슐라르는 《공간의 시학La poétique de l'espace》(1958년 프랑스어로 첫 출간)에서, 공간(다락, 지하 창고)에서 일어나는 친숙한 현상들이 어떻게 우리 삶을(그리고 우리 꿈을) 형성하는지 환기한다. 르페브르는《공간의 생산La Production de l'espace》(1974년)에서, 공공 환경 창조가 어떻게 개인의 정체성 발현(또는 억제)에 도움이 되는지를 가장 마르크스적인 접근법으로 설명한다. 곧이어 다른 사람들도 공간에는 역사가 있다고 주장했다. 지리학과 지도 제작 역사학계 안에서 이런 새로운 접근법을 옹호한 중요 인물은 영국 학자 할리J. B. Harley다. 지도 제작을 전통적인 실증주의적 방식으로 훈련하고, 1970년대 내내 영국 토지측량부의 역사를 주제로 광범위한 저작을 남긴 할리는 1980년대 초반에 자신의 행보를 백팔십도 바꾸었다. 바슐라르와 르페브르뿐 아니라 미셸 푸코와 자크 데리다를 비롯한 유명 프랑스 사상가들의 저작을 섭렵한 할리는 지도의 역사적 역할을 처음부터 다시 생각하게 만드는 일련의 획기적인 글을 발표했다. 이 가운데 1989년에 발표한 '지도 해체하기'라는 제목의 대단히 유명한 글에서 그는 "오늘날 학계의 지도 제작자 다수에 분노"한다며, 그들은 "사회와 세계를 참고하지 않고 자기만의 기술로 만든 굴 속에서 작업한다"고 목소리를 높였다. 그는 이렇게 썼다. "지도는 대단히 중요해서 지도 제작자에게만 맡겨 놓을 수 없다. (……) 지도 제작의 본질을 해석하는 방식에서 인식의 전환이 필요하다."[633]

할리는 "적어도 17세기부터 줄곧 유럽의 지도 제작자들과 사용자들은 점점 지식과 인지의 표준이 되는 과학 모델을 지지했다"고 주장했다. 그는 이렇게 썼다.

> 지도 제작의 목적은 영토를 나타내는 '정확한' 관계 모델을 내놓는 것이다. 지도가 단정하는 것은 이렇다. 지도에 옮기는 세계의 대상은 실재하고 객관적이며, 그것은 지도 제작자와 상관없이 존재를 향유한다. 그것의 실체는 수학적 용어로 표현 가능하며, 체계적 관찰과 측정만이 지도 제작의 진실에 이르는 유일한 길이다. 이 진실은 독립적으로 증명될 수 있다.

이 시각은 지도 제작을 바라보는 널리 퍼진 시각이었고, 지도를 투명하고 객관적인 실체라고 생각한 계몽주의적 믿음이었다. 지도 제작 현실을 묘사한 할리의 설명을 아르노 페터스와 그를 맹렬히 비판한 사람들 대다수가 모두 받아들였으리라는 것은 의심의 여지가 없다.

할리는 여기서 그치지 않았다. 그는 독자들에게 "인쇄된 지도든 필사본 지도든 서랍에서 아무 지도나 한 장 꺼내 보라"고 말한다. "그 지도는 특정한 국가나 장소의 사회구조를 그곳의 지형만큼이나 많이, 그리고 분명하게 언급할 것이다. 지도 제작자는 봉건제도의 윤곽이나 종교 계급의 형태 또는 사회 계급의 여러 단계를 자연과 인간이 만든 지형만큼이나 부지런히 기록한다." 할리의 주장은 그를 비판하는 많은 사람들의 말처럼 지도는 모두 거짓이라는 뜻이 아니라 지도에는 "잠재의식적 기하학"을 만들어 내는 역사적 관습과 사회적 압박이 담겨 있다는 뜻이었다.

지도 제작계의 존경받는 인물인 할리가 훗날 자신이 말한 "지도의 새로운 본질"을 옹호한 것은 지도 제작을 바라보는 인식에 일대 변화가 일어났다는 뜻이었다. 지리학을 정식 학문으로 인식하기까지는 할리의 연구도 한몫했다. 할리는 역사에서 지리학이 국가주의와 제국주의 이념을 어떻게 승인했는지 돌아보기 시작했다.[634] 그러나 당시 활동하던 지도 제작자들은 할리가 "지도는 영토가 아니다"[635]라는 알프레드 코르지프스키Alfred Korzybski의 금언을 받아들인 것에는 여전히 회의적이었다.

문제는 1991년에 최고조에 이르렀다. 할리는 이제까지의 연구를 발전시킨 중요한 글을 이제 막 완성하면서 "지도 제작에도 윤리가 있는가?"라는 질문을 던졌다. 지도가 결코 중립적일 수 없다면, 그래서 항상 힘과 정치권력과 이념에 종속된다면, 지도 제작 전문가와 학자들이 자신의 분야에서 윤리적 입장을 유지하고 발전시켜도 괜찮은가? 이때 할리가 페터스 도법을 둘러싼 논란을 이용해 자신의 논점을 증명하리라는 것은 거의 불가피했다. 비록 그 결과로 그가 해결하려는 문제가 되레 강조되어 버렸지만. 할리는 "페터스 도법이 초래한 그 유명한 논란으로 '직업 규범'을 옹호하는 정의 논쟁이 봇물처럼 터졌다"며 이렇게 썼다.

윤리에는 정직이 따라야 한다. 페터스 논쟁에서 진짜 문제는 권력이다. 페터스가 내놓은 의제는 두말할 것 없이, 그가 역사적으로 지도 제작에서 차별을 받았다고 생각하는 국가에게 권력을 이양하는 문제다. 그러나 지도 제작자는 그들대로 자신의 권력과 자신이 주장하는 진리가 위태로운 상황에 놓였다고 생각한다. 이들은 세계를 표현하는 기존 방법을 지키려고 똘똘 뭉친다. 과학사회학 학자들에게서 흔히 보는 현상이다.

뒤이어 깜짝 놀랄 비난이 이어졌다. "이들은 지금도 똘똘 뭉치고 있다. 미국측량지도회의는 내게 그곳 회보에 내 논문을 싣자고 했다. 나는 그리 하겠노라고 했고, 얼마 뒤 편집장에게서 연락을 받았다. 논문에서 페터스 도법을 언급한 부분이 측량지도회의가 발표한 공식 입장과 맞지 않아 내 논문을 싣지 않기로 결정했다는 게 아닌가!"[636] 페터스 세계지도가 나온 지 20년 가까이 지났는데도 측량지도회의는 여전히 그 지도를 조금이라도 긍정적으로 묘사하는 논의를 금지하면서 승산 없는 싸움을 계속하고 있었다.

할리는 기관의 권력 문제가 지도 제작의 '정확성'을 둘러싼 서로 다른 주장만큼이나 걱정스러웠다. 페터스 도법은 어느 기준으로 보나 당연히 부정확했다. 지도 제작의 역사에 관한 페터스의 설명부터가 대단히 선별적이었고 지도가 객관적이라는 주장도 심하게 과장되었다. 지도 제작 역사학자인 할리도 이 점을 알고 있었고, 페터스 지도는 수명이 길지 않으리라고 생각했다. 이번 논쟁이 촉발한 더 광범위한 문제는 '모든' 지도가 불완전하고 공간을 표현할 때 이념이 개입한다는 사실을 지도 제작 전문가들이 인정해 버리면 어떻게 윤리적인 지도를 제작할 수 있느냐는 것이었다.

페터스 논쟁에 개입한 이들 중 어느 누구도 1970년대와 80년대에 많은 단체가 페터스 지도를 적극적으로 채택해 사용하고 이해하는 방식을 두고 진지하게 토론해 본 적이 없다는 사실은 페터스 논쟁의 본질을 잘 보여 준다. 지리학자 피터 부야코빅Peter Vujakovic은 1987년에 제3세계의 발전 문제를 다루는 영국의 주요 비정부기구 마흔두 곳을 대상으로 설문 조사를 실시했다. 그 결과, 스물다섯 곳이 페터스의 세계지도를 쓰는 것으로 나왔다. 그중 열네 곳은 그전에 메르카토르 도법에 기초한 세계지도를 사용했다고 응답했다. 이들 비정부기구는 이 외에도 세계지도 사용과 관련해 다양한 질문에 답했는데, 그중 약 90퍼센트가 지도는 제3세계 문제를 알리는 데 중요한 역할을 한다고 답했다.[637] 페터스가 자신의 세계지도를 널리 유통하기 위해 사용한 선전 전략과 정치 주장이 크게 성공했다는 뜻으로 풀이된다.

페터스 지도를 사용한다는 비정부기구 연네 곳에 그 이유를 자세히 묻자 그들의 대답은 엇갈렸다. 페터스 지도가 다른 지도보다 나은 점이 무엇이냐는 질문에는 48퍼센트가 정적도법을 언급했고, 36퍼센트가 독특한 외형을 꼽으며 그 모습이 사람들을 "행동하고 생각하게 한다"고 말했다. 32퍼센트는 "유럽 중심적" 세계관을 거부했기 때문이라고 했고, 24퍼센트는 제3세계 국가들의 상대적 중요성을 잘 나타냈기 때문이라고 했으며, 4퍼센트만이 그 지도는 "정치적 발언 그 자체"라고 생각했다. 지도의 단점을 묻자 대답은 크게 둘로 갈렸다. 사람들에게 그 지도가 낯설다는 점(32퍼센트), 그리고 왜곡(32퍼센트)이었다. 주목할 점은 정적도법을 사용하고 유럽 중심적 관점에서 탈피했다는 점을 빼면 페터스가 자신이 만든 도법의 우월성으로 주장한 특징 중 어느 것도 언급되지 않았다는 사실이다. 누구도 페터스 지도를 채택한 이유로 정확성이나 객관성을 꼽지 않았다.

그렇다면 이 지도가 어떤 식으로 사용되었을까? 조사 대상인 비정부기구 가운데 대다수가 이 지도를 보고서나 문서 또는 소책자를 펴낼 때 시선을 끌기 위한 로고로 사용하면서 그 낯선 모습이 사람들을 자극해 토론을 이끌어 내길 기대한다고 응답했다. 사람들에게 개발이라는 주제를 교육할 때 이 지도를 사용하는 곳도 있었다. 예컨대 이 지도를 이용해 해외 사업이 진행되는 지역을 찾아보기도 하는데, 이때 커다란 세계지도에서 일부를 뽑아 지역지도를 만드는 방식을 사용했다.

이 경우 대부분 경위선을 없애, (페터스 주장의 핵심인) 축척이나 비율에 관한 논의를 모두 배제했다. 설문 조사 결과는 일부 선택된 집단의 의견이지만, 적어도 방대한 양의 페터스 세계지도를 퍼뜨린 단체들이 그 지도를 어떻게 이해하는지를 보여 주는 것만은 분명하며, 응답을 보건대 지도를 이해하는 그들의 능력은 한계가 있었다. 페터스의 세계지도에 나타난 이념적 주장, 즉 개발도상국가를 지도에 표시하는 방법을 개선해야 한다는 주장은 개발 의제와 관련한 중대한 정치 사안을 상징적으로 표현한 것이었고, 그 효과는 다른 어떤 투영법보다 두드러졌다. 설문 조사는 비단 오늘날만이 아니라 역사 전반에 걸쳐 세계지도 활용에 관한 의문을 던진다. 세계지도를 사용하는 단체가 수학적 정확성이나 정형성 또는 정적성 같은 지도 제작 문제에 관심이 없다면, 일반 사람들 중에 대체 누가 날마다 사용하는 세계지도를 보며 그런 문제를 고민하겠는가?

페터스 도법을 적용한 사례들을 보면 제작자가 지도를 포괄적이라느니, 객관적이라느니 아무리 주장해도 프톨레마이오스 이래로 개인이나 단체는 세계지도를 이용해 자신의 상징적, 정치적 목적을 달성하려 했다는 사실이 선명히 드러난다. 포괄적이라거나 객관적이라는 주장은 쉽게 전용되고 사용자의 이념적 의제를 심화하는 데 이용될 뿐 그 자체의 목적을 달성하지 못했다. 근대 지도 제작자들은 구체를 납작한 지도에 광범위하게 투영하기란 수학적으로 불가능하다는 사실을 분명히 이해했겠지만, 그러한 지식은 오늘날에도 여전히 세계지도를 이해하고 사용하는 방법을 바꾸지 못하고 있다.

1973년에 페터스 도법이 나오자 지도 제작계 내부에서 한바탕 논쟁이 일었고, 논쟁 주제는 이른바 지도의 정확성을 한참 넘어섰다. 페터스 도법은 물론 문제가 많았고, 그것이 주장한 정확성과 객관성은 터무니없이 과장되었다. '제3세계' 국가를 옹호한 것은 여러 면에서 칭송

할 만하지만 궁극적으로는 제한적이었고, 메르카토르 도법을 향한 공격
은 오해에서 나와 어설펐다. 그러나 페터스는 지도 제작을 이해하는 서
양의 지적 문화에서 눈에 띄는 변화를 포착했다. 모든 세계지도는 영토
를 묘사할 때 불가피하게 선택적이고 불완전하며, 그러한 묘사는 언제
나 개인의 편견과 정치적 술수에 영향을 받게 마련이라는 사실이었다.
카시니 집안의 측량처럼 세계를 투명하게, 이성적으로, 과학적 객관성
을 유지해 지도에 표현할 수 있다는 18세기의 믿음은 19세기 말부터 서
서히 깨지기 시작했다. 국가주의와 제국주의 그리고 다양한 이념이 정
치적 요구로 등장해, 그럴듯하지만 선택적인 지도를 민들어 특정한 정
치 목적에 맞는 세계의 모습을 정당화하려 했던 탓이다. 그러다가 반체
제 사상가와 활동가들이 그러한 지도에 의문을 품기 시작하면서 페터
스 같은 인물이 기존의 지도 제작 주도권에 도전하는 것은 불가피한 일
이었다. 그 결과로 발생한 논란은 부지불식간에 전통적인 세계지도 제
작의 말기적 한계를 드러냈고, 이로써 지도 제작은 위대한 진화의 순간
을 마주했다. 인터넷 지도라는 가상의 세계다.

　　페터스 도법은 이제 더 이상 사용되지 않지만,《페터스 세계 지
도책》에서 인구, 경제성장, 사회문제 등을 다룬 주제도는 21세기 초에
나온 대부분의 지도책에 흡수되었다. 대니얼 돌링Daniel Dorling, 마크 뉴
먼Mark Newman, 애나 바퍼드Anna Barford는《실세계 지도책: 지도로 표시
한 삶의 방식Atlas of the Real World: Mapping the Way We Live》(2008년)이라는
도발적인 제목의 책에서, 물리적 크기를 기준으로 제작한 지도는 모두
없애고 인구 성장, 군사 비용, 이주민, 영아 사망률, 멸종 위기 종, 전쟁
사망자 같은 다양한 인구 문제를 반영한 366점의 세계지도를 선보였다.
이 지도책은 컴퓨터 프로그램을 사용해 여러 통계자료를 세계지도의
해당 지역에 표시했다. 예를 들어, 1500년의 세계 인구통계도에는 아메
리카 대륙이 상대적으로 중요하지 않게 표시된다. 이런 통계도는 인구

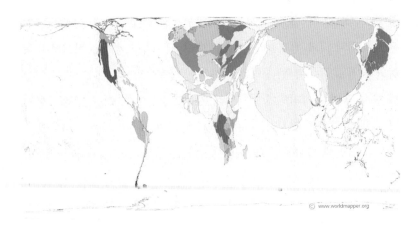

그림 90

1500년의 인구 분포를 나타낸 통계도, 2008년. 세계의 이미지가 점점 친숙해지면서
인구 문제는 투영법을 둘러싼 논쟁보다 더 중요한 주제가 되었다.

→ 448~449쪽 사이 컬러화보 참고

과잉, 환경오염, 가난, 불평등, 갈등 같은 오늘날의 많은 세계적 문제를
나타내지만, 이 중 어느 것도 정적 또는 정각 원칙을 고려하지 않는다.

　　페터스 세계지도의 문제는 지도를 그리는 기술적 한계가 아니라
좀 더 '정확하고' 과학적으로 객관적인 세계지도를 만들 수 있다는 믿음
을 고집했다는 것이었다. 페터스는 지도 제작의 역사를 보면 지도는 항
상 그 시대의 지배적인 문화 가치를 직간접적으로 재현했다고 설득력
있게 주장하면서, 자신의 세계지도는 그러한 제약을 뛰어넘은 진정으
로 객관적인 지도라는 계몽주의적 믿음을 버리지 않았다. 페터스도, 그
의 도법을 둘러싼 논쟁도, 기술적으로나 지적으로나 심각한 오류를 범
했고, 그 과정에서 세계를 지도에 옮기는 일과 관련한 중요한 진실이 드
러났다. 세계지도는 어느 것이나 불완전하고 태생적으로 선별적이라는
점, 그래서 불가피하게 정치에 희생된다는 점이다. 지도 제작계는 아르
노 페터스에도 '불구하고'가 아니라 어느 정도는 페터스 '덕분에' 이 교
훈을 여전히 곱씹고 있다.

12 정보

구글어스,
2012년

지구 표면에서
1만 1,000킬로미터 떨어져
지구 주위를 도는 가상 공간, 2012년

———

지구 표면에서 1만 1,000킬로미터 떨어진 곳에서 바라
보는 지구는 검고 텅 빈 아득한 공간을 회전하는 행성
이다. 햇빛은 지구 표면을 비추고, 그곳에는 구름도 물
도 보이지 않는다. 물론 해저는 여전히 군청색으로 반
짝이고, 대륙은 초록과 갈색과 분홍이 어우러진 매력적
인 조각보다. 북아프리카, 유럽, 중동, 중앙아시아가 지
구 오른쪽 절반에서 초승달 모양으로 곡선을 그린다.
대서양은 바다 왼쪽을 차지하고, 북아메리카는 끝부분
만 슬쩍 보일 뿐이다. 눈부신 백색 그린란드는 지구 꼭
대기를 장식한 채 북극을 넘본다. 플라톤이 약 2,500년
전에 《파이돈》에서 상상한 것과 같은 "경이로운 아름다
움"을 지닌 빛나는 완벽한 구체다. 프톨레마이오스가
서기 2세기에 기하학적 격자 선에 투영한 것은 오이쿠
메네였고, 메르카토르가 약 500년 전에 직사각형 위에
옮긴 것은 지구본이었으며, 미국 항공우주국이 20세기
후반에 최초로 우주에서 행성 전체를 사진에 담은 것
은 지구였다. 이 이미지는 지리학자들이 연구하는 궁극

───── **그림 91**
가상 세계: 구글어스 홈페이지, 2012년. → 448~449쪽 사이 컬러화보 참고

적 대상, 즉 지구 전체의 모습이다.

　그러나 이 지구의 모습은 신의 관점에서 상상한 전지적 공상이 아니다. 구글어스Google Earth 홈페이지에서 본 지구의 모습이다.[638] 2005년에 나온 이 애플리케이션은 구글맵스Google Maps와 더불어 세계에서 가장 인기 높은 지리 공간 애플리케이션geospatial application(지리 정보와 컴퓨터 소프트웨어의 결합)이다. 구글Google은 2009년 4월에 인터넷 방문자 수에서 지도 서비스 시장을 40퍼센트 가까이 차지하며 경쟁사인 맵퀘스트닷컴MapQuest.com을 근소한 차이로 따돌렸다. 그 후 야후맵스Yahoo! Maps나 마이크로소프트의 빙맵스Bing Maps 같은 경쟁 사이트의 추격도 있었지만, 구글은 시장점유율을 꾸준히 높여 나가 지금은 인터넷 지도와 동의어가 되다시피 했다. 2011년 11월 미국에서 구글의 시장점유율은 65퍼센트를 넘어, 15퍼센트로 2위를 차지한 야후를 큰 차이로 따돌렸다.[639] 구글의 우위는 세계적으로 볼 때 더욱 두드러져서, 전 세계 인터넷 검색 시장의 약 70퍼센트를 차지한다.[640] 현재 20억 명으로 추정되는 전 세계 인터넷 사용 인구 가운데 5억 이상이 구글어스를 내려받았으며, 이 숫자는 계속 늘어나는 추세다.

　　구글어스의 장점과 인기는 그것을 써본 사람이라면 금방 알 수 있다. 구글어스는 1970년대에 미국 항공우주국이 세상에 널리 알린, 우주에 떠 있는 푸른 지구의 모습을 보여 줄 뿐 아니라 인쇄된 종이지도나 지도책에서는 상상할 수 없는 지구와의 상호작용 기회를 제공한다. 구글어스에서는 세계를 기울이고 사방으로 돌릴 수 있으며, 지리적 장소와 물리적 대상을 클릭해 자세한 정보를 얻고 동영상 스트리밍의 형태로 시간을 설정할 수 있을 뿐 아니라, 해당 지역 위에 행정구역부터 역사 지도에 이르기까지 다양한 자료를 통합하고 '겹쳐' 놓을 수 있다. 사용자는 여러 겹의 자료를 통과해 차츰 아래로 접근해 갈 수 있고, 지구 어느 곳으로든 들어갈 수 있으며, 지구 상공에서 몇 초 만에 수천 킬로미터를 내려가 지표면에서 불과 몇 미터 떨어지지 않은 곳까지 접근해 생생한 3차원 이미지로 동네, 거리, 건물, 집들을 식별할 수 있다. 구글어스의 애플리케이션 프로그래밍 인터페이스[API]는 인터넷에 접속하는 사람 누구에게나 무료로 제공되며, 개인이든 기업이든 컴퓨터가 만든 가상공간 안에서 자기만의 가상 지도를 만들고, 구글의 지리 자료를 자신의 용도에 맞게 꾸릴 수 있다.[641] 구글은 방대한 지리 정보를 인터넷에 무료로 풀어 놓았을 뿐 아니라 다양한 비정부기구가 환경 운동을 하고 전 세계의 자연 재앙과 내전에 인도적으로 대응하는 데 구글 애플리케이션을 활용할 수 있게 했다.

　　구글어스를 시작할 때 나오는 지구의 모습 뒤에 숨은 정보의 양은 전례 없는 수준으로, 전통적인 종이지도와 비교하면 어마어마한 양이다. 사용자는 지구 전체에서 10페타바이트[PB]에 해당하는 엄청난 양의 지리 데이터를 보게 된다. 바이트[byte]는 데이터 단위로, 컴퓨터 메모리에서 8비트[bit] 데이터 한 묶음을 1바이트로 표시한다. 서양에서 '비트'라는 말은 알파벳 A나 숫자 0처럼 알파벳 하나 또는 숫자 하나를 가지고 있다는 뜻으로 사용된다. 80기가바이트^{GB} 하드 드라이브에는 약 800억 바이트가 들어간다. 1PB는 100만 GB를 뜻하고, 문서 5,000억 페이지를 저장할 수 있는 용량이다. 10PB는 BBC에서 방송하는 6개월 분량의 모든 프로그램과 맞먹는 디지털 데이터를 불러낼 수 있는 용량이라 구글어스에 좌표를 입력하면 몇 초 만에 그곳으로 돌진해 내려갈 수 있다. 게다가 이미지를 초당 50프레임까지 표시할 수 있어서 다른 어떤 경쟁 애플리케이션보다 선명도가 높아 산뜻하고 깜빡임 없는 이미지에서 비행 시뮬레이션이 가능하다. 인터넷 지도 시장에서 우위를 차지한 것도 이 기술 덕이다.

　구글어스는 채 10년이 지나지 않아 이 분야 애플리케이션의 표준을 마련했을 뿐 아니라 지도의 지위와 지도 제작의 미래를 완전히 재평가해, 지도 제작을 그 어느 때보다 민주적이고 참여적인 작업으로 만들어 놓았다. 인터넷에 접속하면 지구 어느 곳이든 다 볼 수 있고, 지도 제작자의 불가피한 주관적 편향이나 편견 없이 세상 어떤 곳이든 지도에 표시할 수 있다. 그리고 인터넷에 표시할 수 있는 지도의 범위가 점점 늘면서, 지도와 지도 제작자에 대한 정의도 넓어진다. 지도는 전 세계 공간을 이해하는 그림이라는 기존 정의로는 구글어스를 지도로 분류하기도 힘들다(구글어스 제작자들은 지도보다 '지리 공간 애플리케이션'이라는 말을 선호한다). 구글어스는 인공위성과 항공 이미지를 기초로, 근대 지도를 규정하는 그림으로 된 기호와 상징이 전혀 없는 사진 같은 사실주의를 만들어 낸다. 구글어스 제작자들은 지리학도, 심지어 지도 제작도 정식으로 배운 적이 없는 사람들이다. 이 지리 공간 애플리케이션 탄생의 계기가 된 기술 혁신은 컴퓨터과학자들, 그리고 오늘날 흔히 '지도 제작자'보다는 '지리 공간 과학기술자'라고 부르는 가상 지도 제작에 종사하는 사람들에게서 나왔다.

구글과 구글 애플리케이션을 지지하는 사람들은 그것을 경외심을 가지고 이야기한다. 컴퓨터과학자 존 헤네시John Hennessy는 구글을 "세계 최대의 컴퓨터 시스템"이라 일컫고, 《구글, 성공 신화의 비밀The Google Story》을 쓴 데이비드 바이스David Vise는 "구텐베르크 이후로 구글만큼 개인에게 큰 힘을 부여하고 정보 접근 방식을 획기적으로 바꾼 발명품은 없었다"[642]고 주장한다. 하지만 누구나 다 그렇게 열광하는 것은 아니다. 구글이 여러 사이트를 돌아다니며 내용을 캐싱(정보를 빠르게 처리하기 위해 정보를 일시적으로 저장했다가 전송하는 것 – 옮긴이)하는 행위는 다양한 저작권을 침해하는 행위라고 말하는 사람도 있고, 구글이 개인의 검색 기록을 저장하는 행위는 사생활 침해라는 (최근에 입증된) 주장을 펴는 사람도 있다. 사생활 침해 논란은 일상을 사진에 담는 구글의 '거리 보기Street View' 기능으로 더욱 심해졌다. 시민의 자유를 옹호하는 단체들은 구글이 특히 중국 정부와 손잡고 인터넷을 검열한다고 공격했고, 2010년 1월에 구글은 중국 정부에 민감하다고 생각되는 자료를 걸러 내는 작업을 그만두겠다고 발표했다. 이 외에 이란, 북한, 심지어 인도까지도 지리 공간 애플리케이션이 민감한 군사 지역을 노출한다고 줄곧 비난한다. 2005년 12월, 인도의 연방 과학기술부 장관 라마무르치는 구글 자료가 "국가의 안전을 심각하게 위협할 수 있다"[643]고 우려했다. 구글은 미국 법원에서 진행된 저작권과 사생활 관련 소송에서 거의 다 승소했다. 구글이 어느 때보다 정교한 애플리케이션을 내놓으면서 법의 허용 범위를 시험하는 상황에 이르자 '공간법' 분야가 새롭게 발전하면서 구글과 보조를 맞추려 하고 있다.[644]

그 결과 지리학자나 전문 지도 제작자 다수가 구글어스를 의심하고 심지어 경계하는 눈초리로 바라본다. 이러한 상황을 더러는 전통적인 인쇄지도 산업과 종이지도의 종말로 보았고, 더러는 지도 제작의 수준 하락으로 보았다. '비전문가'가 만든 개인화한 지도는 보기에도 단순하고, 전문 검증이나 검토를 위한 일반적 규약도 부족하다는 게 이들의 주장이다. 구글어스는 세계를 바라보는 단일한 지리 공간 버전을 만들어 지도를 균일화함으로써 사이버 제국주의적 행태를 보인다는 비난을 받기도 한다.[645] 2008년, 영국지도제작협회British Cartographic Society 회장 메리 스펜스Mary Spence는 동료들의 우려를 전달하며, 인터넷 지도(특히 구글맵스)는 국가가 후원하는 토지측량부 같은 기관이 만든 지도와는 세부적 차원과 포괄적 차원에서 어느 정도 거리가 있다고 주장했는데, 그 이유는 전통적인 중간 축척 지형지도에 실린 정보를 표현하는 게 인터넷 지도의 목적이 아니기 때문이라고 했다.[646] 또 어떤 이들은 구글 애플리케이션의 혁신성에 의문을 표하며, 구글은 비교적 기본적인 프로그램을 이용해, 인공위성이 제공하는 다양한 이미지에서 허용된 자료를 모아 제공하는 단순한 자료 수집기에 지나지 않는다고 주장했다. 구글은 특정 자료를 어떤 회사가 제공하는지 자세히 밝히지 않는데, 그러다 보니 자료의 질이나 자료가 어떻게 바뀌는지를 평가하기가 거의 불가능하다.[647]

여기에는 모순도 있다. 가상 지도를 무료로 유통하고 그것을 인터넷에서 다른 용도로 전용하는 기능을 현재 나스닥에서 거래되는 부유한 다국적 인터넷 기업들이 주도하는데, 이 중 많은 수가 구글처럼 홈페이지에 광고와 후원 업체를 링크해 막대한 수익을 올린다는 점이다 (2011년 3분기 구글의 순이익은 26퍼센트 상승해 27억 3,000만 달러였다). 이러한 애플리케이션의 미래를 예견하기란 불가능하다. 관련 기술이 하루가 다르게 진화하는 상황에서 그 역사와 관련한 것은 무엇이든 여전히 기록할 필요가 있지만, 이번 장에서는 인쇄 매체로는 처음으로 구글어스를 설명하고 그것을 더 넓은 지도 제작 역사에 편입해 보고자 한다.[648]

이 책에서 다룬 지도는 모두 특정한 문화의 세계관을 표현할 뿐만 아니라 세계관을 구축하기도 했는데, 그 과정이 구글어스 같은 지리 공간 애플리케이션의 빠른 발전에서만큼 명확히 드러나는 곳도 없다. 지도에 숨은 10PB의 지리 데이터를 단 몇 초 만에 꺼낼 수 있는 구글어스의 능력은 현재 정보 기술에서 일어나는 변화를 가장 극적으로 보여 주는 사례다. 이 변화가 워낙 거대하다 보니 스페인의 사회학자 마누엘 카스텔스Manuel Castells는 이를 "새 시대, 즉 정보 시대의 시작"[649]이라 일컬었다.

카스텔스는 1998년에 쓴 글에서, 우리는 "정보 중심의 기술 혁명"[650]을 겪고 있다면서, 이런 사회를 가리켜 컴퓨터로 처리되는 정보망을 중심으로 사회적 행동이 조직되는 네트워크 사회라 불렀다.[651] 이 사회는 "정보주의 정신"을 낳고, 여기서는 정보와 정보처리가 경제 조직의 최상위에 놓인다. 카스텔스는 전기통신, 전산 처리, 마이크로 전자장치 같은 즉각적인 전자 교환의 순환이 새로운 공간 환경을 만들고 있다고 본다. 일부에서는 "디지플레이스DigiPlace"[652]라고 부르는 환경으로, 이곳에서는 네트워크로 연결된 사람들이 끝없는 가상 정보의 흐름에서 제 길을 찾아간다. 이곳은 사람들에게 세계에서 자기 위치를 알게 해준다며, 도시 주변의 길을 찾고 물건을 사고 게임을 하면서 일부는 진짜이지만 갈수록 가상의 세계가 되는 공간을 누비게 한다.[653] 이 모든 것이 '진짜' 세계가 가상의 디지털 세계에 자리를 빼앗기는 디스토피아, 즉 반反유토피아적 과학소설 같다. 그러나 카스텔스는 "모든 현실은 가상으로 감지된다"는 점을 지적한다. 우리는 다양한 기호와 상징으로 세계를 이해하기 때문이다. 네트워크 사회는 카스텔스가 말한 "현실적 가상"을 낳는 새로운 소통 체계를 의미한다. 이 체계에서는 "현실 자체가(그러니까 사람들의 물질적, 상징적 존재가) 전적으로 가상의 이미지를 배경으로 포착되고 그 이미지에 완전히 녹아들며" 그곳에서 "겉으로 드러나는 모습은 경험이 소통되는 화면에만 존재하는 것이 아니라 그 자체가 경험이 된다." 네트워크 사회의 핵심은 정보다. 제임스 글릭James Gleick에 따르면 "정보는 우리 세계가 굴러가는 원동력인 혈액이자 연료, 즉 생명력이다." 현대 물리학자들은 우주 전체를 "광대한 정보처리 기계"[654]로 바라본다. 네트워크 사회와 이런 "정보주의 정신"의 출현을 구글만큼 잘 보여 주는 기업도 없다. 구글은 "전 세계 정보를 체계화하여 모두가 편리하게 이용할 수 있도록 하는 것"[655]을 기업 강령으로 삼는다. 구글어스 같은 애플리케이션이 어떻게 지도 제작이라는 말을 돌이킬 수 없이 바꾸어 놓았는지를 파악하려면, 20세기 후반에 정보 통신의 이론과 현실에 나타난 기념비적인 변화를 이해해야 한다.

1940년대 말, 미국 수학자와 공학자 한 무리가 스스로 확률과정이라 부른 현상, 즉 어떤 일이 정해진 바 없이 임의로 일어나는 현상을 예측하기 위한 방법을 개발하기 시작했다. 노버트 위너Norbert Wiener (1896~1964년)와 클로드 섀넌Claude Shannon (1916~2001년) 같은 사람들은 제2차 세계대전 중에 격발장치와 암호를 비롯해 확률과 연관된 문제를 연구하도록 고용되었다. 이들은 복잡한 '제어 시스템'을 제시하기 시작했는데, 이는 인간 사이에 그리고 기계 사이에 무작위적으로 소통되는 듯한 행위를 해독하고 예측하는 시스템이었다. 1948년에 위너는 "기계에서든 동물에서든 제어와 통신 이론 분야를 통틀어 '사이버네틱스 Cybernetics'라 부르기로 했다"고 썼다. 원래 배의 키잡이를 뜻하면서 제어 또는 지배의 의미로도 쓰이는 그리스어 kybernetes에서 따온 말이다.[656]

위너는 "뇌와 연산 기계는 공통점이 많다"[657]고 확신했고, 섀넌은 1948년에 발표한 〈소통의 수학 이론〉이라는 글에서 이 생각을 한 단계 발전시켜 소통 행위에는 언제나 두 가지 연관된 문제가 있다고 주장했다. 하나는 메시지를 정의하는 행위이고 하나는 이쪽 정보원에서 저쪽 정보원으로 메시지가 전달될 때 영향을 미치는 간섭, 즉 그가 말한 '잡음'이다. 섀넌에게 메시지의 내용은 상관이 없었다. 그는 메시지 전달 효과를 극대화하기 위해 소통을 도관으로 상상했다. 메시지는 정보원에서 나와 전달 장치로 들어가 특별한 매체를 통과해 전달되는데, 이 매체에서 메시지와 무관한 다양한 '잡음'을 만나고, 그 뒤 의도한 목적지에 도착하면 수신자가 이를 해석한다. 이 은유는 인간의 언어를 기능적으로 설명한 것이지만, 전신이나 텔레비전, 전화, 라디오 같은 기계적 메시지에도 적용된다. 섀넌은 (사람의 말을 비롯해) 이 모든 메시지가 1과 0으로 구성된 음파를 통해 디지털로 전달되고 측정될 수 있다는 것을 보여 주었다.[658] 섀넌의 주장은 이렇다. "만약 이진수를 사용하면 그 기본 단위를 이진 숫자binary digit, 더 간단히 '비트bit'라 부를 수 있을 것이다." 비트라는 말이 셀 수 있는 정보의 기본 단위를 뜻하는 말로 처음 사용된 순간이다.[659] 섀넌은 신호(또는 정보의 기본 단위)를 최대한 많이 만들어 내고 불필요한 오류 또는 '잡음' 전송을 최소화하는 복잡한 알고리즘을 이용해 확률론을 계속 발전시켰다.[660]

오늘날 많은 컴퓨터공학자에게 섀넌의 글은 정보화 시대의 '대헌장'이다. 섀넌은 디지털 정보를 빠르고 정확하게 저장하고 주고받는 법, 그리고 자료를 수량화하고 셀 수 있는 형태로 변환하는 법에 관한 이론을 제시했다. 정보는 이제 '대체 가능한' 물품, 수량화할 수 있고 서로 바꿀 수 있는 상품이 되었다. 이런 이론이 컴퓨터 하드웨어 분야에 끼친 영향은 엄청났고, 그 여파는 지도 제작을 비롯한 여러 학문에도 나타났다. 그 후 20년 넘게 지도 제작자들은 섀넌의 이론을 이용해, 이른바 '지도 소통 모델MCM'을 기초로 지도를 새롭게 이해하는 방식을 개발했다. 1977년, 아르노 페터스의 최대 적인 아서 로빈슨은 "소통 매체로서의 지도에 고조된 관심"[661]을 반영해 지도의 기능을 급진적으로 재평가했다. 전통적으로 지도 이론은 하나같이 완성과 더불어 종말을 맞았다. 그 이론들은 지도 제작자가 주관적 판단으로 지도에 담은 서로 모순되는(또는 "잡음이 들어간") 정보 덩어리에 일종의 질서를 부여하려는 지도 제작자의 노력에만 관심을 두었다. 로빈슨은 섀넌의 소통 이론을 기초로, 지도는 단순히 하나의 도관이며 이 통로로 메시지가 지도 제작자에게서 사용자에게, 또는 그의 표현대로 인지자percipient에게 이동한다고.했다.

　　로빈슨의 이론이 지도 제작 연구에 미친 영향은 결정적이었다. 그의 지도 소통 모델은 지도 디자인의 주관적이고 미적인 요소를 분석하기보다 지도의 기능적이고 인지적인 측면을 새롭게 설명하려 했다. 그 결과 지도를 '과정'으로 검토하면서, 지도 제작자가 지리 정보를 어떻게 수집하고 저장하고 주고받는지 조사한 다음 인지자가 지도를 어떻게 이해하고 소비하는지 연구한다. 소통 행위를 극대화하고 잡음은 최소화한다는 섀넌의 이론과 더불어 로빈슨의 지도 소통 모델은 적어도 헤로도토스와 프톨레마이오스만큼 오래된 난제를 다루었다. 잡음 덩어리와 서로 다른 지리적 '아코에'(풍문)를 어떻게 효과적이고 의미심장하게 지도로 옮기느냐는 문제였다. 로빈슨은 정보 전달에서 "잡음이 들어간" 간섭을 언급한 섀넌의 이론을 받아들여, "지도의 효과적 전달"을 방해하는 요소를 최소화하고자 했다. 그러자면 (예컨대 색깔이나 글자를 사용할 때) 일관성 없는 디자인을 피하고, 가독성이 나쁜 지도를 멀리하고(즉, 다시 인지자에 초점을 맞추고), (꾸준히 제기되는 문제이자 로빈슨이 1970년대 내내 페터스를 줄기차게 공격하면서 더 큰 반향을 일으킨 문제인) 이념적 '간섭'을 배제해야 했다. 구글어스 같은 디지털 지리 공간 애플리케이션은 섀넌의 소통 이론과 로빈슨의 지도 소통 모델을 컴퓨터 기술에 곧바로 적용해 형태와 기능을 완벽하게 통합한 지도를 제작하는 꿈을 실현하고, 이로써 세계에 '관한' 지리 정보는 그 세계 '안에' 있는 인지자에게 언제 어디서나 즉각적으로 전달된다.

　　클로드 섀넌의 이론은 정보의 본질과 정보를 컴퓨터로 소통하는 것에 대한 인식을 바꿔 놓았고, 앞으로도 컴퓨터 기술 발전의 기초가 될 것이다. 정보 기술IT과 구글어스 같은 그래픽 애플리케이션의 눈부신 성장은 섀넌의 수학적, 철학적 제안에 힘입은 바가 크다. 1940년대에 섀넌의 소통 이론을 현실에 적용하려면 연산 기술이 어느 정도는 되어야 했는데, 그것은 전자 기술이 비약적으로 발전한 몇 년 뒤에나 가능한 일이었다. 섀넌의 생각에 앞서 1947년에 뉴저지에 있는 벨연구소가 트랜지스터(반도체, 즉 오늘날의 '칩chip')를 발명하면서, 기계 사이에서 그때까지는 상상도 못한 속도로 전기 자극을 주고받는 것이 이론적으로 가능해졌다. 그러나 트랜지스터를 제대로 사용하려면 그것을 만들 적당한 재료가 있어야 했다. 그러던 중 1950년대에 드디어 실리콘을 이용해 트랜지스터를 제작하는 새로운 공정이 개발되었고, 이 공정은 '실리콘밸리'라고 알려지는 캘리포니아 북부의 한 회사가 1959년에 완성하게 된다. 1957년에는 잭 킬비Jack Kilby와 밥 노이스Bob Noyce가 집적회로(흔히 '마이크로칩'으로 알려진 IC)를 발명해, 더 가볍고 값싼 트랜지스터 집적이 가능해졌다. 이런 발전은 1971년에 (역시 실리콘밸리에서 일하던) 인텔 공학자 테드 호프Ted Hoff가 칩을 기반으로 한 마이크로프로세서를 발명하면서 절정에 이르렀다.[662] 이로써 섀넌의 이론을 시험할 전자장치가 현실이 되었다.

이 기술은 당시 개발 비용이 상당했던 탓에 처음에는 정부의 군사 방위 같은 분야에 한정되어 쓰였지만, 일부 지리학자들은 이미 섀넌의 생각을 바탕으로 정보를 표시하는 새로운 방법을 개발하기 시작했다. 그 후 지리 공간 애플리케이션에서 일어난 가장 실용적인 혁신은 1960년대 초에 출현한 지리정보시스템GIS이다. 컴퓨터 하드웨어와 소프트웨어를 이용해 지리 정보를 관리, 분석, 표시하여 자원을 계획하고 관리하는 시스템으로, 표준화를 위해 그 결과는 지구를 납작한 구형으로 보는 기존의 지구좌표계에 맞춰 지도에 표시했다.

영국 지리학자 로저 톰린슨Roger Tomlinson은 1960년에 캐나다 오타와에 있는 항공 측량 회사에서 정부가 지원하는 자원 조사 작업을 하고 있었다. 농업, 삼림 관리, 야생동물 생태와 관련해 현재의 토지 사용 실태와 미래의 사용 가능성을 알아보는 조사였다. 캐나다처럼 국토 면적이 넓은 나라는 농경지와 삼림지만 표시하려 해도, 정보를 수집해 결과를 분석하기도 전에 1:50,000 축척 지도가 3,000장 넘게 필요할 것이다. 정부는 자료를 지도에 표시하려면 훈련된 직원 500명이 3년 동안 매달려야 하리라고 예상했다. 그러나 톰린슨에게 좋은 수가 있었다. 그는 트랜지스터를 컴퓨터에 도입하면 속도도 대단히 빨라지고 기억용량도 커진다는 것을 알고 있었다. 톰린슨은 이렇게 회고했다. "컴퓨터는 계산기일 뿐 아니라 정보 저장 장치도 될 수 있었다. 이때의 기술적 과제는 지도를 컴퓨터에 입력하고, 형태와 이미지를 숫자로 전환하는 것이었다." 문제는 당시 가장 큰 컴퓨터가 IBM 컴퓨터였는데, 기억용량이 고작 1만 6,000바이트인 데다 값은 60만 달러(오늘날로 치면 약 650만 달러)에 이르고 무게는 3,600킬로그램이 넘는다는 것이었다.[663]

톰린슨은 1962년에 이 계획을 캐나다 토지조사사업부Canada Land Inventory에 제출했다. 그는 섀넌과 로빈슨의 소통 이론의 흔적이 역력한 이 계획을 지리정보시스템이라 부르며 이렇게 주장했다. "지도를 숫자로 입력할 수 있으며, 지도 여러 개를 연결해 지역이나 국가 또는 대륙의 천연자원을 보여 주는 완벽한 지도를 만들 수 있다. 그런 다음 컴퓨터를 이용해 자원의 특성을 분석할 수 있다. (……) 이렇게 하면 천연자원을 합리적으로 관리하는 전략을 수립할 수 있다."[664] 그의 제안은 받아들여졌고, 캐나다 지리정보시스템CGIS은 세계 최초의 지리정보시스템이 되었다. 그렇게 만든 지도는 인쇄 기술(주로 도트 프린터) 때문에 색, 형태, 윤곽, 기복 표현에 제약이 있었지만, 이 단계에서 진짜 중요한 점은 방대한 자료를 수집하고 정리하는 수용력이었다.

캐나다 지리정보시스템은 1980년대 초까지도 부분적으로 상호작용 능력을 지닌 향상된 기술로 지도를 7,000장 이상 만들면서 여전히

활발하게 작동했다. 이 시스템의 영향으로 북아메리카 전역에서 지리정
보시스템이 수백 개 탄생했고, 미국 정부는 1988년에 상당한 자금을 투
자해 국립지리정보분석센터^{NCGIA}를 설립했다. 지리정보시스템의 발달
로 지도의 성격과 용도에도 주목할 만한 변화가 생겼다. 지리정보시스
템은 컴퓨터를 이용한 복제라는 새로운 세계를 열었을 뿐 아니라, 잡음
없는 소통이라는 섀넌의 이론을 실현해 기존 방식과 새 방식으로 지리
정보를 좀 더 쉽게 정리하고 처리한다고 약속한 것이다.[665]

　　　캐나다 지리정보시스템을 실행하던 초기에 톰린슨은 공상 속에
서 짧은 비행을 해 보았다. 진 세계를 속속들이 담은 지리징보시스템 데
이터베이스를 누구나 이용할 수 있다면 얼마나 좋을까? 1970년대까지
만 해도 연산 기술이 톰린슨의 소망을 실현할 수준이 되지 못한 탓에
그의 생각은 여전히 공상과학소설에 가까웠다. 그러나 바로 이 순간부
터 컴퓨터과학이 지리학자의 역할을 떠맡기 시작했다. 섀넌은 셀 수 있
는 정보를 주고받는 이론을 제공했고, 집적회로와 마이크로프로세서의
발달은 전산화된 자료의 기능에 큰 변화를 가져왔다. 이제 해결해야 할
과제 하나는 섀넌이 말한 이진 '비트' 정보 수백만 개로 구성된 고해상
도 그래픽 기능을 갖추고 전자 네트워크로 전 세계 수많은 사용자에게
정보를 퍼뜨릴 수 있는 하드웨어와 소프트웨어를 개발하는 일이었다.
한마디로 인터넷 개발이다.

　　　오늘날 우리가 아는 인터넷은 1960년대 말 미국 국방부의 고등
연구계획국^{Advanced Research Projects Agency}이 소련의 핵 공격 위협에 대응
해 개발한 것이다. 통신망이 핵 공격을 받았을 때 일부는 파괴되더라
도 자체적으로 끝까지 살아남을 수 있어야 했기 때문에, 통신망은 중
앙통제소와 독립적으로 운영되고, 자료가 정보원에서 목적지로 전달
될 때마다 즉석에서 전달 통로를 바꿀 것이다. 1969년 9월 1일, 캘리포
니아와 유타에 있는 컴퓨터 네 대를 연결한 최초의 전산망이 '아르파넷

ARPANET'이라는 이름을 달고 인터넷으로 연결되었다.[666] 이 쌍방향 통신은 처음 몇 해 만에 한계에 부딪혔다. 일반 사람들에게 아르파넷 접속 비용이 너무 비싸고(5만~10만 달러) 아르파넷 암호가 어려웠다. 그러다가 1970년대에 기술이 차츰 발달해 아르파넷의 가능성이 열리기 시작했다. 1971년에는 미국의 컴퓨터 프로그래머 레이 톰린슨Ray Tomlinson이 아르파넷으로 최초의 이메일을 보냈는데, 이때 @ 표시를 처음 사용해 개인과 그가 사용하는 컴퓨터를 구분했다. 1978년에는 모뎀이 발명되어 아르파넷 없이도 개인용 컴퓨터에서 파일을 옮길 수 있게 되었다. 1980년대에는 거의 모든 컴퓨터 망에서 사용할 수 있는 공통의 통신규약이 개발되어, 그 후 1990년 제네바에 있는 유럽입자물리연구소CERN에서 월드와이드웹WWW이 개발되는 데 기초를 닦았다. 팀 버너스리Tim Berners-Lee와 로베르 카이오Robert Cailliau가 이끄는 연구팀은 인터넷 사이트를 위치가 아닌 정보로 정리하는 애플리케이션을 고안했는데, 여기에 이용한 것이 하이퍼텍스트 전송 규약HTTP(인터넷에서 찾은 정보에 접근하거나 그것을 전송하는 방법)과 통일된 자료 위치 탐색기URL(인터넷에서 문서나 자료가 있는 곳의 주소를 정하는 방법)다.[667]

이러한 정보 기술 발전과 더불어, 1970년과 1990년 사이에 서양의 자본주의 경제도 대대적인 구조 조정을 겪었다. 앞 장에서 이야기한 1970년대의 세계적인 경제 위기로 1980년대에 각국 정부는 경제 관계를 개선하기 위해 탈규제와 민영화를 실시했는데, 그러면서 자본가와 노동자 조직 사이의 사회계약과 복지국가 정책이 후퇴했다. 이러한 정책의 목적은 기술 혁신을 기반으로 한 생산성 향상과 경제 생산의 세계화였다. 활기를 되찾은 자본주의와 전자 기술은 서로 상승작용을 일으키며 성장했고 "낡은 사회는 '기술의 힘'으로 사회를 재정비해 '힘의 기술'을 갖추려 했다"[668]고 카스텔스는 말한다. 아르노 페터스의 1973년 투영법은 1970년대의 경제 위기와 정치 불평등을 고스란히 반영했지만,

1980년대 초에 등장한 차세대 지리 공간 애플리케이션은 레이건주의와 대처주의의 경제정책에서 탄생했다.

이런 경제 변화의 결과는 1980년대에 캘리포니아 실리콘밸리에 생겨난 컴퓨터 그래픽 회사들에서도 나타난다. 이들은 사용자에게 편리한 그래픽을 개발하기 시작했는데, 이것이 나중에 인터넷 사용자가 체험할 미래의 특징이 된다. 1980년대 말에는 마이클 존스$^{Michael\ T.\ Jones}$, 크리스 태너$^{Chris\ Tanner}$, 브라이어 매클렌던$^{Brian\ McClendon}$, 레미 아르노 $^{Rémi\ Arnaud}$, 리처드 웹$^{Richard\ Webb}$이 인트린식 그래픽스$^{Intrinsic\ Graphics}$를 설립해 예전에는 상상도 못한 속도와 해상도로 그래픽을 처리하는 애플리케이션을 개발했다. 그 후 인트린식은 1981년에 설립된 3D 그래픽 디스플레이 시스템 전문 기업인 실리콘 그래픽스^{SGI}에 인수되었다. SGI는 자사의 신기술을 구현할 가장 흥미로운 방법은 그 기술을 지리적으로 시각화하는 것이라고 생각했다.

SGI를 자극한 것은 1977년에 찰스 임스$^{Charles\ Eames}$와 레이 임스$^{Ray\ Eames}$가 만든 9분짜리 다큐멘터리 〈10의 제곱수$^{Powers\ of\ Ten}$〉였다. 이 다큐멘터리는 시카고의 어느 공원에 소풍 나온 남녀 한 쌍을 1미터 위에서 바라보는 장면으로 시작한다. 그런 다음 10배 간격으로 점점 멀어져 10^{25}, 즉 10억 광년 떨어진 곳까지 나아가, 세상에 알려진 우주의 맨 끝에서 바라보는 상상의 관점을 보여 준다. 그 뒤 다시 공원에 있는 남녀로 돌아와 남자의 손을 비추고 거기서 그의 몸과 분자 입자 속으로 계속 파고 들어가 마지막에는 10^{-17} 지점에 있는 탄소 원자의 아원자를 보여 주며 끝난다.[669] 다큐멘터리 제작자의 의도는 수학적 축척을 이용한 그래픽을 만들어 만물이 서로 연결되었음을 보여 주는 것이었다. 하지만 다큐멘터리가 나오자 곧바로 과학계 안팎에서 열렬한 지지를 받았다. SGI의 과제는 〈10의 제곱수〉에 나온 원칙을 도입해, 인공위성 이미지와 컴퓨터 그래픽을 합쳐 지구와 우주 사이를 매끄럽게, 그리

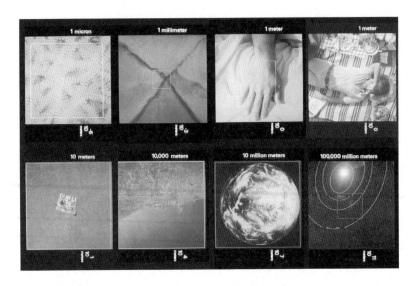

───── **그림 92**
지리 공간을 시각화한 초기 이미지들. 찰스 임스와 레이 임스가 제작한 짧은 영상
〈10의 제곱수〉(1968년)에 나온 장면들. 컴퓨터공학자들이 열렬히 환영한 영상이다.
→ 448~449쪽 사이 컬러화보 참고

고 10의 제곱수에서도(그리고 어떤 배율에서도) 막힘없이 매우 빠르게 오
가는 것이었다. 그러려면 기술의 명백한 간섭을 숨겨, 지구 위를 그리고
우주 깊은 곳을 비행하는 완벽한 시뮬레이션을 만들어야 했다.

　　SGI는 1990년대 중반이 되면서 새로운 기술을 선보이기 시작
했다. 우선 '클립맵$^{clip-map}$'이라는 혁신적인 텍스처^{texture} 단위를 이용해
'인피니트리얼리티^{InfiniteReality}'라는 하드웨어를 개발하기 시작했다.[670]
클립맵은 이미지를 전처리하는$^{pre-processing}$ 정교한 방법으로, 해상도가
다른 화면에서 이미지를 빠르게 처리한다. '밉맵$^{MIP\ map}$'('좁은 공간에 많
은 것을'이라는 뜻의 라틴어 multum in parvo에서 따온 말)을 개선한 기술이
다. 클립맵은 기본적으로 이를테면 미국 지도 같은 커다란 디지털 이미
지를 10미터 해상도의 이미지로 만들 때 쓰는 작업이다. 이미지 크기는
약 42만×30만 픽셀이다. 사용자가 1,024×768 해상도 화면에서 이미

지를 뒤로 밀어내어 화면에 나타나게 할 때, 데이터의 각 픽셀은 지도상의 픽셀 수천 개에 해당한다. 클립맵은 전처리된 데이터를 추가해 약간 더 큰 이미지 원본을 만들어 저해상도 이미지를 제공한다. 컴퓨터가 저해상도 이미지를 만들 때는 원래의 커다란 이미지에서 픽셀을 하나하나 가져올 필요 없이, 마치 피라미드를 거꾸로 놓은 것처럼 정렬해 전처리한 저해상도 픽셀 데이터를 이용한다. 혁신적인 알고리즘을 사용하는 클립맵은 사용자가 세계 어디에 있는지만 알면 그만이다. 그러면 필요한 특정 데이터를 더 큰 가상의 '텍스처'(세계를 표현하는 모든 정보)에서 뽑아내고 필요하지 않은 비트는 잘라 버린다. 따라서 우주에서 지구로 차츰 접근해 갈 때, 이 시스템은 사용자의 시각에서 보기에 가장 중요한 정보만 화면에 띄우고 다른 정보는 모두 폐기한다. 이렇게 하면 애플리케이션 용량이 크게 줄어, 일반 가정의 컴퓨터에서도 빠르고 효율적으로 작동한다. 초기에 인트린식 그래픽스에서 일한 아비 바제예프Avi Bar-Zeev는 이 애플리케이션이 "빨대로 지구 전체에 칸칸이 먹이를 주는 것 같다"[671]고 표현한다. 클로드 섀넌의 말로 표현하면, 클립매핑을 이용하면 그래픽 처리 장치에 올릴 데이터의 양을 최대한 줄일 수 있고, 따라서 속도를 최대한 높이고 자연지리처럼 복잡한 실제 세계를 실시간으로 나타낼 수 있다.

　　SGI 엔지니어인 마크 오빈Mark Aubin은 SGI의 목표가 상업적으로 이용 가능한 인공위성과 지구의 항공 데이터를 기초로 "끝내 주는 데모를 만들어 새로운 텍스처링의 가능성을 선보이는 것이었다"고 했다. 그렇게 탄생한 것이 '우주를 눈앞에Space-to-your-face'라는 시범 모델이었는데, 오빈은 이 모델이 지리학보다는 컴퓨터게임에 더 큰 영향을 받았다고 했다. 그는 〈10의 제곱수〉 플립북(책장을 연속해 빨리 넘기면 안에 있는 그림이 움직이는 효과를 내는 책-옮긴이)을 본 SGI 사람들이 "바깥 공간에서 지구 전체를 바라보는 장면으로 시작해 지구로 점점 다가가는 식으로" 데모를 만들기로 했다고 당시 상황을 회상했다. 데모는 거기서 시작해 차츰 유럽에 초점을 맞추었다.

> 그런 다음 레만 호가 나타났을 때 스위스 알프스에 있는 마터호른 산에 초점을 맞춘다. 그리고 점점 아래로 내려가면 마지막에 닌텐도 64(비디오게임기) 3D 모델이 나타난다. 닌텐도 64에 사용하는 그래픽 칩은 SGI가 개발한 칩이다. 닌텐도 모델로 계속 시야를 좁혀 들어가다 보면 칩에 찍힌 우리 로고가 보인다. 거기서 약간 더 깊이 들어간 뒤에 다시 지구가 보일 때까지 우주로 빠져나온다.[672]

SGI의 "끝내주는 데모"는 인상적이었고 사람들의 반응도 뜨거웠지만 소프트웨어나 데이터 모두 더 손을 봐야 했다. 대기업이 이런 애플리케이션의 잠재력을 알아보기 시작했으니 SGI는 개발에 속도를 내야 했다. 1998년 6월, 마이크로소프트가 (마이크로소프트 리서치 맵스[MSR]의 전신인) 테라서버[TerraServer]를 내놓았다. 테라서버는 미국 지질조사국[USGS] 그리고 러시아 연방우주국[Sovinsformsputnik]과 손잡고, 그곳의 항공사진을 이용해 미국의 가상 지도를 만들었다. 그러나 마이크로소프트조차 이 애플리케이션의 중요성을 제대로 파악하지 못했다. 처음에는 자사의 SQL 서버가 데이터를 망가뜨리지 않고 어느 정도나 저장할 수 있는지 알아볼 목적으로 애플리케이션을 개발했다. 내용보다 데이터 용량에 관심을 둔 것인데, 그 용량은 2년도 지나지 않아 2테라바이트를 넘어섰다.[673]

테라서버가 점점 성장하는 가운데, SGI가 혁신적인 성과를 올렸다. SGI의 엔지니어 크리스 태너가 개인용 컴퓨터의 소프트웨어에서 클립매핑을 할 수 있는 방법을 고안했을 때, 동료 엔지니어 몇 사람이 2001년에 소프트웨어 개발 회사 키홀[Keyhole Inc.]을 차렸다. 설립 목적은 클립매핑 신기술을 받아들여 그것에 맞는 애플리케이션을 찾고, 마크 오빈을 비롯한 다수의 팀원이 궁금해하고 클로드 섀넌의 소통 이론이 던진 질문에 답하는 것이었다. "이것을 어디에 쓰면 좋은가?"[674] 섀넌의 이론도 정보의 내용은 상관하지 않았다. 문제는 정보를 어떻게 저장하고 주고받느냐였다. 이 단계에서 SGI가 지리 정보에 주목해 기술을 개발했다는 사실은 거의 부차적인 듯했다. 오빈은 그래픽 정보를 구체에 빠르게 옮기는 기술에는 사람들을 매료시키는 무언가가 있고, 기술로 마술을 부리는 것 이상의 의미가 있다고 판단했다. 키홀은 이 새로운 애플리케이션에 사람들의 관심을 집중시켰다. 애플리케이션 개발자한 사람이 나중에 언급한 "활용 가능한 애플리케이션 플랫폼"[675]이 아직 부족했지만 혁신적인 애플리케이션임은 분명했다. 데이터는 수량화하고 셀 수 있었지만, 어떤 활용 가치를 기준으로 삼아야 하는가? 15세기 인쇄공들이 그랬듯이 SGI나 마이크로소프트 같은 기업의 컴퓨터과학자들도 지리 정보를 새로운 매체에 담는 기술은 개발했지만 새로운 지도가 지도 내용을 어떻게 바꿀지는 좀처럼 예상하지 못했다.

이들은 스스로가 인간이 상상해 온 가장 오래되고 가장 상징적인 이미지에 다가가고 있다는 사실을 깨닫기 시작했다. 지상의 시간과 공간을 초월해 모든 것을 꿰뚫어 보는 신과 같은 위치에서 내려다보는 지구의 모습이다. 지구를 또 한 번 초월적으로 바라보게 한 이 기술을 두 팔 벌려 환영한 곳은 클린턴 행정부였다. 20세기가 끝날 무렵, 클린턴 행정부는 두 가지 특별한 정치적 목적으로 이 기술에 주목했다. 1998년 1월, 앨 고어 부통령은 로스앤젤레스에 있는 캘리포니아 과학센터에서 '디지털 지구: 21세기의 지구 이해하기'라는 제목으로 연설을 했다. "새로운 기술혁신의 물결로 환경과 문화의 다양한 현상이나 우리 지구에 관해 전례 없이 많은 정보를 수집하고 저장하고 처리하고 보여 줄수 있게 되었습니다. 이 정보의 상당 부분은 '지구 위치' 정보, 그러니까 지구 표면의 특정 위치를 언급하는 정보가 될 것입니다." 고어의 목표는 스스로 "디지털 지구"라 부른 애플리케이션 안에서 이 정보를 활용하는 것이었다. 디지털 지구는 "방대한 양의 지구 위치 자료를 입력할 수 있는 다중해상도의 3차원 지구 형상"을 뜻했다.

고어는 청중에게 박물관에 들어가 디지털 지구 프로그램을 사용하는 어린아이를 상상해 보라고 했다.

아이는 디스플레이 헬멧을 쓰고 우주에 있는 지구를 바라봅니다. 데이터 장갑을 끼고 해상도를 차츰 높여 가며 지구로 접근해 대륙을 보고, 나라와 도시를 보고, 마지막으로 개별 집과 나무 그리고 자연 시물과 인공지물을 봅니다. 그리고 돌아다녀 보고 싶은 곳을 찾으면, 3D 지형 시각화 기술을 이용해 '마법 양탄자'를 탄 것처럼 돌아다닙니다. 물론 아이가 흥미를 느낄 자료는 지형 말고도 많습니다.

고어는 "이 시나리오가 과학소설처럼 들릴 것"이라는 걸 인정하면서, "정부나 업계 또는 대학에도 이런 작업을 떠맡을 곳은 없다"고 했다. 이 계획이 실현된다면 전 세계에 획기적인 파장이 일 것이다. 가상 외교를 펼치고, 범죄와 싸우고, 생물 다양성을 보존하고, 기후변화를 예측하고, 농업 생산력을 높일 수 있다. 고어는 앞으로 갈 길을 지적하면서, 거대한 지식을 통합하고 자유롭게 전파해야 하는 과제가 있다고 했다. "특히 이미지 자동 해석, 다양한 출처에서 나온 자료 통합, 지구의 특정 지점에 관해 인터넷에서 정보를 찾고 연결하는 지능형 에이전트" 같은 분야의 지식을 강조했다. 그래도 그는 "이 흥미진진한 작업이 진행될 조짐이 이제 막 나타나기 시작했다"면서, "1미터 해상도의 디지털 세계지도 개발에 힘을 쏟자"고 했다.

인터넷 정보에 개방적 태도를 보여야 할 필요가 있음을 간파한 클린턴 행정부의 조치는 여기서 끝나지 않았다. 위성위치확인장치GPS

는 1960년대에 개발된 이래로 미국 공군이 지구 주위를 도는 수십 개의 인공위성을 이용해 관리해 왔다. 미군은 GPS 신호를 수신기로 잡아 세계 어느 곳이든 그 위치를 10미터 이내로 정확히 파악할 수 있었다. 일반인도 수천 달러를 들여 GPS 수신기만 장만하면 이 신호를 잡을 수 있었다. 그러나 정부는 '선택적 사용'이라는 프로그램으로 국가 안보에 중요하다 싶은 정보를 걸러 내어 일반인 손에 들어가지 않게 했다. 이 때문에 신호가 분해되어 몇백 미터까지밖에 접근하지 못해 실용성이 없었다. 그렇다 보니 다양한 기업의 이익 단체들이 클린턴 행정부에 점점더 강력히 로비를 펼쳤는데, 이를테면 자동차 업계는 선택적 사용 규제를 없애 개선된 GPS 신호로 차량에 부착하는 내비게이션 같은 다양한 상품을 만들려 했다.

그 결과로, 그리고 앨 고어의 적극적 주장으로, 클린턴 행정부는 2000년 5월 1일 정오에 '선택적 사용' 프로그램을 중지했다. 그러자 GPS 신호는 더욱 선명하고 일관되게 잡혔다. 기업은 이 결정의 잠재적 이익을 재빨리 포착해 인터넷 지도를 대중의 영역으로 끌어오기 시작했다. 인터넷 지도 서비스 업체인 맵퀘스트닷컴(1996년 서비스 시작)의 공동 창립자인 사이먼 그린먼Simon Greenman은 "우리 같은 지리정보시스템 업체 사람들 다수가 [이때를] 인터넷의 위력으로 지도가 대중에게 공짜로 제공되는"[676] 중대한 순간으로 보았다고 했다. 멀티맵Multimap(1995년 서비스 시작) 같은 업체들은 디지털 지도를 팔기 시작했고, 다른 업체들은 비교적 값싼 개인 위성 내비게이션 시스템을 비롯해 GPS 내비게이션 장치를 시장에 널리 퍼뜨리기 시작했다. 아비 바제예프는 고어의 디지털 지구와 '선택적 사용' 폐지의 중요성을 의심치 않는다.

개방된 인터넷이 없었다면, 구글어스도(그리고 이 블로그와 우리가 좋아하는 많은 것들도) 존재하지 않았을 것이다. 그 점에서 앨 고어에게 어느 정도 감사해야 한다. 우리가 그의 정치를 어떻게 생각하든 구글어스를 탄생케 한 분명한 원동력 하나는 사람들에게 지구 전체의 모습과 그것을 이용할 수 있는 도구를 제공하려는 공통된 열망이었다.[677]

이런 발전은 21세기 초의 지리 공간 애플리케이션 탄생에 또 하나의 원동력이 되었다. 그러나 2000~2001년의 과열된 인터넷 시장에서 그것은 상업적 생존을 위한 쟁탈전이었고, 이 쟁탈전은 얼마 지나지 않아 정점에 이른다. 2000년 3월, 인터넷 시장의 거품이 갑자기 터지면서 전 세계 IT 기업의 가치가 수조 달러나 떨어졌다. 키홀은 당시 엘 고어의 '디지털 지구' 개념을 이어받아 어스뷰어Earthviewer 애플리케이션 개발에 착수했다. 마크 오빈 같은 사람들은 이 애플리케이션을 "세상에 기부하는 소비재"로 선전하면서 수익은 광고로 얻을 수 있으리라고 생각했다. 그러나 "인터넷 거품이 꺼지면서 그 모델을 후원할 자금을 지원받지 못하자 키홀은 방향을 틀어 상업적 애플리케이션에 초점을 맞추었다."[678] 소니 브로드밴드가 이미 이 분야에 투자하고 있었지만 키홀은 투자자들을 폭넓게 확보하고 싶었고, 그래서 처음에는 부동산 시장을 겨냥했다. 이 새로운 애플리케이션으로 북아메리카 자료는 쉽게 이용할 수 있었지만 여전히 전 세계를 구석구석 볼 수는 없던 터라 특정 건물로 시야를 점점 좁혀 들어가 그 주변 지역을 살피는 용도가 매력적으로 보였기 때문이다.

2001년 6월, 키홀은 어스뷰어 1.0을 내놓아 업계 전반에서 찬사를 받았다. 애플리케이션 가격은 69.95달러였고, 기능을 제한한 판촉용은 무료로 내놓았다. 사용자는 전에 없던 고해상도와 빠른 속도로 3D 디지털 지구 위를 날아다녔다. 물론 정보를 5~6TB밖에 저장할 수 없던 초기 판은 여전히 한계가 있었다. 지구 전체의 모습은 해상도가 낮아 실망스럽고, 미국 밖의 주요 도시들은 제대로 표시되지 않거나 더러는 아예 보이지도 않았다. 키홀은 상업 위성 회사에서 지구 전체를 표시할 정도로 많은 자료를 사들일 만큼 여유롭지 않았고, 그렇다 보니 영국만 해도 1킬로미터 해상도로 겨우 알아볼 정도라 거리는 아예 볼 수도 없었다. 고도가 정렬이 안 되는 때도 많아서 이미지가 흐릿했고, 애플리케이션이 눈에 띄게 '평면적'이어서 3D라는 말에 의문을 제기하는 사용자도 많았다.

그래도 그 유용성은 곧 부동산 시장을 한참 넘어섰다. 2003년 3월에 미국과 동맹국이 이라크를 침공했을 때, 미국 뉴스 방송사들은 어스뷰어를 이용해 바그다드 주변의 폭격 모습을 재현했다. 신문은 이라크 전쟁 보도가 "작은 IT 회사와 그 회사가 만든 대단히 정교한 3D 지도를 깜짝 스타로 만들고 있다"고 전했다. 사이트에 사용자가 폭주하고 서버가 다운되자 최고경영자 존 행크는 "더 큰 문제가 생겼다"[679]며 허둥댔다. 중앙정보국^{CIA}은 이미 키홀에 관심을 갖고 있었고, 바로 몇 주 전에 CIA가 지원하는 민간 비영리 회사인 인큐텔^{In-Q-Tel}을 통해 키홀에 투자하기로 결정했다. 인큐텔이 국가영상지도국^{NIMA}을 대신해 민간 회사에 투자를 하기는 처음이었다. 1996년에 구성되어 국방부가 운영해 온 영상지도국은 정확한 지리 공간 정보를 제공해 전투와 군사 정보를 지원하는 임무를 수행했다. 인큐텔은 키홀에 대한 투자를 발표하면서, "영상지도국은 키홀의 기술이 국가 안보 공동체에 어떤 가치를 지니는지 알아보기 위해 그 기술을 이용해 이라크에 주둔한 미군을 지원했다"[680]고 발표했다. 키홀이 CIA를 위해 정확히 어떤 일을 했는지는 불분명하지만, CIA의 자금이 들어갔다는 것은 키홀의 단기적 성공이 보장되었다는 뜻이었다. 키홀은 2004년 말까지 어스뷰어를 여섯 종류 내놓았다.

그리고 구글이 나타났다. 2004년 10월 인터넷 검색엔진 구글이 키홀을 인수했고, 인수 금액은 비밀에 부쳤다. 구글의 제품 관리 부사장 조너선 로젠버그Jonathan Rosenberg는 기쁜 마음으로 전했다. "이번 인수로 구글은 사용자에게 강력하고 새로운 검색 도구를 제공할 것이다. 사용자는 지구의 어떤 곳도 3D로 볼 수 있을 뿐 아니라 도로나 회사, 기타 다양한 관심 지점의 풍부한 데이터베이스를 활용할 수 있게 되었다. 키홀은 전 세계 정보를 체계화하여 모두가 편리하게 이용할 수 있도록 하려는 구글의 노력에 큰 힘이 될 것이다."[681] 아비 바제예프는 이때를 회고하며, 구글이 키홀을 인수해 "실제 지구처럼 움직이는 끝내주는"[682] 애플리케이션을 제작하는 기술을 갖게 되었다고 했다. 그러나 이때까지만 해도 이번 인수가 구글의 폭넓은 사업 모델에 얼마나 중요한지 아무도 눈치채지 못했다.

구글이 세계적 기업으로 성장한 이야기는 다른 곳에서도 많이 다루었으니[683] 여기서는 구글이 인터넷 세계의 강자로 떠오른 사연을 짧게 훑으며 키홀이 구글에 왜 그렇게 중요한 힘이 되었는지 살펴보자. 구글의 설립자 세르게이 브린Sergey Brin과 래리 페이지Larry Page는 1995년 스탠퍼드 대학에서 컴퓨터과학 박사과정을 밟던 중에 만났다. 월드와이드웹은 아직 걸음마 단계였고, 브린과 페이지는 무수한 사이트와 링크를 돌아다니게 하는 검색엔진의 무궁무진한 가능성을 알아보았다. 그러나 알타비스타AltaVista 같은 검색엔진은 정보를 신뢰성과 연관성을 고려해 체계화하고 (포르노 같은) 불쾌한 요소를 제거하는 '지능형' 검색에 약했다.

1990년대 말, 상황을 주시하던 페이지와 브린이 넘어야 할 산은 분명했다. 이들은 1998년 4월에 이렇게 말했다. "오늘날 인터넷 검색엔진을 쓸 때 가장 큰 문제는 검색 결과의 질이다. 검색 결과가 즐겁고 사용자의 시야를 넓혀 줄 때도 많지만, 짜증스럽고 아까운 시간만 잡아먹을 때도 많다." 이들이 내놓은 해결책은 (래리 페이지의 이름을 재미있게 이용한) 페이지랭크PageRank였다. 특정한 사이트에서 페이지의 중요도를 그곳에 딸린 하이퍼링크의 수와 질로 측정하는 프로그램이다. 브린과 페이지가 맨 처음 페이지랭크를 지도 제작에 빗대 설명한 말이 놀랍다. 이들은 1998년에 이렇게 썼다. "인터넷의 인용(링크) 그래프는 기존의 인터넷 검색엔진이 거의 사용하지 않던 중요한 자원이다. 우리는 이런 하이퍼링크를 5억 1,800만 개까지 포함하는 지도를 만들었다. 전체 중에서 의미 있는 표본이다. 이 지도는 사이트의 '페이지랭크'를 빠른 속도로 돌면서, 사람들이 생각하는 주관적 중요도와 잘 맞는 인용 중요도를 객관적으로 측정한다."[684] 이렇게 탄생한 시스템은 지금도 구글 검색에 사용되는데, 2011년을 기준으로 구글을 이용한 검색 건수는 초당 3만 4,000건(분당 200만 건, 하루 30억 건)으로 추정된다.[685]

　　　1997년 9월, 브린과 페이지는 '구글^{Google}'을 도메인 이름으로 등록했다(원래는 1에 0이 100개 붙은 수를 뜻하는 '구골^{googol}'을 등록하려 했지만, 인터넷에 등록할 때 철자를 틀리는 바람에 '구글'이 됐다). 구글은 1년 만에 3,000만 페이지를 표시했고, 2000년 7월에는 이 수치가 10억에 이르렀다. 구글은 2004년 8월에 주당 85달러로 주식을 상장해, 그때까지 IT 기업으로는 최고 금액인 20억 달러를 끌어들였다. 2001년에서 2009년 사이에 구글의 이익 추정치는 600만 달러에서 60억 달러 이상으로 치솟았고 수익은 230억 달러가 넘었는데, 이 중 97퍼센트가 광고 수익이었다. 현재의 자산 가치는 400억 달러가 넘는다고 추정된다. 구글은 하루에 20PB의 정보를 처리하지만 전 세계 직원 수는 고작 2만 명이며 이 중 약 400명이 지리 공간 애플리케이션 개발에 투입된다.[686] 이런 유례없는 성장 뒤에는 혁신적인 기업 철학이 있었다. 구글은 전 세계 정보를 체계화하여 모두가 편리하게 이용할 수 있도록 하고자 했을 뿐 아니라 몇 가지 믿음을 추구했는데, 이는 기업 강령에도 나타난다. "인터넷은 민주주의가 통하는 세상이다." "정보의 필요성에는 국경이 없다." 그리고 가장 논쟁적인 강령도 있다. "악마 짓을 하지 않아도 돈을 벌 수 있다."[687]

2004년이 되자 구글은 클로드 섀넌의 정보 수량화 이론을 디지털로 실행했다. 문제는 어떻게 그런 정보를 상품화해 금전적 이익을 내느냐였다. 구글이 키홀을 인수한 동기는 이 문제에 답하는 것과 긴밀히 연결되고, 이로써 인터넷의 변화를 파악하는 구글의 능력이 증명되었다. 구글은 정보를 수동적으로 보여 주기보다 콘텐츠 생산과 활발히 상호작용하고, 콘텐츠 처리 능력을 높이려 애썼다. 그 결과 기존의 인터넷이 웹 2.0$^{Web\ 2.0}$으로 전환되어 블로그, 네트워킹, 다양한 매체의 업로드가 가능해졌다. 구글은 "전 세계 정보를 체계화"한다는 야심을 실현하려면 정보의 지리 분포를 묘사해 업체나 개인 사용자가 그것을 구매해 이용할 마음이 생기게 해야 한다고 판단했다. 그러려면 최대 규모의 가상 지리정보시스템 애플리케이션이 있어야 했고, 키홀의 어스뷰어가 그 답이었다. 구글이 키홀을 인수한 뒤에 가장 먼저 한 일은 어스뷰어의 가격을 69.95달러에서 29.95달러로 대폭 내린 것이었다. 그런 다음 상표 이미지를 쇄신하기 위해 조너선 로젠버그의 표현을 빌리면 "물밑으로" 들어갔다. 구글은 키홀을 인수한 지 8개월이 지난 2005년 6월, 새로운 무료 다운로드 프로그램인 구글어스 서비스를 시작한다고 발표했다.

반응은 뜨거웠다. 잡지 《PC 월드$^{PC\ World}$》의 편집장이자 동명의 사이트를 운영하는 해리 매크래컨$^{Harry\ McCracken}$은 정식 서비스에 들어가기 전의 구글어스를 체험해 본 뒤에 "황홀하다"고 표현했다. 그리고 "무료 다운로드 역사상 최고의 프로그램"이라고 극찬하면서 구글어스의 장점을 열거했다. 슈퍼컴퓨터가 아니어도 프로그램을 돌릴 수 있고, 사용자는 전 세계 어디든 돌아다닐 수 있으며, 도시와 풍경을 3D로 재현해 "경이로운" 영상을 제공한다. 매크래컨은 단점을 언급하기 전에 "구글어스가 워낙 뛰어난 프로그램인 데다가 공짜라 단점을 지적하자니 죄책감이 들 정도"라고 고백했다. 어쨌거나 단점을 꼽는다면 해상도가 기복이 심하고 어떤 지역은 여전히 표시되지 않는다는 점이다(매크래컨은 홍콩과 파리 식당을 찾는 데 애를 먹었다). 그리고 미국 외의 지역은 미국보다 정보가 훨씬 적었다. 매크래컨은 구글어스가 "제공하는 정보와 제공하지 않는 정보"를 구분하기 어렵다는 점도 지적했다. 그는 곧 나올 MSN의 소프트웨어 '버추얼어스Virtual Earth'가 구글어스에 어떤 식으로 비교될지는 알 수 없었지만, 구글어스의 시험판을 체험하면서 구글어스가 빠르게 진화하리라는 걸 직감했다.[688]

매크래컨은 구글어스가 키홀 어스뷰어이 최신판이머(둘은 기본적으로 같은 코드를 사용했다) 그 둘이 큰 차이가 없다는 사실을 알고 있었다. 달라진 점이리면 정보의 앙이었고, 그것이 구글어스의 특별한 섬이었다. 구글은 수억 달러를 투자해 상업 위성을 사들이고 항공 이미지를 올렸다. 다른 회사는 꿈도 꿀 수 없는 금액이다. 세르게이 브린은 어스뷰어 시연을 처음 보았을 때, 어느 면에서는 아주 "끝내준다"고 생각했다.[689] 그러나 키홀을 인수하기 전 구글의 활동을 보면 이미 다른 부분에서도 관련 계획을 추진 중이었다. 키홀을 인수하기 한참 전인 2002년, 구글은 디지털글로브DigitalGlobe 같은 회사에서 고해상도 인공위성 사진을 사들이기 시작했다. 디지털글로브의 궤도 위성 두 대는 현재 최대 100만 제곱킬로미터에 이르는 지구 표면을 날마다 찍는데, 해상도가 50센티미터도 안 되는 고화질 사진이다. 구글은 이 자료를 받아 인치당 1,800개의 점이 들어가는 해상도 14미크론의 스캐너로 처리한다. 그런 다음 색 균형을 맞추고 지구 표면 곡률을 반영해 사진을 '휜다'. 그러면 사용자가 볼 수 있는 이미지가 된다. 그러나 구글은 인공위성 사진에만 의존하지 않는다. 고도 4,500미터부터 9,000미터 사이에서 항공기, 열기구, 심지어 연까지 동원해 찍은 항공사진도 활용한다.[690] 이처럼 여러 곳에서 사진을 받는 이유는 사진이 흐릿하게 나와 쓸모없어지는 사태를 방지하기 위해서다. 2009년 초에 언론은 구글이 이를테면 미국 부통령의 거주지처럼 민감한 지역을 검열해 뿌옇게 흐려 놓는다고 주장했지만, 그 보도는 사실이 아닌 것으로 드러났다. 검열은 구글이 직접 입수한 자료가 아니라 미군에게 받은 자료에서 나타났다.[691]

이처럼 자료를 여러 곳에서 받다 보니 다른 계획도 덩달아 추진하게 되었다. 구글은 키홀을 인수하기 고작 몇 주 전인 2004년 10월에 오스트레일리아의 작은 디지털 지도 제작 회사인 '웨어2Where2'를 인수했고, 이곳은 구글 상표를 달고 새로운 지도 애플리케이션을 만들기 시작했다 구글어스가 시장에 나오기 4개월 전인 2005년 2월, 구글은 구글맵스를 시작한다고 발표했다.[692] 결국 두 애플리케이션이 합쳐져 사용자는 지구의 실제 이미지와 가상의 그래픽 지도를 겹쳐서 볼 수 있게 되었고, 오늘날에는 둘 중에서 원하는 이미지를 자유롭게 골라 볼 수 있게 되었다.

구글어스는 2005년에 처음 나온 이래로 계속 발전해 일곱 가지 버전이 나왔고, 지금도 사실성과 해상도가 꾸준히 개선되어 독보적인 수준이 되었다. 2008년에는 자료를 확장할 목적으로 디지털글로브와 거래 협정을 체결하는가 하면, 경쟁사인 지오아이GeoEye와도 협정을 맺고 50센티미터 해상도를 자랑하는 지오아이의 인공위성 자료를 사용하기로 했다(이 인공위성은 41센티미터 해상도도 가능했지만, 미국 정부는 그 정도의 고해상도는 상업적 용도로 허용하지 않았다).[693] 지오아이가 인공위성을 쏘아 올릴 때 사용한 로켓에는 구글 로고가 찍혔다. 구글어스가 가장 최근에 해결해야 했던 과제는 지형을 3D로 구현하는 것이었다. 처음에는 풍경을 3D로 재현한 화면 위에 인공위성 이미지를 덮어 씌웠는데, 2005년에 매크래컨은 그 방식으로는 건물을 표현할 수 없다는 사실을 알게 되었다. 지구를 디지털 이미지로 멀리서 수평으로 또는 비스듬히 바라보려면 전통적인 항공사진처럼 위에서 수직으로 내려다볼 때보다 훨씬 더 복잡한 정보가 필요했다. 구글은 기하학을 이용해 인간의 눈을 흉내 내는 '광선 추적법ray tracing' 기술로 이 문제를 해결하려 했다.

이 애플리케이션은 사용자의 시선 방향을 감지해, 그 부분의 화면부터 채운 뒤에 차츰 자료를 모아 주변 시야를 채워 간다.

그러나 최근에 구글어스 내부에서 일어난 기술 혁신은 구글 내의 지리 공간 애플리케이션 발전에만 국한되지 않는다. 현재 구글의 최고기술책임자이자 키홀의 공동 창립자인 마이클 존스^{Michael T. Jones}는 최근 전 세계 35만 개가 넘는 사이트가 구글맵스 API를 사용한다고 했다.[694] 2008년 6월, 구글은 지도 애플리케이션 내부에 '맵메이커^{Map maker}'를 새롭게 선보였다. 지금은 구글맵스에 통합된 이 기능을 이용해, 현재 세계 180여 개 국가에서 누구나 자신의 지역에 도로, 회사, 학교 등을 직접 첨가하거나 편집할 수 있다. 이곳에 올라온 정보는 다른 사용자들이 수정하고, 구글이 동료 평가 시스템으로 점검한다. 이로써 사용자는 지리 정보를 무료로 이용할 뿐 아니라 자신만의 지도를 만들 수도 있다고 구글은 설명한다.

이런 발전의 중요한 결과 중 하나는 보편적인 표준 가상 세계지도라는 꿈(또는 두려움)은 결코 실현될 수 없으리라는 점이다. 런던에 있는 구글 지리 공간 과학기술자 에드 파슨스^{Ed Parsons}는 처음에는 "세계가 하나의 지도를 완성할 수 있으리라는 순진한 생각"[695]을 했었다고 인정했다. 하지만 사용자들은 국가 차원에서 그리고 지역 차원에서 자연 지물과 인공 지물을 특정한 방식으로 표현하고 싶어 했고, 구글은 결국 이를 반영해 사용자가 자기 문화에 특화된 암호나 상징을 넣어 세계를 표현하는 방식을 인정하기로 했다. 비평가들은 맵메이커 프로그램이 토지측량부 같은 전문 기관에서 볼 수 있는 절제가 부족하고, 구글이 정보를 사실상 공짜로 수집한다고 주장한다. 그러나 이런 혁신 덕에 사람들은 지도 제작 역사상 유례가 없는 방식으로 자기 주변의 이미지를 만들게 되었다.

사람들은 구글어스가 제공하는 여러 기능에 흥분한다. 그도 그럴 것이 구글어스가 아직은 걸음마 단계라 전 세계를 아우르는 3D 모델을 실현하기까지는 더 많이 발전해야 하지만, 보르헤스의 공상에 나오는 1:1 축척 지도를 상상하는 것이 기술적으로 가능해졌다. 파슨스는 "인터넷에 접속한 사람들에게 지도를 만들고 지금 우리가 하는 작업을 하라고 한다면, 1:1 지도를 만들 수 있음을 전적으로 인정하는 셈"이라고 말한다. 그러나 보르헤스가 상상한 전통적인 종이지도와 달리 가상 지도는 "현실의 다양한 수준에서" 작동할 것이라고 파슨스는 말한다. 구글은 서로 다른 종류의 정보를 저장하고, 사람들은 이 정보를 아무 때나 꺼내어 1:1 축척의 지리 공간 이미지에 포개 놓을 수 있다. 소셜 네트워크, 자본 흐름, 지하철 연결망, 다양한 상업 정보에 관한 자료들을 이미지 위에 겹쳐 놓고, 필요할 때 그 자리에서 꺼내 쓴다. 구글어스는 조만간 '현실적 가상'이라는 세계 그림을 제공할 예정이며, 이를 제약하는 것은 오직 군사적, 법적 제재뿐일 것이다. 미국의 군사 기반 시설은 상업적으로 이용 가능한 자료를 포함해 고해상도 인공위성 이미지 사용을 여전히 제한한다. 여기에다 사생활 침해 우려가 새로운 공간법 분야에서 어떤 역할을 할지도 미지수다. 10센티미터 해상도의 인공위성 이미지는 사람 얼굴도 식별할 수 있지만, 그런 자료를 자유롭게 이용해도 되는지에 관한 법이 확정될 때까지 구글은 기다려야 한다.

그 사이에 구글은 검색엔진과 더불어 지리 공간 애플리케이션을 계속 개발해 거대한 인터넷 지도를 만들 준비를 하고 있다. 브린과 페이지는 이런 발전을 예상하고 페이지랭크를 일찌감치 개발했지만, 이들이 초기에 이해한 가상 지도는 물리적 영역을 표현한다는 전통적인 지도 제작 정의와는 상당히 달랐다. 웹이 "인터넷으로 접근할 수 있는 문서들을 하이퍼링크로 연결한 네트워크"[696]라면, 구글은 끝없이 확장하는 정보의 세계를 표현하는 무한한 가상 지도를 만드는 셈이다. 구글어스는 이 과정에 포함된 흥미로운 애플리케이션으로, 물리적 영역을 바라보는 것에서 시작해 인간의 눈으로 볼 수 없는 겹겹이 쌓인 끝없는 디지털 정보를 뚫고 들어가게 한다. 2010년 4월, 구글이 구글어스를 구글맵스에 통합하면서 구글어스는 더욱 핵심적인 애플리케이션이 되었고, 이로써 사용자들은 구글어스와 구글맵스 사이를 부드럽게 이동하게 되었다.[697] 구글이 지리 공간 애플리케이션을 옹호하는 근거 하나는 지구의 디지털 이미지가 정보에 도달하는 매개가 되고 있다는 점이다. 마이클 존스는 2007년에 쓴 글에서, 구글은 "애플리케이션으로서의 인터넷 브라우저의 역할과 콘텐츠로서의 지도의 역할을 뒤집어, 지구 자체가 브라우저가 되는 체험을 하게 한다"[698]고 했다. 구글에 따르면, 구글어스는 정보에 접근하고 정보를 열람하는 출발점이다. 각 문화의 믿음과 생각에 기초해 클릭만으로 세계지도를 만드는 세상에서, 적어도 한동안은 세계지도가 그러한 출발점으로 정의될 듯싶다.

가상 지도에 올릴 수 있는 자료의 양은 끝이 없어 보인다. 2010년에 에드 파슨스는 1997년까지 인류가 기록한 자료를 모두 디지털로 바꾼다고 해도 그 이후 13년간의 인터넷 사용량이 그 두 배가 되고, 그 후 8개월 만에 다시 두 배가 되리라고 예상했다. 현재의 인터넷 규모는 무려 1,800엑사바이트(1EB는 100경, 즉 10^{30}바이트다)에, 약 120억 페이지로 추정된다.[699] 그러나 용량이 문제가 아니다. 파슨스는 "행성마다 현재 규모의 인터넷이 있다고 해도 우리는 그곳을 금방 채울 것"이라고 했다. 지도 제작 역사가 늘 그랬듯이 이번에도 문제는 과부하가 걸릴 정도로 많은 양의 정보를 어떻게 따라가느냐는 것이다. 구글과 구글의 지리 공간 애플리케이션이 기하급수적으로 늘어나는 자료를 따라잡는다고 해도 그것을 지도로 만드는 일은 언제나 계속될 것이고, 프톨레마이오스나 알이드리시, 카시니 집안사람들도 인정했듯이 그 과정은 끝이 없을 것이다.

1970년에 미국 지리학자 월도 토블러Waldo Tobler는 다음과 같은 유명한 말을 남겼다. "지리학의 제1법칙은 모든 것은 다른 모든 것과 연결되어 있지만 가까운 것은 먼 것보다 더 긴밀히 연결되어 있다는 것이다."[700] 지도 제작 전산화의 초기 선구자인 토블러는 컴퓨터를 기반으로 디트로이트 인구 증가 시뮬레이션을 개발하다가 이른바 '제1법칙'을 만들었다. 전 세계의 상호 연관성 그리고 인문지리학에서 컴퓨터 기술의 중요성을 함축한 토블러의 제1법칙은 인터넷을 비유하는 말로 사용되면서 구글어스에서 지리 공간 과학기술자들을 움직이는 원동력이 되었다. 제1법칙은 프톨레마이오스 이래로 지리학은 언제나 자기중심적이었다는 사실을 인정한다. 사람들은 지도에서 자신이나 자신이 속한 공동체부터 찾고, 가장자리에 있는 "먼 것"으로 갈수록 흥미를 잃는다. 구글어스(또는 다른 지리 공간 애플리케이션)에 접속한 사람들은 대개 지리 지식을 넓히기보다는 자신의 지역부터(도시나 마을 심지어 거리까지) 찾아본다.

구글은 토블러의 제1법칙에서 인터넷상에서 세계지도를 만드는 방법뿐만 아니라 그 정보로 돈을 버는 방법까지 간파한다. 에드 파슨스는 이렇게 지적한다. "우리에게 구글어스와 구글맵스는 지리학을 시각적으로 표현하는 것이다. 하지만 거의 모든 정보가 지리적 문맥을 포함하다 보니 우리가 하는 거의 모든 일에 지리학이 숨어 있다." 그는 구글 검색의 30퍼센트 이상이 지리 관련 검색이라고 추정한다. 구글은 정보를 철자와 숫자 순서뿐만 아니라 지리적으로도 정렬한다. 지리 공간 애플리케이션은 이제 구글 검색에 굳건히 자리 잡았다. 어떤 정보를 검색해도 그 정보가 어느 공간에 있는지를 알려 주는 지도 애플리케이션이 동시에 작동한다. 이를테면 구글에 "중국 식당"을 입력하면, 내가 속한 지역에 있는 중국 식당 일곱 개가 검색되면서 구글 지도에 각 식당의 위치가 표시된다. 지리학자들이 구글어스와 구글맵스에서 엄밀한 의미의 지도와 관련한 부분에만 관심을 집중하느라 눈여겨보지 못한 부분이 바로 이것이다. 개인의 기동성이 높아지고 (휴대전화 등을 이용한) 지리 공간 애플리케이션의 접근성도 높아지면서 "우리와 가까운 정보는 멀리 떨어진 정보보다 더 중요해지고 있다"는 것이 토블러의 말을 빗댄 파슨스의 주장이다. 그는 광고를 예로 든다. 어떤 회사가 "100미터 안에 있는 사람 가운데 과거에 그 회사 상품을 구입할 의향을 보였던 사람들에게 광고를 보여 줄 수 있다면 끝내주지 않겠는가. 사람들은 그런 정보에 큰돈을 쓸 것이다."[701] 구글의 연간 수익을 언뜻만 봐도 기업은 그런 정보에 기꺼이 돈을 쓴다는 걸 알 수 있다. 클로드 섀넌의 셀 수 있는 정보 이론은 구글의 손에서 마침내 그 시장을 찾은 셈이다. 가상의 이미지에서는 구글이 높은 수익성을 증명한다면 먼 곳도 대단히 가까운 곳이 된다.

마이클 존스는 구글이 키홀을 인수한 지 겨우 1년이 지난 2006년 5월에 인터뷰를 하면서 파슨스의 논지를 예견했다.

> 구글이 구글어스를 시작한 것은 돈을 벌기 위해서가 아니라는 말은 엉터리다. 구글만큼 수익성이 좋은 사업도 없다. 구글어스는 세계와 세계의 정보를 전에 없던 방식으로, 수천만 명의 상상력을 자극했던 방식으로 이어 준다. 그것이 구글의 장점이다. 우리 사업 모델이 사람들을 구글에 주목하게 하고 구글 검색을 이용하면서 그것에 돈을 쓰게 하는 것이었다 해도 그 모델은 제법 성공한 셈이다. 그러니까 우리가 돈벌이에 신경 쓰지 않고 구글어스를 내놓았다고 생각하는 사람은 우리 사업을 제대로 이해하지 못한 것이다. 지리정보시스템은 우리 사업 영역이 아니다. 사업을 구축하는 도구일 뿐이다.

그렇게 탄생한 것이 경제학자들이 "구글노믹스Googlenomics"라고 말하는 전자상거래 모델이다. 2002년에 구글은 인터넷에 광고를 실을 수 있는 자리를 팔아 수익을 올리는, "역사상 가장 성공적인 사업 구상"으로 꼽힐 법한 새 수익 모델인 '애드워즈Adwords'를 개발했다.[702] 애드워즈는 복잡한 알고리즘으로 구글 검색을 일일이 분석해, 검색 결과 페이지에 나타나는 '광고sponsored link'에 어떤 광고주의 사업을 띄울지 결정한다. 기업은 세계에서 가장 크고 가장 빠른 경매에 참여해, 사용자가 기업의 광고를 클릭할 때마다 구글에 얼마를 지불할지 비밀 입찰로 제시한다. 구글은 눈 깜짝할 사이에 입찰가 서열을 정리해, 광고란에 그 순서대로 광고를 싣는다. 사람들은 구글을 검색할 때마다 자기도 모르는 사이에, 끝없이 이어지는 수십억 달러의 세계 경매시장에 참여한다. 구글은 이 방식을 광고주에게 팔고, 광고주는 이를 이용해 "사용자가 자사 상품이나 서비스를 검색하는 마술 같은 순간에 그 잠재 고객과 접촉하되, 사용자가 광고를 클릭할 때만 돈을 지불한다."[703] 구글의 광고 책임자가 "클릭의 물리학"이라 부르는 것이다. 이윤 추구는 동시에 더 많은 자료를 모으는 방법도 된다. 다음은 스티븐 레비Steven Levy가 쓴 글이다.

> 광고 판매로 수익만 생기는 게 아니다. 이때 사용자의 기호와 습관에 관한 자료가 쏟아져 들어온다. 구글은 이 자료를 거르고 처리해, 소비자의 행동을 예상하고 상품을 개선할 방법을 찾고 더 많은 광고를 판다. 이것이 구글노믹스의 정신이고 핵심이다. 구글노믹스는 꾸준한 자체 분석 체계다. 자료에 기초한 이 피드백 순환은 구글의 미래뿐 아니라 인터넷에서 사업을 하는 모든 이의 미래를 규정한다.[704]

구글노믹스의 중심에 구글의 지리 공간 애플리케이션이 있다. 기업이 애드워즈로 광고 대상을 효과적으로 겨냥할 때, 구글어스와 구글맵스는 실제 공간과 가상공간에서 상품의 위치를 알려 준다. 마이클 존스는 최근 강의에서 "지도의 새로운 의미"를 거창하게 선포하며, 지리 공간 애플리케이션이 결정적인 용도를 찾았다고 했다. 존스는 인터넷 지도를 "사업장"으로, 즉 기업이 "활용할 수 있는 정보"를 거래하는 "애플리케이션 플랫폼"으로 정의한다.[705] 구글이 지리 공간 애플리케이션을 개발하는 데에는 상업적 동기가 점점 커져 가는 것이 사실이지만, 존스가 말한 "지도의 새로운 의미"도, 지도와 사업의 긴밀한 관계도 사실은 그다지 새로울 게 없다. 구글어스는 지리학을 상업에 이용하는 잘 알려진 오랜 지도 제작 전통의 일부일 뿐이며, 이 전통은 적어도 알드리시가 지중해 지역지도를 상품으로 내놓은 때로 거슬러 올라간다. 인도네시아 군도의 상업적 가치를 이용할 목적으로 제작한 히베이루의 세계지도도 이 전통에서 탄생했고, 항해사들을 위한 메르카토르 도법, 홀란트의 부유한 상인과 시민을 위한 블라외의 지도책, 심지어 경쟁이 점점 치열해지는 시장을 둘러싼 제국주의의 충돌을 그린 해퍼드 매킨더의 세계지도도 마찬가지다. 지도 제작자들이 사심 없이 지리 정보를 추구한다고 해도 그것을 실용적인 정보로 만들어 손에 넣기까지는 후원이나 국가의 자금 지원 또는 상업 자본이 필요하다. 지도 제작과 돈은 항상 붙어 다녔고 특정한 통치자, 국가, 사업, 다국적기업의 이권을 반영했지만, 그렇다고 해서 그러한 지원을 받은 지도 제작자의 혁신적 업적을 부정할 필요는 없다.

　　그러나 현재 구글이 하는 일과 과거의 작업에는 중대한 차이가 있다. 단지 규모의 차이가 아니다. 구글은 애드워즈나 페이지랭크뿐만 아니라 지리 공간 애플리케이션을 만들 때 사용하는 컴퓨터 소스코드에도 관심을 둔다. 대체 가능한 정보를 주고받는 방법에 관한 클로드 섀넌의 기본 공식에 원칙적으로 충실한 코드다. 구글은 명백히 상업적인 이유로 이 코드의 특정한 세부 내용을 밝히지 않는데,[706] 이는 역사가 기록된 이래 처음으로, 공개되지 않거나 자유롭게 이용할 수 없는 정보를 바탕으로 세계의 모습이 만들어지고 있다는 뜻이다. 과거에는 지도 제작 기술이나 원천을 결국에는 모두 공개했다. 16, 17세기에는 경쟁국을 의식해 세부 내용을 숨기려 했지만 허사였다. 그리고 이런 지도조차 금전적 이익을 챙길 목적이 전부가 아니었으며, 자료의 양은 오늘날과는 비교가 되지 않았다. 오늘날에는 자료가 워낙 방대해 구글은 공용도메인(저작권이 없는 저작물 – 옮긴이)에서 코드 유통을 제한해야 할 정도다. 사용자는 구글맵스 API로 구글 지도를 복제하되 코드를 알 수는 없다. 그리고 구글은 애드워즈처럼 구글 지도가 유통되는 경로를 추적해 사용자의 취향이나 습관에 관한 데이터베이스를 쉽게 확보한다. 구글맵스 API는 라이센스 조건에, 구글은 구글 지도를 사용하는 인터넷 사이트에 앞으로 언제든지 광고를 실을 권리가 있다고 명시한다. 논쟁의 여지가 있는 지나친 조건 같지만, 구글은 이 조건을 배제하지 않을 것이다. 건축사학자 윌리엄 미첼William J. Mitchell은 이렇게 묻는다. "따라서 코드 장악이 힘이다. 갈수록 우리 일상을 지배하는 소프트웨어를 누가 만드는가? 그 소프트웨어가 무엇을 허용하고 무엇을 금지하는가? 거기서 누가 이익을 보고 누가 소외되는가? 그 규칙을 만든 사람은 어떻게 책임을 지는가?"[707]

　　마찬가지로 현재 구글이 진행하는 세계 도서관 디지털화 작업은 인터넷에서 그때그때 자유롭게 지식을 얻게 하려는 시도다. 하지만 구글을 비난하는 사람들은 구글이 그런 자료를 독점하려 한다며, 구글의 자료 제한을 지적한다(구글이 제공하는 책은 인쇄해서는 안 되고 책을 통째로 볼 수도 없다. 이런 제한은 아마도 사용자가 돈을 내야 풀릴 것이다).[708] 2011년 3월, 미국 연방법원 판사 데니 친Denny Chin은 저자 협회, 출판사 단체와 1억 2,500만 달러의 계약을 체결하고 1억 5,000만 권의 책을 인터넷에 올리려는 구글의 계획을 승인하지 않으면서, 구글이 "다른 경쟁사보다 상당한 우위를 차지하고, 저작권이 있는 작품을 허가도 없이 대량으로 복제해 이익을 볼 수 있으며" 구글이 그런 시장에서 책을 독점할 수 있다는 이유를 들었다.[709] 2011년 9월, 구글은 미국 상원위원회에 출석해, 전 세계 인터넷 검색에서의 우월적 지위를 남용해 자사 서비스가 특혜를 누리고 있다는 혐의를 해명해야 했다. 이 혐의는 앞으로 점점 더 커질 것으로 보인다.[710]

구글은 인터넷 검색 정보를 공정하게 제공하는 현재의 지위를 포기해 고객의 신뢰를 잃을 마음이 없다고 답한다. 그리고 책을 디지털화하면 저작권 소유자도 이익을 얻을 수 있다고 주장한다. 궁극적으로는 사용자가(그리고 구글어스 커뮤니티Google Earth Community 같은 인터넷 단체 회원이) 정보 독점이나 정치적 편향 또는 검열 등을 용납하지 않을 것이라는 게 구글의 주장이다. 그래도 책뿐만 아니라 지리 분야에서도 구글의 야심을 바라보는 우려의 눈길은 여전하다. 구글 애플리케이션 사용자들은 정보 독점에 대항할 동기가 충분하지 않거나 정보 독점을 조직적으로 반대하기 힘들다. 정부만이 독점규제법으로 적절한 감시와 균형을 유지할 수 있다. 상업적 이윤도 추구해야 하고 더욱 혁신적인 상호작용도 추구해야 하는 구글이 그 둘 사이의 고조되는 긴장을 유지하기가 쉽지 않을 것으로 보인다. 이 점에서 구글어스의 지리 공간 과학기술자들은 디오구 히베이루나 마르틴 발트제뮐러처럼 정치적, 상업적 압력을 비껴가 지리 정보의 지평을 넓힌 16세기의 인문주의적 지도 제작자들을 닮았다. 그러나 오늘날의 시민사회에서는 16세기와 달리 정부, 비정부기구, 인터넷 커뮤니티 등이 감시도 하고 필요하다 싶으면 구글 같은 기업을 비판도 한다.

우리는 이런 지리 공간 애플리케이션의 한계도 계속 눈여겨보아야 한다. 기술 문제도 여전하다. 구글은 공식적으로는 기술 개선의 도전을 즐긴다지만, 지구 전체를 표준 고해상도 자료로 제공하려면 아직 갈 길이 더 남았다. 핀란드의 정보 기술 컨설턴트인 아누마리아 니발라Annu-Maaria Nivala와 동료들이 주요 인터넷 지도 사이트 네 곳(구글어스,

MSN 맵스, 맵퀘스트, 멀티맵Multimap)과 그곳 사용자를 대상으로 통제실험을 실시한 결과, 사용자들은 검색의 어려움부터 사용자 인터페이스, 지도 시각화, 지도 도구에 이르기까지 403가지 문제를 제기했다. 인터넷 지도는 "화면으로 보기가 어지럽고 혼란스럽고 정신없는" 경우가 많았다. 투영법은 "기이하고", 이미지는 "정보가 지나치게 많고", 이미지를 회전하나 확대 또는 축소하면 괴상해지고, 레이아웃은 엉성하고, 자료는 일관성이 없었다. 설문 참가자들은 오래된 질문을 다시 던졌다. "지도에 실을 것과 싣지 않을 것을 누가 결정하는가?"[711] 경쟁하는 상업적 사이트들이 표준화한 지도를 사용한다면 이 문제가 어느 정도 해결되겠지만, 조만간 그런 일이 일어날 가능성은 대단히 희박하다.

지리 공간 애플리케이션의 기술 문제도 문제지만, 지속적으로 제기되는 문제는 소위 '디지털 양극화'다. 이제까지 구글어스를 내려받은 사람은 5억 명이 넘는다. 1970년대 이래로 8,000만 부 이상 유통된 페터스 도법을 한참 뛰어넘는 수치다. 그러나 전 세계 인구가 70억이고, 이 중 상당수는 인터넷에 접속할 수 없을 뿐 아니라 인터넷의 존재도 모른다. 2011년을 기준으로, 70억에 가까운 세계 인구 가운데 인터넷 사용자는 20억으로 추정되며, 인터넷 보급률이 50퍼센트를 넘는 곳은 북아메리카, 오스트레일리아, 유럽뿐이다. 인터넷 보급률은 세계 평균 30퍼센트이고, 아시아는 23.8퍼센트, 아프리카는 고작 11.4퍼센트 즉 1억 1,000만 명이 인터넷에 접속한다.[712] 이는 기술 접근성의 문제만이 아니라 정보 접근성의 문제(또는 개발 연구에서 A2K라고 알려진 문제)이기도 하다.[713] 이 수치는 구글어스 같은 애플리케이션을 사용하는 사람은 주로 서양 지식층에 국한된다는 사실을 보여 준다. 그러니까 이런 애플리케이션이 지도에 표시하는 곳 중에는 정작 그곳 사람들은 지금 세상이 어떻게 돌아가는지 전혀 모르는 곳도 있다는 이야기다.

그럼에도 구글어스는 거대한 잠재력을 지닌 놀라운 기술이며,

사람들이 국가와 도시와 마을을 표시한 전통적인 종이지도나 지도책보다 GPS를 점점 더 선호하다 보니 종이지도의 종말을, 아니면 적어도 쇠퇴를 알리는 신호탄이 되지 않을까 싶다. 현재 인터넷에 접속하는 사람은 누구나 구글어스에서 전례 없던 지리 정보를 얻을 수 있으며, 개인과 비정부기구는 그동안 다양한 진보적 환경 운동이나 정치 상황에 구글어스를 활용했다. 구글은 개인이 기호에 맞게 지도를 이용하고 폐기하는 전례 없는 방식을 만들었고, 지도를 바라보는 전통적 시각을 훌쩍 벗어난 혁신이 탄생할 것을 예고했다. 그것은 파슨스가 말한 "증강 현실augmented reality 애플리케이션"으로, 컴퓨터가 만든 소리나 그림 등으로 실제 세계의 환경을 수정하는 이 애플리케이션은 "한때 지도로 표현되었을 세계의 이미지 위에 정보를 겹쳐 놓는다."[714]

이렇게 발전하는 구글어스에도 좀 더 전통적인 지도 제작법이 여전히 나타난다. 지구 전체의 모습을 보여 준 다음 차츰 대륙, 국가, 구체적 지역으로 내려가는 구글의 배치 방식은 메르카토르와 블라외가 대중화한 지도책 형식이다. 지도 제작자들은 이 기술이 지구를 "거울처럼 비춘다"고 믿었고, 이 믿음은 적어도 르네상스 시대 이래로 지구를 납작한 평면에 투영하는 수학의 힘에 대한 변함없는 신뢰와 더불어 세계지도 제작의 핵심이었다. 구글어스 홈페이지에 나오는 지구 전체의 모습은 인공위성이 찍은 사진처럼 보이지만, 역시 3차원 물체를 납작한 평면에, 즉 화면에 투영한 모습이다. 이런 이미지가 다 그렇듯 이 역시 특정한 투영법을 사용하는데, 바로 일반투시도법General Perspective Projection이다.[715] 이 투영법의 창시자는 다름 아닌 프톨레마이오스이고, 구글어스는 이 투영법을 선택함으로써 이 책의 맨 앞으로 돌아간다. 프톨레마이오스는《지리학》에서 "평면에 구체를" 표현하는 이 투영법을 이렇게 설명했다. "[시점이] 적도 분점을 지나는 자오선의 위치에 놓인다고 가정한다."[716] 이 투영법은 우주의 유한한 점에서 지구를 비스듬히 바라보거나 (프톨레마이오스가 묘사한 대로) 수직으로 바라본다. 처음에는 지구를 자세히 표현할 수 없어 거의 쓰지 않던 투영법이다. 그러다가 사진이 생기고 우주여행이 시작되면서 다시 주목받기 시작했다. 아폴로 17호가 찍은 것 같은 지구 사진은 멀리서 지구를 육안으로 보듯 세로로 비스듬히 바라본다. 구글어스 같은 애플리케이션에는 일반투시도법이 3차원 지구를 2차원에 표현하는 가장 이상적인 방법이다. 보기에도 좋고, 사용자가 지구 표면으로 접근하면서 이리저리 날아다니며, 클립맵과 광선 추적법을 이용해 세부까지 '볼 수' 있기 때문이다. 그러나 극 지역을 정확히 표현하는 등의 지리적 특성을 포기하면서 이런 식으로 지구를 묘사할 때도 구글어스는 어떤 방법을 사용할지를 두고 여전히 결정권을 갖는다. 지리 공간 애플리케이션은 지구를 클로드 섀넌의 1과 0의 반복으로 바꿔 놓는다. 그리고 이 1과 0은 알고리즘을 거쳐 인식 가능한 주변 세계의 모습으로 변한다. 구글어스의 이 방법은 프톨레마이오스만큼이나 오래된 방법이다. 프톨레마이오스도 기초적 기하학으로 지구를 위에서 내려다보았고, 위도와 경도라는 숫자 계산으로 세계를 디지털로 표현했으니까.[717]

구글어스 같은 지리 공간 애플리케이션의 발달로 생긴 불안은 새로울 게 없다. 역사에서 지도 제작 매체가 크게 바뀔 때마다 비슷한 불안이 나타났다. 돌에서 양피지와 종이를 거쳐, 직접 그린 삽화, 목판화, 동판화, 석판화, 컴퓨터 그래픽으로 변할 때마다 그랬다. 그때마다 지도 제작자와 사용자는 지도를 특정 계층의 이익에 맞추려는 종교적, 정치적, 상업적 압력을 잘 이용해 왔다. 정보의 무료 배포나 정부 당국과의 충돌이 장기적 독점 사업의 결과인지 아니면 인터넷의 힘을 믿는 민주적 태도의 결과인지 의문이 생기지만, 그러한 의문을 불러일으키는 구글과 구글 애플리케이션을 둘러싼 현재의 논쟁은 어느 면에서는 단지 그러한 역사적 추세가 격화된 사례라 볼 수도 있다.

다국적기업이 으레 그렇듯이, 구글 내부에서도 미래의 방향을 두고 긴장이 흐르는 건 분명하다. 그러나 거대한 수익을 챙기고픈 욕구와 표면상의 민주적 이상을 조화시키기는 갈수록 불가능해 보인다. 클로드 섀넌의 전자 소통 이론처럼 처음에 구글을 자극한 것은 수량화할 수 있고 잡음이 없는 정보를 소통하는 것이었고, 그 후 그 정보는 상상을 뛰어넘는 규모로 유통되었다. 그러나 구글은 지리 정보를 수량화하는 방법뿐 아니라 그 정보에 화폐가치를 더하는 방법까지 개발했다. 지도 역사에서 귀중한 지리 정보를 한 기업이 독점하는 일은 없었다. 그렇다 보니 인터넷 업계는 세계 인터넷 검색 시장을 구글이 70퍼센트나 점유한 상황이 우려스럽다. 사이먼 그린면은 이렇게 말한다. "[구글이] 구글어스로 놀라운 일을 해냈지만, 역사상 유례가 없는 규모로 세계지도 제작을 지배할 가능성도 있다. 우리가 10~20년 뒤의 모습을 미리 내다본다면, 구글은 전 세계 지도 제작과 지리 공간 애플리케이션을 소유하고 있을 것이다."[718] 지구 어디에서든 우리 위치를 알려 주는 인터넷 지도 덕에 우리는 길을 잃는다는 것의 의미를 이해하는 마지막 세대가 되었다고 구글은 즐겨 말한다. 그러나 우리는 다양한 개인, 국가, 단체가 다양한 지도를 제작한다는 것의 의미를 이해하는 마지막 세대도 될 것이다. 우리는 새로운 지리학을 눈앞에 두고 있다. 그러나 이 지리학은 전에 없던 단 하나의 목표, 수량화한 정보를 독점해 경제적 이윤을 축적한다는 목표를 추구할지도 모를 일이다.

에필로그

—

역사의 눈?

───

이 책에서 다룬 지도는 그 자체로 하나의 세계다. 그러나 이 책은 각 지도에 나타난 시간과 공간의 독특한 이미지뿐만 아니라 열두 개 지도에 공통된 특징을 보여주고자 했다. 각 지도는 모양과 크기야 어떻든 간에 눈에 보이지 않는 외계의 존재를 인정한다. 이런 믿음은 거의 모든 문화에 나타나며, 외계를 지도라는 그림으로 표현하려는 욕구도 마찬가지다. 그러나 지상 세계를 인식하고 그것을 그림으로 표현하는 방식은 그리스의 원에서 중국의 정사각형과 계몽주의의 삼각형에 이르기까지 천차만별이었다. 각 지도는 (직접적 또는 간접적으로) 지구 전체를 납작한 평면에 표현할 수 없다는 점도 인정한다. 프톨레마이오스는 자신의 투영법도 이 문제에 속 시원히 답하지 못한다고 시인했다. 알이드리시도 이 딜레마를 인정했지만, 부분 지도를 선호하는 식으로 문제를 슬쩍 피해 갔다. 메르카토르는 자신이 가장 실용적인 타협안을 내놓았다고 생각했다. 그리고 페터스는 이 문제를 되레 키워 놓았고, 그 과정에서 수많은 불완전한 지도 제작법을 동원해 지구 전체의 모습을 다양하게 제시하는 오늘날의 지리 공간 애플리케이션의 확산을 예견했다.

이 책에서는 또한 어떤 세계지도도 육신을 떠난 눈으로 세상을 바라보듯 세계를 확정적이고 투명하게 묘사하지도, 묘사할 수도 없다는 사실을 드러내려 했다. 지도 제작자와 사용자가 세계를 이해하는 방식은 계속 바뀌고, 지도는 양측의 끝없는 타협의 산물이다. 세계지도를 만드는 일은 후원자, 제작자, 소비자, 그리고 그들이 딛고 선 세계 사이에서 서로 상충하는 이해관계를 오가며 영원히 진행되는 작업이다. 같은 이유로, 특정 지도를 완성본이라고 단언하기도 불가능하다. 카시니의 측량은 영원히 계속되는 지도 제작을 보여 주는 가장 분명한 사례이며, 1520년대부터 나온 히베이루의 세계지도 시리즈도 비슷한 경우이고, 블라외는 무기한 이어질 수도 있던 지도책 3단계 중 1단계만을 완성했을 뿐이다. 지도는 확정적 원칙에 따라 세계를 아우르려 애쓰겠지만 사실 지도는 끝없이 진화하는 공간이며, 제작자의 노고가 완성되길 가만히 기다리지 않는다. 구글은 이 사실을 간파하고, 그 장점을 다른 어떤 경쟁자보다 잘 활용했다.

지도는 세계를 단순히 반영하기보다 세계에 관해 제안을 한다. 그 제안은 특정한 문화를 지배하는 추측과 그 문화가 몰두하는 생각에서 나온다. 지도와 이런 추측 또는 생각은 늘 상호 보완적이지만, 그 둘의 관계가 꼭 고정되거나 안정적인 것은 아니다. 〈헤리퍼드 마파문디〉는 기독교가 이해하는 창조와 예상되는 세계의 종말을 제시한다. 〈강리도〉는 제국의 세력이 중심에 놓인 세계를 보여주는데, 그 세계에서는 풍수에서 말하는 '형세'에 관한 믿음이 세속적 존재의 핵심이다. 두 지도 모두 그것이 탄생한 문화와 논리적으로 일맥상통하지만, 그 문화의 믿음 체계에 근거한 추정을 바탕으로 세계 전체의 모습을 포괄적으로 제시하고자 한다. 이런 상호 보완적 관계는 이 책에서 다룬 열두 개 지도의 공통된 특징이다. 각 지도는 세계를 보여 줄 뿐 아니라 세계의 일부이기도 하다. 역사학자가 보기에 이들 지도는 모두 지배적인 사고방식(또는 종교, 정치, 평등, 관용)을 이해할 조건을 창조하고, 사람들은 이를 바탕으로 주위 세계를 이해하면서 동시에 자신을 이해한다.

아서 로빈슨 같은 지도 제작자들은 지도가 사람의 믿음을 바꾸고 상상에 자리한 지리를 변형하는 인지 과정을 설명하려 했지만, 사람들이 지도가 표현하는 주위 세계의 공간 정보를 어떻게 내면화하는지를 밝히기란 여전히 어려운 일이다. 할리와 (로빈슨의 제자인) 데이비드 우드워드는 여러 권으로 된 《지도 제작사》를 펴내면서, "초기 사회의 시도 인식 수준을 보여 주는 증거"는 "거의 없다"고 인정했다.[719] 지도는 혁신적일지언정 사람들의 세계 인식에는 여전히 영향을 주지 못하는 것으로 보인다. 알이드리시의 지도는 이슬람과 기독교의 문화 교류에서 탄생한 이상적 세계를 제시했지만, 12세기 시칠리아를 낳은 혼합 문화가 붕괴되었으니 그 지도를 본 사람은 대단히 소수였을 테고 그 지도에 나타난 세계관을 받아들일 기회가 있었던 사람은 더더욱 소수였을 것이다. 반면에 전문직 종사자들이 아르노 페터스의 세계지도를 어떤 식으로 이용했는지를 알아보는 설문 조사에서, 다수가 지도의 세부적 단점은 거의 파악하지 못한 채 지도가 주장한 지리적 평등을 받아들였다는 사실이 밝혀졌다. 그런가 하면 널리 퍼진 관심사나 불안에 지도가 어떻게 반응하는지를 특정한 개인에게서 돌연 발견하기도 하는데, 이를테면 12세기에 중국 시인들은 지도를 잃어버린 신화 속 제국을 표현하는 수단으로 묘사했고, 나폴레옹 군대는 카시니 지도에 나타난 드넓은 프랑스 국가를 보고 깜짝 놀란 어느 성직자의 일화를 소개하며 카시니 지도의 마술 같은 힘을 이야기했다. 지도는 해당 문화에서 어떤 추측이나 단정을 이끌어 내기도 하는데, 그러한 추정은 꾸준히 시험대에 오르고 재검토되면서 받아들여지기도 하고 거부되기도 한다.

18세기 유럽에서 나타나 카시니 집안사람들과 그 추종자들을 자극한 생각은 객관적이고 과학적인 지도를 만들 수 있으며 언젠가는 누구나 인정할 표준 세계지도를 내놓을 수 있으리라는 것이었다. 인터넷에 지리 공간 애플리케이션이 널린 오늘날에도 그런 지도는 없다. 사람들은 세계에서 부분 지도를 선택할 때 항상 타협을 해야 하며, 지도는 "결코 완전한 모습일 수 없고, 결코 완성될 수도 없다"[720]는 사실을 인정해야 한다. 따라서 마지막으로 세계 전체를 지도에 담으려 했지만 아니나 다를까 실패로 끝난 이야기 하나를 소개하면서 이 책을 마칠까 한다.

1891년, 세계적으로 존경받는 독일 지형학자 알브레히트 펭크Albrecht Penck가 베른에서 열린 제5차 국제지리학회의International Geographical Congress에서 새로운 지도 제작안을 제시했다. 19세기 말 매킨더가 지리학의 지위에 관한 견해를 밝히기에 앞서, 펭크는 이제 국제적으로 세계지도를 만들어도 될 만큼 지구 표면을 지도에 옮길 정보는 충분하다고 주장했다. 그의 계획에는 "1:1,000,000 축척(10킬로미터를 1센티미터로 표시)의 세계지도 제작"이 포함되었다. 펭크는 이렇게 지적했다. 현재 세계지도는 "축척이나 투영법 또는 제작 형식이 통일되지 않았다. 지도는 전 세계 곳곳에서 제각각 발행되고, 손에 넣기 힘든 때도 많다."[721] 그의 해결책은 '국제세계지도IMW'였다.

세계의 주요 지도 제작 단체가 공동 작업을 벌여 지도 2,500장에 지구 전체를 담는다. 지도 한 장에는 위도 4도, 경도 6도에 해당하는 면적을 표시하되 투영법은 오직 수정원뿔도법만 쓰고 규정과 기호는 모두 표준화한다. 이 투영법이 지구 전체의 모습을 정확히 표현하지 못해도 상관없었다. 펭크는 알이드리시의 방법을 연상케 하는 논쟁에서, 지도 2,500장을 하나로 붙이는 것은 비현실적이라고 강조했으니까. 아시아 지도만 해도 2.8제곱미터 공간을 차지할 터였다. 펭크는 메르카토르와 블라외의 위대한 우주형상학을 상기시키며, 자신의 구상을 "'세계 지도책Atlas of the World'으로 부를 수도 있을 것"[722]이라고 했다. 그리니치를 지나는 자오선을 본초자오선으로 삼고, 모든 지명은 라틴어 철자로 표기한다. 자연 지물과 인공 지물 표시는 엄격히 통일해, 행정구역을 표시하는 선의 두께와 숲이나 강 같은 자연을 표시하는 색깔까지 맞춘다.

펭크는 "1,000부씩 찍는다고 할 때 생산 비용은 1제곱피트에 9파운드로 맞출 수 있을 것"이라고 추산했다. "전체 지도를 한 장당 2실링에 팔면 10만 파운드 이상 적자를 볼 것"이라고 인정하면서도, 정부는 "1840년대와 50년대의 북극 탐험이나 근래의 아프리카 원정" 같은 과학 탐험과 식민지 원정에 훨씬 더 많은 논을 썼다고 지직했다. 영국, 러시아, 미국, 프랑스, 중국 같은 제국 세력이 지도의 절반 이상을 담당할 수도 있을 것이다. 펭크는 문화와 이념의 차이를 뛰어넘는 국제 공조를 호소하며, "이들 나라가 계획에 찬성하면, 더러 민간 차원에서 개인이 참여하거나 정부가 아닌 지리학회 같은 곳에서 비용을 대더라도 일은 성공적으로 끝날 것"[723]이라고 했다.

과학적으로 정확하고 표준화한 사실주의를 신봉하는 계몽주의적 믿음을 반영하고, '카시니 지도'로 대표되는 국가 차원의 지도 제작을 세계 차원으로 확대한 이상적인 계획이었다. 하지만 두 가지 큰 문제가 있었다. 측량 경험이 거의 없는 나라가 그런 일을 어떻게 감당할지, 게다가 자금까지 부족하면 어찌 될지 불투명했고, 펭크는 이 지도의 잠재적 이익을 설득력 있게 설명하지 못했다. 그의 주장은 이랬다. "문명화한 우리 삶에서 좋은 지도를 만드는 것은 거의 필수다. 내 나라 지도의 필요성은 절대적이다. 상업적 이익을 추구하고 선교 활동이나 식민지 사업을 하다 보면 외국 지도가 필요하고, 교육을 하거나 당대의 역사를 설명하기 위해서도 지도는 수없이 필요하다."[724] 이 투영법을 비판하는 많은 사람에게 이 정도 설명으로는 부족했다. 1913년에 어떤 이는 이렇게 썼다. "이 지도의 정확한 목적을 딱 꼬집어 말한 것을 들어 본 적이 없다. (……) 어쩌면 그 계통지리학자의 쓰임새를 증명하기 위해서가 아닐까. 그런 사람이 왜 필요한지 판단해야 할 때 써먹으려고."[725] 펭크가 이 지도의 유용성을 확신한 계기는 이 시대를 지배한 가치로 거슬러 올라간다. 근대 국민국가를 규정하고, 세계 자본주의를 촉진하고, 기독교 전파를 가능케 하며, 유럽 제국의 식민지 확장을 정당화하는 가치였다. 펭크가 주장한 대로, "통일된 세계지도가 곧 영국 제국의 통일된 지도라면" 영국에는 이롭겠지만 다른 곳에도 이롭다고 단정할 수는 없다.

베른 회의에서는 국제세계지도 제작을 검토해 보기로 했고, 그 후 회의에서도 그 계획을 꾸준히 지지했지만 실질적 결과는 거의 없었다. 그러다가 1909년에야 (펭크를 포함한) 국제지도위원회International Map Committee가 런던의 외무부에서 만났다. 위원회를 소집한 쪽은 이 계획에서 비롯될 자국의 이익을 눈치챈 영국 정부였다. 위원회는 전체 계획의 색인표를 비롯해 지도의 세부 사항 구성과 첫 번째 지도 제작 계획에 동의했다. 그러나 1913년까지 고작 유럽 지도 여섯 장의 초안이 나왔을 뿐 다른 나라는 거의 다 자국의 국가적, 정치적 이유를 들어 지도 제작을 거부했다. 1913년에는 지도의 통일된 규칙을 정하기 위해 파리에서 두 번째 모임이 소집되었지만, 이들의 심사숙고에 찬물을 끼얹는 소식이 들렸다. 미국이 자체적으로 1:1,000,000 축척의 남아메리카 지도를 만들기로 했다는 소식이었다.

국제세계지도가 무산되자 영국 대표단은 중앙 부처가 영국 토지측량부 사무실에서 이 작업을 진행하고 여기에 왕립지리학회가 표면상으로 정치와 무관한 민간 자금을 제공하는 안을 제시했다. 사람들은 속아 넘어가지 않았다. 이 제안을 후원한 곳은 영국 정부의 정보 조직인 참모부 지리분과GSGS였는데, MO4로도 알려진 이곳은 군사 지도를 수집하고 제작하는 곳이었다. 1914년에 전쟁이 선포되었을 때, 토지측량부는 왕립지리학회와 참모부 지리분과의 지원을 받아 유럽, 중동, 북아

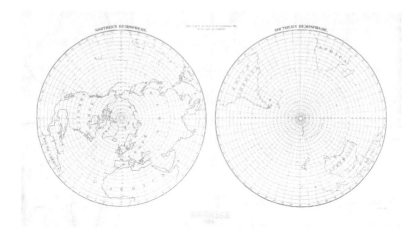

───── **그림 93**
1:1,000,000 축척의 미완성 국제세계지도 제작 상황을 나타낸 색인도, 1909년.
→ 448~449쪽 사이 컬러화보 참고

프리카의 1:1,000,000 축척 지도를 제작해 연합국을 지원했다.[726] 펭크가 지도를 제작하면서 뛰어넘고자 했던 민족적, 정치적 차이가 결국은 지도 제작을 전쟁의 도구로 전락시킨 꼴이었다.

1918년 이후로 이 계획은 지지부진했고, 펭크는 베르사유조약의 정치적 부당함에 환멸을 느껴 이 작업을 멀리했다(베르사유조약은 지도 제작 분과를 패전국인 독일에 떠넘겼다). 이 작업을 맡은 중앙 부처는 1925년까지 1:1,000,000 지도를 겨우 200개 제작했다고 발표했고, 이 가운데 그나마 21개만이 1913년 파리에서 대표단이 동의한 부류의 지도에 속했다.[727] 1939년까지도 고작 150개가 추가로 완성되었다. 제2차 세계대전이 터지면서 토지측량부는 국제세계지도를 사실상 포기했다. 왕립지리학회 사무관 아서 힝크스Arthur Hinks는 사람들이 이 작업의 국제적 정신을 오해했다고 결론 내리며 이렇게 썼다. "일관된 형식의 대륙 일반도가 대량으로 필요하면 필요한 사람이 직접 만들라, 그리고 그 지도를 국제지도라 부를지 말지는 선택의 문제이고 편의상의 문제다, 하는 식의 인식이 깔린 듯하다."[728]

제2차 세계대전에서 하늘을 군사적으로 통제하는 것의 중요성이 절실해지면서, 토지측량부의 후원으로 제작한 비교적 축척이 큰 지도보다 항공지도가 더 중요하게 취급되었다. 전쟁은 토지측량부에 직접적인 타격도 입혀서, 1940년 11월 사우샘프턴 폭격으로 토지측량부 사무실 대부분이 파괴되고 국제지도 관련 자료도 상당수가 소실되었다. 1949년에는 남은 관계자가 이 작업을 이즈음 생긴 유엔에 넘기라고 권고했다. 유엔헌장은 이미 지도의 중요성을 명시해 놓았다. "정확한 지도는 세계 자원의 적절한 개발의 전제 조건이며 (……) 그와 같은 지도는 국제무역을 촉진하고, 항해 안전을 도모하며 (……) 평화적 조정 방법 연구와 (……) 안보 조치 마련에 필수적인 정보를 제공한다."[729] 유엔 경제사회이사회ECOSOC는 1951년 9월 20일에 열린 제13차 회의에서 국제세계지도의 중앙 부처를 유엔사무국의 지도 제작 사무소로 이전하는 결의안 412 AII(XIII)를 통과시켰고,[730] 1953년 9월에는 공식적으로 국제세계지도를 관리하기 시작했다. 유엔이 이 작업을 인수했을 때 상황은 엉망이었다. 완성된 지도는 목표량에 턱없이 부족한 400개에 불과했다. 유엔이 처음 내놓은 색인도에는 이제까지 어떤 지도를 발행하고, 수정하고, 재발행하고, 접수했는지, 그리고 어떤 지도를 더 만들어야 하는지가 표시되었다. 정신이 없었고, 해야 할 작업은 태산 같았다.[731]

1950년대에 냉전이 격화되면서, 처음 이 지도를 탄생케 한 국제 공조 정신은 온데간데없이 사라졌다. 1956년에 소련은 1:2,500,000 축척으로 세계지도를 다시 만들자고 유엔경제사회이사회에 제안했다. 유엔이 국제세계지도에 투자를 하고 있는 상황에서 이 제안은 당연히 거절되었지만, 어이없게도 헝가리의 국립토지지도사무소가 철의 장막에 가려진 다른 공산국가와 중국의 지원을 받아 이 제안을 실행에 옮겼다. 1964년에 처음으로 지도가 인쇄되어 나왔고, 1976년에는 전체 지도가

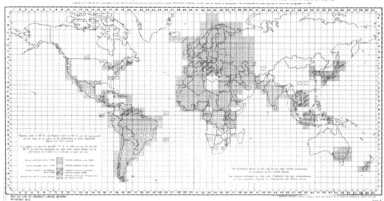

INDEX MAP SHOWING STATUS OF PUBLICATION OF THE INTERNATIONAL ONE-MILLIONTH MAP OF THE WORLD

TABLEAU D'ASSEMBLAGE INDIQUANT L'ETAT DE PUBLICATION DE LA CARTE DU MONDE AU MILLIONIEME

그림 94

100만 분의 1 국제세계지도(IMW) 발행 현황을 나타낸 색인도, 1952년.

모스크바에서 처음 전시되었다. 지도는 독립된 224장과 겹치는 39장으로 구성되었다. 축척과 세부 내용에서 펭크의 구상에 못 미치고 동유럽에서만 한정적으로 유통된 이 지도는 사실 서구 자본주의가 만들면 소비에트 블록도 못 만들 게 없다는 것을 보여 주기 위해 러시아가 후원한 과시용이었다.[732]

　　1960년대에 유엔은 국제세계지도를 되살리려고 노력했지만 별다른 효과를 거두지 못했고, 주요 지도 제작자들은 국제적 열망이 타락했다고 앞다투어 혹평했다. 아서 로빈슨은 그 지도가 "지도 벽지"[733]일 뿐이라고 일축했다. 1989년, 유엔은 마침내 이 계획에서 손을 뗐다. 완성된 지도는 1,000장이 되지 않았고 대부분 벌써 구식이 되어 버렸다. 세상은 계속 돌아갔다. 미국 정부는 일찌감치 국립지리정보분석센터를 설립했다. 국가가 자금을 지원하는 많은 조직 중 하나였다. 인터넷 지리 공간 애플리케이션 탄생의 신호탄이자 국제적 공조를 바탕으로 국가가 지원하는 세계지도를 전 세계가 함께 만들겠다는 꿈이 깨졌음을 알리는 신호였다.

국제세계지도에 영감을 준 과학 발전, 제국 지배, 세계무역, 국민국가의 권위 같은 19세기의 가치는 궁극적으로 이 지도 제작의 바벨탑을 무너뜨렸다. 국제세계지도를 만들려는 시도의 모순은 각 시대에는 그 시대에 맞는 세계지도가 따로 있다는 점이다(사실 당시에는 그런 지도를 확보하지 못했지만). 서양의 우월한 지도 제작 기술을 바탕으로 투명한 국제 공조를 이뤄야 한다는 이 시기의 제국주의적, 국가적 요구는 지나치게 수준이 높았고 이 계획의 지적 열망과 과학적 능력을 넘어섰다. 20세기에 동원할 수 있는 기술 자원과 국가의 새정 지원은 표준 세계지도를 만들기에 부족했고, 이때는 전 세계에 통용될 지도 투영법을 채택하는 영원한 숙제를 고민하기도 전이었다. 루이스 캐럴과 보르헤스의 이야기에 나오는 1:1 축척 지도는 순전히 공상이었고, 1:1,000,000 축척 세계지도도 공상이기는 마찬가지였다.

앨 고어는 '디지털 지구'를 꿈꾸었으나 오늘날의 인터넷 지리 공간 애플리케이션도 그러한 계획을 재검토할 생각은 없어 보인다.[734] 2008년에는 1:1,000,000 축척 세계지도의 꿈을 디지털로 실현하려는 계획이 미국과 일본 정부의 지원으로 일본이 주도해 시작되었다. 계획은 단순하게 '글로벌맵Global Map'으로 불렸다. 인터넷에 이 작업의 목표가 올라와 있다. "글로벌맵은 지구의 현재 상황을 이해하고 앞으로 넓은 시야로 지구를 바라보려는 사람들을 위한 플랫폼이다."[735] 하지만 이 책을 읽는 독자 대부분이 '글로벌맵'을 들어 본 적이 없을 테니, 이 계획의 영향력은 짐작하고도 남는다. 구글어스의 엔지니어들도 인터넷 가상 세계지도를 통일하겠다는 꿈은 실현 불가능하다고 말한다. 이유는 간단하다. 국제세계지도가 극복하려 했던 전 세계의 민족, 지역, 언어 다양성을 그대로 유지하고 싶기 때문이다. 오늘날과 같은 세계경제에서는 다양성과 차이가 이윤의 원천이다. 지도에서 자신의 지역이 외국어로 표기되고 낯선 상징으로 뒤덮여 있다면, 그곳에 링크된 물건을 누가 사고 싶겠는가.

　　인류는 익명의 누군가가 맨 처음 점토판으로 바빌로니아 세계지도를 만든 이래로 3,000년 넘게 보편적으로 인정받는 세계지도를 만들려는 꿈을 간직해 왔다. 오늘날에도 그것은 여전히 이상적 공상이고, 세계 어디서나 인정받는 세계지도 투영법을 만들기란 불가능하기에 앞으로도 계속 공상에 머무를 것이다. 구글어스의 주장에도 불구하고, 아브라함 오르텔리우스가 꿈꾼 전지적 역사의 눈이 되어 지구 전체를 바라보는 지도, 보편적으로 인정받는 포괄적 세계지도를 만드는 것이 언젠가는 가능할까? 아니면 적어도 바람직한 것일까?

　　측량사나 측지학자라면 아마도 실현 가능성의 관점에서 그렇다고 대답하겠지만, 그렇다면 투영법이나 축척 또는 실제 제작 시 생기는 여러 기술적 문제를 감수하고라도 그런 작업을 꼭 해야 하느냐는 물음에 그럴듯한 답을 내놓을 수 있어야 할 것이다. 펭크는 20세기의 무절제한 정치를 감내할 가치가 있는 답을 결코 내놓지 못했으며, 최근의 '글로벌맵'이 실행되지 못한 것을 보면 그 계획이 표방한 모호한 목표도 답이 아님을 알 수 있다. 이 책에서 다룬 지도는 하나같이, 그 지도가 세상을 보는 법이라고 제안한 방식은 특정한 세계관에서 나왔음을 보여 주는데, 펭크나 '글로벌맵'에는 그런 세계관이 부족했다. 그와 같은 대규모 기획에는 국가나 기업의 자금이 필요할 텐데, 이때 지구와 인간의 다양한 모습에 단일한 이미지를 부여하려는 정치적 또는 상업적 술수를 피해 가기는 어려운 일이다.

　　그러나 보편적 지도가 불가능하다거나 바람직하지 않다고 대답한다면, 세계화의 불가피성을 무시하고 지리학을 매개로 한 공통된 세계 인류를 축하할 가능성을 외면한 편협한 시각을 지지하는 것처럼 보이기 쉽다. 이 책에서 다룬 열두 개의 지도는 모두 세계를 바라보는 그러한 편협한 시각을 극복하려고 노력했다. 모든 문화는 지도로 세계를 바라보고 표현하는 특정한 방식이 있으며, 구글어스나 〈헤리퍼드 마파문디〉, 〈강리도〉도 마찬가지다. 따라서 앞선 질문에 대한 답은 '절대적으로 불가능하다'라기 보다는 '회의적이지만 가능하다' 쪽이 아닐까. 세계지도는 앞으로도 계속 존재할 것이며, 관련 기술과 지도의 모양이 계속 발달하다 보면 미래의 어느 순간에는 근대 지도책에 등장하는 세계지도나 심지어 구글어스 홈페이지에 등장하는 세계지도까지도 바빌로니아 세계지도처럼 괴상하고 낯설어 보일 것이다. 그러나 미래의 지도 역시 불가피하게 특정한 강령을 추구하고, 다른 대안은 버린 채 특정한 지리적 해석을 고집하고, 결국에는 지구를 어느 한 가지 방식으로 정의할 것이다. 그렇기는 해도 세계를 '실제 모습대로' 보여 주지 않을 것은 분명하다. 불가능하기 때문이다. 한마디로 정확한 세계지도 따위는 없으며, 앞으로도 없을 것이다. 하지만 역설적이게도 지도 없이는 절대 세계를 이해할 수 없고, 하나의 지도로 세계를 분명하게 표현할 수도 없다.

주

〰️

프롤로그

1 J. E. Reade, 'Rassam's Excavations at Borsippa and Kutha, 1879-82', *Iraq*, 48 (1986), pp. 105-16, and 'Hormuzd Rassam and his Discoveries', *Iraq*, 55(1993), pp. 39-62.

2 지도에 관한 기록은 다음에서 인용. Wayne Horowitz, 'The Babylonian Map of the world', *Iraq*, 50 (1988), pp. 147-65, 같은 저자의 책, *Mesopotamian Cosmic Geography*(Winona Lake, Ind., 1998), pp. 20-42, and I. L. Finkel and M. J. Seymour(eds.), *Babylon: Myth and Reality*(London, 2008), p. 17.

3 Catherine Delano-Smith, 'Milieus of Mobility: Itineraries, Route Maps and Road Maps', in James R. Akerman(ed.), *Cartographies of Travel and Navigation* (Chicago, 2006), pp. 16-68.

4 Catherine Delano-Smith, 'Cartography in the Prehistoric Period in the Old World: Europe, the Middle East, and North Africa', in J. B. Harley and David Woodward(eds.), *The History of Cartography*, vol. 1: *Cartography in Prehistoric, Ancient, and Medieval Europe and the Mediterranean*(Chicago, 1987), pp. 54-101.

5 James Blaut, David Stea, Christopher Spencer and Mark Blades, 'Mapping as a Cultural and Cognitive Universal', *Annals of the Association of American Geographers*, 93/1(2003), pp. 165-85.

6 Robert M. Kitchin, 'Cognitive Maps: What Are They and Why Study Them?', *Journal of Environmental Psychology*, 14(1994), pp. 1-19.

7   G. Malcolm Lewis, 'Origins of Cartography', in Harley and Woodward, *History of Cartography,* vol. 1, pp. 50–53, at p. 51.

8   Denis Wood, 'The Fine Line between Mapping and Mapmaking', *Cartographica,* 30/4(1993), pp. 50–60.

9   J. B. Harley and David Woodward, 'Preface', in Harley and Woodward, *History of Cartography,* vol. 1, p. xvi.

10 J. H. Andrews, 'Definitions of the Word "Map"', 'MapHist' discussion papers, 1998. 다음을 참고할 것. http://www.maphist.nl/discpapers.html.

11 Harley and Woodward, *History of Cartography,* vol. 1, p. xvi.

12 Denis Cosgrove, 'Mapping the World', in James R. Akerman and Robert W. Karrow(eds.), *Maps: Finding our Place in the World*(Chicago, 2007), pp. 65–115.

13 Denis Wood, 'How Maps Work', *Cartographica,* 29/3–4(1992), pp. 66–74.

14 다음을 참고할 것. Alfred Korzybski, 'General Semantics, Psychiatry, Psychotherapy and Prevention'(1941), in Korzybski, *Collected Writings, 1920–1950* (Fort Worth, Tex., 1990), p. 205.

15 Gregory Bateson, 'Form, Substance, and Difference', in Bateson, *Steps to an Ecology of Mind: Collected Essays in Anthropology, Psychiatry, Evolution, and Epistemology*(London, 1972), p. 460.

16 Lewis Carroll, *Sylvie and Bruno Concluded*(London, 1894), p. 169.

17 Jorge Luis Borges, 'On Rigour in Science', in Borges, *Dreamtigers,* trans. Mildred Boyer and Harold Morland(Austin, Tex., 1964), p. 90.

18 Mircea Eliade, *Images and Symbols: Studies in Religious Symbolism,* trans. Philip Mairet(Princeton, 1991), pp. 27–56. 다음을 참고할 것. Frank J. Korom, 'Of Navels and Mountains: A Further Inquiry into the History of an Idea', *Asian Folklore Studies,* 51/1(1992), pp. 103–25.

19 Denis Cosgrove, *Apollo's Eye: A Cartographic Genealogy of the Earth in the Western Imagination*(Baltimore, 2001).

20 Christian Jacob, *The Sovereign Map: Theoretical Approaches to Cartography throughout History*(Chicago, 2006), pp. 337–8.

21 Abraham Ortelius, 'To the Courteous Reader', in Ortelius, *The Theatre of the Whole World,* English translation(London, 1606), 쪽수 없음.

22 David Woodward, 'The Image of the Spherical Earth', *Perspecta,* 25(1989), pp. 2–15.

23 Stefan Hildebrandt and Anthony Tromba, *The Parsimonious Universe: Shape and Form in the Natural World*(New York, 1995), pp. 115−6.

24 Leo Bagrow, *The History of Cartography,* 2nd edn.(Chicago, 1985).

25 Matthew H. Edney, 'Cartography without "Progress": Reinterpreting the Nature and Historical Development of Mapmaking', *Cartographica,* 30/2−3 (1993), pp. 54−68.

26 다음에서 인용. James Welu, 'Vermeer: His Cartographic Sources', *Art Bulletin,* 57 (1975), pp. 529−47, at p. 547.

27 Oscar Wilde, 'The Soul of Man under Socialism'(1891), in Wilde, *The Soul of Man under Socialism and Selected Critical Prose,* ed. Linda C. Dowling(London, 2001), p. 141.

28 Denis Wood with John Fels, *The Power of Maps*(New York, 1992), p. 1.

1 과학: 프톨레마이오스의 《지리학》, 서기 150년경

29 파로스 돌탑은 다음을 참고할 것: Rory MacLeod(ed.), *The Library of Alexandria: Centre of Learning in the Ancient World*(London and New York, 2000).

30 다음을 참고할 것. *The Cambridge Ancient History,* vol. 7, part 1: *The Hellenistic World,* 2nd edn., ed. F. W. Walbank et al.(Cambridge, 1984).

31 다음에서 인용. James Raven(ed.), *Lost Libraries: The Destruction of Great Book Collections in Antiquity*(Basingstoke, 2004), p. 15.

32 다음을 참고할 것. Bruno Latour, *Science in Action*(Cambridge, Mass., 1983), p. 227, and Christian Jacob, 'Mapping in the Mind', in Denis Cosgrove(ed.), *Mappings*(London, 1999), p. 33.

33 다음에서 인용. J. Lennart Berggren and Alexander Jones(eds. and trans.), *Ptolemy's Geography: An Annotated Translation of the Theoretical Chapters* (Princeton, 2000), pp. 57−8.

34 상동, pp. 3−5.

35 상동에서 인용. p. 82.

36 프톨레마이오스의 삶은 다음을 참고할 것. G. J. Toomer, 'Ptolemy', in Charles Coulston Gillispie(ed.), *Dictionary of Scientific Biography,* 16 vols.(New York, 1970−80), vol. 11, pp. 186−206.

37 다음을 참고할 것. Germaine Aujac, 'The Foundations of Theoretical Cartography

in Archaic and Classical Greece', in J. B. Harley and David Woodward(eds.), *The History of Cartography*, vol. 1: *Cartography in Prehistoric, Ancient and Medieval Europe and the Mediterranean*(Chicago, 1987), pp. 130-47; Christian Jacob, *The Sovereign Map: Theoretical Approaches to Cartography throughout History* (Chicago, 2006), pp. 18-19; James Romm, *The Edges of the Earth in Ancient Thought*(Princeton, 1992), pp. 9-10.

38 Strabo, *The Geography of Strabo*, 1. 1. 1, trans. Horace Leonard Jones, 8 vols. (Cambridge, Mass., 1917-32).

39 Crates of Mallos, 다음에서 인용. Romm, *Edges of the Earth*, p. 14.

40 모든 인용은 다음을 참고할 것. Richmond Lattimore(ed. and trans.), *The Iliad of Homer*(Chicago, 1951).

41 P. R. Hardie, 'Imago Mundi: Cosmological and Ideological Aspects of the Shield of Achilles', *Journal of Hellenic Studies,* 105(1985), pp. 11-31.

42 G. S. Kirk, *Myth: Its Meaning and Function in Ancient and Other Cultures* (Berkeley and Los Angeles, 1970), pp. 172-205; Andrew Gregory, *Ancient Greek Cosmogony*(London, 2008).

43 다음에서 인용. Aujac, 'The Foundations of Theoretical Cartography', p. 134.

44 다음에서 인용. Charles H. Kahn, *Anaximander and the Origins of Greek Cosmology*(New York, 1960), p. 87.

45 상동에서 인용. pp. 76, 81.

46 다음을 참고할 것. Jacob, 'Mapping in the Mind', p. 28; on *omphalos and periploi*, 다음에서 항목을 참고할 것. John Roberts(ed.), *The Oxford Dictionary of the Classical World*(Oxford, 2005).

47 Herodotus, *The Histories,* trans. Aubrey de Selincourt(London, 1954), p. 252.

48 상동, p. 253.

49 상동, p. 254.

50 Plato, *Phaedo,* trans. David Gallop(Oxford, 1975), 108c-109b.

51 상동, 109b-110b.

52 상동, 110c.

53 다음을 참고할 것. Germaine Aujac, 'The Growth of an Empirical Cartography in Hellenistic Greece', in Harley and Woodward, *History of Cartography*, vol. 1, pp. 148-60, at p. 148.

54 Aristotle, *De caelo,* 2. 14.

55 Aristotle, *Meteorologica,* trans. H. D. P. Lee(Cambridge, Mass., 1952), 338b.

56 상동, 362b.

57 D. R. Dicks, 'The Klimata in Greek Geography', *Classical Quarterly,* 5/3-4(1955), pp. 248-55.

58 Herodotus, *The Histories,* pp. 328-9.

59 다음을 참고할 것. C. F. C. Hawkes, *Pytheas: Europe and the Greek Explorers* (Oxford, 1977).

60 Claude Nicolet, *Space, Geography, and Politics in the Early Roman Empire*(Ann Arbor, 1991), p. 73.

61 Jacob, *Sovereign Map,* p. 137.

62 Berggren and Jones, *Ptolemy's Geography,* p. 32.

63 Aujac, 'Growth of an Empirical Cartography', pp. 155-6.

64 Strabo, *Geography,* 1. 4. 6.

65 O. A. W. Dilke, *Greek and Roman Maps*(London, 1985), p. 35.

66 다음을 참고할 것. Chapters 12, 13 and 14 in Harley and Woodward, *History of Cartography,* vol. 1, and Richard J. A. Talbert, 'Greek and Roman Mapping: Twenty-First Century Perspectives', in Richard J. A. Talbert and Richard W. Unger(eds.), *Cartography in Antiquity and the Middle Ages: Fresh Perspectives, New Methods*(Leiden, 2008), pp. 9-28.

67 Strabo, *Geography,* 1. 2. 24.

68 상동, 1. 1. 12.

69 상동, 2. 5. 10.

70 상동, 1. 1. 18.

71 다음에서 인용. Nicolet, *Space, Geography, and Politics,* p. 31.

72 다음을 참고할 것. Toomer, 'Ptolemy'.

73 다음에서 인용. D. R. Dicks, *The Geographical Fragments of Hipparchus*(London, 1960), p. 53.

74 Ptolemy, Almagest, 2. 13, 다음에서 인용. Berggren and Jones, *Ptolemy's Geography,* p. 19.

75 Ptolemy, *Geography,* 1. 5-6.

76 Jacob, 'Mapping in the Mind', p. 36.

77 Ptolemy, *Geography,* 1. 1.

78 상동, 1. 9-12; O. A. W. Dilke, 'The Culmination of Greek Cartography in

Ptolemy', Harley and Woodward, *History of Cartography*, vol. 1, p. 184.

79 Ptolemy, *Geography*, 1. 23.

80 상동, 1. 20.

81 상동, 1. 23.

82 상동.

83 David Woodward, 'The Image of the Spherical Earth', *Perspecta*, 25(1989), p. 9.

84 다음을 참고할 것. Leo Bagrow, 'The Origin of Ptolemy's *Geographia*', *Geografiska Annaler*, 27(1943), pp. 318-87; 해당 논란을 최근에 요약한 글은 다음을 참고할 것. O. A. W. Dilke, 'Cartography in the Byzantine Empire', in Harley and Woodward, *History of Cartography*, vol. 1, pp. 266-72.

85 Berggren and Jones, *Ptolemy's Geography*, p. 47.

86 T. C. Skeat, 'Two Notes on Papyrus', in Edda Bresciani et al.(eds.), *Scritti in onore di Orsolino Montevecchi*(Bologna, 1981), pp. 373-83.

87 Berggren and Jones, *Ptolemy's Geography*, p. 50.

88 다음을 참고할 것. Raven, *Lost Libraries*.

89 Ptolemy, *Geography*, 1. 1.

2 교류: 알이드리시, 서기 1154년

90 다음을 참고할 것. Elisabeth van Houts, 'The Normans in the Mediterranean', in van Houts, *The Normans in Europe*(Manchester, 2000), pp. 223-78.

91 알이드리시의 삶과 업적은 다음을 참고할 것. S. Maqbul Ahmad, 'Cartography of al-Sharīf al-Idrīsī', in J. B. Harley and David Woodward(eds.), *The History of Cartography*, vol. 2, bk. 1: *Cartography in the Traditional Islamic and South Asian Societies*(Chicago, 1987), pp. 156-74.

92 Anthony Pagden, *Worlds at War: The 2,500-Year Struggle between East and West*(Oxford, 2008), pp. 140-42.

93 B. L. Gordon, 'Sacred Directions, Orientation, and the Top of the Map', *History of Religions*, 10/3(1971), pp. 211-27.

94 상동, p. 221.

95 David A. King, *World-Maps for Finding the Direction and Distance of Mecca: Innovation and Tradition in Islamic Science*(Leiden, 1999).

96 Ahmet T. Karamustafa, 'Introduction to Islamic Maps', in Harley and Wood-

ward(eds.), *History of Cartography,* vol. 2, bk. 1, p. 7.

97 Ahmet T. Karamustafa, 'Cosmographical Diagrams', in Harley and Woodward, *History of Cartography,* vol. 2, bk. 1, pp. 71-2; S. Maqbul Ahmad and F. Taeschnes, 'Djugrafiya', in *The Encyclopaedia of Islam,* 2nd edn., vol. 2(Leiden, 1965), p. 577.

98 상동, p. 574.

99 이슬람 초기 역사는 다음을 참고할 것. Patricia Crone and Martin Hinds, *God's Caliph: Religious Authority in the First Centuries of Islam*(Cambridge, 1986).

100 다음에서 인용. Gerald R. Tibbetts, 'The Beginnings of a Cartographic Tradition', in Harley and Woodward, *History of Cartography,* vol. 2, bk. 1, p. 95.

101 상동, pp. 94-5; André Miquel, 'Iklīm', in *The Encyclopaedia of Islam,* 2nd edn., vol. 3(Leiden, 1971), pp. 1076-8.

102 상동에서 인용. p. 1077.

103 다음에서 인용. Edward Kennedy, 'Suhrāb and the World Map of al-Ma'mūn', in J. L. Berggren et al.(eds.), *From Ancient Omens to Statistical Mechanics: Essays on the Exact Sciences Presented to Asger Aaboe*(Copenhagen, 1987), pp. 113-19.

104 다음에서 인용. Raymond P. Mercer, 'Geodesy', in Harley and Woodward(eds.), *History of Cartography,* vol. 2, bk. 1, pp. 175-88, at p. 178.

105 이븐 후르다드베와 행정 전통에 관해서는 다음을 참고할 것. Paul Heck, *The Construction of Knowledge in Islamic Civilisation*(Leiden, 2002), pp. 94-146, and Tibbetts, 'Beginnings of a Cartographic Tradition', pp. 90-92.

106 Ralph W. Brauer, 'Boundaries and Frontiers in Medieval Muslim Geography', *Transactions of the American Philosophical Society,* new series, 85/6(1995), pp. 1-73.

107 다음에서 인용. Gerald R. Tibbetts, 'The Balkhī School of Geographers', in Harley and Woodward(eds.), *History of Cartography,* vol. 2, bk. 1, pp. 108-36, at p. 112.

108 Konrad Miller, *Mappae Arabicae: Arabische Welt-und Länderkasten des 9.-13. Jahrshunderts,* 6 vols.(Stuttgart, 1926-31), vol. 1, pt. 1.

109 코르도바는 다음을 참고할 것. Robert Hillenbrand, '"The Ornament of the World": Medieval Córdoba as a Cultural Centre', in Salma Khadra Jayyusi(ed.), *The Legacy of Muslim Spain* (Leiden, 1992), pp. 112-36, and Heather Ecker, 'The Great Mosque of Córdoba in the Twelfth and Thirteenth Centuries', *Muqarnas,* 20(2003), pp. 113-41.

욕망하는 지도

110 다음에서 인용. Hillenbrand, '"The Ornament of the World"', p. 112.

111 상동에서 인용. p. 120.

112 Maqbul Ahmad, 'Cartography of al-Idrīsī', p. 156.

113 Jeremy Johns, *Arabic Administration in Norman Sicily: The Royal Dīwān* (Cambridge, 2002), p. 236.

114 다음에서 인용. Hubert Houben, *Roger II of Sicily: A Ruler between East and West* (Cambridge, 2002), p. 106.

115 Helen Wieruszowski, 'Roger II of Sicily, Rex Tyrannus, in Twelfth-Century Political Thought', *Speculum*, 38/1(1963), pp. 46-78.

116 Donald Matthew, *The Norman Kingdom of Sicily*(Cambridge, 1992).

117 다음에서 인용. R. C. Broadhurst(ed. and trans.), *The Travels of Ibn Jubayr* (London, 1952), pp. 339-41.

118 Charles Haskins and Dean Putnam Lockwood, 'The Sicilian Translators of the Twelfth Century and the First Latin Version of Ptolemy's Almagest', *Harvard Studies in Classical Philology*, 21 (1910), pp. 75-102.

119 Houben, *Roger II*, p. 102.

120 상동, pp. 98-113; Matthew, *Norman Kingdom*, pp. 112-28.

121 다음에서 인용. Ahmad, 'Cartography of al-Idrīsī', p. 159.

122 상동.

123 상동.

124 상동, p. 160.

125 다음에서 인용. Pierre Jaubert(ed. and trans.), *Géographie d'Édrisi*, 2 vols.(Paris, 1836), vol. 1, p. 10. 조베르의 번역은 다소 변덕스러워, 다음 번역본과 비교하면 어느 정도 수정해 가며 볼 수 있다. Reinhart Dozy and Michael Jan de Goeje(eds. and trans.), *Description de l'Afrique et de l'Espagne par Edrîsî*(Leiden, 1866).

126 S. Maqbul Ahmad, *India and the Neighbouring Territories in the 'Kitāb nuzhat al-mushtāq fī khtirāq al-āfāq' of al-Sharīf al-Idrīsī*(Leiden, 1960), pp. 12-8.

127 다음에서 인용. Jaubert, *Géographie d'Édrisi*, vol. 1, p. 140.

128 상동에서 인용. pp. 137-8.

129 상동에서 인용. vol. 2, p. 156.

130 상동에서 인용. p. 252.

131 상동에서 인용. pp. 342-3.

132 상동에서 인용. pp. 74-5.

632

133 Brauer, 'Boundaries and Frontiers', pp. 11–14.

134 J. F. P. Hopkins, 'Geographical and Navigational Literature', in M. J. L. Young, J. D. Latham and R. B. Serjeant(eds.), *Religion, Learning and Science in the 'Abbasid Period*(Cambridge, 1990), pp. 301–27, at pp. 307–11.

135 *The History of the Tyrants of Sicily by 'Hugo Falcandus' 1154–69,* trans. Graham A. Loud and Thomas Wiedemann(Manchester, 1998), p. 59.

136 Matthew, *Norman Kingdom,* p. 112. 프리드리히의 시칠리아 통치는 다음을 참고할 것. David Abulafia, *Frederick II: A Medieval Emperor*(Oxford, 1988), pp. 340–74.

137 Ibn Khaldūn, *The Muqadimah: An Introduction to History,* trans. Franz Rosenthal(Princeton, 1969), p. 53.

138 Jeremy Johns and Emilie Savage-Smith, 'The Book of Curiosities: A Newly Discovered Series of Islamic Maps', *Imago Mundi,* 55(2003), pp. 7–24, Yossef Rapoport and Emilie Savage-Smith, 'Medieval Islamic Views of the Cosmos: The Newly Discovered *Book of Curiosities', Cartographic Journal,* 41/3(2004), pp. 253–9, and Rapoport and Savage-Smith, 'The Book of Curiosities and a Unique Map of the World', in Richard J. A. Talbert and Richard W. Unger(eds.), *Cartography in Antiquity and the Middle Ages: Fresh Perspectives, New Methods*(Leiden, 2008), pp. 121–38.

3 신앙: 헤리퍼드 마파문디, 1300년경

139 Colin Morris, 'Christian Civilization(1050–1400)', in John McManners(ed.), *The Oxford Illustrated History of Christianity*(Oxford, 1990), pp. 196–232.

140 켄틸루프의 이력과 페컴과의 대립은 다음을 참고할 것. Meryl Jancey(ed.), *St. Thomas Cantilupe, Bishop of Hereford: Essays in his Honour*(Hereford, 1982).

141 다음을 참고할 것. Nicola Coldstream, 'The Medieval Tombs and the Shrine of Saint Thomas Cantilupe', in Gerald Aylmer and John Tiller(eds.), *Hereford Cathedral: A History*(London, 2000), pp. 322–30.

142 David Woodward, 'Medieval *Mappaemundi*', in J. B. Harley and David Woodward(eds.), *The History of Cartography,* vol. 1: *Cartography in Prehistoric, Ancient, and Medieval Europe and the Mediterranean*(Chicago, 1987), p. 287.

143 Scott D. Westrem, *The Hereford Map: A Transcription and Translation of the*

Legends with Commentary(Turnhout, 2001), p. 21. 별도로 언급하지 않는 한, 이 지도에 관한 모든 인용은 여기서 나온다.

144 상동, p. 8.

145 다음에서 인용. Woodward, 'Medieval *Mappaemundi*', p. 299.

146 다음에서 인용. Natalia Lozovsky, '*The Earth is Our Book': Geographical Knowledge in the Latin West ca. 400–1000*(Ann Arbor, 2000), p. 11.

147 상동에서 인용. p. 12.

148 상동에서 인용. p. 49.

149 Sallust, *The Jugurthine War/The Conspiracy of Catiline*, trans. S. A. Handford (London, 1963), pp. 53–4.

150 Evelyn Edson, *Mapping Time and Space: How Medieval Mapmakers Viewed their World*(London, 1997), p. 20.

151 Alfred Hiatt, 'The Map of Macrobius before 1100', *Imago Mundi*, 59(2007), pp. 149–76.

152 다음에서 인용. William Harris Stahl(ed.), *Commentary on the Dream of Scipio by Macrobius*(Columbia, NY, 1952), pp. 201–3.

153 상동, p. 216.

154 Roy Deferrari(ed.), *Paulus Orosius: The Seven Books of History against the Pagans* (Washington, 1964), p. 7.

155 다음에서 인용. Edson, *Mapping Time and Space*, p. 38.

156 상동에서 인용. p. 48.

157 Lozovsky, '*The Earth is Our Book*', p. 105; Edson, *Mapping Time and Space*, p. 49.

158 William Harris Stahl et al.(eds. and trans.), *Martianus Capella and the Seven Liberal Arts*, vol. 2: *The Marriage of Philology and Mercury*(New York, 1997), p. 220.

159 Lozovsky, '*The Earth is Our Book*', pp. 28–34.

160 Erich Auerbach, *Mimesis: The Representation of Reality in Western Literature* (Princeton, 1953), pp. 73–4, 195–6.

161 다음을 참고할 것. Patrick Gautier Dalché, 'Maps in Words: The Descriptive Logic of Medieval Geography', in P. D. A. Harvey(ed.), *The Hereford World Map: Medieval World Maps and their Context*(London, 2006), pp. 223–42.

162 Conrad Rudolph, '"First, I Find the Center Point": Reading the Text of Hugh of Saint Victor's *The Mystic Ark*', *Transactions of the American Philosophical*

Society, 94/4 (2004), pp. 1–110.

163 다음에서 인용. Alessandro Scafi, *Mapping Paradise: A History of Heaven on Earth*(London, 2006), p. 123.

164 다음에서 인용. Woodward, 'Medieval *Mappaemundi*', p. 335.

165 다음에서 인용. Mary Carruthers, *The Book of Memory: A Study of Memory in Medieval Culture*(Cambridge, 2nd edn., 2007), p. 54.

166 다음에서 인용. Scafi, *Mapping Paradise,* pp. 126–7.

167 Westrem, *The Hereford Map,* pp. 130, 398.

168 Peter Barber, 'Medieval Maps of the World', in Harvey, *The Hereford World Map,* pp. 1–44, at p. 13.

169 Westrem, *The Hereford Map,* p. 326; G. R. Crone, 'New Light on the Hereford Map', *Geographical Journal,* 131(1965), pp. 447–62.

170 상동, p. 451; P. D. A. Harvey, 'The Holy Land on Medieval World Maps', in Harvey, *The Hereford World Map,* p. 248.

171 Brouria Bitton-Ashkelony, *Encountering the Sacred: The Debate on Christian Pilgrimage in Late Antiquity*(Berkeley and Los Angeles, 2006), pp. 110–15; Christian K. Zacher, *Curiosity and Pilgrimage: The Literature of Discovery in Fourteenth-Century England*(Baltimore, 1976).

172 Robert Norman Swanson, *Religion and Devotion in Europe, 1215–1515* (Cambridge, 1995), pp. 198–9.

173 Valerie J. Flint, 'The Hereford Map: Its Author(s), Two Scenes and a Border', *Transactions of the Royal Historical Society,* sixth series, 8(1998), pp. 19–44.

174 상동, pp. 37–9.

175 Dan Terkla, 'The Original Placement of the Hereford Mappa Mundi', *Imago Mundi,* 56(2004), pp. 131–51, and 'Informal Cathechesis and the Hereford Mappa Mundi', in Robert Bork and Andrea Kann(eds.), *The Art, Science and Technology of Medieval Travel*(Aldershot, 2008), pp. 127–42.

176 Martin Bailey, 'The Rediscovery of the Hereford Mappamundi: Early References, 1684–1873', in Harvey, *The Hereford World Map,* pp. 45–78.

177 Martin Bailey, 'The Discovery of the Lost Mappamundi Panel: Hereford's Map in a Medieval Altarpiece?', in Harvey, *The Hereford World Map,* pp. 79–93.

178 다음에서 인용. Daniel K. Connolly, 'Imagined Pilgrimage in the Itinerary Maps of Matthew Paris', *Art Bulletin,* 81/4(1999), pp. 598–622, at p. 598.

4 제국: 혼일강리역대국도지도, 1402년

179 Martina Deuchlar, *The Confucian Transformation of Korea: A Study of Society and Ideology*(Cambridge, Mass., 1992).

180 John B. Duncan, *The Origins of the Chosŏn Dynasty*(Washington, 2000).

181 Tanaka Takeo, 'Japan's Relations with Overseas Countries', in John Whitney Hall and Takeshi Toyoda(eds.), *Japan in the Muromachi Age*(Berkeley and Los Angeles, 1977), pp. 159-78.

182 Joseph Needham et al., *The Hall of Heavenly Records: Korean Astronomical Instruments and Clocks*(Cambridge, 1986), pp. 153-9, and F. Richard Stephenson, 'Chinese and Korean Star Maps and Catalogs', in J. B. Harley and David Woodward(eds.), *The History of Cartography,* vol. 2, bk. 2: *Cartography in the Traditional East and Southeast Asian Societies*(Chicago, 1987), pp. 560-68.

183 중국 베이징의 '제1역사당안관'에 보존된 중국 지도 〈대명혼일도(大明混一圖)〉는 〈강리도〉와 비슷한 점이 많다. 일부 학자는 〈대명혼일도〉 제작 시기를 1389년으로 추정하지만, 다수의 학자들은 그렇게 이른 시기에 제작되었다는 증거가 없다며 16세기 말이나 17세기 초에 제작된 복제본으로 추정한다. 이에 관해서는 다음을 참고할 것. Kenneth R. Robinson, 'Gavin Menzies, 1421, and the Ryŭkoku *Kangnido* World Map', *Ming Studies,* 61(2010), pp. 56-70, at p. 62. 이 지도에 관해 도움을 준 코델 이(Cordell Yee)에게 감사드린다.

184 이 지도를 자세히 설명한 자료 중 가장 최근에 나온 글은 다음과 같다. Kenneth R. Robinson, 'Chosŏn Korea in the Ryŭkoku *Kangnido*: Dating the Oldest Extant Korean Map of the World(15th Century)', *Imago Mundi,* 59/2(2007), pp. 177-92.

185 상동, pp. 179-82.

186 Joseph Needham, with Wang Ling, *Science and Civilisation in China,* vol. 3: *Mathematics and the Sciences of the Heavens and the Earth*(Cambridge, 1959), pp. 555-6.

187 상동, p. 555.

188 C. Dale Walton, 'The Geography of Universal Empire: A Revolution in Strategic Perspective and its Lessons', *Comparative Strategy,* 24(2005), pp. 223-35.

189 다음에서 인용. Gari Ledyard, 'Cartography in Korea', in Harley and Woodward, *The History of Cartography,* vol. 2, bk. 2, pp. 235-345, at p. 245.

190 Timothy Brook, *The Troubled Empire: China in the Yuan and Ming Dynasties*

(Cambridge, Mass., 2010), pp. 164, 220. 브룩 교수는 이 그림을 그려 주고 내 관심 분야에 많은 참고 자료를 제공해 주었으며, 이 그림을 이곳에 재현하게 해주었다. 진심으로 감사드린다.

191 Kenneth R. Robinson, 'Yi Hoe and his Korean Ancestors in T'aean Yi Genealogies', *Seoul Journal of Korean Studies,* 21/2(2008), pp. 221-50, at pp. 236-7.

192 Hok-lam Chan, 'Legitimating Usurpation: Historical Revisions under the Ming Yongle Emperor(r. 1402-1424)', in Philip Yuen-sang Leung(ed.), *The Legitimation of New Orders. Case Studies in World History*(Hong Kong, 2007), pp. 75-158.

193 Zheng Qiao (AD 1104-62), 다음에서 인용. Francesca Bray, 'Introduction: The Powers of *Tu*', in Francesca Bray, Vera Dorofeeva-Lichtmann and Georges Métailié (eds.), *Graphics and Text in the Production of Technical Knowledge in China* (Leiden, 2007), pp. 1-78, at p. 1.

194 Nathan Sivin and Gari Ledyard, 'Introduction to East Asian Cartography', in Harley and Woodward, *The History of Cartography,* vol. 2, bk. 2, pp. 23-31, at p. 26.

195 Bray, 'The Powers of *tu*', p. 4.

196 다음에서 인용. Needham, *Science and Civilisation,* vol. 3, p. 217.

197 상동, p. 219.

198 다음에서 인용. John S. Major, *Heaven and Earth in Early Han Thought*(New York, 1993), p. 32.

199 John B. Henderson, 'Nonary Cosmography in Ancient China', in Kurt A. Raaflaub and Richard J. A. Talbert(eds.), *Geography and Ethnography: Perceptions of the World in Pre-Modern Societies*(Oxford, 2010), pp. 64-73, at p. 64.

200 Sarah Allan, *The Shape of the Turtle: Myth, Art and Cosmos in Early China* (Albany, NY, 1991).

201 Mark Edward Lewis, *The Flood Myths of Early China*(Albany, NY, 2006), pp. 28-30.

202 다음에서 인용. Needham, *Science and Civilisation,* vol. 3, p. 501.

203 Vera Dorofeeva-Lichtmann, 'Ritual Practices for Constructing Terrestrial Space(Warring States-Early Han)', in John Lagerwey and Marc Kalinowski (eds.), *Early Chinese Religion,* pt. 1: *Shang through Han*(1250 BC-220 AD)

(Leiden, 2009), pp. 595-644.

204 Needham, *Science and Civilisation,* vol. 3, pp. 501-3.

205 다음에서 인용. William Theodore De Bary(ed.), *Sources of East Asian Tradition,* vol. 1: *Premodern Asia*(New York, 2008), p. 133.

206 다음에서 인용. Mark Edward Lewis, *The Construction of Space in Early China* (Albany, NY, 2006), p. 248.

207 다음에서 인용. Cordell D. K. Yee, 'Chinese Maps in Political Culture', in Harley and Woodward, *History of Cartography,* vol. 2, bk. 2, pp. 71-95, at p. 72.

208 Hung Wu, *The Wu Liang Shrine: The Ideology of Early Chinese Pictorial Art* (Stanford, Calif., 1989), p. 54.

209 다음에서 인용. Yee, 'Chinese Maps', p. 74.

210 상동, p. 74.

211 Nancy Shatzman Steinhardt, 'Mapping the Chinese City', in David Buisseret(ed.), *Envisioning the City: Six Studies in Urban Cartography*(Chicago, 1998), pp. 1-33, at p. 11; Cordell D. K. Yee, 'Reinterpreting Traditional Chinese Geographical Maps', in Harley and Woodward, *History of Cartography*, vol. 2, bk. 2, pp. 35-70, at p. 37.

212 Craig Clunas, *Art in China*(Oxford, 1997), pp. 15-44.

213 Yee, 'Chinese Maps', pp. 75-6.

214 다음에서 인용. Needham, *Science and Civilisation,* vol. 3, pp. 538-40.

215 Cordell D. K. Yee, 'Taking the World's Measure: Chinese Maps between Observation and Text', in Harley and Woodward, *History of Cartography,* vol. 2, bk. 2, pp. 96-127.

216 상동에서 인용. p. 113.

217 다음에서 인용. Needham, *Science and Civilisation,* vol. 3, p. 540.

218 상동, p. 546.

219 다음에서 인용. Alexander Akin, 'Georeferencing the Yujitu', accessed at: http://www.davidrumsey.com/china/Yujitu_Alexander_Akin.pdf.

220 Tsien Tsuen-Hsuin, 'Paper and Printing', in Joseph Needham, *Science and Civilisation in China,* vol. 5, pt. 1: *Chemistry and Chemical Technology: Paper and Printing*(Cambridge, 1985).

221 Patricia Buckley Ebrey, *The Cambridge Illustrated History of China*(Cambridge, 1996), pp. 136-63.

222 Vera Dorofeeva-Lichtmann, 'Mapping a "Spiritual" Landscape: Representation of Terrestrial Space in the *Shanhaijing*', in Nicola Di Cosmo and Don J. Wyatt (eds.), *Political Frontiers, Ethnic Boundaries, and Human Geographies in Chinese History* (Oxford, 2003), pp. 35–79.

223 다음에서 인용. Hilde De Weerdt, 'Maps and Memory: Readings of Cartography in Twelfth- and Thirteenth-Century Song China', *Imago Mundi*, 61/2(2009), pp. 145–67, at p. 156.

224 상동, p. 159.

225 다음에서 인용. Ledyard, 'Cartography in Korea', p. 240.

226 상동, pp. 238–79.

227 다음에서 인용. Steven J. Bennett, 'Patterns of the Sky and Earth: A Chinese Science of Applied Cosmology', *Chinese Science,* 3(1978), pp. 1–26, at pp. 5–6.

228 David J. Nemeth, *The Architecture of Ideology: Neo-Confucian Imprinting on Cheju Island, Korea* (Berkeley and Los Angeles, 1987), p. 114.

229 다음에서 인용. Ledyard, 'Cartography in Korea', p. 241.

230 다음에서 인용. Nemeth, *Architecture of Ideology,* p. 115.

231 Ledyard, 'Cartography in Korea', pp. 276–9.

232 상동, pp. 291–2.

233 이 사실을 설명해 준 게리 레드야드에게 진심으로 감사드린다.

234 다음에서 인용. Dane Alston, 'Emperor and Emissary: The Hongwu Emperor, Kwŏn Kŭn, and the Poetry of Late Fourteenth Century Diplomacy', *Korean Studies,* 32(2009), pp. 104–47, at p. 111.

235 상동에서 인용. p. 112.

236 상동, p. 120.

237 상동, p. 125.

238 상동, p. 129.

239 상동, p. 131.

240 상동, p. 134.

241 Etsuko Hae-Jin Kang, *Diplomacy and Ideology in Japanese-Korean Relations: From the Fifteenth to the Eighteenth Century* (London, 1997), pp. 49–83.

242 다음에서 인용. Ledyard, 'Cartography in Korea', p. 245.

243 Robinson, 'Chosŏn Korea in the Ryŭkoku *Kangnido*', pp. 185–8.

244 Bray, 'The Powers of *Tu*', p. 8.

5 발견: 마르틴 발트제뮐러의 세계지도, 1507년

245 지도 매입과 관련한 이후의 모든 인용은 미국 의회도서관 지도분과에 소장된 자료
에서 나왔다. 자료 열람을 허락해 준 지도분과의 존 헤슬러와 존 허버트 그리고 이
지도와 관련해 내게 이메일로 많은 이야기를 들려준 필립 버든에게 진심으로 감사
드린다.

246 다음에서 인용. Seymour I. Schwartz, *Putting 'America' on the Map: The Story of
the Most Important Graphic Document in the History of the United States*(New
York, 2007), pp. 251‒2.

247 *New York Times*, 20 June 2003.

248 다음을 참고할 것. http://www.loc.gov/today/pr/2001/01‒093.html.

249 Jacob Burckhardt, *The Civilization of the Renaissance in Italy*, trans. S. G. C.
Middlemore(London, 1990), pp. 213‒22.

250 다음에서 인용. John Hessler, *The Naming of America: Martin Waldseemüller's
1507 World Map and the 'Cosmographiae Introductio'* (London, 2008), p. 34.

251 상동, p. 17.

252 Samuel Eliot Morison, *Portuguese Voyages to America in the Fifteenth Century*
(Cambridge, Mass., 1940), pp. 5‒10.

253 인쇄와 서적 출간의 초기 역사에 관해서는 다음을 참고할 것. Elizabeth Eisenstein,
The Printing Press as an Agent of Change, 2 vols.(Cambridge, 1979), and Lucien
Febvre, *The Coming of the Book*, trans. David Gerard(London, 1976).

254 다음에서 인용. Barbara Crawford Halporn(ed.), *The Correspondence of Johann
Amerbach*(Ann Arbor, 2000), p. 1.

255 이 '혁명적' 논제에 관한 회의적 접근은 다음을 참고할 것 Adrian Johns, *The
Nature of the Book: Print and Knowledge in the Making*(Chicago, 1998).

256 William Ivins, *Prints and Visual Communications*(Cambridge, Mass., 1953), pp.
1‒50.

257 Robert Karrow, 'Centers of Map Publishing in Europe, 1472‒1600', in David
Woodward(ed.), *The History of Cartography*, vol. 3: *Cartography in the European
Renaissance*, pt. 1(Chicago, 2007), pp. 611‒21.

258 다음에서 인용. Schwartz, *Putting 'America' on the Map*, p. 36.

259 다음을 참고할 것. Denis Cosgrove, 'Images of Renaissance Cosmography, 1450‒
1650', in Woodward, *History of Cartography*, vol. 3, pt. 1, pp. 55‒98.

260 Patrick Gautier Dalché, 'The Reception of Ptolemy's Geography(End of the

Fourteenth to Beginning of the Sixteenth Century)', in Woodward, *History of Cartography*, vol. 3, pt. 1 pp. 285-364.

261 Tony Campbell, *The Earliest Printed Maps, 1472–1500*(London, 1987), p. 1.

262 다음에서 인용. Schwartz, *Putting 'America' on the Map*, pp. 39-40.

263 다음을 참고할 것. Luciano Formisano(ed.), *Letters from a New World: Amerigo Vespucci's Discovery of America*, trans. David Jacobson(New York, 1992).

264 다음에서 인용. Joseph Fischer SJ and Franz von Weiser, *The Cosmographiae Introductio of Martin Waldseemüller in Facsimile*(Freeport, NY, 1960), p. 88.

265 본문의 인용은 모두 다음에서 옮김. Hessler, *The Naming of America*. 나음도 참고할 것. Charles George Herbermann(ed.), *The Cosmographiae Introductio of Martin Waldseemüller*(New York, 1907)

266 다음에서 인용. Hessler, *Naming of America*, p. 88.

267 상동, p. 94.

268 상동, pp. 100-101. 다음도 참고할 것. Toby Lester, *The Fourth Part of the World: The Epic Story of History's Greatest Map*(New York, 2009).

269 다음에서 인용. Christine R. Johnson, 'Renaissance German Cosmographers and the Naming of America', *Past and Present*, 191/1(2006), pp. 3-43, at p. 21.

270 Miriam Usher Chrisman, *Lay Culture, Learned Culture: Books and Social Changes in Strasbourg, 1480–1599*(New Haven, 1982), p. 6.

271 R. A. Skelton, 'The Early Map Printer and his Problems', *Penrose Annual*, 57(1964), pp. 171-87.

272 다음에서 인용. Halporn(ed.), *Johann Amerbach*, p. 2.

273 다음을 참고할 것. David Woodward(ed.), *Five Centuries of Map Printing* (Chicago, 1975), ch. 1.

274 다음에서 인용. Schwartz, *Putting 'America' on the Map*, p. 188.

275 다음에서 인용. E. P. Goldschmidt, 'Not in Harrisse', in *Essays Honoring Lawrence C. Wroth*(Portland, Me., 1951), pp. 135-6.

276 다음에서 인용. J. Lennart Berggren and Alexander Jones(eds. and trans.), *Ptolemy's Geography: An Annotated Translation of the Theoretical Chapters* (Princeton, 2000), pp. 92-3.

277 프톨레마이오스의 투영법에 관해서는 주276과 다음을 참고할 것. O. A. W. Dilke, 'The Culmination of Greek Cartography in Ptolemy', in J. B. Harley and David Woodward(eds.), *The History of Cartography*, vol. 1: *Cartography in Prehistoric,*

Ancient, and Medieval Europe and the Mediterranean(Chicago, 1987), pp. 177 - 200.

278 헤슬러는 컴퓨터 모델과 '다항 왜곡(polynomial warping)'으로 알려진 기술을 이용해 〈우주형상도〉 탄생을 흥미롭게 조명할, 다소 논란이 일 만한 증거를 내놓았다. 그는 '다항 왜곡'을 이렇게 설명한다. "초기 지도 또는 알려지지 않은 축척이나 기하학적 격자 선을 사용한 지도에 나타난 왜곡된 이미지를 수학적으로 변형해 잘 알려진 이미지로 바꾸는 것이다. 그 목적은 공간적 변형, 즉 '뒤틀림'으로 이미지를 수정해, 측정 가능하게 만들거나 미터법에 맞게 재배치해 기존에 알려진 지도가 격자 선과 비교하기 위해서다." John Hessler, 'Warping Waldseemüller: A Phenomenological and Computational Study of the 1507 World Map', *Cartographica*, 41/2(2006), pp. 101 - 13.

279 다음에서 인용. Franz Laubenberger and Steven Rowan, 'The Naming of America', *Sixteenth Century Journal,* 13/4(1982), p. 101.

280 다음에서 인용. Joseph Fischer SJ and Franz von Wieser(eds.), *The World Maps of Waldseemüller(Ilacomilus) 1507 and 1516*(Innsbruck, 1903), pp. 15 - 6.

281 다음에서 인용. Johnson, 'Renaissance German Cosmographers', p. 32.

282 다음을 참고할 것. Laubenberger and Rowan, 'The Naming of America'.

283 Johnson, 'Renaissance German Cosmographers', pp. 34 - 5.

284 다음에서 인용. Schwartz, *Putting 'America' on the Map*, p. 212.

285 Elizabeth Harris, 'The Waldseemüller Map: A Typographic Appraisal', *Imago Mundi,* 37 (1985), pp. 30 - 53.

286 Michel Foucault, 'Nietzsche, Genealogy, History', in Foucault, *Language, Counter-Memory, Practice: Selected Essays and Interviews,* ed. and trans. Donald Bouchard(New York, 1977), pp. 140 - 64, at p. 142.

6 경계: 디오구 히베이루의 세계지도, 1529년

287 다음에서 인용. Frances Gardiner Davenport and Charles Oscar Paullin(eds.), *European Treaties Bearing on the History of the United States and its Dependencies,* 4 vols.(Washington, 1917), vol. 1, p. 44.

288 상동에서 인용. p. 95.

289 다음에서 인용. Francis M. Rogers(ed.), *The Obedience of a King of Portugal* (Minneapolis, 1958), p. 48.

290 다음에서 인용. Davenport and Paullin, *European Treaties,* vol. 1, p. 161.

291 다음에서 인용. Donald Weinstein(ed.), *Ambassador from Venice: Pietro Pasqualigo in Lisbon, 1501*(Minneapolis, 1960), pp. 29 – 30.

292 다음을 참고할 것. Sanjay Subrahmanyam and Luis Filipe F. R. Thomaz, 'Evolution of Empire: The Portuguese in the Indian Ocean during the Sixteenth Century', in James Tracey(ed.), *The Political Economy of Merchant Empires*(Cambridge, 1991), pp. 298 – 331.

293 다음에서 인용. W. B. Greenlee(ed.), *The Voyage of Pedro Alvares Cabral to Brazil and India*(London, 1937), pp. 123 – 4.

294 다음에서 인용. Carlos Quirino(ed.), *First Voyage around the World by Antonio Pigafetta and 'De Moluccis Insulis' by Maximilianus Transylvanus*(Manila, 1969), pp. 112 – 3.

295 다음을 참고할 것. Richard Hennig, 'The Representation on Maps of the Magalhães Straits before their Discovery', *Imago Mundi,* 5(1948), pp. 32 – 7.

296 다음을 참고할 것. Edward Heawood, 'The World Map before and after Magellan's Voyage', *Geographical Journal,* 57(1921), pp. 431 – 42.

297 Lord Stanley of Alderley(ed.), *The First Voyage around the World by Magellan* (London, 1874), p. 257.

298 다음에서 인용. Marcel Destombes, 'The Chart of Magellan', *Imago Mundi,* 12(1955), pp. 65 – 88, at p. 68.

299 다음에서 인용. R. A. Skelton(ed.), *Magellan's Voyage: A Narrative Account of the First Circumnavigation,* 2 vols.(New Haven, 1969), vol. 1, p. 128.

300 다음에서 인용. Samuel Eliot Morison, *The European Discovery of America: The Northern Voyages, A. D. 500–16*(Oxford, 1974), p. 473.

301 다음에서 인용. Quirino, *First Voyage around the World,* pp. 112 – 3; Julia Cartwright(ed.), *Isabella d'Este, Marchioness of Mantua 1474–1539: A Study of the Renaissance,* 2 vols.(London, 1903), vol. 2, pp. 225 – 6.

302 다음에서 인용. Morison, *European Discovery,* p. 472.

303 Peter Martyr, *The Decades of the Newe Worlde,* trans. Richard Eden(London, 1555), p. 242.

304 Antonio Barrera-Osorio, *Experiencing Nature: The Spanish American Empire and the Early Scientific Revolution*(Austin, Tex., 2006), pp. 29 – 55; Maria M. Portuondo, *Secret Science: Spanish Cosmography and the New World*(Chicago,

2009).

305 Destombes, 'The Chart of Magellan', p. 78.

306 L. A. Vigneras, 'The Cartographer Diogo Ribeiro', Imago Mundi, 16(1962), pp. 76-83.

307 다음에서 인용. Destombes, 'The Chart of Magellan', p. 78.

308 Bartholomew Leonardo de Argensola, The Discovery and Conquest of the Molucco Islands(London, 1708).

309 다음에서 인용. Emma H. Blair and James A. Robertson(eds.), The Philippine Islands: 1493-1898, 55 vols (Cleveland, 1903-9), vol. 1, pp. 176-7.

310 Peter Martyr, The Decades of the Newe Worlde, p. 242.

311 다음에서 인용. Blair and Robertson, The Philippine Islands, vol. 1, pp. 209-10.

312 상동, p. 201.

313 상동, p. 197.

314 상동, p. 205.

315 다음에서 인용. Vigneras, 'Ribeiro', p. 77.

316 다음에서 인용. Armado Cortesão and Avelino Teixeira da Mota, Portugaliae Monumenta Cartographica, 6 vols.(Lisbon, 1960-62), vol. 1, p. 97.

317 Vigneras, 'Ribeiro', pp. 78-9.

318 Surekha Davies, 'The Navigational Iconography of Diogo Ribeiro's 1529 Vatican Planisphere', Imago Mundi, 55(2003), pp. 103-12.

319 Bailey W. Diffie and George D. Winius, Foundations of the Portuguese Empire, 1415-1580(Minneapolis, 1977), p. 283.

320 Robert Thorne, 'A Declaration of the Indies', in Richard Hakluyt, Divers Voyages Touching America(London, 1582), sig. C3.

321 다음에서 인용. Cortesão and da Mota, Portugaliae Monumenta Cartographica, vol. 1, p. 100.

322 Davenport, European Treaties, p. 188.

323 상동, pp. 186-97.

324 Jerry Brotton, Trading Territories: Mapping the Early Modern World(London, 1997), pp. 143-4.

325 다음에서 인용. Cortesão and da Mota, Portugaliae Monumenta Cartographica, vol. 1, p. 102.

326 Konrad Eisenbichler, 'Charles V in Bologna: The Self-Fashioning of a Man and

a City', *Renaissance Studies,* 13/4(2008), pp. 430 – 39.

327 Jerry Brotton and Lisa Jardine, *Global Interests: Renaissance Art between East and West*(London, 2000), pp. 49 – 62.

7 관용: 헤르하르뒤스 메르카토르의 세계지도, 1569년

328 이단 처형에 관한 가장 자세한 설명은 다음을 참고할 것. H. Averdunk and J. Müller-Reinhard, *Gerhard Mercator und die Geographen unter seinen Nachkommen*(Gotha, 1904). 영어판 최신 메르카토르 전기는 다음을 삼고할 것. Nicholas Crane, *Mercator: The Man who Mapped the Planet*(London, 2003).

329 Paul Arblaster, '"Totius Mundi Emporium": Antwerp as a Centre for Vernacular Bible Translations, 1523 – 1545', in Arie-Jan Gelderblom, Jan L. de Jong and Marc van Vaeck(eds.), *The Low Countries as a Crossroads of Religious Belief*(Leiden, 2004), pp. 14 – 15.

330 William Monter, 'Heresy Executions in Reformation Europe, 1520 – 1565', in Ole Peter Grell and Bob Scribner(eds.), *Tolerance and Intolerance in the European Reformation*(Cambridge, 1996), pp. 48 – 64.

331 Karl Marx, 'The Eighteenth Brumaire of Napoleon Bonaparte'(1852), in David McLellan(ed.), *Karl Marx: Selected Writings*(Oxford, 2nd edn. 2000), pp. 329 – 55.

332 앞의 내용과 '자아 형성' 개념은 다음을 참고했다. Stephen Greenblatt, *Renaissance Self-Fashioning: From More to Shakespeare*(Chicago, 1980), pp. 1 – 2.

333 다음에서 인용. Crane, *Mercator*, p. 193.

334 상동, p. 194.

335 상동, p. 44.

336 다음에서 인용. A. S. Osley(ed.), *Mercator: A Monograph on the Lettering of Maps, etc. in the 16th Century Netherlands with a Facsimile and Translation of his Treatise on the Italic Hand and a Translation of Ghim's 'Vita Mercatoris'*(London, 1969), p. 185.

337 다음에서 인용. Peter van der Krogt, *Globi Neerlandici: The Production of Globes in the Low Countries*(Utrecht, 1993), p. 42.

338 이 지구본에 관해서는 다음을 참고할 것. 상동, pp. 53 – 5; Robert Haardt, 'The Globe of Gemma Frisius', *Imago Mundi*, 9(1952), pp. 109 – 10. 지구본 비용에 관

해서는 다음을 참고할 것. Steven Vanden Broeke, *The Limits of Influence: Pico, Louvain and the Crisis of Astrology*(Leiden, 2003).

339 다음에서 인용. Robert W. Karrow, Jr., *Mapmakers of the Sixteenth Century and their Maps: Bio-Bibliographies of the Cartographers of Abraham Ortelius, 1570*(Chicago, 1993), p. 377.

340 다음에서 인용. M. Büttner, 'The Significance of the Reformation for the Reorientation of Geography in Lutheran Germany', *History of Science,* 17(1979), pp. 151–69, at p. 160.

311 이어지는 단락은 다음 두서를 참고함. Catherine Delano-Smith and Elizabeth Morley Ingram, *Maps in Bibles, 1500–1600: An Illustrated Catalogue*(Geneva, 1991), and Delano-Smith, 'Maps as Art and Science. Maps in Sixteenth Century Bibles', *Imago Mundi,* 42(1990), pp. 65–83.

342 다음에서 인용. Delano-Smith and Morley, *Maps in Bibles,* p. xxvi.

343 Delano-Smith, 'Maps as Art', p. 67.

344 다음에서 인용. Delano-Smith and Morley, *Maps in Bibles,* p. xxv.

345 Robert Karrow, 'Centers of Map Publishing in Europe, 1472–1600', in David Woodward(ed.), *The History of Cartography,* vol. 3: *Cartography in the European Renaissance,* pt. 1(Chicago, 2007), pp. 618–19.

346 르네상스 시대 지도 투영법의 역사는 다음을 참고할 것. Johannes Keuning, 'A History of Geographical Map Projections until 1600', *Imago Mundi,* 12(1955), pp. 1–24; John P. Snyder, *Flattening the Earth: Two Thousand Years of Map Projections*(Chicago, 1993), and his 'Map Projections in the Renaissance', in David Woodward(ed.), *The History of Cartography,* vol.3: *Cartography in the European Renaissance,* pt.1(Chicago, 2007), pp. 365–81.

347 Rodney W. Shirley, *The Mapping of the World: Early Printed World Maps, 1472–1700*(London, 1983), p. 84.

348 다음을 참고할 것. Robert L. Sharp, 'Donne's "Good-Morrow" and Cordiform Maps', *Modern Language Notes,* 69/7(1954), pp. 493–5; Julia M. Walker, 'The Visual Paradigm of "The Good-Morrow": Donne's Cosmographical Glasse', *Review of English Studies,* 37/145(1986), pp. 61–5.

349 Eric Jager, *The Book of the Heart*(Chicago, 2000), pp. 139, 143.

350 William Harris Stahl(ed.), *Commentary on the Dream of Scipio by Macrobius* (Columbia, NY, 1952), pp. 72, 216.

351 다음에서 인용. Denis Cosgrove, *Apollo's Eye: A Cartographic Genealogy of the Earth in the Western Imagination*(Baltimore, 2001), p. 49.

352 Giorgio Mangani, 'Abraham Ortelius and the Hermetic Meaning of the Cordiform Projection', *Imago Mundi*, 50(1998), pp. 59-83. 멜란히톤에 관해서는 다음을 참고할 것. Crane, *Mercator*, p. 96.

353 다음에서 인용. Osley, *Mercator*, p. 186.

354 다음을 참고할 것. Geoffrey Parker, *The Dutch Revolt*(London, 1979), p. 33.

355 Rolf Kirmse, 'Die grosse Flandernkarte Gerhard Mercators(1540)-ein Politicum?', *Duisburger Forschungen*, 1(1957), pp. 1-44, Crane, *Mercator*, pp. 102-10.

356 다음을 참고할 것. Marc Boone, 'Urban Space and Political Conflict in Late Medieval Flanders', *Journal of Interdisciplinary History*, 32/4(2002), pp. 621-40.

357 Diarmaid MacCulloch, *Reformation: Europe's House Divided, 1490–1700* (London, 2003), pp. 75, 207-8.

358 다음에서 인용. Rienk Vermij, 'Mercator and the Reformation', in Manfred Büttner and René Dirven(eds.), *Mercator und Wandlungen der Wissenschaften im 16. und 17. Jahrhundert*(Bochum, 1993), pp. 77-90, at p. 85.

359 Alison Anderson, *On the Verge of War: International Relations and the Jülich-Kleve Succession Crises*(Boston, 1999), pp. 18-21.

360 Andrew Taylor, *The World of Gerard Mercator: The Man who Revolutionised Geography*(London, 2005), pp. 128-9.

361 다음에서 인용. Crane, *Mercator*, p. 160.

362 Karrow, *Mapmakers of the Sixteenth Century*, p. 386.

363 다음에서 인용. Crane, *Mercator*, p. 194.

364 16세기 우주형상학의 위기에 관해서는 다음을 참고할 것. Frank Lestringant, *Mapping the Renaissance World: The Geographical Imagination in the Age of Discovery*, trans. David Fausett(Oxford, 1994), and Denis Cosgrove, 'Images of Renaissance Cosmography, 1450-1650', in Woodward, *History of Cartography*, vol. 3, pt. 1; 연대순 배열에 관해서는 다음을 참고할 것. Anthony Grafton, 'Joseph Scaliger and Historical Chronology: The Rise and Fall of a Discipline', *History and Theory*, 14/2(1975), pp. 156-85, 'Dating History: The Renaissance and the Reformation of Chronology', *Daedalus*, 132/2(2003), pp. 74-85, and *Joseph Scaliger: A Study in the History of Classical Scholarship*, vol. 2: *Historical*

Chronology(Oxford, 1993).

365 상동에서 인용. p. 13.

366 상동, p. 9.

367 다음에서 인용. Vermij, 'Mercator and the Reformation', p. 86.

368 메르카토르의 *Chronologia*에 관해서는 다음을 참고할 것. Rienk Vermij, 'Gerard Mercator and the Science of Chronology', in Hans Blotevogel and Rienk Vermij(eds.), *Gerhard Mercator und die geistigen Strömungen des 16. und 17. Jahrhunderts*(Bochum, 1995), pp. 189-98.

369 상동, p. 192.

370 Grafton, 'Dating History', p. 75.

371 우주형상학에 관한 이 견해는 다음을 참고할 것. Cosgrove, *Apollo's Eye*; Lestringant, *Mapping the Renaissance World*.

372 이 지도의 설명 글에 관한 인용은 모두 작자 미상의 다음 기사에서 옮겼다. 'Text and Translation of the Legends of the Original Chart of the World by Gerhard Mercator, Issued in 1569', *Hydrographic Review*, 9(1932), pp. 7-45.

373 록소드롬에 관해서는 다음을 참고할 것. James Alexander, 'Loxodromes: A Rhumb Way to Go', *Mathematics Magazine*, 7/5 (2004), pp. 349-56; Mark Monmonier, *Rhumb Lines and Map Wars: A Social History of the Mercator Map Projection*(Chicago, 2004), pp. 1-24.

374 다음을 참고할 것. Lloyd A. Brown, *The Story of Maps*(New York, 1949), p. 137.

375 Monmonier, *Rhumb Lines and Map Wars,* pp. 4-5.

376 William Borough, *A Discourse on the Variation of the Compass,* 다음에서 인용. E. J. S. Parsons and W. F. Morris, 'Edward Wright and his Work', *Imago Mundi,* 3(1939), pp. 61-71, at p. 63.

377 Eileen Reeves, 'Reading Maps', *Word and Image,* 9/1(1993), pp. 51-65.

378 Gerardus Mercator, *Atlas sive cosmographicae meditationes de fabrica mundi et fabricati figura*(CD-ROM, Oakland, Calif., 2000), p. 106.

379 상동.

380 상동, p. 107.

381 다음에서 인용. Lucia Nuti, 'The World Map as an Emblem: Abraham Ortelius and the Stoic Contemplation', *Imago Mundi,* 55(2003), pp. 38-55, at p. 54.

382 다음을 참고할 것. Lestringant, *Mapping the Renaissance World,* p. 130; Cosgrove, 'Images of Renaissance Cosmography', p. 98.

383 David Harvey, 'Cosmopolitanism and the Banality of Geographical Evils', *Public Culture,* 12/2 (2000), pp. 529-64, at p. 549.

8 돈: 요안 블라외의 《대아틀라스》, 1662년

384 다음에서 인용. Maarten Prak, *The Dutch Republic in the Seventeenth Century* (Cambridge, 2005), p. 262.

385 블라외의 지도에 관해서는 다음을 참고할 것. Minako Debergh, 'A Comparative Study of Two Dutch Maps, Preserved in the Tokyo National Museum: Joan Blaeu's Wall Map of the World in Two Hemispheres, 1648 and its Revision ca. 1678 by N. Visscher', *Imago Mundi,* 35(1983), pp. 20-36.

386 Derek Croxton, 'The Peace of Westphalia of 1648 and the Origins of Sovereignty', *International History Review,* 21/3(1999), pp. 569-91.

387 Oscar Gelderblom and Joost Jonker, 'Completing a Financial Revolution: The Finance of the Dutch East India Trade and the Rise of the Amsterdam Capital Market, 1595-1612', *Journal of Economic History,* 64/3(2004), pp. 641-72; Jan de Vries and Ad van der Woude, *The First Modern Economy: Success, Failure and Perseverance of the Dutch Economy, 1500–1815*(Cambridge, 1997).

388 Kees Zandvliet, *Mapping for Money: Maps, Plans and Topographic Paintings and their Role in Dutch Overseas Expansion during the 16th and 17th Centuries* (Amsterdam, 1998), pp. 33-51.

389 Cornelis Koeman, Günter Schilder, Marco van Egmond and Peter van der Krogt, "Commercial Cartography and Map Production in the Low Countries, 1500-ca. 1672', in David Woodward(ed.), *The History of Cartography,* vol. 3: *Cartography in the European Renaissance,* pt. 1(Chicago, 2007), pp. 1296-1383.

390 Herman de la Fontaine Verwey, 'Het werk van de Blaeus', *Maandblad Amstelodamum,* 39(1952), p. 103.

391 Simon Schama, *The Embarrassment of Riches: An Interpretation of Dutch Culture in the Golden Age*(London, 1987).

392 Svetlana Alpers, *The Art of Describing: Dutch Art in the Seventeenth Century*(Chicago, 1983).

393 Herman de la Fontaine Verwey, 'Dr Joan Blaeu and his Sons', *Quaerendo,* 11/1(1981), pp. 5-23.

394 C. Koeman, 'Life and Works of Willem Janszoon Blaeu: New Contributions to the Study of Blaeu, Made during the Last Hundred Years', *Imago Mundi*, 26(1972), pp. 9–16. 여기에는 이 해가 1617년으로 나온다. 연도를 바로잡아 준 얀 베르너(Jan Werner)에게 감사한다.

395 Herman Richter, 'Willem Jansz. Blaeu with Tycho Brahe on Hven, and his Map of the Island: Some New Facts', *Imago Mundi*, 3(1939), pp. 53–60.

396 다음에서 인용. Klaas van Berkel, 'Stevin and the Mathematical Practitioners', in Klaas van Berkel, Albert van Helden and Lodewijk Palm(eds.), *A History of Science in the Netherlands*(Leiden, 1999), pp. 13–36, at p. 19.

397 Peter Burke, *A Social History of Knowledge: From Gutenberg to Diderot*(Oxford, 2000), pp. 163–5.

398 Günter Schilder, 'Willem Jansz. Blaeu's Wall Map of the World, on Mercator's Projection, 1606–07 and its Influence', *Imago Mundi*, 31(1979), pp. 36–54.

399 상동에서 인용. pp. 52–3.

400 James Welu, 'Vermeer: His Cartographic Sources', *Art Bulletin*, 57(1975), p. 529.

401 Nadia Orenstein et al., 'Print Publishers in the Netherlands 1580–1620', in *Dawn of the Golden Age,* exhibition catalogue, Rijksmuseum(Amsterdam, 1993), pp. 167–200.

402 Cornelis Koeman and Marco van Egmond, 'Surveying and Official Mapping in the Low Countries, 1500–ca. 1670', in Woodward, *History of Cartography,* vol. 3, pt. 1, pp. 1246–95, at p. 1270.

403 Zandvliet, *Mapping for Money,* pp. 97–8, and 'Mapping the Dutch World Overseas in the Seventeenth Century', in Woodward, *History of Cartography,* vol. 3, pt. 1, pp. 1433–62.

404 J. Keuning, 'The History of an Atlas: Mercator–Hondius', *Imago Mundi,* 4 (1947), pp. 37–62, Peter van der Krogt, *Koeman's Atlantes Neerlandici,* 3 vols.(Houten, 1997), vol. 1, pp. 145–208.

405 J. Keuning, 'Jodocus Hondius Jr', *Imago Mundi,* 5(1948), pp. 63–71, Ir. C. Koeman, *Atlantes Neerlandici: Bibliography of Terrestrial, Maritime, and Celestial Atlases and Pilot Books, Published in the Netherlands up to 1800,* 6 vols.(Amsterdam, 1969), vol. 2, pp. 159–88.

406 다음에서 인용. J. Keuning, 'Blaeu's Atlas', *Imago Mundi,* 14(1959), pp. 74–89, at pp. 76–7; Koeman, *Atlantes Neerlandici,* vol. 1, pp. 73–85; van der Krogt,

Koeman's Atlantes, vol. 1, pp. 31–231.

407 Edward Luther Stevenson, *Willem Janszoon Blaeu, 1571–1638* (New York, 1914), pp. 25–6.

408 Günter Schilder, *The Netherland Nautical Cartography from 1550 to 1650* (Coimbra, 1985), p. 107.

409 Koeman et al., 'Commercial Cartography', pp. 1324–30.

410 다음에서 인용. Keuning, 'Blaeu's *Atlas*', p. 77.

411 Jonathan Israel, 'Frederick Henry and the Dutch Political Factions, 1625–1642', *English Historical Review,* 98(1983), pp. 1–27.

412 Zandvliet, *Mapping for Money,* p. 91.

413 Keuning, 'Blaeu's *Atlas*', pp. 78–9, Koeman, *Atlantes Neerlandici,* vol. 1, pp. 86–198, van der Krogt, *Koeman's Atlantes,* vol. 1, pp. 209–466.

414 다음에서 인용. Keuning, 'Blaeu's *Atlas*', p. 80.

415 Rienk Vermij, *The Calvinist Copernicans: The Reception of the New Astronomy in the Dutch Republic, 1575–1750* (Cambridge, 2002), pp. 107–8.

416 De Vries and van der Woude, *The First Modern Economy,* pp. 490–91; J. R. Bruin et al.(eds.), *Dutch-Asiatic Shipping in the 17th and 18th Centuries,* 3 vols. (The Hague, 1987), vol. 1, pp. 170–88.

417 Günter Schilder, 'Organization and Evolution of the Dutch East India Company's Hydrographic Office in the Seventeenth Century', *Imago Mundi,* 28(1976), pp. 61–78; Zandvliet, *Mapping for Money,* p. 120.

418 상동, pp. 122–4.

419 상동, p. 122.

420 상동, p. 124.

421 Ir. C. Koeman, *Joan Blaeu and his Grand Atlas* (Amsterdam, 1970), pp. 8–10.

422 Verwey, 'Blaeu and his Sons', p. 9.

423 Koeman, *Grand Atlas,* pp. 9–10.

424 Koeman, *Atlantes Neerlandici,* vol. 1, pp. 199–294, van der Krogt, *Koeman's Atlantes,* vol. 2, pp. 316–458.

425 Koeman, *Grand Atlas,* pp. 43–6, Peter van der Krogt, 'Introduction', in Joan Blaeu, *Atlas maior of 1665* (Cologne, 2005), pp. 36–7.

426 Koeman, *Grand Atlas,* pp. 53–91.

427 Joan Blaeu, *Atlas maior of 1665,* p. 12.

428 상동.

429 이를테면 다음을 참고할 것. Vermij, *The Calvinist Copernicans,* pp. 222–37.

430 다음에서 인용. Alpers, *The Art of Describing,* p. 159.

431 Herman de la Fontaine Verwey, 'The Glory of the Blaeu Atlas and "the Master Colourist"', *Quaerendo,* 11/3(1981), pp. 197–229.

432 Johannes Keuning, 'The *Novus Atlas* of Johannes Janssonius', *Imago Mundi,* 8(1951), pp. 71–98.

433 다음에서 인용. Koeman, *Grand Atlas,* p. 95.

434 Koeman, *Atlantes Neerlandici,* vol. 1, pp. 199–200.

435 Peter van der Krogt and Erlend de Groot(eds.), *The Atlas Blaeu-Van der Hem,* 7 vols.(Utrecht, 1996); Verwey, 'The Glory of the Blaeu Atlas', pp. 212–19.

9 국가: 카시니 가문의 프랑스 지도, 1793년

436 다음에서 인용. Monique Pelletier, *Les Cartes des Cassini: la science au service de l'état et des régions*(Paris, 2002), p. 167.

437 상동에서 인용.

438 다음에서 인용. Anne Godlewska, 'Geography and Cassini IV: Witness and Victim of Social and Disciplinary Change', *Cartographica,* 35/3–4(1998), pp. 25–39, at p. 35.

439 역사학자들은 4대에 걸친 네 명의 카시니를 놓고 혼동을 피하기 위해 각각 카시니 1세~4세로 이름을 붙였다.

440 Marcel Roncayolo, 'The Department', in Pierre Nora(ed.), *Rethinking France: Les Lieux de Mémoire,* vol. 2: *Space*(Chicago, 2006), pp. 183–231.

441 Montesquieu, 다음에서 인용. David A. Bell, *The Cult of the Nation in France: Inventing Nationalism, 1680–1800*(Cambridge, Mass., 2001), p. 11.

442 Benedict Anderson, *Imagined Communities: Reflections on the Origin and Spread of Nationalism*(London, 1983, rev. edn. 1991).

443 James R. Akerman, 'The Structuring of Political Territory in Early Printed Atlases', *Imago Mundi,* 47(1995), pp. 138–54, at p. 141; David Buisseret, 'Monarchs, Ministers, and Maps in France before the Accession of Louis XIV', in Buisseret(ed.), *Monarchs, Ministers, and Maps: The Emergence of Cartography as a Tool of Government in Early Modern Europe*(Chicago, 1992), pp. 99–124, at p.

119.

444 Jacob Soll, *The Information Master: Jean-Baptiste Colbert's Secret State Intelligence System*(Ann Arbor, 2009).

445 다음에서 인용. David J. Sturdy, *Science and Social Status: The Members of the Académie des Sciences, 1666–1750*(Woodbridge, 1995), p. 69.

446 상동, pp. 151–6.

447 David Turnbull, 'Cartography and Science in Early Modern Europe: Mapping the Construction of Knowledge Spaces', *Imago Mundi*, 48(1996), pp. 5–24.

448 다음에서 인용. Pelletier, *Cassini*, p. 39.

449 상동, p. 40. 측량사의 변화하는 역할에 관해서는 다음을 참고할 것. E. G. R. Taylor, 'The Surveyor', *Economic History Review,* 17/2(1947), pp. 121–33.

450 John Leonard Greenberg, *The Problem of the Earth's Shape from Newton to Clairaut*(Cambridge, 1995), pp. 1–2.

451 Josef V. Konvitz, *Cartography in France, 1660–1848: Science, Engineering and Statecraft*(Chicago, 1987), pp. 5–6.

452 상동, p. 7.

453 다음에서 인용. Pelletier, *Cassini*, p. 54.

454 Mary Terrall, 'Representing the Earth's Shape: The Polemics Surrounding Maupertuis's Expedition to Lapland', *Isis*, 83/2(1992), pp. 218–37.

455 Pelletier, *Cassini*, p. 79.

456 다음에서 인용. Terrall, 'Representing the Earth's Shape', p. 223.

457 Mary Terrall, *The Man who Flattened the Earth: Maupertuis and the Sciences in the Enlightenment*(Chicago, 2002), pp. 88–130.

458 다음에서 인용. Michael Rand Hoare, *The Quest for the True Figure of the Earth* (Aldershot, 2005), p. 157.

459 다음에서 인용. Pelletier, *Cassini*, p. 79.

460 다음에서 인용. Monique Pelletier, 'Cartography and Power in France during the Seventeenth and Eighteenth Centuries', *Cartographica*, 35/3–4(1998), pp. 41–53, at p. 49.

461 Konvitz, *Cartography in France,* p. 14, Graham Robb, *The Discovery of France* (London, 2007), pp. 4–5.

462 Charles Coulston Gillispie, *Science and Polity in France: The Revolutionary and Napoleonic Years*(Princeton, 1980), p. 115, Konvitz, *Cartography in France,* p. 16.

463 다음에서 인용. Mary Sponberg Pedley, *The Commerce of Cartography: Making and Marketing Maps in Eighteenth-Century France and England*(Chicago, 2005), pp. 22-3.

464 Christine Marie Petto, *When France was King of Cartography: The Patronage and Production of Maps in Early Modern France*(Plymouth, 2007); Mary Sponberg Pedley, 'The Map Trade in Paris, 1650-1825', *Imago Mundi*, 33(1981), pp. 33-45.

465 Josef V. Konvitz, 'Redating and Rethinking the Cassini Geodetic Surveys of France, 1730-1750', *Cartographica*, 19/1(1982), pp. 1-15.

466 다음에서 인용. Pelletier, *Cassini*, p. 95.

467 카시니 3세의 추산에 관해서는 다음을 참고할 것. Konvitz, *Cartography in France*, pp. 22-4. 봉급에 관해서는 다음을 참고할 것. Peter Jones, 'Introduction: Material and Popular Culture', in Martin Fitzpatrick, Peter Jones, Christa Knellwolf and Iain McCalman(eds.), *The Enlightenment World*(Oxford, 2004), pp. 347-8.

468 다음에서 인용. Pelletier, *Cassini*, pp. 117-8.

469 상동, pp. 123-4.

470 상동, p. 128.

471 상동, p. 143.

472 상동, p. 144.

473 상동, pp. 232-3.

474 Pedley, *Commerce of Cartography*, pp. 85-6.

475 다음에서 인용. Pelletier, *Cassini*, p. 135.

476 상동, p. 140.

477 다음에서 인용. Bell, *The Cult of the Nation*, p. 70.

478 상동, p. 15.

479 다음에서 인용. Anne Godlewska, *Geography Unbound: French Geographic Science from Cassini to Humboldt*(Chicago, 1999), p. 80.

480 Bell, *The Cult of the Nation*, p. 69.

481 Emmanuel-Joseph Sieyès, 다음에서 인용. Linda and Marsha Frey, *The French Revolution*(Westport, Conn., 2004), p. 3.

482 다음에서 인용. Bell, *The Cult of the Nation*, p. 76.

483 상동, pp. 14, 22, 13-14.

484 다음에서 인용. Pelletier, *Cassini*, p. 165.

485 상동, p. 169.

486 다음에서 인용. Godlewska, *Geography Unbound,* p. 84.

487 다음에서 인용. Pelletier, *Cassini,* p. 170.

488 다음에서 인용. Robb, *Discovery of France,* pp. 202-3.

489 *London Literary Gazette,* no. 340, Saturday, 26 July 1823, p. 471.

490 다음에서 인용. Pelletier, *Cassini,* p. 244.

491 상동, pp. 246-7.

492 상동, p. 243.

493 Sven Widmalm, 'Accuracy, Rhetoric and Technology: The Paris-Greenwich Triangulation, 1748-88', in Tore Frängsmyr, J. L. Heilbron and Robin E. Rider(eds.), *The Quantifying Spirit in the Eighteenth Century*(Berkeley and Los Angeles, 1990), pp. 179-206.

494 Konvitz, *Cartography in France,* pp. 25-8; Gillispie, *Science and Polity,* pp. 122-30; Lloyd Brown, *The Story of Maps*(New York, 1949), pp. 255-65.

495 상동, p. 255.

496 Bernard de Fontenelle, 다음에서 인용. Matthew Edney, 'Mathematical Cosmography and the Social Ideology of British Cartography, 1780-1820', *Imago Mundi,* 46(1994), pp. 101-16, at p. 104.

497 다음에서 인용. Godlewska, *Geography Unbound,* p. 83.

498 Pedley, *Commerce of Cartography,* p. 22.

499 다음에서 인용. Pelletier, *Cassini,* p. 133.

500 Bell, *The Cult of the Nation,* p. 6.

501 Anderson, *Imagined Communities,* pp. 11, 19.

502 다음에서 인용. Helmut Walser Smith, *The Continuities of German History: Nation, Religion and Race across the Long Nineteenth Century*(Cambridge, 2008), p. 47.

503 Anderson, *Imagined Communities,* p. 22. 앤더슨은 이 책 2판에서 지도 누락을 수 정했지만, 이때도 근대 식민 국가에서 사용한 지도만을 분석 대상으로 삼았다.

10 지정학: 해퍼드 매킨더의 '역사의 지리적 중추', 1904년

504 'Prospectus of the Royal Geographical Society', *Journal of the Royal Geographical Society,* 1(1831), pp. vii-xii.

505 상동, pp. vii-viii.

506 *Quarterly Review,* 46(Nov. 1831), p. 55.

507 David Smith, *Victorian Maps of the British Isles*(London, 1985).

508 Walter Ristow, 'Lithography and Maps, 1796–1850', in David Woodward(ed.), *Five Centuries of Map Printing*(Chicago, 1975), pp. 77–112.

509 Arthur Robinson, 'Mapmaking and Map Printing: The Evolution of a Working Relationship', in Woodward, *Five Centuries of Map Printing,* pp. 14–21.

510 Matthew Edney, 'Putting "Cartography" into the History of Cartography: Arthur H. Robinson, David Woodward, and the Creation of a Discipline', *Cartographic Perspectives,* 51(2005), pp. 14–29; Peter van der Krogt, '"Kartografie" or "Cartografie"?', Caert-Thresoor, 25/1(2006), pp. 11–12; *Oxford English Dictionary,* entries on 'cartography' and 'cartographer'.

511 Matthew Edney, 'Mathematical Cosmography and the Social Ideology of British Cartography, 1780–1820', *Imago Mundi,* 46(1994), pp. 101–16, at p. 112.

512 John P. Snyder, *Flattening the Earth: Two Thousand Years of Map Projections* (Chicago, 1993), pp. 98–9, 112–3, 150–54, 105.

513 Arthur Robinson, *Early Thematic Mapping in the History of Cartography* (Chicago, 1982), pp. 15–7.

514 상동, pp. 160–62.

515 Simon Winchester, *The Map that Changed the World*(London, 2001).

516 Karen Severud Cook, 'From False Starts to Firm Beginnings: Early Colour Printing of Geological Maps', *Imago Mundi,* 47(1995), pp. 155–72, at pp. 160–62.

517 다음에서 인용. Smith, *Victorian Maps,* p. 13.

518 Matthew Edney, *Mapping an Empire: The Geographical Construction of British India, 1765–1843*(Chicago, 1997), pp. 2–3.

519 Joseph Conrad, *Heart of Darkness,* ed. Robert Hampson(London, 1995), p. 25.

520 Halford Mackinder, *Britain and the British Seas*(London, 1902), p. 343.

521 Jeffrey C. Stone, 'Imperialism, Colonialism and Cartography', *Transactions of the Institute of British Geographers,* 13/1(1988), pp. 57–64.

522 다음에서 인용. William Roger Louis, 'The Berlin Congo Conference and the (Non-) Partition of Africa, 1884–85', in Louis, *Ends of British Imperialism: The Scramble for Empire, Suez and Decolonization*(London, 2006), pp. 75–126, at p. 102.

523 T. H. Holdich, 'How Are We to Get Maps of Africa', *Geographical Journal,*

18/6(1901), pp. 590−601, at p. 590.

524 Halford Mackinder, 'The Round World and the Winning of the Peace', *Foreign Affairs*, 21/1(1943), pp. 595−605, at p. 595.

525 Gerry Kearns, *Geopolitics and Empire: The Legacy of Halford Mackinder*(Oxford, 2009), p. 37; E. W. Gilbert, 'The Right Honourable Sir Halford J. Mackinder, P.C., 1861−1947', *Geographical Journal*, 110/1−3(1947), pp. 94−9, at p. 99.

526 Halford Mackinder, 'Geography as a Pivotal Subject in Education', *Geographical Journal*, 27/5(1921), pp. 376−84, at p. 377.

527 Brian Blouet, 'The Imperial Vision of Halford Mackinder', *Geographical Journal*, 170/4(2004), pp. 322−9; Kearns, *Geopolitics and Empire*, pp. 39−50.

528 Francis Darwin(ed.), *The Life and Letters of Charles Darwin, including an Autobiographical Chapter*, 3 vols.(London, 1887), vol. 1, p. 336.

529 다음에서 인용. Kearns, *Geopolitics and Empire*, p. 44.

530 상동, p. 47.

531 다음을 참고할 것. Denis Cosgrove, 'Extra-terrestrial Geography', in Cosgrove, *Geography and Vision: Seeing, Imagining and Representing the World*(London, 2008), pp. 34−48.

532 다음에서 인용. Charles Kruszewski, 'The Pivot of History', *Foreign Affairs*, 32(1954), pp. 388−401, at p. 390.

533 Halford Mackinder, 'On the Scope and Methods of Geography', *Proceedings of the Royal Geographical Society*, 9/3(1887), pp. 141−74, at p. 141.

534 상동, p. 145.

535 상동, pp. 159−60.

536 'On the Scope and Methods of Geography-Discussion', *Proceedings of the Royal Geographical Society*, 9/3(1887), pp. 160−74, at p. 166.

537 D. I. Scargill, 'The RGS and the Foundations of Geography at Oxford', *Geographical Journal*, 142/3(1976), pp. 438−61.

538 다음에서 인용. Kruszewski, 'The Pivot of History', p. 390.

539 Halford Mackinder, 'Geographical Education: The Year's Progress at Oxford', *Proceedings of the Royal Geographical Society*, 10/8(1888), pp. 531−3, at p. 532.

540 Halford Mackinder, 'Modern Geography, German and English', *Geographical Journal*, 6/4(1895), pp. 367−79.

541 상동, pp. 374−6.

542 상동, p. 379.

543 다음에서 인용. Kearns, *Geopolitics and Empire*, p. 45.

544 Halford Mackinder, 'A Journey to the Summit of Mount Kenya, British East Africa', *Geographical Journal*, 15/5(1900), pp. 453–76, at pp. 453–4.

545 Halford Mackinder, 'Mount Kenya in 1899', *Geographical Journal*, 76/6(1930), pp. 529–34.

546 Mackinder, 'A Journey to the Summit', pp. 473, 475.

547 상동, p. 476.

548 Blouet, 'Imperial Vision', pp. 322–9.

549 Mackinder, *Britain and the British Seas*, p. 358.

550 상동, pp. 1–4.

551 상동, pp. 11–12.

552 상동, p. 358.

553 Max Jones, 'Measuring the World: Exploration, Empire and the Reform of the Royal Geographical Society', in Martin Daunton(ed.), *The Organisation of Knowledge in Victorian Britain*(Oxford, 2005), pp. 313–36.

554 Paul Kennedy, *The Rise and Fall of British Naval Mastery*(London, 1976), p. 190.

555 Halford Mackinder, 'The Geographical Pivot of History', *Geographical Journal*, 23/4(1904), pp. 421–37, at pp. 421–2.

556 상동, p. 422.

557 상동, p. 431.

558 상동, pp. 435–6.

559 Pascal Venier, 'The Geographical Pivot of History and Early Twentieth Century Geopolitical Culture', *Geographical Journal*, 170/4(2004), pp. 330–36.

560 Gearóid Ó Tuathail, *Critical Geopolitics: The Politics of Writing Global Space* (Minneapolis, 1996), p. 24.

561 Mackinder, 'Geographical Pivot', p. 436.

562 상동, p. 437.

563 Spencer Wilkinson et al., 'The Geographical Pivot of History: Discussion', *Geographical Journal*, 23/4(1904), pp. 437–44, at p. 438.

564 상동, p. 438.

565 Halford Mackinder, *Democratic Ideals and Reality: A Study in the Politics of Reconstruction*(1919; Washington, 1996), pp. 64–5.

566 상동, p. 106.

567 Mackinder, 'The Round World', p. 601.

568 상동, pp. 604-5.

569 Colin S. Gray, 'The Continued Primacy of Geography', *Orbis*, 40/2(1996), pp. 247-59, at p. 258.

570 다음에서 인용. Kearns, *Geopolitics and Empire*, p. 8.

571 상동, p. 17.

572 상동, pp. 17-18.

573 다음에서 인용. Geoffrey Parker, *Western Geopolitical Thought in the Twentieth Century*(Beckenham, 1985), pp. 16, 31.

574 Colin S. Gray and Geoffrey Sloan(eds.), *Geopolitics, Geography and Strategy* (Oxford, 1999), pp. 1-2; Parker, *Western Geopolitical Thought*, p. 6.

575 다음에서 인용. Saul Bernard Cohen, *Geopolitics of the World System*(Lanham, Md., 2003), p. 11.

576 Alfred Thayer Mahan, *The Influence of Sea Power upon History, 1660–1783* (Boston, 1890), p. 42.

577 Kearns, *Geopolitics and Empire*, p. 4; Zachary Lockman, *Contending Visions of the Middle East: The History and Politics of Orientalism*(Cambridge, 2004), pp. 96-7.

578 다음에서 인용. Ronald Johnston et al.(eds.), *The Dictionary of Human Geography*, 4th edn.(Oxford, 2000), p. 27.

579 Woodruff D. Smith, 'Friedrich Ratzel and the Origins of Lebensraum', *German Studies Review*, 3/1(1980), pp. 51-68.

580 Kearns, *Geopolitics and Empire*; Brian Blouet(ed.), *Global Geostrategy: Mackinder and the Defence of the West*(Oxford, 2005); David N. Livingstone, *The Geographical Tradition: Episodes in the History of a Contested Enterprise* (Oxford, 1992), pp. 190-96; Colin S. Gray, *The Geopolitics of Super Power* (Lexington, Ky., 1988), pp. 4-12; Gray and Sloan, *Geopolitics*, pp. 15-62; and the special issue of *Geographical Journal*, 170(2004).

581 다음에서 인용. Kearns, *Geopolitics and Empire*, p. 62.

582 Livingstone, *Geographical Tradition*, p. 190.

583 Christopher J. Fettweis, 'Sir Halford Mackinder, Geopolitics and Policymaking in the 21st Century', *Parameters*, 30/2(2000), pp. 58-72.

584 Paul Kennedy, 'The Pivot of History', *Guardian*, 19 June 2004, p. 23.

11 평등: 페터스 도법, 1973년

585 다음에서 인용. Nicholas Mansergh(ed.), *The Transfer of Power*, 1942–47, 12 vols. (London, 1970), vol. 12, no. 488, appendix 1.

586 다음에서 인용. Yasmin Khan, *The Great Partition: The Making of India and Pakistan*(New Haven, 2007), p. 125.

587 분할에 관해서는 다음을 참고할 것. O. H. K. Spate, 'The Partition of the Punjab and of Bengal', *Geographical Journal*, 110/4(1947), pp. 201–18, and Tan Tai Yong, '"Sir Cyril Goes to India": Partition, Boundary-Making and Disruptions in the Punjab', *Punjab Studies*, 4/1(1997), pp. 1–20.

588 다음에서 인용. John Pickles, 'Text, Hermeneutics and Propaganda Maps', in Trevor J. Barnes and James S. Duncan(eds.), *Writing Worlds: Discourse, Text and Metaphor in the Representation of Landscape*(London, 1992), pp. 193–230, at p. 197.

589 다음을 참고할 것. Jeremy Black, *Maps and History: Constructing Images of the Past*(New Haven, 1997), pp. 123–8.

590 Denis Cosgrove, 'Contested Global Visions: One-World, Whole-Earth, and the Apollo Space Photographs', *Annals of the Association of American Geographers*, 84/2(1994), pp. 270–94.

591 다음에서 인용. Ursula Heise, *Sense of Place and Sense of Planet: The Environmental Imagination of the Global*(Oxford, 2008), p. 23

592 Joe Alex Morris, 'Dr Peters' Brave New World', *Guardian*, 5 June 1973.

593 다음을 참고할 것. Mark Monmonier, *Drawing the Line: Tales of Maps and Cartocontroversy*(New York, 1996), p. 10.

594 Arthur H. Robinson, 'Arno Peters and his New Cartography', *American Geographer*, 12/2(1985), pp. 103–11, at p. 104.

595 Jeremy Crampton, 'Cartography's Defining Moment: The Peters Projection Controversy', *Cartographica*, 31/4(1994), pp. 16–32.

596 *New Internationalist*, 124(1983).

597 Jeremy Crampton, *Mapping: A Critical Introduction to Cartography and GIS* (Oxford, 2010), p. 92.

598 Derek Maling, 'A Minor Modification to the Cylindrical Equal-Area Projection', *Geographical Journal,* 140/3 (1974), pp. 509-10.

599 Norman Pye, review of the *Peters Atlas of the World* by Arno Peters, *Geographical Journal,* 155/2(1989), pp. 295-7.

600 H. A. G. Lewis, review of *The New Cartography* by Arno Peters, *Geographical Journal,* 154/2(1988), pp. 298-9.

601 다음에서 인용. Stephen Hall, *Mapping the Next Millennium: The Discovery of New Geographies*(New York, 1992), p. 380.

602 Robinson, 'Arno Peters', pp. 103, 106.

603 다음에서 인용. John Loxton, 'The Peters Phenomenon', *Cartographic Journal,* 22(1985), pp. 106-10, at pp. 108, 110.

604 다음에서 인용. Monmonier, *Drawing the Line,* pp. 30-32.

605 Maling, 'Minor Modification', p. 510.

606 Lewis, review of *The New Cartography,* pp. 298-9.

607 David Cooper, 'The World Map in Equal Area Presentation: Peters Projection', *Geographical Journal,* 150/3(1984), pp. 415-6.

608 *The West Wing,* season 2, episode 16. 2001년 2월 28일 첫 방영.

609 Mark Monmonier, *Rhumb Lines and Map Wars: A Social History of the Mercator Map Projection*(Chicago, 2004), p. 15.

610 Arno Peters, 'Space and Time: Their Equal Representation as an Essential Basis for a Scientific View of the World', lecture presented at Cambridge University, 29 March 1982, trans. Ward L. Kaiser and H. Wohlers(New York, 1982), p. 1. 페터스의 전기에 관해서는 다음에 실린 그의 부음을 참고할 것. *The Times,* 10 December 2002. 그의 삶과 업적을 기린, 다음에 실린 여러 기사도 참고할 것. *Cartographic Journal,* 40/1(2003).

611 다음에서 인용. Stefan Muller, 'Equal Representation of Time and Space: Arno Peters's Universal History', *History Compass,* 8/7(2010), pp. 718-29.

612 다음에서 인용. Crampton, 'Cartography's Defining Moment', p. 23.

613 Peters, 'Space and Time', pp. 8-9.

614 Crampton, 'Cartography's Defining Moment', p. 22. 다음도 참고할 것. The *Economist*'s review of the *Peters Atlas,* 25 March 1989.

615 *The Freeman: A Fortnightly for Individualists,* Monday, 15 December 1952, p. 188.

616 Arno Peters, *The New Cartography* [*Die Neue Kartographie*](New York, 1983), p.

146.

617 Norman J. W..Thrower, *Maps and Civilization: Cartogrophy in Culture and Society*(Chicago, 1996), p. 224.

618 Peters, *The New Cartography,* p. 102.

619 상동, pp. 102, 107 – 18.

620 다음을 참고할 것. Monmonier, *Drawing the Line*, pp. 12 – 3; Robinson, 'Arno Peters', p. 104; Norman Pye, review of 'Map of the World: Peters Projection', *Geographical Journal,* 157/1(1991), p. 95.

621 Crampton, 'Cartography's Defining Moment', p. 24.

622 Pye, 'Map of the World', pp. 95 – 6.

623 Peters, *The New Cartography,* pp. 128, 148.

624 James Gall, *An Easy Guide to the Constellations*(Edinburgh, 1870), p. 3.

625 James Gall, 'Use of Cylindrical Projections for Geographical, Astronomical, and Scientific Purposes', *Scottish Geographical Journal,* 1/4(1885), pp. 119 – 23, at p. 119.

626 James Gall, 'On Improved Monographic Projections of the World', *British Association of Advanced Science*(1856), p. 148.

627 Gall, 'Use of Cylindrical Projections', p. 121.

628 Monmonier, *Drawing the Line,* pp. 13 – 4.

629 Crampton, 'Cartography's Defining Moment', pp. 21 – 2.

630 Gall, 'Use of Cylindrical Projections', p. 122.

631 다음에서 인용. *North-South: A Programme for Survival*(London, 1980). 수치는 다음에서 인용. http://www.stwr.org/special-features/the-brandt-report.html#setting.

632 Paul Krugman, *The Conscience of a Liberal*(London, 2007), pp. 4 – 5, 124 – 9.

633 J. B. Harley, 'Deconstructing the Map', in Barnes and Duncan, *Writing Worlds,* pp. 231 – 47.

634 David N. Livingstone, *The Geographical Tradition: Episodes in the History of a Contested Enterprise*(Oxford, 1992).

635 Alfred Korzybski, 'General Semantics, Psychiatry, Psychotherapy and Prevention', in Korzybski, *Collected Writings*(Fort Worth, Tex., 1990), p. 205.

636 J. B. Harley, 'Can There Be a Cartographic Ethics?', *Cartographic Perspectives,* 10(1991), pp. 9 – 16, at pp. 10 – 11.

637 Peter Vujakovic, 'The Extent of the Adoption of the Peters Projection by "Third World" Organizations in the UK', *Society of University Cartographers Bulletin*(SUC), 21/1(1987), pp. 11–5, and 'Mapping for World Development', *Geography*, 74(1989), pp. 97–105.

12 정보: 구글어스, 2012년

638 구글어스는 초기설정 기능으로 사용자가 접속하는 지역을 지도 중심에 놓는다.

639 http://www.comscore.com/Press_Events/Press_Releases/2011/11/comScore_Releases_October_2011_U.S._Search_Engine_Rankings.

640 http://www.thedomains.com/2010/07/26/googles-global-search-share-declines/.

641 Kenneth Field, 'Maps, Mashups and Smashups', *Cartographic Journal*, 45/4 (2008), pp. 241–5.

642 David Vise, *The Google Story: Inside the Hottest Business, Media and Technology Success of Our Time*(New York, 2006), pp. 1, 3.

643 http://www.nytimes.com/2005/12/20/technology/20image.html.

644 http://spatiallaw.blogspot.com/.

645 Jeremy W. Crampton, *Mapping: A Critical Introduction to Cartography and GIS* (Oxford, 2010), p. 129.

646 Field, 'Maps, Mashups', p. 242.

647 2011년 11월에 주고받은 이메일에서, 구글 애플리케이션의 이 부분에 관해 의견을 제시해 주고 '자료 수집기(data aggregator)'라는 용어를 알려준 패트리샤 시드(Patricia Seed)에게 감사한다.

648 David Y. Allen, 'A Mirror of our World: Google Earth and the History of Cartography', *Coordinates*, series b, 12(2009), pp. 1–16, at p. 9.

649 Manuel Castells, *The Information Age: Economy, Society and Culture*, vol. 1: *The Rise of the Network Society*(Oxford, 1998; second edn., 2007), p. 509.

650 Manuel Castells, *The Information Age: Economy, Society and Culture*, vol. 3: *End of Millennium*(Oxford, 1998), p. 1.

651 Castells, *The Rise of the Network Society*, pp. 501, 52, 508.

652 Matthew A. Zook and Mark Graham, 'Mapping DigiPlace: Geocoded Internet Data and the Representation of Place', *Environment and Planning B: Planning*

and Design, 34(2007), pp. 466–82.

653 Eric Gordon, 'Mapping Digital Networks: From Cyberspace to Google', *Information, Communication and Society,* 10/6(2007), pp. 885–901.

654 James Gleick, *The Information: A History, a Theory, a Flood*(London, 2011), pp. 8–10.

655 http://www.google.com/about/corporate/company/.

656 Norbert Wiener, *Cybernetics: Or, Control and Communication in the Animal and the Machine*(Cambridge, Mass., 1948), p. 11.

657 상동, p. 144.

658 Ronald E. Day, *The Modern Invention of Information: Discourse, History and Power*(Carbondale, Ill., 2008), pp. 38–43.

659 Claude Shannon, 'A Mathematical Theory of Communication', *Bell System Technical Journal,* 27(1948), pp. 379–423, at p. 379.

660 Crampton, *Mapping,* pp. 49–52.

661 상동에서 인용, p. 58.

662 Castells, *The Rise of the Network Society,* p. 40.

663 Duane F. Marble, 'Geographic Information Systems: An Overview', in Donna J. Peuquet and Duane F. Marble(eds.), *Introductory Readings in Geographic Information Systems*(London, 1990), pp. 4–14.

664 Roger Tomlinson, 'Geographic Information Systems: A New Frontier', in Peuquet and Marble, *Introductory Readings,* pp. 15–27 at p. 17.

665 J. T. Coppock and D. W. Rhind, 'The History of GIS', in D. J. Maguire et al.(eds.), *Geographical Information Systems,* vol. 1(New York, 1991), pp. 21–43.

666 Janet Abbate, *Inventing the Internet*(Cambridge, Mass., 2000).

667 Castells, *The Rise of the Network Society,* pp. 50–51.

668 상동, p. 61.

669 이에 앞서 1968년에 〈밑그림(Rough Sketch)〉이라는 다큐멘터리를 제작했고, 이를 토대로 1977년에 지금의 제목으로 약간 더 긴 다큐멘터리를 완성했다. 다음을 참고할 것. http://powersof10.com/.

670 Christopher C. Tanner, Christopher J. Migdal and Michael T. Jones, 'The Clipmap: A Virtual Mipmap', Proceedings of the 25th Annual Conference on Computer Graphics and Interactive Techniques, July 1998, pp.151–8, at p. 151.

671 Avi Bar-Zeev, 'How Google Earth [Really] Works', accessed at: http://www.

realityprime.com/articles/how-google-earth-really-works.

672 Mark Aubin, 'Google Earth: From Space to your Face … and Beyond.' 다음을 참고할 것. http://mattiehead.wordpress.com/tag/google-earth/.

673 http://msrmaps.com/About.aspx?n=AboutWhatsNew&b=Newsite.

674 키홀의 공동 창립자 마크 오빈의 다음 기사에서 인용. 'Notes on the Origin of Google Earth.' 다음을 참고할 것. http://www.realityprime.com/articles/notes-on-the-origin-of-google-earth.

675 Michael T. Jones, 'The New Meaning of Maps', talk delivered at the 'Where 2.0' conference, San Jose, California, 31 March 2010, 다음을 참고할 것. http://www.youtube.com/watch?v=UWj8qtIvkkg.

676 2010년 12월, 사이먼 그린먼과 개인적으로 주고받은 이메일 내용. 지리 공간 애플리케이션 개발에 대해 직접 경험한 지식을 알려 준 것에 대단히 감사한다.

677 Avi Bar-Zeev, 'Notes on the Origin of Google Earth.' 다음을 참고할 것. http://www.realityprime.com/articles/notes-on-the-origin-of-google-earth.

678 'Google Earth Co-founder Speaks.' 다음을 참고할 것. http://techbirmingham.wordpress.com/2007/04/26/googleearth-aita/.

679 시각화 사례는 다음을 참고할 것. 'Tiny Tech Company Awes Viewers', *USA Today,* 21 March 2003. 다음을 참고할 것. http://usatoday30.usatoday.com/tech/news/techinnovations/2003-03-20-earthviewer_x.htm.

680 http://www.prnewswire.com/news-releases/in-q-tel-announces-strategic-investment-in-keyhole-71411842.html.

681 http://www.google.com/press/pressrel/keyhole.html.

682 다음에서 인용. Jeremy W. Crampton, 'Keyhole, Google Earth, and 3D Worlds: An Interview with Avi Bar-Zeev', *Cartographica*, 43/2(2008), pp. 85–93, at p. 89.

683 Vise, *The Google Story.*

684 Sergey Brin and Larry Page, 'The Anatomy of a Large-Scale Hypertextual Web Search Engine', Seventh International World-Wide Web Conference (WWW 1998), 14–18 April 1998, Brisbane, Australia.

685 http://ontargetwebsolutions.com/search-engine-blog/orlando-seo-statistics/. 이 수치는 추정치일 뿐 구글이 검증한 수치는 아니다.

686 http://royal.pingdom.com/2010/02/24/google-facts-and-figures-massive-infographic/.

687 구글 강령은 다음을 참고할 것. http://www.google.com/corporate/. http://www.

google.com/corporate/tenthings.html.

688 Harry McCracken, 'First Impressions: Google's Amazing Earth.'

689 2009년 4월과 2010년 11월에 실시한 에드 파슨스(Ed Parsons)와의 개인적 대담 내용. 이후에 나오는 파슨스의 말은 모두 이 대담에서 인용했다. 시간을 내어 대담에 응해 준 에드에게 진심으로 감사한다.

690 Aubin, 'Google Earth.'

691 http://www.techdigest.tv/2009/01/dick_cheneys_ho.html.

692 http://googleblog.blogspot.com/2005/02/mapping-your-way.html.

693 http://news.cnet.com/8301-1023_3-10028842-93.html.

694 Jones, 'The New Meaning of Maps'.

695 2010년 4월, 에드 파슨스와의 개인적 대담.

696 Crampton, *Mapping*, p. 133.

697 http://googleblog.blogspot.com/2010/04/earthly-pleasures-come-to-maps.html.

698 Michael T. Jones, 'Google's Geospatial Organizing Principle', *IEEE Computer Graphics and Applications* (2007), pp. 8–13, at p. 11.

699 http://www.emc.com/collateral/analyst-reports/diverse-exploding-digital-universe.pdf: http://www.worldwidewebsize.com/.

700 Waldo Tobler, 'A Computer Movie Simulating Urban Growth in the Detroit Region', *Economic Geography*, 46 (1970), pp. 234–40, at p. 236.

701 2010년 4월, 에드 파슨스와의 개인적 대담.

702 Steven Levy, 'Secret of Googlenomics: Data-Fueled Recipe Brews Profitability', *Wired Magazine*, 17.06. 다음을 참고할 것. http://www.wired.com/culture/culturereviews/magazine/17-06/nep_googlenomics?currentPage=all.

703 https://www.google.com/accounts/ServiceLogin?service=adwords&hl=en_GB&ltmpl=adwords&passive=true&ifr=false&alwf=true&continue=https://adwords.google.com/um/gaiaauth?apt%3DNone%26ugl%3Dtrue&gsessionid=2-eFqz0_CDGDCfqiSMq9sQ.

704 Levy, 'Secret of Googlenomics'.

705 Jones, 'The New Meaning of Maps'.

706 Matthew A. Zook and Mark Graham, 'The Creative Reconstruction of the Internet: Google and the Privatization of Cyberspace and DigiPlace', *Geoforum*, 38 (2007), pp. 1322–43.

707 William J. Mitchell, *City of Bits: Space, Place and the Infobahn* (Cambridge,

Mass., 1996), p. 112.

708 http://www.nybooks.com/articles/archives/2009/feb/12/google-the-future-of-books/?pagination=false#fn2-496790631.

709 http://online.wsj.com/article/SB10001424052748704461304576216923562033348.html?mod=WSJ_hp_LEFTTopStories.

710 http://www.heritage.org/research/reports/2011/10/google-antitrust-and-not-being-evil.

711 Annu-Maaria Nivala, Stephen Brewster and L. Tiina Sarjakoski, 'Usability Evaluation of Web Mapping Sites', *Cartographic Journal*, 45/2(2008), pp. 129-38.

712 http://www.internetworldstats.com/stats.htm.

713 Crampton, *Mapping*, pp. 139-40.

714 2009년 11월, 에드 파슨스와의 개인적 대담.

715 Vittoria de Palma, 'Zoom: Google Earth and Global Intimacy', in Vittoria de Palma, Diana Periton and Marina Lathouri(eds.), *Intimate Metropolis: Urban Subjects in the Modern City*(Oxford, 2009), pp. 239-70, at pp. 241-2; Douglas Vandegraft, 'Using Google Earth for Fun and Functionality', *ACSM Bulletin*, (June 2007), pp. 28-32.

716 J. Lennart Berggren and Alexander Jones(eds. and trans.), *Ptolemy's Geography: An Annotated Translation of the Theoretical Chapters*(Princeton, 2000), p. 117.

717 Allen, 'A Mirror of our World', pp. 3-8.

718 2010년 12월, 사이먼 그린먼과 주고받은 이메일에서.

에필로그

719 J. B. Harley and David Woodward(eds.), *The History of Cartography*, vol. 1: *Cartography in Prehistoric, Ancient, and Medieval Europe and the Mediterranean*(Chicago, 1987), p. 508.

720 Rob Kitchin and Martin Dodge, 'Rethinking Maps', *Progress in Human Geography*, 31/3(2007), pp. 331-44, at p. 343.

721 Albrecht Penck, 'The Construction of a Map of the World on a Scale of 1 : 1,000,000', *Geographical Journal*, 1/3(1893), pp. 253-61, at p. 254.

722 상동, p. 256.

723 상동, p. 259.

724 상동, p. 254.

725 A. R. Hinks, quoted in G. R. Crone, 'The Future of the International Million Map of the World', *Geographical Journal*, 128/1(1962), pp. 36–8, at p. 38.

726 Michael Heffernan, 'Geography, Cartography and Military Intelligence: The Royal Geographical Society and the First World War', *Transactions of the Institute of British Geographers*, new series, 21/3 (1996), pp. 504–33.

727 M. N. MacLeod, 'The International Map', *Geographical Journal*, 66/5(1925), pp. 445–9.

728 다음에서 인용. Alastair Pearson, D. R. Fraser Taylor, Karen Kline and Michael Heffernan, 'Cartographic Ideals and Geopolitical Realities: International Maps of the World from the 1890s to the Present', *Canadian Geographer*, 50/2(2006), pp. 149–75, at p. 157.

729 Trygve Lie, 'Statement by the Secretary-General', *World Cartography*, 1(1951), p. v.

730 'Summary of International Meetings of Interest to Cartography(1951–1952)', *World Cartography*, 2(1952), p. 103.

731 'The International Map of the World on the Millionth Scale and the International Co-operation in the Field of Cartography', *World Cartography*, 3(1953), pp. 1–13.

732 Sandor Radó, 'The World Map at the Scale of 1 : 2,500,000', *Geographical Journal*, 143/3(1977), pp. 489–90.

733 다음에서 인용. Pearson et al., 'Cartographic Ideals', p. 163.

734 David Rhind, 'Current Shortcomings of Global Mapping and the Creation of a New Geographical Framework for the World', *Geographical Journal*, 166/4 (2000), pp. 295–305.

735 다음을 참고할 것. Pearson et al., 'Cartographic Ideals', pp. 165–72.

그림 목록

1 　이라크 남부 시파르에서 나왔다고 추정되는 세계지도, 기원전 700~500년경.
　　(British Museum, London. Photo: akg-images/Erich Lessing)

2 　아브라함 오르텔리우스의《세계극장》에 실린 권두 삽화, 1570년.(Photo: Private
　　Collection/The Bridgeman Art Library)

3 　프톨레마이오스의《지리학》에 실린 세계지도, 13세기.(Biblioteca Apostolica
　　Vaticana, Vatican City, Urbinus Graecus 82, fols, 60v-61r. By permission of
　　Biblioteca Apostolica Vaticana, All rights reserved)

4 　아킬레우스 방패, 존 플랙스먼, 청동 주조, 1824년.(Photo: The Bridgeman Art
　　Library)

5 　기원전 3세기의 디카에아르쿠스 세계지도를 재구성한 지도.(Jeff Edwards; adapted
　　from Armando Cortesão, *History of Portuguese Cartography,* 2 vols.(Coimbra,
　　1969~71), vol. 1, fig. 16)

6 　프톨레마이오스의 제1투영법과 제2투영법.(Jeff Edwards)

7 　13세기 포이팅거 지도의 19세기 복사본. 잉글랜드, 프랑스, 알프스 산맥, 북아
　　프리카가 표시된 부분(상단)과 이란, 이라크, 인도, 한국이 표시된 부분(하단).
　　(Osterreichische Nationalbibliothek, Vienna, Codex Vindobonensis 324. Photo:
　　akg-images)

8 　1194년경 왕실 문서작성보관소에서, 페트루스 데 에불로(Petrus de Ebulo)가 쓴
　　《황제에게 바치는 책(Liber ad honorem Augusti)》을 베끼는 그리스어, 아랍어, 라
　　틴어 필경사들.(Burgerbibliothek, Bern, Cod. 120. II, f. 101r)

9 　알이드리시 세계지도의 16세기 복사본.(Bodleian Library, University of Oxford,

Oriental Collections, MS Pocoke 375, fols. 3v-4r)

10 수랍의 〈세상 끝까지 펼쳐진 일곱 기후대의 경이로움〉에 실린 세계지도 도해, 10세 기.(Copyright ⓒ British Library Board. All rights reserved. Add MS. 23379, fols. 4b-5a)

11 이븐 하우깔의 세계지도, 479/1086.(Topkapi Sarayi Muzesi Kutuphanesi, Istanbul, A. 3346)

12 알이드리시의 《유희》에 실린 부분 지도 색인, 밀러의 1927년 복사본.(Library of Congress, Geography and Map Division, Washington, D.C.)

13 《과학의 진기함》에 실려 직사각형 세계지도, 13세기(?).(Bodleian Library, University of Oxford, MS Arab.c.90. fols. 23b-24a)

14 《과학의 진기함》에 수록된 원형 세계지도, 13세기(?).(Bodleian Library, University of Oxford, MS Arab.c.90. fols. 27b-28a)

15 〈헤리퍼드 마파문디〉, 1300년경, 헤리퍼드 성당, 헤리퍼드셔.(Photo: The Bridgeman Art Library)

15-1 〈헤리퍼드 마파문디〉 중 그리스도와 천사 부분.(Photo: The Bridgeman Art Library)

15-2 〈헤리퍼드 마파문디〉 중 지구를 측량하기 위해 집정관을 파견하는 카이사르 부분.(Photo: The Bridgeman Art Library)

15-3 〈헤리퍼드 마파문디〉 중 말 탄 사람과 아프리카의 '괴물 같은' 인종 부분.(Photo: The Bridgeman Art Library)

16 성 히에로니무스의 《위치의 책》에 실린 팔레스타인 지도, 12세기.(British Library Add. MS 10049, fols. 64 r-v. Photo: akg-images)

17 살루스티우스의 《유구르타 전쟁》 13세기 필사본에 실린 T-O 지도.(Bibliothèque Nationale, Paris, Département des Manuscripts, Division occidentale. MS Latin 6088, fol. 33v)

18 마크로비우스의 《스키피오의 꿈에 관하여》에 실린 띠 지도, 9세기.(Copyright ⓒ British Library Board. All rights reserved. MS Harl. 2772, fol. 70v)

19 이시도루스의 《어원》에 실린 세계지도, 1130년경.(Bayerische Staatsbibliothek, Munich, MS Clm. 10058, fol. 154v. Photo: akg-images/De Agostini Picture Library)

20 〈솔리 마파문디〉, 1190년경.(Corpus Christi College, Cambridge, MS. 66, p. 2. Photo: akg-images/De Agostini Picture Library)

21 〈헤리퍼드 마파문디〉를 포함한 세 폭 제단화, 존 카터 작, 1780년경.(Copyright ⓒ

British Library Board. All rights reserved. Additional MS. 29942, fol. 148r.)

22 14세기 말의 동아시아 상황을 보여 주는 현대 지도.(Jeff Edwards; adapted from F. W. Moate, 'China in the Age of Columbus', in Jay Levenson(ed.), *Circa 1492: Art in the Age of Exploration*(Washington DC, 1991), p. 338)

23 〈강리도(혼일강리역대국도지도)〉, 1470년경, 비단에 채색.(Reproduced by permission of Ryūkoku University Library, Kyoto, Japan)

24 〈강리도〉의 한반도 부분.(Reproduced by permission of Ryūkoku University Library, Kyoto, Japan)

25 15세기 중반 념영의 비밍룩에 닐긴 청준의 중국 지도 서본.

26 장황의《도서편》(1613년)에 실린 원형 하늘과 사각형 땅.(Photo courtesy Harvard-Yenching Library, Harvard University, Cambridge)

27 〈우적도〉, 1136년.(Photo courtesy of Special Collections, Fine Arts Library, Harvard College Library)

28 〈화이도〉, 1136년.(Photo courtesy of Special Collections, Fine Arts Library, Harvard College Library)

29 〈고금화이구역총요도〉, 1130년경.(Tōyō Bunko, Tokyo, Japan (XI-1-3))

30 조선의 공식 지도인 〈동국지도〉 사본, 정척, 1463년.(Reproduced by courtesy of the Cabinet Library(Naikaku Bunko), Tokyo)

31 마르틴 발트제뮐러의 〈우주형상도〉, 1507년.(Library of Congress, Geography and Map Division, Washington, D.C.)

32 니콜로 카베리오의 세계 해도, 1504~1505년경.(Bibliothèque Nationale, Paris, Cartes et Plans, GE SH ARCH 1)

33 프톨레마이오스의《지리학》초기 라틴어 판.(Biblioteca Apostolica Vaticana, Vatican City, VAT. Lat. 5698. By permission of Biblioteca Apostolica Vaticana, with all rights reserved)

34 마르틴 발트제뮐러의 지구본 전개도, 1507년.(James Ford Bell Library, University of Minnesota. Copyright © Regents of the University of Minnesota, Twin Cities. University Libraries. All rights reserved)

35 세비야의 이시도루스가 쓴《어원》에 나오는 T-O 지도, 1472년.(Ayer Collection, Newberry Library, Chicago. Photo: the Bridgeman Art Library)

36 〈우주형상도〉의 동반구 부분.(Library of Congress, Geography and Map Division, Washington, D.C.)

37 〈우주형상도〉의 서반구 부분.(Library of Congress, Geography and Map Division,

Washington, D.C.)

38 프톨레마이오스의《지리학》스트라스부르 판(1513년)에 삽입된 마르틴 발트제 뮐러의 'Terra incognita(미지의 땅)' 지도.(John Carter Brown Library at Brown University, Providence, RI. Credit line: akg-images/ullstein bild)

39 프톨레마이오스의《지리학》뉘른베르크 판(1513년경)에 삽입된 발트제뮐러가 제작했다고 추정되는 세계지도(Orbis Typus Universalis Juxta Hydrographorum Traditionem), 1506년경.(Courtesy of the John Carter Brown Library at Brown University, Providence, RI)

40 헨리 스티븐스가 1506년에 발트제뮐러가 제작했다고 주장하는 세계지도에서 아메리카 부분.(John Carter Brown Library)

41 엔리쿠스 마르텔루스의 세계지도, 1489년경.(British Library, London, Add MS 15760. Photo: akg-images/British Library)

42 작자 미상의 〈칸티노 세계지도〉, 1502년경.(Biblioteca Estense, Modena, BE.MO. CG.A.2. Photo: akg-images/Album/Oronoz)

43 마르틴 베하임의 지구본, 1492년.(Germanisches Nationalmuseum, Nuremberg. Photo: akg-images/Interfoto)

44 《마젤란 항해: 최초의 세계 일주 이야기(Magellan's Voyage: A Narrative Account of the First Circumnavigation)》제2권(1521년경)에 실린 안토니오 피가페타의 〈정향과 정향나무가 자라는 섬 다섯 곳〉.(Beinecke Rare Book and Manuscript Library, Yale University, MS 351 f. 85v)

45 누뇨 가르시아의 몰루카 제도 해도, 1522년경.(Biblioteca Reale, Turin. Reproduced by courtesy of the Ministero per i Beni e le Attività Culturali)

46 베르나르 판 오를리의 '천구' 태피스트리 시리즈 중 〈유피테르와 유노의 보호를 받는 지구〉, 1525년경.(Copyright © Patrimonio Nacional, Madrid)

47 디오구 히베이루의 '카스틸리오네' 세계지도, 1525년.(Biblioteca Estense Universitaria, Modena, C.G.A.12. Reproduced by permission of the Ministero per i Beni e le Attività Culturali)

48 디오구 히베이루의 〈이제까지 발견된 모든 지역을 포함하는 세계지도〉, 1529년. (Biblioteca Apostolica Vaticana, Vatican City, Borg. Carte. Naut. III. By permission of Biblioteca Apostolica Vaticana, all rights reserved)

49 한스 홀바인의 〈대사들〉 중 부분, 1533년.(National Gallery, London. Photo: akg-images)

50 헨리퀴스 혼디위스의《아틀라스: 우주형상학적 고찰》(1623년경)에 실린 헤르하르

뒤스 메르카토르의 〈신성한 지도(Terrae Sanctae)〉, 1538년경.(The Israel Museum, Jerusalem. Photo: The Bridgeman Art Library)

51 루카스 크라나흐의 〈약속된 땅의 위치와 경계〉, 1520년대.(Copyright ⓒ British Library Board, All rights reserved(3041.g.6))

52 르네상스 시대의 다양한 투영법.(Jeff Edwards; adapted from Norman J. W. Thrower, *Maps and Civilization*(Chicago, 1996), pp. 70, 74)

53 오롱스 피네의 〈이중 심장형 세계지도〉, 1531년.(British Library, London. Photo: akg-images)

54 헤르하르뒤스 메르카토르의 세세시보, 1538년.(New York Public Library, New York. Photo: The Bridgeman Art Library)

55 헤르하르뒤스 메르카토르의 〈정확한 플랑드르 지도〉, 아홉 장으로 된 플랑드르 벽지도, 1539~1540년.(Courtesy Museum Plantin-Moretus/Prentenkabinet, Antwerp, UNESCO World Heritage)

56 헤르하르뒤스 메르카토르의 《연대기》의 한 부분, 1569년.(Bayerische Staatsbibliothek, Munich(BSB 2H.int.67a fol. 146-7))

57 헤르하르뒤스 메르카토르의 세계지도, 1569년.(Bibliothèque Nationale, Cartes et Plans, Paris. Photo: The Bridgeman Art Library)

58 나선형 항정선.(Jeff Edwards)

59 암스테르담 시청 바닥에 새겨진 세 개의 반구, 1655년.(Photo ⓒ Amsterdam Royall Palace Foundation)

60 요안 블라외의 〈전 세계를 담은 새로운 지도〉, 1648년.(Kraus Map Collection, Harry Ransom Humanities Research Collection, The University of Texas at Austin)

61 페트뤼스 플란시위스의 몰루카 지도, 1592년.(Mitchell Library, State Library of New South Wales, ZM2 470/1617/1)

62 요안 블라외의 《대아틀라스》에 실린 권두 삽화, 1662년.(Edinburgh University, Special Collections, JZ 30-40)

63 메르카토르 도법을 이용한 빌럼 블라외의 세계지도. 1606~1607년.(Courtesy Nederlands Scheepvaartmuseum, Amsterdam)

64 요하네스 페르메이르의 〈군인과 웃는 소녀〉, 1657년경.(Frick Collection, New York. Photo: akg-images/Album/Ornonz)

65 《아틀라스》에 실린 메르카토르와 요도퀴스 혼디위스의 초상화, 1613년.

66 《아틀라스》에 실린 빌럼 블라외의 인도 지도, 1635년경.(Private Collection. Photo:

copyright ⓒ Bonhams, London/The Bridgeman Art Library)

67 빌럼 블라외의 《새 아틀라스》(1635년)에 실린, 헤설 헤리츠가 그렸다고 추정되는 인도 지도, 1632년경.(National Library, Canberra)

68 요안 블라외의 수마트라와 몰루카 해협 해도, 1653년.(Bibliothèque de l'Institut de France, Paris, MS 1288. Photo: Giraudon/The Bridgeman Art Library)

69 요안 블라외의 《대아틀라스》에 실린 세계지도, 1664년.(Library of Congress, Geography and Map Division Washington, D.C.)

70 장 피카르의 《지구 측정》에 실린 삼각측량 도해, 1671년. (Courtesy ⓒ British Library Board All rights reserved(1484.m.38))

71 〈파리 주변 특수 지도〉, 1678년.(engr. F. de la Pointe, 1678. Bibliothèque Nationale, Paris, Cartes et Plans, Ge DD 2987 (0788, V))

72 장 피카르와 필리프 드 라 이르의 〈개정판 프랑스 지도〉, 1693년 판.(Bibliothèque Nationale, Paris(Ge. DD. 2987-777))

73 피에르루이 모로 드 모페르튀이의 《지구의 모습》에 실린 〈자오선 호를 측정했던 나라의 지도〉, 1738년.(Photo: ECHO/Max Planck Society for the Advancement of Science, Munich)

74 세사르프랑수아 카시니 드 튀리의 〈프랑스 새 지도〉, 1744년.(Bibliothèque Nationale, Paris(Ge. BB. 565-A). Photo: akg-images/De Agostini)

75 세사르프랑수아 카시니 드 튀리의 (파리를 담은) 프랑스 지도 no.1, 1756년.(Photo: akg-images)

76 루이 카피텐의 〈새 행정구역에 따른 프랑스 지도〉, 1790년.(Bibliothèque Nationale, Paris, Cartes et Plans, Ge F carte 6408. Photo: David Rumsey Historical Map Collection, www.davidrumsey.com)

77 18, 19세기 지도 투영법.(Jeff Edwards; adapted from Norman J. W. Thrower, Maps and Civilization(Chicago, 1996), p. 121)

78 대령 토머스 홀디시 경의 '어떻게 아프리카 지도를 만들 것인가?'에 실린 아프리카 지도, The Geographical Journal, 18, 6(1901), pp. 590-601.(Photo: Royal Geographical Society Picture Library, London)

79 케냐 산 정상에 선 해퍼드 매킨더, 1899년.(The Geographical Journal, 15, 5(1900), p. 469. Photo: The Royal Geographical Society, London)

80 해퍼드 매킨더의 〈영국령 동아프리카의 케냐 산 정상에 이르는 길〉에 실린 〈매킨더의 케냐 산 여정을 표시한 약식 지도〉, The Geographical Journal, 15, 5 (1900), pp. 453-76.(Photo: Royal Geographical Society Picture Library, London)

81 매킨더의 《영국과 영국해》(1907년)에 실린 〈육반구〉.(H. J. Mackinder, *Britain and the British Seas*(Clarendon Press, Oxford, 1907), p. 4, fig. 3)

82 매킨더의 《영국과 영국해》(1907년)에 실린 〈지구 사진〉.(H. J. Mackinder, *Britain and the British Seas*(Clarendon Press, Oxford, 1907), p. 5, fig. 4)

83 해퍼드 매킨더의 〈역사의 지리적 중추〉에 실린 세계지도 〈권력의 자연적 위치〉, 1904년.(H. J. Mackinder, *Britain and the British Seas*(Clarenden Press, Oxford, 1907), 'The geographical pivot of history', p. 435)

84 〈작은 국가가 독일을 위협한다!〉 독일의 선전 지도, 1934년.

85 슬로바키아의 인종 지도, 1941년.(Copyright © British Library Board(Maps Y.1911, sheet 7))

86 아폴로 17호 승무원이 우주에서 찍은 최초의 지구 사진, 1972년.(Photo: NASA)

87 아르노 페터스의 세계지도, 1973년.(Copyright © ODT, Inc, Amherst, MA. www. odtmaps.com)

88 20세기의 다양한 지도 투영법.(Jeff Edwards; adapted from Norman J. W. Thrower, *Maps and Civilization*(Chicago, 1996), p. 225)

89 제임스 골의 '골 정사도법', 1885년.(*The Scottish Geographical Journal*, 1:4, p. 121)

90 1500년의 인구 분포를 나타낸 통계도.(Copyright © SASI Group(University of Sheffield) and Mark Newman(University of Michigan))

91 구글어스 홈페이지.(US Dept of State Geographers, copyright © 2012 Tele Atlas. Data SIO, NOAA, U.S. Navy, NGA, GEBCO © 2012 Google)

92 찰스 임스와 레이 임스의 〈10의 제곱수〉에 나온 장면들, 1968년.(Copyright © Eames Office, Santa Monica)

93 토지측량부, 1:1,000,000 축척의 국제세계지도 제작 상황을 나타낸 색인도(북반구와 남반구), 1909년.(Reproduction courtesy of the Norman B. Leventhal Map Center at the Boston Public Library. Call Number G3200 1909. G7)

94 100만 분의 1 국제세계지도(IMW) 발행 현황을 나타낸 색인도, 1952년.(*World Cartography*, Volume III, copyright 1953 United Nations, New York(ST/SOA/ SER. L/3). Reprinted with the permission of the United Nations)

감사의 말

독자들이 이 책의 제목(원서명인 A History of the World in 12 Maps)을 보고 네일 맥그레거Neil MacGregor의 《100개의 물건으로 읽는 세계사A History of the World in 100 Objects》(2010년)와 비슷해 당혹스러워했을지도 모르겠다. 아무리 맥그레거의 훌륭한 책을 존경한다 해도 너무했다고 생각하는 사람이 있을지 모르겠지만, 솔직히 말하면 이 책의 제목은 2006년에 이미 (같은 출판사와) 정해 두었다. 그리고 맥그레거가 그 표현을 먼저 썼다고 해서 내가 기분이 상할 일도 전혀 없다. 모름지기 시대정신을 포착한다는 것은 그런 것이 아니겠는가! 이 책은 6년 전에 구상했지만, 지도에 관해 생각하고 글을 써온 20년 가까운 세월의 축약판이다. 그 시간 동안 나는 많은 지인들과 동료들에게서 지도 제작 역사를 배우는 행운을 누렸고, 이들은 고맙게도 시간을 내어 이 책의 일부를 읽고 값진 비판을 해주었다. 영국박물관에서는 어빙 핑클Irving Finkel이 바빌로니아 세계지도에 관해 방대한 지식을 전수해 주었고, 친절하게도 그 분야의 자료를 보내 주었다. 마이크 에드워즈Mike Edwards는 프톨레마이오스가 나오는 부분을 읽고 도움을 주었다. 에밀 세비지스미스Emile Savage-Smith는 알 이드리시를 주제로 나와 토론을 벌였다. 아마 내 결론에 백 퍼센트 동의하지는 않을 것이다. 폴 하비Paul Harvey는 중세 마파문디에 대해서라면 누구보다 해박한 지식을 가지고 있을 사람으로, 〈헤리퍼드 마파문디〉에 관해 더없이 자상하게 의견을 주었고, 줄리아 보피Julia Boffey와 댄 터클라Dan Terkla는 더 읽을 만한 자료를 알려 주었다. 한국 〈강리도〉에 관한 세계적 전문가인 게리 레드야드Gari Ledyard는 복잡한 한국의 초기 지도 제작 역사로 나를 안내해 주었다. 케네스 로빈슨Kenneth R. Robinson은 자상하게도 〈강리도〉와 한국사와 관련해 꼭 읽어야 할 글을 전해 주었고, 쿠델 이Cordell Yee는 중국 자료에 관한 통찰력 있는 의견을 제시해 주었다. 그 유명한 티모시 브룩Timothy Brook은 〈강리도〉와 관련 있는 중국 자료에 노움을 주었고 고맙게도 칭준의 지도를 복시하게 해주었는데, 이 지도는 내가 발견한 게 아니라 브룩이 발견한 지도였다. 미국 의회도서관에서는 존 헤슬러John Hessler가 발트제뮐러 지도 획득과 관련한 글을 보여 주었고, 이 책에서 그와 관련한 부분에 날카로운 지적도 해주었다. 필립 버든Philip D. Burden은 발트제뮐러 지도를 평가하는 놀라운 이야기를 해주었을 뿐 아니라 고지도에 대한 무한한 애정을 보여 주었다. 조아킴 알비스 가스파Joaquim Alves Gaspar는 16세기 투영법과 관련해 중요한 연구 자료를 알려 주어, 히베이루에 대해 쓸 때 도움이 되었다. 닉 크레인Nick Crane은 메르카토르와 관련해 방대한 지식으로 도움을 주었다. 얀 베르너Jan Werner는 블라외 부분에서 광범위하게 조언을 해주었다. 데이비드 벨David A. Bell은 카시니 관련 자료에서 예리한 조언을 해주었고, 조지프 콘비츠Josef Konvitz는 그중 일부를 더욱 심오하고 명확하게 설명해 주었다. 마크 몬모니어는 특유의 날카로운 혜안으로 메르카토르와 페터스 부분을 읽어 주었다. 미식소프트Mythicsoft의 데이브 베스트Dave Best는 구글어스의 기술적 문제에서 도움을 주었다. 전문 지식으로 매번 나를 구해 준 그가 얼마나 고마운지 모른다. 사이먼 그린먼도 인터넷 지도와 관련해 내부자의 견해를 들려주었고, 패트리샤 시드는 예리한 비평을 해주었다. 구글에서는 에드 파슨스가 관련 분야 전체에 걸쳐 전폭적인 도움을 주었다. 대담에도 여러 번 응해 주었고 다양한 사람들을 만나게 해주었으며, 이 책의 구글 부분을 읽어 주었다. 이 책에서 구글의 방식에 의문을 드러내는 때가 많았는데도 에드는 구글어스 이야기를 비판하는 내 목소리에 귀를 기울여 주었다. 이 외에도 안젤로 카타네오Angelo Cattaneo, 매슈 에드니Matthew Edney, 존 폴 존스 3세John Paul Jones III, 에디 마에스Eddy Maes, 닉 밀레아Nick Millea, 힐데 드 베르트Hilde De Weerdt 등 많은 사람이 내 물음에 대답해 주고 참고 자료를 제공해 주었다.

이 책을 완성한 데에는 예술인문연구회AHRC, ahrc.co.uk가 연구 휴가를 내준 덕도 있다. 인류의 문화와 창조성을 이해하는 연구를 지원하는 예술인문연구회가 세계지도 제작사를 다루는 이 책도 그 부류에 넣어 주어 큰 감사를 드린다. 할리 트러스트J. B. Harley Trust의 이사인 나는 지도 제작사 분야의 세계적인 전문가들과 함께 작업하는 대단한 행운을 누렸다. 피터 바버Peter Barber, 사라 벤들Sarah Bendall, 캐서린 델라노스미스Catherine Delano-Smith, 펠릭스 드라이버Felix Driver, 데이비드 플레처David Fletcher, 폴 하비Paul Harvey, 로저 케인Roger Kain, 로즈 미첼Rose Mitchell, 사라 치야크Sarah Tyacke, 찰스 위더스Charles Withers가 모두 큰 도움을 주었다. 캐서린은 처음부터 이 일을 지원하고 수많은 질문에 답을 해주었고, 피터Peter와 토니 캠벨Tony Campbel도 마찬가지다. 특히 초기에 이 책이 의도한 바를 명확히 해주었을 뿐 아니라 그 후 여러 해 동안 도움을 주고 우정을 보여 준 피터와 캐서린에게 깊이 감사한다. 피터가 시간을 내어 전체 원고를 읽고 그의 독보적인 전문 지식을 동원해 도움을 준 것은 내게 큰 행운이었다.

이 책을 쓰는 동안 BBC 방송국에서 3부작 〈지도: 권력, 강탈, 소유Maps: Power, Plunder and Possession〉에 출연해 달라는 요청을 받았다. 덕분에 이 책에 나오는 많은 뛰어난 지도에 더욱 애착을 갖게 되었을 뿐 아니라 내가 하려는 이야기의 중요성을 새삼 깨닫게 되었다. 3부작을 만든 뛰어난 제작팀에 깊이 감사드린다. 특히 루이스 콜필드^{Louis Caulfield}, 톰 세뷸라^{Tom Cebula}, 애너벨 호블리^{Annabel Hobley}, 헬렌 닉슨^{Helen Nixon}, 알리 파레스^{Ali Pares}에게 감사하고, 3부작 출연을 의뢰해 준 앤 레이킹 ^{Anne Laking}, 리처드 클레인^{Richard Klein}에게도 고마움을 전한다.

이제까지 내가 쓴 거의 모든 책은 퀸메리 대학의 제도적 지원을 받았고, 이번 역시 예외가 아니다. 이곳 영어학과는 고맙게도 내게 안 식년을 주어, 이 책과 관련한 연구를 마무리하게 해주었다. 특히 이곳 의 미셸 배럿^{Michèle Barrett}, 줄리아 보피^{Julia Boffey}, 마크먼 엘리스^{Markman Ellis}, 앨프리드 하이아트^{Alfred Hiatt}, 내 대리인인 유대인 어머니 리사 자 딘^{Lisa Jardine}, 필립 오그든^{Philip Ogden}, 크리스 리드^{Chris Reid}, 페기 레이놀 즈^{Peggy Reynolds}, 빌 슈워츠^{Bill Schwarz}, 모레그 시아치^{Morag Shiach}에게 고 마움을 전한다. 그리고 지금은 고인이 된 케빈 샤프^{Kevin Sharpe}가 이 책 을 읽는다면 얼마나 좋을까. 그가 말할 수 없이 그립고, 그를 결코 잊은 적이 없다. 언제나 그렇듯이 데이비드 콜클로프^{David Colclough}는 가장 훌 륭한 친구이고, 밀턴과 메르카토르부터 1980년대 인디 음악에 이르기 까지 모든 것에 대한 애정을 공유할 수 있어서 고마울 뿐이다.

어렸을 때 몇 권 안 되는 내 책은 주로 피카도르^{Picador}와 펭귄 ^{Penguin}사의 책들로 구성되었다. 그렇다 보니 피터 스트라우스^{Peter Straus} 가 내 대리인이고 스튜어트 프로피트^{Stuart Proffitt}가 편집자라는 사실이 믿기지 않아 종종 볼을 꼬집어 보곤 한다. 이 방면의 전설인 피터가 지 난 5년간 나를 위해 노력해 준 것에 감사한다. 스튜어트는 이 책에 쉬지 않고 매달린 훌륭한 편집자였다(이 글을 쓰면서도 그를 생각하면 내 문장 구 조가 걱정스럽다.) 그의 노고와 앨런 레인^{Allen Lane} 출판사의 모든 이들의 노고에 감사한다. 특히 스튜어트의 조수인 샌 바히디^{Shan Vahidy} 덕에 이 책이 나올 수 있었다. 엘리자베스 스트래트퍼드^{Elizabeth Stratford}는 뛰어 난 교열의 본보기였고, 세실리아 매케이^{Cecilia Mackay}는 내가 이제까지 함께 일한 누구보다도 그림을 찾는 데 뛰어나서, 불가능하리라 생각했던 그림들을 아무렇지도 않게 찾아 주었다.

이 책을 쓰는 내내 나는 지인들과 가족들의 인내와 유머와 기분 전환과 성원이 필요했다. 우리 가족인 앨런Alan, 버니스Bernice, 피터Peter, 수전Susan, 다이앤Diane, 타리크Tariq가 나를 믿어 주어 고맙고, 캐슬팜Castle Farm의 에마Emma와 제임스 램James Lambe 그리고 소피Sophie와 도미니크 베이셀Dominik Beissel께서 할아버지, 할머니의 역할을 넘칠 정도로 해준 것에 감사드린다. 사이먼 커티스Simon Curtis, 매슈 디머크Matthew Dimmock, 레이철 게리스티나Rachel Garistina, 팀 말로Tim Marlow와 티냐 허드슨Tanya Hudson, 롭 닉슨Rob Nixon, 그레이슨Grayson과 필리파 페리Philippa Perry, 리처드 스콜라Richard Scholar와 이타 매카시Ita McCarthy, 제임스 스콧James Scott, 가이 리처즈 스미트Guy Richards Smit와 레베카 체임벌린Rebecca Chamberlain, 데이브Dave와 에밀리 베스트Emily Vest 모두 훌륭한 지인들이며, 특별하고 중요한 도움을 주었다. 다피드 로버츠Dafydd Roberts는 중요한 자료를 번역해 주었고, 마이클 웨어Michael Wheare는 피곤함도 잊은 채 연구 작업을 도와주었다. 피터 플로렌스Peter Florence는 그라나다에서 '웨스트 윙The West Wing'을 건네주며 잊을 수 없는 마흔 번째 생일을 축하해 주었을 뿐 아니라 내 문화지리학이 발전할 지적 공간을 마련해 주었다. 이 책은 고인이 된 지인 데니스 코스그로브Denis Cosgrove의 연구에도 영감을 받았는데, 그는 내게 지구에 관해, 그리고 지도의 탁월한 가능성에 대해 많은 것을 가르쳐 주었고, 그의 존재는 지금도 내가 쓰는 글에 스며 있다.

애덤 로Adam Lowe를 가장 훌륭한 친구라고 말할 수 있다는 건 내게 대단한 행운이다. 이 책을 배후에서 조종한 천재인 그에게 경의를 표한다. 나는 예술의 가치에 실망할 때마다 애덤의 작품을 바라보았고, 그럴 때면 내 안에 경의와 영감이 가득 찼다. 내 세계는 그가 있어 훨씬 더 멋진 곳이 되고, 그래서 거의 날마다 그를 축복한다. 앞으로 세계 속에 더 많은 세계를 함께 창조할 수 있기를 기대한다.

6년 전에 두 번째로 아내 샬럿^{Charlotte}을 만났다. 그때부터 아내는 내 삶을 사랑으로 채웠고, 우리 두 꼬맹이 루비^{Ruby}와 하디^{Hardie}도 사랑으로 내 삶을 채웠다. 샬럿이 없었다면 이 책도, 책의 저자도 없었을 것이다. 아내는 열정과 보살핌과 지성과 다정함으로 나를 격려했고, 내 삶에 상상 이상으로 많은 것을 주었다. 아내를 사랑하는 마음은 그 어떤 것으로도 표현하기 어렵다. 이 책을 아내에게 바친다.

찾아보기

〈10의 제곱수〉 583~585
《1984》 519
30년전쟁 379
80년전쟁 379
ACSM → 미국측량지도회의
BAAS → 영국과학진흥협회
CGIS → 캐나다 지리정보시스템
CIA → 미국 중앙정보국
GIS → 지리정보시스템
GPS → 위성위치확인장치
IATO 지도책 422
IMW → 국제세계지도
MCM → 지도 소통 모델
NATO → 북대서양조약기구
NCGIA → 미국 국립지리정보분석센터
T-O 지도 156~159, 161, 162, 164, 252, 253

ㄱ

가르시아, 누뇨 297, 301, 302
가우스, 카를 프리드리히 37, 38, 485

가이아 이론 533
《가장 뛰어난 화가, 조각가, 건축가의 삶》 324
〈강리도〉 → 〈혼일강리역대국도지도〉
〈개정판 프랑스 지도〉 440, 441
〈고금화이구역총요도〉 207, 208
고어, 앨 587, 589, 590, 622
골 정사도법 535, 553
골, 제임스 553
골턴, 프랜시스 496
골-페터스 도법 553
《공간의 생산》 559
《공간의 시학》 559
《공시적 세계사》 544
과학아카데미 432, 433, 456
《과학의 진기함과 눈으로 보는 경이로움의 책》 132~135, 218
광선 추적법 597, 608
교황 호노리오 2세 118
구글 40, 570, 571, 573, 574, 576, 591~605, 607~609, 614
《구글, 성공 신화의 비밀》 573

구글노믹스 601, 602

구글맵스 570, 574, 597, 599, 600, 602, 604

구글어스 42, 570~576, 578, 579, 589, 590, 594~603, 605~608, 622~624

구드, 폴 549, 552

《구름》 67

국제세계지도 39, 616, 618~622

〈군인과 웃는 소녀〉 393

권근 184, 185, 190~192, 213~217

〈권력의 자연적 위치〉 512

그레이, 콜린 518

그린먼, 사이먼 589, 609

글로벌맵 622, 623

금서 목록 353, 355

기 209

《기상학》 64~66, 120

기스카르, 로베르 98

기후대 66, 75, 106, 108, 109, 111~124, 127, 247, 248, 329

김나지움 보자겐스 238, 239, 246, 268

김사형 190, 191

ㄴ

네덜란드 동인도회사 381, 382

노르만족 97, 98, 100, 116, 118

뉴턴, 아이작 438, 442~444, 446, 448

ㄷ

다가마, 바스쿠 254, 257, 285, 358

다원뿔도법 485

다이맥시언도법 547

단열도법 547, 552

〈대사들〉 315, 316

《대아틀라스: 블라외의 우주형상학》 384~387, 396, 408, 411, 413~415, 417~423, 457, 486

데글랑탱, 파브르 427, 428, 429, 430

데릭 메일링 537

데카르트, 르네 442~444, 446

데파르트망 430, 465, 467, 468

독소그래퍼 58, 59

독소불가침조약 517

독일지도제작협회 538, 539

동판인쇄 242, 331, 332, 412, 481, 482, 486

〈둥근 세계와 평화 달성〉 517

뒤피에프, 피에르 321, 323

등비율도법 547

등사도법 555

등장방형도법 555

디아스, 바르톨로메우 276

디지털 양극화 606

디지털 지구 587, 588, 590, 622

디카에아르쿠스 69, 71

띠 지도 158~162, 164, 197, 249

ㄹ

라 이르, 필리프 드 439, 441

라그랑주 484

라스 카사스, 바르톨로메 데 285, 286

라첼, 프리드리히 520, 521

람베르트, 요한 하인리히 555

래드클리프, 시릴 527, 528

러브록, 제임스 533

런던지리학회 480

레넬, 제임스 487

레알, 라우렌스 400~403
레이 임스 584
로도스 섬 69~72, 75, 76, 84, 145, 168
로마 약탈 154
로빈슨, 아서 536~540, 557, 577, 578,
580, 615, 621
록소드롬 360
루뱅 321~323, 329, 330, 332, 348, 349,
350
루소, 장자크 430
루이 14세 419, 429, 432, 434, 440, 441,
444, 451, 472
루이 15세 443, 444, 451, 455, 472
루이스, H. A. G. 537, 538
루지에로 2세 97, 99, 100, 116, 117
루터파 316, 337
르페브르, 앙리 559
리히트호펜, 페르디난트 폰 498

■

마리노스 80, 83, 84, 106~108, 110, 338,
553
마우리츠, 오라녜 공 388, 395
마젤란, 페르디난드 72, 261, 283~292,
294, 295, 297, 298, 301, 303, 304,
316, 329, 337, 358, 415
마컴, 클레먼츠 경 501, 506
마크로비우스 142, 158, 159, 160, 164,
177, 328, 343, 370, 533
마파문디 102, 142, 144, 150~152,
155, 156, 162~165, 166, 168, 169,
171~176, 178, 202, 228, 230, 231,
243, 253~255, 270, 334, 516
말라카 283, 284, 288, 303

매클루언, 마셜 533
매킨더, 해퍼드 490~523, 528~531, 603,
616
맵퀘스트닷컴 570, 589
머핸, 앨프리드 520, 521
메르카토르 도법 362, 364, 365, 367, 372,
380, 389, 390, 391, 415, 417, 483,
485, 513, 515, 534, 535, 540~543,
548~550, 555, 563, 565, 603
메르카토르, 헤르하르뒤스 323~333,
335, 337, 338, 340~359, 361~372,
379, 382, 385, 397~399, 405, 410,
423, 459, 481, 485, 514, 515, 533,
536, 537, 541~543, 546, 549~551,
569, 607, 613, 616
《메르카토르의 삶》 324
메카 102, 111, 114, 119, 127~129, 133
멜란히톤, 필리프 334, 335, 342
모나휘스, 프란시스쿠스 330, 331, 349
모즐리, 헨리 492
모페르튀이, 피에르루이 모로 드
443~445, 448
목판인쇄 205, 223, 242, 250
몬모니어, 마크 542
몰루카 283~285, 288~294, 296~315,
317, 318, 330, 332
《몰루카 제도》 332
〈몰루카 지도〉 383, 384
몰바이데 도법 484
몰바이데, 카를 브란단 485
몽테스키외, 샤를 드 세콩다 430
무역의 집 295, 297, 382, 434
《물리의 기원》 334
미국 국립지리정보분석센터 581, 621
미국 의회도서관 222, 223, 225, 267

미국의 출생증명서　222, 223, 227, 257
미국 중앙정보국　520, 591
미국측량지도회의　539, 562
미지의 땅　223, 258, 263, 264
《민주주의의 이상과 현실》　515, 516
밀너, 앨프리드　492
밀레토스　57, 59, 60

ㅂ

바다호스-엘바스 협상　297, 304
바빌로니아 세계지도　23, 24, 26, 28, 31,
　　33, 34, 37, 40, 103, 624
바슐라르, 가스통　559
바이게르트, 한스　519
반 데어 그린텐 1세　547
발보아, 바스코 누녜스 데　261, 283
발트부르크볼페그, 막스　267
발트부르크볼페그, 요하네스　222
발트제뮐러 지도　222~232, 235, 243,
　　264, 270, 271, 356
발트제뮐러, 마르틴　222, 223, 227, 236,
　　238, 239, 250, 264, 325, 328, 605
발히 지리학교　111
배로, 존　479
배수　200~202
뱅크스, 조지프　470, 487
버튼, 필립　221
베네치아　244, 278, 279, 280, 281, 297,
　　331, 389
베를린 회의　488
베를린지리학회　481
베스트팔렌조약　379, 410
베스푸치, 아메리고　231, 244, 246~248,
　　297

베이트슨, 그레고리　31, 41
베하임, 마르틴　243, 286~288
《벵골 지도책》　487
《별을 담은 인간의 지도책》　554
보나파르트, 나폴레옹　467
보르헤스, 호르헤 루이스　32, 33, 598
보베 지도　455, 456
보어전쟁　492, 507
《복음서의 역사》　368
본 도법 → 유사원뿔정적도법
부어스틴, 대니얼　224
북대서양조약기구　517
〈붉은 중국〉　531
뷰캐넌, 조지　369, 370
브라카몬테 이 구스만, 돈 가스파로 데
　　379
브라헤, 튀코　381, 387, 389
브란트 보고서　533, 550, 558
브란트, 빌리　533
브레진스키, 즈비그뉴　518
브린, 세르게이　592, 593, 595, 598,
블라외, 빌럼 얀스존　372, 386, 391, 393,
　　394, 402, 403
블라외, 요안　378~380, 386, 396, 407,
　　417, 418
블라외, 피터르　386
비잔틴제국　118~120, 145, 153
비트　571, 577, 581, 585
빅토리아 호　291, 292
〈빌럼 얀스존이 최고의 지도
　　제작자들에게서 입수한 자료를
　　토대로 제작한 신세계지도〉　390

ㅅ

사이버네틱스　576

《삼각형 모음 지도》　464, 466

삼부회　463

상송, 니콜라　432, 435, 440

《새 아틀라스》　401, 410

《새 아틀란티스》　433

《새 지도 제작법》　536, 538, 450, 548,
　　551

〈새로이넌 대피그드밍과 어려 시역을
　　담은 프랑스 지도〉　467

생물지리학　497, 499

섀넌, 클로드　576~581, 585, 587, 594,
　　601, 603, 608, 609

《서경》　196, 198

성 아우구스티누스　160

《세계극장》　35, 370, 397, 399, 432

《세계를 여행하려는 사람을 위한
　　유희의 책》　99, 100, 101, 104,
　　110, 115, 119, 120, 123~127, 129,
　　130~132, 134, 135, 160, 190

〈세계의 형상〉　38

〈세상 끝까지 펼쳐진 일곱 기후대의
　　경이로움〉　107, 108

셀렌, 루돌프　520

〈솔리 지도〉　169

쇠너, 요하네스　265, 287

수랍　107~109, 133

《쉬운 별자리 안내서》　554

스윈필드, 리처드　141, 174, 175

스칼리제르, 조제프　352, 353, 355

《스키피오의 꿈에 관하여》　158, 159, 343

스트라본　54, 58, 71, 74~78, 235, 343

스티븐스, 헨리　266, 268

스페인 왕위 계승 전쟁　441

슬로바키아의 인종 지도　530

시칠리아　48, 69, 71, 97, 98, 99, 115, 116,
　　118~120, 126, 130, 131, 133, 145,
　　165, 186, 188, 295, 615

시파르　23, 24, 25

《신들의 계보》　57

《신세계》　244~246, 263

실리콘 그래픽스　583~587

《실비와 브루노 완결편》　32

《실세계 지도책: 지도로 표시한 삶의 방식》
　　565

《실체가 드러난 원시인》　554

심사도법　340

십자군　131, 516

ㅇ

아낙시만드로스　58~60, 64, 67, 92

아돌프 케틀레　486

아르파넷　582

아리스타고라스　66, 67

아리스토텔레스　64~66, 68, 69, 75, 106,
　　120, 158, 234, 328, 329

아리스토파네스　67

아머바흐, 요하네스　236

아바스　105, 106, 110, 111, 114

아우구스투스 황제　77, 78, 89

아킬레우스 방패　55, 56

《아틀라스: 세계의 구조와 그 구조의
　　형태에 관한 우주형상학적 고찰》
　　368, 371, 397, 398, 402, 415

《아틀란티스 부록》　399, 400

아폴로 17호　531, 532, 534, 543, 608

아홉 칸 정사각형　195, 197, 202, 209

안트베르펜　244, 321, 322, 327, 329, 331,

332, 335, 349, 350, 370, 371
알렉산드로스 대왕 66, 68
알렉산드리아 47, 48, 51, 71, 74, 76, 78,
    80, 85, 91, 119, 150, 188, 278, 295,
    434
알렉산드리아 도서관 48, 49, 53, 70, 72,
    78
《알마게스트》 78~80, 120
알마문 106~110
알마수디 106, 126
알만수르 105, 128
알이드리시 98, 99, 100~104, 106, 110,
    114~132, 134~136, 143~145, 147,
    160, 186, 190, 191, 235, 599, 603,
    615, 616
알흐와리즈미 108, 109
앙시앵 레짐 427, 473
애드워즈 602~604
애플리케이션 프로그래밍 인터페이스
    571
〈약속된 땅의 위치와 경계〉 336
얀소니위스, 요하네스 397, 399, 400, 405,
    410, 411, 413, 420, 421
《양촌집》 217
《어둠의 심장》 488
어스뷰어 590, 591, 594, 595
《어원 또는 기원에 관한 책 20》 161, 162,
    164, 165, 252, 253
〈어제시〉 214
에드니, 매슈 488
에드먼드 핼리의 기상도 486
에라스뮈스, 데시데리위스 328, 348, 350
에라토스테네스 49, 71~76, 82, 85, 92,
    109
《에라토스테네스에 반대하며》 75, 78

에우독소스 63, 64
에우세비우스 153
에우클레이데스 → 유클리드
에케르트 4세 547
엘리아데, 미르체아 33
엘카노, 세바스티안 291~293, 297, 310,
    312
《역사》 60
역사의 지리적 중추 508, 512, 513, 521
《연대기》(메르카토르) 353~356, 365,
    368, 370
《연대기》(타키투스) 80
《영국과 영국해》 504, 506, 507, 514, 515
영국과학진흥협회 553, 554, 556
영국왕립학회 433
영국지도제작협회 574
오로시우스, 파울루스 121, 123, 127,
    142, 160, 167, 170
오르소파닉 537
오르텔리우스, 아브라함 35, 343, 370,
    432
오리, 필리베르 444, 446, 448, 449, 453
오스트리아 왕위 계승 전쟁 451, 454,
    453
오이쿠메네 56, 59, 65, 72, 74, 76, 77,
    80~82, 87~89, 103, 110, 233, 258,
    338
오트빌 왕조 97, 116
왕립식민학회 491
요동반도 181, 204, 215, 216
요안 2세 386
우공 196
〈우공지역도〉 201
우드워드, 데이비드 28, 29, 615
우마이야 105, 110, 114, 115

〈우적도〉 202~204, 206, 212

우주생성론 56, 59, 64, 69, 81, 88, 194

〈우주형상도〉 222, 223, 232, 233, 235,
    239, 244, 249~253, 255, 256, 259,
    262, 263, 268, 269, 271

우주형상학 28, 123, 194, 195, 236, 237,
    239, 240, 247, 253, 270, 297, 303, 323,
    325, 326, 330, 336, 343, 349~352,
    355, 356, 358, 367~373, 410, 417,
    421, 453, 482, 616

《우주형상학 개론》 246, 248~250, 259,
    263, 265, 266

유사원뿔정적도법 484, 485

《원론》 73

원통도법 547

원통형 등장방 정각도법 363

웹 2.0 594

위그 165~169

위너, 노버트 576

위성위치확인장치 589, 607

《위치의 책》 153~155

〈윌리엄 스미스의 영국의 지층〉 486

《유구르타 전쟁》 156, 157

유사원통도법 547

유사원통정적도법 484

유클리드 기하학 73, 84, 87, 88

유클리드 49, 72, 73, 78, 84, 88, 236

《유희》→《세계를 여행하려는 사람을 위한
    유희의 책》

육반구 505, 506

〈응제시〉 214

《이교도에 대항한 역사》 121, 160

이성계 181, 182, 184, 213, 215

이시도루스 142, 161, 163~165, 169, 170,
    252, 253

이자벨라 307, 308

이중 반구 평사도법 368

이택민 190, 192, 193, 212

《인간의 유래》 491

인도의 대규모 삼각측량 487

인류지리학 77, 499, 520

인트린식 그래픽스 583, 585

《일리아스》 54

일반투시도법 607, 608

ㅈ

《자연철학의 수학 원리》 438

〈작은 국가가 독일을 위협한다!〉 529

저지대 국가 322, 327, 330, 331, 348,
    372, 431

전쟁사무국 428, 465, 466, 469

정각성 → 정형성

정거도법 340, 484

정사도법 84, 340, 535, 547, 553, 555

정적도법 535, 537, 539, 542, 549, 552,
    555, 563

《정치지리학》 520

정형성 363, 485

제1투영법(프톨레마이오스) 85~89, 259,
    260

제2투영법(프톨레마이오스) 86~88,
    258~261, 342

제국 보호무역주의 504, 508

제도육체 200~202

존스, 마이클 583, 597, 599, 601, 602

《종의 기원》 491

주앙 2세 276

주앙 3세 293

주제도 486, 514, 565

《지구 순회》 60, 69, 70
《지구 측정》(에라토스테네스) 70
《지구 측정》(장 피카르) 437, 439
《지구의 모습에 관한 책》 108, 110, 112
지도 소통 모델 577, 578
《지도 제작사》 28, 38, 615
《지도전쟁》 542
지리공간 애플리케이션 40, 429, 570,
    572, 573, 575, 578, 579, 583, 590,
    593, 597~603, 605, 606, 608, 609,
    614, 616, 621, 622
지리정보시스템 579~581, 589, 594, 601
《지리지》 54, 58, 71, 76~78
《지리학》(마리노스) 106
《지리학》(에라토스테네스) 70, 76
《지리학》(프톨레마이오스) 50~53,
    77~81, 88, 89, 90, 92, 99, 101, 106,
    109, 121, 188, 231, 239, 240~243,
    246, 253, 258, 259, 263, 264, 266,
    323, 337, 368, 371, 385, 607
지리협회 493, 497
지역지세도 81, 89, 514

ㅊ

찰스 임스 584
챈서리 331
《천구의 회전에 관하여》 78, 232, 381
천상열차분야지도 184

ㅋ

카를 5세 284, 289, 292, 293, 298, 304,
    307, 309, 314, 315, 322, 327, 332,
    345, 348~350

카바 102, 111, 128
카보베르데 제도 276, 299, 300, 301, 311
카브랄, 페드루 257, 264
카스텔스, 마누엘 575, 582
카시니 드 튀리, 세사르프랑수아
    (카시니 3세) 429, 448~459, 462,
    470~472, 484
카시니 지도 39, 428, 430, 451, 460, 461,
    467, 469, 470~475, 486, 615, 617
카시니, 자크(카시니 2세) 429, 442~444,
    446, 448, 449, 462
카시니, 장도미니크(카시니 4세) 428,
    429, 462, 463~466, 471
카시니, 조반니 도메니코(카시니 1세)
    429, 433, 442, 462
카이사르, 율리우스 151
카타리나 307, 308
카토그래퍼 38, 483
카토그래피 482, 483
〈칸티노 구체평면도〉 281
칼뱅 337, 347
칼뱅파 337, 395, 396, 409
캐나다 지리정보시스템 580, 581
캐럴, 루이스 32, 622
커즌, 조지 492, 519
케냐 산 491, 500~503
케네디, 폴 523
케플러, 요하네스 387, 388
켄틀루프, 토머스 139, 173, 174
《코스모스: 우주를 물리적으로 설명한
    밑그림》 493
코지프스키, 알프레드 31, 41
코페르니쿠스, 니콜라우스 78, 232, 371,
    380, 381, 387, 388, 416~419
콘비벤시아 97, 130, 131

콜베르, 장바티스트 432~435, 440, 444, 449, 472

크라나흐, 루카스 335, 336

크라테스 74, 75

크램프턴, 제러미 550

크루그먼, 폴 558, 559

크리스토퍼 콜럼버스 223, 226, 230

클라에스, 코르넬리스 383, 386, 388, 390, 395

클리마타 66, 106, 329

클린턴 행정부 587, 589

키블라 102, 103, 129

키신저, 헨리 225, 518

키홀 586, 587, 590~597, 601

ㅌ

테니스코트의 서약 463

토르데시야스 275, 283, 290, 299, 306, 312, 313

토르데시야스조약 276, 277, 282, 283, 293, 296, 299, 302, 314, 341

토블러, 왈도 600, 601

토지측량부 372, 429, 431, 470, 471, 482, 487, 494, 514, 559, 574, 597, 619, 620

톰린슨, 로저 579~581

투시도법 547

툴레 69, 72, 82, 83, 85, 87

트란실바누스, 막시밀리아누스 284, 332

트리니다드 호 291, 292

ㅍ

파르메니데스 62, 66

〈파리 주변 특수 지도〉 438, 439

파리 천문대 429, 433, 434, 442, 452, 460, 462, 470, 471

파슨스, 에드 597~601, 607

파이, 노먼 537

《파이돈》 120, 569

판 데르 베커, 피테르 345, 346

판 데르 헤이던, 하스파르 330~332, 347

팔레르모 98, 117~120, 150, 434

페르메이르, 얀 392~395

페셀, 오스카 498

페이지, 래리 592, 593

페이지랭크 593, 598, 603

페컴, 존 139, 174

《페터만 지리학 통신》 498

페터만, 아우구스트 하인리히 498

페터스 도법 534, 536~539, 541, 542, 550~553, 556, 557, 561, 562, 564, 565, 606

《페터스 세계지도책》 540

페터스, 아르노 40, 534~543, 545~566, 577, 578, 582, 613, 615

페트웨이스, 크리스토퍼 523

펭크, 알브레히트 616~619, 621, 623

평균인 486

평사도법 340, 390, 415, 417, 555

평사적도도법 415

〈포르톨라노 해도〉 36, 229, 360

포세이도니오스 75, 76, 82, 343

〈포이팅거 지도〉 90, 91

표전문제 213, 214, 216

풍수 209, 210, 211, 213, 218, 614

《프랑스 프로뱅스 일반도》 432

프랑스지도협회 456, 465~467

프랑스지리학회 481, 482

프톨레마이오스 왕조 48, 49, 52, 53, 74,

85, 91
프톨레마이오스, 클라우디오스 50
〈프톨레마이오스의 전통과 아메리고
　베스푸치 등의 항해를 기초로 한
　우주형상도〉→〈우주형상도〉
플라톤 51, 62~64, 66, 78, 120, 158, 355,
　569
플란시위스, 페트뤼스 383, 384, 386,
　388, 389, 390, 395
플로리스 판 베르켄로더, 발트하사르 394
피네, 오롱스 341, 344
피서, 요세프 224, 265
피카르, 장 432, 436, 437~444, 448, 470,
　471

ㅎ
《하늘에 관하여》 64
하슬러, 페르디난트 루돌프 485
하우깔, 이븐 112~114, 126, 127, 130
하우스호퍼, 카를 519, 522
하위헌스, 콘스탄테인 377
하위헌스, 크리스티안 432
하츠혼, 리처드 519, 520
할리, J. B. 28, 29, 559~562, 615
함메르, 에른스트 549
함무드 왕조 114~116
합성 지도책 421, 422
항의서파 395, 396, 403, 409
항정선 230, 360~363, 365, 367
《항해의 빛》 389, 399
《해상 세력이 역사에 미친 영향》 520
헤라클레스 기둥 60, 65, 68, 171
헤로도토스 60, 61, 66, 126, 578
헤리츠, 헤설 396, 400, 402, 403

〈헤리퍼드 마파문디〉 40, 141, 143, 144,
　150, 151, 155, 156, 160~162, 164,
　165, 167, 168, 170~172, 174~178,
　218, 228, 229, 231, 253, 505, 515,
　516, 614
헤슬러, 존 261
헤시오도스 57, 58
헤이넬, 조르지 289, 296
헤이넬, 페드루 289, 296, 298
헤카타이오스 60
형세 209, 210, 614
호메로스 54, 56, 57, 60
호몰로사인도법 547
혼디위스, 대(大) 요도퀴스 383, 397, 399
혼디위스, 소(小) 요도퀴스 396, 397
〈혼일강리역대국도지도〉 185~188,
　190~192, 208, 211~214, 216~218,
　624
혼천의 195, 416
홀디시, 토머스 경 489, 490, 502
홍무제 주원장 191, 213
〈화이도〉 203, 205~207, 212
황도대 64, 166, 184
횡축등장방형도법 452
후르다드베, 이븐 110~112, 127
훔볼트, 알렉산더 폰 493, 497, 498
히베이루, 디오구 289, 297, 299, 301,
　304~307, 309, 310, 312, 313~315,
　317, 332, 342, 357, 380, 481, 603,
　605, 614
히에로니무스 152~156, 163, 170
히파르코스 75, 78, 79, 82, 83

욕망하는 지도

1판 1쇄 발행 2014년 2월 21일
1판 2쇄 발행 2014년 3월 5일

지은이 제리 브로턴
옮긴이 이창신
해제 김기봉

발행인 양원석
총편집인 이헌상
편집장 송명주
책임편집 최일규
교정교열 구윤회
해외저작권 황지현, 지소연
제작 문태일, 김수진
영업마케팅 김경만, 정재만, 곽희은, 임충진, 김민수, 장현기, 송기현
          우지연, 임우열, 정미진, 윤선미, 이선미, 최경민

펴낸 곳 ㈜알에이치코리아
주소 서울시 금천구 가산디지털2로 53, 20층(가산동, 한라시그마밸리)
편집문의 02-6443-8851 구입문의 02-6443-8838
홈페이지 http://rhk.co.kr
등록 2004년 1월 15일 제2-3726호

ISBN 978-89-255-5178-4 (03900)

RHK 는 랜덤하우스코리아의 새 이름입니다.